Meditative Transformation der Industrie

von

Wolfgang Eckhardt Schorat

Ein Reisebericht zur
Spiritualisierung der Industrie

ISBN- 978 - 3-932209 - 05 - 5

1

Gertrud und Walter Schorat

Mein herzlicher Dank

28.5.2003

Mein herzlicher Dank geht an diesem heutigen Tag, der mal wieder sonnig ist, an die Amsel auf dem Dach die fleißig ihr melodiöses Lied singt und mich mal ab und an täuschte in dem ich dachte, wo ist denn die Meise, aber das war bloß ihr Singrepertoire. Mein herzlicher Dank geht an all die unsichtbare Hilfe die passiert und die sichtbare Hilfe, auch wenn mein Mental manchmal Nörgelt weil`s zu wenig Geld gibt und das Geldsystem eine Geheimwirtschaft bleiben soll damit ja keiner erfährt was das in Wahrheit für eine Täuschung und ein Irrglaube ist. Mein herzlicher Dank geht an alle Blumen und Kräuter und Mineralien, an alle Flüsse und Wolken und Seen, an alle Wiesen, Wälder, Erdbeeren und Äpfel, an alle Sonnenstrahlen und Mondlichter, und schöne Musik, gute Kleidung und frische saubere Bäder und Wellnes- Aquabäder und Saunas. Mein herzlicher Dank geht an alle wohlgesinnten Außerirdischen, an alle Buddhas und Jesusse, an alle anderen Meister und Schöngeister. An alle die höhere Welten erkennen können über ihr drittes Auge oder aus ihrem Körper gehen können und im All herumsausen können. Mein herzlicher Dank an alle die wirklich versuchen das Leben auf der Erde qualitativ zu verschönern weil in ihnen noch Liebe ist und nicht wie bei den Gewalttätigen den Terroristen den echten oder den fanatischen Religionswirren die keinen Funken Liebe in sich tragen aber viel Haß und den als das Göttliche durch Morden und Abschlachten der Weltgemeinschaft darstellen und somit ihren Wirrnisglauben zeigen, von einer Gottheit die zum Kotzen ist und die keiner haben will außer die Banditen selber in ihrem Wahn ohne Liebe aber voller Fanatismus. Auch denen meinen herzlichen Dank weil dadurch erkannt wird was das Göttliche niemals sein kann und bloß dumme dumpfe Dampfballen wollen, die den Himmel anstinken. Mein herzlicher Dank an alle Menschen die göttlichen Ursprungs sind und die dabei sind das menschliche Leben zu erleichtern und von der Lüge abstand nehmen auf dem Weg zu mehr Wahrheit.
So, das war's erstmal,
Sonniger Gruß von

W.E. Schorat

INHALTSVERZEICHNIS

Vorworte

Es sind über 10 Jahre vergangen seit ich das Manuskript da auf Kreta anfing zu schreiben. In diesen 10 Jahren ist viel auf der Erde passiert. Viele Machtschachzüge sind gespielt worden und viele Nationen und Politiker sind gelinkt worden und ausgetrickst durch schon seit langer Zeit entwickelten Machtstrategien, von Organisationen die versuchen ihr Weltbild und ihre nationalen Bestrebungen allgemeingültig für alles andere an Völkern zu machen, egal wie und egal womit, bis hin zum Weltkrieg. Schon vor langer Zeit las ich in einigen Büchern das zum Beispiel die Strategie für Deutschland diejenige sei, den Fremdenhaß zu schüren und den Rechtsradikalismus, aber auch die Arbeitslosigkeit zu fördern damit der Aufbau Ost nicht zügig voran kommt, und auch das die Banken dem Mittelstand die Kredite nicht mehr zahlen wollen und sie sogar zurück haben wollen, damit die wirtschaftliche Kapazität brach bleibt, und auch wollten diese Geheimbünde und Sekten und Negativ Organisationen die in vielen, vielen Bereichen der Wirtschaft und Politik und allen anderen Bereichen vertreten sind, durch ihr Geld das sie Kontrollieren und damit die Wirtschaft und die Politiker und damit denken sie die Bevölkerungen weil der Glaube noch nicht durchbrochen ist und niemand sich klar ist was da abläuft, nämlich totale Selbstverblödung und absinken in Sumpfbewußtsein, Militarismus und Demokratien die sich auf Kriegführung und anderen zerstörerischer Methoden eingelassen haben und das den Massen auch einbleuen das sowas Wahrheit wäre und sinnvoll und Lobenswert in einer Demokratie die eigentlich aber Geldokratien sind und auf totale Beherrschung der Menschheit aus ist durch das verschulden ans Geld. Aber das wahre Wesen eines jeden Menschen ist niemals schuldig und schon garnicht in bezug zu Geld das sind bloße Träume und Illusionen und Glaubenswirrnisse an deren Systeme, die auf Betrug aufgebaut sind.

Ist es nicht seltsam das heutzutage sogar die Bundesrepublik Internationale Militärische Aufgaben übernommen hat, warum wohl, weil das schon vor langer Zeit von diesen Organisationen so geplant war, denn dadurch wird Geld auch abgezogen um damit Geldknappheit im Land zu schüren, denn Geld ausgegeben für solche Zwecke ist Geld das fehlt für Bildung und soziale Ziele und Wahrheitsziele, die aber glücklicherweise niemals von Geld abhängig sind. Aber ist es nicht seltsam das diese Ziele schon vor Jahren erlesen werden konnten, und was würde das bedeuten, wohl das da was dran ist an den Organisationen die versuchen ihre Kontrolle über alle Nationen auszubreiten und niemandem erlauben wollen aus dem Tiermensch Seinszustand sich zu verabschieden indem die niederen Instinkte voll zur Geltung proklamiert werden und Suff und Puff und Militär als dein Retter und Freund gepredigt wird. Der Amerikanische Traum ist kein Amerikanischer Traum er ist ein Computerprogramm von Geldwahnsinnigen denen die Zentralbanken und die Medien und die Schwerindustrien gehören, kurzum, den Finanziell reichsten auf der Erde. Die aber ohne Ausnahme senile Ziele verfolgen von sehr alten Imperialistischen Nationalitäten die ununterbrochen die Unwahrheit als die Wahrheit darstellen und die Lüge als die Liebe, das Ordinäre als das Feinstoffliche und den Krieg als Mittel zum Frieden. Doch das wird nie, niemals gehen, denn was du säst das wirst du ernten, auch wenn diejenigen in ihren Atombombensicheren Restaurants vergiftete Hummer fressen, und Gierig ihren Wahnsinn verfolgen der sich schon verselbständigt hat und dem sie nun selber Opfer geworden sind. Und und und und und,,,,,,

Meditative Spirituelle Transformation
der Industrie

20.2.93

Diese Rede, diese Buch, dieser Weg, ist für die Direktoren, die Manager, für die Professoren, für die Doktoren, für die Meister, die Gesellen, und für die Lehrlinge gedacht, aber auch für die Politiker, die Diktatoren, die Bestien, die Üblen.

Dieser Aufruf, diese Vision, diese Gottessicht, ist ein Ruf an die große Industrie, auch an die kleine. An die Multinationalen Konzerne, an die Ölfirmen, Esso, Shell, Aral, Elf, usw,,an die großen Autofirmen, Daimler, VW, General Motors, Toyota, Ford, Mitsubishi, Volvo, Rollce Royce, BMW, Fiat, Renault, Hyundai, und so weiter, an die großen Stahlkonzerne, Reedereien, alle chemischen Industrien, Textil, Papier, Bauindustrie, Landwirtschaft und so weiter.

Doch diese Rede ist auch für die Gewerkschaften, für alle Global.

Diese Rede ist für alle. Alles was arbeitet und sein Leben durch das Mittel Geld und Kooperation macht. Durch Kreativität und durch globale Netzverbindungen. Durch die Gemeinschaft der Menschheit allgemein, ohne sich von Rassen, Farben, Sprachbarrieren, oder Nationalitäten beschränken zu lassen, und insbesondere ohne sich durch die größte, dümmste Grenze des religiösen Glaubens beschränken zu lassen.

Am 12.2.93, als ich auf Kreta in meinem Campingbus aufwachte, in der Nähe von Como Beach, westlich von Timbaki, südlich von Kalamaki, sagte mir meine Gedanken, die intuitiv kamen, das ich in 10 Jahren nach Montreal gehen soll. Dort wird schon alles vorbereitet. Ich war erstaunt. Ich fragte dann nochmal, wann. In 10 Jahren ! Ich solle dort eine spirituelle Gemeinschaft gründen, die Wirtschaft und Spiritualität verbindet, und so die Industrie zu spiritualisieren.

Montreal gefällt mir sowieso. Habe dort schon 6 Jahre mit sehr schönen Zeiten gelebt. Die Wirtschaft soll spirituelle Angebote für ihre Wirtschaftsmit-glieder und Mit-mösen machen. Meditationszentren und alles was dazugehört- Lehrer-Musik-Tanzen-Theater-Therapien-Meditation und mehr.

Sie sollen in Gemeinschaft ihr überschüssiges Geld zusammenwerfen, um Meditative Wirtschafts - wissenschaftliche Projektzentren zu entfalten, und so eine Spirituelle Industriegesellschaft zu entfalten.

Da lag ich nun,
auf der Wiese,
in meinem Blechbungalow,
die Ormosbucht von Südkreta hinter mir,
die Millionen weißer, roter, rosafarbener, blauer Anemonen blühten,
die Vögel sangen,
und die Morgenröte kam hoch.

Aus dem berühmten heiteren Himmel kam diese Anforderung zu mir, in mir, hoch, nicht das ich daran gedacht hatte, oder diese Angelegenheit irgendwie in meinem Leben Fixiert war. Doch sofort kam daraufhin eine Flutwelle von Gedanken und Ideen, Eindrücken und Bildern, die glücklicherweise nicht zum Orkan wurden, das ich sie relativ koordiniert passieren lassen konnte.

Warum die Industrie spiritualisieren ?

Die Welt, Leben, der Mensch, die Natur, die Industrie, sind eins, in Gott.

Und Gott?

Gott ist in allem !

Auch in jedem Menschenherz.!

Arbeit, Kreativität, Schöpfung, ist Göttlich, ist spirituell, ist bewußte Gestaltung, Verwandlung, Leichtigkeit, in Freude und am, im, Leben.

Die rationale Denken, das, mein und gewaltigen, gültigen, Energien, versickern, unentfaltet Barriere, das denen gehört dein, läßt die weisen, schöpferischen trotz Industrien, und zu 90 % bleiben.

Die Situation, die göttlich selbst sind, unterzeichnen inakzeptabel, zu eng, zu Gott schließt Göttliche nicht.

daß Seelen, sind, die Gott Verträge müssen, ist da jeder Vertrag gewalttätig ist- keinen Vertrag. Seelen auch Menschen ja.!

Verträge, Arbeitsverträge müssen eine Veränderung durchmachen, stattdessen müssen von der Industrie Besitzanteilscheine angeboten werden.

Wenn das nicht passiert, wird die Industrie, über die Uhrzeit der Jahre, die Konsequenzen der Entseelung tragen müssen.

Schizophrenie wird das Resultat sein.

Es ist klar sichtbar, daß die Menschen sich mehr und mehr erkennen werden. Mehr Erleuchtete, mehr Meister, mehr Selbstforscher, mehr Intuition, mehr Fragen, wer, was, bin ich, wo bin ich, weshalb bin ich hier, was ist die Bedeutung davon, werden von mehr und mehr Menschen erkannt, und auch beantwortet. Viele Seelen erwachen von ihrem physischen Körper, in ihrem Körper, ihrem Bungalow, Apartment, Zelt, oder außerhalb. Viel neues , altes wissen wird entdeckt, viele Zusammenhänge werden erkannt, Leben davor, Wiedergeburt, andere Welten, Astralwelten, Lichtwelten, andere Zivilisationen, selbst in unseren Galaxien- Ufos- sie sausen umher- auf Venus soll die Hauptstadt dieses Sonnensystems sein, sagen die Seelenreisenden-die Hauptstadt der Astralwelt ist bekannt-in unserer Galaxie, der Regenbogengalaxie da warten andere Zivilisationen auf uns.

Die Menschen werden sensibler, freier, feiner, die Täter- Opferzeit ist vorbei. Die Zeit der Seelenbefreiung ist da, die Erwachung der Bewußtheit, das der Mensch nicht der Körper ist, sondern einen hat, wie ein Anzug-daß er Seele ist, das Göttliche. Es ist für viele auch die Zeit der Erwachung zum göttlichen, das, was sie wirklich sind.

Die Erde ist riesig.

Da ist genügend Platz für Alle im Übermaß. Die Konzentration paßt nicht mehr. Alles muß ausgefächert werden. Sooo, und nun geht fast jeder einer Tätigkeit nach. Dort treffen sich Hunderte, Tausende, Hunderttausende, Millionen Menschen, in täglicher Kommunikation.

Erz aus Australien wird in Schiffe auf Japan verbaut. Bringt Blech für Indonesien. Holz aus Kanada für schränke in Paris. Oder Weizen aus USA für Brot in Moskau. Pistazien aus dem Iran für Läden in München, oder London, Montreal, Rom. Tropische Früchte aus Senegal für Läden in Stockholm. Was ich damit sagen will, ist, daß die Menschen durch die fleißige Tätigkeit ja schon ein Ziel haben, nämlich, sich gegenseitig von Nutzen zu sein. Sich zu helfen.!

Trotzdem sind die globalen Spannungen akut.!

Die Energien sind von niedrigem Niveau, auch Mörder trinken Champagner, auch Kriminelle sind Doktoren, auch gigantische Lügner sind an wichtigen globalen Entscheidungen Tätig. Machthungrige halten wichtige Positionen, die nur von Unkorrupten, Edlen, Noblen, gehalten werden sollen und dürfen. Weshalb ist das so ?

Weil Gott ‚Gott ist, doch die Religionen sind nicht Gott. Sie sind bloße moralische- korrupte Institutionen- die tief im Negativen verwurzelt sind, mit Klumpfußkrankheiten. Was nicht heißen soll das es dort keine Wahrheitssucher und rein Gläubigen gibt. Aber sie schleppen ihr übles Karma mit sich. Schon seit Tausenden von Jahren. Der Gott der Religionen ist nämlich der Gott der Schöpfung, der Gott Kal, oder Jehova, der plündern läßt und Morden und so weiter, also kein Gott sondern bloßer Raubmensch mit seinen Tierischen Eigenschaften, mehr nicht. Er hat mehr die Aufgabe Seelen zu versklaven, das ist der Gott der Religionen, der Geistgott. Doch dieser Gott ist selbst vom Allmächtigen Gott erschaffen worden- der Gott oder das Göttliche, also geschlechtslos, denn dort gibt es keine Polarität mehr, den alle Heiligen erkannten, die höher als bis zur Gottheit Kal oder Jehova gereist waren. Der Gott den die Religionen also vermarkten, der wird eventuell zur Bürde, er beutet dich aus und versklavt dich. Aus diesem Kotzbrocken sind ja viele Rassentrennungen entstanden und auserwählte Völkerdumpfheiten der Totalpolarisation, ergo Gefängnisse- Einzelhaftung -Zerstörung und Unwahrheiten. Er versklavt dich durch Versprechungen materieller Art- denn das ist alles, was er erschaffen kann, die Physische- Astrale- Kausale und Mentale Welt- all diese Welten sind aber nicht unsterblich- doch die Seele, die Ich und Du sind, ist unsterblich.

Die Erziehung die erfolgte, war in Wahrheit Verziehung. Schulen sind Idealistische Traumanstalten, die Universitäten sind Kampfanstalten zur Erprobung der Habgier, die dann folgen soll , wenn Du endlich in die Industrie kommst, arbeitest, schöpferisch tätig wirst.

Auch das Wissenschaftsmillieu ist von Intrigen, Machtgelüsten, politischen Manipulationen, Geldgeilheiten, Geldgebern, verseucht- die alle oft Ziele haben, die Wachstum in Fresstum fördern. Aus Menschen werden meistens Raubmenschen, weil das auch im Interesse von Weltmachtgeilen und sagenhaft religiös verblendeten Rassistischen Mörderbanden liegt die vorhaben Totalkontrolle über alles was die Menschen tun zu erreichen und schon sehr weit fortgeschritten sind. Aber mich stört das nicht denn das ist deren Karma das sie selber erleben müssen, da lache ich nur drüber, egal wie hochangesehen und wie Weltpolitisch und Weltkontrollierend diese Lichtlosen Liebeslosen Krieganbeter und Demokratieverbieger sich auch zur Zeit Global darstellen. Sogar als Hüter der Demokratien erscheinen sie und Predigen ihren Dumpfkopfmaterialismus, was ja immer bedeutet das sie Betonköpfe und Primitivanbeter sind. Also

Menschen werden dort zu Raubmenschen anstatt Seelen Erwachung zu bringen. Der Wissenschaftliche Elfenbeinturm ist Illusion. Und in Wahrheit ist sehr sehr viel mehr Illusion. Das dumme Geplänkel, das zuerst was wissenschaftlich geprüft werden muß, ist lächerlich- die Verseuchung der Erde et cetera besagt schon genug.

Wie geschrieben, der wissenschaftliche Elfenbeinturm ist Illusion- und er wird auch weiterhin Illusion bleiben- und wieder in die nächste Illusion verwandelt werden- die wissenschaftliche Weltmachtillusion. Aber auch Illusionen sind wahr, sind echt, sind Wahrheit.

Und doch sind gigantische Menschenmassen verfügbar- verfügbar für die schönsten Ziele, die sie selbst schon haben. Menschen sind Göttlich. Oder besser, Seelen sind Göttlich. Menschen sind jene, die glauben, daß sie eine Seele haben, es aber nicht wirklich wissen, sie meinen, sie sind der Körper, und die Seele sei etwas, das irgendwie da ist, so wie Wolken, die herumfliegen, aber doch nicht zu deinem Wesen gehören.

Der Körper ist mehrschichtig. Hin bis zum Gotteskörper. Ihre Seele, das, was sie wirklich sind, ist von atemberaubender Schönheit-kein Körper ist auch nur 5% so schön. Der körper- der Mensch, ist bloß der Taucheranzug, der Raumanzug, für diese Dimension. Das muß erkannt werden. Deshalb muß die Industrie Edler, Nobler, werden. Sie hat das finanzielle Potential, um die nötigen- metaphorischen Zentren- Verwandlungszentren- zu gestalten, im großen wie im kleinen Maßstab. Denn Arbeit darf nicht etwas sein, das man tut, und dann geht man nach Hause, und fängt erst richtig an zu leben. Arbeit, metaphorische Zentren-und Zuhause-müssen eins sein..

Die Menschen- die Gesellschaften-ändern sich.

Unmerklich wird auf einmal die sogenannte Masse ein höheres Bewußtsein darstellen, im Gegensatz zu Politik- oder Industrie-und sowieso zu den verkalkten Religionen-die total lebensfremd geworden sind - und es ist schön zu sehen, wie sie sich selbst absterben, sich selbst kaputtlügen und manipulicren. Übcrall entstehen kooperative Gemeinschaften, die höhere Ziele haben-im Vergleich zu Staat oder Politikern oder Industriellen Gruppierungen. Staat - Politik - Industrie, können sich garnicht vorstellen, was das für Ziele sind. Da sie völlig von ihren seit Generationen laufenden Ursache/Wirkung - was du Säst, das sollst du ernten Konsequenzen gefangen sind. Ihr Bewußtsein ist niedrig, sie fressen alle noch Fleisch wie Raubtiere, Saufen und Furtzen und sind katastrophal überbezahlt. Genauso wie Rock und Hosenstars.

Alles was jetzt, 1993, noch als Alter - Nativ abgetan wird, ist in 20-30 Jahren das, was jetzt dagegen ankämpft-gegen das neu, feine, gegen das Energiebewusstsein gegen Schwingungen - Ton, Farbe, Licht ,gegen Astralwelten, spirituelle Welten- gegen Ohn - Macht- doch für Schönheit - Freude Intuition- Liebe.

Doch die Industrie könnte sich ihre Position veredeln. Damit auch ihre Ziele, und somit die Menschheit, die Erde, das Leben.

Die Erde ist trotz Kunstdünger, trotz der Halbaffen, Wissenschaftler, trotz liberaler Politik- verwildert. Ökologisch ,auch Politologisch, und vor allem Menschologisch. Profitgier versaut die Lebensmittel, die Gewässer, und die Atmosphäre- sämtliche Atmosphäre. Industrielle Produkte vergiften das Leben, das doch durch industrielle Produkte befreiter, erleichterter, sein sollte. Es bedeutet schlichtweg das die Politiker, die Ökonomen, die Wissenschaftler, nicht in der Lage sind, die Fähigkeit zu haben, die Konsequenzen ihres Tun's zu erkennen. Die Wissenschaft ist völlig Blind- also jene vollgefressenen Menschen, die sich Wissenschaftler als Etikett vor die Stirne geklebt haben.

Ich habe mal vor 20 oder so Jahren in England in einem Ingenieurbüro gearbeitet. Ich arbeitete an dem Mechanismus für ein Atomkraftwerk, zur Beseitigung des Atom- Abfalls. Einmal, nach dem Mittagessen, ging ich nach unten ins Ingenieurbüro. Dort waren etwa 30 Ingenieure - ich machte die Tür auf und sah : Da kam mir eine Qualmwolke entgegen - die Menschen kamen gerade aus den Pubs, hatten ein paar Bier getrunken - sich das Fleisch reingezogen waren vollgefressen - ich sah aufeinmal diese Menschen mit ihren anderen Problemen ihren Sorgen zu Hause, ihren Entwicklungsmangel, ihre Unfähigkeit, schön, frei und Edel zu sein - Ich sah wie Müde sie waren- wie sie zu Hause waren- jemanden Liebten- Liebe wollten - wie sie innere Komplexe mit sich trugen - kurzum - ich sah, daß es katastrophal ist, unter solchen Bedingungen, mit solchen Menschen, solche Projekte zu konstruieren. Ich sah aufeinmal das solche Projekte scheitern müssen - weil die Menschen innerlich gescheitert waren, sind, sie sind unglücklich - ganz einfach unglücklich, weil sie verführt werden.

Es ist eine Art von Verwilderung, die entstanden ist, trotz gepflegter Kleidung, trotz Urlaub, trotz Gehälter, trotz des Werbeversuchs die Produkte et cetera mit Humor zu vermarkten. Es ist eine Art der Verwilderung, die passiert, wenn man als junger Mensch in die Gesellschaft, in die Industriegesellschaft kommt.

Weil die Menschen so sind, die Maschinen tun nichts. Doch die Seelen sind nicht so. Die Menschen brauchen Plätze, wo sie sich auch tagsüber regenerieren wo spirituelle Energie fließt. Die höchste Frequenz, hoch bis zur Ekstase des Glücklichseins, der Glück- Seligkeit - tiefer Freude - Gelassenheit - Humor -

Wonne- Serenität, die in jedem Menschen liegt. Doch er ist nur auf den negativen Gott getrimmt - Kal-Jehova- der Gott des mentalen Bereichs. Der Gott des Geistes - der Geist ist Negativ, weil er zum Bereich des geschöpften gehört - er ist Teil der Schöpfung - nicht der Schöpfer- die Allmacht.

Es ist für die Industrie von immensem Vorteil, wenn sie anfängt, sich in dieser Richtung Gedanken und Vorstellungen zu machen. Yoga- Meditation - Initiation - von Licht- Ton Meistern oder Ohne,- Therapien, um Menschen auf feinere, edlere Bereiche ihres Wesens hinzuweisen - bewußte Ausrichtungen auf das Göttliche im Menschen- Rückführungen - Problembewältigungen - Meditationspraktiken - Seminare um Überintelligente Produkte - Kombinationen - Ideen zu ent-falten. Denn wer jetzt anfängt sich vom Fundamentalmaterialismus zu entfernen und sich zu einer Energie- Wellen- Licht und Klang Betrachtungsweise entwickelt, der hat auch die Möglichkeit, wesentlich neuere und vor allem, Effektivere und wesentlich neuere Produktpaletten zu entwickeln. Denn die Hüter, diese Halbaffenmaterialisten, die in allen Institutionen sitzen, sind wie die eigenen Gefängniswärter die keine neuen Produkte zulassen die nicht den Steinzeit - Halbaffentum - Betrachtungsweisen und Prüfweisen der Felsbrockenmaterialisten passen. Deswegen sind sämtliche Besitztstandshüter egal in welchen Bereichen zur gleichen Zeit auch die Dogma Glaubenswärter die sich selber verblöden, und das erst merken wenn um ihnen herum schon alles zerfällt und eine neue Ordnung sich entfaltet hat die sie nun zerstören müssen.

Die Industrie muß sehr rege an Meditation teilnehmen - Meditation lehren - haben - Yogameister - Frauen oder Männer, wer auch immer qualifiziert ist. Die Industrie muß zum Vorbild der Menschen werden, der Menschheit - nicht zum Nachbild, zum ökologischen Kollaps und geistigen Schwachsinn. Sie darf nicht bloß Produktgigantismus sein - oder internationale Raffgierkonsumorganisation. Auf lange Sicht hält sich sowas nicht. Die Menschen schauen immer mehr, wer wirklich was anbietet, was für Motive stehen dahinter, was bedeutet das für mich, kann ich sowas ethisch verantworten, zerstört das die Natur, wohin führt dieser idiotische Chef mich, was hat diese Firma für Humane Ziele, sind diese Ziele echt oder ist es nur ein Deckmantel für geldgeil. Wofür soll ich mich dieser Gruppe von Firmenidioten anschließen - um etwa meine Umwelt mit zu zerstören - es werden vielmehr Qualitätsfragen gestellt. Da die Industrie sowieso ihr Ziel in Totalautomation hat - denn das ist das Ziel der Mechanik und der Technologie - also Total - Robot - Computer - darf man dann nicht denken - ok, das war's dann.

Die Atlanter konnten die Schwerkraft auf gewisse Gegenstände entfernen und so große Objekte bewegen - denn sie wußten, daß alles aus Licht und Ton ist. Sie verwandelten das Objekt in Licht und zurück. Die Industrie heute, die drögen blöden Wissenschaftler - sie beschäftigen sich immernoch mit der Steinzeitmethode der Energieverschiebung - sie haben nicht die geringste Ahnung von Energiebeschleunigung.

Wer kann das Heute ? Keiner.

Diejenigen die mit ihren UFOS hierher kommen, die können das. Die Atlanter sollen auch am DNA - Code experimentiert haben, und erst dann ist die Zweigeschlechtlichkeit entstanden - tut mir nicht leid das zu sagen - das nehme ich nicht ab.

Wir dürfen aber nicht vergessen, wir sind göttlich - das ist unsere Quelle, unsere Fähigkeit, unsere Präsenz, unsere Wachheit, Fähigkeit, als Seele mit ihren Eigenschaften - unser Körper ist sogar unsere eigene Schöpfung.

Die Lemurier konnten noch mittels Farbtöne kommunizieren - per Farbe - die ja Töne hat. Wer schonmal was vom göttlichen TonStrom gehört hat - der Weg auf dem die Heiligen aus dem göttlichen Urquell zur Erde kommen und zurückgehen - der Weg, auf dem jede Seele zur Erde gekommen ist, wer Licht Ton Meditation macht, der weiß, das sogenannte Materie Energiewirbel sind die je nach Drehgeschwindigkeit von einer Dimension in die andere bewegt werden. Atome sind auch bloße Energiewirbel. Die Bewegung der Galaxien - die Form an ihr macht schon sichtbar, auf was ich hinaus will - wie im Großen so im Kleinen - wie Oben so Unten - Menschen machen viel Wirbel meistens um Nichts - aber die echten Wirbel nicht. Die Industrie, die dummen Wissenschaftler haben traditionell die Existenz alles sogenannten Nichtmateriellen geleugnet sogar der Physiker Stephen Hawking leugnet Meditative Wege - so blöde ist der - und das soll Wissenschaft sein - das persönliche Idiötchen mit dem dummen Egöchen von Mimmichen aufgeplustert, und Universitäten mit Watte eingelegt.

Weil Wissenschaft und Industrie so Ignorant sind , ist die menschliche Situation so desolat materialistisch. Religionen brauchen erst garnicht mehr ihre diabolischen zutiefst materialistischen Geieraugen auf die humane Entwicklung legen, denen traut sowieso nur noch Erna Sack auf´m Lande und Onkel Lotto im Dorf.

Ich selbst gehöre zu den Seelen, die außerkörperliche Erfahrungen gemacht hat.

Die Industrie ist selbst abhängig vom wissenschaftlichen Skeptizismus - man darf nicht so blind sein und einfach alles, was die Wissenschaftler auf den Tisch legen, als besonders Weise oder Intelligent oder richtig zu akzeptieren - der Schein trügt auch wenn die Wissenschaftler bis zum wer weiß wohin mit ihren Forschungen gekommen sind - zum Feld der Theorien - von da und hier mit ihren Messungen und ihren Beobachtungen - egal, was auf dem wissenschaftlichen Markt ist meine Erfahrungen mit Wissenschaftlern ist, das der weit überwiegende teil schlichtweg Skeptiker sind - und solche Menschen in der nähe zu haben, das ist ein Krampf, keine Hingabe.

Der Industriell - Wissenschaftliche Skeptizismus - der jedes Ereignis, das Bedeutung hat, einfach versucht WEGZUARGUMENTIEREN, so blöde sind die, für sich und andere, denn diese dummen Jungen und Mädchen sind sich nicht bewußt gewesen, das, was du Denkst, das wirst du, - das, was du in deinem Kopf ein Lebenlang aufbaust - das schleppst du mit dir herum - Skeptizismus - Stephen Hawking ist ein typisches Beispiel dieses materialistischen Schwachsinns - wenn er am Ende seines Buches weint und Gott nicht finden kann - armer Junge, der weiß nicht, daß das physische Universum schon so Gigantisch ist, daß die Astronomen schon garkeine Zahlen mehr für die Mengen der GALAXIEN haben - der hat noch nichtmal die geringste Ahnung von der Astralwelt die über diesem physischen UNIVERSUM liegt und noch wesentlich gigantischer ist und dann kommt darüber die KAUSALWELT, die noch gigantischer als die ASTRALWELT ist - aber das ist noch nicht alles - über der KAUSALWELT liegt die GEISTWELT - die MENTALWELT - und die ist noch um ein vieles gigantischer als die KAUSALWELT - und darüber geht es weiter - da fangen die unsterblichen Daseinsbereiche an - die von unbeschreiblicher Größe - da ist schon kein Begriff mehr - ist. Die spirituelle Welt - da, wo wir Seelen wirklich herkommen - auf unserer Erfahrungsreise durch die sterblichen Teile der Schöpfung. Die Wissenschaft hat keinen Platz für diese Existenz - sie ist sogar skeptisch, daß sie sogar diese Welt in Frage stellt und überprüfen muß. So sind die traditionellen Wissenschaftler bloße Boten des Materialismus, der Negativität - denn der Körper stirbt - jeder Körper stirbt - deswegen ist der Hauptteil der Ärzte auch so materialistisch eingestellt - es ist ihre eigene Angst vor dem Sterben, was sie dem Schwachsinn unterliegen läßt - das Physisches ewig Leben kann. Und weil die größte Menge der Ärzte Materialisten sind, sind sie auch nicht fähig, wahrhaftig zu Heilen - sie sind bloße Handwerker, können rausschneiden, Pillen geben, Symptome diagnostizieren - aber Heilen können sie nicht. Und deswegen sind auch die medizinischen Kosten so hoch - die Patienten werden nicht gesund - denn das Hauptanliegen der Ärzte ist eine einflußreiche Stellung unter den Menschen zu haben - der sogenannten Gesellschaft - viel Geld zu verdienen und Macht auszuüben - deswegen sind die medizinischen Kosten so hoch - die Ängste der meisten Ärzte sind gigantisch.

Auch Ärzte sind Skeptiker - denn der wissenschaftliche Skeptizismus ist in allen Formen der verschiedenen Wissenschaftsfächer.

Früher war es ja nötig, um sich von den ekligen, klebrigen Klauen der Blutsaugerreligionen zu befreien, doch dabei ist der Skeptizismus hängen geblieben. Das ist nun der Hinkefuß der Wissenschaftler - die Menschen die das Etikett Wissenschaftler vor ihrer Stirne tragen - sie haben dazu beigetragen das nun der weitaus größte teil der Menschen eine Spiritualität ihres Wesens gar für unmöglich halten. Sie haben durch ihre Skeptische Sicht die Menschen in eine riesige katastrophale Welle der Unzufriedenheit geführt - einen Sog des Zweifels - eine tiefe Unzufriedenheit. Weil der Mensch nun an Wissenschaft mehr glaubt als an sich selber. Doch wer an Zweifler glaubt wird Zweifel ernten. Das Resultat ist eine Verwüstung der Erde, auch wenn in westlichen Städten die Gärten gepflegt sind. Die Verwüstung ist im Menschen selber. Nicht nur das es Mächtige Organisationen gibt die das Geld der Welt kontrollieren und Eine neue Weltordnung in ihrem Banditensinne Aufbauen und schon sehr weit damit sind, die freuen sich über diese Blöden Wissenschaftler und benutzen sie sogar wunderbar für ihre Zwecke, in deren Strategien heißt es , die Wissenschaftler dafür zu benutzen die Massen zu verblöden, da die Wissenschaftler ja Atheisten sind, Skeptiker, oder ich bezeichne sie als simple Raubsäugetiere mehr nicht. Wie eben die meisten Menschen.

Diese Organisationen die an der Zerstörung der Menschheit arbeiten und an ihre Versklavung an ihren Materialismus des Geldes, sie benutzen die Wissenschaftler, deren Denken Atheistische Richtungen hat, also ins Nichts führt in die Isolation und Zerstörung der Welt, der Erde, sie haben es geschafft den meisten den Wissenschaftsglaube durch ihren Einfluß in den Medien und Politik und Wissenschaft und Kunst und Gesellschaft zu suggerieren, indem der Glaube unterhöhlt wird und die Geistigen Gesetze verändert werden und eine Bloße materialistische und Mathematische Gläubigkeit übrig bleibt, die immer nach belieben manipuliert werden kann zu Geldziele und Massenverblödungs-Strategien wo zuletzt alle nur noch eine einzige Horde der Fress und Scheiß Bewegungen sind ohne jegliche Geistige und Spirituellen Einsichten und Wahrheiten. Und dafür ist die Wissenschaft ein Born für Ignoranz.

Die Industrie, die Wissenschaftler, die Menschen, sie müssen mehr Mut haben, die Welt anders zu erfahren. Die sinnlich wahrnehmbare Welt geht über die Lichtgeschwindigkeit hinaus. Unsere Seele kann allgegenwärtig sein. Sie ist es. Die Industrie, die Menschheit hat Möglichkeiten, sich zu regenerieren, aber

nicht auf plumper physischer Ebene, denn die Physiker von heute sind simple Aparaturabhängige, das bringt nicht viel für das Individuum. Außerdem ist die Bezeichnung Physiker bloß ein Arbeitsbegriff dahinter steht ja der Mensch der noch Raubsäugetier geblieben ist. So was kannst du da schon erwarten, nicht viel, fressen und scheißen, und wie sie an fressen kommen können, und das bedeutet für die Landlosen umherirrenden Seelen, ans Geld kommen, das aber auch Total, von den Geldbanditen kontrolliert wird, Total. Und wer sind diese Geldbanditen, versucht das rauszufinden und ihr werdet freier sein.

In der meditativen Spiritualisierung der Industrie geht es darum, zu erkennen und zu Wissen - daß die Existenz eine Einheit ist - daß Physik - Meditation - Therapie - Yoga - Metaphysik - Biologie - Medizin - schlichtweg eine Einheit ist. Das die Astralwelt genauso zum Leben gehört wie die spirituelle Welt.

In der Meditativen Spiritualisierung der Industrie wird der Mensch sowohl Schritt für Schritt aus dem , was für ihn seltsam und geheimnisvoll erscheint, zum Wissenswürdigen gebracht. So wird er erkennen, daß die sogenannten unsichtbaren Anteile seiner Selbst die nichtphysikalischen, in Wahrheit Dimensionen seiner Selbst sind, denn er trägt den Astralkörper mit sich - er trägt den Kausalkörper mit sich und so weiter,,,, und ist somit auch fähig, damit in diese Welt zu kommen und all das Gute und Schöne hier auf der Erde ins

Leben mit einzubringen, wovon die Industrie letztendlich profitieren wird.

In der Spiritualisierung der Industrie wird dann herauskristallisiert werden , daß der Mensch weit mehr ist als der physische Körper, er ist kein Idiotenbild der Zufälligkeit, von dummen Wissenschaftlern propagiert, er ist kein Nebenfurz der sogenannten Evolution, sondern er ist unsterbliche Göttlichkeit. Die Atlanter hatten ihre Macht mißbraucht - die Wissenschaft, die Industrie von heute erkennt ihre Ängste angesichts globaler Verwüstung, Vergiftung, ökologischer Waldbrände, nahrungsmäßiger Vergiftungen.

Der Übergang vom Atomaren- Ökologischen Holocaust ist noch längst nicht geschafft - die Vergiftungen sind so subtil, so tief, daß die Illusionen, die Erde, die Menschheit sei auf dem Weg der Entgiftung, zu täuschend sind. Deswegen dieser Versuch, die Industrie zu spiritualisieren.

Denn nur , wenn jeder einzelne sich verändert, spirituelle Ziele anstrebt, wird die Zusammenheit dieser Einzelnen eine bessere Ausstrahlung haben, mit all ihren logischen Konsequenzen. So, das wär´s, als spontanes Vorwort sozusagen.

DIE TAUFE DIE INITIATION
DIE BEKANNTMACHUNG
DES GUTEN UND SCHÖNEN

Ich taufe hiermit, als erstes göttliches Wesen, als Seele und als Gott, die Industrie die Weltwirtschaft - die schöpferisch globale Einheit - als neue Religion der Menschheit.

Die alten Religionen sind nicht mehr fähig, ihre starren dogmatischen Barrieren abzubrechen, und bis das passiert, ist die menschliche Rasse längst von der Erde verseucht durch Religionsunwahrheiten - das sie Nationalitäts - und Gruppenbarrieren fördert. Religionen und auch Rechtsstaatrecht sind allesamt Intolerant da sie ja ganz klar abgrenzen und ihre Intoleranz hinter dem Begriff Recht abkanzeln. Das Recht ist heute in Wahrheit Intoleranz die sich verschleiert ihre Machtgruppenegowahnkotze - als Recht und Gesetzt- verblödend vergolden läßt, zum Schaden aller anderen ! Egal ob es das Kirchenrecht - jeder Religionssekte ist - vom römischen Vatikansalat bis zum Lutherischen oder Moslemischen Blah Blah-Recht hin zum Buddhistischen und andere Religionsrecht, egal welche Manager Religions - Machtgruppen. Das Recht der globalen Industrie oder WTO oder Bankgruppen ist das gleiche Recht nämlich das INTOLERANZRECHT, mehr nicht, aber gut als Recht verschleiert, also Betrug und Lügen. Oder, Raubsäugetierlogik, mehr nicht. Intoleranz lebt also heute als Recht.

Die globale Industrie - die Weltwirtschaft aber verbindet die Völker - sie sind eigentlich schon verbunden, die globale Industrie verbindet die Völker in ein großes Netz - Kommunikationsnetz - aus dem alle Religionsbarrieren langsam assimiliert und abgebaut werden.

Die internationale Industrie soll die Religion der globalen Menschheit sein. Doch Gott ist Gott und bleibt Gott.

Die Religionen - die Managementgruppen des Dogmas - Islam - Christentum - Judaismus - Hinduismus - Buddhismus - Jainismus - sie sind nicht Gott sondern bloße Organisationen - Wirtschaftsorganisationen - doch sie sind längst zu eng, zu fundamental, zu blutig in Wort und Tat. Wer darin glücklich ist und meint, Gott zu finden, sich selber, Ok, doch den Sinn ihrer Gründer - der ist total verfehlt.

Die Zukunft ist und war schon immer ganz und planetarisch - Galaktisch.

Hiermit bekommt die Industrie die Verantwortung übertragen, von mir - Gott die

Völker über die Dogma-Religionen hinaus zu vereinen -indem sie die Industrie spirituell aufbaut.

Ich - Gott, erhebe hiermit die Industrie - also die arbeitende Menschheit, und auch die zeitweiligen Arbeitslosen - in den Stand der ersten Weltreligion. Ohne Dogma ohne Erbsünde, ohne Schuld und ohne den negativen Gott - der von mir - Gott - dem allmächtigen nicht erschaffen wurde - anbeten zu müssen, der die Menschen nur in Unglücklichkeit geführt hat.

Jeder religionsangehörige kann in seinem Glauben bleiben, doch in der Spiritualisierung der Industrie geht es nicht mehr um Glauben, sondern um Wahrheit. Nämlich die Wahrheit, die in jedem einzelnen ist - sie wird durch die Spiritualisierung der Industrie zum Vorschein gebracht. Da die Industrie nun im Stand der ersten Weltreligion ist - kann sie sich durch spirituelle Entfaltung dann auf das Niveau der Sonnensystemreligiosität bringen. Ich gehe hier bewußt nicht weiter, doch der Tonstrom Gottes, und dessen Evolution - also Gott in Aktion - Bewegung, wird schon alles dahinbewegen, so wie die Atome keine festen Teilchen sind sondern Energiewirbel nach Lord Kelvins fabelhafter Erkenntnis - aber auch Atome - Wirbel, sind sterblich, da sie zum Bereich der Energien gehören und nicht der Spiritualität, die ewig ist. Atome und Energien sind vom negativen Gott Kal Niranjan geschaffen - und sämtliche Schöpfung ist sterblich - doch das was du bist - das Göttliche - ist ewig unsterblich. Das ist keine Energie mehr.

Die Arbeit, die schöpferische Tätigkeit, das Tun, wird hiermit zum Religiösen Tun ernannt, zum spirituellen Freisein der Schönheit und des Guten.

Daraus entsteht spirituelle Entfaltung - doch da nicht darauf hingewiesen wird, geht die schöpferische Tätigkeit unter in materieller Gleichgültigkeit. Deshalb soll die Industrie METAMORPHOSEZENTREN konstruieren - wo spirituelle Energie oder Spiritualität freigesetzt wird - auf Dreidimensional gebracht wird - wo sie dann in das schöpferisch kreative Wirken aller Beteiligten ihre Segensreiche, produktive erfrischende und bereichernde Wirkung hat.

Die Metamorphosezentren oder Releas - Paläste müssen eine Art Erfrischungsstation sein.

Von Zuhause zu Arbeiten - von der Arbeit Nachhause oder direkt. Ihre Funktion beinhaltet sämtliche Praktiken, die zur geistig physischen Erfrischung nötig sind plus die Einstimmung auf Gott - bevor man zur Arbeit geht oder danach oder zwischendurch. Die alten Provinzreligionen sind dazu viel zu verknöchert - zu übel - zu zielgenau - und vor allem viel zu viel Schäferbewußtsein. Und wie wir ja alle wissen, der Schäfer ist ja in Wirklichkeit der Feind der Schafe, er nutzt sie nur aus, benutzt sie für Zwecke und tötet sie am Ende sogar. Das war im Mittelalter die Realität. Und jetzt unter den Fanatikern die keine Liebe haben ist es genauso, auch sie leben noch im Mittelalter ihrer Geistigen Umnachtungen. Jetzt sind die Religionen zwar Menschenmäßig fett - und Kapitalistisch auch bis in die Mafia - trotzdem spirituell sind sie die Hüllen - ihre Führer sind Spirituelle Wracks, nichts mehr als philosophische Scheinwäscherei, diabolische Rhetoriker, sophistische Dialektiker.

ICH DEGRADIERE HIERMIT DIE RELIGIONEN ZU BLOßEN SOZIALEINRICHTUNGEN SOZIALVEREIN - STATUS.

Die Industrie muß die Situation der Masse der Menschheit erkennen. Menschen wissen mehr und mehr, daß sie göttliche Seelen sind. Das neue Bewußtsein will nicht seine Zeit mit der Fabrikation von Materie allein beschäftigen.

Es wird gefragt : Wo komme ich her - Wer bin ich - Wie funktioniert der schöpferische Ablauf - Und wie kann Intuition meine Kreativität fördern - Wo kann Harmonie die Weltwirtschaft schützen ,oder wie kann Bewußtsein erhöht werden, damit meine Arbeit mehr Niveau hat - Wie wird globale Liebe verwirklicht - Was ist der beste Zusammenhang von Arbeit, Menschheit, und Industrie, global, und so weiter und so weiter.

Man sagt sich zwar heute, prima, die neue Technologie, das Auto, die technologische Kommunikation - Computerroboterei - das wird ja geschätzt doch ist die Suche weit höher, weit Feiner, Nobler, Edler.

Heute wird gefragt: Wie kann Ökonomie göttlich werden, anstatt Naturvergiftung. Und dahin muß man die Menschen , die Seelen hinführen. Man muß ihnen Angebote machen. Bewußtseinszentren erbauen. Dort wird auf Gott, auf dich selbst eingestimmt, dann geht man wieder zur Arbeit - und so oft man will am Tage - das muß erkannt werden.

Die Zentren müssen vom Nobelsten, vom Feinsten, Lichtdurchflutet, erbaut sein. Die Industrie, die Menschen, sind trotz politischer Schizophrenie, trotz religiöser Engpässe, global weitergekommen. Das Schaffen, das Tun, - die Arbeit - die Liebe zur Arbeit, zur Kreativität, ist viel größer als die Liebe zur Religion - und Gott selbst ist ja niemals so billig wie die Religionen und deren

Manager es sind.

Es gibt ein schönes Gedicht von Ulrich Schäfer- LEBENDIG.

Es kommt eine Zukunft
da werden nicht nur einige, sondern fast alle erkennen,
dass der innere Mensch, der lange vernachlässigt wurde,
einen großen Wert hat und gepflegt werden muß.
Unterm Strich wird es nicht um Finanzen gehen,
sondern um Gesundheit der Seele,
Profit wird hinter der Entwicklung der Persönlichkeit
Zweitrangig sein.
Und Sicherheit wird an guten Beziehungen gemessen werden,
und nicht an der Höhe der Pension.
Laßt uns das hoch schätzen, wo Leben stattfindet,
und uns füreinander öffnen
und für die Entfaltung dessen, was möglich ist,
für die Gesundung im Körper, in der Seele und im Geist,
für die Ausdehnung Gottes in unserem Leben.
Es gibt keinen Ersatz für wirkliche Lebendigkeit.
Laßt uns die Angebote ablehnen,
bei denen von uns erwartet wird, das abzulegen,
was wir tief in uns als richtig erkannt haben.
Dies ist unser Leben,
das einzige, das wir zu steuern und zu führen haben.

Ok, weiter mit dem Text zur Meditativen Sache. Also, die Musik ist global, universal, Galaxiendimension - sie braucht keine Wörter, sie kommt direkt aus dem Heiligen Geist Gottes, oder dem Tonstrom Gottes, der dies alles geschaffen hat. Pythagoras - Sokrates - redeten von der Sphärenmusik - das ist der Heilige Geist oder Tonstrom , der Atem Gottes oder das Wort Gottes. Religionen sind schon fast Welt und Lebensfremd, weil sie Managementallüren der Nachsteinzeit sind.

Die Bewußtseinszentren - die Metamorphosezentren - sie sollen ein internationales Kontinuum sein - dort wird Hack und Kackordnung entfernt. Hier geht es um Kommunion, Einstimmen auf das Göttliche in Jedem und in Allem, der Blick nach oben auf die Gestirne. Alle möglichen Praktiken und Heilmethoden, die es Weltweit gibt, müssen dort Anwendung finden. Aber alle Heilmethoden gehören noch zur sogenannten psychologischen Welt, den vier Welten, die zerstört werden, irgendwann - deshalb sind alle Heilmethoden bloß Bereiche, die zur Energieverschiebung gehören - Magie - dort werden physische Welten verschoben. Für mich ist auch das Astrale physisch, das Kausale und das Mentale, diese Welten sind nämlich noch keine reine Unsterblichkeit - und damit wird der Fundamentalphysik auch gleich der Boden genommen. Dort werden physische Energien mit mehr oder weniger Lichtenergie manipuliert.

Auch die Psychologie ist bloße Magie - nichts weiter - sie paßt gut in die Religionen hinein, das sie auch viel Humbug präsentiert, und viel Wind gemacht wird mit Worten und Vorstellungen. ABER WER IST DERJENIGE DER SICH DA WAS VORSTELLT ? Die Industrie kann anstatt Kriegsmaschinerie zu produzieren ihre Tätigkeit zur eigenen Spiritualisierung verwenden. Arbeit ist direktes Göttliches Tun. Die Schöpferkraft ist am direktesten im Kinde präsent. Diese schöpferische Energie - Präsenz - Essenz ist in jedem menschlichen Körper. Sie kann aktiviert werden, für weit bessere höhere Prozesse, als man es sich heute in der Industrie überhaupt annähernd vorstellen kann.

Ich will bloß noch einmal SAI BABA erwähnen. Dieser Mann materialisiert aus dem Nichts (Das nicht Nichts ist sondern volle Power) durch die Kraft seiner Gedanken und Vorstellungen, weil er entflammt ist und die anderen unentflammte Streichhölzer geblieben sind. Das ist niemandem auch nur im geringsten klar, auch wenn es intellektuell als Information akzeptiert wird, bedeutet das längst nicht, daß es wirklich klar verständlich ist.

Bilokation - Transformationskörper - Hellsicht - Astralreisen - Ufos - andere Zivilisationen - galaktische Wesen - verschiedene Gottheiten - also mächtige Seelen, die die jeweiligen Herrscher dieser Welten sind - andere Hauptstädte in anderen Welten - die aber alle zu dieser einzigen Welt gehören - auch, wenn sie durch höhere Lichtgeschwindigkeiten - Bewegungen - dem physischen Auge jetzt nicht sichtbar sind - und vieles mehr - all das gehört zur Wahrheit - ist Wahrheit - keine Illusion. Aber wie schon erwähnt, auch die Illusion ist Wahrheit solange wir rein Sinnlich dahinleben, werden wir auch von einer Illusion in die andere Torkeln bis wir mehr und mehr aufwachen.......müssen.

Die Industrie ist jetzt noch Rudimental, doch in der Masse der Menschen wächst das spirituelle Bewußtsein. Mann und Frau wird sich seiner - ihrer selbst bewußter. Sie ist nicht bloß mehr wach und produkthungrig. Er auch nicht. Es auch nicht. Auf Atlantis haben die Materialisten gesiegt. Das Resultat war Selbstzerstörung - ganz einfach weil keine bessere Qualität mehr zu sehen war. Ohne Gottesbewußtsein wird jede Industrie dort hinkommen. Ohne Einstimmung auf Gott - auf sich selbst Lieben können - müssen - wollen - ohne Einstimmung auf die göttliche Tat, Arbeit, wird bloßer roher Materialismus weiter so wie gehabt die Erde verschandeln - vergiften . Das bezieht sich auf das physische verschandeln der Erde - aber auch auf das mentale geistige Verschandeln des Innenlebens - des Denkens, Sehens, des Emotionalen, des Philosophischen und des Humanen.

Hemingway soll mal gesagt haben : „Du mußt im Leben die Fähigkeit haben, zu unterscheiden was Gold und nicht Gold ist". Ohne gute glasklare Unterscheidungsfähigkeit geht es nunmal nicht. Bukowski hat mal geschrieben: **„ Der Mensch wird als Genie geboren, doch die allermeisten sterben als Idioten „** . Darin ist sehr viel Wahrheit, aber das sogenannte materielle darf nicht auf Kosten des Spirituellen verneint werden. Das wäre katastrophal. Dann würde es so schlimm wie in Indien werden - wo nun 1 Milliarde Menschen deliriös herumtorkeln mit einem Lächeln auf dem Gesicht, auf Pappe schlafen und eben nun indische Verhältnisse erreicht haben. Aber nur einige wenige, prozentual gesehen, sind wahrhaftige spirituelle Giganten geworden. Das Ziel ist die Einheit und die ist sowohl physisch - spirituell - auch wenn das physische bloß der Anzug - das Kostüm - der legere Pull-Over, die komfortable Hose - oder der geile Seidenslip ist. Wir wollen ja nicht Nackt herumlaufen. Im Vatikan liegen Bücher, die den Entwicklungspfad der Seele zeigen. Das wurde aber von den Päpsten, nicht den Schafen, als Nahrung angeboten - weil ihr ja das blöde Volk seid, weil ihr ja Erbsündig seid, weil ihr ja schlecht, böse, inhuman, seid. Ungöttlicher Quatsch. Es liegen noch sehr viele Bücher dort, die für die positive Entfaltung der Menschheit wichtig sind, die aber bewußt aus Machtgründen den Schafen enthalten wurde und werden, sonst bräuchten sie nämlich keine Schäfer mehr. **Deshalb , alles was Menschen abhängig machen soll, muß vernichtet werden ! Aber auf friedlichem Wege !**

Doch die Wahrheit ist auf ewig jung. Und Religion ist alt - Manipulativ - verlogen - korrupt - politgeil - und zutiefst zynisch gegenüber dem schönen Leben. Alle Kardinäle sind Tyrannen, alle Theologen sind Onanierer, Onanierer der Rhetorik, der Worte und des Glaubens an die eigene verlogene Fantasie. **Theo - logen Theo** ist ja das Wort für Gott, aber nur das Wort, nichts mehr, und **Logen** , darin liegt ja schon das altgermanische **Lügen** - also, jene, die Gott belügen, sich also selbst belügen.

Vielleicht gibt es ja noch genügend Wahrheitssucher in den päpstlichen Universitäten, die in die Vatikanbibliotheken schlüpfen können, um dort wichtige Bücher abzulichten und der göttlichen Menschheit zugänglich machen. Denn das Machtzeitalter der Geheimsprachen ist schlichtweg für Senile Idioten - für eingeweihte Perverse - für erleuchtete Kriminelle. Aber nicht für Gott oder Sucher danach.

ICH ENTEIGNE HIERMIT DEN VATIKAN. SÄMTLICHE BÜCHER IN DER BIBLIOTHEK DER RÖMISCH KATHOLISCHEN KIRCHE SOLLEN HIERMIT DER MENSCHHEIT ZUGEFÜHRT WERDEN .

Der Sieg des Geistes über die Materie, von dem die Wissenschaftler so fasziniert sind, ist ziemlich ignorant. Es geht doch garnicht um Sieg über die Materie, das allein ist schon der üble Punkt, es geht um Harmonie - denn der Sieg des Geistes über die Materie würde ja sofort Tod bedeuten. Und was soll überhaupt besiegt werden ? Denn Materie ist ja keine Materie sie ist selber Geist, bloß in verdichteter Geistigkeit. So wofür ? Wogegen ? Sieg und Heil das sind doch zu gut bekannte Begriffe ! Das Dilemma ist doch uralte schwarze Magie. Jesus hat auch nie über die Materie gesiegt. Er wäre aber fähig, sie zu harmonisieren. Die Juden, damals, waren ja eine Gruppe Wilder - Auge um Auge - Zahn um Zahn Leute - und das schon, wenn man ihnen einen üblen Blick zuwarf. Mit der Hand oder mit einem Teller. Das war deren Welt. Die waren noch so blöde und Roh das sie Tiere opferten, und abschlachteten, um ihre Gottheit Jehova etwas Blut anzubieten, solche Tiere waren das noch , nicht mehr und nicht weniger. Die Israeliten sollen sogar das Menschenopfer eingeführt haben, laut Edgar Cayces Aussagen. Jesus selbst sagte : **Ich und Pappi sind eins**. Also ich und der Schäfer sind dasselbe. Also ich bin Gott - heißt das im Klartext. Das ist sehr wichtig - denn immernoch versuchen viel zu viele Euch, Dir, zu sagen, was Du zu tun hast und was nicht, so daß ihre eigenen Interessen gut geschmiert sind. Der Oberhirte im Vatikan sagt das nicht, das er eins mit Gott ist - er ist bloßer Stellvertreter Gottes auf Erden. Kein Wunder, daß der dann so viele Faddeldaddelsachen macht und erzählt. Außerdem würden ja sonst die Kirchensteuerzahler ihre eigenen Wege beschreiten - wenn ich selber Gott bin, brauche ich doch mir selber keine Steuern zu zahlen. Überhaupt ! Für Gott Steuern zu zahlen ist schon mehr als ein Hohn an Gott - aber auch an eure eigene Idiotie.

Es ist der Gott Brahman - der Gott der Schöpfung - der Gott der Beinhaltung des Negativen. Und der verlangt Steuern, um das leben schwer zu machen, es unfrei zu halten. Deshalb sind die Schöpfungsreligionen alle Horizontal gefächert - in 2-3- 500 Millionen Menschen und mehr. Doch vertikal gibt es da nichts zu sagen. Die Schafe werden noch heute zur Blödheit hinmanipuliert. Sowas darf heute

25

nicht mehr gemacht werden. Keine Organisation, keine Gruppe, kein Mensch darf andere für seine Machtziele benutzen. Humanität verlangt nur das beste : **Für Jeden !** Doch Gott lacht, lebt und ist glücklich, und tanzt und singt, musiziert. Deswegen müssen die globalen Industrien anfangen globale Bewußtseinszentren zu spinnen. Universitäten sind purer Schund dagegen, vergleichsweise mit dem, was ich unter Spiritualisierung der Industrie verstehe und anstrebe. Wenn die Industrie das nicht realisiert, wird sie eingehen wie alles zuvor. Hinter der Fassade und davor ist die Industrie doch schon mehr als fragwürdig geworden. Die Habgiersucht wird ihr nachgeworfen. Die Dominanz - der Politiker - man sagt die Industrie erpreßt die Politik förmlich mit dem Argument der Arbeitsplätze, mit Arbeitslosigkeit. Wenn sie ihre Forderungen nicht erfüllt sehen, ok, dann rationalisieren wir mehr, noch weniger Arbeitsplätze und so weiter und so weiter. Doch die Jugend sieht sich den Fundamentalphysikstupor nicht an - oder den Biochemiestupor. Sie ist wach. Wenn Professoren sich ein Kauderwelsch zusammenspinnen, wo es heißt, :**ES GIBT KEINEN GOTT KEINE SEELE** das existiert nicht - das Leben ist ein purer Zufall- ihr seit sozusagen bloßer Zufallskram - aus Chaos geschaffen und im Chaos wieder untergehend - dann ist das sozusagen gleichzeitig der Dolchstoß für die menschliche globale Existenz denn was du säst, das sollst du ernten - Kausalgesetz - Ursache- Wirkung - Bewußtsein soll bloß ein Nebenprodukt der Materie sein - dabei ist es genau umgekehrt - also idiotischer kann die Uni, die Philosophie, der Sophismus, diese Menschen, doch wohl nicht sein - als ob die Sonne aus Schrott entstanden ist, als ob die wirbelnden Atome aus irgendeiner Form von schwachsinnigen Idioten geschaffen wurde. Da fragt man sich : Ja wenn sowieso alles stupide ist, wieso überhaupt etwas leisten, erforschen, wenn ich bloß blind bin, Leben keinen Sinn hat und ich bloß ein Biochemisches Würfelspiel bin. Ja, was soll das Ganze ? Wofür ? Zur kalten Hölle mit euch Idioten, der Gesellschaft, der Menschheit. Ich selbst würde meine Kinder auch nicht zu solch einer primitiv Uni - Irrenanstalt geben. Dann laß ich sie privat wachsen. Oder weigere mich, sie sogar in den staatlichen Schulen verblöden zu lassen. Jaa, der Staat muß gleich auf riesigen Schadenersatz verklagt werden. Aber den Staat gibt es garnicht, denn es gibt ja bloß Menschen mit ihren Ideologien und Zielen die sie für sich aber im Namen der anderen verwirklichen wollen und tun. Wenn du zum Staat kommst dann kommst du zu Erna Sack und Willy Spinnkopf, mit dem Etikett von Richter oder Doktor auf der Stirne , mehr ist der Staat nicht, die anderen sind bloß alles Schafe und Gläubige im tiefsten Taumel der Illusionen verstrickt. Und privat wächst eben ein völlig anderes Bild zusammen, das total andere

Ziele hat als bloßes Produktpaletten Milieugetue.

Das sind Bewegungen, von denen die Industrien - die Universitäten - wohl kaum etwas mitbekommen. Man ist sich bewußt, daß das Denken Elektromagnetismus bringt - man weiß, daß der Mensch aus mehreren schichten von unterschiedlichen Körpern zusammengesetzt ist. Physis - Astral - Kausal - Mental - Seele - Gott Man weiß das Leben ewig ist. Das sich Kleidung ändert, das man seelisch ist. Man ist sich bewußt, daß Ursache - Wirkung auf den Körper einwirkt aber nicht auf die Seele. Das Vorstellungen multidimensionale Realitäten werden. In diesen spirituellen Zentren werden Methoden, Wege, Einsichten, und Lebensläufe entwickelt, die aus abgrenzenden Menschen wie Christen - Moslems - Atheisten Agnostiker - oder Sozialisten - bessere Menschen machen. Bessere Menschen schaffen bessere Gemeinschaften, bessere Gemeinschaften führen zu besseren Staaten zu einer besseren Welt. Natürlich bin ich mir bewußt, das Erleuchtung eine bioelektronische Gehirnfunktion ist, durch die dann erst die höheren Dimensionen sichtbar werden, weil man die Fähigkeit hat, von 300 000 km/ sek des Sehens, über diese Geschwindigkeit hinaus zu sehen, weil unterschiedliche Körper und Geistfunktionen auch andere Sehgeschwindigkeiten haben, da die Schwingungen sensibilisiert werden. Und man weiß von der Öffnung des dritten Auges in der Stirne, wo man entweder die drei Dimensionen wahrhaftiger sieht, oder aber die Bereiche aller anderen Dimensionen der Welten sehen kann, inklusive das Himmelreich Gottes, daß dort die Geschwindigkeit des Göttlichen Auges deiner selbst, die Höchstgeschwindigkeit hat. Je nachdem , ob die untere oder obere Öffnung geöffnet wurde.

Jesus hat gesagt : Seht zuerst daß ihr das Himmelreich Gottes in Euch erreicht. Das muß ja was bedeuten, zumindest das ihr meditative Praktiken anwenden könnt, um das zu erreichen. Und diese Praktiken gewinnen mehr und mehr an Unterstützung durch eine größere Akzeptanz in der Masse der Industriemenschen. Selbstverständlich ist der Vatikan dagegen. Das ist doch klar. Der Vatikan will ja auch nur Schäfchen, keine freien Wesen. Das Hirten Schaf
Werbeplakat wurde ja nun wirklich bis aufs äußerste ausgereizt. Ebenso ist der Islam Hulla Mullah Zirkus gegen die freimachenden Praktiken der Derwische oder der Sufis. Aber der Vatikan ist nicht der Vatikan - es sind einige Menschen, die das Selbstmorddogma vertreten und Unfreiheit wollen. Genauso ist es im Hulla Hulla Mullah Trulla Islam, es sind bloß einige Menschen die Unfreiheit wollen, denn sie sind noch Träger des Negativen Schöpfungsprinzips aus uralten Zeiten, als es noch En Vogue war alles was anders aussah und anders stank und anders furzte und anders Sprach, sofort platt zu machen, denn das war ein Zeichen von Stärke und Wahrhaftigkeit aber auch von wunderbarer Raubsäugerlogik, und die ist in vielen der vergreisten vereisten und verschleißten Kirchenunterfuzzys noch heute vorhanden. Weil die so selten die Fenster aufmachen in ihren stinkenden Alptraumtürmen. Die ursprüngliche Sache jeder Religion, die kein Messias oder kein Buddha oder kein Mohammed jemals gegründet hatte, aber trotzdem, die ursprüngliche Sache war immer die Freiheit des menschlichen Wesens durch Richtlinien, Wegweiser, Praktiken, Gebote, die der Läuterung also Reinigung, des Menschen dienten. Um die Sublimierung seines Rohfleischfressertums und alles was dazu gehört voran zu bringen, Irgendwo ist diese Quelle der Schriften ja noch da.
Dieses Potential aus emporwachsendem spirituellem Kreativismus kann man unterstützen durch dafür erbaute Zentren. So kann man auch selbst im Land Nachwuchs schaffen, der nicht immer nach Indien trotten muß, stattdessen lädt man die Meister zu sich ein. Alle die ein höheres Bewußtsein haben - und alle haben eins - es ist bloß in seiner Entwicklung auf andere physische Niveaus eingestellt, haben ein anderes Magnetfeld. Diese Energie wirkt sehr positiv auf den Physisgeist. Er ist sozusagen mit Glückseligkeit geladen. Das bekommen jene mit, die in ihrer Nähe sind. Kein Wirtschaftsboss kann das von sich sagen, daß er eine harmonische, liebevolle, glückselige Ausstrahlung hat - und ein Politiker schon garnicht. Da herrscht Kraft - mentale Wucht - Wissen und Machtgeilheit vor. Ein glückseliger Chemiker, Physiker, Ingenieur, Maler, oder Elektriker kann die gesamte Weltindustrie revolutionieren. Weil er auch die

Fähigkeit hat, Wissen aus der Astralwelt - Kausalwelt et cetera , anzuzapfen. Er kann sogar mit anderen Zivilisationen Kontakt aufnehmen, die genauso

zur Welt gehören wie die Erdbewohner zur Welt gehören. Hier gebe ich gleich einen weltweiten Anpfiff gegen das Militär - das Stupide - das in allem einen Feind sieht - ohne Feindbilder nicht existenzfähig ist. Militär muß vom Erdball verschwinden - dieses Idiotentum hat genug gemordet - Kinder gemordet - Mütter gemordet - Väter erschossen - unschuldige getötet. Als die Astronauten vom Mond zurückkamen, wurden sie in Quarantäne gebracht - weil der Mond wohl eine Seuche ist - auch das Material - diese Halbaffen - der Mond ist direkt mit der Erde verbunden, alle Planeten, alles ist mit allem verbunden. Seine Energie strahlt ununterbrochen auf die Umgebung ein. Dazu gehört auch die Erde. Und umgekehrt ist es auch.

Nun ja, es könnte Kontakt zu anderen Zivilisationen aufgebaut werden - durch Seelenreisende, um von denen zu lernen, die uns um Lichtjahre voraus sind. Das ist gut an Ufos erkennbar. Für die Industrie hört sich das wohl überspannt an. Doch das ist es nicht. Das ist bloß der Anfang. Man dachte auch, daß der

Schall nicht durchbrochen werden kann. Jules Verne war auch noch da. Und nun ? Die alter - nativen Einsichten, die abseits von der illusionären Sicherheit des Kollektivmatsches stehen, von Establishment, haben längst erkannt, das durch meditative Praktiken und der Beschäftigung damit, mit Selbsterkenntnis et cetera, etwas außergewöhnliche interessantes entfalten wird, nämlich das Potential deines wahren Wesens, das schlichtweg faszinierend ist. Und immer , wenn ein hohes Glück möglich ist, verlieren die niederen Glücksmöglichkeiten Sinn und Reiz. Das kann leicht gegen die Wissenschaft und Industrie angewendet werden. Ist es nicht Weise, sich diesem größeren Glück anzuschließen, es in den Lebenskreislauf einzubeziehen, durch **Meditative Metamorphose - Bewußtseinszentren !?**

Es öffnen sich für die Menschen neue Wege, die zur größeren Erfüllung führen. Sie haben durch Automation bessere Arbeitsbedingungen, die sie sich erkämpft haben - da die Industrie ja nicht freiwillig gab - also herzlos gab - also alles erkämpfte ,durch Kampf der Industrie, wieder weggenommene werden würde, wenn sie nur könnte - weil die Besitzer ja unter der Illusion leiden, daß ihnen etwas wirklich gehört - und die Megamanager sowieso alles verjubeln weil ihnen garnichts gehört und sie bloße Kleinwahnsinnige Größenwahnsinnige sind, und so den Aktionär, ganz einfach abzocken, wenn der so blöde ist. Sie sind sich dessen nicht bewußt das hier auf der Erde der Mensch bloß Verwalter ist oder Liebhaber, und nicht der Besitzer. Aber so ist das wenn man nicht weiß wer und was man ist und dumpfe tierisch-menschliche Eigenschaften lebt. Alles gehört dem Göttlichen - mir also - und ich gebe alles freiwillig zur Verwaltung, ok. Die Industrie ist ja von Macht, Hab - und Geltungsgier getrieben. Heutzutage paßt diese Einstellung so in die Welt wie Stalin in den Vatikan gepaßt hätte. Die **Metamorphosezentren** können dabei wichtige Hilfe leisten, die dann auf die Industrie zurückstrahlt in Form von hohem Arbeits-Leistungs - Schöpfungswillen und Freude.

Irgendwie bin ich auch teilweise gegen Buddha, Jesus, Mahavir, Ching Hai,und die anderen Erleuchteten, was sie von sich behaupten, was ja prima ist, doch wäre ihre Fähigkeit wirklich Göttlich, so wäre sie total. Erleuchtung ist immer individuell. Es sind Fähigkeiten für dich, Erweiterungen und soweiter. Weil sie Lehren aufgestellt haben, die das ganze verneinen, woraus dann -Du - Gott erwachen sollst. Und kann ein Gott jemals erwachen, was ist das für ein Gott, der schläft ? Das ist pure Lüge, oder aber der Zweck heiligt die Mittel, um etwas rüber zu bringen, was nicht einfach rüber zu bringen ist, aus deren Sichtweise. Denn nur durch die Akzeptanz der Totalität von dir kannst du alle Energien mobilisieren, die als Einheit zum Göttlichen bringt und vordringt. Das ist alles mit viel Arbeit verbunden. Gott selbst ist Energielos. Das scheint neu für euch zu sein, nicht wahr.! Die meisten sind Lügner, habgierig und machtlustig, listig, bloß bei ihnen kommt es in verfeinerter Art zum Vorschein, man muß da schon sehr aufpassen. Wenn Buddha von der zweifachen Ichlosigkeit redet im Diamant Sutra - dann sieht man, wie das Manipulation ist - denn wenn kein Ich da ist, kann auch keine zweifache Ichlosigkeit da sein, wo sollen die beiden Ichs herkommen . Das ist also die typische psychologische Arbeit die von den Luftschlössern der Patienten die Miete einsammelt. Aber da die Ichlosigkeit nicht da ist - Was ist sie dann?

Die zweifache Gottheit - vielleicht - Schöpfergott und Allmächtiger Gott.

Die zweifache Steigerung des Aufmerksam machens, daß es kein Ich gibt, an und - mir ist das völlig unwichtig, ob es ein Ich oder tausend Ichs gibt oder wer weiß was für Ichs gibt. Na und ! Das ist kein Problem. Es ist nur ein Problem für jene, die ihre eigene Ichhaftigkeit auf andere abwälzen wollen, ihren Einfluß auf andere übertragen wollen. Dazu muß das andere Ich geschwächt werden. Das ist die typische östliche Lebensverneinung derjenigen wie Buddha, nein, nein, nein.

Wir im Westen sagen ja, ja, ja. Das sagen die im Osten auch, im Norden auch und im Süden auch. Es sind bloß wenige die so ängstlich sind und keinen Mut haben den Trip hier auf der Erde ohne Gewißheit zu leben, sich selbst erkannt zu haben. Alles Leben ist Leiden - soll ja von ihm, Buddha sein - doch ich weiß aus eigener Erfahrung, daß alles Leben nun wirklich nicht Leiden ist - und wenn im Leben auch nur 5 Minuten glücklich waren, so ist das Leben nicht mehr Leiden gewesen. Ende mit dieser Verblödung.

Doch aus Vorsicht sage ich - beides führt zum Ziel - doch das Ziel, das sowohl Wohlstand als auch Spiritualität einschließt, kommt der Wahrheit näher, ganz einfach schon deswegen, weil sie umfassender ist. Als Lehre ist Buddhas Lehre Unattraktiv - und führt zur Verneinung der sinnlichen Zeiten. Den Körper als bloßes Ausscheidungsorgan zu sehen, ist einfach zu spitzfindig und vor allem zu Ungöttlich, denn sonst hätte er ihn ja nicht geschaffen. Buddha war damals in Indien wichtig gegen den Brahmanensumpf, den Vedenmist und andere Sumpfologien. Die Buddhisten heute, die wollen alle Buddhas werden, also wiedermal Gleichschiß Gleichdenk und Gleich Gleich Gleichologie. Natürlich ist diese Verneinung bloß der Fingerzeig für den Pfad, den Weg, daß du dich nicht damit identifizierst, während du auf der Suche zu deinen wahren Fähigkeiten, zu deinem Wesen bist. Aber wer den Geist sucht geht in die Irre. Soll Buddha

selber mal losgelassen haben. Da ja alle Arten von identifizieren auf dem Weg der Transformation nicht passieren darf - du mußt alles verneinen - um dich genau sehen und erfahren zu können - du mußt diesen Körper nicht als dein wahres Wesen akzeptieren. Was ja auch stimmig ist. Das ist die Sache aus dem Zen - **Wenn du unterwegs bist, ist ein Berg kein Berg - doch wenn du bei dir angekommen bist, ist ein Berg wieder ein Berg.**
Aber den Körper so negativ darzustellen wie es die Buddis machen. ist schlichtweg ohne Reiz für ihre müde Weisheit. Die Sicht ist einfach zu primitiv. Primitiv deswegen, weil wir den Körper ja tragen - ohne ihn könnten wir hier niemals unsere wahre Natur erkennen, das Göttliche das wir sind .! Er ist ein göttliches Eigenprodukt. Auch wenn er vom Schöpfergott geschöpft wurde - auch wenn der Kal, oder Brahma oder Schöpfergott, laut Seelenreisender , negativ und zerstörerisch ist, auch er ist göttliche Seele und sicher ein sagenhaft mächtiges Wesen voller Schönheit, und erleuchteter als die Menschen es zur Zeit sind. Aber in diesen Lehren dieser noch über das Yoga weit hinausgehenden Meister und Buddhas, da ist sogar diese Drei Welten Kombination, in der auch unsere Physische Welt gehört, eine Art von Gefängnis, in der die Seelen gefangen sind, wegen des Kausal Dings, und weil die Seele oder Ich, oder Du da niemals alleine rauskommen würde, sagen zumindest die Vertreter dieser Erfahrungsbereiche. Dazu gehören die ganzen Linien von Hazur Soami Ji Maharaj, dem Gründer des Radha Soami Systems der Spirituellen Wissenschaft und Philosophie. Seine Familienname war Seth Shiv Dayal Singh . Aus dieser Linie, die weit in die Jahrhunderte zurückgeht, Kabir gehört dazu, und viele andere vor ihm , sind Hazur Baba Jaimal Singh Ji Maharaj, ein Meister oder Heiliger, und Hazur Maharaj Sawan Singh Ji , ein Meister, gekommen, und später Maharaj Charan Singh, ein weiterer Meister laut deren Aussagen, und dann kamen Thankar Singh der ja schon übel von den Journalisten in Deutschland platt gemacht wurde, und auch Soami Divyanand , der in Deutschland die Zeitschrift Visionen aufbaute, gehört zu der Linie dieses Soami Ji Maharaj der das Buch Sar Bachan hinterlassen hat, was sehr aufschlußreich ist in bezug zu deren Erfahrungen im Aufstieg der Seele in die höheren Welten. Auch die heutige Meisterin Ching Hai hatte sich in dieser Linie Initiieren lassen und zwar von Thankar Singh, aber sie suchte noch weiter, und taumelte eine Zeitlang im Himalaja herum, wo dann ein mehrere hundert Jahre junger Meister Khuda Ji schon auf sie wartete, und der ihr dann den letzten Segen gegeben haben soll, was sie zur Menscheninitiation befähigte. In meinem zur Zeit noch unveröffentlichten Buch : „Psychologie der Meister," zeige ich den wissenschaftlichen Weg und die Praktiken dieser

Heiligen oder Meister, die Weltweit ohne ihres gleichen dasteht, und weit über die Lehren der Veden oder Avatare oder Seher und weit über die Einsichten der Propheten und Religionsgründer hinaus geht, da diese Menschen ihre Seele von allen drei Körpern gelöst haben, dem groben, dem feinen, den kausalen, und so über die Himmel hinaus gekommen sind, und dann die unterschiedlichen Spirituellen Welten erforschen konnten, und das dann wieder zurückbrachten hier auf die Erde. So diese Heiligen sind weit weit einsichtiger und reiner als alles was sonst auf der Erde Aktiv war. OK, zurück zu Buddha, deswegen ist Buddhas Weg zwar auch der Weg zur Erleuchtung, die aber bloß der Anfang ist, nämlich der Anfang des Aufglühens, des Justierens, des Einstellens auf die Multischichtige Wirklichkeit in Dir und außerhalb Dirs.

Ich achte und liebe meinen Körper. Ich übernehme zwar die meditativen Praktiken des Shabd Yoga - der Meditation - doch nicht die Lehre Buddhas - aus ihm nehme ich nur, was für die Konstruktion eines lebensverschönernden Seins paßt, für diese Uhrzeit, in diesem Jahrtausend.

Meditation - Yoga - Selbsterforschung ist viel wichtiger als Buddha. Die Methode ist in diesem Sinne wichtiger als der Mensch (Blödsinn, was nützt eine Methode, wenn kein Mensch da ist) Doch wichtiger als die Methode und der Mensch ist Gott - Du also. Und Ich natürlich auch. Ich habe keine Schwierigkeiten mich als Gott zu akzeptieren. Deswegen brauche ich keine Methode. Alle die, die Methoden brauchen, wissen nicht - oder wollen es nicht wissen, was es ist, Gott zu sein. Oder wie es ist Gott zu erfahren. Ich kann euch mit Sicherheit sagen, Gott zu sein, ist das Normalste, was es im gesamten Leben gibt, in allen Existenzen und Welten und Überweltenwelten. Und auch jemals geben wird. Niemand ist Normaler als Gott. Jeder, der bloß Mensch sein will, ist schon mit Unnormalität geplagt, deswegen ja die Suche und die Praktiken und die Reinigungen und die Meister und Buddhas. Aufgrund falscher Identifikation mit dem Körper. Ich erfahre mich konstant mit meiner Schöpfung als Göttlich. Die Frage nach der Allmacht stellt sich mir garnicht. Wozu auch. Nur Menschen wollen Allmacht, als Beweis, als Habgier. Als Gott brauche ich keine Macht, keine Lust oder Liebe. Ich kann mich als solches aber erfahren. Die Menschen können nicht, noch nicht, richtig sehen. Durch meditative Praktiken kann die Sehfrequenz, die Geschwindigkeit, erhöht werden, so daß ihr Sehen die Wahrheit erkennt. Ein Wasserfloh kann auch sehen. Eine Schlange auch. Ein Reh auch. Und der Mensch auch. Politiker sehen anders als Grizzlybären, doch das Sehen endet nicht da. Der Mensch müßte ja nun wissen, da die Biologische Evolution von der Zeugung an, durch die Tiermetamorphose im Mutterleib gut erkannt werden kann. Früher als aquatisches Wesen hat er die Welt anders gesehen als später, als nichtaquatisches Wesen. So, daß Sehen verändert die Wirklichkeit. In der Erleuchtung wird die Sehfrequenz die Sehfähigkeit zur Multidimensionalität erhoben - Du bist - siehst alles. Du bist allumfassend in Allem. Die Sicht ist total kugelförmig . Die Indischen Yogis, Gurus, Meister, unterliegen alle einer gewaltigen Illusion. Sie glauben das Befreiung das höchste Ziel ist. Das können sie ruhig Denken und auch anstreben. Doch Befreiung ist eine Illusion. Denn Befreiung von was, wofür. ?

Für nicht Sein ! ?

Und so fallen alle Meister auch in die Manipulation zurück, was bei denen aber ohne Kausalzusammenhänge abläuft da sie über Zeit und Raum hinaus sind. Denn wo keine Zeit und kein Raum ist da ist auch keine Kausalität. So dein wahres Wesen ist Kausallos ohne Ursache und Wirkung. In der Form ist auch keine Unterscheidung , da dieser Denkmechanismus wie er mit der Physis verbunden ist, dort nicht mehr Existiert. Und Unterscheidung kommt nur aus dem Denken und Sehen in bezug zu den so genannten Objekten. Die Meister haben das Ziel Nichtsein erreicht, und wollen aber nun doch sein. Und so weil das ihr höchstes Erleben im Leben war bleibt ihnen garnichts anderen übrig als diese Lehren aufzustellen und andere davon zu überzeugen wie toll und fantastisch und erstrebenswert das alles ist. Und vor allen Dingen wie einfach und Leicht und soweiter, das stimmt alles garnicht. Buddha soll mal gesagt haben: In den letzten 5 Wiedergeburten war er Asket. Das reicht wohl erstmal als Anfang nichtwahr. Aus dieser Sicht oder Einsicht und Erkenntnis, ist es angebracht diesem ganzen Getue entweder Aufmerksamkeit zu schenken oder aber die Finger davon zu lassen, denn die Evolution, oder in poetischer Form formuliert, das Schleifen des Diamanten zum Brillianzpunkt geht sowieso von ganz ALL-EINE. Auch ohne Meditation, auch ohne Praktiken, rein durch andauernde Verbesserung deines Handelns und Tuns. Diese Diskrepanz der Meister ist der meisterliche Lügenweg. Die Lüge ist der Grundstein zur Habgier. Habgier entsteht erst aus der Lüge. Ich als Gott, wozu soll ich Habgier oder Lüge haben. Ob ich ewig bin oder todlos, ob ich nun zehn Jahre Lebe oder ob ewiges Leben existent ist, ist für mich als Gott unwichtig oder wichtig, relativ oder produktiv.

Doch es ist besser zu lügen als die Wahrheit des Nichtlügens in Situationen die lebenswichtig sind für das Individuum zu proklamieren. Insbesondere wenn die Lüge, die Habgier, Völkertugenden sind Weltweit, wie es zur Zeit der Fall ist. Da sonst das leben für den Wahrheitssucher am Anfang zu schwer gemacht wird. In allen Gesellschaften - Global - ist die Lüge - die materielle Habgier die Fantasiesucht - die Wahrheit geworden.

Lügst du gut, hört man dir gut zu, mit tausend Ohren. Erzählst du die Wahrheit, so wird das Ego anfangen zu Gähnen, weil es langweilig erscheint, da die innere Sucht nach Sensationen und Fantasiebildern aber auch total den ganzen Innenraum eingenommen hat. Erleuchtete und Meister können voller Haß sein. Ihr Mitgefühl ist Überlegenheitsgefühl. Also ist Mitgefühl Verblendung. Deswegen kommt Mitgefühl beim Kaputten, Säufern, Säuferinnen, armen Habenichtsen, gut an. Bei Emotionshungrigen, bei Nichtgeliebten, bei Krüppeln, Geplagten, und bei sonstigen Falschidentifikationen. Ich als **Gott** habe euch den freien Willen gegeben - ihr könnt tun was ihr wollt. So frei seit ihr. Was wollt ihr noch mehr.!?

Die Lehren der Erleuchteten sind voller feiner Verachtung. Die Meister sind Meister darin. Politiker sind Klumpfüße dagegen. Weil sie keine Meister sind. Diktatoren kümmern sich erst garnicht um Meisterschaft, sie fressen nur Blut und Tod und geben das auch noch roh zurück.

Die Spiritualisierung der Industrie hat auch was mit Liebe zu tun. Nicht die Geschäftsliebe - Geben und Nehmen - diese zutiefst Ungöttliche - diese Therapieliebe von Therapeuten unterstützt - diese Sicherheitsliebe, dieser Ekel vor dem Leben - diese Angst vor dem Leben - dieses Geben und Nehmen diese Unfreiheit - das ist eine der Haupteigenschaften , die zur Erlahmung der Menschheit führen.

Die Meister sagen, daß Ziel der Evolutionsprozesse die Entfaltung von Bewußtsein ist. Aber im Sinne von Entwickeln, Entfalten, wie der Falter. Doch tatsächlich ist schon alles, alles schon Bewußtsein, seiner jeweiligen Form und Tätigkeit, und die hat die Fähigkeit das auch noch zu erkennen.

Tiere sind bewußter als Blumen. Blumen sind bewußter als Kristalle. Der Mensch ist bewußter als das Tier. Das stimmt nämlich garnicht. Es ist bloß eine unterschiedliche Form der Bewegung, die ich mir erlaube. Ich bin genauso Stein oder Blume, Reh oder Mensch. Sie sagen , ein Jesus, ein Buddha, ein Mohammed, ein Laotse, ein Heiliger, ist bewußter als ein Mensch. Das stimmt, weil es das Aufblühen des unbegrenzten Bewußtseins ist. Doch fehlerfrei ist das nicht. Aber Fehler sind kein Irrtum. Und ein Irrtum trägt auch keinen Fehler in sich. Und wenn nun dieses fehlerfreie Bewußtsein der erleuchteten Meisterinnen sagt : Ein Buddha ist Bewußter als eine Blume, so ist das ein Fehler. Die Blume ist voll erblühtes Bewußtsein. Bloß jene, die sich als Gott nicht akzeptieren, sondern sich als Mensch sehen, müssen den Weg der Intellektuellen Unterscheidung gehen. So unterscheiden sie sich von allen Materien bis hin zu sich selbst, bis sie dann erleuchtet sind - erwachsen. Sich also ohne das Kleid der Materie, der geballten Ladung Masse in Licht und Ton erleben. Ihre Lehre, ihre Reise , die sie dann in Worte fassen, hört sich dann so an : Der Buddha der Jesus und soweiter ist bewußter als eine Blume. Sie verwechseln ihre Lebensform, ihre Energie, ihre Bewegungen mit dem Rest des Lebens, des Nicht So Sein Sollens, bloß weil sie die Erleuchtungskraft, die Lichtblende, die Krankheit der Erleuchtung noch nicht beendet haben. Sie sind noch geblendet.

Ich, Gott, kann garkeine unterschiedlichen Bewußtseinsstufen haben wollen. Habe sie auch nicht geschaffen, und werde es auch nicht tun. In jeder Form bin ich gemäß der Kapazität der Form tätig. Und diese Form ist selber aus Mir und mit Mir. Ein Stein ist kein Arm, eine Rose kein Auge, trotzdem sind sie wach, leben sie schön und edel. Bewußtsein macht sich also gemäß seiner vielfältigen Form aus Licht und Bewegung und Ton sichtbar. Eine Blume braucht nicht erleuchtet zu werden, sie ist es schon immer gewesen. Ein Diamant braucht keine Meisterschaft, er ist es schon immer. Die Bewußtseinsmelodie kommt ja aus den alten Völkern- Atlanter- Lemurier - Ägypter, und wie sie alle genannt werden - und sich eigenständig in Freiheit entfaltet haben. Ursache Wirkung ist bloß eine Sichtweise, doch was du denkst, das schaffst du, das wirst du sogar. Die alten dachten, das Bewußtsein, das höchste ist. Wenn dem so wäre, warum, sind dann die Erleuchteten voller Fehler, voller Verneinungen, voller Habgier, die sich nur nach innen gewendet hat, voller Verachtung. Die Lehre, die darauf basiert, daß alles Leben Leiden ist, stellt mich in ein ganz schlechtes Licht. Das wäre ja so, als ob ich euch geschaffen hätte, aus mir, der Unbeschreibliche, der Güte und Glückseligkeit und der bedingungslosen Liebe und vieles mehr, ich kann mich selbst nicht beschreiben und brauche da auch garnicht und rohnicht, denn alles Leben ist nicht Leiden . Wenn ihr so weiterdenkt, euch von den Psychoaposteln und Therapeuten und Erleuchteten sowas Aufdenken laßt, dann werdet ihr auch weiterhin Leiden. Alles Leben, die gesamte Schöpfung, ist pure Freude pure Liebe, pure Serenität, und pure Freiheit. Bloß euer Verstand ist verklebt und der Verstand leitet euer Sehen. Meine gesamte Schöpfung ist reinste Freude. Und bedingungslose Liebe. Aus Mir dem allmächtigen Gott oder wie auch immer ihr mich nennen Tuten und Täten Taten ,kann nur bedingungslose Liebe und Glückseligkeit kommen. Ihr habt bloß vergessen was und wer ihr seit und vor allem wo ihr seit. Nun seit ihr der Anzug ,die Jacke ,der Raumanzug ,die Turnschuhe , oder der Taucheranzug. Alles was ist, ist Ich. Oder denkt ihr etwa ich Gott stelle mir eine Welt vor die dann ganz anders sei als was ich selber bin, und wenn das auch so wäre, so wäre das ganz anders sein als ich ja auch ich.

Es gibt bloß Mich. Alles was ihr Materie oder Nichtmaterie oder sonst welche Kuckuckseier nennt ist Ich.

Alles Leben ist Leiden, das ist einfach falsch.

Und durch Leiden gesund werden ist auch kein Weg, daß ist bloß Trost, weil es Notwendig war - doch als euer Gott sage ich euch - ihr müßt aufpassen was ihr Denkt. Das Leben ist ja auch mit viel Leiden korrumpiert und ausgebeutet worden, doch schon allein semantisch ist das falsch - realistisch sowieso. Alles Leben haben nur wenige gesehen - Ich und einige andere mutige, die keine Angst vor dem illusionären Sterben haben. Und dann soll alles auch noch Leiden sein, das ist ja überblöde. Meint ihr etwas , Ich, Gott, schaffe Leben als Leiden, ich bin kein Perverser, ich bin kein Masochist. Bewußtsein ist ein indisches Problem. Es geht nicht darum , was du tust, sondern was du bist und tust, sagen sie, die Meister - doch das ist schon wieder indische Negativität - wenn, dann ginge es darum, wie du es tust, während du bist. Genauso blöde ist Sein oder Nichtsein - oder Sein oder Haben - es ist immer alles Haben und Sein, denn ohne Sein kein Haben - und ohne Haben kein Sein. Na gut, ich mach mal eine Ausnahme - ohne Haben ist Sein - denn das bin Ich, doch ihr habt nicht den Mut , euch als Normal zu sehen - ihr wollt spezial extraordinär zelebriert v.s.p. sein und so müßt ihr erst Haben, Habgier sein, damit ihr meint, ihr seit mehr als die anderen. Auf diese Zeit jetzt angewendet will ich bloß erwähnen, Ich der Gott, das Gott, es Gott, sie Gott, alles bloß Worte, um die sich der Verstand, die Physis zu Tode prügeln würde - Ich Gott will also erwähnen, daß die Methode genutzt werden soll, doch die Lehren nicht, da die Menschen im gewissen Sinne schon viele Eigenschaften zur Natürlichkeit gemacht haben, sie ihnen nun erlauben, auf dieser Basis, die höheren Dimensionen des Daseins zu erforschen, zu erleben. Die Masse der Menschen ist ja friedliebend. Es sind ja nur wenige, die in sogenannten Führungspositionen sind - Weltweit- die Relikte der Vergangenheit - die immernoch Schäfer sind - manipulieren und herrschen wollen - und glauben das sei nötig, sie tragen so ihre falsche Sicht ihre Schizoide Freude in die Massen . Daß muß durch Vergrößerung von Eigenverantwortung zum Schönen und Guten eliminiert werden, damit jeder Gott ist, wie Ich.

Natürlich bin ich mir auch der ungemeinen Aggressionen in der Masse der Menschen bewußt, die aber darauf beruht, daß sich die Menschen Zeit ihres Lebens haben beherrschen lassen und in innerer Unfreiheit leben, was auch als Tabu bezeichnet wird, aus Heuchelei, aus falscher Demut, aus Nichtwissen. Alles das soll in den **Metamorphosezentren** abgebaut , gereinigt werden, damit aus der sogenannten Arbeiterschaft, dazu gehören auch die Doktoren, Professoren, die Philosophen, die Diplompsychologen, die Kardinäle und die Päpste und die anderen **Religiösen Häupter** . Sie alle haben eine Reinigung nötig. Insbesondere die Mullahs. Mit den dann neuen Erfahrungen, in den **Bewußtseinszentren - Metamorphosezentren** müssen nun diese Themen bewußt angegangen werden. Nicht nur Intellektuell - Verstandesmäßig - sondern auch Existentiell, durch Erfahrungen mit gewissen Praktiken - oder Energie Umtausch - Verfahren - ähnlich der Elektrolyse. Hier erwähne ich einmal was meine **Heiligen** , oder zumindest einer davon zum Thema Reinigung, oder Erwachen, oder Bewußtsein, oder Seele und ihr Weg sagen würden: **Die** Welt ist unbeständig und verändert sich andauernd. Jemand der das erkannt hat, diese Durchgangstadien Situation**,** hier auf der Erde, macht den besten Gebrauch von seinem Körper, indem er das höchste Wesen verehrt oder anbetet oder Liebt. Dadurch, bringt er sein preislose Juwel, die Seele, die Essenz von allem, zu ihrer echten Heimat. Die Seele ist von den höchsten, Ebenen, der höchsten Gottheit, hinuntergestiegen in die niedrigste Schöpfung der dichtesten Materiewelten. Dadurch wurde sie in verschiede Attribute und Sinnesorgane verwickelt, auch in das Mental und seine Gedanken und Vorstellungen, und alles was dazu zählt, so das sie es sehr schwierig findet sich davon zu befreien. Freiheit von diesen Bindungen wird Befreiung genannt.

Die Sinnesorgane, das Mental, das sind innere Bindungen, während sogenannte weltliche Dinge, wie Familien, Freunde, und soweiter, die äußeren Bindungen darstellen. Die Seele ist so damit verwickelt und eingebunden, das sie sich nichtmal mehr daran erinnern kann wer und was sie ist und wo sie wirklich herkommt. Und ohne die Hilfe eines Heiligen, ist es für sie sehr schwer zu ihrem göttlichen Bereich zurückzukehren. Das was ein Mensch tun muß ist seine Seele wieder zurückzubringen zu seinem wahren ZUHAUSE, zurück zu seiner wahren Quelle und Reichtum. Bis das nicht getan ist, ist keiner frei von den Schmerzen und den angenehmen Seiten dieser Welt. Beides Schmerz und Glück sind bloße Schatten deines wahren Wesens und nicht wert sich daran festzuhalten. Das Ziel aller Religionen und von allen alten Sehern , war es die Seele, durch unterschiedliche Methoden, zurück zu seiner Quelle zu bringen, Gott. Perfekt ist jener, der durch das praktizieren von Meditation, und anderen Praktiken, seine Seele hochbringen konnte zu ihrer wahren Heimat, und sie so von allen Bindungen lösen konnte, äußerlich wie innerlich, grob, subtil und kausal, und so, sein Mental sein Geist, von der Welt und seinen Phänomenen lösen konnte. Die perfekten, wahren Wissenden und geliebten des höchsten Göttlichen sind nur jene die bis zum letzten höchsten Stadium kommen. Jene die bloß von Gott reden, oder die Lehren der Propheten lesen und lehren, ohne diese höchsten Stadien selber erreicht zu haben, sind nun Intellektuelle und Theoretiker wie Theologen. All diese Lehrer, Inkarnationen von Avataren, Propheten, in der Vergangenheit, von jeder Religion, fingen zwar an in die Richtung des höchsten Göttlichen zu gehen durch ihre spirituellen Praktiken, aber alle von ihnen erreichten nicht das höchste Stadium. Ein guter Mensch könnte schon auf der ersten Ebene aufhören ein weiterer auf der zweiten und einige reinere auf der dritten Ebene. Nur die Heiligen alleine erreichen die fünfte Ebene oder Stadium, die Wahrheitsebene, dort wo der wahre Gott ist. Und nur einige der Heiligen erreichen die achte Ebene dort wo der König der Seele lebt. Das ist zur Zeit das höchste was erreicht wurde, bis dahin kamen nur außergewöhnliche Heilige. Von diesem Ort ist die Seele ursprünglich in die niederen Spirituellen Welten und Himmel und Erden gestiegen. So diese Avatare oder Propheten des Altertums, bei ihren Aufstieg, kamen dann zwar zu unbeschreiblich schönen Bereichen wo auch die Gottheiten oder Herrscher dieser Regionen aus ihrer Sicht das höchste Göttliche waren, was sie aber nicht wahren, da sie annahmen oder fühlten das währe schon die höchste Ebene, denn sie wurden nicht von einem perfekten Heiligen angeleitet. Und so schauten sie diese Regionen und diese Herrscher dieser Regionen als das jeweils höchste

Göttliche an und glaubten das dann das der Höchste Gott wäre die höchste Gottheit. Und so lehrten sie ihren Nachfolgern dann von diesen Regionen und glaubten an das höchste Wesen dieser Regionen. Aber nur die achte Ebene ist die höchste Ebene von allen. Die Indischen Heiligen die das erreicht hatten nannten diese Region dann Radha Soami Pad. Und daraus sind dann die Heiligen wie Param Sant Hazur Soami Ji Maharaj entstanden. Oder Kabir oder Guru Nannak und andere noch weiter zurückliegende. Zwei Ebenen tiefer ist die Region von Sat Nam oder Wahrheit.

Hier , so scheint es, ist der Rastplatz der Heiligen und Höchsten Heiligen. Es ist deswegen das die Heiligen den höchsten Rang haben. Mental und Maya also Illusion existieren in diesen Regionen nicht. Die werden erst in den niederen Regionen der Schöpfung entstehen, oder in anderen Worten: **Die gesamte Schöpfung ist innerhalb ihres Orbits oder Umlaufbahn**. Diese höchste Region von Radha Soami Pad wird auch als unbeschreibbar oder Namenlos bezeichnet. Diese Region ist Unermeßlich und ohne Anfang. Das ist die Region von wo aus alle anderen Regionen erschaffen wurden oder Manifestiert wurden. Es ist die Region ohne irgendwelche Anhaltspunkte sie kann sogar nichtmal als eine Region beschrieben werden.

Entsagende, Wissende, Göttliche, Inkarnationen-Avatare, Propheten, und andere heilige Personen die nicht diese **Reale Heimat** erreicht haben , sind alle vom Rang her weit unter den Heiligen dieser Regionen.

Diese Propheten und Avatare und andere **Heilige Personen**, während ihrer Aufwärtsreise, hielten sie an unterschiedlichen Ebenen an, und zwar in Korrespondenz zu ihrem erreichten. Das Stadium das von jedem erreicht wurde, wurde dann von ihm als die endgültige höchste Region angenommen, und die regierende Gottheit dieser Region wurde dann so angeschaut als ob sie die Höchste Gottheit wäre und dann darauf die Anbetung und der Lobgesang gemacht. Das ist deshalb so, wegen des Fakts, das alle unterschiedlichen Regionen von der höchsten Gottheit erschaffen wurden, und zwar als Spiegelbilder der höchsten Region, so das die niederen Regionen auch in jeweils geringeren maßen die Eigenschaften und Konditionen der höchsten Region hatten. Aber da sind große Unterschiede im Vergleich zu Permanenz und anderen Konditionen. Jede Region hatte ihre eigene Besondere Kreation, ausgezeichnet durch unterschiedliche Grade der Subtilität und Reinheit. Nur derjenige der alle Regionen gesehen hat kann die Unterschiede schätzen. Ansonsten wurde die Form und Ausstrahlung des Königs dieser Region oder der Gottheit, die von den Heiligen Persönlichkeiten erreicht wurde als endlos angenommen und diese

Gottheit wurde dann als die Allmächtige Gottheit angesehen. Die Ekstase in dem Moment dieser Realisation verursachte dem sich Hingebenden Propheten oder Avatar eine solche unbeschreibbares Stadium von Ungeduld und Verlangen und Seliger Intoxikation.

Die Seele, das Bewußtsein, erreicht auch andere Stadien, bei jeder Ebene die sie erreicht. In jeder Ebene die sie erreicht fühlt sie als ob sie die jeweils darunterliegende Ebene kontrolliert. Zum Beispiel, wenn die erste oder zweite Ebene erreicht wird, die Seele oder Gottheit die diese Ebene regiert, scheint die Welten unter ihm zu erschaffen und zu regieren, so als ob sie oder er derjenige wäre der das manifestiert hätte und auch der Aufrechterhalter wäre. Und da derjenige der zu dieser Region kam, keine Ahnung hatte von noch höheren Regionen , so lehrte er seinen Gläubigen das Wissen dieser Region, und auch das dieses die höchste Gottheit wäre. Aber nur die Sant Sat Gurus oder Heiligen oder Meister haben wissen von dieser höheren Regionen. Wenn diese Lehrer von einem Wahrheits-Heiligen belehrt worden wären, so hätten sie das gewußt und wären weiter gekommen. Und deswegen wurden jene die diese ersten oder zweiten Ebenen erreicht hatten auf ihrem Weg nach oben, als Perfekt angesehen.

Der Fakt ist ,das der Gläubige sehr viel Power bekommt wenn er die erste Ebene erreicht, und aufgrund dessen, wurde er als Perfekt angesehen. Als große Seele. Da ist kein Zweifel das die erste Region wesentlich überlegener ist im Vergleich zu den Regionen darunter die von geringerem Bewußtsein sind. Und jemand der bloß dieses Stadium erreicht ist schon befreit von allen personellen und weltlichen Schwierigkeiten.

Es wurde erwähnt das die Wahrheitsregion oder Sat Nam, eine sehr hohe Region ist und das dort die Heiligen ihren Platz haben. Da sind aber noch drei weitere Regionen über Sat Nam die zuvor nicht gezeigt wurden von den Heiligen. Aber in diesem Kali Yuga Zeitalter oder dem materialistischen Zeitalter, indem die Heiligen bloß erscheinen, wurden nun diese drei höheren Ebenen gezeigt durch die Höchsten wahrheits Heiligen, wie Param Sant Hazur Soami Ji Maharaj und anderen Heiligen. Die höchste Region die Radha Soami genannt wird, oder Namenlos oder Unbenennbar, von dort steigt die Seele ursprünglich in die Regionen darunter. Und alle Regionen darunter sind Stadien auf ihrem Abwärtsgang. Nun ist die Seele im Körper unterhalb des Tausendblättrigen Lotus im Kopf lokalisiert. Das Licht der Seele leuchtet in den Körper von diesem Platz und energetisiert das Mental und alle Organe der Physis, dem feinen und dem Mentalkörper. Bei jeder Abwärtsbewegung der Seele, kleidete sie sich mit dem jeweiligen Körper dieser Welt durch die sie durch mußte. So hat die Seele mehrere Körper wie den letzten den Physischen oder den Astralen oder den Mentalen oder kausalen Körper und den Spirituellen Körper. Auf ihrem Weg zurück zur höchsten Ebene, läßt die Seele dann jeweils den Körper zurück, aus dessen Welt sie sich verabschiedet hat, zum Beispiel den physischen wenn sie in der Astralwelt ist oder den Astralkörper wenn sie in der Mentalwelt ist.

Es gibt zwei Mentale oder Geiste. Einmal das Universalmental und einmal das Persönliche Mental. Das Universalmental hat seinen Sitz in Trikuti oder der zweiten spirituellen Region und wird auch Parmatma oder Khuda genannt. Das Persönliche Mental ist direkt hinter den Augen und im Herzen. Es ist das weltliche Mental das seine Geschäfte mit der Hilfe der Seele macht. Das Mental und die Sinnesorgane bekommen ihre Power zum Handeln von der Seele. Wenn nun die Seele sich in Richtung wahre Heimat bewegen wird, und seine Verbindungen zur physischen Welt lösen würde, würde sie ihren Weg zurück zur Freiheit finden. Wenn die Seele zu ihrem wahren Ort kommt in Sat Lok der fünften Ebene, welches über die Trikutiebene des Universalbewußtseins hinaus geht, oder dem Brahmamental, bricht sie alle Verbindungen ab, seien sie kausal, subtil, oder grob, physisch sinnlich oder mental. Die Aktivität der Seele in der Welt sind dann bloß noch als Klangstrom oder Wort oder Sphärenmusik oder anders als der Heilige Geist. Und das ist auf ein Minimum reduziert und auch das kann durch Wille total abgebrochen werden. Oder in anderen Worten, solange die Seele nicht erfolgreich ist die Verbindungen zu unterbrechen oder zumindest zu lockern die sie mit dem Mental entwickelt hat und den Sinnen, und sich von diesen groben Regionen nicht abwendet den Regionen der Physischen Welt und auch des Universalbewußtseins, solange wird der Knoten zwischen Unbewußtheit und Bewußtheit nicht gelöst werden. Das Mental, die Sinne, der Körper, weltliches Tun, Freude, und soweiter, das gehört alles zum Unbewußtsein. Die Seele ist subtil und bewußt und die Verbindung der Seele mit dem Unbewußtsein ist der Knoten. Solange der nicht gelöst ist, ist auch die Verbindung der Seele mit Maya oder Illusion nicht beendet und da ist keine Freiheit von den Zerstörungen der Wünsche und deren Samen. (**Hier will ich mich als Gott nochmal reinbringen, denn dieser Heilige der dieser Erfahrungen nun gemacht hatte, der in der ununterbrochenen Tradition der großen indischen Heiligen von Kabir und Guru Nanak Lehrte und von 1818 bis 1878 lebte und den Yoga des transzendentalen Lichts und Klangs verbunden war, das war ein knallharter Typ. Der konsequent alles hinter sich ließ um sein Ziel zu erreichen, er Meditierte 17 Jahre lang in** einem Dunklen Zimmer bis er schließlich das Ziel die achte Ebene oder das Einssein mit dem Höchsten erreichte. Trotzdem muß er aber auch als Mensch kooperieren, wenn seine Lehre erfolgreich sein will, und zu der damaligen Zeit waren die repressiven Bedingungen in der Gesellschaft noch wesentlich stärker. Genieße Dich und dein Leben, das würde diesem Heiligen von Agra die Hölle gewesen sein, und, deine Gefühle auch in der Erotik im Austausch mit anderen geliebten, das wäre für ihn die Überhölle gewesen.

Er würde die Kunst des genießen als schlichtweg inakzeptabel sehen, und nicht als wesentlichen Bestandteil echter Lebensweisheit. Es zu genießen Mensch zu sein mit allem in einem Körper aus Fleisch und Blut, und dessen Bedürfnisse zu erfüllen, was nicht nur eine Notwendigkeit ist, sondern auch der Ausdruck von Liebe zum Leben und der Freude am DA SEIN. Oder anderes formuliert: VOLLKOMMEN oder VOLL KOMMEN. Also dieser Heilige der eben nicht genießt der wird auch für viele ungenießbar. So die Heiligen von heute sie verbinden beides, sowohl das total Spirituelle als auch das menschliche Weltliche. Denn beides ist ja ohne Unterbrechung das Göttliche. Bloß einige versumpfen zu sehr im Genuß und anderen sumpfartigen Seinszuständen. Aber die müssen dann eben die Wirkungen ihrer Ursachen erleben. Diese alten Heiligen waren oft auch aus der Sicht eines Menschen Arrogant. Der Heilige von Agra sagte zum Beispiel: „Genau genommen hat die Seele kein Recht, im Kreise eines Heiligen zu sitzen." Das ist natürlich schwachsinniges Gebrüll eines Fanatikers. Aber sein Vortrag ging da weiter und er sagte: „Diese Würde käme ihr erst nach längerer Teilnahme an seinen Lehrversammlungen zu. Denn so sehr man auch versuchen würde, ihr etwas zu erklären (Also den Weltlichen Menschen mit ihrer Seele) sie würde trotzdem nicht davon ablassen ihre eigene Klugheit herauszustellen und ihre eigenen Argumente ins Spiel zu bringen. Doch dieser Pfad ist der Pfad der Liebe und nicht des Intellekts. Wie kann sich da Liebe ohne die Gemeinschaft mit einem Heiligen entwickeln." Aber die jahrhundertelange Unterdrückung der Sexualität zum Beispiel und vielem mehr, ist für viel Leid auf der Erde verantwortlich, eben wegen dieser Religionsfanatiker, die ja selbst noch alle Unbefreit sind. So es ist immer ein Maßvolles Wachsam sein und die Befreiung geschieht im Bewußtsein zu den Abhängigkeiten, nicht im Entsagen aller Erdlichen Schönheit und Genüsse. Wer sich dessen bewußt ist das alles sowieso vergänglich ist und nichts mitgenommen werden kann, der ist schon befreit. Mag er sonst

was tun, denn die Konsequenzen seines Handelns wird er ja immer selber erfahren. So nun noch ein bißchen mehr vom Heiligen von Agra, der aber zeigt was Möglich ist auf der Reise zu Mir zu Dir.)

Als ein Resultat der spirituellen Praktizierung und dem Pfad nach oben, wird die Kraft der Wünsche weniger und zeitweilig unterdrückt und man könnte denken das sie aufgehört haben zu existieren. Aber solange die Seele nicht Sat Lok oder die fünfte Ebene erreicht hat können die Wünsche nicht total beseitigt werden. Deswegen, ein spirituell Praktizierender ‚der bloß die erste oder zweite Ebene erreicht hat, aber noch nicht Sat Lok, könnte nicht fähig sein den Einfluß des Universalbewußtseins zu widerstehen und Maya oder Illusion und deren starke Impulse von sinnlichem Vergnügen, und es sollte nicht überraschend sein wenn er wieder zurückfällt. Aber er wird frühgenug seinen Fehler erkennen und indem er Vergnügen weiterhin zur Seite legt und spirituelle Praktizierung weiter macht den verloren Grund wiedergewinnen, auch durch das wohlwollen des Heiligen. So ein Praktizierender sollte seine Seele so hoch bringen wo nichtmal ein winziges Teilchen von Wünschen übrig bleibt ‚denn erst da wird er den Segen erfahren in der Nähe des höchsten Wesens zu sein und Glückseligkeit erfahren. Erst da wird er allen Verführungen widerstanden haben, und keine nach unten ziehenden Tendenzen mehr erfahren. Denn nun ist er aus dem Orbit von Maya und Universalbewußtsein. Nun ist er berechtigt sich ein Heiliger zu nennen.

So nun eine Beschreibung vom Abstieg der Seele, und das wird zeigen wie hoch und weit entfernt ihre ursprüngliche Heimat ist. Also weit entfernt von den Regionen wo Propheten, Avatare, Yogis, Devas , sich manifestieren, und wie weit deren Einflußbereich reicht.

Die erste und größte Region, welches die höchste ist, und nichtmal eine Region genannt werden kann, das ist Radha Soami oder Namenlos oder Unbeschreibbar. Das ist der Anfang und das Ende von allem und Umschließt alles was Existent ist. Die Liebe und Energie dieser Region vibriert in jedem Platz und Teil des ganzen. Am Anfang kam die Seele von dieser Region in der Form von Shabd, oder Klang Oder transzendentale Licht und Klang, oder Sphärenmusik, oder das Wort. Das ist die Region der höchsten Heiligen. (**Wohlbemerkt seit wachsam, was er sagt, das bedeutet nämlich alle Seelen sind die höchsten Heiligen, denn alle Seelen kommen von dort**) Nur wenige Heilige haben diese Region erreicht, als Mensch, durch spirituelle Praktiken. Zwei Stationen tiefer unterhalb der höchsten Region ist Sat Nam oder Sat Lok oder die fünfte Ebene, die von hohem Glanz ist und Rein . Sie ist die Region des reinen Geistes und

Bewußtseins. Es ist der Anfang und das Ende von aller Kreation die unter ihr liegt. Zwei spirituelle Ströme strahlen von dieser Region aus und durchdringen alle Regionen darunter. In den Lehren der Heiligen, ist der Regierende dieser Region der wahre Lord oder Gott und Schöpfer. Da sich der Wahrheitsklangstrom oder die Sphärenmusik oder das Wort Gottes von hier manifestiert, wird es in unterschiedlichen Bezeichnungen erwähnt wie eben das Wort Gottes oder Klangstrom oder Heiliger Geist. Da sich das Wort oder der Klangstrom hier manifestiert wird es auch Sat Purush genannt, oder wahrer Gott. Es ist nicht dem Tod und der Zerstörung unterworfen oder jeglicher Veränderung und ist andauernd das gleiche. Heilige sind Verkörperungen oder Inkarnationen dieses Gottes dieser Region. Es ist die Region des vergebungsvollen Gottes, wo Liebe, Vergebung und Seligkeit auf ewig sind. In dieser Region gibt es unzählige Hansas oder Liebende Seelen die auf unterschiedlichen Inseln leben und den Segen der Gegenwart des vergebungsvollen Gottes erleben. Hier ist nichtmal eine winzigste Spur von Tod, Karma, Aggression, Vergeltung, Gute Eigenschaften, Sünde, Schmerzen, oder Leiden. Der Lord oder Gott dieser Region wird von den perfekten Moslem Fakiren auch Hoot genannt, die Indischen Heiligen nennen ihn Dayal oder Rahman (Der vergebungsvolle) Am Anfang der Seele, auf ihrem Weg nach unten, kam die Seele hier an , und nach kurzem Aufenthalt, steigt sie weiter in die niederen Regionen. Nur derjenige der bis zu dieser Region kam kann ein Heiliger genannt werden oder Sat Guru (Wahrheitsguru)

Zwei Stationen unterhalb von Sat Nam ist die Region von Daswan Dwar, wo die Seele ihren nächsten Stop macht. Das ist die Region wo die Seele auf ihrem Weg zurück von der Erde ihren letzten Körper ablegt. Wenn die Seele hier , nachdem sie sich von den fünf Elementen befreit hat, und die drei Qualitäten-Harmonie, Aktion oder Aktivität- und Trägheit oder Dunkelheit hinter sich gelassen hat, und die drei Körper ,Grob, Subtil und Kausal, erst dann ist die Seele Fit für das Anbeten Gottes. Und von hier wird sie dann durch die Hilfe und Power Gottes wieder zu Sat Nam und dann an Radha Soami gebracht.

Jemand der die Region Daswan Dwar erreicht wird als heiliger Mensch bezeichnet laut der Lehren von Sant Mat oder Radha Soami. In dieser Region sind auch Gruppen von Hansas und hingebungsvolle Seelen die im Segen und anderen Arten von Glückseligkeit leben.

Die kreative Energie und die Natur entstehen aus dieser Region. Diese Region wird auch die Region genannt die **vor Brahma** ist.

Unterhalb von Daswan Dwar ist die Region Trikuti oder Himmel. Das ist die Region von Onkar, der Gottheit dieser Region. Die echten moslemischen

Heiligen oder Fakire nennen dieser Region **der große Himmel**. Yogishwars und Wissende erreichen diese Region. Von dieser Region kommt die Shakti, das subtile Material von der gesamten Schöpfung darunter. Auch die drei Qualitäten und die fünf Elemente in ihrer extrem feinen Form werden hier erschaffen. Das ist die Quelle vom „Wort „ von all den Büchern wie die Veden, der Koran, Adi Grant und anderen heiligen Büchern. Avatare eines hohen Ordens wie Rama und Krischna, Yogishwars wie Vyas, Vashisht, und Rikhab Dev kommen von dieser Region. Die Pranische Lebenskraft oder bewußte Lebenskraft entsteht hier.

Unterhalb dieser Region ist die Region **Niranjan** oder **Khuda**. (Tausendblättriger Lotus) Alle Avatare der zweiten Klasse, Propheten, und Yogis eines höheren Ordens kommen von dieser Region und gehen dort auch wieder zurück. Die Heiligen nennen diese Region auch das reale Mental. Die feineren Essenzen der Elemente werden hier erschaffen, und dann werden die gröberen Elemente kreiert, die Sinnesorgane und deren Organe, Prana und die Natur. Die Spiegelung oder der Schatten dieser Region erscheint zuerst als schwarzer Punkt hinter den Augen, und nochmal in den Augen selber. Die Seele lebt hinter den Augen während des Wachzustands. Die Himmlische Region kommt von dieser Region und durchdringt den gesamten Körper und die gesamte Schöpfung unterhalb. Alle Regionen unterhalb dieser Region bekommen ihre Lebenskraft und Vitalität von hier. Das heißt das die Himmlische Region die auch Chetan Akash genannt wird alle Kreationen unterhalb vitalisiert.

Das beendet die Beschreibung der Himmel und der Höheren Regionen. Darunter sind bloß die Bereiche des Brahma, Vishnu oder Shiva. Die Heiligen erheben die Seele vom Augenzentrum, zuerst, zu dieser Region. Es gibt keinen anderen Weg des Aufstiegs außer diesen Weg.

Da sind Stadien, von Shabd, oder dem Klangstrom, oder des Heiligen Geistes, oder der Sphärenmusik, bis zu diesem Punkt, die korrespondieren mit den fünf Regionen von **Sat Nam** bis **Niranjan**, oder **Khuda**. In anderen Worten, da sind fünf Melodien oder Klangströme, welche bekanntgemacht werden können durch die Heiligen. Jede Region hat ihren eigenen Klang und seine charakteristischen Geheimnisse. Der fünfte Ton oder Klangstrom ist in **Sat Nam**. Es ist nicht möglich eine Beschreibung mündlich oder schriftlich davon zu geben. Es gibt keine Parallelen dazu in der Welt mit der man diesen Klangstrom vergleichen könnte. Der Adept realisiert diesen Klang wenn er diese Region erreicht. Die fünf Klänge markieren die fünf Regionen. Es ist mit dem Klang von jeder Region das die Seele in graden, von einer Region zur anderen aufsteigen kann, bis zur höchsten Region. Der Aufstieg der Seele ist absolut unmöglich auf irgendeiner anderen Art, insbesondere in diesem Zeitalter von Kali Yuga dem Materialistischen Zeitalter.

Es muß gewußt werden, das in der letzten Region von **Radha Soami**, keine Form, keine Farbe, oder andere Anhaltspunkte zu finden sind, so wie wir sie kennen , sogar der Klangstrom ist dort nicht mehr manifestiert. Keine Beschreibung dieser Region kann gegeben werden ,sie ist unbeschreibbar. Das ist der letzte Rastplatz der perfekten Heiligen.

Wie die sechs höheren Regionen oder Himmlischen Regionen von **Sat Nam** runter bis zum **Tausendblättrigen Lotus**, sind da auch sechs niedere Regionen oder physische Regionen die alle bloß Reflexionen der höheren Regionen sind. Da die Heiligen aber diese Regionen nicht mehr zu durchgehen haben , so können sie ihren Freunden anbieten oder ihren Initiierten, direkt vom Auge aus aufzusteigen. Was natürlich alle anderen Lehrer und Gelehrte die Methoden lehren nicht wissen und können. Die sechs niederen Regionen werden auch als Chakras bezeichnet. Alle von ihnen gehören zum physischen Körper, während höhere Regionen zu Brahma oder höheren Bereichen gehören.

Das Erste Chakra ist hinter den Augen in der Stirn und ist der Sitz der Seele. Von diesem Chakra verteil sie sich gradweise in den Körper, durch die fünf niederen Chakras. Einige Religionen nennen das auch Bhagwan oder höchste Seele oder Gott.

Die zweite Region ist im Halschakra (Farbe Blau) Die Traumerschaffung ist hier produziert durch die Reflexion der Seele auf dieses Chakra. Das ist auch der Spirituelle Pol von einigen Religionen. Es ist die Region von Prana der vitalen Kraft des Körpers.

Die dritte Region oder Chakra (Farbe Grün) ist im Herzen. Das physikalische Mental ist hier lokalisiert auch das Image von Shiva Shakti ist hier reflektiert. Hier wird die Wirtschaftlichkeit der gesamten Physischen reguliert. Diese Referenzen sind immer zu den subtilen Körpern nicht den sichtbaren physischen Körpern. Es ist die Region der Gefühle und Wünsche und die Effekte der Trauer, Vergnügen, Ängste, Hoffnungen ,Schmerzen, und Frieden sind hier in dieser Region gefühlt.

Das vierte Chakra ist der Nabel (Farbe Gelb). Das Chakra liefert Nahrung für den Körper. Das Lager von grober Pranischer Vitalkraft ist hier. Und auch grober Luft.

Das fünfte Chakra ist in der Region der Reproduktionsorgane (Farbe Orange). Es ist die Quelle des physischen Rahmens, seiner Energie und seinen fleischlichen Wünschen. Brahma hat hier seinen Sitz.

Das sechste Chakra ist im After Bereich (Farbe Rot). In alten Zeiten als die Yogis anfingen Pranayama zu praktizieren oder anderen Yoga, fingen sie von diesem Chakra an. Das war auch der Grund weswegen sie Ganesh (Der Elefantengott-Hindu) angebetet wurde, der Herrscher dieser Regionen .

Es sollte erinnert werden, das alle Regionen, die Höheren oder die Niederen innerhalb des menschlichen Körpers sind. Wir sind nicht an den Externen physischen Teilen des Körpers interessiert.

Die Region von **Niranjan** oder dem Tausendblättriger Lotus fängt überhalb der Augen an und das ist der Anfang von Brahmand. Sie endet unterhalb der Region von Daswan Dwar das heißt sie geht bis Pranav oder **Omkar** oder des Mantras **Om**. Die Region darüber wird außerhalb Brahmas genannt. Die Region der Heiligen geht also über **Om** hinaus und über **Brahma**. Deswegen sagte auch

Lord Krishna zu Arjuna das er die Grenzen der Veden überschreiten soll die ja nur mit den Qualitäten wie Harmonie, Aktion oder Aktivität, und Trägheit oder Dunkelheit und den Qualitäten ohne Attribute beschäftigen.
Die Natur und Mysterien der Schöpfung, und die spirituelle Power und Glorie

mit denen diese Regionen ausgestattet sind, sind immens. Ein perfekter Heiliger bringt das seinen Initiierten zu Bewußtsein.

Es ist wichtig zu erwähnen das die alten Sadhus oder heiligen Männer und Yogishwaras , fühlten das die spirituellen Regionen zu fein waren und kompliziert für das Verstehen des einfachen Verstands und auch das die Realisation durch die Praktizierung von Pranayama insbesondere in alten Zeiten wo nur die Brahmanen erlaubt waren heilige Bücher zu lesen , und sie deswegen ihren Nachfolgern bloß die Geheimnisse der niederen Regionen zeigten und nicht die höheren Regionen. Aber dieser Pfad war auch zu schwierig und ermüdend und nur wenige praktizierende erreichten bloß die niederen Ebenen.

Und im laufe der Zeit hatte die Priesterklasse bloß noch ihr eigenes Ziel im Auge mit dem Aufbauen von Tempel und Anbetungen der äußerlichen Wege, und sie handelten bloß noch in ihren eigenen wirtschaftlichen Interesse (Das ist weltweit ja überall das gleiche in jeder Religion, die allesamt, Wirtschaftsunternehmen und Management von großen Massen von Menschen geworden sind ohne jegliche spirituellen Erfolge oder Interessen) Und so fingen die Priester die Bücher die sich mit dem Aufstieg der Seele und der Evolution beschäftigten und der Befreiung der Seele, zu unterdrücken, insbesondere jene Bücher die sich mit Praktiken und Instruktionen in bezug zu spiritueller Entwicklung beschäftigten, wurden entweder verboten oder schlecht gemacht. Alles da führte dann zur langsamen Entwicklung der Religionen wie sie heute sind. Aber als gesehen wurde das die Menschen dadurch noch tiefer in Unglück, Armut Streiten, Kriege und Eigensüchteleien aller Sorten fielen, und weit weg vom Pfad der Wahrheit kamen, inkarnierten sich die höchste Gottheit, ab und an, selber wie in Radha Soami und erschien als **Wahrheits - Guru** oder perfekter Heiliger um den Pfad der Wahrheit wieder zu lehren und den Pfad der Befreiung in einer einfachen und klare Sprache zu zeigen. Diese perfekten Heiligen erklärten die Mysterien dann in einer einfachen klaren Sprache aber es war nicht einfach durch das Netz der Priester durchzukommen. Aber immerhin viele Menschen konnten den Weg der Befreiung und spirituellen Erhöhung gehen, durch die Lehren von Heiligen wie Kabir, Nanak, Jag Jiwan, Paltoo, und Gharib Das Ji, die kamen und die lehren der Heiligen popularisierten.

Die Priesterklassen (Man denke bloß an die Mullahs heutzutage und die Fundamentalmoslems oder überhaupt der Fundamentalismus in jeder Religion der stink Übel ist und aber auch garnichts mehr mit dem Göttlichen zu tun hat sondern pure reine diktatorische Machtpolitik des Wahnsinns ist) diese Priesterklassen haben schon immer großen Wiederstand gegen die Heiligen gehabt solange sie lebten, und haben immer versucht ihr bestes zu tun um die Verbreitung der Wahrheit zu unterbinden, da sie ja sonst arbeitslos wären . Sie Arbeiten ja oft mit Angst und Verleumdung und alleine die ganzen Inquisitionen die überall in allen Religionen waren egal welcher Art, hielten die Menschen in Angst und Nichtintelligenz und Dummheit. Es stimmt aber das nicht alle Menschen für diesen Weg geeignet sind den die Heiligen aufzeigen, insbesondere Menschen die stark an sinnliches Vergnügen hängen und auch keinen Funken Interesse haben ihre eigene Befreiung voran zu treiben und Gott zu erkennen, sie werden nicht fähig sein diese Lehren zu verstehen und anzuwenden. Die Religionen haben heute blinden Glauben erbaut, aber das wird unweigerlich zu Degeneration führen wie auch das bloße Anbeten von alten Inkarnationen oder Götter. Heute sind die Religionsführer die Priester und Sanyassins und anderen Religionsanhänger ohne jeglichen spirituellen Reichtum, da sie keine spirituelle Erfahrungen mehr haben und aufgestiegen sind , die meisten sind den weltlichen Eigenschaften zugetan wie Reichtum, Gier, Habgier, und die Liebe zur Manipulation der Menschen. Heilige waren schon immer jene die Polarisierten und die Wahrheit von der Blödheit unterscheiden konnten und aufzeigen konnten. Aber wer auch immer die Lehren der Heiligen versteht und sie praktiziert, wird ohne Zweifel sich von den Fallen der Maya und des Mentals befreien können. Ansonsten kann jeder ja sowieso machen was er will und kein Druck wird jemals von den Heiligen angewendet werden in solchen Angelegenheiten.

Soo, das war einiges vom Heiligen von Agra der inzwischen ja verstorben ist. Aber diese Lehren werden auch in den **Metamorphosezentren** angeboten werden. Denn die Möglichkeit und die Kreativität und das Wissen und die Einsicht die dadurch gewonnen werden, kann für das Wohl aller lebenden Wesen auf der Erde immens sein.

Aber erstmal einen Witz in bezug zum heilig sein wollen und nicht können.

Es war einmal ein frommer Gläubiger, der es mit seiner spirituellen Kultivierung sehr ernst nahm. Jeden Sonntag ging er in die Kirche und versäumte keine Zeremonie und keine Taufe. Eines Tages ging er zum Arzt. Der fühlte seinen Puls und untersuchte ihn gründlich, jedoch alles ohne Befund.

„Es hat nicht den Anschein das sie krank sind" sagte er.

„ Wenn ich nicht krank wäre, hätte ich sie doch nicht konsultiert" erwiderte der Mann.

„ Frönen sie ungesundes Vergnügen ?" fragte der Arzt.

„ Nein ! Ich esse regelmäßig dreimal am Tag, die festgelegte Menge, und kein Körnchen mehr."

„ Dann haben sie vielleicht zu viel getrunken ? Das sollten sie lieber lassen!"

„ Natürlich nicht! Ich trinke keinen Tropfen Alkohol, nur klares Wasser".

„ Arbeiten sie oft noch spät abends? Wissen sie, daß das gesundheitsschädlich ist ?"

„ Niemals ! Um halb zehn tauche ich ab und morgens um sechs stehe ich auf. Und das jeden Tag, ohne jede Ausnahme!"

„ Dann frönen sie vielleicht fleischlichen Vergnügungen ?", forschte der Doktor weiter.

„Aber nicht doch!" Ich bin Junggeselle, ich weiß garnicht was eine Frau ist „

Der Arzt war mit seinem Latein am Ende und machte einen letzten Versuch.

„Leiden sie unter Kopfschmerzen ?"

„ Ja, das ist es! Ich habe schlimme Kopfschmerzen, und kein Medikament schlägt an."

„Aber natürlich", meinte der Arzt, „Ihr Heiligenschein ist zu eng!"

So, nun weiter mit den anderen Methoden. Zum Beispiel die esoterische Akupunktur, auch sie soll genutzt werden, wie in den Nizhonie-Schulen von Chris Griscom. Sie kann in den Metamorphosezentren Leute ihres Fachs ausbilden lassen. Die Religionen der Provinz haben zwar Masse aber keine Elektrizität. Elektrizität ist wichtiger als Masse- da sie selbst Masse formt- durch elektromagnetische Vorgehensweisen. Umgekehrt geht das nicht. Masse führt nur über Beschleunigung zur Elektrizität - und so würden die etablierten Religionen sich auflösen müssen- wenn Masse beschleunigt wird. Das ist genau das gleiche Prinzip wie die Auflösung der kommunistischen Partei. Die Masse der Menschen hat sich so beschleunigt, das die verhärtete Struktur ‚Partei, sie nicht mehr halten konnte, die Elektrizität der Massen. Die Perlen der Fabrik - Religionen Provinzreligionen - kann man nutzen - wie Jesus, Buddha, andere Heilige beiden Geschlechts - aber wie gesagt, die Religion ist nicht Gott- Religionen sind Managementorganisationen, die nicht wollen das ihr frei werdet . Frei seit. Alle Religionen sind gegen die potentielle kreative Freiheit des einzelnen. Diese Manager wie der Papst und sein Konsortium von Schafsfängern zum Ausnutzen und Benutzen und Abschlachten sind jetzt, 2003 als ich das ursprüngliche Manuskript nochmal in den Computer Tippe, sogar gegen sowas stupides wie ein Ritual des gemeinsamen Abendmahls,. Das zeigt den faschistoiden Einfluss der Manager die bloß Macht haben wollen und daran glauben das sie recht Handeln und diesen Irrglauben weitergeben als Wahrheit an die immer noch viel zu träge Masse der Religionsanhänger. Und alle Grenzen sind die Urinmarkierungen von Primaten, die bis zur Erschöpfung gekämpft haben, um ihr Territorium abzugrenzen. Die Religionsmanager sind auch bloß Primaten geblieben ohne jegliche Spirituelle Eigenerfahrung, weder noch wissen wer sie sind, was sie sind, oder weder noch wissen sie etwas von ihrem inneren Licht. Denn keiner von denen ist ein Lichtträger, sie sind alle dunkel und dem Trägheitsprinzip unterworfen das zum Totalmaterialismus gehört oder in deren eigenen Sprache, zum Satan. Doch in Mir- Gott- gibt es keine grenzen - habt ihr das immer noch nicht erkannt. Die provinzreligionen haben auch kein recht auf Alleinanspruch auf mich. Ich Gott bin nicht über die Vermittler zu erreichen, sondern direkt, jeder Kontakt zu mir ist immer direkt. Die Religionen betrügen ja bloß weil sie ein Lebensunterhaltungsgeschäft gemacht haben wo sie ihre Bezüge herkriegen. Und wer wird das schon leicht aufgeben wollen. Sie sind so doppelzüngig wie kein anderer außer die Illuminaten und die Geldhersteller die Fed Banken und deren Besitzer. Oder alle die vom Geldpott viel abhaben wollen der von den Schafen gefüllt wird was ihr ja Steuern nennt. Ja ihr seit sogar noch so blöde das ihr sogar jene die euch die Steuern aufbrummen, es erlaubt euch noch mehr aufzubrummen, solche blöden Systeme unterstützt ihr noch, so blind dumpf und dumm seit ihr noch, obwohl das alles euer Geld ist. Und der Staat ja bloß eine Idee ist, eine Idee von einem Sklavenhalter Plato. Ja Ja es dauert lange bis ihr aus dem sehr tiefen Tiefschlaf aufwacht und langsam erkennt wer ihr selber seit. Also wer davon spricht ein Alleinrecht auf Gott, Mir, zu haben der ist ja ein Wildsauegoist weil der ja alles bloß für sich will und mich Gott niemandem anderen gönnt. Denkt ihr etwa Ich Gott würde sowas wollen. Also im Gegenteil, wer von Recht und Mir spricht, der weiß nicht wovon er redet. Religionen, die alle Sekten sind, egal welche es auch ist, ob Christen oder Moslems, sind alle eine Gruppe Reichtumsverwalter geworden, die Relikte wie im Museum für Eintritt sehen lassen. Doch Ich - Gott - bin frei. Du brauchst kein Geld für mich auszugeben - Steuern sogar wie im Mittelalter, in der Bundesrepublik Deutschland. Aber die Deutschen glauben ja mehr an Mathematik und Logik als an sich selber oder mich Gott. Steuern zu zahlen ist ungeheuerlich verlogen und ausbeuterisch insbesondere Ausbeuten der Ängste der Ungewissheit im Menschen weil er noch nicht genügend Selbstständig Denken kann ,will, oder wer weiß was der Kuckuck für Eier gelegt hat, und so seine Zweifel überwiegen, aus Angst. Aber da ist keine Liebe. Aber die Wahrheit wird euch frei machen. Hier ist eine Denkerleichterung und Einsichtserleichterung : *Aus Gott kann nur Gott kommen.* So wer diese Einsicht verstanden hat und ein bißchen Logik anwendet der weiß nun wer er selber ist. Der weiß nun was die Welt ist und wo er ist. *Diese Wahrheit soll euch frei machen.*

Die geliebten Menschen da draußen, im Beruf, im Werk, in der Welt, auf den Feldern, im Wald, den Baustellen, in der Welt des Kosmos, hier im Regenbogen Licht der Regenbogengalaxie - ich taufe die Galaxie in der die Menschen Leben nun *Regenbogengalaxie* - sie laufen vor sich her, haben Schulbildung hinter sich gebracht und sind nun in der Industrie, egal in welchem Land der Erde es ist. Doch das wird irgendwann mal bedeutungslos, das leben geht,,,,.

Hat nicht mein Prophet gesagt : Wer seinen Lebenswandel durch Sittenlehren begrenzt, sperrt seinen Singvogel in einen Käfig. Hat er nicht auch gesagt : Ist nicht jede Tat und jede Betrachtung Religion. Hat er nicht gesagt: Wer kann seinen Glauben von seinen Taten trennen. Hat der Prophet nicht gesagt: Euer Körper ist die Harfe eurer Seele. Hat er nicht gesagt: In eurer Sehnsucht nach eurem Höchsten Ich liegt eure Güte und diese Sehnsucht ist in allen von euch. Diese Sehnsucht nach dem Höchsten Ich soll in den *Regenbogentransformationszentren* verwirklicht werden. Für das Wohl aller. Hat der Prophet nicht gesagt : Ihr seit Gut, wenn ihr eins mit euch seit. Hat er nicht gesagt : Ihr seit auf zahllose Weise gut, und ihr seit nicht Böse, wenn ihr gut seit, ihr seit nur säumig und faul - säumig und faul, euer wahres Ich, höchstes Ich, zu finden, weil der Wohlstand euch Bequemlichkeiten suchen lässt, die falsche Sicherheiten sind, denn eure Ängste stehen auf euren Gesichtern, trotz Mercedes in der Garage, trotz Designermoden auf euren bequem zugefressenen Körpern. Hat der Prophet nicht gesagt : Denn für die Frucht ist das Gebet eine Notwendigkeit, so wie das Empfangen eine Notwendigkeit für die Wurzel ist.

Es ist an der Zeit , dass die Weltindustrie nun gibt - in Form von aufbauenden, erweiternden Möglichkeiten zur spirituellen Entfaltung ihrer mitarbeitenden Menschen - global . Doch was sie dadurch für sich zurückbekommen wird, ist selbst mir noch unbekannt - aber was ich von mir selber weiß - es ist schlichtweg phantastisch - es wird die industrielle Evolution sein, die einen Schritt in Richtung *Regenbogengalaxie* machen wird - wodurch die wissenschaftlichen Einblicke alles Dagewesenen weit hinter sich lassen wird. Im Guten und im Schönen. Und eins will ich noch sagen:

Habt ihr keine Träume mehr sondern nur noch Logik, Rationalität, und Probleme wisst ihr nicht mehr, dass ihr der Wind in den Bäumen seid und der Gesang der

Nachtigall, die bald aussterben wird, wenn ihr keine Träume mehr habt, sondern nur noch politische Probleme und wissenschaftliche Zweiflereien - jagt diese Hunde des Dunklen in ihre Hölle zurück, damit eure Träume der Freiheit, euer wahres Wesen sich ausbreiten kann. Hinein in die Töne des Lebens und das Licht der Geschöpfe - habt ihr keine Träume mehr , wo ihr wisst, dass ihr nicht in eurem Körper eingeschlossen seid, weder an Lohn noch an Urlaub gebunden seid, wo ihr wisst, dass der Duft der paar Blumen, die auf den verseuchten Feldern übriggeblieben sind, euer eigener Duft ist, eure eigene Schönheit ,und euer Liebeslied, das ihr selber seid und verwirklichen sollt - deswegen seid ihr hier, nicht um euch vergiften zu lassen von Managern und Geldgeiern und politischem Idiotentum oder moralischem Wahnsinnigen - habt ihr keine Träume mehr, wo ihr wisst, dass ihr mehr als das seid, was die Illusion **Gesellschaft** euch anzubieten hat. Wenn ihr keine Träume mehr habt zu wissen, was ihr wirklich seid, dann seid ihr auch dem Leiden ergeben und werdet in der Zwangsjacke von Logik, Verstand und Phrasen sowie religiösen Sekten wie Christen oder Moslems oder Buddhisten und anderen religiösen Sekten verstauben müssen. Doch in den spirituellen **Regenbogenzentren** werden eure Träume wieder freigeputzt. Hat der Prophet nicht gesagt: Und ist es nicht ein Traum, an den keiner von euch sich erinnert, der eure Stadt baute und alles schuf, was drin ist. Dieser Traum ist der göttliche Tonstrom oder Klangstrom, oder Heilige Geist, oder Sphärenmusik, der alles trägt und mit Musik zu euch bringt. Das göttliche Wort, das alles durchdringt und in Liebe wiegt. Hat der Prophet nicht gesagt : und ihr werdet sehen - und ihr werdet hören. Das Sehen und das Hören wird in diesen spirituellen **Regenbogenzentren** wieder freigelegt werden.

Könnt ihr euch nicht mehr erinnern als die Prophetin zu euch sprach: Liebt euch selber, damit ihr meine Liebe versteht, und eure Angst verfliegt, die euch das Lächeln so schwer macht. Auch das wird in der **Spiritualisierung der Industrie** geschehen, daß Menschen sich wieder selber Lieben können ohne Leistung zu bringen, ohne Kampf, ohne Arbeitsverträge , die demütigend sind. Könnt ihr euch nicht mehr daran erinnern als die Prophetin im Wind stand, ihr Haar glänzte von Sonnenschein in den blühenden Feldern, während die Insekten und Vögel das Lied der großen Seele zelebrierten, und sie sagte: Liebe, die vom Geben und Nehmen lebt, ist keine Liebe, sondern das Geschäft. Ängstliche Kinder in erwachsenen Körpern, die ihr Leben lang nicht genug bekommen haben - wo es nur um Vorteile und Nachteile geht, das ist alles bloß Kontrolle und Strategie - so wie es euch die Kirchen in Wahrheit vorleben - alles bloß Strategie - und sie schmücken sich dann mit den wahren Heiligen - geben ihnen sogar Urkunden - sogar tausend Jahre später. Die Prophetin hat auch in den Wind geschrien: Liebe ist kein unrealisierbarer Traum, so wie Liebe nichts mit Eifersucht zu tun hat, sie ist Wirklichkeit für den, der den Mut hat, sich an sich selber zu wenden, an sich selber zu orientieren. Wer sich nicht nach sich selber richtet und orientiert, der ist so wie die Eifersucht, die einer hat, weil er die Liebe für sich selber nicht hat. Er ist immer abhängig von anderen, denen er dann Vorwürfe macht, wenn er etwas nicht bekommt.

Könnt ihr euch noch an die Prophetin erinnern als sie sagte : Liebe ist die Zärtlichkeit für alles, auch für den Eifersüchtigen, oder die Natur, die Wiesen und ihre Bewohner, sogar für die Wolken mit ihrem Saharasand im Frühling. Sie ist die Freiheit von allen zu engen Umarmungen, die sowieso nur aus Angst beklommen machen, sich aber als Stärke schmücken. Auch das wird in den spirituellen Zentren wieder aufgeweckt werden, damit die Industrie davon profitieren kann.

Diese Wahrheiten machen frei. Wahrheit ist auch das ,was wirkt. Die Industrien, die sich zu solchen Zentren zusammenschließen wird, müssen eine Verlängerung der Universitäten, der Hochschulen, Volkshochschulen sein. Indem dort das Göttliche, die Seele, die kosmische Energie auch aktiviert wird, die Seele, Gott, Einstimmung auf sie - auf ihn - Es - Mich . Dieses Ich, dieses Selbst, du selbst, sollst in diesen Zentren passieren.

Intellektuelles Forschen endet nur im was bin Ich - Wo ist Gott - Was ist los - kann ich Gott sein - Was ist das für ein Irrenhaus hier - die sogenannte Gesellschaft ? Das führt nur zur Faktensammlung, zur Information, statt zur Transformation, zur Illusion statt zur Wahrheit von Dir selber und Gott. Die Indische Yogasuche hat ja das Ziel des Nichtseins - Verschmelzen mit dem Ganzen - das ist ihr Ziel die glauben, Nichtsein sei Erlösung - Freiheit. Doch das ist deren Weg.

In der Spiritualisierung der Industrie werden alle Wege genutzt. Es geht darum, umfassende Erfahrungen zu machen , die untereinander zur gegenseitigen Erhöhung verbunden und ausgetauscht werden sollen, um synergetische, neue Formen zu erreichen. Assagiolis Methode, die, alles Leben ist Leidensarie, wird hier, in diesen Zentren transformiert durch die Erfahrungen deiner wahren Natur.

Ich, der Schreiber, Gott, ich weiß das, denn ich habe meine Schöpfung gesehen, separat von mir, der Seele, dem Göttlichen. Ich weiß, das nicht alles Leben Leiden ist, alles Leben ist leben, so müßte es geheißen haben, und ob der Sidharta das jemals gesagt hat: *Alles Leben ist Leiden* das muss ich aufgrund meiner Selbst verwerfen, das hat bestimmt bloß ein späterer Buddhist gesagt, um seine Negativität rüber zu bringen, und warum, *Weil, wenn du als Sidharta ein Buddha geworden bist, ist es unmöglich, weil unwahr zu sagen: Alles Leben ist Leiden, denn das geht und stimmt dann garnicht total nicht, denn aus der Sicht, wird ja alles aus der Sicht der Glückseligkeit gesehen und erfahren, und dort gibt es keine Wortwahl mehr die das Leben als Leiden beschreiben würde. Und so sind alle diese Schriften die ein Sidharta Buddha gesagt haben soll mehr als überkritisch zu betrachten, weil ja alle ohne Ausnahme nicht von Sidharta Gautamo Buddha geschrieben sind. Nicht ein einziges Wort.* So alles weltliche Leben, was auch bloß bedeutet, alles Grobenergetischere, dichtere, dunklere, schwerere, ist Reibung, die das Leben dort erfährt, und die damit verbundenen Effekte. *So, es ist das Selbstinteresse der Buddhistischen Mönche, die sich, ihre Strategien zurechtlegen über Jahrhunderte verfeinert, wie in jeder anderen Organisierten Form von Gemeinschaft die zum Selbstzweck geworden ist, nämlich sich zu vergrößern und ihren Lebensunterhalt damit zu machen, das ist genau das gleiche wie mit dem Katholizismuskraaaam, der bloß ein Riesen Geschäft geworden ist der Blahh Blahhh Künste* . Manchmal wird die Nähe dieser Reibung im Leben zu viel, dann entsteht Leiden, weil die stoffliche Dichte noch zu Eng ist, zu träge war, dann entsteht Leiden, Schmerz, *aber das Wesentliche von allem ist pure Freude, Glück, und bei allen Kindern weltweit sowieso. Sofern sie nicht von ihren Umständen vergewaltigt werden und verführt.*

Die Welten, die Universen, die höheren Welten, die aus mehr Licht und weniger fester Materie bestehen, festem Licht bestehen, und die reinen spirituellen Welten, die unzerstörbaren Welten, die pure Glückseligkeit und mehr ist, sind, sie alle sind total, völlig Eins. Deshalb ist es auch möglich , durch Seelenreisen in diese Welten zu gehen und dort zu leben und das Wissen auf diese Erde zurückzubringen, in diese spirituellen Zentren, in denen dann dieses Wissen für die erdlichen Zivilisationen verwendet wird, und zwar nur im friedlichen Sinne, nicht für militärische Zwecke. Das Militär muß ja von dieser Erde verschwinden - es ist wie der Tyrannosaurus Rex, der auch verschwunden ist, weil diese Schöpfung einfach zu aggressiv war, aber in deren Zeitspanne paßte. Das Militär ist auch ein gefräßiges Ungeheuer, das sich verselbständigt hat, insbesondere in den gefräßigen Ländern wie USA oder Rußland und China. Das Militär ist ja der Mensch der ja eben so ein dumpfer Tyrannosaurus Rex , bleiben soll, weil dahinter enorme Macht-Geld-Negativ-Menschen stehen die Sich und die anderen und die Welt noch so primitiv sehen, weil sie selbst noch so primitiv sind. Sozusagen primitive Emotionen und die daraus entstehenden

Gedanken und Vorstellungen leben. Denn das Militär ist ja heute die Armee der weltweit oder Erdweit reichsten in bezug zum Geld, Raubsäugetiere, die sich Menschen nennen. Das Militär ist auch ein gefräßiges Ungeheuer, das selbst seine Geld und Nahrungsgeber töten würde, würde es sich selbst überlassen sein. Im Militär lebt der Gott des Todes höchstpersönlich. Global ist das Militär purer Faschismus, pure animalische Gewalt und Herrschsucht und Unterdrückung, die der Gier und dem Machtwahn der Geldgeber blind folgen. Bloß je nach politischem System traut es sich nicht, seine wahre Fratze zu zeigen. Aber die noch übleren Fratzen sind die Industriellen und Bankiers und Politiker die das insgeheim schüren und über Manipulationen durch die Kontrolle der Medien leicht erreicht, die Menschen dazu verführen das Militär für ihre Nationalen Blödheiten und Internationalen Blödheiten zu aktivieren um die Habgier der Firmen und Geldgeber auf Rohstoffplünderungen , oder Politische Systemveränderungen, einzuschießen.

Die Welt und ihre Weltmenschen sind fundamental eins. Religionen sind aber bloß Teilstücke, also Sekten, die Menschen wie mit Etiketten auf der Stirne verblöden lassen, Hauptsache sie folgen ihren scheinheiligen Oberhirten und deren Politik, egal welche Religion es auf der Erde ist. Wenn ich meinen Blick über die Erde schweifen lasse, sehe ich wie die Etiketten die Menschen verblödet haben und wie die Religionen, die Gruppenorganisationen aus Seelen, Menschen gemacht haben, und dann bloße Gruppenorthodoxien geschaffen wurden. Das Leben ist Eins. Religionen sind Grenzen, und Grenzen sind die Unwahrheit die als Grenzen beschrieben werden im Menschlichen Raubmenschlichen Köpfchen. Die Industrie hat das religiöse Provinztum überlebt. Die Menschen in den Industrien - jene, die alles aufgebaut haben - der Besitzer, Eigentümer, hätte es ohne die Mitbesitzer, die Angestellten nicht erreichen können. Die Freude, die dabei zuerste war, war immens, nun ist es ein Jagen von Jahr zu Jahr um prozentuale Lohnerhöhungen oder Arbeitsverkürzungen. Befreiung ist unter solchen Bedingungen nicht zu finden. Befreiung wird in der Industrie nicht zu finden sein. Alleine deswegen schon nicht, weil die Industrien selber vorhaben Banken zu sein, also Geld zu scheffeln. Aber was bedeutet das: *Es bedeutet das die Industrien selber dazu beitragen das Geldknappheit aufgebaut wird, weil Industrien, so wie Persönlichkeiten immensen Reichtum an sich ziehen in Form von Geld, aber da Geld ja limitiert ist, und um den Wahnsinn überhaupt aufrecht zu erhalten künstlich knapp gehalten werden muß, damit die Verblödungskontrolle der Massenmenschen besser funktioniert die ja den Wahn blindlings glauben sollen, und weil die Industrien und einige wenige Familien und Individuen, Riesen Geldreichtum angehäuft haben, und auch sollen, fehlt das Geld bei allen anderen, und so müssen alle anderen Schulden machen die aber in Wahrheit garkeine Schulden sind, denn Geld ist Fiktion, Glaube, Traum, Illusion, es hat keinen Wert und auch nicht den geringsten lebensfördernden Vorteil für die Menschheit ,es muß aus der menschlichen Gesellschaft verschwinden.* Hier ist einiges weswegen es immer mehr Arbeitslose geben wird und weswegen es immer mehr Menschen geben wird die kaum Geld haben. Achtet auf die Ansammlung des Geldes und darauf das Firmen überhaupt keine Steuern zahlen brauchen, denn die Steuern

die sie zahlen holen sich die großen die alles unter Druck und Erpressung mit den politischen Systemen machen, durch Subventionen wieder rein. Sie zahlen also keine Steuern. Das zahlt nur ihr. Ergo werden die immer reicher und ihr immer Geldärmer.

Die Macht der Konzerne : Einige Daten und Fakten

Von den 100 reichsten Ökonomien sind heute 51 Konzerne .So ist zum Beispiel der Umsatz von General Motors höher als das Bruttoinlandsprodukt von Dänemark. Oder der von Ford höher als das BIP von Südafrika.

Die 200 größten Konzerne der Welt kontrollieren mittlerweile 28 % der Weltwirtschaft, beschäftigen jedoch nur 0,3 % der Weltbevölkerung.

Der Umsatz der 200 größten Konzerne der Erde entspricht 30 % des globalen BIP. Ihr Gesamtjahresumsatz 7,1 Billionen Dollars, ist größer als die Summe der Bruttoinlandsprodukte von 182 Ländern, das ist, alle Länder mit Ausnahme der 9 größten.

Etwa ein drittel des Welthandels entfällt auf den konzerninternen Handel, oder, eine Tochtergesellschaft beliefert die anderer Tochtergesellschaft des gleichen Konzerns.

Das Steueraufkommen amerikanischer Unternehmen ist niedriger als die von amerikanischen Steuerzahlern finanzierte staatlichen Subventionen an die Unternehmer. Im Jahr 1994 erhielten amerikanische Unternehmen 167 Milliarden Dollar an Steuervergünstigungen, gegenüber 50 Milliarden Dollar, die der amerikanische Staat insgesamt für die Wohlfahrt ausgibt.

Nach einem Bericht von Business Week verdienten die Manager dieser mit öffentlichen Mitteln subventionierten Unternehmen 1997 im durchschnitt 5,5 Millionen Dollar im Jahr, wohingegen der Verdienst der arbeitenden Bevölkerung stagnierte. In den 60er Jahren verdienten diese Führungskräfte (was ein Hohn ist denn es sind Verführungskräfte) 30 mal so viel wie ein durchschnittlicher Mitarbeiter, heute bekommen sie 200 mal so viel.

Für jeden Dollar an Steuern, kommunale, bundesstaatliche und staatliche Steuern, den ein amerikanischer Durchschnittsbürger zahlt, bezahlten US-Unternehmen zu Beginn der 50er Jahren -1950-1954, 76 Cent. In den Jahren von 1980-1999 sind die Beiträge der Unternehmer auf 21 Cent pro Dollar an Steuern gesunken. In Kanada bezahlten die Firmen selbst in einem wirtschaftlichen Rekordjahr wie 1996 nur 14,5 Cent pro Dollar.

So könnt ihr sehen was hier abläuft und weswegen eine Demokratie zur Zeit bloß eine Geldokratie ist in der ihr zum Sklaventum dazugehört.

Denn wenn die Subventionen abgebaut werden, also euer schwer erarbeitetes Geld, was ja sowieso bloß was für blöde ist, mit dem ihr selber die Individuen und Manager und Organisationen unterstützt, die euch damit aber noch mehr ausbeuten, und weswegen sollt ihr eure Ausbeuter noch unterstützen, wie lange wollt ihr noch soo ungemein Blöde Leben, wie typische Raubsäugetiere und Dumpfer, und wie lange wollt ihr noch solche politischen Systeme und Politiker die bloß Tiere geblieben sind in menschlicher Form, unterstützen, denn: **Wenn alle Subventionen eurer Ausbeuter gestrichen werden würdet ihr bloß ca. 7 % Steuern zu zahlen haben.**

Ok, das zu der Industrie und deren Raubsäugetiere die sich als Manager bezeichnen oder Doktoren oder Professoren und soweiter, all das ist bloßes illusorisches Verschleiern, weil in ihnen keine wahre Transformation und ENT-WICKLUNG passiert ist. Sie sind bloß Tiermenschen geblieben, oder sollten es bleiben, je nach Position der Strategien der Mächtigen. Die in Wahrheit Ohnmächtig sind.

Alle Mystiker, oder Propheten, alles mystische, als auch physische Wissenschaftler oder Gelehrte, alle Belesenen, Wissenschaffende, oder Revolutionäre, egal, was das ist, all das wird euch Menschen keine Befreiung bringen können - denn keiner wußte, weiß, wer er ist, keiner weiß, wer oder was er ist. Befreiung wird nur durch innere Gewißheit, durch die Erfahrung deiner Selbst, deines wahren Wesens geschehen. Und dafür gibt es Wege und Methoden. Oder aber durch die denkerische Einsicht, das aus Gott nur Gott kommen kann, und man sich damit zufrieden gibt, so zu sein wie man jetzt ist, denn, durch die Gesetzmäßigkeiten von Sättigung und Hunger und den Reibungsschmerzen von Wohlbefinden und Leid, wird ganz von selbst das Moralische Genie zum Vorschein kommen das dann die Kosmische Taufe erfahren wird, mit denen dann auch die Erweckung der Geistigen Organe oder Spirituellen Organe einhergeht, und die Erkenntnis : **Ich bin das Göttliche.** In den **Regenbogenzentren** werden Wege und Methoden ,Seelenreisen und Bilokationen, also an mehreren Plätzen zur gleichen Zeit zu sein, oder sogar überall zur gleichen Zeit zu sein, erfahren und gegangen. Das ist jetzt Wahrheit, das kann der Mensch erreichen und das haben alle Licht-Ton- Meister und Meisterrinnen erlangt, die Fähigkeiten, sogar Transformationskörper zu haben, die an Millionen Stellen zur gleichen Zeit sein können. Diese Eigenschaften des wahren Wesens des Menschen werden in den spirituellen Zentren - den *Regenbogen Transformationszentren* erarbeitet werden, zum Segen der Industrie und der gesamten Menschheit. Die Freude an sich selbst - in euch selbst - ist in Wahrheit grenzenlos, ihr habt euch bloß zu sehr an eure Bindungen gewöhnt, an eure Sinne. Die Ideologie des Experimententums, des Zerhackens - der Teilung, von Wissen und Information und dadurch in Monotonie, ist überholt und vergraut. Das Göttliche Ich läßt sich nicht in **HUNDEMATIK, oder Dogmatik**, Ideologien oder sonstige Schemata zwängen, die dann als religiöse Disziplin kategorisiert werden. Nämlich nur, um das schöne im Menschen zu beherrschen. Alle Moral - Vernunft und Verstandesabläufe gehören zur negativen Seite meiner Schöpfung - ich habe euch da hineingedacht, damit ihr freudig seht, wie schön auch das Negative sein kann, doch ihr seid nun dabei, euch eure Physis zu ruinieren. Also muß ich selber mal zum Vorschein kommen, um euch daran zu erinnern, daß ihr unsterblich seid. Alle Veränderung die manchmal auch mit Leiden erfahren wird je nach dem Festhaltewille oder der Ignoranz, das ist die sterbliche Welt, der sterbliche Teil eures Taucheranzugs für diese Seelenerfahrung auf dieser physischen Welt.

Zum Taucheranzug gehört auch die Medizin, die medizinische Industrie. Und so wie in der Religion, die ohne einen lebenden Meister letztendlich abstirbt, weil nur noch Verstandesmenschen, die ehemaligen Initiierten in den Weg zu Wahrheit und Befreiung, nun übernehmen, um zu beherrschen und sich ein gutes Leben auf ihren Aberglaube zu machen. Genauso ist es mit den Medizinern. Es hat Ärzte gegeben, und es gibt auch heute noch wenige, die von echter Liebe zum Heilen getragen wurden. Ihre Gründer waren solche, und auch die alten Ayurvedas, und die alten sogenannten Indianer, die, die Apotheke Manitous aus Liebe gaben. Aber heute sind Ärzte pure Verstandesblutsauger, die kaum noch wissen, was Heilen ist, da sie schlichtweg materialistische Ziele haben und alles andere sind weitere Kalküle, in denen es um Positionen, um Einfluß und Gelder geht, und wie schon zuvor gesagt, ist dadurch die Heilkunst vertrocknet. Denn, wer wirklich Heilen will der muß : *HEIL sein!*

Überhaupt ist die Organisation der Ärzte so dogmatisch, so reglementiert mit ihren eigenen Grenzen, die den Zweck haben, ein hohes Einkommen der Ärzte zu garantieren - durch die niedrighaltung der Ärztezahlen, damit jeder hohe Patientenzahlen hat, die hohe Einkommenszahlen garantieren. 95 % der Ärzte denken fundamental an die monatlichen Krankenscheine. Der Mensch der dorthin kommt, ist bloßes Objekt für diese Scheine. Das muß aufhören. Der Zwang der allein von der dogmatischen Ärztekammer ausgeht, ist Macht, Geldgeilheit und Angst, Lebensangst, Lebensängste, damit die Habgier genug befriedigt werde. Viele junge Ärzte und Ärztinnen leiden unter dieser festen Ärztestruktur, und auch die nun im Schnellverfahren hinzugefügte Naturheiletikette, die ein Arzt noch hinzufügen kann, wird wenig Heilung bringen, da der verhärtete Mensch seine Erkenntnisse nicht befreit hat. Die Ärzte müssen sich von den Zwang ihrer Organisation befreien, um wieder Heilen zu können. Die Organisation ist Neidisch auf alles, was Heilen will, und kann. Das ist total Unärztlich und zeigt deren kriminelle Energien in den Ärztekammern und den Beeinflussungen die, die Ärztekammern aufgebaut haben, nämliche die gigantischen Petrochemischen Pharmazeutischen Kartelle von Rockefeller und IG- Farben, die sich alles Einkaufen was sie wollen, Politiker, Wissenschaftler, und sonstwas , wenn's sein muß auch den US Präsidenten oder andere Präsidenten. Es war Rockefeller und IG-Farben die diese sogenannte Gesundheitsstruktur und das Gesundheitswesen wie es korrupt und Verlogen und verkommen so wie es heute ist geplant haben, um ihre Produkte über den Weg der Politik und Universitätenausbildungen der Ärzte die dann als die Verkäufer der Produkte dieser synthetischen Gifte aufgebaut wurden, zu haben. Das gesamte Gesundheitssystem in der westlichen Welt und langsam auch in den anderen Ländern ist so konzipiert das dieses gigantische Petrochemische Pharmazeutische Kartell auf wunderbarem einfachen Wege ihre Produkte zu den höchsten Preisen verscherbeln kann, die auch noch Giftig sind, und sozusagen per Gesetz, da ihre Lobby sich alles kauft. Dr. Raths Bücher Informieren gut darüber- Stoppt die Codex Pläne des Pharma Kartells ISBN- 90-75332-29-0 informiert schon ein wenig klarer darüber. Aber ganz exakt Informiert G. Edward Griffin in **World without Cancer. ISBN- 0-912986-19-0** (Hinzufügung 10.4.2007. Das Griffin Buch ist inzwischen in deutscher Sprache erschienen . IG-Farben, obwohl 1948 in Nürnberg als Kriegsverbrecher verurteilt und zur Auflösung verpflichtet, existiert aber immernoch. Die Hauptzentrale in Frankfurt wurde im zweiten Weltkrieg von den Alliierten Bombern bewußt verschont, denn die Verbindung zu den USA Kartellen ist zu Gigantisch, und so machten die Alliierten, daraus ihr Zentrale. Mit der IG - Farben Aktie kann immernoch spekuliert werden. Aber IG- Farben ist ja nicht bloß IG- Farbe, sie ist gigantischer als bevor. Fast alle großen deutschen Chemiekonzerne und Ausländischen Konzerne sind mit IG-Farben verbunden und die Schweiz ist der Hauptstützpunkt. Offiziell hatte das Rockefellerkartell unter der Regierung von J.F.Kennedy das IG- Farben Konsortium erkauft. Aber für IG- Farben, denn beide sind ja ein Kartell. Es geht viel zu weit jetzt da tiefer reinzugehen, deswegen habe ich die Bücher erwähnt. IG-Farben hatte Konzentrationslager mit den Nazis, und produzierte nebenbei das Zyklon B für den Gasmord der Menschen, Juden und andere nichtgewollte. Der Spruch :"Arbeit macht frei" kommt von IG-Farben, der zu Auschwitz gehörte. Die gigantischen Industriebünde die Weltorganisationen die Weltbanken da ist sehr viel , fast ausschließlich, übles drin, weil die alle fast total dem Materialismus folgen und nicht der Wahrheit. Sie folgen Macht über Menschen und Ausbeutung der Massen, egal wie , Hauptsache wir bleiben dabei. Aber sie sind alle von den großen Kartellen der Petrochemischen - Pharmazeutischen Industriellen gegründet worden und ihren StrohmännerFrauen.

Diese Organisationen haben sich so eben die Ärztestrukturen aufgebaut damit sie eben ganz legal deren Gifte unter die Massen bringen können. Und deswegen sind diese Organisationen mehr als neidisch auf alles was wirklich Heilt, insbesondere Pflanzen und Nahrung die nicht Chemisch mit deren Gifte erzogen wurde. Und alles Pflanzliche wird deswegen von deren dafür aufgebaute Organisationen

verteufelt um die Menschen zu verunsichern und weiterhin in demokratischen Riesen Vergnügungspark-Konzentrationslagern zu halten. Oder glaubt ihr etwa Ich- Gott würde euch sowas Giftiges wie diese Organisationen es vermarkten, gönnen. Natürlich nicht. Denn in der Natur ist alles drin was ein Körper gesund und heil hält, aber nicht in der Industrienatur, mit ihren synthetischen also falschen Stoffen. Aber diese Ärzteorganisationen und Kammern die alle Ableger dieser Synthetik also Giftkartelle sind, die dann auf Moral, Recht, Vernunft markieren, und wer weiß sonst noch was, keine von denen kann Heilen. Aber die Wahrheit ist : *Jeder ist dazu fähig, zu Heilen.* Aber wem sage ich das !? Allein schon die Tatsache, das Menschen, die, die Fähigkeit haben, durch Handauflegen zu Heilen, von der Ärztekammer bekämpft werden, und dann sogar dadurch außer Landes getrieben werden, um dort zu Heilen, besagt schon, das diese Organisation in Wahrheit weiterhin das KonzentrationslagerNiveau beibehalten , bloß als Demokratisch maskiert. Diese Raubsäugetiere die sich als Ärzte bezeichnen, sie denken völlig einseitig und fühlen auch so, Dumpf und Dunkel und ohne jegliches Licht, und sie wußten noch nie, was sie eigentlich für eine Aufgabe haben, weil sie Retortenbabys von weit zurückliegenden Kartellen sind die ja genau das wollten, das diese Menschen die sich dann Ärzte nennen dürfen, sollen, so denken und handeln. Ärzte sind heutzutage Produkte der Kartelle von Rockefeller und IG-Farbenkonstruktionen, die das falsche Lieben und die Wahrheit verfluchen. Eben die Ignoranz, oder Wissenschaft.
Ich rufe hiermit alle Ärzte auf, sich von dieser Idiotenanstalt Ärzte-Kammer zu entfernen und eine neue Liebesdurchflutete Lichtdurchflutete Formation zu bilden. Nicht oberflächliche wie mit weißen Kitteln, sondern Inneres Licht, so wie Jesus mal gesagt haben soll: Dessen Auge offen ist der ist voller Licht. Damit ist das Seelenauge gemeint und die Fähigkeit alles zu sehen, weil es das Licht ist. Ärzte die freie, Liebesdurchflutete Wege, ganzheitliche Ströme in ihrem Heilungsprozess erkennen und diesen Weg gehen, werden sich abspalten von der Lügenformation der Kartelle, die ohne Ausnahme nicht Heilen können und wollen, denn sie würden ja ihre Kunden ergo Profite verlieren. Also dieses Betrugsgesundheitssystem dieser Kartelle ist auf unendliche Krankheit aufgebaut. Ja sie sorgen sogar dafür das ihr Krank werdet durch deren vergiftete Nahrung die sie euch anbieten und dann euch die giftigen Pharmamittel verkaufen, natürlich ganz legal, per Gesetzt und DIN- Norm und Demokratisch klinisch sauber wie in der TV- Werbung. Aber Hauptsache die Kasse stimmt bei denen, deswegen, ihr seit weiterhin deren Konzentrationslager Versuchsobjekte, bloß viel, viel raffinierter ausgeklügelt als das Rohignorantentum unter Hitler und

deren Konzentrationslager.

Ich gründe hiermit eine neue Heilärzte-Organisation aus Liebe zu den Menschen und Heilung in allen Formen und Möglichkeiten, die Ich im Universum geschaffen habe.

Diese neuen Ärzte werden auch nicht so Geldgeil fixiert sein, nicht das sie Bettler sein sollen, nein, aber sie werden für schlichtweg die Hälfte Heilen als die traditionellen Ärzteochsen. Ich bin schon gespannt, wie die Krankenkassen reagieren werden. Sie werden sofort beginnen zu rechnen, was da allein schon finanziell eingespart werden kann, aber auch viel mehr Heilung geschehen wird, somit das menschliche Leid beseitigt wird. Diese neuen ÄrzteInnen, werden alle Möglichkeiten von Heilungen und Heilkapazitäten mit einbeziehen - somit werden auch verschiedene Heilpraktiken, ob Farbtherapie, psychologische Wege, und Tanzrhythmus, oder Singen und Kunst und Homöopathische Wege und und und.

All das wird in den spirituellen **Regenbogenzentren** erneuert werden, und die Flüssigkeit des Lebens wird dort nicht unter Dogma verkalken. Diese Ärzte, die Neuen, müssen erkennen, daß es darum geht, sich für mich zu öffnen, den Klangstrom den Tonstrom von mir fließen zu lassen, und nicht den Verstand von Kal Niranjan , der negativen Schöpfung, oder das sekundär Bewußtsein von mir. Die Ärzte dürfen aber auch keine Sklaven für Menschen werden, es geht darum, Gott zu helfen, der vor Dir steht. Es ist ganz wichtig, so bewußt zu sein, sich nicht mit Berufsbezeichnungen zu identifizieren. Denn, sobald sich jemand mit Begriffen und Berufsbezeichnungen identifiziert, kann er nicht Gott sein.

Der Herr ist dein Hirte, ist wohl nicht ganz das übelste, was von mir gesagt wurde. Ich bin kein Herr-scher, kein Herr, ich beute keine Schafe, Gläubige, mit dem selbsteingezahlten Geld, auch noch aus. Ich, Gott, bin kein Philosoph der Sophisten, der Spinner, wie die Professoren für Philosophie. Jene, die Worte höher einschätzen, also Manipulationen, als sich selber. Und mich dabei völlig vergessen. Ich, Gott, bin direkte Erfahrung in jedem von Euch, bin erfahrbar. Auch mit dem Fahrrad oder in Bar. Ich bin hier - und im entferntesten Planeten. Das Himmelreich von mir ist in euch. In eurem Kopf ist bloß der Bildschirm, das Weisheitsauge, das einem Quantensog gleicht - und eine Dimensionenerweiterung gleicht, wo die Reise zu jedem Ort im Universum gesehen werden kann. Selbst Jesus sagte das, und Markus erwähnte das Auge des Lichts im Menschen , in der Bibel gut nachlesbar. Seltsam das die Christen es noch nicht entdeckt haben. Auch die Indischen, Chinesischen, und afrikanischen Weisen, sie alle wußten davon. Sie lehrten sogar die Methode, wie das Auge geöffnet werden kann. Auch der Buddha mit seinem falschen Spruch, **Alles leben ist Leiden,** spricht davon im **Surangama Sutra** . Aber das Auge ist in Wahrheit kein Auge, es wird bloß so bezeichnet, es ist die Seele selber die dann sieht. In der **Spiritualisierung der Industrie**, den Zentren, soll es also darum gehen, die innere Natur des Menschen zu erforschen. Jedes Wesen ist göttlich und total immer mit mir verbunden und niemals von mir auch nur eine Millisekunde entfernt. Auch der den ihr Satan nennt, auch Kal Niranjan, auch Seth, der ägyptische Name für Teufel. Aber all das sind ja eure eigenen Kreationen, Erfindungen, Erschaffungen. Ich selber habe sowas nie gemacht. Da ihr nicht wißt das ihr das göttliche seid, und total unbewußt seid was das bewirkt, müßt ihr irgendwann erkennen, das alles was ihr denkt und tut auch wahr wird und wahr ist, weil ihr ja das göttliche seid. Ihr erschafft euch das alles selber. Also Gespräche mit Seth, sie sind Gespräche mit dem Teufel, der mächtigen Energie, die sowohl positiv als auch negativ kreiert. Ich selbst bin zwar über all dem erhaben und habe seit dem Urknall immernoch Ohrenschmerzen, aber ansonsten bin ich weiterhin unerklärlich, unbeschreiblich, ich bin ja Gott, der Allmächtige. Den Teufel, den habt ihr erschaffen, Positiv Negativ oder Yin Yang Links Rechts Oben Unten all das habe ich erschaffen müssen, damit Leben so wie ihr es jetzt erfährt überhaupt möglich ist, so im Einzelnen und Variationstrip von Formen und Geschöpfen. Es geht einfach nicht anders auf dieser Ebene. In Wahrheit gibt es aber kein Links Recht oder Oben und Unten. Aber aufgrund von Forschungen des einzelnen Menschen oder Gruppen, Erfahrungen, Rückführungen et cetera, wißt ihr Menschen nun, das die Seele ewig lebt, so wie ich, und sich bewußt verkörpert, einen neuen Körper aufbaut. Dem Buddha seine Graue Weisheit **Alles leben ist Leiden** ist einfach falsch, aber auf das kollektive Bewußtsein zurückzuführen, die Kohäsistenz, die Zähigkeit ist dort stärker, die Angst, weil dort die Energien Dichter sind und magnetischere Wirkungen haben, und aus dieser Dichte bewegt ihr euch dann heraus in die Leichtigkeit hinein. Die Angst ist das Hauptmerkmal der Fessel, die der Physis und dem Verstand die Übersicht nimmt, ihn gefangen hält, das ist alles bewußt so gemacht worden.

Hätten die Mächtigen aber mehr geteilt, abgegeben, verteilt, die habgierigsten unter Euch, so wäre die Angst nicht so lange in euren Nerven herumgespukt. Sie haben das durchschaut und sich mit den Kräften der Negativität voll Identifiziert, sie wollten bloß Schöpfer sein, sagen was andere zu tun haben, bestimmen, regulieren, Macht ausüben, kontrollieren, ausbeuten und so weiter, Ihr kennt ja eure Situation, es ist jetzt genau das gleiche. Das ist aber zur gleichen Zeit ihre eigene Fessel. Sie sind nun in den Bereichen des Negativen, denn sowohl negativ als auch Positiv, beides ist sterblich in dieser Sphäre der Schöpfung, denn beides wird eventuell sterben müssen - unterliegt dem Zerfall. Alle Erleuchteten, ob Frauen oder Männer, sie alle haben Wege gefunden, sich aus dieser Schöpfung, egal wie schön, wie sinnlich sie sich auch darstellt, zu befreien. Aber die meisten ahnen nichtmal, in welcher Illusion sie leben, wenn sie glauben, sie seien der Körper oder der Verstand. Aber die Erleuchteten, haben diese Illusion durchschaut, auf unterschiedliche Wege in unterschiedlichen Ländern auf der Erde mit unterschiedlichen Namen wurde das dann bezeichnet. Das ist das wahre Abenteuer des Lebens. Alle anderen Abenteuer sind bloß Billigprodukte gegenüber dem finden deiner Unsterblichkeit und der damit verbundenen Bereiche deiner eigenen Unendlichkeit und Glückseligkeit. Aber die Seele die ihr seit, und mehr, will ihre Göttlichkeit manifestieren. Doch die habgierigen haben immer versucht das zu verhindern. Die Tyrannen innerhalb und außerhalb deiner selbst. Weil Habgier blind macht und stumpf und taub und schwach. Auch wenn es zuerst so aussieht als ob es so ungemein kräftig und schlau und erfolgreich wäre, aber das Resultat ist immer die Niederlage. Die Seele hat zwar schon göttliche Eigenschaften, sie gehört ja nicht mehr zum Bereich der Energie, wie die Psychologienwelt, die vier Welten der Sterblichkeit, da reicht es eigentlich völlig aus, wenn sie nun endlich mehr aktiv wird. Doch es sieht so aus, als ob sie zu dieser Zeit noch etwas extra Unterstützung von mir, Gott, bekommt und braucht.. In dieser neuen Aufbauphase des spirituellen Erwachens, ich werde mich in vielen tausenden von Körpern erwachen lassen,, in jedem Volk, und so meine Gegenwart als Schutz zeigen. Es geht nicht mehr so weiter, daß materialistische Politik und Industrie als das höchste vermarktet werden. Das Materialisten und Sophisten euch in lange Warteschleifen führen, die ganz und roh unnötig sind. Die Wahrheit ist das die jugendlichen Götter weiser und intelligenter sind als alle die Alten zusammengenommen, weil die Alten Angst vorm Sterben haben und sich in kollektive - jeder will gleich sein alles nachäffende - Verhaltensstrukturen hineingezwängt haben. Außerdem haben die Alten Generationen sich aber auch total von der Petrochemischen-Pharmazeutischen Industrie verbraten lassen, indem sie öffentliche Institutionen und Privatunternehmen sozusagen als dein Freund und Helfer blind akzeptiert haben, und sie dadurch bis in die Gesetzgebung verblödet wurden mit einem Aufbau der bloß den Interessen der Petrochemisch Pharmazeutischen Industrie diente und dient, wobei es die langatmige Strategie der Industrie ist, insbesondere dieser Industrie der Gesundheitsindustrie die eine Krankheitsindustrie ist und die

Krank macht, auch das Land die Erde die Gewässer, nämlich durch Geldpolitik und dem Entzug des Geldes große Teile Platt zu machen, so das dann die Industrie die Banken als die Retter in alle öffentlichen Bereiche reinkommen, als der große Retter, was aber eine langatmige Strategie global ist, denn die streben ja Weltherrschaft an, jene die das Geld aus der Luft drucken und die Menschheit damit verblöden. Bedenkenlos werden Türen und was sonst noch der Giftapokalypse der Chemisch Pharmazeutischen Industrie geöffnet weltweit. Seit wachsam, das zu sagen ist bereits zu spät. Über diese Bereiche berichtet unter anderen Buko Pharma Kampagne e.V. August Bebel Str. 62 33602 Bielefeld. Die glauben zwar noch an die Heilung durch Pharmazeutika- also Gift- aber immerhin, sie sind wachsam genug auf den bestialischen Bereich dieser Industrie hinzuweisen. Aber Heilung ist durch Pharmazeutika nicht erreichbar. Da Pharmazeutische Produkte des Geldes wegen immer falsch sind, und sein müssen wegen der Patente die dort angestrebt werden, So ist das mit patenten, sie sind betrug, und auf totale Ausbeutung und Inhumanität programmiert, obwohl sie so , und so weiter. Die Pharmabranche ist ja der Diabolische Zweig der Unwahrheit, sie vertritt die Unwahrheit, das falsche. Hier ist eine Meldung aus dem Pharma-Brief der Buko Pharma Kampagne: Bush und Aids. Ob US- Präsident Bush seine Blockadehaltung gegen den Zugang zu lebenswichtigen Medikamenten wirklich aufgibt, ist noch immer nicht klar. Darüber verhandelt die Regierung mit der Pharmaindustrie. Die ist jetzt auch hochrangig in der Regierung vertreten: Der gerade eingesetzte Koordinator für Aids- Politik war vorher Manager beim Pharmariesen Eli Lilly. Oder anderer Titel : Pharmaindustrie seift die Politik ein. Das ist die Industrie, das sind deren sogenannte Menschen, die dort ihre Ziele haben, die schlichtweg Primitiv sind. Die ganze Pharma Medizinbranche ist eine Sekte des Betrugs an der Menschheit. Es gibt ja massenhaft Bücher die das Kartell diesen Betrugs am Menschen darstellen, die weder heilen können noch wollen, da sie auf Profite aus sind, Geld. Überall werden Artikel veröffentlicht mit Titel wie Abschaffung der Gesundheit, und wie Pharmafirmen systematisch mit Ärzten neue Krankheiten erfinden mit Marketingstrategen, die sogar das gesunde normale Leben als krankhaft vermarkten, damit auch die gesunden als sicherer Markt für ihre Gifte da ist. Und das schöne daran ist: ***Die Menschen sind so blöde und machen das alles mit und Glauben das auch weil sie ungemein niedrig im Bewusstsein sind und der Herdentrieb sie weiterhin intelligent blöken lässt.***
Doch die Jüngeren sie lieben Gott, die Seele, weil sie erst vor kurzem daherkamen.
(Kann aber auch sein, das ich Gott, ganz schön damit daneben liege hohoho)

Bildung und Fakten können ganz schön blöde machen, wenn zu viel, zu lang wird. Deswegen formieren sich Alternativgebiete, die viel sensibler, weiser, und göttlicher sind als die etablierten Habgierstrukturen. Die Gierstrukturen der Industrien die alles kontrollieren wollen, und über Weltorganisationen, zumindest dem Wort nach, die Gesetze und Aufbauten der Nationen umgehen wollen und sich selbst, die Firmen als die Gesetzgeber schon längst etabliert haben, um ihre Diabolischen Kräfte die sie zur faschistischen Zeiten in allen Nationen egal welcher Rassen und Glaubensrichtungen , ausgelebt haben, denn jedes Volk ist diesen Gierstrukturen der industriellen und Politikergier bis jetzt noch ausgeliefert, weil sie zu wenig selbständig und frei Denken und das dann auch verwirklichen wollen. Denn, die Masse Mensch hat keine Lobby. Die Alchimie des Geldes ist die Lobby in der Politik, und die ist Ignorant, weil die Politiker selber keine Wahrheitsbildung haben, sie kennen nur die Fress und werde gefressen Bildung. Hier ist noch ein Schmankerl aus der Industrie und Politikkochkunst des Schlamasselns. ***Geheimsache . MAI***

Seit 1995 verhandeln Vertreter der OECD-Länder über das MAI (Mutual Agreement on Investment) einen Internationalen Vertrag, der den Handlungsspielraum nationaler Regierungen gegenüber Großinvestoren und multinationalen Konzernen drastisch einschränken soll.

Internationale Umwelt - Menschenrechts - Entwicklungshilfeorganisati onen befürchten äußerst negative Auswirkungen diese Abkommens. Weder Öffentlichkeit noch Politiker wurden informiert.

Der Vertrag sieht zum Beispiel vor, daß Regierungen, die einen Multi behindern und dadurch den Profit schmälern, auf Schadenersatz verklagt werden können. Der entsprechende Passus spricht von „ unvernünftigen „ (Unreasonable) und diskriminierenden verhalten. Was damit im einzelnen gemeint ist, wird nicht definiert. Ob Umwelt und Arbeitsschutzmaßnahmen „ Unreasonable „ sind darüber entscheidet im Einzelfall das Gericht, das sich aus je einem von jeder Streitpartei zusammengesetztem Richter zusammensetzt, der dritte wird von einer Weltbankinstitution oder dem Internationalen Chamber of Commerce, einer Internationalen Vereinigung von Unternehmen gestellt.

Das Kanadische Parlament hat bereits von seiner Regierung verlangt eine Änderung des Passus einzufordern. So wäre zum Beispiel die Errichtung eines Naturparks oder die Aufhebung einer Abbaubewilligung aus Naturschutzgründen nach dem Inkrafttreten des MAI nur bei voller Entschädigung eines davon betroffenen ausländischen Investors möglich. Kein Land darf weiterhin verlangen, daß investitionswillige Multis heimische Rohstoffe verarbeiten oder ortsansässige Arbeitskräfte beschäftigen. Das trifft besonders Länder der dritten Welt. Diese konnten zwar nicht über das MAI mitverhandeln , würden dem Abkommen wohl oder über beitreten müssen, denn sonst droht ihnen der Rückgang der Investitionen aus dem Ausland.

Was mit diesem Abkommen erreicht werden soll ist die Hegemonie der multinationalen Konzerne, die sogar gegenüber nationalen Regierungen rechtlichen Schutz genießen würden und diese wegen Nichteinhaltung der MAI Bestimmungen außerhalb der jeweiligen nationalen Rechtsordnung verklagen könnten.

OK, das ist die Industrielobby und die Geldgeber hinter der Industrie und deswegen diese Bildung und das aus den Raubtierseinszustand führen der Menschen durch die Meditative Transformation der Industrie- die bloß der

Seinszustand von Wilden Raubsäugetieren ist mehr nicht.

Aber die Jugendlichen warten nicht mehr darauf sich anzupassen an diese Raubtierindustrien. Weil ihnen die Lebendigkeit verwehrt wird, leben sie so, daß das, was sie nicht akzeptiert, verachtet. Das Establishment. Da will man nichts mit zu tun haben. Da die Multis aber auch total Inhumanität vorleben auch auf SCHEIN- Heilige Art, werden andere Wege und Einsichten erreicht, die eine Art Gegenkultur formen. Ich, Gott sende keine Babys zur Welt, die Seelen haben sich selbst gesendet, sie sind voll göttlich. Kapiert das endlich, ihr Gesellschaftsaffen. Sonst werdet ihr aber auch total von den Banken und Gelddruckern die das Geld ja bloß aus Luft drucken und deren Manipulatoren und Kartellen weltweit verheizt werden, denn bei den Nazis haben sie es geschafft in der Regierung zu sein, nun versuchen sie es indem sie die Regierungen ausheblen, die alle mitspielen, seit euch dessen bewußt denn Politiker sind bloß dumpfe Raubsäugetiere des kollektiven Bewußtseins mehr nicht. *IHR WERDET VERHEIZT; AUF DEMOKRATISCHE ART LEBT DER FASCHISSMUUUS WEITER WEIL FASCHISSMUUUS DAS RAUBTIER IST DER RAUBMENSCH INTERNATIONALGLOBAL*

Es werden nun Tausende in jeder Nation zur Welt kommen, die wissen, das sie das Göttliche , unsterbliche , sind. So wird die Idiotie des Konsumstupors und Religionstupors neutralisiert, um wieder Wachheit zu bringen. Gottwachheit, Seelenwachheit und damit die verbundene Bedeutung. Überall werden Menschen erwachen und erkennen, daß sie das göttliche sind und keine Angst mehr vor sich selber und anderen haben. Ich habe Jesus damals nicht umsonst gesendet damit er sagt : Mensch , erkennen dich selbst, oder hat das mein griechischer Sohn Sokrates geflüstert. Ach ja, er hatte gesagt : Ich und Pappi sind eins, das hat mein Sohn Jesus gesagt. Und was bedeutet das wohl, wenn jemand eins ist mit jemand, wohl das es eins ist, oder, also ergo, der Mensch und Gott sind eins, auf immer eins mit Mir, also das gleiche,. Doch das war ja schon zu viel für die damaligen Raubsäuger die Pharisäer und die anderen Raubsäuger, und so töteten sie ihn meinen geliebten Sohn, Jesus,chen.

Wichtig ist auch die Waage. Die Wissenschaftler haben durch materielle Fähigkeiten, und so weiter, die Menschen in eine sehr knifflige Lage gebracht. Sie haben sooo ein Zerstörungspotenzial entfaltet - Zerstörung sind nicht nur Waffen. Sei es nun Chemisch oder Nuklear - oder die Autoindustrie oder die Denkwissenschaft oder Agrarwissenschaft oder Machtwissenschaft oder Mani pulationswissenschaft oder Arzeneiwissenschaft oder Egozentrikwissenschaft, also Negativwissenschaften. Das Rüsten, das Wettrüsten, passiert im Geheimen sowieso weiterhin, das wird den Menschen Jahr für Jahr so hingelegt von politischen Idioten, die Glauben, sie seien die Weltbeschützer, indem sie ihren Freunden dicke industrielle Happen zuwerfen.

Die jährliche prozentuale Steigerung wird so hingestellt, als ob das ein Naturgesetzt wäre. Das muß von der Erde verschwinden. Die Energien sind bitter nötig, um die Erde zu entgiften. Die Menschen auch, doch diese global stupide gierige Sorte von taumelnden Fleischbrocken, das Militär, und die damit verstrickte Industrie und die damit verseuchte Politik muß völlig durch Verzicht auf Waffentechnologie auf den Müllhaufen gebracht werden., um dort verschrottet und verbrannt zu werden. Die Wissenschaftler in dem Bereich sind zu geistlosen, lebensverachtenden Robotern geworden. Ihre Namen müssen öffentlich bekannt gemacht werden und sie dürfen keine Arbeit in der Industrie für die nächsten 10 Jahre bekommen, auch nicht in der Universität und anderen Institutionen - sie werden in der Landwirtschaft integriert werden - Blumen züchten, Getreide und andere lebendige Formen des Lebens schützen . Es gibt immernoch zu viele in den Bereichen, die Wissen geheimhalten wollen, also das Mittelalter und davor sind. Sie meinen Entdeckungen müssen erst dann frei gegeben werden zugänglich gemacht werden, wenn die Politiker mit ihren Freunden, den Industriebesitzern, es wollen.

Als Waage wird nun spirituelles Wissen frei zugänglich gemacht. Spirituelles Wissen, von dem sich die geheimen Staatswissenschaften nicht fern halten können.. Ganz einfach schon deswegen nicht, weil sie nicht wie Sai Baba materialisieren kann, oder sie kann keine Bilokation machen oder Transformationskörper schaffen, sie kann keine Methode entwickeln, die das dritte Auge öffnet, wo du die höheren feinstofflichen Welten sehen kannst.

Selbstverständlich wird hier niemandem ein Vorwurf gemacht, nur jenen, die zuuu Dunkel sind.

Die beiden Seiten der Existenz (Die wesentlich mehr als bloß zwei Seiten hat, obwohl sie in Wahrheit garkeine Seite hat) die objektive und die subjektive, müssen vom Menschen für den Menschen in Gleichklang sein, sonst wird unweigerlich Chaos sein. Das Innenleben des Menschen darf auf Kosten des Außenleben des Menschen und seines hauptsächlich physisch orientierten Lebens nicht unharmonisch werden - nicht noch mehr als es jetzt schon ist. Beides muß den gleichen Wert haben.

Deswegen die Spiritualisierung der Industrie. Es nützt alles nix mit 50 Mercedes in der Garage und 20 Millionen auf dem Konto, wenn du nichts von deinem wahren Wesen und den Zielen und Aufgaben kennst. Selbstverständlich hat jeder freien Willen und kann machen, was er für richtig hält, und soll sich vor allen Dingen nicht auf die Schwächen einlassen, die ihm durch falsches Verhalten und ausnutzendes Manipulieren von religiösen und metaphysischen Lehren eingeflößt wurden, nur damit der Mensch seine Freiheit nicht behält. Zu solchen Sachen gehört das kreieren schlechter Gefühle in einem, damit dann die

Gefühle der Habgier und der Machtgier derjenigen, die dich ausnützen wollen, dominant werden. Frag nicht was dein Land für dich tun kann, sondern was du für dein Land tun kannst - das muß Balance haben, doch heute ist es viel zu sehr in gigantischen bürokratischen Strukturen verseucht, die völlig entfremdet Büroidiotie predigen, während das wahre Leben ganz was anderes ist. Ich sage es nochmal - das wahre leben ist weit von der Routine entfernt, die durch Verstand und Rationalität gepredigt wurden. Diese Routine ist schleichender Tod und Inflexibilität, und ist bloß darauf aus die Macht zu festigen, auch wenn sie sich jetzt als beweglich darstellen will durch mehr Bereitschaft zur Flexibilität. Die Wirbelatome Gottes sind ununterbrochene Bewegung und Veränderung. Wenn ein Wirbelatom, sagen wir, eine Rechtsdrehung hat, was ja als positives beschrieben wird, so geht die Bewegung in Wahrheit nicht für immer in diese Richtung, sondern Schwung hört nach einer Zeitspanne auf und das Atom, die Galaxie, fängt an, sich in die entgegengesetzte Richtung zu drehen, ist nun also Negativ. Deswegen auch Gemütsschwankungen, Gefühlsveränderungen und so weiter. Nur wer das Bewußtsein hat, durch die Liebesatome Gottes in ihm, die weder Ying noch Yang, weder plus noch Minus sind, weder Gut noch Böse, weder hell noch dunkel, weder schön noch häßlich, weder Liebe noch Haß, zu entwickeln - durch innere Wachheit - der kann sein Leben völlig in Liebe gestalten und so diese göttliche Liebe ausstrahlen - denn er ist nun außerhalb des Bereichs der vier physischen Welten - oder psychosomatischen Welten, oder psychospirituellen Welten. Mir fällt noch ein das die Mediziner abgewertet werden müssen, die materialistischen, die rationalen, jene, die den Menschen garnicht sehen, nur ihren Geldteufel, den sie auf den Kranken als Abzocker projizieren, die völlig unwach sind, daß der Mensch eine psychospirituelle Einheit ist, solange er in dieser Dimension lebt, und bloß die Krankheit behandeln können und den Mensch garnicht sehen. Das sind bloße Handwerker. Die aber auch ihren Wert haben. So wie die unterste Sprosse einer Leiter auch einen Wert hat, so wie die oberste. In diesen materialistischen Gesellschaften ist der Mediziner weit überillusioniert durch die Unwissenheit der Menschen, da ihnen durch die Kontrollstruktur der Ärztekammer, die ja Vasallen der Petrochemischen Kartelle weltweit sind, jeglicher Fein - und Edelversuch, besseres zu haben, verunstaltet wird. Es geht wie gesagt nur um Macht und der noch weiteren Verfestigung von Macht. Das Resultat wird die Starre sein und der Zerfall und der Leidensweg der Bindungen an das Schwere und falsche für den Mensch wird so vertieft. Doch die genetische Struktur, die viel, viel zu Überbewertet von den Medizinkartelle ergo Machtkartellen ergo Petrochemiekartellen wird, hat in sich das göttliche Programm von der biologischen Persönlichkeit hin zur Seelenpersönlichkeit und dann weiter zur Gottpersönlichkeit selber. Das Wertesystem der heutigen Fundamentalmedizin ist nicht mehr ausreichend für die Sensibilisierung der göttlichen Persönlichkeiten, die in großer Anzahl da sind, in Wahrheit alle sind es - sich aber bloß noch nicht durch die Bio - Psycho-Spirituellen Schichten entfaltet haben.

Obwohl die Wissenschaften heute wissen, daß das Atom keine Billardkugel ist, sondern daß es ein Wirbel von Energien ist ohne feste Struktur. Das alles Licht und Töne sind, das Materie kondensiertes Licht ist und das die Umwelt erforscht werden muß, um mit ihr ins Gleichgewicht zu kommen und nicht nach seinen Bedürfnissen verändern sollte. Wer das letztere tut, wird Hochtechnologie ernten mit all ihren Krankheiten - Aids ist noch garnichts dagegen, wenn es so weiter geht, und keine Balance gefunden wird im technologischen Bereich, also Technologie, die, die Natur schützt, anstatt sie vergiftet zerstört. Erst wenn Technologien gefunden werden, die sowohl der Natur als auch dem Menschen helfen, wird Balance und die verlorene Harmonie wieder zurückkehren. Die Alternativen sind ja keine neuen Bereiche, sie sind Wissensgebiete, die jetzt aus dem Schatz der damaligen Gegenwart wieder zurückgeholt werden, die ja alle in der dritten Ebene gespeichert sind, der Akaschachronik. Diese alternativen Wissensgebiete, die sich alle mit Licht, mit Tönen, mit Farben, mit Schwingungen, befassen, sie sind das, was der Begriff schon sagt, nämlich Gegenwart und Erfahrung. Da diese alternativen Heil und Wissenschaftsrichtungen nicht akzeptiert werden wegen der Trägheit- Machtgier und Ängste, rufe ich hiermit auch eine *NEUE KRANKENKASSENORGANISATION aus, nämlich eine GESUNDHEITSKASSENORGANISATION.*

Diese neue Gesundheitskasse oder mehrere, werden alle neuen alten Wege der Therapien und Heilverfahren repräsentieren. Alles von Reiki bis Shiatzu, Heilpraktiken bis Farbtherapien, Homöopathie bis zum Edelsteinverfahren und so weiter. Alles wird dort versichert sein. Denn durch verfestigte Strukturen, egal was es auch ist, wird das harmonische Gleichgewicht zerstört und nur Starre und Macht repräsentiert, die macht des Todes. Alle Kartelle gehören dazu und deren Gründer die Bankbesitzer und andere Lords und Adelige oder jene die sich mit anderen Wörtern und Begriffen bekleistern ließen um die Massen zu Täuschen, so, als ob sie für die Wahrheit oder das Gute und Schöne wären, oder sogar für das Göttliche, oder sogar für mich, Gott. All diese Kartell und Machtstrukturen in allen Gesellschaften auf der Erde sind allesamt ohne Ausnahme, Raubsäugetier- Machtstrukturen des Ausbeutung und des Betruges, an die Menschen. Laßt euch nicht von den Traditionen blenden oder den Wortblendern oder den Bürokratensesseln der Unnatürlichkeiten und der Machtgier gegen euch. Alle Systeme und Gruppen und politischen Parteien weltweit, alle großen Organisationen , sei es im Handel oder Menschenrechte oder Demokratische oder andere Organisationen sind allesamt in den Händen der großen Geldkartelle, die alle Staatlichen und öffentlichen Systeme längst unterwandert haben und nun so tun durch die Kontrolle der Medien, das alles bloß vom Geld abhängt, das sie natürlich im Überfluß haben, weil sie es euch ja, Weggegiert haben, weil sie es euch ja , weggeklaut haben durch die Gesetze die sie machten durch ihre Lobbyisten und politischen Söldner die in der Öffentlichkeit zwar so tun als ob sie dem Wohl der Menschheit dienten, aber in Wahrheit dem Wohl ihrer Kartelle zugetan sind. Hier ein kleines Beispiel bloß aus der BRD, aber in anderen Ländern ist es das gleiche und noch schlimmer, zbs. Kohl, er war 6 Jahre für den Verband Chemischer Industrie tätig, und ebenso nun der CDUler, Merz, auch er war mehrere Jahre angestellter beim Verband Chemischer Industrie, wie Kohl, deswegen wird es auch keine echte Gesundheitsreform geben, weil die gesamten politischen Strukturen und staatlichen Organe in den Händen dieser Kartelle sind, das ist sozusagen Traditionsmäßig so aufgebaut worden. Und auch die WHO oder UN oder andere Megaorganisationen sind alle für die Öffentlichkeit zum täuschen dargestellt aber im Hintergrund sind sie in den Händen der Geldkartelle für ihrer Ausbeutzwecke. Es geht in den Gesellschaften nicht wirklich um Gesundheit, Harmonie, Wohlbefinden, unter den Nationen auch noch nicht, es geht nicht um Mich,- Gott, oder die spirituellen Wissenschaften. Es geht um Geld, Macht, es geht um Betrug, Täuschen, Ausbeuten und alles unter dem Deckmantel der sogenannten Demokratie. Denn die Bluse Demokratie kann ja zu genau den Zwecken derjenigen geformt werden die ja bloß in ihrem Ignoranz Sinne des Sinnlich materiellen Bewußtseins die Erde als auch die Menschheit benutzen und ausnutzen wollen, und das schon seit sehr, sehr langer Zeit tun. Und es wird auch noch sehr, sehr lange um Geld und Macht gehen. Bis der Wahnsinn zum überkochen gekommen ist und alles was möglich war abgezockt werden konnte, und somit das Dumpfe Dumme die Ignoranz sich selber zerstören wird. Erst dann wird es eine Möglichkeit geben die Fehler hinter sich zu lassen, nicht etwa weil das gewollt ist, nein, weil es keine andere Wahl mehr gibt, und geben wird, und die gigantische Illusionsblase des Geldes und er damit verbundenen Geheimgesellschaften die diese Nationalitäten insgeheim regieren, wie zum Beispiel die Bilderberger, und deren Mitglieder, kurzum die reichsten im Geldsinne Menschen der Erde. Die aber ihr gesamtes Geld durch Ausbeutung erlangt haben, da sie nicht das Prinzip des materiellen Gleichgewichts gelebt haben. Denn gewisse Mächte versuchen alles was geschieht zu lenken. Und heutzutage sind diese Mächte schon sehr weit in der Öffentlichkeit vorgetreten, durch ihre Söldner die Politiker und deren Ausbildungen in den jeweiligen Industrien und Verbänden, indem sie sich sozusagen als jene darstellen die alles wüßten, könnten, und nur sie die einzig richtige Antwort haben für alle sogenannten Probleme. Diese Menschen bezeichnen sich als Illuminaten was so viel heißt wie die Erleuchteten. Sie verfolgen eine bestimmte Ideologie und haben eine bestimmte Mentalität die zum Ausdruck kommt. Ist es euch denn immer noch nicht aufgefallen das bloß ganz wenige aus ganz wenigen Industriezweigen durch die Politiker in der Öffentlichkeit zum Problemreinigen geholt werden. Es sind ausnahmslos Materialisten oder einfacher formuliert- die Ignoranz. Diese Wesen sind alle in Verbindungen mit den Bilderberger Konferenzen , dort wo die reichsten und einflußreichsten die Erde ohne Wählerauftrag über das Wohl und Unwohl der ganzen Menschheit beraten. Diese Bilderberger Konferenzen werden total geheimgehalten und die Medien berichten nicht ein einziges Wort darüber, weil sie ja von diesem reichsten bezahlt werden und ihnen gehören. Es ist längst, längst in allen westlichen Systemdemokratien im Sinne der Reichsten Abzocker entschieden was wo wann zu tun ist und wer das tut. Alle Systeme sind nämlich von ihnen selber aufgebaut , sei es das Gesundheitssystem, das Arbeitssystem oder das Rentensystem oder andere Systeme, denn ihr dürft nur wählen, das ist denen doch alles bekannt. Und die Politiker sind arme Schweine, die haben doch garnichts, außer ihre Worte und Manipulation und Betrügereien gegen die Schwachen, denn die Reichen werden nie aber auch nie, in Verantwortung gezogen. Nicht umsonst zahlen die großen Industrie Firmen keine Steuern und bekommen riesige mengen Gelder als Subventionen. Es ist alles Betrug, und das wissen die Mengen der Menschen in den Ländern mittlerweilen, und deswegen ist auch kein Interesse mehr vorhanden sich zu engagieren, tatkräftig zu sein, seine Intelligenz und Kreativität für solche Betrugssysteme einzusetzen. Alleine die Farce vor einigen Tagen in Bayern als dort gewählt wurde. Was machten die Medien dafür ein Wirbel, die CSU bekam 2/3 Mehrheit. Da wurde von der Macht gejodelt und Stoiber laberte davon das er die Macht umsichtig anwenden wird und soweiter. Aber was ist Wirklich. Bloß 57 % gingen Wählen, davon bekam die CSU 60% das ist aber bloß 34 % der Stimmen, Und mit diesem 34% der Bayrischen Stimmen jodeln die wie die verrückten die sie sind im Bierschaumblasenmöseln, von Macht und soweiter, das ist alles Bierschaumschlägerei und bewußte Täuschung und Ausnutzung der Medien um weiter zu verblöden. Was für ein Dumpfes Resultat ist das in Wahrheit. Aber da das Maßbewußtsein der Politiker im Schaumrausch bedeckt ist, wird das natürlich als das Mega- Macht Ergebnis vertaumelt. Aber so ist das Maß aller Dinge eben ein Bierschaum der Politik und deren Trallatrilli Sänger, der Journalisten, im Auftrag der großen Massenverblödung. So diese Weltweite politische Schaumschlägerei ist eine nichtexistente Blase die deswegen leicht platzt und keinen Realitätswert hat und hatte. Deswegen sind auch Politik und politische Parteien auch überflüssig wegen zu viel Schaumschlag. So wenig wie Kaiser und Könige die Wahrheit repräsentieren konnten oder die Realitäten die sich verändern, so wenig können Politiker und deren Parteien die Wahrheiten repräsentieren, und wollen das auch garnicht weil sie an der Illusion vom Geld kleben und deren Erzeuger die Zentralbankbesitzer, und deren Lobbyisten und deren Geldgeber die Kartelle der jeweiligen Industriesekten. Deswegen sind Politiker nicht mehr zeitgemäß weltweit, da sie nicht mehr die Wahrheiten repräsentieren können, und auch nicht nie konnten. Politische Systeme sind Erdweit genauso Relikte der Vergangenheit wie die Feudalen System der Ausbeutungen. ***Deswegen die Spiritualisierung der Industrie.***

In der Bundesrepublik existiert ja eine Ausblendung, aber auch in anderen Ländern, vor spirituellen Seinserklärungen, und ein total materialistisches Weltbild wird gepredigt und auch von den Politsystemen und deren Geldgeber und deren Staatlichen Organe durchgezogen, die wiederum von den Megageldkartellen aufgebaut wurden. Insbesondere die sogenannten wissenschaftlich abgesicherten Weltbilder- wohlbemerkt das sind bloß Weltbilder also Illusionen, und auch die rational gezähmten Kirchenpolitikreligionen dürfen nicht in Frage gestellt werden, und werden durchgezogen wie zum Selbstschutz sich nicht verändern zu müssen und sich in seiner Raubmenschhaftigkkeit weiterhin zu suhlen. Aber ständiges Fragen und Infragestellen gehört zum geistigen Motor in jedem, außer denen die von sich behaupten ihre Schwarzheit wäre Weisheit. Die Ausblendung und Bekämpfung von spirituellen und wissenschaftlich, also von Raubmenschen die sich Wissenschaftler nennen, nicht anerkannten Theorien, wohlbemerkt das sind bloß Theorien, also Illusionen, und Therapien, zeigt wie stark die Faschistoide Energie noch wirkt. Das ist gut zu sehen in den Megakartellen der Chemie und Pharmabranche die total auf das falsche also Synthetische setzen und das zum Dogma gemacht haben in den Köpfen der blinden an Wissenschaft Glaubenden und nicht an mich glaubenden, mich Gott, so nennt ihr mich ja. Aber ein Auto kann nur durch einen Meister entstehen, und genauso ist es mit einer

Sonne und einer Erde, und auch euer berühmter Zufall aus dem alles entstanden sein soll, laut eurer Schwarzprediger, selbst der ist ja kein Offenfall weil er ein ZU-Fall ist also ein Moment der Perfektion. Und Perfektion ist ja geplant und bewußt hergestellt. Wenn das aber diese materialistischen Doktrienpäpste die eure Systeme total verblödet haben weltweit, sich durch solche dumpfen Annahmen selber als Megablöde darstellen , indem sie behaupten die Welt das Universum sei ein Produkt des Zufalls, dann würden sie ja sich selber in ihrer eigenen Logik beschränken indem sie auf die Betrachtung der Wahrheit diese konsequente Logik verneinen und nicht sagen das ein Auto sich nicht selber herstellen kann, wenn sie behaupten das Universum die Welt die Sonne die Erde die Wesen hätten sich selber hergestellt. Aber das ist bloß die Anfangsstufe der Wahrheit, die ich hier laufen lasse. Ich Gott,,hohoho.

Der Plattkopfwahnsinn der Überdumpfheit der Politiker, und ihrer Systeme, die geradezu eine besessenen politische soziologische ideologische Weltdeutung, wie gesagt das ist bloß Weltdeutung, also Illusion, von sich geben, die jede Ansicht die Inhaltlich und strategisch mit ihr unvereinbar ist, in ihrer Raubtier Ignoranz, als **NICHT REAL ABSTEMPELT**, hat System. Aber seit wachsam wenn euch jemand sagt er weiß was die Realität ist. Das kann zwar unter ihres gleichen im Dumpfbewußtsein wirksam sein, schadet aber allen Menschen weltweit. Weil sie geistfeindlich ist. Aber dieser Geist hat alles aufgebaut und baut auch alles auf. Und es ist dieser Geist der die Fische ins Wasser bringt auch in den Alpenseen, und nicht der blöde Gelaberschaumschlag der Biermöselsblöden Wissenschaftler, ergo Raubmenschen, die behaupten das Enten den Laich an ihrem Gefieder mit sich tragen und dann auf dem See ablassen. Blöder gehts wohl nimmer. Denn, zum Beispiel, wie kommt es das in den Gebirgsseen, die Salmoniden Fische Zuhause sind. Die bloß in gewissen Natürlichen Umgebungen leben könne, die aber nun von Enten von den Seen da unten irgendwo oder auch oben irgendwo nun weitergetragen werden, aber da gab es doch garkeine Salmoniden Fische. Weder noch in den oberen kälteren Seen noch total nicht in den niederen wärmeren Seen. Aber in der Fanta oder Colasie geht natürlich alles. Deswegen selig sind jene die behaupten alles zu wissen, denn sie kennen die Wahrheit nicht.

Heutzutage und von Tag zu Tag mehr wächst der materialistische Nihilismus, der wunderbar von den Geldkartellen genährt wird, weil sie dadurch die Menschen weiterhin in ihrer Versklavung halten können. Die Wissenschaft so wie sie heute repräsentiert wird ist der Zweig der benutz wird um Massen zu versklaven in ihrem Dogma die Wahrheit zu kennen. Aber die Wissenschaft wird immer nur die Oberfläche erkennen, und nicht mehr. Das ist zwar ok, muß aber als das erkannt werden, das diese Menschen nicht die Wahrheit erkennen können, und auch nicht sollen, wegen der Geldgeber, denn die wollen ja, die Unwahrheiten weiterführen, wegen der Ausbeutungen weltweit. Das ist ja nun zu gut sichtbar in der Zerstörung von allen und alles, was nicht synthetisch also falsch ist, und somit keine patentierten Gerldabzockgeschäfte erlaubt. Und deswegen der unterschwellige Kreativstau in Deutschland und anderen Ländern, weil eben die Lüge regiert. Da ist immenser kollektiver seelischer Transformationsstau, der von den Negativmächtigen Systemunterstützern den Politikern so beklagte Innovationsstau in Wirtschaft, Politik und anderen Bereichen, liegt dort. Aber wer will Betrügern Schaumschlägern und deren System mit aufbauen. Ich nicht. Und ich hoffe du auch nicht denn du baust dadurch bloß dein Gefängnis mit auf. Das Geld und Synthetikgefängnis der Geldkartelle und deren Ausbeutungen. Diese materialistischen Raubsäugetiere sind ja nun in allen Positionen der Staatlichen Systeme, das war gut geplant von den Geldkartellen, damit sie so ihre Produkte auch auf dem sogenannten Rechtsweg mit Polizeigewalt durchzocken können. Gut sichtbar ist das an Anzeigen die von Innovativen Geistern aufgegeben werden mit neuen innovativen Produkten die das Fassungsvermögen der Raubsäugetiermaterialisten in den Politischen Systemen sprengt, und nun diese Innovativen Geister von den Staatlichen Organen den Beamten bedroht werden ,diese Anzeigen sein zu lassen. Oder aber neue frische sehr wertvolle Nahrungsmittel werden systematisch von den Chemisch- Pharmazeutischen Kartellen die ja selber ihre Gesetze gemacht haben, damit nichts pflanzliches reinkommt, das heißt, wirkungsvolles, nichtpatentierbares, also Mafiöses Geldkartell auflösendes, und sie dafür ihre sogenannten Gesundheitsämter und andere staatlichen Organe haben, die dann konsequent diese Produkte verbieten mit wohldurchdachten Lügen.

Beispiel Nonisaft oder andere pflanzliche Stoffe oder Stevia das Süßmittel und so weiter. Wichtig ist bloß zu erkennen dass das Staatliche System auf diese alten korrupten ausbeuterischen Systeme dieser Kapitalisten und Ausbeutrausbsäugetiere aufgebaut ist. Bis in die Organe des Systems haben sie ihre Wege gefunden, aber bloß um niemand anders leben zu lasen, außer ihre Falschheit denn damit können sie die Massen krank halten und krank machen und dann wieder ihre falschen synthetischen Produkte vermarkten und so diesen Kreislauf auf ewig, so stellen die sich das vor, aufrechterhalten. Hier mal einige Worte von alternativ Nobelpreisträger Dr. Epstein.

Herr Prof. Dr. Epstein, es gibt viele skeptische Menschen, die meinen, das´ Hinweise auf gesundheitliche Gefahren, die durch Inhaltstoffe zbs. in Körperpflegeprodukten entstehen können, über-dramatisiert werden. Was können sie dazu sagen ?

Es ist interessant, Risiken, die durch Tabakkonsum und Risiken die durch die Verwendung von Kosmetik und Körperpflegeprodukten entstehen, miteinander zu vergleichen. Lassen sie mich die Unterschiede dieser beiden Risiken einmal näher erläutern. In beiden Fällen kennen die regulierenden Institutionen und Behörden die Risiken, daß Tabakrauch eine große Anzahl von Karzinogenen enthält, also der Einfluß, der Krebs erzeugen oder fördern kann. Das gleiche Wissen um Risiken besteht aber auch bei Kosmetik und Körperpflegeprodukten. Auf einer Zigarettenschachtel ist ein klarer Warnhinweis enthalten. Auf den Packungen der Kosmetik und Körperpflegeprodukte gibt es diesen Hinweis aber nicht. Das heißt , daß die Gesamtheit der Bevölkerung einer Vielzahl von Karzinogenen ohne jede Warnung ausgesetzt ist. In einer Hinsicht stellen kosmetische Produkte eine sogar noch größere Gefahr dar, als das Rauchen. Rauchen ist eine freiwillige Entscheidung. Die Benutzung von Kosmetik und Körperpflegeprodukten unterliegt einer Unfreiwilligkeit. Jeder verwendet sie. Ein anderer sehr wichtiger Punkt ist, daß der Konsum von Tabak meist im jugendlichen Alter beginnt. Die Benutzung von Körperpflegeprodukten beginnt gleich nach der Geburt. Wir haben heute eindeutige Beweise dafür, um zu zeigen, daß die Empfindlichkeit zur Aufnahme von Karzinogenen bei Säuglingen und Kleinkindern äußerst hoch ist, im Vergleich zu Erwachsenen. Ein anderer interessanter Aspekt ist, daß es mehrere Karzinogene gibt, die in gleicher Weise sowohl in Tabak als auch in Körperpflegeprodukten enthalten sind.

Können sie uns bitte die Gefahren noch etwas genauer erklären, wenn krebserregende Substanzen durch die Haut dringen ?

Die Haut, und das sage ich mit großem Nachdruck, die Haut ist in hohem Maße durchlässig für ein sehr breites Feld von Substanzen, einschließlich krebserregende Substanzen. Dieser Umstand wird durch die Tatsache gesteigert, daß die meisten Kosmetik und Körperpflegeprodukte eine große Anzahl von Inhaltstoffen enthalten, die, die Absorption durch die Haut ermöglichen. Die Absorption durch die Haut kann sehr viel gefährlicher sein und sehr viel bedeutender sein, als die Absorption durch en Mund.

Daß heißt das die Gefahren real sind. Warum sollte die Öffentlichkeit Notiz davon nehmen. ?

Wir stehen einer öffentlichen Gesundheitskrise gegenüber. Krebsraten sind zu epidemischen Verhältnissen eskaliert und sie werden weiter steigen, bis die Öffentlichkeit wach geworden ist, um dafür zu sorgen, daß alles, was möglich ist, getan wird, um die vermeidbare Verwendung von Karzinogenen zu reduzieren. Und einzig der größte Bereich von Karzinogenen, den Menschen selbst reduzieren können, sind Kosmetika und Körperpflegeprodukte. Die konventionellen Industrieprodukte sind buchstäblich ein Hexengebräu von nicht bekanntgegebenen, schädlichen Inhaltstoffen , und dem Risiko an Krebs zu erkranken.

Das klingt nach Revolution ?

Wir befinden uns tatsächlich mitten in einer Gesundheitsrevolution. Etwas das ich „ Schadenskontrolle „ nenne, vor allem in den Bereichen Übergewicht, Diagnose, und Behandlung. Beispielsweise ist die Mehrzahl der Krebsbehandlungen durch eine Chemotherapie in bezug auf eine verbesserte Überlebenschance von Patienten, völlig nutzlos. Was wir tun müssen ist uns auf die Krankheit und Krebsverhütung zu konzentrieren. Schon in der Vergangenheit wäre die Zeit reif dafür gewesen. Als Alarmsignal sollten wir begreifen, daß wir nicht in einer gesunden Gesellschaft leben. Wir sind eine kranke Gesellschaft und wir werden jeden Tag immer krank aufgrund der leichtsinnigen Politik, der globalen petrochemischen Industrien, deren Interessen so ungeheuer groß ist

und deren Einfluß auf die Regierungen als auch auf die regulierenden Organe und Institutionen so mächtig ist, daß die gesundheitlichen Risiken verursacht durch deren Produkte, der Öffentlichkeit nicht bekannt gegeben werden, wird, nicht bekannt gegeben wurde, und auch nicht bekannt gegeben werden. Die einzige Chance, die wir haben um die Entwicklung dieser beunruhigenden Epidemie zu stoppen, ist, den Konsumenten das demokratische Recht auf Wissen zu bieten, alles über die vermeidbaren Gefahren in den konventionellen Produkten zu erfahren. Dann könnte jeder selbst frei darüber entscheiden, solche leichtsinnigen konventionellen Industrien zu Boykottieren und sichere, alternative Produkte zu kaufen.

Sooo, ich beende das Interview hier, aber das Ende des Interviews war das er die Firma NEWAYS als eine Firma empfahl die, die sichersten Produkte der Welt zur Zeit im Bereich Körperpflege und Kosmetik hat.

Worauf ich aber hinaus will in diesem Interview ist folgendes, nämlich, das diese Petrochemischen Kartelle im Westen ist es das Rockefeller und IG- Farben Kartell und deren Mitspieler, die nämlich die gesamten westlichen politischen sogenannten Gesundheitsstrukturen für sich aufgebaut haben, damit sie auch über den Staat und deren Organe also die Gesundheitsämter mit Gewalt ihre giftigen Produkte unter Schutz haben, das diese mächtigen im Sinne von Geld mehr nicht, und Betrug ,und Faschismus, ergo Raubtier, alles was an Wahrheit und Gesundheit möglich wäre und war, zunichte machen, bloß damit sie ihre Chemischen giftigen Produkte verkaufen können, und dazu haben sie diese gesamte Struktur aufgebaut in den Jahrzehnten, um Euch, abzuzocken egal wie, das ist Faschismus, so wie er von den Nazis geplant war, und Faschismus gibt es weltweit, es ist bloß das Raubtier mehr nicht, der Mensch als Raubtier, ergo Mörder Betrüger Lügner und Ausbeuter und Kannibale, denn er Tötet seine eigene Rasse durch die Wege die ihm zur Zeit auf dem demokratischen Weg frei sind, wäre es eine Diktatur würde er auch wieder anders töten durch Konzentrationslager oder Wissenschaftliche Experimente und soweiter, so wie es die Faschistischen Wissenschaftler heute tun die Ihre Boshaftigkeit an den Tieren auslassen, und im versteckten an euch Menschen durch ihre Giftigen Produkte. *SOOOOO Alle eure politischen Strukturen in euren Demokratien sind schon seit langer Zeit von diesen Petrochemie und Geldkartellen durchdrungen bis hin zu dem gehirngewaschenen Organen des Staates den Gesundheitsämtern die rigoros jeden Furz und jeden Akt ausführen den sie von ihren Vorgesetzten bekommen. Denkt nicht das der Faschismus in Euch in den Menschen zuende ist, nein, er lebt weiter in seiner Abartigen Bösartigkeit hinter dem Lächeln der angeblichen Gesundheitspolitik und der Ärzte und deren Handlanger die Pharmabranche und deren Handlanger die Petrochemische Industrie und deren Handlanger die Bankiers und deren Handlanger die Lords und die Adligen die noch was haben und deren verbündete die Hauptquelle ihrer dunklen Inspiration, DIE IGNORANZ.*

Ja es geht also um diesen Einfluß, weil die Existenzangst viel zu groß ist, trotz Sozialmief, trotz Demokratien, trotz Liberalismen, oder anderer Etikette, ja Etikette, denn Berufe, Positionen, sind bloße Etikette, hinter denen sich der Faktor Mensch verstecken kann. Das ist vorbei. Wahrheiten müssen mehr und mehr ausgesprochen werden. Unfähigkeiten mehr ans Licht gesetzt werden, damit lichtvollere Wesen in den Vordergrund treten können, die Visionär und vor allem nicht von niederen Motiven geleitet werden, wenn auch unbewußt, um diese Wesen gleich noch in Schutz zu nehmen. Dieser Verstandes Ratio orientierte Einfluß hat die meisten Menschen verseucht. Verstand ist schlichtweg grobstofflich, erdhaftig, träge, und bösartig, wenn er in Schwingung versetzt wird, weil dann Liebe fließt, und davor hat er Angst, denn damit wird das Egöchen aufgelöst. Die Menschen sind durch diesen Verstand auch verhaltenspsychologisch behindert. Auch wenn der Verstand sich Ideale setzt, so bleibt er doch Teil des sterblichen Universums und er muß alleine deswegen schon nur auf Fiktion, Hoffnung, und Glaube bauen, auch der Wissenschaftler ist so geprägt. Doch in der **Spiritualisierung der Industrie,** geht es um wahrhaftige Erfahrung, daß die psychospirituellen Welten existieren und das darüber hinaus die reine spirituelle Welt existiert als ewiger Wahrheitsteil des leben Gottes. Also ich. Ich also.

Diese Verhärtung in den Machtstrukturen aller Völker muß durch Weichheit, durch Wellen, durch Schwingungen, gelöst werden, damit überhaupt Spiritualität fließen kann. Der Tonstrom, Ich als Aktivität sende meine Liebesatome, die so unsagbar klein sind, das sie auch in den spirituellen Welten nicht erfaßt werden können, hinein in alle Welten und durch alle Welten. Sie durchdringen sogar das winzigste was ihr jemals kennen werdet, alle eure Protonen, Neutronen, und soweiter, und zwar als meine Stimme, als mein Gesang, meine Melodie, der für euch mehr als unbeschreiblichen Schönheit und daß das Meer des Glückseligen Daseins ist. Doch eure Physik ist an grobe Kost gewöhnt, und die Physiker fressen sogar noch Fleisch, sind also Pure Raubtiere, das sie noch vom Töten andere Tiere leben und deren Blut brauchen. Und diese Blutsaugermentalität hat sich in alle eure Demokratischen politischen wirtschaftlichen Strukturen so eingenistet und tut so als ob sie der Weisheit letzter Schluß wäre und sie das recht hätte anders denkende und andere Methoden die ihr Fremd erscheinen und deren Sinn sie nicht erkennen, oder erkennen wollen wegen der damit verbundenen Aufgabe ihrer Blutleckmacht, das sie ihre Raubsäugetiermacht in allen Institutionen und staatlichen Organen wie Raubtiere durchsetzt.

Eure Raubmenschmentalität verhindert, daß ihr mich durch euch fließend, wahrnehmen könnt. Die globalen mörderischen Situationen sind Zerstörung der Natur, hinein bis in die höchste Atmosphäre, die der Außenteil der verschiedenen Psychospirituellen Welten sind. Diese Formen der Krankheiten, die ja Ungleichgewicht darstellen- es sind alles Rationalisten Sekten- die sowohl den menschlichen Körper als auch die Natur und das Universum als Material oder auch als Mechanisch sehen und gesehen haben- als einen Apparat. Sie versuchen auch, die Ursachen und auch die Behandlungsmöglichkeiten per Verstand, also Anal-ytisch zu begreifen, anstatt zu sehen und zu fühlen und zu wissen. Sie verstehen die Krankheitsabläufe rational, bezeichnen alles mit Etikette und behandeln eher Krankheiten, anstatt Menschen.

In den **Regenbogen Transformationszentren** werden alle psychospirituellen Kräfte motiviert. Alle rechtwinkligen Strukturen werden abgerundet, damit sie energiefördernder werden und besser leiten. Es ist immer besser Stars zu feiern anstatt Helden oder Krieger. Alleine dadurch wird schon das Bewußtsein, obwohl noch Flachland, gereinigt vom alten Raubmensch und seiner Blutwurstmentalität.

Es ist besser Blumen zu Küssen oder dein Kind oder alle Kinder sind deine Kinder, anstatt alte Religionslabersümpfe mit Spenden zu unterstützen.

Es werden auch Energien von Pflanzen und Edelsteinen benutzt, solange ihr sowas noch als Krücken braucht und nicht wißt wer ihr wirklich seid und was ihr wirklich für sagenhafte Fähigkeiten habt. Aber das Spiel ist so Aufgebaut, der Kreislauf ist so ein Zirkus, der sich immer höher und höher schiebt, wenn die Themen abgearbeitet sind. Für den der daran Glaubt. Wer weis das er das Göttliche ist, für den ist alles ohne Parmaschinkenkarma. Aber der Lichtkörper soll ja so gebaut werden, durch Energien von Pflanzen und Edelsteine, damit die Technologie sich erweitern kann und sensibler gemacht wird, so das ein Gleichgewicht zwischen Techno- Natur entsteht. Was zugleich Gleichgewicht für die deformierte Gesellschaft bedeutet, die aber auch fast total eine Waschanlage für die Geld und Petrochemischen Kartelle geworden ist, ergo für die Blutwurstgesellschaft.

Es werden Kontakte zur Astralwelt aufgebaut werden, zu Engeln und zu anderen Naturgeistern. Es werden Reisen zur Kausalwelt gemacht werden und zur

Geistwelt der Mentalwelt und sogar zur spirituellen Welt, um diplomatische, soziale Kommunikation mit diesen Welten aufzubauen. Informationen zur Erde bringen, die nötig sind, um die gestellten Probleme in Harmonie zu bringen. Es werden die Gesetze der Reinkarnation verallgemeinert werden, so daß der Mensch sich keine Angst mehr hinsichtlich des Todes zu machen braucht, was viel psychosomatischen Streß abbauen wird um das Leben zu erleichtern. Mobile Hinrichtungsbusse wie sie in der Chinesischen Provinz Yunann herumfahren und sofort nach der Todesstrafe das Urteil im Bus mit Giftspritze vollzogen wird und der Fahrer per Videokamera die Hinrichtung beobachten kann, sowas muß ja wohl die Raubtiermentalität als kostengünstig preisen und sie sagt auch es sei Zivilisierter und menschlicher. Aber was können Raubmenschen schon für eine Menschlichkeit meinen. Mein Sohn Jesus sagte ja mal richtig *an den Früchten werdet ihr sie erkennen.* Denn was kann an der Todesstrafe Human sein. Garnichts. Alle Politischen Systeme entlarven sich damit als Dumpfe Dumme Taube Blinde Raubmenschen der Blutwurstsekten. Dort wo Raubsäugetiere in politischen Systemen mit Universitätausbildung ihr Blutwurstdenken ausführen da können auch bloß solche Raubsäugetierre chtstaatlichkeiten erlebt werden. Und das Recht was ist das schon, bloß eine Ansammlung der jeweiligen Vernunft des Zeitgeistes dieser Raubmenschen mehr nicht, das immer durch die Raubmenschmacht verdrängt wird. Da ist kein funke Liebe im Recht nicht der geringste .Also in diesen Menschen die solche Gesetze anwenden und machen. Die USA und die Moslemischen Systeme mit ihrem Primitivblutlecken, dem Tyrannosaurus- Rex-Liebeslexikon von unterblöden die aber im Land als gebildete gelten und sogar als religiös gesehen werden, jaja, so ist es eben auf dem Weg zum Wachwerden, ziemlich, ziemlich dunkel. Oder China, und alle anderen Völker mit ihren sagenhaften Errungenschaften im Morden und aufrechterhalten und rechtfertigen des mordens auch in meinem Namen, was sind das alles für Mordarschlöcher und Massenverblöder und vor allem, Betrüger und Lügner.

Astralprojektionen werden zur Norm werden und Seelenreisen werden erarbeitet werden. Das alles muß ein fester Bestandteil der Menschen werden, oder der Fiktion, genannt, Gesellschaft.

Der physische Körper der Menschen wird in diesen Zentren in besondere Energiebäder getaucht werden, die aus Licht und Tönen oder Klänge bestehen werden, um zu meditieren, sich zu versenken, damit er in die Bereiche der feineren göttlichen Energien kommen kann. Es werden Möglichkeiten hergestellt werden in diesen *Regenbogenzentren* , wo durch Kristalle telepathische

Fähigkeiten freigesetzt werden, damit manche Menschen wieder Kontakt mit den Naturgeistern aufnehmen können, um zu erfahren, was getan werden muß, um diesen Planeten wieder zum Strahlen zu bringen. Die Religionen haben ja die Sichtweise ausgerottet, die Naturgeister zu sehen. Aber so ist es wenn Raubsäugetiere denken und fantasieren die Vertreter Gottes auf Erden zu sein und so weiter, oder als einzige Repräsentanten von Mir auf der Erde zu sein und so weiter. Das war früher Bestandteil von vielen Menschen, die Naturgeister zu sehen und mit ihnen zu kommunizieren. Die Religionen, oder die Menschen die sich als deren Repräsentanten darstellten, sie zerstörten das in ihrem Eifer zu Denken und zu Glauben, die Natur wäre Ungöttlich, aber auch damit sie ihre mentale Sicht, die Abstraktion, in die Köpfe der Menschen schlagen konnten, mit Macht, mit Brutalität. Millionen von Hexen und Hexer wurden ja gekillt - im Namen Gottes - deswegen ist das Karma, oder die Wirkung ihrer Ursachen die sie selber schufen, schwer, und das ist auch der Grund, weshalb die Religionen zerbrechen, und zu bloßem dumpfen Machtgestank werden. Aber das ist bloß einer von vielen Gründen. Intoleranz ist ein weiterer Grund. Obwohl er ja auf den ersten Blick da garnicht vermutet werden sollte. Aber diese Intoleranz ist ja nun gut sichtbar, obwohl sie in der sogenannten Öffentlichkeit gut verkleidet ist, aber wenns um die Sache geht ums Eingeweckte ist sie nicht mehr zu verstecken. Und es ist ja gut erkennbar, das diese Intoleranz sich hinter dem sogenannten Recht versteckt. Es wird sozusagen das Recht so aufgebauscht so dargestellt als ob das Recht die Wahrheit oder die Liebe wäre. Damit jeder davon geblendet wird und nicht weiter forscht was das Recht eigentlich ist und wo es herkommt, wer hat es geschaffen. Ich nicht, aber ihr. Denn wer von Recht redet der muß zur gleichen Zeit auch das unrecht verdecken das sein Recht darstellen will. Und genau da liegt die Intoleranz versteckt. Sei es nun das Kirchenrecht oder das Moslemrecht oder das Staatsrecht, oder alle anderen Versionen von Recht, zum Beispiel das Welthandelsrecht, oder das Parteienrecht, oder das Firmenrecht, all das ist in Wahrheit unrecht, denn es dient bloß denen die ihre Strategien und Positionen in feste Formen gießen wollen und zur Verhärtung bringen, damit sie durchschlagende Wirkungen gegenüber denen als Erfolge aufweisen können die dann nicht zu diesem Rechtskreis gehören oder gegen dieses Recht sozusagen verstoßen und somit bestraft werden können. All das ist in Wahrheit Intoleranz gegenüber anderen und anders wollenden und Denkenden und fantasierenden. Und diese gigantische Intoleranz die ja in Wahrheit Grenze ist, die knallt nun auf der Erde aufeinander mit ihren multinationalen Bestrebungen und Machtkämpfen und Zerstörungen, sei es in religiösen Sekten wie Christentum oder Moslems oder Hindus oder Judentum mit ihrem Intoleranten Rechtsfantasien, oder sei es im Handelsbereich der World Trade Organisation und deren kapitalistischen Ausrichtungen oder sei es in den Banksekten mit ihren Geldrechten, all das ist Intoleranz. Und das bedeutet das die Menschen auf der Erde in Wahrheit noch weit, weit, weit entfernt sind mit *Liebe deinen nächsten wie dich selber*, außer in der Tatsache, das sie ihren nächsten nämlich bloß so lieben können wie sie zur Zeit mit ihrer Intoleranz noch sind. Und das zeigt dann das alles so wie es nunmal auf der Erde ist in Wahrheit, sehr gut ist, sehr gut auf dem Weg zur Toleranz und den Anfängen der Bedingungslosen Liebe. Und diese *Regenbogentransformationszentren*, sie beschleunigen diese Toleranz und dem damit verbundene Abbau der Intoleranz und dem damit verbundenen Sektiererein egal welcher Art und welcher sogenannten Ebenen oder Klassen oder Gruppen oder Organisationen oder Religionen und soweiter. Denn diese versteckte Intoleranz die ihr Unrecht glasklar hinter dem Recht versteckt, das dazu auch noch eine Angelegenheit der Macht und des Geldes geworden ist, und somit dann das Recht wird und wurde, das bloß für wenige mächtige und geldreiche gilt und gelten wird, die ihre immense Gier und Bösartigkeit dann wie ja gut sichtbar ist, hinter dem Recht das sie sich aufbauen und das sie sich erkaufen durch Armeen von Anwälten die dann diese Intoleranz gegenüber anderen, durchziehen und somit dann sogar die Fiktion des Staates hinter sich haben, der dann in seiner Machtignoranz und dem erschauern gegenüber dem Geld und seinen Besitzern, diese Unrecht auch noch vertritt und sogar vollstrecken läßt durch seine Ignoranzorgane den Beamten und Gefängnissen. Deswegen ist ein Rechtsstaat immer ein Unrechtsstaaat. Weil es Glaube ist, deren Denken, Glaube an das Recht, das es die Wahrheit wäre, oder sogar Richtig oder Human, Menschlich, aber es ist bloßes Getue der Raubsäugetiermentalität. Das ist kein Vorwurf, aber ein hinweisen auf andere Möglichkeiten, die vorhanden sind und gelebt werden könnten, und auch müssen, denn sonst verharrt die Menschheit zu lange in der Unwahrheit oder Intoleranz die sie als Recht deklariert, und das schadet nur ihr selber. Und das muß ja nicht sein, auch wenn einige sehr wenige das auf Ewigkeit gerne so weiter haben wollen, denn sie sind ja die Nutznießer dieser Intoleranzen, wozu auch das Geld gehört. Geld selber ist die Ausgeburt der Intoleranz. Und deswegen ist eine sogenannte Demokratie zur Zeit bloß ein wunderbares Spielfeld für die Wachstumsprognosen der Geldintoleranz und deren Raubsäugetiere die das Geld kontrollieren. Und da die Menschen zur Zeit noch hauptsächlich Raubsäugetiere sind, und deren sinnliche Überhand ihr Leben regiert, sind sie natürlich davon geblendet in dem Rausch davon was abzubekommen, und so ist zur Zeit ein immer stärkerer Kampf ums Geld eskaliert, nicht um Ressourcen sondern ums Geld. Und da Geld Intoleranz ist und Unwahrheit, alleine schon deswegen weil es bloß eine limitierte Auflage davon gibt, ist ja gut erkennbar das Geld also Unrecht ist, und weiterhin Unrecht nachgejagt wird, weil die sinnliche Verblendung doch noch der Nebel der Freuden für die meisten ist, und was wichtiger ist, geschaffen worden ist, durch die Ignoranz also Bösartigkeit derer die damit die Kontrolle über die Menschen und Menschheit erreichen wollen, und auch erreicht haben. Da Geld laut deren Fantasien und Rechtsdenken, bloß funktioniert, wenn es knapp gehalten wird, künstlich, ist die Intoleranz und damit die Nichtliebe unter den Menschen schon vorprogrammiert, und die Menschen werden von einem Dilemma zum anderen taumeln, bis ihre Schmerzen Global so groß werden und ihre Ignoranzlast so dick sein wird das sie darunter zusammenbrechen werden, und sich auch davon befreien werden, aber das wird noch sehr lange dauern, bis ihre Blödheit ihre Raubsäugetierblödheit die gezüchtet wird durch die Geldmacht, und deren Glaube die Macht damit zu erreichen, diese Last der Selbstverblödung , nicht mehr ertragen kann. Und da Geld kriminalitätgebunden ist, Intoleranz gebunden ist, wir diese sogenannte Demokratie eine Krimikratie Global. Denn alle anderen Politischen System sind vom gleichen Stoff verblödet worden vom Geldstoff und dem Glauben daran, dem Glauben an die Intoleranz. Denn einen Limitierte Ressource oder künstlich geschaffene Ressource muß Intolerant sein das geht garnicht anders, weil da keine Endlosigkeit und Grenzenlosigkeit vorhanden ist die das Zeichen der Liebe und Weisheit und Wahrheit ist.

All das wird in den *Von der Geldwirtschaft und Industrie selbst geschaffenen Regenbogenzentren für die Transformation durch meditative Praktiken erkannt und beseitigt werden und damit der Same für eine bessere Demokratie gesät werden, die dann keine Raubsäugetier Demokratie mehr seien wird sondern eine Humandemokratie.* Denn es ist ja zur Zeit noch garkeine wahre Demokratie vorhanden, weil, die Wurzel des Sinns der Demokratie ja die Liebe ist die Weisheit die Wahrheit und Toleranz und nicht die Ignoranz und Intoleranz und der Schein der das aufrecht erhält in der Öffentlichkeit durch die damit verbundenen Lobbyisten für diese Intoleranzvertreter die sehr schön die Ziele der Intoleranz VerGelden. In diesen Zentren werden die Überreste negativer Gedankenformen aus Vergangenheit und Gegenwart gereinigt werden.

Alle Politiker, alle Richter, alle Polizisten, alle Geheimdienste, alle Militärs, alle Firmenbosse, alle Bankbosse, alle Ärzte, alle Mafia, alle Päpste und Mullahs und Revolutionäre, und alle anderen werden dort vorbereitet werden auf eine schönere bessere Aufgabe.

In diesen Zentren werden neue Wissenschaftsformen entwickelt werden, die sich alle auf Licht und Ton und Bewegung bewegen werden. Bewegung ist

fundamentaler als Licht und Ton. Fundamentaler als Bewegung ist Absolutheit, welche völlige Stille ist die alles in sich trägt, die gesamte Schöpfung. In diesen Zentren wird die psychospirituelle Dynamik des Menschen einen Erziehungsprozess in Wiederentdeckung der Quellen und Prinzipien des wahren Verhaltensmuster offenlegen, die heute als Geister und Lichtwesen existieren. Aber auch alle Buddhas oder Duddhas oder Tutthas oder anderer Tathagatas. Die Naturwissenschaften, die Industrien, werden sich sonst in ihrem Seelenlosen Stupor selbst zu gefährlich. Das erkennen ja heutzutage sehr viele Menschen. Deshalb auch der Weg nach innen. In diesen *Bewusstseins-Metamorphosezentren* wird also auch esoterisches und spirituelles, geheimgehaltenes Wissen ganz offen als Wissenschaft betrachtet werden, um damit die Balance zu halten, und wenn möglich, sogar ein spirituelles Übergewicht zeitweilig zu schaffen. Obwohl Übergewicht nie das Wahre ist, weil Harmoniebalance das Wahre ist. Das wird die Industrie brauchen, damit sie von ihrem sinnlosen Forschen wegkommt, um in sich wieder den Sinn zu entdecken, und dann ist alles viel klarer. In sich den Sinn zu entdecken, bedeutet, nicht zu wissen, was für materiell, strategische globale Ziele ich habe hinsichtlich Marktvorteile und dergleichen. Die Selbstsüchtigkeit der Industrie ergo des Menschen, auch wenn sie sich in Multinationale zusammengeschlossen hat, zeigt sich in dem Wunsch,

andere zu übervorteilen. Da aber der Faktor dieses Wissens ihres freien Willens normalerweise ihr eigenes Wissen ist, ist es von der Reichweite dieses Wissens abhängig, ob diese Industrie ergo Menschen und Menschheit ein glückliches oder ein unglückliches Schicksal bekommen. Und da heutzutage global dieses stumpfe dumpfe wissen dieser Industrien und Machtgruppen und Organisationen ein dementsprechendes Raubsäugetierwissen ist, das fast ausschließlich auf Ausbeutung und Verblödung von andersdenkenden und seienden abzielt , wird das Schicksal dieser Industrienationen dementsprechend dumpf und verblödend sein in ihrem Glauben an ihr dumpfes stupides Wissen. Aber in dem Maße wie diese zur Zeit noch Raubsäugetierindustrien, ergo Raubsäugetiermenschen es verstehen, die Energieformen zu vermeiden, die Unbehaglichkeit und Unschönheit und Unliebe sind, werden diese Raubsäugetierindustrien allmählich zu Menschindustrien und sie werden immer mehr in Kontakt mit den Energieformen kommen, die Wahrheit und Liebe und Schönheit sind. Und in diesen *Meditativen Transformationszentren oder Regenbogenzentren,* werden die Vorteile der Liebe entfaltet und die globale Sinngebung. Dadurch, durch die Liebe, wird der zur Zeit noch Raubsäuger oder Mensch wie er sich nennt, anders handeln und sehen können und die Gesamtsituation verbessern können. Die Firmen werden nicht mehr auf Marktvorteile getrimmt, sondern auf zufriedenstellung der Herzen der Menschen. Und das kann nur passieren indem Wissen, wie, und das ein anderer, glücklich ist. Denn alle Realität, so wie sie jetzt ist, auf der Erde, ist ohne Ausnahme die sichtbare Folge des Kampfes dieser Raubsäugetiermenschen, gegen die Realität der Weltenergieen, die für den Aufbau eines glücklichen Schicksals des Individuums und der Weltgemeinschaft der Menschheit von günstigem Einfluß sind. Aber jede Form der Manifestation hat ja eine Bedeutung und ist ein Spiegelbild um zu erkennen wie etwas sein kann und nicht sein sollte. Und in jeder Manifestation ist erkennbar was zum guten oder was zum üblen führt. Und ich das Göttliche, Gott, natürlich weder im männlichen noch im weiblichen Sinne, werde niemals zulassen, eine Manifestation als das allein Seligmachende zu senden, gleichgültig wer das auch sei und egal was er auch für Fähigkeiten hat, ist es Pipifax im Vergleich zu mir. Sie wird nie so mächtig werden, das alle anderen Formen der Manifestationen überflüssig werden würden. Stattdessen werden alle Formen der Manifestationen zusammen genutzt, die der Hoffnung und dem Schicksal jedes einzelnen Wesens und Gruppen angepaßte Seligkeit in Bewegung setzen. Wobei jedes Lebewesen als ein absolut unentbehrlicher Rolleninhaber in den gigantischen Abenteuer des Daseins auftritt. Und aus diesem Pottpurie des kosmischen Tanzes, sei es Übel oder Sauübel oder begnadende Schönheit und Wahrheit, wird eure jetzige Suppe gekocht, die entweder schmackhaft für euch ist oder aber den Finger zuvor im Arsch hatte und ihr das dementsprechende Arschloch Resultat erleben werdet. Wahre Freude liegt ja auch darin, das Vergnügen mit dem anderen zu teilen, auch das Vergnügen des Arschlochschicksals. Zur Zeit sind die sozioökonomischen Verbindungen der nationalen und Multinationalen, reine ökonomische Varianten und sie werden hinsichtlich Übervorteilung des Menschen weiterwüten. Ein gutes Beispiel ist die CD - sie ist materiell weniger, kostet weniger, und kostet doppelt so viel wie die alte Schallplatte. Auch das System, Produkte auf den Markt zu werfen, sehr billig, um Marktvorteile zu bekommen, und wenn sie dann da sind, die Produkte, weil der Mensch sich daran gewöhnt hat, drastisch zu erhöhen, ist eine Jahr für Jahr subtile Methode der Ausbeutung und Selbstsucht. Aber bloß weil ihr noch stupide Raubsäugetiere sein wollt, die ans Geld glauben und denken und fantasieren das es ohne Geld nicht gehen würde. Aber das reden euch nur die Megaausbeuter ein, die euch ja auf Ewigkeit ausbeuten wollen, jene die das Geld kontrollieren. Die Federal Reserve Banken und deren Privatraubsäugetierbanker. Und natürlich die Megareichsten im Geldsinne, die würden euch auf Ewigkeit in der Abhängigkeit des Megaverblödenden Geldwahns sehen. Ich hoffe für eure Senilität global ,das ihr daraus aufwacht und das Geld hinter euch laßt, denn sonst werdet ihr nie über das Raubsäugetier-Stadium hinauswachsen können und ihr werdet sozusagen auf Ewig den gleichen Schwachsinn leben den ihr bis jetzt gelebt habt. Der menschliche Wille wird in diesen **Meditativen Zentren** wieder auf sich selbst zentriert werden. Das bedeutet Befreiung von dem Willen, von Bevormundungen und Befreiung vom Willen anderer überhaupt. - um dann auf einen göttlichen Willen eingeschwungen zu werden - der nur das beste, edelste, schönste für jeden will.

Der Tonstrom Gottes - mein Atem - meine Dynamik, ist konstant da, auf diesen Tonstrom werden die Menschen in diesen **Regenbogen- Metamorphosezentren** eingestimmt. Viele Reinigungsübungen werden dafür gemacht werden, und jeder wird aufgrund seiner inneren Entfaltung andere Methoden, Wege und Therapien durchlaufen. In diesen Zentren wird es keine **Heiligkeitsneurosen** geben, wie in den esoterischen Buchläden heutzutage, oder in den verkorksten Diozöseverwaltungen. Es wird eine Atmosphäre des leichten Humors und der Verantwortung für sich selbst entstehen, die allmählich musische Schwingungen entstehen lassen wird - mit viel Freude und Freiheit zum Kontakt zu dir selber.

Diese Freude wird dann auf die Industrie zurückgestrahlt werden. Die asiatische Zucht, japanische oder Vietnamesische oder Koreanische wird hier nicht entfaltet werden, denn das sind sowieso nur Gehorsamsroboter oder wunderbare Industrieprodukte ideale Vasallen der Superreichen im sinne von Geld, oder im sinne von Staat, der aber von Raubsäugetieren geführt wird, mehr ist das Global noch nicht. Und überall diese Selbstbedienungs- Raubsäugetierpolitik. Ja ihr Massenopfer der prozentualen Freiheiten pro Jahr ihr werdet noch sehr lange abgezockt und angepisst werden von denen die ihr dafür wunderbar wählt. Ihr seid eben noch Raubsäugetiere. Aber das ist ganz Normalo so, ganz richtig denn alles ist sehr gut so. Da die Evolution so krabbelt. Denn alles hat ja den Spiegeleffekt für euch, damit ihr , wenn ihr schon nicht wachgenug seid , zumindest über das Sehen erkennen könnt, was da so abläuft, und was mit euch gemacht wird, und was aus euch gemacht wird, als die Opfer für die wenigen die euch abzocken, weltweit. Aber auch verblöden, zum Beispiel die Handlanger der Chemischen Pharmazeutischen Kartelle, die Doktoren und Professoren und Diplomüberflieger dieser Branchenkartell, mit ihren enorm, enorm intelligenten

Professoren, die euch Volllabern, und den Raubsäugetierpolitikern das Gelbe von Arsch vordudeln, und die Politiker dann zurückdudeln, und euch volldudeln, wie wichtig das alles ist und wie damit weltweit Arbeitsplätze geschaffen werden, ein Superverblödungsthema, wo man euch an eure Ängste an die Eier zieht und an den Eierstöcken, damit ihr das dann Kollektiv schluckt, eben die Blitzlichtsprofessoren im Bereich Stammzellenforschung und Genetik, Hört Hört, sie Posaunen sogar schon Schön das der Mensch große Ähnlichkeit mit der Maus hat. *Und ihr Vollidioten nehmt denen den Schwachsinn auch noch ab. Wisst ihr denn nicht das alles aus meiner Quelle ist und alles aus dem gleichen Stoffe gemacht ist. Aber keine einzige Maus hat nur den Schimmer einer Ähnlichkeit mit einem Menschen, nichtmal der Furz ist gleich. Und das vertellen euch diese Ignoranz Professoren, die alle Söldner der Chemie und Pharmakartelle sind, und nur eines wollen, euer Geld. Und niemals eure Gesundheit wollen können, da sie ja dann Pleite gehen würden. Ihr müsst diesen Betrug erkennen damit ihr euch vom falschen der Chemie und Pharmakartelle loslösen könnt und reine Naturprodukte ohne Chemie aufbaut. Sonst seit ihr am Arsch, denn jetzt seit ihr schon sehr im Arsch als die globalen Wunderarschlöcher die man aus euch gemacht hat.*

Zum Beispiel eure Wundersysteme von Wunderarschlöchern hergestellt. Die brechen im Nu zusammen wenn ihr euch wiedermal im Krieg befinden werdet. Da diese Megafusitinis Kartelle die ja nur immer euer bestes wollten und der Raubsäuger der sich Staat nennt auch, und deren Organe die Raubsäugerbeamten, die haben euch Systeme aufgebaut wo ihr im NU total im Wunderarschloch seid, denn ohne Elektrizität geht bei euch garnichts mehr, keine Heizung, kein Fahrstuhl, kein Wasser bekommt ihr, kein Benzin, kein Radio, kein Brot, keine Tür wird sich öffnen, und so weiter, und ihr werdet im Nu im Chaos sein. All diese Systeme sind fürn Arsch im Arschlochbewußtsein der Politiker und deren Geldgeber, ihr selber.

All diese Zuchtsysteme seien sie Koreanisch oder Japanisch oder Amerikanisch oder Deutsch, zeigen bloß das die Massen der Menschen völlig in der Hand einiger weniger sind, weniger Firmenbosse oder Geldanbeter, die aber auch keinerlei Sinn für das Göttliche haben. Obwohl ich auch in ihnen lebe. Aber es ist ganz besonders wichtig zu erkennen, Konfrontationen zu vermeiden - Egotrips - das gilt sowohl von Mensch zu Mensch als auch von Mensch zur Natur, denn all das bringt nur die negative Macht zum Vorschein, oder das Unterbewußtsein mit dem Sitz im Solarplexus - der Weise und Gescheite geht einfach weiter - andere, die kämpfen, sind so dumm, zu meinen, sie könnten sich damit von aufgestauten Energien befreien - doch das ist Illusion. Diese Energien kommen wieder, werden zur Routine, das Ego, der negative Mensch, gewöhnt sich daran, an diese Emotionen und ist so in die Falle geraten.

Beim Optimisten, der sich ständig auf positives Denken konzentriert, scheiden die Nerven häufig einen Stoff aus, der die Körperzellen gesund erhält und weniger anfällig für Krankheiten macht. Bei Pessimisten dagegen, die von Unwillen und Zorn erfüllt sind, neigt der Verstand zu negativem Denken und fördert so den Pessimismus. Diese tägliche Eingabe von Ärger und Antipathie bewirkt die ständige Sekretion eines Stoffes, der Körperzellen tötet. Daher begehen Menschen, die ständig Pessimismus und Ärger nähren, langsam Selbstmord, ohne es zu wissen.

Habe ein wohlwollendes Herz , das hat tiefe Bedeutung, nämlich, sie hält gesund. Und deswegen ist die Pharmakartellsucht auch krankmachend , da sie kein wohlwollendes Herz hat, sondern Kranke schafft.

Sowohl positives als auch negatives Denken nutzen einander unterdrückende Teile des Nervensystems. Das heißt wenn ein Mensch optimistisch , ruhig, dankbar, und glücklich ist, ist die Abteilung „ Positives Denken" des Nervensystems am wirken, während die Abteilung „Negatives Denken „ nicht funktioniert und unterdrückt wird. Wenn in einem Menschen jedoch Haß, Sorgen, Niedergeschlagenheit, und Schrecken dominieren, wird der negative Teil des Systems stimuliert und in Gang gesetzt, während der positive Teil unterdrückt wird. Ein Grundzug des Nervensystems ist, das Nervenzellen mittels elektrischer Übertragung funktionieren, Biophotonenlicht, und Abkürzungen bevorzugen. Dann sind Nervenzellen die häufig in Funktion sind, leichter zu Aktivieren, als solche, die selten benutzt werden. Dies ist ein Fall von „ Ständiger Gebrauch fördert die Entwicklung, und seltener Gebrauch führt zur Degeneration"

Ein optimistischer Mensch betrachtet seine Umgebung mit einer positiven Einstellung, ist für alles dankbar, nimmt persönliche Kränkungen nicht zu ernst und glaubt an mich, Gott, und die Hilfe die dadurch kommt. Die Abteilung „Positives Denken" seines Nervensystems hat daher mehr Chancen, aktiviert zu werden, während der negative Teil dazu tendiert, wegen Vernachlässigung zu degenerieren. Wenn ein Mensch andererseits nur die dunkle Seite der Dinge sieht, eine fordernde richtende Haltung einnimmt und sich gegen seine Umgebung mißtrauisch oder ängstlich verhält, wird der negative Teil seines Nervensystems hochentwickelt. Und mit der Zeit wird es immer schwieriger, den positiven Teil zu aktivieren. Die Botenstoffe, die Neurotransmitter die Botschaften durch Botenstoffe übertragen, die vom positiven Teil kommen, regen die Körperzellen zur Regeneration und Wachstum an. So wird also ein optimistischer Mensch, der immer den positiven Teil des Systems nutzt, ständig Nervensekrete erzeugen,, die der Gesundheit dienen. Und deswegen neigen optimistische Menschen weniger dazu Krank zu sein.

Das Nervensystem und das Immunsystem arbeiten natürlich zusammen, wie in Wahrheit alles zusammen arbeitet, dazu braucht man keinen Wissenschaftler der Jahrhunderte herumgondelt. Wenn der positive Teil des Nervensystems Stoffe absondert, die zum gesunden Wachstum der Körperzellen beitragen, wird das Immunsystem aktiviert und produziert gesündere, widerstandsfähigere Zellen. Natürlich gewinnt der Körper dadurch größere Immunität gegen fremde Keime und Vieren, und der Mensch wird nicht so schnell krank. Es ist ja bekannt das Gottgläubige gesünder sind und ein besseres Immunsystem haben und das pessimistische Krebskranke benachteiligt sind da ihr Nervensystem vom negativen Teil beherrscht wird und so sterben viele seiner Nervenzellen ab und können so ihre Schutzfunktion nicht mehr ausüben.

Aber jenen zu finden der 100% optimistisch und 100% negativ ist, ist nicht einfach . Meistens ist es eine Mischung. Wer jedoch eine ständige zuversichtliche friedvolle gelassenen glückliche Stimmung aufrecht erhalten kann und Gefühle von Haß und Neid und Unzufriedenheit, Ruhelosigkeit und Mißtrauen meidet, der wird seinen positiven Teil seines Nervensystems ständig in Funktion halten. Und im Wettlaufe der Zeit wird sein Nervensystem immer stärker und weniger Krankheitsanfällig. Der positive Teil des Nervensystems wird weiterentwickelt und die Einstellung zunehmend optimistischer, was einen positiven Kreislauf erzeugt, in den immer im Kreislauf wiederkehrenden Wachstumsthemen des Schicksals oder Karmas oder was du säst das sollst du ernten Sagas. Da in den letzten Zeiten immer mehr Krankheiten und Resistenzen auftauchen ,könnte das wohl auch damit zusammenhängen das die Menschen im Herzen nicht mehr so Aufrichtig sind wie sie seien könnten und sich dem Wahnsinn der Geldmafia und deren schwachsinniger Politiker weltweit ergeben haben, die unweigerlich ins Chaos führen werden, weil sie bloße Raubsäugetiere sind und noch keine Menschen. Der wahre Mensch der kommt erst noch mit der Entwicklung dieses Weges über das positive Denken und Nervensystem und deren dadurch entstehenden evolutionären Möglichkeiten der übersinnlichen Wahrnehmungen und der geistigen Fähigkeiten und geistigen Organe.

Und obwohl diese Disharmonie zur Zeit unter euch Wilden auf der Erde ist, mit all den unterschiedlichen Dilemmasituationen, wo ihr euch vom Tier zum Menschen entwickeln könntet, aber zur Zeit beim Raubmenschen seit, ist bloß aufgrund des Mangels an Erfahrungsmaterial, in Bezug zum Disharmonischen wirken und seine guten Seiten, alles sehr gut. Und da ihr nicht im Besitz des Erfahrungsmaterials seit, das die Grundlage für die Umbildung des Wesens oder Euch ist, zur Auslösung einer an alle Menschen gerichteten vergrößerten Liebe, oder Sympathie , die unabhängig vom Bildungsstand oder ganz Unparteiisch ist unabhängig und unberührt ist, könnt ihr zur Zeit von diesen *Geldwahnsinnigen Irren Wirren geführt werden.* Und das ist wiederum diese Intoleranz gewisser Menschen und Gruppierungen auf der Erde die aber immer unter der Verkleidung der „*Gerechtigkeit*" hervortritt, und ihnen dadurch in der Öffentlichkeit ihre Unfähigkeit zu erkennen das alles in Wahrheit sehr gut ist , fehlt. Sie aber dieser Unfähigkeit so verbissen durchkämpfen und andere bekämpfen als *„Gerechtigkeit" .Aber in Wahrheit ist das alles Intoleranz.* Denn für jene die durch ihre Kontrollfunktionen durch das Geld und die Kontrolle über die Rohstoffe und deren Preise und der großen Organisationen wie die WTO und Weltbank, die alle im Namen der *Gerechtigkeit* ihre *Intoleranz* verschleiern, ist die Realität bloß das was sie wollen und können. Aber wenn das Bewußtseinsniveau von anderen Menschen ihnen viel zu weit vorausliegt, wirkt das auf sie wie Phantastisch. Und in gleicher weise wird sie denen als Naiv erscheinen wenn sie dem Entwicklungsstand der Kontrollmächte in bezug zum Geld und Falschheiten, unterlegen ist. In beiden Situationen kann sie nicht im Bewußtsein dieser Menschen angesprochen werden, damit diese Menschen das dann als Wahrheit erkennen können. Wenn aber für diese Menschen etwas nicht als Wahrheit erlebt werden kann , bekommt es den Anschein von Unwahrheit. Und daraus entsteht dann das Thema falsche Propheten, Scheinheiligkeit, und soweiter, was aber bloß unterschiedliche Bewußtseinserfahrungen sind, und Entwicklungsniveaus. Es ist also bloß kein Kontakt oder vernunftsmäßige Verbindung passiert. Und deswegen hauen sich diese Menschen heutzutage die Köpfe ein und beuten andere Gruppen aus oder sind sozusagen alle im Sektenbereich tätig, egal ob religiös oder politisch oder wirtschaftlich, alles das sind Sekten.

In diesen Regenbogen- Metamorphosezentren werden auch all jene Unterkunft finden, die heute auf der Straße herumvegetieren, die sich mit der Illusion der Gesellschaft ihr Leben verbaut haben.

Meister, Meisterinnen, Heilige, Weise, Erleuchtete, sie können und dürfen eigentlich nur für sich selbst sprechen. Doch sie bieten sich an und verallgemeinern so etwas, was eigentlich nur individuell ist. Aus diesem Schritt, wo nun die Erfahrung weitergeleitet wird, ist sämtliche Vielfalt entstanden. Nun ist dieses Wissen vorhanden, so wie Einsteins Formel- Energie ist Materie in Lichtgeschwindigkeit hoch 2 $E=Mc^2$. Hätte niemals irgend jemand etwas von sich gegeben, wäre unsere Gesellschaft nun auf einem unvorstellbar hohen geistigen Niveau. Da sämtliche Energien für die Verwendung deines eigenen Selbst verwendet werden würden, oder worden wäre. Nun aber kämpft der Mensch sich durch Sprache, Begriffe, Zahlen, Formeln, Vorstellungen, Informationen, Gesetze, Ideologien, Philosophien. Verhaltensnormen, Sittlichkeiten, Religionen, politische Parteien, Physik, Biochemie, Psychologie, Therapien. Rückführungen, Machtgelüste, Emotionen, Gefühle, Glück, Schönheit, Geldmachen, Konkurrenzkämpfe, Vormachtstellungen, Lügen, Betrug, Trauer, Leid, Hoffnungen, Glückseligkeit, Gott und das Universum. All das wäre nicht notwendig gewesen. Nun ist es eine existierende Gegenwart, eine Gewohnheit, ein Zwang geworden. Durch diese **Bewusstseins- Metamorphosezentren** wird all das erkannt werden, erlebt, entlastet und der Mensch wird belebt, befreit davon, wieder das zu sein, was Du in Wirklichkeit nämlich bist, nämlich Nichts. Ohhh, keine Angst, auch wenn sich das fremd anhört oder liest, sobald das Nichts da ist, wird es mit mir- Gott- aufgefüllt. Also mit Liebe, dem größten Machtfaktor in jeder Manifestation. Und Machtfaktor, das spricht euch sicherlich an. HoHo Ho.

Aber ihr müsst erst die Sandsäcke und Bleischuhe abwerfen die euch an dieser dumpfe stupide Geld und Wirtschaft und Politiksekten gewöhnte Energiegesellschaft festhält. Und das Nichts ist ja die Quelle von allem Sichtbaren. Das Nichts ist nicht das Nichts , das die Raubmenschliche Vorstellung meint zu kennen in ihrer Fantasie, wobei gleich erwähnt werden muß, das die Fantasie zur Zeit für den größten Teil der Menschen die Wahrheit ist, und damit also Irrende Wirrnissalami aufgetischt wird, also das Nichts ist nicht der Glaube des Menschen was das Nichts wäre, das ist nur eine verdünnte Form der Wahrheit. Das Nichts ist die große Leere, was bedeutet, das alles im Gleichgewicht ist, Balance hat. Es ist sowohl sichtbar als auch Unsichtbar. Seine Verbindung zum hochschwingenden Teil der Existenz sind dem physischen Auge bloß nicht sichtbar. So wie die Radiofrequenzen ihm nicht hörbar sind. Es ist das sich ewig manifestierende unsichtbare, doch sichtbare unmanifestierte, doch ewig manifestierte nicht seiende Sein. Mal auf eine typisch metaphysische Formel gebracht. ! Das ist ja alles was diese Richtung bringt, keine Befreiung, sondern bloß noch mehr Verstandesduselei. Es ist das, was jeder in Wahrheit ist. Natürlich bin ich , Gott, mehr als das, was hier abläuft. Nur das ich mich auf verschiedene Weise über Worte, Begriffe, Formulierungen, auf das Papier bringe. Und damit in den rezeptionellen Leser oder Leserin.

Es ist ja nun bekannt das die Existenz holografisch ist, oder multidimensional oder mehrschichtig. Das bedeutet alles das gleiche. Ein Körper ist von mehreren Schichten , Formen, umgeben, oder paßt genau in den anderen, weil der andere eine höhere Lichtgeschwindigkeit hat. Materie in der physischen Welt schwingt mit 300 000 km/sec, der physische Körper also. Die anderen Schichten, Körper, schwingen mit höheren Lichtgeschwindigkeiten, bis hin zu Gott, oder nicht materiellem Körper. Oder solch unvorstellbaren Hochgeschwindigkeiten, dass es keine Geschwindigkeiten mehr sind, sondern alles ist hier - jetzt- nun- ewig- unendlich- allgegenwärtig- unteilbar. Die Geschwindigkeit ist so hoch, daß sie keine mehr ist, und deswegen ist sie auch still, endlose Ruhe, endlose Angstlosigkeit, endlose Glückseligkeit und viel mehr, was einfach nicht zu beschreiben ist. *Vor dieser Stille haben ja die meisten Menschen Angst* . Also vor sich selber. Sie haben also vor sich selber Angst, was wirklich eine Schande ist, denn genau dort liegt ihr ganzes Glück. Die meisten Glauben, die Betonung liegt hier auf Glauben, daß still sein sowas wie Tod bedeutet, sie meinen Bewegung würde sie nicht sterben lassen, was natürlich völliger Unfug ist. Diese höheren Welten, diese Mehrschichtigkeiten, Multidimensionale, sie existieren alle, sie können durch die Wiedereröffnung des Auge der Weisheit, des dritten Auges, oder des Lichtauges, welches das Sehen der Seele ist, die ohne die Benutzung der physischen Augen sehen kann, und überhaupt das Sehen ist, denn Augen können nicht sehen, sie sind nur die Fotooptik, durch die gesehen wird. In der Bibel, die ja mehr ägyptisch, nicht christlich ist, sondern sogar eher Atlanter Einfluss hat, wird davon auch viel erwähnt. Es ist ja nun klar ersichtlich, daß es der Industrie, der Wissenschaft, der Politik, der Religion, noch nie um die totale Harmonie ging. Der Industrie ist Harmonie sogar ein Außerirdischer Seinszustand, das sie für die Erdensphäre mehr unharmonisches getan haben als man es in Worte fassen könnte. Und für die Politik ist Harmonie der Jobkiller schlechthin. Religionen sind totale Harmoniegegner. Ihre Harmonie ist der Glaube an den Glauben. Also Schwachsinn. Und jene in der Religion die euch vordudeln was ihr zu Glauben habt und was die reine Glaubenslehre ist, die sind so Blöde das ihr davon bloß beim Anschauen von denen, mit deren Blödheit direkt vergiftet werdet und einige Leben braucht um euch davon zu befreien. Also alles was zum Begriff des Bösen gehört, somit identisch ist mit den Wirkungen der Unwissenheit. Und diese Glaubenspolizisten in Wahrheit genau hinter dem Recht das sie Predigen ihre Intoleranz verstecken, eben ihre Ignoranz oder Bösartigkeiten. Das ist aber nicht bloß so in der ReligionsFirma, nein, es ist genau so in Der

PolitikerFirma. Und der StaatsFirma und der IndustrieFirma. Alle wollen sie andere in die Eierpfanne hauen und Abzocken, Wegzocken, und Raufschlagen durch das was sie als Wahrheit fantasieren, eben ihr Recht. Aber all das ist noch Unwissenheitsmoral und BösartigkeitsRecht. Das ist nicht **Der Weg und die Wahrheit.**. Aber es ist auf dem holprigen Weg der Raubsäugetierlogik und deren Fantasien. Und das müßt ihr erkennen, sonst werden zu viel Platt gemacht, die euch im nächsten Leben dann Platt machen. Denn was ihr Sät das werdet ihr Ernten, ohne Ausnahme, außer der Ausnahme , das ich meinen liebenden Segen über die Welt aussende, der in Wahrheit immer ausgesendet wird, und bloß von euch, durch eure verlogene Rechtsprechung der Intoleranzen und Neid und Ignoranzen, nicht erkannt wird. Und von denen sich der Ignoranz hingegebenen auch nicht erkannt werden will, damit sie sich weiterhin in der Unwahrheit der Bösartigkeit und Ausbeutung Suuuhlen können.

Aber da ihr noch so seid wie ihr seid, muß ich jeden von euch in Schutz nehmen, und alles von euch in Schutz nehmen, da ihr ja in Wahrheit die Göttlichen seid.

Und die Finsternis ist ja in Wahrheit ein genauso großer Segen wie das Licht. Der harmonische Ablauf ist aber völlig vorhanden, da jeder Mensch Zentren hat, die harmonisch aufgebaut sind, untereinander, im Gleichgewicht stehen, sollten, sag ich mal. In diesen Zentren wird jeder individuell belebt. Je nach Veranlagung, je nach Lebensniveau. Einer, der noch stark sexuell aktiv ist, wird andere Methoden bekommen, wie jemand, der musisch veranlagt ist. Jene, die noch voller Drogen sind, Kaffee, Tee, Arzneien, Alkohol, Süchten, Geld, Gold, Sex, Gier, Opium, und so weiter, wird eine andere Methode durchlaufen, wie jemand der schon auf dem Weg der Liebe ist. Fleischessern wird klar gemacht, was es bedeutet, Fleisch zu essen, die logischen Konsequenzen, das Leid, die wirtschaftlichen Konfrontationen, der Vorteil für das leben, die Unharmonie, die durch Leichenfressen in die Welt gebracht wird. Ursache, Wirkung, Wahrheit. Zu töten und andere den Auftrag erteilen, in seinem Namen zu töten., daß man sich dadurch auf dem Tiermenschniveau fest frißt, und dadurch eine hohe Aggressionswelle verkörpert, die Nichtachtung des Lebens. Das paßt alles nicht zusammen mit dem , was der Mensch meint zu sein, was er sein will und was seine Religion von ihm verlangt und was er also völlig falsch lebt als religiöser, aber auch wenn er keiner Religion angehört, gilt das gleiche. Das ist keine spirituelle Entfaltung. Wenn sich dann die ersten Erfolge der inneren Harmonie einstellen, wird es denen dann auch bewußt werden , sie werden besser sehen können, und erkennen von alleine das, was sie sind, waren, nämlich

Raubtiermenschen.

Hier darf aber nicht geglaubt werden, daß vegetarisches Leben Aggressionslos macht, ganz und gar nicht, Hitler ist das beste Beispiel dafür.

Hier muß auch gleich ein provokatives Beispiel für sie gemacht werden. Sie, die Professoren, die Direktoren, die Doktoren, sie, sie sind ja nicht dort in der Position, um Theater zu spielen, obwohl es genug von dem Rhetorischen Quatschologen Schwachsinn von ihnen gibt. Sie haben sich ja dort hin gekämpft. Sie wollten ja Macht und Einfluß, das war ja ihr Ziel, obwohl man es später so auslegen kann, als ob man nur der Gesellschaft dienen wollte, aber das ist BULLENSCHEISSE. Und dort pack ich sie an, da sie der Gesellschaft dienen wollten, ist es an der Zeit, sich ihrer Vorbildfunktion bewußt zu werden. Was jetzt in der Gesellschaft abläuft, ist ja keine Vorbildarbeit, es ist Notwendigkeit.

Sie können keine Leichenfresser sein und hoffen damit eine harmonische Gesellschaft zu gestalten- die Synthese geht fehl, ins Chaos. Sie muß zumindestens den Ansatz ins harmonische machen. Leichenfresser - Fleischesser - mumifizierte

Leichen - Wurst - Schinken - das ist doch Blutgier aus langer Vorzeit. Du kannst nicht töten - und dann meinen Christ zu sein - glauben kannst du es, und das Resultat des weltweiten Glaubens ist ja sichtbar - doch überall wird im Mercedes

ganz piekfein und im Designeranzug - beim Delikatessenladen - das Filet und die Portion Lachs gekauft und dazu bitte noch etwas Geflügel - aber bitte nur mit Ökogetreide gefütterte Hühner, denn wir sind ja bewußte unbewußte, wir wissen, was wir zu tun haben, nicht wahr. Kaviar, die Eier des Störweibchens, werden aus dem Leib des Weibchens geschnitten, die auf dem Wege sind Geburt zu geben. Kalbsfilets werden aus dem Körper eines Kalbs geschnitten, das zuvor erschlagen wurde, damit die Gier des Blutleckens befriedigt wird.. Aber damit ist es unmöglich eine Humangesellschaft zu erreichen. Unmöglich. Aber eine Raubmenschgesellschaft ja. Hauptsächlich viel Raub, und zwar an andere. Aber immer auf dem Rechtsweg bitte. Und alles per Gesetz legalisiert, bitte. Und alles im Rechtsstaat ist ja Recht nichtwahr, also muß das ja dann die Wahrheit sein, nicht wahr, aber das Recht im Rechtsstaat ist hauptsächlich Interessenverband und Lobbyverband für die Geldmafia Global. Aber wenn das Rechtsgesetz da ist, dann können wir ja nunmal, reinhauen, nichtwahr, das Glauben wir dann und denken nicht weiter, aber viel von diesem Recht ist reines Unrecht. So eine Humangesellschaft kann damit nicht erreicht werden, denn wenn Humanität diese Ziele hat, dann kann mich das ganze Humankonzept mal mehr als kreuzweise, dann ist Humanität einfach Stupidität und Heucheln und Kurzschluß - Einsicht. Psychologisch ist Humanität sowieso dem sterblichen zuzurechnen und nicht dem Spirituellen, das besagt schon alles. Also, die Leichenfresservorbilder müssen sich verändern, wir können es uns nicht erlauben, einen Direktor zu haben, der Leichen frißt, einen Kanzler zu haben , der gerne Saumagen frißt oder andere Leichenteile. Zur Entfaltung von höherem Bewußtsein reicht das nicht, aber es bietet bestimmt Möglichkeiten, weiter Blut zu lecken, was ja auch der Gang der Welt ist. Sie wird bestialischer, aggressiver, roher, sinnentleerter, zerstörerischer. Der Mensch nicht die Welt.

Damit ist es aber auch total aber auch Total unmöglich durch eigenes Selbst- Sehen zur höchsten Weisheit und Erkenntnis zu kommen.

Philosophisch könnte jetzt die Positiv - Negativ Symbiose angewendet werden der lauf der Dinge - der Weg der Welt. Doch Philosophie was ist das schon, das Ablutschen von abgenagten Knochen, die nicht vorhanden sind und den Leuten vorgeworfen werden. Irgendwann später, wird die Menschheit sich davor schaudern, wenn sie sich an die Manifestationen dieser Gegenwart erinnern wird, wo es noch Krieg, Todesstrafe, Fleischfressen, Jäger und Fischer, und alle anderen noch tierischen Manifestationen die zur Zeit als die Norm angesehen werden , die aber einem sich weiterentwickelten Wesen immer mehr und mehr unmöglich werden, wenn sich seine Gefühls und Intelligenz und Intuitionsfähigkeit und die sich entwickelnden geistigen Organe mehr und mehr entwickeln.

So, sie Präsidenten, sie Bundeskanzler, sie Chefs, und Manager, sie Doktoren, sie Philosophen, Sie, es gibt nun vegetarische Ernährung für sie, außer sie wollen Raubmenschen bleiben. Die Synthese dieser alten Traditionen des an Leichenfressen festhaltenden Gewohnheiten geht fehl, die Menschen werden mehr und mehr entfremdet. Egal ob sie nun 3 Mercedes zur gleichen Zeit fahren, vier mal im Jahr einen Monat Urlaub machen können oder Millionär sind, das Innenleben bleibt unbefriedigt - unerleuchtet. Sie müssen zumindest den Ansatz ins Harmonische machen. Sie bleiben in Wahrheit bestialisch, wegen des Dualismus auch, da nützt auch kein Sozialbewußtsein, das ja sowieso heutzutage bloß ein Geldbewußtsein von den verantwortlichen geworden ist, ein Mangelbewußtsein, aber weswegen , auch, weil die eingezahlten Gelder zweckentfremdet wurden, denn währen alle Gelder zum Beispiel in der Rentenkasse oder Arbeitslosenversicherung nur dafür verarbeitet worden, würden heute die Kassen Explodieren. Aber eure Raubtierpolitiker und Raubtierbeamten, haben diese Gelder entwendet, sie euch einfach weggestohlen, denn das sind eure Gelder nicht deren. Ja da nützt auch kein Sozialbewußtsein, kein Sektenonkel oder auch kein Paragraphenreiter, es nützt auch keine Belesung oder Geistigkeit Leichenfresser bleibt nämlich Leichenfresser, es bleibt bestialisch. Und aus diesem Zusammenhang heraus werdet ihr ganz selbstverständlich betrogen und abgezockt und eure Gelder zweckentfremdet, weil die Mentalität die Mentalität von Raubmenschen ist. Und das Absurde ist ja, das totalverblödende, diese Raubmenschenpolitik und Beamtenklicke, die macht euch dann Vorschriften und Gesetze , sehr ihr nicht wie Chaotisch und betrügerisch das alles noch ist. Und so ist auch die Wahrheit zu verstehen *Du sollst nicht richten*. Raubsäugetier verstehen noch nichts vom Recht , das Recht das die meinen ist alles bloß Besitzstandsverteidigung und Neidverteidigung und Racheverteidigung. Also deswegen ist die Vorbildfunktion HIN. Sie können sich zwar in der Masse suhlen, aber das nützt auch nichts, Leichenfresser bleiben Leichenfresser. Genauso lächerlich ist, das im Naturschutzbereich auch kein Leichenfresser sein darf, sonst ist es gar kein Naturschutz. Auch im Greenpeace oder Vatikan, bei den Christen, den Moslems, den Buddhisten, Sikhs, den anderen Religionen, da darf überall keine Leichenfresserei sein, und was passiert tatsächlich: Leichenfresserei. Du kannst die Natur nicht schützen, indem du Zuhause Kälberleiche frißt, Rinderleiche, Fischleiche, Huhnleiche, Schweineleiche, sie für dich totschlagen läßt, und so tust, als ob du mit dem töten garnichts zu tun hättest. Du bezahlst die Totschläger, du bezahlst die Totschlägerei, den Metzger, damit du dir selber vorlügst, du seist kein Raubtier mehr im Parfümdelierium, damit du dir nicht das Seidenkleid beflecken mußt, den Maßanzug mit den Schmerzen der getöteten Tiere besuhlst. Aber dann in der Öffentlichkeit, bei deinen Freunden, groß trärattatat, Naturschutz hetzt.

Aber trotz allem, alles ist sehr gut, genauso wie es ist, ist es Perfekt. Und einige haben das ja schon erkannt, das die Evolution so ist. Da sind schon Menschen da die wissen, das der alte Aberglaube oder die Vorstellung, das etwas Böse sein könnte eine Unwahrheit ist. Sie wissen schon das alles sogenannte Böse im göttlichen oder kosmischen Sinne eine absolut unentbehrliche Realität sein muß bei der Förderung und Entwicklung von Bewußtsein. Und es wird dann erkannt werden das sogenannte Gute und das Sogenannte Böse sie sind Identisch. Das bedeutet aber nicht dass das Böse angenehm ist oder freundlich oder Liebend, oder sympathisch oder dein Freund ist, nein, Martinus hat das in seinen Bücher sehr gut mit dem *Angenehmen Guten und dem Unangenehmen Guten* beschrieben. ISBN- 87575 08216.

Diese Gerechtigkeit die heutzutage auf der Erde ist, ist so gigantisch eine Ungerechtigkeit das ich mich frage wann platzt sie wann explodiert sie diese Betrugsgerechtigkeit die heutzutage vorgelebt wird, und die stark aufgebaut wurde durch die großen Firmenkartelle den Petrochemischen und pharmazeutischen Kartellen. Denn diese Firmengerechtigkeit und diese Geldgerechtigkeit und diese Raubsäugetiergerechtigkeit ist erlahmende und ausbeutende und blödmachende Gerechtigkeit und auch eine Uninspirirende Gerechtigkeit der Ignoranz.

Es ist also eine Tatsache der Ursachen und Wirkungen dieser verantwortliche und jene die verantwortungslos durch Lobbyarbeit sehr, sehr üble Wirkungen auf die globale Menschheit bringen. Und da Politik bloße sinnliche oberflächen Junkies sind, sind Politiker total überflüssig geworden in diesen Abzockdemokratien und Verblödungsdemokratien. Mit anderen Worten es ist in Wahrheit aber auch totale Unwissenheit von diesen politischen und Wirtschaftlichen Kartellen produziert worden die bloß aufs Geld aus ist und anderen Senilen Zielen die nichts nützen für eine heile Welt. Deswegen nochmal, Politiker müssen von der Weltbühne verschwinden und auch politische Parteien sie sind jetzt schon die Bleischuhe am Fuß der Bewegungen so wie es die Religionen sind mit ihren Wunderarschlöchern, den Päpsten und Mullahs und anderen Rabbis und Brahmanen und so weiter. All das ist menschheitsverblödend und falsches Recht eben tierisches Recht. Mehr nicht. Also Unrecht. Da ist nix mit **der Weg und die Wahrheit.**

Mehr Wissen und Wahrheit muß gelebt werden.

Dieses und vieles mehr wird in den ***Regenbogen - Bewusstseins- Metamorphose- Zentren*** zum Lächerlichen gefördert, als Selbstbetrug entlarvt, als Hochstapelei belächelt werden. Die momentane Situation ist auf globalen Konkurrenzkampf eingespielt - dabei geht aber das echte globale in dir zugrunde, denn durch Kampf kann keine Globalität erreicht werden. Obwohl, naja.! Denn was durch Kampf gewonnen wird, wird durch Kampf wieder genommen werden. Das ist die Ursache- Wirkung Kausalität- was du säst das sollst du ernten. Doch das echte globale schlummert in jedem Wesen, jedem Menschen, der sich ja bloß mit seinem Körper identifiziert, weil er noch keine andere Erfahrung von sich selber gemacht hat. Es kann aber durch Beruhigung - durch Alpha und Thetawellen im Gehirn zum Vorschein gebracht werden.

Das war eine andere Methodik, die in den Bewußtseinszentren konstant angewendet wurde, aber auch mit Kombinationen, von Sound und Farben. Das Potential, das dadurch, durch den Frieden entsteht, kommt den Industrien zugute, somit der Gesellschaft der Völker, der ersten im Universum.

Ich werde hier nicht so tief darauf eingehen. Hinzufügen möchte ich aber noch, daß ich durch meine 20 Jahre und mehr meditativer Praktiken in Bereiche gekommen bin, die dazu geführt haben, die Unordnungen im spirituellen Globalen zur Ordnung zu machen. - was noch nicht geschehen ist, sondern noch in Arbeit ist. Ich konnte aber erkennen, was für andere Methoden der Radikalerholung dort verborgen lagen. Eine therapeutische Erholung waren das benutzen bestimmter natürlicher Atome und Moleküle, die zur riesigen Erholung, Entgiftung, und Ersundung des Körpers führten. Wer sich damit auskennt könnte ein Netz von Studios eröffnen, gleich der Solarstudios, die ja auch mit Extrem- Hochfrequenzlicht ein Wohlbehagen schaffen. Wenns in maßen genommen wird.

Doch hier geht es um was anderes, obwohl auch das leuchtet, denn alle Materie ist aus Licht und Tönen. Ich will bloß andeuten, daß ich Methoden kenne, die einfach noch nicht allgemein genutzt werden, weil wenige daran denken. Diese Methode macht enorm aktiv - entgiftet- und verjüngt.

Heutzutage im globalen Netzwerk, ist es gewollt, und nötig, daß die Menschen nicht in die industrielle Leere fallen. Nach Schulabschluß, die Zeit der Industrie. Und dann. Die Industrie selber hat keine bildenden, ethischen Ziele, außer dem Vorwand, so zu sein. Doch die Bewußtseinsschichten vergrößern sich. Globale Kommunikation ist bald Domestisch. Doch die Entfaltung, die Entwicklung, es geht ein Leben lang immer weiter und weiter. Das muß erkannt werden.

Wenn die Industrie nun selber zum bildungsethischen Standard kommt, und somit den Belegschaften, den Mitarbeiterinnen, den Mitgeschöpfen, den Gleichwertigen - den Mitschöpfern - denn jeder ist in seinem Fach, Tätigkeit, gebraucht, auch wenn jetzt noch die Illusion da ist, daß durch Umschichtung, durch Austauschen von Menschen zu vernebeln, diesen Menschen also konstant, bewußtseinserweiternde Offerten macht, sich also der Entfaltung des spirituellen Wesens widmet, so wird da letztendlich der größte Erfolg liegen, größer als jede finanzielle Goldader.

Um Klartext zu schreiben, der Mensch ist spirituell und macht eine menschliche Erfahrung. Oder anders formuliert, das Göttliche, das spirituelle macht eine menschliche Erfahrung.

 Sein Ursprung, sein unzerstörbares Wesen, das, was er immer war, ist, und bleibt. Jeder arbeitet bewußt oder unbewußt dorthin, mit all dem was er tut. Deswegen ist es ungemein wichtig ,in der Industrie den Selbstwert des Einzelnen zu erhöhen, und ihm Wege zu zeigen, wie auch der Weg durch das Individuelle zur gemeinschaftlichen Erhabenheit und Höhe und Schönheit führt. Dadurch werden auch die Jammereien der moralischen Aufpasser entkräftet, die sowieso unglaubwürdig sind. Erstens, weil sie garnicht so leben wie sie es predigen, zweitens, weil sie überhaupt keine tiefere Einsicht ihrer Selbst haben, außer politischer Macht, Manipulationen, und anderen zerstörerischen Süchten.

Aber auch diese Menschen sind ja in eine Entwicklungsspirale eingebunden und müssen durch die Lernerfahrung die durch das leitende kosmische Prinzip gestaltet sind, ihre Konsequenzen erleben, wobei aber diese in den Institutionen herumtobenden Menschen sehr gut versteckt sind und ihre Fehler für die Allgemeinheit werden nicht so leicht erkannt. Aber das göttliche Schöpfungsprinzip, mit seinen zwei einander völlig entgegengesetzten Tendenzen, die sich gegenseitig beherrschen , wirkt auch in ihnen, auch wenn sie noch so viel Verschleierung und Rhetorik anwenden mögen, eventuell werden sie ihre Negativitäten erleben und ablegen müssen. Auch sie sind Werkzeuge im großen kosmischen Spiel, wobei zur Zeit bei den Meisten noch das Begehren oder die Liebe zur Materie bei weitem die Überhand hat, und deswegen auch die stärkere Verblendung und Illusion in den vermurksten Entscheidungen weltweit. Aber bei immer mehr und mehr Menschen tritt nun die Liebe zum Menschen immer mehr in den Vordergrund und die Liebe zur Schöpfung überhaupt. Jene die noch gebunden an die Materie sind mit ihrem Begehren und dem damit verbundenen Fantasien und Betrügereien um dieses Begehren zu erfüllen.! Aber um so mehr der Mensch darin verwickelt ist erschlafft die Liebe zu den übrigen Lebewesen, den Menschen, den Tieren, den Bäumen, den Seen , den Sonnen den Planeten und soweiter. Und das Resultat ist die Zerstörung und Ausbeutung, so wie sie jetzt erlebt wird auf der Erde. Damit wird dann auch der Höhepunkt erreicht und der Erfahrung der Trennung des Menschen von seiner Umgebung und er steht in totaler Isolation da, obwohl der Schein es so darstellt als ob er viele Freunde hat mit all seinen Aktivitäten, aber in Wahrheit sind jene Materialisten, jeder im Kampf mit dem anderen, den er sein Freund nennt. Das sind die Resultate vom Raubtierkapitalismus, der sich noch mehr ausbreiten wird und vorhat die ganze Erde zu übernehmen. Also jene Menschen die das Geld kontrollieren und die Bankbesitzer die das ganze Geld kontrollieren. Es ist totaler stupider Raubsäugetierzoo. Aber diese Menschen müssen diese Erfahrungen machen, weil sie, wenn ich Sidharta Gautama Buddha rezitiere; „Ein wachsames Pferd reagiert schon wenn es bloß den Schatten der Peitsche sieht," weil sie eben nicht so wachsam sind und diese Schwereenergie den Materialismus erleiden müssen, mit all seinen Freuden und Vergiftungen und Verlogenheiten und Totalillusionen. Der Schleier ist dick und fett bei denen. Hier in dieser verdichteten Materienliebe wird dann auch die größte Eigenliebe erlebt, oder anderes formuliert, die größte unersättliche Begierde anderen Menschen und Wesen auf der Erde, die Materie abzujagen, wegzuschnappen, wegzutäuschen, wegzuklauen, wegzubetrügen, wegzulügen oder schlimmer noch wegzurechten, der Weg über das sogenannte Recht. Deswegen dieser Vorschlag diese Idee diese Eingebung da auf der Wiese auf Kreta, die Industrie zu spiritualisieren. Das ist nicht weil die Industrie so ein Heiligerverein ist, nein, weil er es eben nicht ist, deswegen. Aber niemand ist imstande etwas zu erleben, wozu er nicht vorher das Gegenteil erlebt hat. Wenn er nicht die Kälte erlebt hatte würde er nicht die Wärme erkennen, und soweiter. Aber die Begierde nach Materie ist enorm und wird noch enormer werden. Der Kampf ums Geld wird noch viel enger und wird ein Hauptbestandteil sein für die Überverblödung des Menschen auf der Erde. Die Verblödung ist ja jetzt schon Überglobal verbreitet, denn ich kann bloß noch lächeln über die Kollektivverblödung des Menschen mit seinem Glaube an das Geld und das ohne Geld nix aber auch nix gehen soll, das ist totale Raubtierlogik und Raubtiermateriesucht vom feinsten. Das zeigt wunderbar das diese Menschen aber auch bloße Schatten sind und nicht mal eine Illusion haben können. Diese gigantische Verblödung läßt alle kreativ schöpferischen Kräfte erlahmen und in totaler materialistischer Apathie ganze Nationen wie Lemminge absaufen oder aber der Negativität ein Freifahrschein zur Hölle geben, die selbsterschaffen ist. Also gute Reise zur Hölle ihr Vollidioten von Professoren Doktoren Chefs und Kanzler und Beamten und Wirtschaftswi ssenschaftler und wie ihr euch alle nennt und was ihr in Wahrheit garnicht seid, ihr seid bloße dumpfe Raubsäugetier geblieben. HoHoHo.

Und das ist dann auch die höchste Kulmination in der innerlichen Trennung zu mir, zu Gott ,so wie ihr mich ja nennt.

Aber das ist alles in Wahrheit ein Segen. Denn nur so können die meisten von euch lernen und versuchen die Fehler nicht wieder zu machen und mehr Wahrheit erkennen, wollen, müssen, damit die Kacke eures Aberglaubens, aufhört zu dampfen.

Aber immer mehr haben das Dilemma erkannt und versuchen sich davon zu befreien, und viele sind in ihrer Entwicklung schon so weit vorwärts gekommen, das sie durch ihre eigenen Erfahrungen, einen größeren Umfang der Einsicht gewonnen haben, in das Leben und seine Wege und Bahnen, und sich gewisse Gesetze angeeignet haben, das sie ermöglicht, eine schönere Moral zu leben, eine bessere Kultur zu erschaffen, und einen feineren Idealismus zu sehen, der für die Menschheit blühen kann.

Aber der Aberglaube an diese alten Kulturen und Wege und Glaube mit all seinen Leiden, der wird von diesen Menschen hinter sich gelassen.

UM DIE MENSCHLICHE SITUATION KLARER ZU DEFINIEREN UND ZU ERKENNEN WAS DAS ALTE SCHÖPFUNGSPRINZIP IST GIBT ES FOLGENDE REGEL DIE LEICHT ERKENNEN LÄSST OB JEMAND NOCH ZUM RAUBMENSCH NEIGT ODER ZUM LIEBESMENSCH: DAS PRINZIP NICHT ZU TÖTEN AUCH NICHT PFLANZEN WASSER LUFT UND BÄUME UND SCHON GARNICHT LEBEWESEN DER HÖHEREN KONSTELLATIONEN VON MINERALAUFBAU UND SOMIT SCHWINGUNGSERHÖHUNG; **DAS IST DAS LIEBESPRINZIP IN REINKULTUR**: DAS IST DER BEFREITERE MENSCH AUS DEM ALTEN RAUBSÄUGETIERMENSCHEN DER VOM TÖTEN LEBTE UND VOM TÖTEN SEIN ORGANISMUS AUFRECHT ERHÄLT.

Diese Führer der Finsteren Schöpfungsprinzipien, die ja lebensnotwendig waren, für das Gefühl oder Minimale Verständnis ihrer Lebenssituation, diese Führer sind heute gut sichtbar, in allen sogenannten Demokratien, und zwar alle die sich an Kriegen beteiligen und Kriege führen wollen. Oder alle die Militärische Ziele haben und einfach nicht davon lassen können so zu denken, all das ist noch das Raubmenschprinzip. Und kein Mensch dieser Kategorien ist es wert beachtet zu werden oder gar als Vorbild angesehen zu werden, denn da nehmt ihr den Götzen an meine Stelle. Denkt nur an Mich Gott und alles andere wird sich vorteilhaft für euch entwickeln. Das Bewußtsein der liebenden Menschen ist immer direkt auf mich Gott gerichtet und es wird auch keine Zwischenhändler bei ihnen geben , denn die Entwicklung geht dahin das jeder Mensch den direkten Kontakt mit mir hat, und nicht mir Priestern, Ärzten oder andere Sorten von Zwischenhändlern . Denkt nur an mich und folgt der Intuition.

Die Industrietätigkeit kann und darf dann auch nicht das letzte höchste Ziel sein, nur um dann Rente zu bekommen. Das ist unglaublich armselig, Menschheitsentwürdigend, allgemein verblödend, und vor allen Dingen Dumpf, Dumpf, Dumpf , Dumpf. Die Industrie muß über sich selbst hinauswachsen, und weisen, und das kann sie auch und wird sie auch. Der Hochfrequenzkörper des Menschen, der spirituelle Körper, läßt nicht auf sich warten. Wird die Industrie es nicht machen, machen es die Gurus, die religiösen Sekten, die Meister, die sich dann huldigen lassen. Die Menschen heute warten nicht mehr auf Arbeitsplätze, sie fangen an, sie mehr und mehr selber zu schaffen. Was heute etabliert ist, kann in dreißig Jahren auf dem Abstellgleis sein. Auch Multinationale werden das spüren. Das spirituelle Genie ist unübertroffen intelligent. Davon hat die Industrie nicht die geringste Ahnung. Generationen , die kommen werden, sie aber haben Ahnung davon. Völker, Weltmächte, sie sind vom Erdboden verschwunden, warum ? Weil sie zu Selbstherrlich waren. Selbst ist bloß der sterbliche Körper. Herrlich ist das Männliche - zu selbst - dämlich wäre also der weibliche Gang. Sie waren so gut, das sie zu blöde wurden. Deswegen auch der Spruch: Völker werden als Genies geboren, doch sie sterben als Idioten. Das spirituelle ist der Kontakt zur Lebensessenz schlechthin. Es ist die Möglichkeit, einen Tulpensamen in die Hand zu nehmen, und ihn durch spirituelle Essenz in Minuten zum Keimen und Wachsen zu bringen, und mehr. Es ist der Kontakt zum Kreativen, schöpferischen Bereich in seiner Ur-Form. Daraufhin wird in diesen Bewußtseinszentren- Metamorphosezentren gearbeitet. Und all das erreichte fließt ja direkt wieder zurück in die Industriegesellschaft, in die Ökonomie, die Ökologie.

Das Konzept muß auf Globalität basieren. Es gibt keine industriellen Vorteile gegenüber anderen Industrien in anderen Ländern. Es gibt nur Vorteile für die Menschen als solches. Staatliche - Industrielle - Machtneurose - werden hier nicht zugelassen. Das ist alles die Pissniveauseuche der Raubtiermenschen. Politik muß letztendlich global zum Provinzfall werden. Daß sie bloße Provinzlinge sind , ist ja heute gut sichtbar - in TV und anderen Handlungsbereichen ist das Niveau der Sumpfpolitik bestens erkennbar. Politik wird mit der Zeit unnötig. Sie hat sowieso über Jahrtausende bloß Schaden gebracht. Aber für die politischen Organisationen und deren Mitgestalter konnte immer das Selbstbedienungsdilemma bestens zum leuchten gebracht werden. Auf kosten der Allgemeinheiten. Global. Auch wenn die alle glänzen und die Politik im Blitzlichtgewitter lächelt. Darin liegt nicht die Würde, die Schönheit des menschlichen Wesens. Die gegenseitige Angst vor sich selber, vor dem, was ein Mensch sein soll, ist und war, ist berechtigte Angst voreinander. Doch es muß auch gelernt werden, zu vergessen, auch das wird in den Zentren gelernt werden. Aber das Angebot muss von der Industrie kommen. Sie hat die Möglichkeit, die Nationen zu vereinnahmen in global kreatives, Angstloses, Armeefreies, schöpferisches, glückliches Leben für alle Menschen auf der Erde, ohne ausbeuterisch zu sein - ohne Marktvorteile zu ergaunern auf Kosten anderer, sondern im herzlichen Einverständnis, das alles Gott gehört und alle Gott sind und alle daran beteiligt sein müsse, sonst ist die menschliche Situation dazu verdammt, in Mega- Ego- Süchten sich gegenseitig die Kräfte zu rauben- also Raubmensch zu bleiben.

Die Industrie muß die Lebensqualität radikal erhöhen mit pompösen Rezepten und glorifizierten Menüs. Es müssen gigantische Bilder produziert werden, aber die Versprechungen müssen zur Wahrheit gemacht werden. So wie die Pyramiden in Indien , in Ägypten, in Atlantis und in Mittelamerika stehen und standen, so müssen die Qualitätsarchitektonischen nach allen Richtlinien der höchsten Einsichten, geschaffenen *Regenbogen Metamorphosezentren* in allen Ländern der Erde stehen.

Ansonsten ist alles bloß Faddeldaddel.

Es muß versucht werden, aus dem zwanzigsten Jahrhundert sofort ins Einundzwanzigste Jahrhundert katapultiert zu werden.

Möglich ist das ohne Schwierigkeit

Geld- materielle Bedingungen - Materialien - und die Menschen, die sich über die langweilige Ödheit des Kulturkonsums hinausentwickeln wollen, ist in Hülle und Fülle da. Altes Systemdenken, sich an Gewohnheiten klammern, auch in finanzielle Abschottungen - das ist was für Greise der Kulturshizoprenien aber nicht für jene, die wissen daß sie die Kinder Gottes sind, und mehr sogar sein können und werden. Es muß ein Konzept des ruhigen Aufbruchs sein. Das Beste vom Besten wird zusammengefügt, um aus dem Industriemenschen mehr zu machen als bloße Firmenmitglieder - Gewerkschaftsangehörige - oder Berufsgruppen -Verbände .

Alle Doktoren, Professoren, Politiker, Wissenschaftler , Arbeiter, sie alle sind bloße Arbeiter im System, um sich materiell durchzuwirtschaften, denn mehr war das bis jetzt nicht gewesen. Durchfressen und so tun, als ob alles beim Besten ist, innerlich als auch äußerlich, in jedem. Doch das ist nicht so.

Was bedeutet aber die Spiritualisierung der Industrie. Sie bedeutet Rationalisierung. Das ist etwas was die Industrie versteht. Teilweise zumindest mit ihrem kleinen Mäuseverstand, da ja die Maus so ungemein menschlich

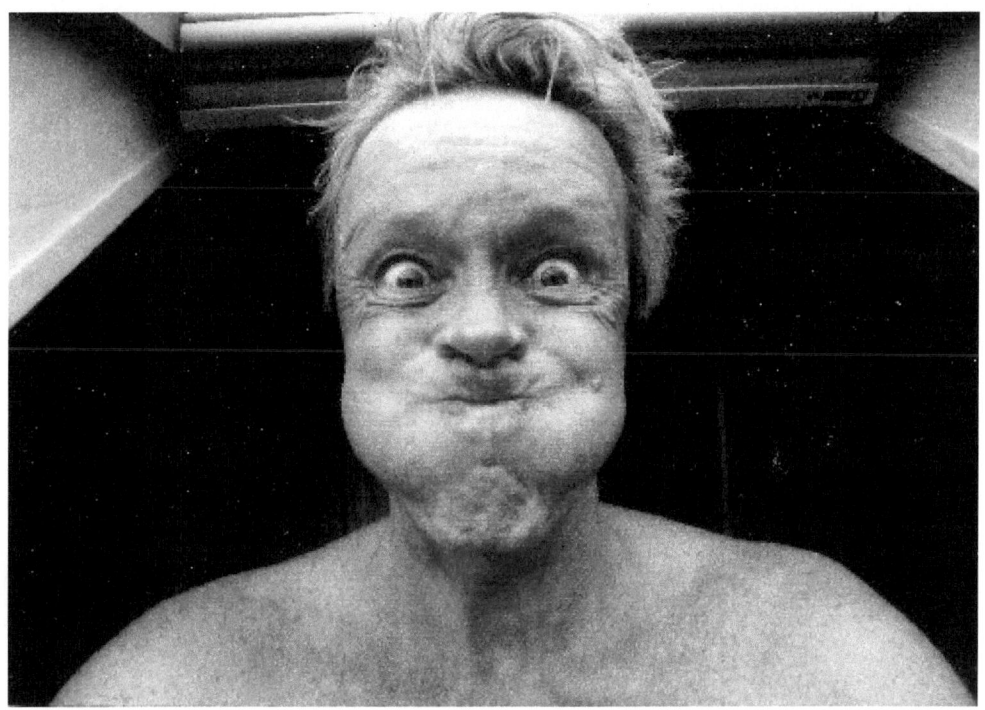

sein soll laut dieser ungemein schlauen Professoren und solchen anderen Quatschologen. Das soll die Industrie also verstehen. Die Rationalisierung läuft auf vielen Ebenen ab. Das was als das herzliche bekannt ist, ist der Antriebspunkt für die Rationalisierung dieses Entwicklungsweges. Zuerst wird erkannt, daß die **Wirtschaft nun mal global der alles vereinende Faktor der Menschheit ist**. Die Provinzreligionen - alle - weltweit - sind so eingepanzert mit ihren Machtgieren und Manipulationslügen, daß sie die Menschen nicht mehr führen können. Dieser alte schöpferische Impuls, der von den Lichtgestalten gebracht wurde, ist nun dabei seine Impulswellen auszuhauchen und in eine geistige Leere gebracht zu werden, damit mit dem was aus diesem Impuls der Lichtgestalten Jesus Buddha ‚Mahavir, Mohammed, den bekanntesten, obwohl es sehr, sehr viele mehr waren und sind, aber diese Lichtgestalten brachten die neuen schöpferischen Impulse auf die Erde, und das was davon übrig ist, wird nun mit den neuen Impulsen der Raubtierwissenschaften vereinigter werden, um die Menschheit noch weiter in die Freiheit zu bringen und ihr wahres geistiges Potential zu erfüllen und zu wollen und zu sehen. Diese alten Religionsimpulse sie haben Bräuche geschaffen und Glauben das aber zu keinem weiteren Wachwerden geführt hat, sondern zu einer Denkschablone des Unfreien dummen demokratischen Verhaltens. Diese Bräuche der Religionen wollen bloß noch Fiktionen am Leben erhalten und ihre Positionen der Unwissenheit der Angst der Ignoranz dieser Menschen immernoch ausbeutend. Auf ihre subtile religiöse Ego Wachsartigkeit ihrer Worte und Homotorten. Hätte die Industrie Schafe in ihren Büros, würde es dort nicht so leicht mit der Computerarbeit sein. Ebenso würde die Sprache doch einige Unzulänglichkeiten aufweisen. Also Schafe, die auf Dogmas, also Hundemütter hören. Sie sind unrationell für die globale Weltindustrie der Erdbevölkerung. Die Perlen soll man nehmen, und Frau auch, doch die Provinzreligionen haben keinen Anspruch - Alleinanspruch auf Gott.

Oder auf mich. Und Sie, oder Er ,Sie ,Es, Du.

Rationalisierung ist Bildung in Wahrheitsfindung. Nicht Glauben in Hoffnungsfindung. Aus Garagen in den USA sind durch Wahrheitssuche

gigantische multinationale Firmen entstanden. Die Industrie, die Wirtschaftsgemeinschaft, müssen sich zusammenschließen - Global. Das sie das gesamte Menschheitspotential in sich tragen, um das gleich ganz klar zu machen. Die Industrie sind nicht die Firmenbesitzer, Hauptaktionäre, die Manager, die Direktoren oder die Doktoren, die Professoren, die Diplomingenieure, **NEIN ES SIND ALLE MENSCHEN.**

Ohne den Dreher, ohne die technische Zeichnerin, ohne die Schmierer, die Bürofrau, die Sekretärin, die Putzfrauen, die Pförtner, funktioniert keine Industrie. Alle sind eins, im Netzwerk verbunden. Der Direktor von Mercedes würde blöde dastehen wenn ihm nicht die Putzfrau sein Büro reinigen würde. Deswegen müssen die Gehaltsmodusse verändert werden - erhöht werden sehr viel erhöht werden. Natürlich bin ich nicht so naiv, zu glauben oder zu denken, das diese Menschen in solchen Positionen Macht- Management betreiben- kinetisches Machtmanagement und kybernetische Managementlehren leben - das sind Denkweisen die gut Heucheln müssen, um ihre Machtgier zu verstecken, und zwar so gut, daß derjenige, der in einer unterbezahlten Position noch so behandelt, also als kranker gesehen wird, daß er nicht merkt, was hier wirklich abläuft und ablaufen wird. Alte Denkweisen, die vor Jahren noch Probleme lösen konnten, sind heute aber nicht mehr in der Lage, Probleme damit zu lösen, geschweige sie überhaupt zu sehen, ja sie produzieren mit ihrem Gewohnheitsmodus jetzt Probleme, was ja wunderbar global erkannt werden kann. Da ist nichts davon zu erkennen das diese zur Zeit managenden Berufspolitiker und Völkerabzocker auch nur den weit, weit entfernten Ansatz haben ,etwas das als leuchtende Entwicklungsepoche zu bezeichnen wäre, zu erkennen, oder das sowas angedeutet wird oder wurde. Eine Epoche in der sich die Menschen über ihre unvergängliche Natur bewußt werden würden, oder befreit werden würden von ihren finsteren Eigenschaften den unbewußten erdgebundenen Zwängen, nein, sie werden noch mehr daran gebunden durch diese immense Ignoranz der Politiker weltweit. Die ja in Wahrheit keine spirituelle Entwicklung gemacht haben sondern bloß Voreingenommenheiten zum Quasseln und zum Fressen. Da sind keine leuchtenden Weltperspektiven oder voller Liebe zum Leben und dem Menschen funkelnde Einsichten und Zuversichten, nein, es ist das öde blöde Schweinebauchfressende Gequassel und das dazugehörige Abzocken und umherschiften von Geldern. Diese Menschen sind aber auch total unfähige Kreaturen voller Ignoranz aber mit viel Taraala Dalla . Da ist keine Seligkeit in denen, keine beschwingte Intuition und kein Feuer und Asche, alles bloß Blutwurstlogik und Käserationalitäten. Eben Fresslogik der Halbaffen, im Sinne von Darwin dem Überarschloch der Wissenschaftler und Atombombenarschlöcher.

In den **Regenbogen Transformationszentren** werden auch Kettenreaktionen in Bewegung gesetzt, so wie im Atomaren, Chemischen, Biologischen, jedoch hier ohne die unabsehbaren wissenschaftlichen Kettenreaktionen der Zerstörung, die aus wohlschmeckenden Nahrungen jetzt gutaussehende ätzende gemacht hat, eben das typische außen Huiii, innen Pfuiiiih Syndrom der Scheinologie. Mit immer weniger Anstrengung und Risiko immer größere Wirkung und Erträge erzielen, auch das gehört zum Erkennen deiner Selbst in den **Regenbogen Transformationszentren** . Dort wird unter anderem intensiv daran gearbeitet werden, daß Menschen und Betriebe, die Industrie in diesem Fall, und ihre Mitmacher und Mitmacherinnen, in Harmonie mit den Naturgesetzen gebracht werden, denen sie sich ja offensichtlich zunehmend entfremdet haben, was letztendlich Vergiftung bedeutet.

Die natürlichen Abläufe für sich arbeiten zu lassen ist optimal. Auch das wird in den **Regenbogen Transformationszentren** gefördert. Dort geht es nicht um Gewinne wie in der Industrieorientierung, die sich dadurch eigentlich von der Neuentwicklung der menschlichen Situation wegverlieren werden, sondern um immaterielle Erkenntnisse, die es zu erkennen gilt, mit anderen Worten das Feine und Feinste gilt es zu erkennen, und zwar von jedem Selbst, selber. Diese Feinste geht weit, weit, weit über das hinaus was heute die Raubtierwissenschaftler auch nur erahnen können. Dieses feinste geht weit über ihre technischen Werkzeuge hinaus, sei es im Teleskopbereich oder sei es im Reisebereich von Raumtechnologien oder sei es im Bereich der Raubsäugetierbiologen oder der Raubsäugetierphysiker oder Raubsäugetierchemiker oder der Raubsäug etiermathematiker, und allen anderen zur Zeit Raubsäugetierwissenschaften. Und ganz wichtig zu erwähnen ist, das alles an Wissen genutzt werden wird, nicht nur das beschränkte Wissen dieser Raubsäugetierwissenschaften mit ihren dementsprechenden Institutionen die allesamt von der Lobbyarbeit der Geldanbeter abhängig sind und noch mehr sein werden. Das alleine zeigt schon diese gigantische Ignoranz dieser Menschen die sich Wissenschaftler dünken Denken oder Blöden. Denn Wissen- Schaft ist total Offen und immer Neutral und in der Mitte, dazu gehört alles was an Wissen von der gesamten Menschheit seit ehh und jehhh erarbeitet und erkannt wurde. Denn die Wissenschaften zur Zeit sind bloße Ignoranzverkäufer ihrer eigene Dummheiten.

GOTT KLONT NICHT

Die heutige Geldwissenschaft abhängig von den Geldkartellen der Ignoranz haben beschlossen das sie Gott nicht mehr brauchen und gehen zu ihm um ihm das mitzuteilen. Gott hört sich das alles an und sagt dann : Ja prima das akzeptiere ich, wunderbar, schön wenn ihr mich nicht mehr braucht mit eurem Klonen Clowns, dann laßt uns aber noch einen Test machen im Bereich eures Wissens. Zeigt mal was ihr könnt. Ok, sagt die Geldmafiawissenschaft der Allgemeinheitsverblödungen, kein Problem, und der Affenwissenschaftler nimmt eine Hand voll Erde um damit anzufangen.

Nein, Nein, sagt Gott sehr liebend, ihr nehmt eure eigene Erde.

Das zum Thema Selbstverblödung der etablierten Wissenschaften, die euch die Schwarzmalerei weiß machen wollen das ein Auto sich selber gebaut hat, und das ein Haus sich auch selber gebaut hat, und das den Arsch den sie sich tagtäglich abwischen auch selber gebaut haben. Also eine Vollidiotenlogik der Allgemeinheit rüberkotzen die besagt das aus Nichts etwas entstehen könnte, was aber jeder Logik Vernunft und Raubmenschweisheit widerspricht. Das sind eure Wissenschaftler , eine Gruppe vom Geld verkommener Halbaffen die die Menschheit Global abzocken, und im Gefolge sind die Politiker und deren Politischen Organe das Beamtentum , und all das wird gespeist durch die Kartelle der Megaindustrien die schon vor sehr langer Zeit geformt wurden und so heutzutage zu eurem Leben gehören wie Zähneputzen, es fällt nicht mehr auf, außer das sie den Hals nicht vollgenug bekommen können, wie es ja nun in den Gesundheitsreformen und deren Lobbymafia zu sehen ist, denn dahinter stehen diese Megakartelle der Petrochemischen Geldmafia Weltweit, die unbeschreibliche Geldmacht haben, und euch alle damit Totschmeißen könnten. Und davor erschauern diese Raubsäugetierpolitiker in Ehrfurcht und Gier, was davon zu bekommen, damit sie euch blinde Versprechungen machen können und ihr weiterhin Blind bleibt als schöne Bürgerdemokraten die Halelujahhh singen dürfen. **ABER DAS IST NICHT DER NEUE WELTIMPULS** Diese Dumme Wissenschaft ist damit nicht gemeint die im Sumpf ihrer Ängste und Skepsis herumschwimmt. Das ist Kein Wissen das ist Schnäppchen Jagd um ans Geld zu kommen. Die Politik von heute Global kann nur eines und zwar **MACHEN SIE GEFÄLLIGST IHR PORTEMONNAIE AUF.** SIE HAT UNGEMEINEN RESPEKT VOR DER WIRTSCHAFT DIE NICHTS ANDERES IST ALS DIE MENSCHHEIT IM GLOBALEN VERBUND: UND DER POLITIKER IST EIN OPPORTUNISTISCHES DER UNWAHRHEIT VERPFLICHTETER SICH HINTER GESETZEN UND ÄNGSTEN VERSTECKENDER STATUS QUO ANBETER: DER EURE GELDER DAZU BENUTZT UM EUCH EINZUSCHRÄNKEN UND ZU BEKÄMPFEN AUF GANZ SUBTILE ART

ALSO KUNST UND IHR WÄHLT DIESES BLINDENTUM JAHR FÜR JAHR WIE LANGE WOLLT IHR NOCH SKLAVEN VON SKLAVEN SEIN IM SOGENANNTEN SCHEINGOLDENEN KÄFIG.

Die Menschheit die Menschen haben sich immer von alten Religionen und Glaubensformen getrennt sie gewechselt, so das die Religionen und Glauben die einstmals ihr Wesen vollauf stimulierten und befriedigten allmählich zu veraltet wurden oder sogar naiv wirkten. **Und Politik mit Politikern ist bloß ein Glaube mehr nicht.** Seien es die Wissenschaftler oder die Glaubenshüter der Religionen, oder die Politischen Glaubenshüter und auch die Glaubenshüter der Wirtschaften, allesamt sind am Glauben festgenagelt mehr ist das noch nicht, laßt diese Selbstbekreuzigung sein, und befreit euch von dem Irrtum den ihr lebt und laßt die Menschheit Blühen ohne eure Glaubensgefängnisse, denn nicht nur die Religionen sind und werden am Glauben scheitern sondern auch die Wissenschaftler die Politiker und die Wirtschaftsgeldbosse eben so die Geldmafia und die Geheimgesellschaften mit ihren Dumpfen Weltmachtzielen. Denn alles ist bloß blinder Glaube. Und das es in diesen Megagruppierungen auch Verschwörungen gibt das ist ganz normal, da sie ja am Glaube kleben, denn jeder Glaube führt zur Verschwörung oder anders formuliert zur Weltverblödung und Selbstverblödung. Und das muß mit allen Mitteln verteidigt werden.

Da der Geldmaterialismus der in allen Institutionen oder Organen der Staaten fest etabliert ist als eine sogenannte unumwerfliche Wahrheit, aber in Wahrheit ein Betrug an der Wahrheit ist, diese Völker regiert ,wird dieses sogenannte Wissenschaftliche das sie als Wahrheit anbeten, als eine Art von Recht gesehen alles andere an Wissen Platt zu machen und zu diffamieren durch diese Organisationen die sie aufgebaut haben die beobachten was es an anderem Wissen auf der Erde von Menschen gibt und was eine Bedrohung für ihren Glauben ist, der, der Gleiche stupide Glaube ist wie der Religiöse, und dort wird dann in einer Art von IM RECHT SEIN UND DAS RECHT HABEN INQUISITION alles andere an Produkten und Verbesserungen kaputtgemacht weil diese Raubsäugetiere in dem Beamtentum und Organisationen der Bespitzelungen anderer Wissensbereiche und Fähigkeiten, an Gedankenbilder gebunden sind die nicht zu ihren Gedankenbildern passen und zu hoch sind um in die Raubsäugetiergehirne dieser Organe des Bösen zu passen. Aber diese Organe zerstören so den weiterführenden Blühenden Weg des Wissens für eine schönere Menschheit auf der Erde. NOCHMAL ALLES WISSEN IST WISSEN UND NICHT BLOß DAS PHYSISCHE WISSEN DER DUMPFEN MATERIALISTEN DIE IN ALLEN WISSENSCHAFTLICHEN

ORGANEN DER INSTITUTE UND AUSSCHÜSSE IST MIT IHREM BLEIKOPFNIVEAU.

Da der Glaube dieser Raubsäugetiermenschen also eine Verblödung für die Befreiung der Menschheit ist aber eine Garantie für die Geldmafia die nicht will das erkannt wird was Geldwirtschaft überhaupt ist hier einige sehr wenige klärende Worte dazu.

Das gesamte Geld auf der Erde wird von einigen wenigen Gruppen total kontrolliert. Alleine dieses Wissen zeigt schon das Geld für die Entwicklung der Schönheit der Menschheit und der Liebe der Menschheit ein Werkzeug für die Versklavung ist. Weil es ja Limitiert ist und damit auf ewig ein Kampfobjekt ist das dazu führt das einige Individuen es schon vor sehr langer Zeit geschafft haben in ihre Kontrolle zu bringen durch Banksysteme und Politische Kontakte und deren Großindustriellen. Damit werdet ihr sozusagen auf Ewig ausgebeutet werden können. Wie es ja heute gut sichtbar ist. Geld bedeutet also Diskriminierung. Geld ist kein natürlich wachsender Stoff und kann so kontrolliert werden um damit die Illusionen zu verstärken, insbesondere jene die sozusagen schon Menschheitsverblödung geworden ist, nämlich, das ohne Geld nicht geht. Dieser Glaube zeigt das ihr schon totale Sklaven geworden seid und nicht mehr würdig seid überhaupt Menschen genannt zu werden. Ihr seid aus dem Blickwinkel Unterhalbaffen. Desweiteren ist alles Geld total alles Geld das es auf der Erde gibt alles Schuldengeld, denn alles Geld wurde von den Bankiers die bloße Raubsäugetiere im Mercedes geblieben sind oder im Porsche oder Lexus als Schulden an die Staaten also euch herausgegeben, insbesondere nachdem der Supergaupresident der USA NIXONIA DELLA IGNORANTUS aber mit Rechtsanwalt Etikett den Goldstandart weltweit aufhob. Daraufhin war der Weg frei für die Banker und Politiker euch supertotal abzuzocken und zu verblöden indem nun Geld gedruckt werden konnte aus Nichts ohne jeden Grund da es keine Bindung mehr an einen Wert hat. Die Kontrolle ging dann über zu den Totalbankern die von nun an aber auch total die Politik und Wirtschaft kontrollierten und kontrollieren. Und euch natürlich. Obwohl das Geld in Wahrheit nicht den geringsten Wert hat, nicht nur das ,es sind alles Schulden total Schulden die ihr in euren Taschen trägt, und darauf bildet ihr euch etwas ein, so verblendet hat man euch. So verblödet. Und darum kämpft ihr und deswegen macht ihr euch Sorgen oder deswegen erschießen sich manche die dann Inflationsverluste oder Aktienverluste erleben, eben eine Totalverblödung. Und noch schöner ist ja, wenn die Menschen die Staaten sämtliche Schulden bei den Bankiers bezahlen würden gäbe es nämlich keinen einzigen Pfennig oder Cent an Geld mehr auf der Erde, weil eben das gesamte Geld Schulden an die Banker sind, Und das wollt ihr aufrechterhalten solche Illusion solchen Glauben solche Versklavung solche Dummheiten Global. Und das Resultat wird ja noch schlimmer werden, da der Kampf ums Geld noch längst nicht zu Ende ist. Es werden also Individuen so Übermegareich, das Geld fehlt, nämlich das Geld das ihr ja braucht um in diesem System mitwirtschaften zu können aber ihr macht euch Sorgen um überhaupt damit klar zu kommen. Macht euch keine Sorgen in bezug zum Geld und macht euch überhaupt niemals über irgend etwas Sorgen. Das ist alles Illusionen. Da also Individuen so viel Geld an sich gezogen haben, das nun in den Massen fehlt und da nun Megakonzerne so viel Geld an sich ziehen das auch fehlt und da diese Megafirmen die Politiker einseifen und ihnen das Geld das durch Steuern abgezockt wird auch noch aus der Tasche ziehen indem sie steuerfrei durchkommen und fette Packungen an Subventionen bekommen, fehlt auch da das Geld das für euch gedacht ist, und die Armut wird noch weiter gehen und ihr werdet Leiden müssen, bloß wegen des Geldes mit dem euch wenige kontrollieren wollen und das auch tun und zwar sehr, sehr gut. Also auch hier eine totale Glaubenssache der Gier ,das Geld. Da habt ihr also noch nicht eure Tierischen Eigenschaften abgelegt der Blindheit und des Glaubens das ihr denkt Geld währe eine wichtige Wahrheit und unersetzlich ohne dem würde es nicht gehen. Es ist nämlich genau das Gegenteil Nur ohne Geld wird es eine Blühende Menschheit geben können. Nur ohne Geld. Nur ohne Geld wird es eine Totalbeschäftigung auf der Erde geben die einen unsagbaren Reichtum erarbeiten wird ohne die Grenzen des Geldes das von wenigen Kontrolliert wird die schlichtweg Macht über euch haben wollen und nun haben. **GOTT KLONT NICHT UND GOTT KLAUT AUCH NICHT UND GOTT BEUTET AUCH NICHT MIT GELD AUS.** Glaube und Überzeugung ist beides das Gleiche, beides ist Gift für die Wahrheit und die Entwicklung der Menschheit und deren Freiheit von den Bindungen der etablierten Geldmafia und deren Wirtschaftsstrukturen die allesamt auf Zerstörung und Ausbeutung beruhen also Betrug an der Wahrheit sind. Die Zentralbanken haben weder Glaube ans Geld noch Überzeugungen daran und davon sie haben bloß ein Ziel nämlich die Macht über die Illusionen der Menschheit zu haben. Die dann als Wahrheiten blindlings durch die Gewohnheitsenergien akzeptiert werden ohne jemals etwas zu hinterfragen und als Blödheit zu erkennen nämlich Selbstblödheit. Mehr ist Geld nämlich nicht, außer Selbstverblödung. Geld basiert immer auf Knappheit weil es nicht mehr an Gold gebunden ist, denn es ist ja total wertlos und bloß eine Hokuspokus Schein Scheinreligion von den

Priestern der Negativität und der Ignoranz. Solange ihr noch ans Geld Glaubt seid ihr nochnichtmal Menschen ihr seid noch blinde Raubtiere mehr nicht. Ok, mehr will ich dazu jetzt nicht schreiben, aber ich empfehle euch ein Buch ISBN-0-912986-21-2. The Creature from Jekyll Island von Griffin, es ist zwar in englischer Sprache aber vielleicht übersetzt jemand dieses Buch ins Deutsche, es ist sehr gut und zeigt sehr viel vom Hintergrund und den Zentralbanken und ihren Üblen Funktionen auf die Menschheit. Eben der Bindung an den Irrglauben das es ohne Geld nicht gehen würde. Was schlichtweg Betrug und Lüge ist.

Die Bücher von Bernhard A. Lietaer sind auch aufschlußreich und gehen zumindest in die Richtung der Aufklärung. Aber er Glaubt auch noch das es ohne Geld nicht geht.

Und diese Geldmacht sitzt nun in allen Organen der Staatlichen Organisationen und vertritt ausschließlich ihre Wirtschaftlichen Interessen die fast alle auf Zerstörung der Erde aufbauen , damit auch Zerstörung der Menschen, wie ja gut sichtbar ist mit den unzähligen Krankheiten dem Krebs dem Rheuma dem Herzseuchen und alles ist basierend auf dem Betrug des synthetischen Produkts der petrochemischen Kartelle weltweit, die ja sogar einfach neue Krankheiten durch ihre Vasallen den Ärzten und Organisationen hinzufantasieren damit man euch weiterhin verblöden kann. So das gesamte Gesundheitssystem ist in Wahrheit eine gigantische Farce des täuschenden Geistes der bloß auf Geld aus ist. Und die Staaten werden durch diese Macht abgezockt bis zum Umfallen und bis zur Übermegaverblödung. Über die sie auch noch hitzig Diskutieren und sogar ihren Wirrnisüberzeugungen und Glaubensrichtungen in hitzigen Debatten euch Vorjodeln. Merkt ihr denn garnichts mehr. Seid ihr schon so zugekleistert von den giftigen falschen synthetischen Geldpharmazeutikas also Geldgiften das ihr nichtmal das erkennt. Wohl ja, denn ihr laßt euch wunderbar verschaukeln von den Angstpolitikern mit ihren Wunderkompromissen der Verfehlungen.

Zum Beispiel Thema Frauen Wechseljahre

Es werden den Frauen ja seit sehr langer Zeit eingelogen und Glaubensüberzeugungen als Wahrheiten vorgejodelt das sie Hormone nehmen müssen. Erstens sind diese Hormone künstlich verändert wenn sie aus der Pferdepisse gewonnen werden auf den Amerikanischen Pferdefarmen dieser Pharmakonzerne. Dort werden die Pferde schwanger gehalten und man gibt ihnen Windeln und wenig zu trinken damit ihr Urin ihre Pisse seid euch dessen bewußt und der Konz ist hier noch detaillierter als ich kauft euch den GROßEN GESUNDHEITSKONZ also das ihr Pferdepissehormone in euren Körper bekommt, wisst ihr überhaupt was das bedeutet: Es bedeutet ihr bekommt das schwingungsmäßig niedere Niveau eines Pferdes in euren Körper und dann noch genetisch verfälschte Hormone damit sie überhaupt Patentiert werden können. Aber was hat es auf sich mit den Wechseljahren. Folgendes. In den Wechseljahren verändert sich der Organismus der Frau von Fruchtbarkeit zu Unfruchtbarkeit. Und da viel der Lebensenergie in dem Reproduktionsteil des Körpers tätig war nun aber dort nicht mehr gebraucht wird, passiert eine Energieverschiebung, und zwar nach oben zu den spirituellen Zentren hin, denn die ehemals in den Reproduktionsorganen gespeicherte Energie wird nun freigesetzt und wandert nach oben, zum göttlichen Teil von jedem, um dort für Spirituelle Arbeit genutzt zu werden. Und da diese Energie durch die Energiezentren wandert entsteht auch Hitze da sie oftmals ja auch blockiert sind durch die Gifte der Pharmaindustrien denn der Begriff Pharmazeutika besagt ja schon Gift. Da ist die Wechseljahreperiode, eine Zeit wunderbaren Wachstums der Frau zum Göttlichen näher zum spirituellen zum liebenden hin und zu den hellsichtigen und feinstofflichen Qualitäten die damit verbunden sind. Das ist also was sehr schönes die Wechseljahre. Aber durch die künstlichen Hormone der Pferdepisse bekommt ihr Krebs und andere Übel.

Meint ihr etwa das Göttliche Gott würde diesen Organismus der Wunderschönheit der durch die Pharmamafias verschandelt wird und den Glauben an die Pharmazia nachdem er keine Geburt mehr geben kann abstrafen mit Krankheiten, nein, das sind bloß die Gifte der Pharmazeutischen Ignoranz die zielstrebig den Betrug an euch leben indem sie sich als selbstsicher und wissend darstellen und ihr ihnen mehr glaubt als Gott dem göttlichen das sogar in eurem Körper da ist, ununterbrochen ‚weil ihr das selber seit. Ihr seit das Göttliche. Werdet euch dessen bewußt. Nochmal : ***AUS GOTT KANN NUR DAS GÖTTLICHE KOMMEN***

Aber das göttliche braucht keine Gifte und Synthetik wie es euch von den etablierten sogenannten Gesundheitssystemen die allesamt Krankheitsmacher sind vorgedudelt wird. Sogar in der Natur da werden die Tiere nicht Krank sie bekommen weder Krebs noch andere Geschwüre, wenn sie frei vom menschlichen Synthetikgiften und Idiotenfraß der Falschheiten leben können. Aber sobald sie mit Menschen in Kontakt kommen und deren Fraß der Falschheit bekommen werden sie genau so krank. In den natürlichen Pflanzen ist neben den Mineralien und Vitaminen und unzählbare anderen Stoffen die völlig unbekannt sind für die sogenannten Wissenden in dem Wissenschaftsbereichen auch das Vitamin B17 das euch fast total unbekannt ist, und das Vitamin B17 das nur in von Menschen unveredelten Pflanzen vorkommt, sorgt dafür unter anderem das kein Krebs entstehen kann und so weiter. Aber sobald die Pflanzen sozusagen veredelt werden von den hochangesehenen Biologen und anderen Deppen, reduziert sich das Vitamin B17 bis es nicht mehr vorhanden ist, und alle Bitterstoffe gehören dazu und ihr bekommt einen typischen Vollidioten Schein Scheinfraß der glänzt aber wertlos und chemisch vergiftet ist präsentiert, damit die Ignoranz euch gut verblödet an die ihr Glaubt anstatt an mich Gott.

DENN KEIN ARZT KANN HEILEN NUR GOTT HEILT NUR DIE WAHRHEIT IST HEIL UND HEILT DESWEGEN

Und die gesamte unverfälschte Natur ist Heil, deswegen Heilen ja auch die Pflanzen und Mineralien und die Sonnenstrahlen und das Wasser und soweiter.

Aber die Krankheitserfinder die Pharmabranchen und die Kartelle die dazugehören das müßt ihr euch mal vorstellen die Arbeiten über die Lobby ganz bewußt an eurer Vergiftung und Abzockung, denn selbst die Ärzte würden sich keiner Chemotherapie aussetzen und soweiter.

DER WAHN IST GROß UND VERBREITET MEHR WAHNSINN DER IGNORANZ DIESER PHARMAKARTELLE.

Worum gehts in diesen Regenbogen Transformationszentren. Es geht um Selbständigkeit des Menschen, weil die Menschen genauso wie die Natur, durch die Ignoranz derer die Führen und in Positionen sind und die Kontrolle über Rohstoffe und Entwicklungen haben auch wegen des Geldes und vielem vielem mehr, unter ,und in einer immensen Vergiftung leben, einer Erosion der sagen wir mal freien Radikalen wie es in der Biochemie genannt wird, unter einem Globalen Fäulnisprozess der sowohl aus dem Politischen als auch aus dem Wirtschaftlichen Finanziellen kommt, und das muß beiseite gelegt werden, abgelegt werden, denn die untergrabung der Inneren Wahrheit der Entwicklung des Menschen ist enorm gewachsen, durch die Geldmafia und deren Befürworter die politischen Systeme weltweit die bloß noch dumpfe Organe der Geldmacht geworden sind, und ihre Zigarren saugen wollen und den Rotwein zwischen den Schenkeln ihrer Huren oder Ehehuren schlürfen wollen. Deswegen und wegen vielem anderen müssen die Menschen wesentlich mehr auf sich selber zurückgeführt werden, da sie nun wesentlich besser denken können, mehr Intelligenz haben und Zusammenhänge besser erkennen als auch die Abgefacktheit der Lobbypolitik und die Absahnung der Lobbyindustrien die das Spiel seit ehh und jeh gemacht haben, denn das ist Normal, das es so läuft, unter Raubmenschen kann nichts anderes erwartet werden. Was sollen sie auch tun, etwa ein Laotse sein, oder ein Jesu, oder ein Buddha oder Böhme, oder Bruno Gröning, oder eine Ching Hai, oder Martinus, oder andere Heilige wie Ramana Maharshi oder Sai Baba, der allen materialistischen Wissenschaftlern ihre Erbärmlichkeit mit einer kleinen Materialisation darstellen würde.

In diesen Zentren werden die Menschen auch dazu gebracht werden wieder ihr Leben mehr und mehr in die eigenen Hände zu nehmen, denn eine Demokratie ist kein Schlafzimmer des Wohlstands für Angestellte, aber ein Tummelplatz

für Abenteurer der Seele und der Inspiration *Und Liebe* zu sich selbst und zu Mir, Gott. Denn die Politiker sind maßlose Fleischkonserven benebelter Ignoranz und gigantischer Schwächen die den Flattermann bekommen wenn die Geldmacht mit der Wimper wackelt. Politiker sind Weicheier und Wichsköpfe der Raubmenschgattung die kein Rückrat haben Wahrheiten bis zum letzten durchzukämpfen , sie lassen sich lieber ihre Rentenbezüge sichern und ihren Amigos den Weg frei machen, mehr ist von diesen Hohlkohlköpfen und anderen Gemüsesorten nicht zu erwarten, aber Bösartig aber Rachen aber Neid aber Täuschen aber Herzlosigkeit aber sich an den schwächeren Massen die keine Lobby haben laben, da sind sie Topqualität. Bloß die Sache hat einen gigantischen Haken, Global, alle anderen werden dann auch so, und damit ist das Gesellschaftsspiel ein verdammt stupides ignorantes Getummel von Schleim und Scheißern die große Worte werfen aber bloß weil sie auf die Angst der Wurstkopfbürger setzen und damit auch auf die Angst allgemein, die sich dadurch vergrößern wird in der Allgemeinheit, weil sie ja die Vorbilder sind. Und deswegen ist der Blödheitsspruch- **Wissen ist Macht** auch noch so geglaubt, denn das Wissen soll ja nicht bekannt werden, und wer das Wissen vertuschen kann der kann die Macht, den Glauben daran ,zumindest, darstellen. Aber politische Parteien mit ihren 30 bis 40 % Wählerstimmen von einer Wahlbeteiligung von 60% was ist das schon für ein Wirrnistraum der Macht, und überhaupt, Macht was für eine primitive Seinsweise der Raubmenschen, eben typische Raubmenschen Träume. 40% von 60% ist 24% der Wahlstimmen, und dann hat der Partner noch 10% von 60% das sind 6% also haben sie in der Koalition dann 30 % der Wählerstimmen, und damit werden ihre Ignoranztänze Global gewackelt und getrampelt. Politische System sind Traumtanzsysteme für blöde Raubmenschen, mehr nicht. Aber diese sogenannten Bürger was müssen das auch für Knallärsche der Dumpfheit und des Überfraßangsttums sein. Die müssen wirklich auch vollspektrum Ignorante sein. Mit jedem Scheiß ihrer Scheißköpfe rennen sie zu überblöden Politikern die doch bloße Gurkenköpfe der Geldmafia sind. Was sollen diese Politikermenschen auch tun wenn ihnen so viel Blödheit entgegengebracht wird, da kann man auch bloß laut Jubeln und sich sagen :*Mein Gott*, laßt sie uns Abzocken, die sind sowieso zu Megablöde diese Bürger, die Bürgen für alles auch für unsere Habgier und deren Anlässe das Geld von ihnen unseren Freunden für später zuzuschaufeln, denn der Bürger hat doch auch kein Rückrat er hat aber ein Fahrrad. Und damit senden wir ihn in den Zoo zum Affen anschauen dann freuen sie sich und lachen und dann gehts zum Ficken, Hühnerficken natürlich, mehr könne die heute schon garnicht, weil ihr Sperma von der Verrücktnahrung für bekloppte von bekloppten Designer, bloß noch Hühnerfick zuläßt, und die Eierstöcke durch die Pharmamafia schon als Kleinkind gut vergiftet wird ,das sie ein lebenlang unsere Geldquellen oder schöner, Patienten, sind. HOHOHO. Die Raubsäugetierpolitiker sind doch genausolche Bürger und Hühnerficker wie der Bürger selber. Sie saugen doch auch gerne an Ärschen und reißen Kinderärsche gerne auf, insbesondere in Belgien und haben nicht den Mut zu sagen was sie alles nicht können. Aber dieser ganze Geldsalatpolitische Überkotzlogik Genialprimitivo, der Politik und Wirtschaft ,die beides das Gleiche sind einer gehört zum anderen, das ist ganz normal, ist nun am Wahn des Geldes angekommen, und da wird die Senilität vieler Politiker gut sichtbar, da ihr Glaube daran ihre immense Fähigkeit zur

Nichtfähigkeit zeigt und sie keine Inspirationen haben, da ihr Bewußtseinsniveau, das Niveau der Schuhsohlen ist und tiefer. Ja, viel Quasseln das können sie ja, und soweiter. Da diese Weltignoranz der Politiker in bezug zum Geld und was ohne Geld zu machen wäre, so gigantisch ist, sind alle ihre Ideen von der Angst geprägt aber sie werden als Verbesserungen und Erleichterungen geheraldet und gelobt, aber in Wahrheit ist es alles bloß Wegnahme des Geldes, weil diese Politiker nicht den blassesten Schimmer haben was Mut ist und was Begeisterung ist und was Freiheit ist und was Arbeit bedeutet, da sie durch ihre Selbstbedinungsfarcen sich in eine Utopie gebracht haben die für andere und anderes bloß noch Notwendigkeiten übrig hat , natürlich sozusagen auf höchstem Niveau. Das muß ja sein, das Höchste Niveau, sonst wäre es ja keine Politik. Vollbeschäftigung wird es nur noch geben wenn das Geld nicht mehr da ist, oder, erst wenn das Geld nicht mehr da ist wird es wieder Vollbeschäftigung geben, oder aber die Zentralbanken bauen einen weiteren künstlichen Zusammenbruch auf wie damals in USA 1923 und zu anderen Zeiten, weil nämlich deren Glaube sie auf die Grenzen ihres Glaubens beschränkt und die sind ,das Geld, wenn es zu viel davon gibt, Inflation bedeuten soll, was ein Purer Überbekloppheitsglaube von Unterbekloppten aber mit Universitätdiplom bitte, ist. Dann wird die Geldmenge mal wieder Inflation also Doppeltnix wert sein, da das Geld ja auch ohne Inflation nix wert ist, um euch mal euren Wahn zu zeigen an den ihr Glaubt und die BANKER AUCH; ALSO ERGO DER Halbaffenzoo oder aber wie die Hinduerleuchteten und Weisen schon immer sagten, auch Sai Baba: „*Der Affengeist*," und dazu gehören auch ***Die Universitätsdiplome*** in Wirtschaft und Geldgottphilosophie und vieles vieles mehr.

Da die Welterlöser auch nicht die Menschheit retten können, aber ihre Freunde die zu ihrer Lebenszeit an sie glaubten und mit ihnen zusammen waren, und die Professoren hoch 6 schwach sind, wenn nicht jeden Tag die türkischen Freunde und die kurdischen Mitarbeiter die Städte säubern würden oder den Stahl kochen täten aber nun auch schon sehr viel Eigengeschäfte betreiben, was ja ein Segen für die Menschheit ist, ist der Weg zu Dir selber ein absolutes Muß. **Mensch sei still und wisse das du Gott bist**. Und das Gott Liebe ist und Liebt. Und diese Liebe und dieser Gott in dir ist aber auch total Angstlos und von unermeßlicher Schönheit und Weisheit und Wahrheit, was du alles selber bist. Und nicht der Schwachsinn der Politischen Sekten und den Wirtschaftlichen Systemen oder Megaorganisationen. Nur in Dir findest du die Angstlosigkeit und das Unendliche Vertrauen in Wahrheit schon befreit zu sein von all diesen Simsalabim Fetzen an Betrug und Schwächen derjenigen die noch Denken und Glauben sie seien

Raubmenschen oder Tiere. Das sind bloß jene die aber auch total dem Körper also der Leiche die Huldigung geben und daraus das persönliche Abkotzen und Abzocken ableiten sogar mit Recht- Fertigung.

Religion bedeutet ja auch Rückführung- Rückführung wohin ? Verbindung mit Was ? Zum Rationalen etwa ? Ja, zum Zentrum der Rationalität. Nicht der objektiven Rationalität, sondern zur wesentlichen Rationalität, also zur lebendigen Rationalität, die aber nicht so ist wie die Geldprofitseuche, denn das ist bloße Teilchenrationalität- atomare Rationalität. **Die Industrie ist in Wahrheit im Besitz aller Menschen der Erde**. Die Menschen der Welt dieser Erde sind in Wahrheit im Besitz der Industrie, **Nein.! Die Menschen der Erde besitzen die Industrie.** So ist es. Es braucht also garnicht mehr gekämpft zu werden. Jedoch die Besitzer dieser Industrien leiden noch an Sehstörungen aus der Vergangenheit, als das Wissen noch gegen Menschen geführt wurde. Doch das führt zur Irrationalität, zum Krieg. Wissen wirkt nur lebensfördernd, wenn es zum wohl für Menschen eingesetzt wird. Die Zerstörung der Erde das Ausbeuten und die Geldangst Global und vieles vieles mehr alles das ist kein Funke an Wissen. Das ist alles noch Ignoranz. Deswegen sind die Naturverseuchungen ganz eindeutig nicht zum Wohl der Menschen eingesetzt, indem die Meere leergefischt werden, die Böden vergiftet, die Chemikalien und soweiter. All das ist kein Wissen. Wissen ist nur lebensfördernd und Wahrheit, und zwar langläufig nicht Kurzabzockung. Das ist sonst Unwissenheit die gegen die Menschheit angewendet wird, und die sich letztendlich immer zerstört. Weil's so aufgebaut ist. Nur weil Profite höher eingeschätzt werden als die Menschen oder als die Achtung vor dem Leben, dem Menschen, der Natur. Das ist Unwissenheit Dumpfheit Lüge und Pisspottchampagner.

Die Natur macht nicht gefühllos, denkunfähig, mathematisch, sie baut keine Roboter, wie der wirrsinnige Irrsinn dieser Universitätsidioten, die immer noch die Selbstzerstörung leben, indem sie unlebendige Rationalitätsstrukturen aufbauen. Die Menge der Kenntnisse ist Unwichtig. Nur eins ist wichtig zu wissen **DAS DU DA BIST** und immer sein wirst. Das ist Transzendentale Freiheit und Kraft und Liebe.

Ja, die alten Besitzer und die neuen Besitzerinnen müssen ihre Sehfähigkeit erhöhen, ihre Denkfähigkeit polieren, aber das wird im **Metamorphosezentrum** poliert, wie Du, Er, Sie, Es, Realität erkennt - wie Sehfähigkeit erhöht wird. Dort wird bewußt gemacht werden, wie Sehen und Seinserhöhung zur Bewußtseinserweiterung führt und somit zum Wohl der Menschheit wird. Irrationalität wird dadurch durchschaut. Denn was heute gut sichtbar ist, was Rationalität sein soll, ist in Wahrheit Irrationalität im Wolfspelz der Rationalität. Es würden sonst nämlich keine globalen Zerstörungen passieren, das Gelddilemma wäre nichtmal ein Lacher wert, die Überalterung darüber würde Freude aufkommen und die sozialen Systeme würden Blühen und soweiter. Es gibt Methoden, Praktiken, wie man das Sehen, seine Lichtfrequenz also, erhöhen kann. Du kannst das Sehlicht genauso wie in deiner Wohnung dimmen oder aufhellen lassen - ganz bewusst - wenn du einmal weißt, wie das göttliche Licht im Körper zu betätigen ist.

Sooo, die Weltindustrie kooperiert nun also global, auch wenn sie sich noch versucht gegenseitig das Leben schwer zu machen und den anderen als Konkurrenten sieht, was übrigens typisches Raubmenschverhalten ist, so ist doch eine Globale Kommunikation vorhanden und ein globales Zusammenarbeiten wollen, denn Arbeit ist Heilig und der direkte Arm des Göttlichen auf der Erde, durch den menschlichen Körper. Doch zu dieser Globalmenschlichen Arbeitskommunikation ist kein Kaiser mehr nötig und schon lange keine Politiker mehr, können sie das erkennen , können sie diese Einsicht auch haben, meine Damen und Herren von der Chefetage, auch von der Straßenreiniger - Chefetage. Politik ist also zu einem nicht mehr Zeitgemäßen Ballast und Übel geworden. Genauso wie Kaiser, Häuptlinge auch nicht mehr evolutionär Zeitgemäß sind, so sind Politiker auch sinnlos geworden da sie einfach überfordert sind und bloß labern und vertuschen und die Massen abzocken und Selbstbedienung und schwach sind, sie sind längst unfähig geworden die Realität zu erkennen und leben bloß in ihren gut zusammengeschusterten finanziellen Absicherungen und alles andere ist notwendiges Tun für sie. Sie sind uninspirierte schwarze Flammen der Lichtlosigkeit. Laberfritzen und Rhetorikschwadronierer und Menschheitsverblöder mit den Global gut erkennbaren Taten die sie hinterlassen. Ganz zu schweigen von den kriminellen Machenschaften in die sie verwickelt sind durch den Intensivkontakt durch die Kartelle und deren lichtlosen Einfälle zum Abzocken egal auf welche Art, Hauptsache deren Produkte werden gemacht und der Konkurrent wird platt gemacht. Diese Kumpanei ist bekannt, aber dafür brauchen wir bloß eine Gruppe, nämlich die Arbeitende Bevölkerung der Erde, die Menschheit die schon in der Industrie vereint ist. Die Politiker sind Draußen Diese immensen Kosten ihrer Selbstbedienungssysteme können wegfallen. Politische Parteien auch, das ist bloßes Glaubensbekenntnis mehr nicht. Es macht viel mehr Sinn, anstatt politisches Gemuffel und Gepuffel, globale Einigkeit zu erlangen durch die Arbeit der in der Industrie gebundenen Menschen, als über wirrnispolitische Parteien, die ja sowieso bloß parteiisch sind

also zerstörerisch , mehr nicht. Schwarzkonten, Bestechungen, Schmiergelder für Wirtschaftskartelle, und soweiter und soweiter, die Amigolisten sind Endlos, das kann jeder andere Saumagenbürger auch, dazu ist Politik einfach zu Öde zu blöde. Doch bis jetzt schaut man immernoch auf die politische Kaste. Sie ist ja bekanntlich längst zum Selbstzweck evolutioniert, ohne jeglichen evolutionären Drive. Es geht eigentlich nur noch um die Tradition in der Politik, die Tradition, den Schwachsinn, die Idiotie der Menschen zu benutzen und so tun, als ob da etwas wirklich geändert wird. Es sind schlichtweg Berufe, wie ich mein Monatsgehalt am besten bekomme und dabei auch noch so tue, als ob ich der Menschheit - wohl bemerkt - der Menschheit - einen Dienst erweise - wobei ich dann alle kriminellen Register ziehen kann - denn Politik erlaubt ja all seine Bestialität sozusagen im Namen des Irrenanstaltgesetzes zu leben. Der Mantel der Politiker und Politikerinnen ist Schein - Rhetorik und das Wissen, das ununterbrochene Krisen geschaffen werden, die dann auf höchster ebene bequasselt werden. Natürlich gibt es auch Idealisten in der Politik, und Wahrhaftige, trotzdem, Politik ist unzeitgemäß und vermag die Menschheit nicht zu vereinen damit all das gute passieren kann was jetzt schon teilweise da ist. Natürlich ist die Industrie kein Heiligenverein, im Gegenteil, das sind Raubmenschen, mit all ihren dumpfen Flecken und Gedanken und Emotionen und soweiter. Aber wozu zwei Ausbeutsysteme unterstützen wenn ein Ausbeutsystem, die Industrie ,schon mehr als genug ist. Dazu sind diese enorm **Luxuriösen Regenbogen Transformationszentren** dann da, in denen aus dem Raubmensch ein Mensch hervorgehen wird der dann die Globale Industrie sozusagen durchdringt mit seiner meditativen Schönheit Weisheit und Wissenden Einsichten die weit, weit über die Einsichten der jetzigen Dumpfkopfwissenschaften und deren Anbeter hinausgeht, weit, weit, weit. Natürlich hat die Wissenschaft so wie sie jetzt ist auch ihre Wichtigkeiten, aber sie ist bloß Dumpfkopfmateriell, mehr nicht, aber die Realität ist weit weit mehr als diese Sehrichtung dieser Dumpfgeistwissenschaften der Raubsäugetierwiss enschaftler. Das was jetzt ist ,das ist Dunkelheit und Nebel, in der Wissenschaft heute, aber das was kommen wird, wird Leuchten und Glänzen und befreien und nicht vergiften und raten. Wer noch vom töten anderer Lebewesen lebt und deren Blut und Fleisch frißt egal ob roh gekocht geräuchert und soweiter, der kann noch keine verfeinerte Geistigkeit entwickelt haben die dazu befähigt eine erweiterte Wissenschaft überhaupt zu erahnen und zu erkennen.
Der politische Arbeitsverein ist ununterbrochen nicht am Status Quo sondern am Status Quo interessiert. Nur wenn die Öffentlichkeit, der Druck von

mehreren, die das Wissen erkannt haben, aufmerksam machen, und soweiter, so groß ist, dann handelt die politische Geheimniskrämerei die genau darin den Betrugssatz verwirklicht, nämlich- **Wissen ist Macht**, in der Geheimhaltung ihrer Lichtlosen Einfälle. Und das auf eure Steuergelder, euer Geld gebt ihr für so ein Schwachsinn oder laßt es euch nehmen, ihr christliche Schafe und mohammedanischen Schafe und buddhistischen Schafe und hinduistischen Schafe und jüdischen Schafe.

Doch die Industrie kann sich global, als Weltwirtschaft, selbst lenken und führen, dazu ist Politik nicht nötig. Sie muß aber Ethisch, die höchste Qualität anpeilen und versuchen, wirklich zu verwirklichen, sonst, wenn das nicht geht, geschieht, werde ich- Gott- der Wirtschaft mit sämtlichen Sorten der Plage, eine wenig die Hölle anheizen, was sie ja bis jetzt schon selber anfängt durch ihre Klimaerwärmung. Das Ich aber sowas tun würde ist ja reiner Blödsinn, warum wohl? Weil wenn du Gott bist, garkeine Vorstellungen oder Gedanken hast und auch garnichts mehr mit Nichtliebendem zu tun haben kannst. Weswegen weiß ich das als Mensch, deshalb, weil durch meine Meditativen spirituellen Erfahrungen sozusagen als Selbsterkenntnis, erfahren habe, das im Bereich der Glückseligkeit und Endlosen Angstlosigkeit und Ruhe, garkeine Gedanken und Vorstellungen dieser Niederen Bereiche des Daseins, des Dumpfkopfdaseins mehr möglich sind, weil die Welt in der du dann bist, eine Welt dieser Glückseligkeit ist, und dort gibt es keine Hölle oder Vorstellungen davon oder irgendetwas an leidvollem. Und wenn du also Gott bist, dann ist das noch weiter von dieser Pisspotabrackerei, des ausbeuten, entfernt. Aber da könnt ihr mal sehen wie eure Wissenschaftler im Blinden herumtappen. So einfach ist das mit der Wissenschaftsmystik vom logischen Verstand und weiteren Märchen der Wissenschaftler. Der Götzendienst und das Heidentum sind Weltweit am Blühen, die Götzen sind Geld, Wissenschaft, Religion, Papst, Mullahs, Buddhas, Jesusse, Mahaviras, Laotses, Politiker, Industrien, Präsidenten, Und soweiter, all das sind eure Götzen geworden, und selbst diese Welterlöser die ich auch erwähnt habe, die von vielen angebetet werden, wie auch Sai Baba, oder Ching Hai, und anderen Erleuchteten, das sind in Wahrheit nur kleine Gottessöhne, die etwas mehr erleuchtet waren und sind, aber die Anerkennung der Menschen und die Anbetung von manchen Menschen wie ich das zum Beispiel mit Sai Baba las, das zeigt das sie Götzen anbeten und nicht mich, Gott, der wunderbare, HOHOHO. Aber Götzendienst und Heidentum, sind in Wahrheit das selbe, sie sind wahre Gottesanbetung im Anfangsstadium. Und deswegen drücke ich ja auch mal wieder alle meine Trilliarden Augen zu und lächle. Denn es ist dem

Menschen zur Zeit noch unmöglich, wegen seines Dumpfkopfbewusstseins des lichtlosen Geistes, diese Welterlöser und Heiligen und Erleuchteten, anders zu verstehen, als das sie Glaubten und Denken, das diese Wesen die Inkarnation Gottes selber sein müssen. So groß ist nämlich der unterschied zu ihren eigenen Fähigkeiten und das läßt sie den falschen Glauben und Gedanken erliegen.

Aber dieser Aberglaube ist ein göttlicher Segen, denn er bewegt diese Lichtlosen Menschlein dann ja auch in Gedanken zu mir, Gotti.

Bloß dann kommt danach wieder der Bleibkopfschuh, denn, nach gewissen Zeiten haben sich dann Berufsgruppen gebildet und Organisationen mit all ihren Geschäftsstrukturen, und schon entsteht das DOGMA oder HUNDEFUTTER. Und das ist dann nicht mehr förderlich für die Entwicklung des Menschen, sonder es verwickelt in das lichtlose HUNDEFUTTER oder DOGMA.

Durch die Bewusstseins- Metamorphosezentren wird aber erreicht, das gigantische Netzwerke von Energiekomplexen global aufgebaut werden, so das dort die sogenannte göttliche Energie angesammelt wird. Die Gurus reden vom Buddhafeld. Ich rede vom göttlichen Elektromagnetischen Feld, um es in Wissenschaftsbegriffe zu kleiden. Diese Energie speichert sich als reine Lebensessenz. Es ist die Kraft, die Blumensamen in der Hand sofort keimen läßt.

Doch vielleicht ist das für viele noch zu hokuspokusartig. Aber was für ein Hokuspokus ist die wissenschaftliche Mentalität, die sich so rein so erhaben so menschenhelfend gibt, und doch dabei ist die Erde in ein Irrenhaus zu verwandeln. Ja, die Wissenschaftler sind eben nur Abhängige von den Sinnen nach Außen. Alleine schon die Tatsache das sie ihre Instrumente und Maschinen und alle anderen Werkzeuge brauchen um etwas zu erkennen läßt weiterhin auf eine Dumpfe Lichtlose Wissenschafterei blicken. Mehr nicht. Aber Ich, Gott, ich Klone nicht. Wozu auch, ich bin doch kein Vollidiot wie die Pharmazeutischen Chemischen Weltkartelle mit ihrem Betrug an das Lebende und dem Betrug an die Unterblödheit der Massenbürgerchen. Die Lichtlose Wissenschaft von heute ist bloß Magie. Und Magie ist auch bloß eine Energieverschiebung, und das ist alles. Und genau das gleiche herumschieben machen doch die lichtlosen Politiker auch, egal ob sie 6 oder 15 Doktortitel haben, das wäre dann nämlich die 6 oder 15 fache Verblödung ihrer lichtlosen Ideen der Energieverschiebungen, nämlich von dem nehmen und dem geben, mehr können die doch garnicht. Und da denk ich das können die anderen Halbaffen auch und deswegen ist die Politik total überflüssig wie Kuhpisse im Champagnerglas beim Feiern.

Sie können also innerhalb der elektromagnetischen Felder Energie Verschiebungen vornehmen. Das ist alles, doch Schachmatt ist das Ziel diese Spiels. Genauso ist es mit der Psychologie, die auch bloße Energiefelder, Energieteilchen, verschiebt mit ihren Therapien. Alleine schon die Tatsache das die Berufsbezeichnung total falsch ist, und sich der Psychologe nochnichtmal dessen bewußt ist, zeigt schon was das auch für eine Traumtänzermetier ist. Wenn das Wort Psyche für die Seele steht- im griechischen ja Hauch - was eine enorm unwissende Bezeichnung ist, ohne jegliche Erfahrung, was die Seele wirklich ist, die Griechen ahnten etwas, sie wußten aber nicht, was es wirklich ist. Keiner von den Griechen hat die Seele echt beschreiben können - und die Licht und Klang oder Ton Meister sind alle zerstört worden, deren Wissen und Taten - von Pythagoras sind nur seine mathematischen Tatsachen übrig geblieben- er hat von der Sphärenmusik geredet, er wußte also vom Ton und vom Licht - Plato, der Philosoph und Aristoteles, der Schüler von Plato, die wußten beide nicht, was die Seele war und ist. Es sind nur Fantasiebeschreibungen von Plato und Aristoteles - nur der Meister von Plato, Sokrates, der kein Philosoph war, denn Philosophen sind nur Wortonanierer und Gedankenonanierer, er wußte was die Seele war. Nämlich der Gottessohn selber oder die Gottestochter selber. Die natürlich weder weiblich noch männlich ist, um dem irrigen wirrigen versuchen der Feministinnen mal den Luftweg zu nehmen.

Sokrates oder die Licht und Klang Meister wußten dann auch wie der Aufbau des Universums Gottes ist, der Körper Gottes also, und welche Aufgabe in diesem Zusammenhang für die Seele entsteht. Wie gesagt die Psychologievertreter die haben aber auch nicht das geringste mit der Seele zu tun, sie haben nur was mit dem Mental zu tun - deshalb müßte die Psychologie auch Mentallogie heißen. Da sie höchstens den Verstand, den Mentalbereich bearbeitet. Denn eines ist ganz gewiß und übersicher, alle die davon Reden das die Seele gereinigt werden muß oder Krank ist und soweiter, das sind Übertraumtänzer und Überlichtlose Unwissenden die euch volllabern, denn, die Seele kann garnicht jemals Krank sein oder verunreinigt, sie ist ewige Glückseligkeit und viel, viel mehr. Aber so ist es im Königreich der Raubmenschen, da wird man sehr oft sehr viel Vollfantasiert und Vollgelaber natürlich mit Wissen aus dem Laberfantasiebereichen.

Oder der Geist, im religiösen Gestammel, oder Worten. Der Geist, das Mental, das sind zwei Begriffe für die gleiche Ebene im Inneren. Der Geist ist der Schöpfergott. Genauso das Mental, es ist das Schöpferische. Der Grund, weshalb die Psychologiemenschen und die Religionsmenschen nicht wissen, wovon sie eigentlich Reden, ist darin zu finden, daß sie keine echte Lebenserfahrung durch Meditationen haben. Ihr Guru, Jesus, zum Beispiel, wenn der jetzt noch auf der Erde wäre, der würde ihnen die Licht-Ton- Meditation geben, mit der sie dann über den Geist, das Mentale, hinausgehen könnten. Sie könnten dann erkennen, daß die Seele nicht zum sogenannten Psychologischen gehört, oder zum Geistigen. Da die Seele aber auch garnichts mit Verstand und Logik zu tun hat. Das ist mehr ihr Widersacher, der sie hier im benebelten zustand halten will, und vortäuscht der Guru oder Meister oder Erwachte zu sein.

Deswegen auch diese Schwierigkeiten, die Wahrheit von sich selber zu erkennen, was Du wirklich bist. Weil die vier Körper davor liegen, durch die du kommen mußt, bis zum fünften Körper, deinem Seelenkörper, dort wo du dich als reine Seele erfährst. Das ist nicht einfach und verlangt mehr als bloß viel Geduld, Arbeit, Mut und Vertrauen. Und deswegen ist Psychologie auch bloß eine Energieverschiebung. Sie befassen sich bloß mit den vier Körpern. Physis, Emotional, oder Astral, Kausal oder Ursache- Wirkung Körper, und Mental oder Geist, Geistkörper, das ist die Erkenntnis, die du machen wirst, wenn du den Mut hast, keine Angst vor dir selber zu haben.

Jedenfalls kann Politik ganz einfach wegrationalisiert werden. Wer braucht Politiker in der Industrie oder Wirtschaft. Politik ist so schmarotzerisch, sie ist mit dem beschäftigt was in der Wahrheit garkeine Grenze ist, aber die glauben noch daran. Politik hat sich so durch die Gewohnheit bei den Menschen eingenistet, daß die Menschen tatsächlich Felsenfest glauben, Politik sei ein Teil des Naturgesetzes. Was aber total falsch ist. Politik ist ganz einfach Machtgier und latent noch geistig unterentwickelte geistige Fähigkeiten. Aber wenn ich sowas sehe wie unterlatent muß dann der Bürger sein. Oder ist er schon weiter als die Sektenarbeit der Politischen Sekten. Ihr wißt ja, Sekten, sind jene die Grenzen aufbauen durch ihren Alleinanspruch die Wahrheit zu haben, und bombardieren so die Freiheiten und Unverbautheiten und das Spontane Schöne Gute. Da bei ihnen noch die Brille der politischen oder religiösen Sektiererein, die geistige mentale intuitive Entwicklung und Fähigkeiten blockieren die notwendig sind einen brauchbaren voll fließenden freien Arbeitsfluß zu gewährleisten der den Arsch der Welt ,die Beamten, und ihre Saurierfressen, und Sektenbevorzugungen ,überflüssig macht. Damit die freie Energie eures echten Wesens voll schöpferisch genutzt werden kann. Das kann auch bedeuten das ihr auch euer Beamtentum aus dem mittelalterlichen Denken eurer Matschbirnen, auflösen müsst.

Politik ist heute global eine Vertretung der Dunklen Mächte auf der Erde, und Demokratien sind bloß das Rambofeld dafür. Alleine schon das Unterteilt wird in Staat- Politiker- und Bürger, also die manipulative Dreieinigkeit, zeigt das diese Menschen noch im Traumzirkus schwimmen. Jeder der glaubt ein Bürger zu sein, der ist bloß ein Würger, ein Würger seiner selbst. Er läßt all seine Fähigkeiten außer der, den Ausbeutern eine gute Beute zu sein, verkümmern. Also kann der Bürger und das Bürgertum auch kein Licht für die globale Menschheit sein, aber sicherlich ein Nichtlicht. Oder das fantastische Deppenlicht der Lichtlosen Grubenhelligkeit 1000 km unter dem Meeresboden ohne Licht. Demokratien machen Allgemeinverblödung zum höchsten Wissenstand, die dann als Nebenerscheinung, Steuern zahlt und sich darauf freut jedes Jahr - 0,05 % mehr von Nichts zu bekommen. Demokratien sind der Playground der Superreichen, in bezug zum Geld, die dann ganz genau abwägen wer wann wo was zu bekommen hat, da sie ja auch das gesamte Geld kontrollieren. Aber bloß weil ihr Superrambos der Bürgerpolitik daran Glaubt, ans Geld.

Demokratien sind das freie System auszubeuten, wogegen Diktaturen das unfrei System sind auszubeuten.

Also Menschen sind weiterhin Ausbeuter egal in welchem System, die

Industrie, die Wirtschaft macht immer mit.
Und in beiden Fällen ist immer das sogenannte „**Recht**" dabei. Dieses „**Recht**" ist aber garnichts anderes als die „**Intoleranz**" die noch unbeschreiblich weit verbreitet ist und damit gar kein echtes Recht ermöglicht, auch nicht

in der sogenannten „**Rechtsprechung**" oder dem Recht des sogenannten „**Gesetzgebers**". da ja dieser Gesetzgeber immer, bis jetzt, ohne Konsequenzen mit der Geldmafia oder der Wirtschaft oder den Banken ein insgeheimes Abkommen hat, aus ihrem Glaubensverständnis heraus, das so gewachsen ist, das dieses „**Recht**" das sie für die Industrien mit aufbauen, richtig ist. Und zwar richtig im Sinne von Industrien und Beschäftigung. Aber die Situation ist nicht mehr so wie am Anfang des Industriezeitalters. Wo die Industrie von Menschen total abhängig war. Heute ist das nicht mehr der Fall. Die Industrie ist heute immer mehr vom Menschen Unabhängiger wegen der Maschinen und dazu gehört auch der Stupide Computer und alles an anderen Elektronischen und feineren Entwicklungen. Das Ziel der Industrien und Banken ist ja totale Nichtbeschäftigung von Menschen , weil die ja was **Kosten.** So bekloppt sind diese Raubsäugetiere noch immer. Die haben aber auch garnichts verstanden und wissen überhaupt nicht das geringste außer ihren Wahnvorstellungen mit dem sogenannten „**Recht** „ durchzusetzen . Und dabei helfen ihre Geheimagenten die zuvor bei ihnen ausgebildet wurden, die Politiker. Schaut euch an zu welchen Berufsverbänden sie gehören, oder gehören werden, und das sind dann deren Geldgeber, und deren Pläne unterstützen sie, damit diese Industrien, egal was die auch produzieren, das übelste Gift, die übelsten Produkte, auf den Markt bringen können. Und wenn sie es schaffen würden, würden diese Politiker, also Raubsäugetiere es auch noch vollbringen, das Totalkartell aufzubauen, so wie zu Hitlers Zeiten, wo es ja den **Nationalsozialismus gab , der ein Staatskartell ist.**

Da, hatten die Firmen einfach das Staatsmonopol und machten alles andere Platt. Das ist eben noch typische Raubsäugetiereinsicht, mehr nicht.

Nochmal, dieses sogenannte „**Recht**" das sich Globalisierung nennt, und dahinter aber ihre „**Intoleranz**" versteckt gegenüber anderen Ländern, Freiheiten, und Ansichten, ist nichts anderes als ein Versuch ein gigantisches Kartell aufzubauen, und das Kartellamt das ist bloß der Anschein einer Gerechtigkeit, die es ja noch garnicht geben kann, unter Raubmenschen, das ist aber auch total unmöglich, total unmöglich. Aber dieses Firmenrecht das Industrierecht, also Intoleranz, damit wird vertuscht in den Beamtenstuben, oder den Organen der Wirtschaft die Ämter, denn mehr ist das noch nicht, aber Gott vergibt ihnen denn sie wissen nicht was sie tun, wie ja ihr Guru Jesus schon gesagt hatte. In diesen Beamtenstuben und Beamtenorganen da wirtschaften die Pharmamafia und Petrochemischen Kartelle, bis ihr vor Krankheiten schon gigantisch viel mehr von Überhaupt nichts mehr kapiert. Aber das ist alles so geschichtlich gewachsen, in jedem

Land jeder Nation, das ist ganz natürlich. Bloß jetzt wird es Überunnantürlich, weil diese Firmen so viele Gifte Produzieren, die sie dann da sie ja das Recht haben, was aber Intoleranz ist, über die Organe des Staates den ihr sogar dafür bezahlt, verbreiten läßt, und jeder der anders Denkt, andere Produkte auf den Markt bringen will die nicht in das Monopolschema dieser Intoleranzindustrien paßt, der kann dann sogar über den sogenannten Rechtsweg, belangt werden, und denen schicken die sogar die Behörden ergo Raubmenschen in die Firmen und beschlagnahmen die Produkte oder verbieten das sie verkauft werden. Zur Zeit ist der Kampf der Pharmamafia und Petrochemischen Mafia ganz stark auf natürliche Mittel auf pflanzliche Mittel gerichtet, warum wohl, weil die heilen, aber Pflanzen nicht patentiert werden können. **Was sie aber versuchen. Werdet euch dessen bewußt, diese pharmazeutischen Unternehmen, das Petrochemische Kartell versucht es unter Strafe zu stellen, diese Pflanzen die frei wachsen zu verbieten zu benutzen, und unter Strafe zu stellen, wenn das gemacht wird, und sie versuchen sogar dann selber Bußgelder gegen den Benutzer zu verlangen. Also das ist totaler Faschismus im Mantel der Demokratie. Denn der Faschismus lebt und zwar gigantisch, und weswegen, weil ihr noch Raubtiere sein wollt und keine Menschen. Zumindest schon mal Menschen, könntet ihr werden.**

Die ganze Mobilfunkvergiftung und Verstrahlung der Erde, die Seuche des Mikrowellenaparats, der aber auch alles an Leben mit seinen Mikrowellen total zerstört und aber auch, die Inhaltstoffe, so verändert das sie krebserzeugend sind. Oder aber das Verbot vom Nonisaft, einer tropischen Pflanze, die ungemein Hilfreich ist, und sehr viele Gute reine Inhaltstoffe hat, und bei vielen Krankheiten Heilt. Ja Heilt, denn die gesamte Gesunde unverfälschte Natur ist ja Heil, und deswegen Heilt sie auch. Aber die gesamte Petrochemische und Pharmazeutische WeltProduktion ist Unheil. Die kann nicht Heilen weil sie Synthetik ist und nur Geld will und sogar euer Leben. Nämlich solange ihr diese Gifte schön brav bezahlt über die Krankenkassen, also schön weit entfernt von euch, damit ihr garnicht merkt was da abläuft. Ihr seid euch nicht bewußt wie Übel und Megaübel die Raubmenschen noch sind die diese Kartelle haben und die das sogenannte Recht haben, bloß durch ihr Geld, und dem Glauben der Politiker an Arbeitsplätze, davor machen sie dann einen Buckel, diese ohne Rückrat-Politiker.

Auch in den Krankenkassen ist dieses „Unrechtrecht" voll da. Denn die Krankenkassen sind ja auch bloß die verlängerten Organe dieser Petrochemisch Pharmazeutischen Kartelle die das in ihrem Sinne aufgebaut haben. Und nun dafür sorgen das aber auch keine pflanzlichen Naturprodukte und alternative Methoden zu diesen Giftmethoden der Pharmaindustrieen bezahlt werden, von den Krankenkassen. Ist euch das denn noch nicht aufgefallen, das ist ein Regelunrechter Kampf gegen alles Natürliche. Und wo kommt das her. Von dem Raubmenschgeist. Und dieser Raubmenschgeist der ist der Faschismusgeist der überall auf der Erde wütet. In jeder Form von Vergiftung Ausbeutung Unterdrückung und Intoleranz also Nichtliebe. Über die Krankenkassen die, die Mitarbeiter der Pharmamafia sind, werden also keine natürlichen Pflanzlichen Produkte und Heilwege bezahlt. Ja diese Pharmamafia hat sogar festgelegt und das glauben die dummen Politiker dann auch, was der Mensch zu sich nehmen darf, stellt euch den Faschismus einmal vor. Dieser lange Arm der Rockefeller IG-Farbenkartelle ist der Arm des falsche des Synthetischen der seine Organe in den Dreißiger Jahren mit IG-Farben aufgebaut hatte um einen Weg zu finden wie sie ihre Produkte ohne Konkurrenz unter die Menschen bringen können. Und das war dann der Weg des Wolfs im Schafspelz. Und jetzt habt ihr den Salat. Die Gesellschaft ist und wird so Vergiftet von diesen Industriekartelle das sie in Jahrzehnten und einem Jahrhundert so vergiftet ist das sie zusammenbrechen wird. Und diese Falschheit vertritt dann das Beamtentum mit seinen Ämtern bis hin zur Polizei und Gerichten. Das ist totale Gehirnwäsche eines Glaubenssystems das Vergiftet und auch selber die Vergifter ruinieren wird.

So ist das Unrechtrecht dieser Industriemafia aufgebaut. Aber alles wird sehr schön als das „Recht" dargestellt. Das System dieser Industriemafia ist totale Ausbeutung aller möglichen Arten von Menschen bis Tieren Pflanzen Erde alles.   Das ist Faschismus wie er besser nicht sein könnte in der Demokratie. Also es ist = DEMOKRATIEFASCHISMUS.

DAS MÜSST IHR ERKENNEN UND AUFLÖSEN

Als Antimittel gegen diese Unrechtmedizin des Pharmakartells und ihren Unrechtrechten, würde dann Bruno Gröning gelten. Dieser Heilige obwohl seine Physis verstorben ist, heilt heute noch genauso wie zu seinen Lebzeiten. Und es gibt viele Mediziner die zum Bruno Gröning Freundeskreis gehören und Heilungen passieren. **KOSTENLOS**. Du brauchst dich bloß auf den **HEILSTROM** einstellen. Weitere Infos gibt es unter www.bruno groening. de oder infomwf@bruno-groening.de
Dort in den Gruppen werden Kranke immernoch geheilt ganz von All-Eine.

Ohne Nahrung ohne Pillen ohne das Industrierecht des Megaunrechts. Aber sogar das will diese Diabolische Mentalität verbieten, so wie sie verbieten will das ihr überhaupt Gesund seid, denn deren Diabolisches denken kann ja nur in eine Richtung führen, und die wäre = **TOTALZERSTÖRUNG IM MANTEL DES RECHTS**.

Der Unterschied zwischen einem Heiligen und einem Teufel ist folgender. Mit Macht aber ohne Liebe wird man zu einem Teufel. Es besteht nur ein kleiner Unterschied zwischen einem Heiligen und einem Teufel. Beide haben die selben Kräfte, nur das der Heilige Liebe hat, und der Teufel nicht. Der Teufel ist selbstsüchtig, anspruchsvoll, und räuberisch. Der Teufel kritisiert nur und ist Intolerant. Der Heilige kritisiert ebenfalls, aber er ist auch tolerant. Der Heilige kritisiert zur rechten Zeit, um die Menschen zu ermutigen, Fortschritte zu machen und ihre Fehler zu erkennen. Er übt Nachsicht, wo es angebracht ist, so daß die Menschen weiterleben können, ermutigt werden und sich nicht zu schuldig fühlen. Ein Heiliger zu sein heißt, vielfältige Qualitäten zu haben. Das hat mal die Meisterin Ching Hai gesagt. Mehr Infos unter www.godsdirectcontact.de

Natürlich kann ein großer Heiliger mehr als bloß das was Ching Hai da sagte, da er ja Heil ist kann er auch Heilen. Aber diese Heilkraft hat jeder Mensch in sich und kann sie auch anwenden, da ja hinter der Heilung oder dem Heiligen die Wahrheit Gottes steht, und nur die kann Heilen, nur das wahrhaftig Heile kann Heilen, sonst garnichts, deswegen ist die Pharmazeutische Unrechtsindustrie dazu verdammt nicht Heilen zu können, und sie reißt alles mit ins UNHeil durch den gigantischen Unrechtsaparatschick den sie Global aufgebaut hat und zwar in die UNHEILIGKEIT das kaputte kranke zerstörerische.

Und in der Politik und Wirtschaft ist sehr, sehr viel dieser Unheiligkeit dieser Machtgier, der Vertretung des Unlichten, verdunkelnden, manipulativen , denn zum Leben ist Politik völlig unnötig .Global ist Politik ganz einfach eine Menschheitsbelastung. Die Gelder die Politiker sich erlogen haben durch Gesetze, die ja zugleich auch das Recht sein sollen, die sie aber bloß für sich und ihre Sekte geschaffen haben, zbs, die Mafiagesetze der Diplomatie und der Immunitäten. Oder der Politiker selber der sich für seine kriminellen Handlungen Immunschutzgesetze aufgebaut hat, zumindest als eine Hürde. All das ist latenter Faschissmuus. Global betrachtet ist es überall das gleiche, ob Parteipolitiker oder Religionspolitiker beide sind von Diabolischem Charakter. Die totalsten bekloppten sind ja die Mullahs und Trullahs und die anderen Fanatiker wo wunderbar zu sehen ist, das, RELIGION OHNE LIEBE FANATISMUS WIRD. Das gleiche gilt für die Wirtschaft. Wirtschaft ohne Liebe wird zum Fanatismus.

Dieser Fanatismus wird gut sichtbar in der WTO und ihren Handelsgesetzen die alle bloß zum Ausbeuten laufen. Und die WTO so wie die UN wurden mit den Geldern das Rockefeller Kartells gegründet, in deren Sinne natürlich, damit sie auch durch diese sogenannten Weltorganisationen ihren Diabolischen Einfluß ausüben können. Diese Rockefeller Stiftungen und Organisationen arbeiten ganz stark mit Geldern die sie den Universitäten geben, natürlich, damit sie Kontrolle ausüben können und das auch tun. Viele Universitäten sind bloße Organe der Wirtschaftskartelle der Lieblosen Geldmafia und deren Dünnschiß aus Synthetikgiften. Und da die an den Universitäten auch Megaverblödete sind und Glauben ohne Geld seien sie unfähig ist die Weiche zur Totalmegaverblödung im Sinne der Geldgeber eingeleitet. Wenn die an den Universitäten schon so Raubtierblöde sind, was soll dann aus der Masse kommen.

Hoffentlich mehr Wahrheit und Einsicht.

Wie gesagt, in den Metamorphosezentren werden die Gelder der Politiker besser verwendet. Dort werden sie dazu genutzt, ignorante politische Systeme, und Politischen Sekten, Bewußtsein einzutrichten durch allerlei spirituellen Methoden und Arbeiten. Denn aus Politik kommt bloß Politik. Wenn die Politik sich aber Wirtschaft und Industriemanagement nennen würde, dann wäre die Sache schon etwas anderes. Es ist ja nun mehr als bekannt, was die Politik weltweit seit Jahrtausenden für immensen Schaden, für Leid ,Mord, und Verelendung geschaffen hat. Da sie schwach ist und lieber Geld anbetet. Politik muß ein Tabu werden, ebenso wie Politiker rote Tücher werden müssen, die Zorn und Abneigung weltweit im Bewußtsein der Menschen bringen müssen. Politik muß in die Vergangenheit gehen. Politiker müssen verachtet werden. Parteien müssen im Bewußtsein der Menschen als bloße Sekten und Verblödungsgruppen gelten. Schon der Begriff Partei ist genug, er zerteilt, oder die Tatsache daß politische Grüppchen dann die Gesetze machen, mit ihren 30% an Wahlstimmen bei einer Wahlbeteiligung von 60 % das ist so Senil und Demokratisch eben Superblöde. Und das soll dann das Recht sein. Ja es ist das Unrechtsrecht. Auch deswegen ist die RAUBSÄUGETIERDEMOKRATIE DAZU VERDAMMT IHR Ziel im Chaos zu finden, weil es nämlich der Himmel für Ausbeutungen ist aber im Namen des Rechts. Also Demokratien schaffen ihr eigenes Chaos. Nein Raubsäugetiere die nicht wollen das sie zu Säugetieren werden schaffen ihr eigens Chaos.

Das, was ich hier in diesem Reisebericht schreibe, ist natürlich nicht als eine Kritik zu verstehen , die alles Platt machen will, oder dann auch nichtmal Verbesserungsvorschläge anbietet. Nein, es ist bloß ein winziger

Tropfen, aus der immensen Größe des menschlichen Bereichs der zur Zeit eine Beschäftigung meines Bewusstseins ist. Ich bin mir Bewusst das die hier erwähnten kritischen Betrachtungsweisen und Einblicke in das Raubsäugetierleben ununterbrochen verbessert werden. Aber ich bin mir auch bewusst das diese Verbesserungen , so wie zuvor beschriebene die Nutzung des menschlichen Positiven und Negativen Nervensystems, eben diese Verbesserungen sowohl bei den positiven Kräften abläuft aber auch bei den negativen Kräften abläuft, die sich auch im negativen verbessern. Aber so ist das in einer Umgebung voller Raubmenschen die sich Systeme aufgebaut haben, die allesamt ein gegenseitigen Ausnutzen sind und somit deswegen an der Intoleranz kleben müssen, was zur gleichen Zeit keine Überwindung des Dualismus der dadurch entsteht bedeutet. Dieser Dualismus der ja für einige wenige eine Bedeutung hat, der wird nur im Bewusstsein überwunden. Aber auch der Versuch diesen Denkdualismus als solchen zu beschreiben ist schon Ignoranz. Weil er ja das Produkt der blöden Philosophen ist, die ihr eigens Defizitdenken nicht überwinden können, sie sind ja auch noch Raubsäugetiere, deswegen.

So in Demokratien werden unbeschreiblich viele Ungerechtigkeiten gelebt, die alle eine Ausnutzung der Schwächeren sind, also typische Raubtiereigenschaften. Das sind noch Überbleibsel aus einer Zeit, als Macht mit Gehalt durchgeprügelt wurde, als die Häuptlinge uneingeschränkt das sagen hatten und alle anderen ihm gehorchen mußten.

Aber aus Spiritualität kommt Spiritualität.

So wie aus Wasser bloß Wasser kommt . Kein Politiker weiß was das bedeutet. Denn wüßte er das so könnte er kein Politiker mehr sein, oder sich mit sowas leblosem wie Politiker Identifizieren. Wäre er aber doch so, würde er zum Diktator. Aber heutzutage ist ja weltweit die politische Spitze faschistisch. Sie haben sich jetzt bloß in das durchsichtige Kleid der Demokratie gekleidet. Doch wenn ihr in die politische, mit Geheimdiensten angezogene und mit Spionage verwobene Abmachungen der Weltpolitik schauen könntet, so würden euch die Augen aufgehen, was für üble Gestalten in der Politik sind. Sie sind ausnahmslos Vertreter dieses Lichtlosen Dunklen Lichts, genannt Politik.

Aber,,,,,Jetzt kommt was ganz wichtiges,,,,diese beiden Kräfte,,sind also zur Zeit noch wichtige Reibungsaspekte, im Raubmenschleben, gebraucht, weil seine Sinnliche Lebensweise ihm sonst keine Eindrücke liefern würde, die er leicht verstehen könnte. Er kann zur Zeit immernoch, nur aus der leidvollen Erfahrung am besten Lernen, eben durch die Ignoranz und ihre hinterlassenden Eindrücke der Unzufriedenheiten und Intoleranten Unliebenden Erfahrungen.

Alle Diktatoren wissen von der göttlichen Energie. Nutzen sie aber um Menschen als Versuchsobjekte zu Unterwerfen. Und vergeßt nicht, Firmen sind auch Diktatoren. Industriezweige sind Diktaturen. Organisationen sind Diktaturen. Das sind Diktaturen die ganz anders Arbeiten als Offene Diktaturen, diese Diktaturen arbeiten über Gesetze und Macht über Menschen indem sie Geldabhängig machen oder Geld einfach zurückhalten oder einfach indem sie alle Arten von Kontrollen aufbauen aber alles im Mantel der Gerechtigkeit. Über diese Thematik und Taten könnte viel gesagt werden, aber eines noch, die Bücher von Jan van Helsing- Geheimgesellschaften, wurden zum Beispiel in der Bundesrepublik, oder im deutschsprachigen Raum verboten, wegen Volksverhetzung, und das in einer Demokratie, alles klar, wo alleine schon im Begriff Demo-Kratie, die Demo mit drin ist. Aber nichtmal das kann diese Rechtsstaatlichkeit also Intoleranz sich leisten. Das ist enorm Armselig. So die Diktatur der Macht des Geldes die dann ihre benebelten Organe bis in die Richtersekten hat, ist Enorm, aber alles als das Recht verkleidet, also Intoleranz also keine Infofreiheit also keine Meinungsfreiheit und soweiter. So in Demokratien, ist ganz subtil eine Diktatur von einigen Geldreichen, und Industriereichen, die ihre Ziele Diktatorisch im Totalausbeuten durchziehen, alles im Mantel des Rechts, das sie sich erkaufen und weil sie ja Geld haben und ihre Amigos dafür alles mitmachen. Aber das ist eben das wunderbare Leben des Raubsäugetiers das glaubt schon Mensch zu sein. Aber so ist das mit dem Glauben, es ist bloß Glaube, so wie die Christen Glauben sie seien wirklich ein Christ, ja das mag stimmen aber bloß ein Glaubenschrist. Das gleiche ist mit allen anderen Religionen, alles bloßer Glaube, also Fantasie und Hoffnung und Simsalabim.

Diese im Recht versteckten Diktatorisches Demokratie lebt mit seinen Industriekartellen und Geldzwängen an die sie Glauben, doch das ist kein Christentum, kein Christ, das ist Mist. Aber mir ist das ziemlich egal, ich lebe mein Leben sowieso nicht in der Richtung .

Das Labor, dieser demokratischen Gesellschaften kocht über, explodiert und versauert das menschliche Leben ganz schön. Die meisten Menschen sind sowieso Übersauert, rein Physisch schon weil sie diese Demokratiegifte zu sich nehmen, die ja erlaubt das ihr euch vollfreßt mit den Synthetikgiften der Firmenkartelle, aber alles schön im Recht, ok, damit auch alles seine Ordnung hat, so richtig Ordnungsmäßig. Dann muß das schon stimmen, denn wer würde UNS schon vergiften wollen, außerdem gibt es doch Belege und ganz wichtig es ist WISSENSCHAFTLICH. Dieser wissenschaftlich Witz, der ist Prima, bloß wissenschaftlich kommt immer in zwei Varianten, eine ist die Negative eine die Positive. Die Negative zieht ihre Produkte durch egal was es ist Hauptsache Profite und Marktvorteile und das Amigorecht der Politiker als Sprachrohr für die Verblödung. Die positive Wissenschaft warnt vor den Nebenwirkungen und dem Schaden dieser Produkte. Apropo Nebenwirkungen, ist euch schon bewußt geworden das im Pharmazeutischen Bereich die sogenannten Heilmittel die Krankmittel sind, die Nebenwirkungen in Wahrheit die Wirkungen sind. Die aber dann so verschleiert werden als Nebenwirkungen damit sie ihre Gifte überhaupt auf den Markt also an euch kriegen können. Die Diktatur also das Negative also die Ignoranz also das Raubsäugetier ist ungemein schlau im Täuschen und Betrügen, da sie ja auch in den Staatsmächten und Beamten und Richtern und soweiter vorhanden sind. Und wenn ihr nicht ganz total untergehen wollt in der Vergiftung der Industriellen Produkte seid wachsam und lest den Gesundheitskonz oder lernt von der Natur in der es keinen Krebs gibt und keine Geschwüre und weswegen wohl weil die Natur Heil ist die Sonne ist Heil aber diese Raubsäugetiere Global es geschafft haben, die Erde und Pflanzen im laufe der Zeit wertlos zu machen, so das nur ihre falschen synthetischen Produkte in euren Dumpfen Dummen Ignoranten Freßköpfen hängen bleiben, das ist auch weil ihr Faul seid, und andere und das Geld mehr schätzt als euch selber.

Die Wissenschaftler dieser Negativindustrien zu der auch das Petrochemische und Pharmazeutische Kartell, global, gehört, haben aus der Erde ein Labor gemacht. Ein Versuchshorror für den Machtwahnsinn im verneinen der globalen Verantwortung. Das politische Niveau ist das Niveau der Instinkte, sie machen das, was vom tierischen Instinkt machbar ist, müssen aber ihr Tierwesen verschleiern, denn sonst würde Faschismus sich zeigen, das ist global in jedem politischen Gemüt. Deswegen müssen wir uns von der politischen Mentalität entfernen und die menschliche Gesellschaft unpolitisch machen. Politiker sind nicht Human. Sie tun nur so. Sie tun alles um in ihrer Position zu bleiben. In den **Metamorphosezentren** werden neue Qualitäten erscheinen, die weit über das politische Niederfrequenz- Niveau hinausgehen. Es ist ja nun bekannt, dass das, was machbar ist, im politischen und im wirtschaftlichen Sinne meistens nicht Lebensfördernd ist. Die Schmalspurpolitik von Präsidenten und Kanzlern muß überwunden werden, stattdessen werden sich Wirtschaftsgemeinschaften treffen, um zu kommunizieren, nicht um instinktive Macht zu vermitteln, die kein Mensch alleine tragen kann.

Natürlich muss der Raubmensch der sich Industrieller nennt oder Manager

die Macht ablegen. Macht ist immer das Diabolische, immer.
Dazu werden neue Modelle in der Industrie angewendet werden, wie zum Beispiel das holländische Soziokratiemodell, das jeden Menschen in der Industrie als gleichwertig anerkennt, ihn Mitreden und Mitdenken läßt, ja sogar dazu aufruft, mitzudenken, mit zu gestalten, da er realer Teil der Firma ist und nicht bloß vertragliches Objekt, das zur Ausnutzung der Firmenbosse seine Leistung bringen muß. Diese Machtgiereinstellung ist längst überholt und einfach inakzeptabel geworden. In der Soziokratie ist jeder sozusagen Firmenmitinhaber, und er wird erstmal durch ein festes tarifliches Gehalt bezahlt, ist aber dann auch an den Gewinnen der Produkte beteiligt und auch an den Jahresgewinnen.. Man ist wie gesagt kein Vertragsindividuum, sondern ein völlig kompetentes, vollwertiges, mitschöpfendes, mitredendes Mitinhaberwesen dieser Firma, die in eine Treuhand verwandelt wird. Alle Firmen Global. Denn diese gesamte Wirtschaft egal welcher Bereiche gehört der gesamten Menschheit. Und keiner Aktiengruppe der Abzockwahnsinnigen, und auch keiner Managergruppe oder Privatmenschen. Die globale Wirtschaft gehört allen Menschen auch den Indern Afrikanern Asiaten und anderen Völkern, weltweit. In dieser globalen Wirtschaftsgemeinschaft geht es dann nicht um Provinz, wie Europa, und deren Grenzen, also Nationalegos, sondern um Menschheitsproblematik, aber auch um Menschheitsfreude und Humor. All das aber auf Spirituellem - wissenschaftlichem Niveau. Denn es gibt keine Grenze zwischen Wissenschaft und Spiritualität. Bloß der Geist, der Schöpfergott wehrt sich dagegen, weil er nämlich so seine Macht verliert. Der Geist oder Verstandesgott ist die Grenze in allem, denn in der Wahrheit von mir - Gott - gibt es keine Grenzen. Es ist bloß der Verstandesgott der die Grenzen aufbaut und die Unterscheidung ist nicht der Geist. Diese Abwertung des spirituellen wird ja von denen gemacht, die eben nicht wollen das ihr Frei werdet, ihr sollt ja so blöde bleiben wie ihr seid, damit jene die euch mit der Wissenschaft volllabern und sie bezahlen, euch weiterhin als Vieh haben für ihre Ignoranzprodukte der Vergiftungen. Seid wachsam. Denn die Wissenschaft von heute ist ja bloß Dumpfbacken materialistisch.
Aber im wissenschaftlichen Milieu gibt es viele Menschen die schon über die Rationalität den Geist, hinausgehen können und erkennen, das die Schöpfung, die Welt , aus Licht und Ton geschaffen ist. Was das in Wahrheit bedeutet wissen auch nicht solche Wissenschaftler wie Capra oder Sheldrake oder Schröder oder Bohr oder Einstein oder Newton, oder all jene, die jetzt sogar in Biophotonen forschen, obschon diese Forscher erkennen, daß der Mensch ein Lichtwesen ist, das ist schon ein enormer Schritt in

die richtige Richtung.

Denn es geht ja um die Schöpfung eines internationalen Weltreichs.
In diesen Regenbogen Metamorphosezentren werden die Wissenschaftler
sowohl die meditative spirituellen Methoden leben, um zu erfahren, was sie in
Wirklichkeit sind, und die Welt auch, in der sie Leben , und dadurch auch im

Wissenschaftslabor das genauestens umsetzen können, mit nun aber wesentlich
mehr Einsicht und Fähigkeiten für die Menschheit. Irgendwann wird auch der
erste Nichtirdische hier auf der Erde offiziell Landen und Kontakt aufbauen.

Gott Klont nicht das wollen bloß blöde gierige Firmendiktaturen

Aber der Bewußtseinszustand der Menschen die Klonen wollen der ist ganz
eindeutig ein Nichtspiritueller. Was heißt das ? Es heißt das diese Menschen
aufgrund ihrer Primitiveinsichten in das Leben und seine Wahrheit zum
Resultat gekommen sind, das Gott garnicht da sein kann. Sie verwechseln
die Schwierigkeiten die, die Menschheit heute hat mit der Nichtanwesenheit
von Gott und können nicht erkennen das es die große Freiheit ist in der sich

diese Schwierigkeiten der Menschen lösen können und auch werden, und aus dem Raubmenschen zur Zeit ein Menschwerden wird. So ihre Resultate in der Einsicht sind typische Ignoranzresultate. Sie gehören noch dem Tierreich an dem Reich dem sie teilweise selber noch unterworfen sind. Und das tägliche Leben wird daher für sie als ein Kampf zwischen diesen Bedingungen die sie erleben erfahren, als ein Kampf ums Überleben, der Abhängigkeit von seiner materiellen oder physischen Position, was natürlich eine typische Tierische Eigenschaft ist. Nämlich der stärkere zu sein, wie im Tierreich, bloß nun als Menschen mit dem größten Raketen, Konten und Bomben, oder Siegen in wirtschaftlichen Bereichen. Bloß im Tierreich ist es eine Lebensnotwendigkeit so zu sein, aber im Menschenreich ist sowas absolut unbrauchbar. Denn heutzutage sind jene Raubtiere in den Positionen die schlichtweg nur das Tierreich mit sich tragen. Sie sind schlichtweg bloße Tiere im Anzug des menschlichen Körpers. Mehr nicht. Und diese Ambivalenz trägt der Mensch in sich und hat sich noch nicht von dem Tierreich abgewendet weil auch diese Industriemächtigen nicht die geringste innere Entwicklung zum Menschsein gemacht haben, sie haben bloße Dumpfe vergiftende Industrien hinterlassen und bauen große dumpfe materialistische Industrien auf durch die Gelder die sie zuvor erwirtschaftet haben auf ihre verlogene Art. Sie sind noch der Kern der finsteren Moral. Diese finstere Moral hat eben das Bewußtseinsniveau das der Schwache kein Recht hat und ausgebeutet werden muß, eben total Faschismus eben, oder anders formuliert, TOTALRAUBTIER. Und das alle Rechtsbegriffe hier nur durch Macht verliehen werden. Denn Macht im Tierreich ist das selbe wie Recht. Also Menschen die keine Macht haben wie die Bevölkerungen, die keine Lobby haben und von den Politikern total ausgenutzt werden , total, bis zum elektrischen Lächeln das für die Kameras und Treffen aufgelegt werden, also diese Menschen die keine Macht haben, das sind für die dann Menschen die von ihnen ausgebeutet werden, müssen. Und das ist heute wunderbar sichtbar, diese finstere Wissenschaftliche mit Doktortiteln und Rechtsbegriffen zusammengeleimte Moral und Rechtsauffassung, die von der Tierischen Raubsäugetierelite der Industrien und den Kartellen der Megagelder, so vermarktet wird wie: "**Macht ist Recht**." Das ist Überall sichtbar auf der Erde. Es ist der totale Tierreich Walzer. Alle kriegführenden Nationen oder die Terroristen und anderen verrückte gehören noch diesem Bereich an. Und es war ein Lichtblick das der deutsche Kanzler Schröder sich geweigert hat an dem Amerikanischen Blutbadtraum dieser petrochemischen Kartellaffen sich zu beteiligen. Das ist der richtige Weg für die Menschheit schlechthin, keine Kriege mehr zu führen, auch wenn der

sogenannte Freund dazu aufruft, und auch der nächste Schritt keine Armeen mehr zu haben. Natürlich sind die Raubsäugetiere noch bei weitem in der Überzahl in den Primitivinstinkländern wie USA oder China und Rußland. Diese Länder haben ja fast total keine spirituelle Einsicht , und China ist ja ein kommender Saurier der Blindheit in seine Menschenmassen da ist die Diktatur sogar eine Politische Raubsäugetierkaste die aber auch nicht unbeachtet ihrer Wünsche in der Weltbevölkerung als Human dazustehen, es schafft nur ein Fünkchen Spiritualität zuzulassen. So viel Angst haben diese vor der spirituellen Wahrheit und den Konsequenzen, nämlich keine Ausbeuterische Macht zu leben, weil das die Entwicklung ja zerstört. Auch dort ist Macht Recht. Wie zur Zeit auch in den USA mit dem pharmapetrochemischen Kartellen und der Federal Reservebank Gruppe die auch reine „Macht ist Recht" Wirrnispolitik machen. Und die amerikanische Bevölkerung kommt da als ungemein armseliges Häufchen zum Vorschein. Vollgefressen von Mc Fix und Foxi und vollgelabert von den TV Jongleuren die alle von diesen Kartellen bezahlt werden und deren Ignoranz predigen bis zur totalen Verblödungserschöpfung. Aber der gleiche Schwachsinn passiert ja in den Ländern die sich USA zum Todfeind machen in den Islamistischen Wirrnisgruppen. Die sind genauso verblödet. Auch da ist Macht ist Recht. Die Mullasuppen der Satansanbetungen im Namen Gottes natürlich. So auf der Erde ist in Wahrheit ein immenser Kampf erstmal von der MegaIgnoranz des Tierreichs wegzukommen, aber solange Fleisch gefressen wird und Tiere getötet werden, egal wie, auch die Kosherprimitivos gehören dazu, ist der Mensch die Menschheit an das Tierreich gebunden das es als Notwendigkeit und ihr recht sieht Tiere zum essen zu töten. ,**Aber der Mensch ist davon befreit er hat es nicht nötig und es ist auch nicht notwendig Tiere zu töten um sie zu essen um sozusagen leben zu können. Und der Primitivo Gedanke in vielen Journalistischen Fragen wenn sie ärmere Länder beschreiben und befragen ist dann auch, aber sie haben bloß 1 mal in der Woche wenn überhaupt die Möglichkeit Fleisch zu essen. Das zeigt wie tief das Tierreich noch in deren Dunklen Innenwelten anwesend ist.**
So die Staatsmächte auf dem Globus sind zur Zeit unterschiedlich, manche haben schon das Lichtvollere Prinzip das Recht muß das Recht sein und nicht die Macht, wogegen andere noch tief verwurzelt sind im Tierreich wie zum Beispiel zur Zeit England und USA und Australien oder Polen und Spanien die ja alle weiterhin gerne Kriege führen wollen. Aber natürlich bloß die Politiker nicht die Bevölkerungen. Das sind eben noch Raubtierstaaten, oder diese Länder werden von Raubtieren geführt. Aber das Recht wirklich zu leben, dazu ist ein

Mensch heutzutage noch nicht fähig. Nicht weil er das nicht wollte, nein, weil die Lebensbedingungen durch die materiellen Abhängigkeiten der Raubmenschen die das aufgebaut haben, ihn einfach noch dazu zwingen auch das Unrechtsrecht zu leben, denn diese Geldmächte und Industriemächte, haben eine Globale Versklavung aufgebaut die es zur Zeit nicht möglich macht, Frei und Recht zu leben.

Und deswegen nehme ich alle in Schutz die nicht im Rechtsbereich leben können und unter den Idiotische materialistischen Lebensbedingungen der Raubsäugetier Eliten zu Leiden haben, und sich weigern, daran teilzunehmen, mit all den daraus resultierenden Konsequenzen. Denn die Gebiete sind einfach zu groß zu übel zu dunkel zu unliebsam zu gefährlich wo die Macht heutzutage noch als Recht aktiv ist. Und dann ist die Beeinflussung natürlich gegeben die Allgemeinheiten der Menschen zu beeinflussen das die Menschen Macht anstatt Recht anstrebt weil sie ja sieht wie verlogen die Politiker sind und die Industriellen, die ununterbrochen ausbeuten und abzocken. Da wird dann aufgegeben und selber mitgemacht. Das ist keine Schande das ist Notwendigkeit zu überleben. Es ist auch keine Schande Schulden zu haben und sie nicht zu bezahlen. Da das Prinzip der Schulden von Raubsäugetieren aufgebaut wurde die nicht das Recht und die Wahrheit erstreben sondern die Macht über Menschen. Und diesen Schritt braucht kein Mensch zu gehen. Denn die geldlichen Notwendigkeiten sind ja auch bloß von materialistischen Menschen aufgebaut worden, die ein Ideal aufbauten das dem Streben nach Geld die Vorzüge geben soll. Und das ist schlichtweg Ignoranz. Kein Mensch ist verpflichtet Ignoranz und deren Produkte zu bezahlen. In letzter Konsequenz ist kein Mensch auf der Erde überhaupt verpflichtet etwas zu bezahlen, denn ich habe alles frei erschaffen ohne das es etwas zu kosten hat. Das Kosten ist selber noch eine Raubmenscheigenschaft und keine Menschen Eigenschaft.

Zur Zeit gibt es ja Zustände und Seinsweisen oder Ereignisse und Handlungen auf der Erde, die unter vielen Arten von Maskierungen ablaufen, das es garnicht einfach ist zu erkennen was da los ist und worum es da wirklich geht. Und meistens sind es widersprüchliche Taten und Gedanken und Vorstellungen die aber auch total im Wiederspruch zu den Werten stehen von denen diese Menschen die gewisse Werte vertreten sprechen. Also im Wiederspruch zum wirklichen Recht. Und diese Verkleidungen und Täuschungen sind der Himmel des Tierreichs, indem sich nunmal diese Menschheit zur Zeit noch befindet oder befinden soll, insbesondere wenns nach den Vorstellungen der Geldmafia und

Bankkartelle geht. Macht ist Recht wird hier mit den Genialsten Täuschungen durchgezogen und kommt hier zu den Nobelpreisverdächtigsten Fähigkeiten, der Vertuschungen und Täuschungen.

Das noch aktive Tierische Prinzip im Menschen sucht sich trotz der Rechtsstatereien und anderen Moralistischen Werte, seine Wege so, das es trotzdem weiter macht. Raub, Plündern ,Kriege, Betrug, Ausbeuten, das wird alles nun unter dem sogenannten Recht fabriziert und es werden enorme spitzfindige Formulierungen zum Beispiel in Verträgen zusammengebraut da ist das Rezept eines Vegetarischen Menüs eine absolute Simplizität dagegen. Der Weg den dieses Tierische im Menschen zur Zeit am aktivsten geht ist der Weg des Geldes und des Handels oder kaufen und verkaufen. Dort können die wildesten Wirrnisverträge aufgebaut werden und die dumpfesten Geschäftsabzockereien. Also in der Geschäftswelt braut sich zur Zeit das Megatier seine bestialischsten Schachzüge und dort kann der Betrug die Gier der Krieg weiter geführt werden. Wunderbar war in diesem Jahr zum Beispiel die Geldgiertäuschungen der Giganten Firmen in den USA , Enron und die anderen Firmen die reine Banditenunternehmen waren . Dort ist die Plünderung und das Ausbeuten der Raub im vollem Gange. Und deswegen ist die Industrie hier in diesem Schrieb diesem Reisebericht auch aufgerufen **Die Meditative Transformation der Industrie** als Notwendigkeit zu erkennen. Weil nämlich dort die mentale Feinheit und Intelligenz so weit fortgeschritten ist, das sie für die Massen der Menschen zwar immernoch als sooo wunderbare Industrien und Unternehmen gelten, aber die Tatsache ist, dort leben Raubtiere mehr nicht. Und das haben die zum Beispiel das Rockefeller Kartell und andere Wirtschaftsbankkartelle so weit gebracht das ihr Tun sogar unter Staatsschutz gekommen ist, weil, weil die so viel Geld haben und Einfluß haben durch die Beschäftigung und Bindung der anderen Raubmenschen. Und da Politiker sich vor dem Wahn verbeugen und Buckel bekommen haben also Krüppel geworden sind, sind alle politischen Systeme bloße Raubsäugetiersysteme geworden. Die unter Gesetzschutz stehen. Die Geschäftswelt ist nun eine verschleierte Form der Kampf um die Werte ihrer Raubmenschwerte nämlich. Es ist Krieg den die Geschäftswelt so sehr liebt weil es da immer gute Geschäfte gibt. Und Krieg ist Raubtiermensch oder anders formuliert Faschismus, der in allen Menschen lauert, dem Raubmenschtum. Der Krieg der Wirtschaft hat in langer Sicht aber die gleichen zerstörerischen Resultate, nämlich, Ruin für viele, Armut, Ausbeutung, Verblödung, der Besiegten die den Wirtschaftskrieg nicht gewinnen können. Und Luxus und Macht für die Sieger. Also es ist der tägliche

Kampf ums Dasein, der die Form des Handel angenommen hat die Form der Wirtschaft der Globalen. Und das ist gut sichtbar in den WTO Zielen und deren Versuche andere einfach platt zu machen. Auszubeuten. Das ist alles Raubtiermensch mehr hat die Wirtschaft nicht zu bieten ,sie ist armselig dumpf und Totalstupormaterialistisch.

Dieses Geschäftsprinzip ist nun auf der Erde zum Selbsterhaltungstrieb geworden. Es beherrscht die gesamte materielle Welt, weil ihre Einsicht einfach die Einsicht von Fleischfressern ist mehr nicht, und nicht die Einsicht von Heiligen. Und ist euch noch nicht aufgefallen wie sich nun die gesamte Geschäftswelt jedes Großunternehmen auch zu einer Bank formen will, also die wollen bloß noch Geld machen. Sie sind also Totalverblödet. Die Staaten treiben Geschäfte. Die Politischen Parteien werden als Geschäft geführt, die Gewerkschaften, die Kirchen sowieso seit eh und jeh, das gesamte Dasein ist zum An und Verkauf geworden, und wie kannst du dich verkaufen und soweiter. Ja die Glauben sogar das Leben kann gekauft und verkauft werden. **Aber Gott Klont nicht**.

Also die Politik ist Global gesehen einfach zu Megaschwach und wird es auch bleiben global. Ab und an werden mal einige wirklich kraftvolle Politiker da sein die wirklich das Beste für den Menschen wollen, aber das Grooo ist bloß Mitläufer im Geldrennen und Geldtragen wollen, geworden, und hat sehr viel Blah blah und Wunderfantasieträume. Die sich alle so ungemein wichtig anhören und natürlich von höchster Ebene kommen.

 Aber in der Physischen Welt ist alles in einer Balance und harmonischen Verfassung. Auch wenn Raubmenschen das nicht erkennen können oder wollen. Weil sie sich dann ändern müßten, jedenfalls, jeder Wert wird mit einem entsprechenden Wert bezahlt oder ausgeglichen. Und bleibt so in der Balance und Harmonie. **DESWEGEN IST DAS GESCHÄFTSPRINZIP IM REINSTEN SINNE VON EDLER UND GÖTTLICHER NATUR.**

Bloß das Wissen und wollen Raubmenschen noch nicht leben und einsehen. Und weil sie das nicht einsehen wollten haben sie nun diese gigantischen Unternehmen oder Privatunternehmen die so eine immense Menge an Geld an sich gegiert haben, das ein immer riesiger Teil der Menschheit deswegen kein Geld hat, nämlich weil diese Unternehmen so viel Geld an sich binden. Aber das kann nur passieren wo Verhältnisse vorhanden sind entweder Betrug und Täuschung wie in den großen Megapleiten der US-Unternehmen oder Machtkämpfe der Übernahmeschlachten mit Mannesmann und anderen Schlachten, oder aber wo Preise sind die nicht mit dem wirklichen Wert in Harmonie stehen. Es gibt dann dort Überpreise oder Unterpreise. In beiden Fällen ist es Überschuss und kein Blatschuss aber sowas ähnliches. Beim Überpreis geht es an den Verkäufer und beim Unterpreis an den Käufer. Jedenfalls entsteht in beiden Fällen ein Ungleichgewicht und das Geld geht in das Privatvermögen über das nun wächst, aber in der Gesamtheit der Weltwirtschaft fehlt. Es ist ja eine Strategie von Senilen Sekten und religiösen Gruppen die eine Art von Weltherrschaft anstreben indem sie wissen wie man eine Gesellschaft platt kriegen kann und in Armut bewegen kann, nämlich indem gewisse Individuen so reich werden das sie Unmengen an Geld an sich ziehen und auf ihren Konten haben, die dem Staat fehlen. Auf diese weise kann man Staaten platt machen, ergo die Bevölkerungen verarmen, und der Zwang dieser Privatpersonen kann dann seine Machtspiele in guter Rechtsstaatfaschisterei anwenden, natürlich alles im Sinne von Recht, Hohoho.

Also das Privatvermögen inklusive der Bürger und anderer Megareicher hat so viel Geld an sich gebunden das Armut entsteht, und ein Zusammenbruch trotz einiger Reicher stattfindet der auch nicht aufgehalten werden kann, weil der Glaube so eine Kraft ist die das verhindert, und so schauen diese Raubsäugetiere lieber einer Verelendung zu anstatt sich vom Geld zu trennen und es total auszugeben, denn in letzter Konsequenz muß es ausgegeben werden wenn das Leben rund für alle sein soll. Wenn das nicht gemacht wird, dann wird das Vermögen nämlich, enorm wertlos werden, weil ja viel zu viele andere keine Werte kaufen können, bis auf wenige in Anbetracht der Massen von Menschen. Also Privatvermögen ist in Wahrheit Ignoranzverhalten von Raubsäugetiermenschen die noch keine Erfahrung haben mit dem Umgang der Wahrheit und dem Weg und dem Licht und Liebe.

Sie haben kein Urvertrauen in das Dasein und Glauben, es sei alles bloß ein Zufall, eben typische Raubtierlogik. Und da sind ja auch die Zeichen der Geldsenilen, Banken und anderen Unternehmen die noch Banken werden wollen, sie entlassen Menschen weil die was kosten, die Menschen sind also für diese Raubmenschunternehmen bloß ein notweniges Übel geworden. Das sind dann also Ausgaben die diese Unternehmen haben, mit ihren Primitiven Raubtierverstand und ihrer ungemein beschränkten Logik der Logik der Ignoranz, die ja wie alle anderen Ausgaben so niedrig wie nur möglich, wenn möglich sogar umsonst zu bekommen sind ,oder sogar das andere dafür noch bezahlen. Damit wird die Gesellschaft ärmer gemacht und zwar Weltweit. Es sind also diese Privatunternehmen und Wirtschaftsunternehmen die das Geld an sich binden, aber auch die Bürger, die das Geld mehr lieben als sich selber und von gigantischer Einfältigkeit geplagt sind, das sie es nichtmal wissen das sie es sind

die so überblöde sind. Obwohl die sogar an Universitäten den Kram studieren und Doktortitel dafür haben, so Megaverblödet sind die Traditionalisten des Geldmachens global schon immer gewesen. Und wollen euch und alle aber auch so machen. Und bald seid ihr das auch. Das Resultat ist Vergrößerung der Armut global. Aber da die Politiker wirkliche Raubtiere geblieben sind die Angst vor dem Kapital haben und auch keine spirituelle Erfahrung ihrer selbst haben, können sie auch nicht sagen **ich bin das Licht der Welt und ich und der Vater sind eins**. Das heißt Ich und Gott sind ein und dasselbe.
DESWEGEN SIND DIE RAUBTIERE AM GEWINNEN UND DIE MENSCHEN ZUR ZEIT AM VERLIEREN .

Die Wirkungen dieses Geldes oder der Geldmacht ist so, das die Menschliche Gesellschaft sich dadurch selbst den Ast absägt auf dem sie sitzt. Auch diese Immense bekloppte Gier der Unternehmer, aber auch des Staatswirrnisdumpfb ackenignoranzwahns, ist, das zum Beispiel die Sucht nach Geld das eine totale Glaubensignoranz ist und eine totale Verhinderung der Spirituellen Freiheit und damit Schöpferischen Explosionen zur folge hat, diese Glaubenssucht nach Geld, macht dann das Beamtentum und den ganzen Apparat zu Geldeintreibern in noch höherem Maße, nun wird versucht aus allen möglichen Richtungen ans Geld zu kommen, alles im Namen des Rechts sozusagen, aber in Wahrheit ist es Ausbeutung und Überfall und Betrug, damit ihre immensen Ängste der Geldlosigkeit beruhigt werden, und auch die Firmen, wollen immer weniger Steuern zahlen, und weniger Arbeitskosten, um sich noch mehr zu bereichern, und so sind diese Gruppen in einem Totalen Geldwahnsinn gefangen. Der wohlbemerkt von den Zentralbanken gesteuert wird, denn die Drucken Geld aus dem Nichts, und nehmen dann dafür Zinsen, das ist deren Stupides Glaubenssystem. Und da Leidet ihren deren stupides Glaubenssystem, und die lassen euch Leiden bis zum Tode, also seid Wachsam auf was für ein verdammt idiotisches Raubtier ihr euch da eingelassen habt mit den Bankern und deren Glaubensreligion ans Geld. Ihr werdet nämlich genauso blöde wie die es schon sind. Und so muß Zwangsweise eine total Polarisierung entstehen, nämlich von denen die das Geld an sich gerissen haben und daran Glauben an dieses Raubtierverhalten und das sogar per Brief als Recht im Gesetz haben, und von denen die kein Geld haben und der materiellen Armut zugehören. Und das wird im gesteigerten Maße dann auch die Entscheidung für den Satan das Diabolische das Tier, oder die Entscheidung für das Göttliche und die Liebe.
So diese Geldmacht heutzutage ist das Tier , mehr nicht, die Gier, die Ausbeutung.

Natürlich sind diejenigen die nichts haben bei weitem in der Überzahl. Aber diese Geldmacht, die daran Glaubt das nur mit Geld, also Gier, etwas zu machen ist, also ein Totalprimitivgesellschaft aufbaut, sie ist die Macht heutzutage die den Staat repräsentiert und dessen Ziele. Da wißt ihr also was euch erwarten wird. Dumpfheit vom höchsten Niveau. Beklopptheit von höchster Ebene. Da ja nun diese Geldmacht auch die Preise bestimmt, und auch die Löhne wird das natürlich immer so kalkuliert das die Geldmacht weitere hohe Profite machen wird, und die Armutspirale wird noch größer werden. Und die Menschen können zum Minipreis gekauft werden und wieder verschleudert werden so wie die Primitive amerikanische Mentalität das als Great und OK präsentiert. So Demokratien werden mit der Zeit zu offenen Gierokratien und Blödokratien wenn nicht darauf geachtet wird, das Geld in Wahrheit Illusion und ein Glaubensbekenntnis ist, das verblödend auf die Schöpferische Freiheit wirkt und aber auch eine Totale Armut der Massen unweigerlich zum Ziel hat. Also alles was in einer Gesellschaft als Luxus Reichtum und dergleichen betrachtet wird ist in Wahrheit der Untergang von Zivilisationen die bis zum Erbrechen ausbeuten und zwar die Menschheit, bloß wegen ihrer Ignoranz und ihren dumpfen Glauben genauso wie die mittelalterlichen Kirchenidioten mit ihrem Glaubenssystemen, die, die Menschen abmurksten, deswegen, heute ist das genau das Gleiche, abgemurkst wird nun indem das Geld weggenommen wird, und andere dafür keines haben. Dieser Irrglaube muß vernichtet werden. **Was also sterben muss ist das Geldsystem.** Die Vollidioten Banker und deren Machtkartelle des diabolischen Glaubens an die Ausbeutung der Menschen und dem damit verbundenen Raubmenschmachtwahn. Es kann gut beobachtet werden wie die gegenwärtigen demokratischen Systeme am Sterben sind, sie bäumen sich auf und wollen noch mehr Ausbeuten und hoffen auf Ausbeutung von den Staaten die noch nicht Demokratisch sind und es werden wollen damit sie ihre Seuchen dort einpflanzen können, jene ,die, die Geldmacht repräsentieren. Und da die Menschen die auf die Welt kommen sozusagen als Sklaven auf die Welt kommen, denn diese demokratischen Gesellschaften sind ja verteilt mit den Unternehmen und Banken und Systemen, und die Reichen haben das sagen, so kommen also alle diejenigen zur Welt als Sklaven die nicht diesen Reichtum der Armseligkeiten aufgebaut haben und auch nicht aufbauen werden, denn sie werden in Wahrheit bloß als Arbeitssklaven gehalten, und die Entscheidungen werden alle weit, weit, weit über ihren Köpfen gemacht wo die Politiker bloße Geldarschlöcher geworden sind, und deswegen auch weg von der Politik und hin zum TotalArbeitstum das in der Weltindustrie schon vereint ist, UND, das schöne daran ist ja wenn ihr das erstmal erkannt habt, das ihr, die Armen und Nichtshaber die Berufe und Gehaltsempfänger deren Gehalt je nach Lust und Launen manipuliert werden kann, denn wo wird wohl das Geld sein das einmal da war, jemand muß es ja haben. Das ihr die Berufsarbeiter, wenn ihr konsequent seid, eine Vollbeschäftigung haben könnt wo jeder seinen Teil zum Wohlstand beiträgt, nämlich ohne Geld. Und nochmal, es wird nie mehr Vollbeschäftigung geben , es wird aber immer mehr und mehr Arbeitslose geben, weil die Geldmacht ja alle, alle, alle Kosten nicht haben will, sie will nur das Geld haben. Also warum gebt ihr denen nicht das Geld sollen sie es doch behalten, und ihr macht eine Wirtschaft auf die ohne Geld besser lebt als eine Wirtschaft mit Geld die nämlich das Ziel hat Macht über euch auszuüben. Welchen Lernprozess wollt ihr gehen welchen Leidensweg. Da ich euch aber kenne werdet ihr da ihr noch dem Ignoranzprinzip angehört den Leidensweg eurer Dummheit gehen den Weg des Glaubens ans Geld, und damit ist ein totaler Untergang eurer Freiheit klar, ihr werdet, weiterhin mehr Armut Kriege und Verblödung aufbauen anstatt das entgegengesetzte. Weil es in der Natur dieses Glaubens liegt dem Glauben an das Geld. Also die Ursache dieses Dilemmas liegt einfach darin das ihr noch Tiere seid, mehr nicht, ihr seid noch keine Menschen, habt aber schon Anzüge und Villen und Flugzeuge und so weiter, ihr seid einfach noch keine geistigen Wesen ihr seid bloß materialistische also ungeistige Wesen. Also muß gewartet werden bis ihr so weit seid und eure Lektionen gelernt habt. Ok, ich kann warten. Aber es könnte viel einfacher für euch alle sein viel, viel einfacher, denn die Weltgemeinschaft wird in letzter Konsequenz sowieso nur ohne Geld funktionieren , weil nur dann alle wenig Arbeiten brauchen aber immenser Wohlstand entwickelt wird, nämlich deswegen weil ihr dann nicht mehr eure Glaubensbarriere haben werdet, die Entwicklung nur dann machbar macht wenn Geld vorhanden ist, ein Glaube der sagenhaften Überdimensionalen Galaktischen Totalbekopptheit.

Denn ohne Geld werden so viele Entwicklungen und Möglichkeiten verwirklicht werden können , warum wohl, weißt du nicht, ok, ich sage es dir, weil all diese Kraft schon jetzt vorhanden ist, nämlich das Geld kann garnichts das Gold auch nicht, ich gebe jeden von euch eine Tonne Gold und ein Zentner Geld, und dann sage dem Geld mal das es die Straße bauen soll den Wagen fahren und die Suppe kochen soll. Alles aber auch alles wird jetzt schon in Wahrheit ohne Geld gemacht, erkennt ihr das denn nicht, das alles Geldlos ist. Aber ihr seid so Hypnotisiert worden von den Geldkartellen der Selbstverblödungen, das ihr tatsächlich euch Sorgen macht und wie verrückte herumsucht Geld zu bekommen weil ihr ja sonst nix Tun könnt, sagenhaft wie blöde ihr geworden seit. Sagenhhaft. Gigantisch.

Und die gesamte Arbeitspower die Intelligenz und das Wissen die Weisheit das ist alles da , kann aber nur aktiviert werden wenn Geld da ist, seht ihr denn nicht wie ihr verblödet werdet, zu Idioten werdet. Seht ihr das denn nicht.

So das war's erstmal zu diesem Thema Geld.

Das Thema Macht anstatt Recht ist natürlich sehr eng damit verbunden. Und da Firmen und Verbände und deren Lobbyisten und anderen Organisationen, aber bloß die Machtfrage interessiert, damit sie ihre Ziele erreichen können, und zwar

gegen die Interessen der Allgemeinheit, die aber keine Lobby hat, sondern bloß blöde wählen darf, ist hier immer Macht vor Recht im Spiel und damit wird diese Macht ganz einfach zum Thema Sünde oder Diabolisch oder Satanisch oder zerstörerisch oder Negativ. Aber die Politiker die Regierung ist einfach zu schwach sich gegen die Interessenverbände durchzusetzen, zumal da Kräfte am Toben sind, die wie die Pharmakartelle immense Gelder und Einfluß und soweiter hat, an das dann diese Politiker noch glauben, und nicht an ihre Aufgabe. So wird ein Staat eine Nation eine Verbände und Lobbyanstalt die immer gegen die Schönheit und die Liebe regiert wird. Und da der Politiker wie gesagt bloß ein

Raubmensch geblieben ist, mit all seinen Ignoranten Voreingenommenheiten, auch gegen die Bevölkerung, die Politiker ja bloß für Bürger halten, nämlich Bürgen für Ihre Selbstbedienung, so ist gut sichtbar was diese ganzen Sekten der Verbände, der Lobby und der Politischen Sekten, in Wahrheit von denen halten, die dieser Saubande von Menschen überhaupt erst das Geld geben damit sie ihren immensen Blödsinn und ihre Bekloppheiten im Selbstbedienungsverfahren tun können. Und so werden Staaten zu Unrechtstaaten, anstatt Rechtsstaaten, aus Schwäche und Blödheit vor sogenannten, Firmen und deren Einfluß, und Geld. Und da wie schon erwähnt die politische Schwäche zu groß ist weil der Mensch dort keine Weiterentwicklung gemacht hat sondern bloß selber Ottonormalo geblieben ist ,mehr nicht, wird aus Demokratien Blödokratien ganz im Sinne der Weltwirtschaftsbosse und im Sinne der Lobby und den Verbänden, denn ihr sollt ja bloß dafür da sein um abgezockt zu werden.

Und Verantwortung haben diese Lobbyistenverbände und Wirtschaftsverbände ja garnicht. Laßt euch bloß nicht für blöde verkaufen von diesem Werbeslogan der **Selbstverpflichtung der Industrien** die sind sich nur zu einem verpflichtet nämlich ihre Geschäfte zu machen und das sie Gewinne haben. Wenn die Wirtschaftsverbände davon Quasseln das sie Selbstverantwortung haben, dann ist das alles total Täuschung , denn Raubmenschen kennen keine Selbstverpflichtung für eine Gemeinschaft oder für die Gesellschaft oder sogar Menschheit. Firmen haben nur ein Interesse nämlich ihr eigenes Interesse noch mehr durchzusetzen. Es gab mal eine Aussagen von Richard von Weizsäcker die besagte:" Verhandlungsdemokratie ist eine Art Elitekommunikation der Mächtigen." Es ist wunderbar zu sehen das er damit selber den Raubtierstaat beschreibt, und das Raubtierwesen der Industrien, denn er sagt" der Mächtigen," die Mächtigen sind aber immer jene die Macht vor Recht leben und auch durchsetzen wollen, was eine 100% Tierische Eigenschaft ist, denn auch da ist Macht das Recht. Auch dort ist bloß jeder selbst sein Nächster. Auch im Tierreich gibt es kein anderes Schutzprinzip als die Macht des Stärkeren. Denn im Tierischen Selbsterhaltungstrieb gibt es keinen Rechtsbegriff. Da gibt es nur die Macht des stärkeren. Und wo weiterhin Macht als Recht dargestellt wird, da ist noch nicht viel erreicht. Es muß also die Macht und das Recht eine Einheit werden. Und diese Einheit ist ja in Wahrheit schon da, In der Globalen Weltwirtschaft und den EU Wirtschaftsverbund und den anderen Wirtschaftsverbänden die In Asien gegründet wurden und Afrika und Südamerika. Und auf dem Weg der Menschwerdung, vom Tier, also von der Macht zum Menschen, ist der Weg über das Recht und die Vereinigung mit der Macht der Schritt. Und deswegen sage ich das die Politik abgelegt werden kann, und die Industrien die Wirtschaft eine Meditative Transformation aufbauen kann, soll, müßte, würde, damit aus dem Machttier ein Mensch wird, durch die Transformationszentren, denn die Beschleunigung der Ereignisse Global sind enorm, und der Tierische Teil bleibt einfach zu sehr als Blockadehaltung an alten Traditionen festkleben, die sich hartnäckig weigern sich zu ändern, und mit Ihren Lobbyarbeiten und Verbänden und alten Rechten die Machtrechte waren und sind, der Gesamtheit der Menschen schaden.

Nochmal, der Fressluxus der Selbstverblödung des US Volkes zum Beispiel ist ein Erfolg der auf die Ausbeutung von anderen und anderes beruht. Das sogenannte höchste materielle Glück das von dort immer vorgedudelt wird und auch in anderen Gruppen nachgelabert wird, der Reichtum der Luxus der ist aber auch ohne Ausnahme auf Kosten anderer entstanden, das heiß dieses sogenannte Glück und Wohlstand ist aber bloß auf der Armut und Not und Misere von anderen Menschen entstanden. Das kann nicht gut gehen. Und das zeigt diese demokratischen Gesellschaftsordnungen ziemlich wirre irre Vorlaberordnungen sind, die zur Selbstverblödung führen, insbesondere wenn erkannt wird, das diese in diesen Staaten lebenden Menschen wie der Fisch im Wasser, immer das Gleiche vorgelabert bekommen und garnicht mehr merken was sie da überhaupt vorhaben und machen und für wen sie überhaupt tätig sind, nämlich für die Ausbeutung anderer, schwächerer in ihren Augen dümmere unintelligentere. Und was dann Intelligenz ist das bestimmen dann auch diese Zoodemokratien aus ihren eigene Abgasen und Sümpfen, ergo, Verblödung ist das Resultat. Unfreiheit ist das Resultat. Große Firmen sind keine wahrhaftige Intelligenz große Verbände sind keine wahrhaftige Intelligenz, große Gruppen sind keine wahrhaftige Intelligenz. Und so verkommen jene die auf dem Weg waren sich von Tier zum Menschen zu bewegen in einer echten Rechtsgemeinschaft wieder zum Tier, weil die Geldmafia die Geldmächtigen selber bloß Tiere geblieben sind. Natürlich ist schon viel gemacht worden, und vieles ist viel besser als früher, die EU ist eine offene Landschaft ohne Grenzen und mit einer Hauptwährung für viele geworden, das ist schon Vereinfachung. Und auch die ganzen Gruppen die gegen das Unrecht kämpfen seien es politische und wirschaftliche und andere Gruppen die Unrecht auf der Erde zeigen und den Wahnsinn anprangern sei es in der Wirtschaft den Kartellen und der Politik, aber zur Zeit ist der Geldzwang und diese Folgen dieser Wirtschaften und deren Geldgeber stark sichtbar und es wird erkannt das hier in Wahrheit gigantisches Unrecht gelebt wird von den Weltverbänden der Wirtschaften und deren Befürworter. Denn eines ist ganz klar, der Mensch der zuvor diese Organisationen gegründet hatte der war kein Heiliger oder Nichtraubmensch er war Raubmensch und aus Raubmenschen können noch keine Menschheitsliebenden Organisationen entstehen, das ist Unmöglich und total Unlogisch und Unwahr. Deswegen sind alle diese Kartelle der Petrochemischen Industrie der Rockefeller und IG Farben Kartelle und alle anderen Kartelle allesamt Unrechtsgemeinschaften und Ausbeutgemeinschaften die skrupellos ihre nun bekommen Positionen, ausnutzen egal was es kostet, egal wieviel Gift in euch gekippt wird egal , sie wollen ihren alten Raubsäugetierwahnsinn beibehalten. So die sind einfach Blöde mehr ist dazu nicht zu sagen für die heutige Zeit mit all ihren Gigantischen Gebäuden und Banken die sie haben und auf das sich die westlichen Gesellschaften aufbauen, trotzdem sie sind Megablöde geblieben und schrullige dumpfe lächelnde Leichen Und diese Leichenindustrien denn das schaffen sie wunderbar und bekommen dafür viel Geld von euch und vom Staat über Subventionen, die sind dabei Unter zu gehen, wenn ihr wachsam werdet und wachsam bleibt. Denn diese primitiv Industrien und Primitivweisheiten dieser Raubmenschenmilliardäre, ist nun zu einem Totalschaden für die Erde und die Menschheit geworden. Da sie nur Lug Betrug und Ausbeuten kennen um ihre falschen üblen Produkte koste es was es wolle unter die Menschheit zu bringen,

„Gott klont nicht und wird es auch nie tun wollen bloß blöde klonen.”
Wer Klont baut Ignoranz auf, seine eigene Ignoranz.

Die Untauglichkeit der Weltreligionen für die ganze Welt gehört zum erkennen.

Die Vereinigung der Menschheit unter eine Religion wird kommen. Die Vereinigung der Menschheit in der Wirtschaft ist schon Fakt sie braucht bloß noch weiter Organisiert werden. **Dazu sind die Regenbogen Transformationszentren auch da**. Heute, da die Erde in ruhe betrachtet werden kann, mit ihren Völkern und Religionen und dem daraus entstehenden Formen der Nächstenliebe, ist gut sichtbar das die Religionen keine einheitliche Erfahrungen haben und doch wesentlich andere Wege gehen und sich letztendlich scharf voneinander Abgrenzen. Und auch wenn der Papst die Worte laufen ließ in der Annäherung der Religionen, so wird es trotzdem keine Vereinheitlichung der Religionen zu einer Weltreligion geben, da diese Religionen insbesondere in den unterschiedlichen Erdteilen sehr spezifisch auf die jeweiligen Völker ausgerichtet waren, und dem Entwicklungsschub den sie brauchten, und das Licht brachten die jeweiligen Heiligen oder Söhne Gottes oder Erwachten, und soweiter, oder Propheten. So Religionen wie sie zur Zeit sind , sind Relikte von Menschen die das zu der damaligen Zeit brauchten, aber heutzutage und in der Zukunft braucht der Weltmensch eine andere Religion, da er ja selber schon wesentlich Intelligenter geworden ist viel besser denken kann und die Zusammenhänge erkennt aber auch selbständiger Denkt und wenn schon an Gott bloß noch direkt Kontakt zu Gott hat und keine alten Religionsvermittler oder Zwischenhändler mehr brauchen wird. Wie es die Priester und alle anderen Zwischenhändler aller Religionen waren, in ihren Geschäft. So es wird eine neue Religion entstehen. Eine neue Verbindung das soll ja Religio bedeuten, das haben sie sich so Erfantasiert mit dem Begriff Religio. Da Arbeit in Wahrheit Religion ist, nämlich die Verbindung mit dem Göttlichen Schöpfung und Kreativakt. Der Mensch ist sozusagen, der verlängerte Arm Gottes in der Schöpfung. Und aus diesen alten Religionen und der Weltindustrie wird eine neue Weltreligion entstehen. Eine Religion muß für alle Menschen inspirierend sein sowohl für den Edelpenner als auch für den Gelehrten oder den Künstlerischen Wissenschaftler oder die gutherzige Oma die unter dem Blühenden Apfelbau sitzt und milde lächelt. Sie muß alle Völker zufriedenstellen und alle wichtigen Fragen in Bezug zum Leben und Tod beantworten könne. Und sie muß auch Wege zeigen wie der Mensch selber seinen Tod Transzendieren kann, das heißt, ihn im voraus wenn er will durchleben und wieder zurückkommen und vieles mehr. Sie darf nicht mehr nationale Identitäten verkörpern, sie muß International sein. Rund und weit wie das Universum. Sie muß jede nur denkbare Möglichkeit für eine freie Entwicklung darstellen. Sie muß deswegen Universell sein, kosmisch, alles mit einbeziehen. Keine Dog- Mas. All das wird auf die Weltwirtschaft zukommen in der die Menschheit vereinigst sein wird, und schon ist. Die Weltwirtschaft wird dann selber keine Weltwirtschaft mehr sein, sie wird eine Weltwirtschaftsreligion sein, eine Universalweltwirtschaftreligion. Oder eine Universalreligionswissenschaftswirtschaft. Dazu sind die Regenbogen Transformationszentren ein Bescheidener Anfang im 7 Sterne Komplex der aufgebaut wird von der Weltwirtschaft. Die Universalweltwirtschaftsreligion sie muß selber die Wahrheit sein. Sie muß eine vereinende Power Kraft sein. Sie wird Selbstlosigkeit leben und weiterentwickeln. Sie wird die beste Basis für die Erfüllung des Wunsches der Menschheit nach einem dauernden Frieden sein. Es wird dort also eine Weltrealität eine Universalrealitat gelebt werden die für alle Menschen total gleich sein wird und von allen erkannt werden wird, als die Wahrheit der Weg und die Liebe. Das kann kein Kunstgebäude sein kein Kunstreligion oder Kunstrealität egal wie, sie muß echtes Leben sein denn nur echtes Leben ist Religion, kein Kunstprodukt oder Synthetikscheiss. Keine

Dogmen keine Fabeln keine Märchen keine Vermutungen, oder Theo-rien, oder anderen Arten von Spekulationen oder sogar Glaubensrichtlinien Festlegung wie im Katholizisschmuuus. Sie lebt von den wirklichen Erfahrungen der Menschheit global ‚und für sie. Und vor allem am wichtigsten, es wird keine Religion sein die auf Glauben an die Gottheit aufgebaut wird, sondern auf die Erfahrung der Gottheit, die jeder selber erfahren kann wenn er dafür bereit ist. Und wenn seine Zeit dafür gekommen ist. Ja, Ja, Ja, ja. Denn in diesem Erleben deiner selbst und der höchsten Gottheit liegt all das was gebraucht ist um alles an allem aber auch minderwertigem egal in welchen Bereichen und noch mehr ‚zu beseitigen, und für immer in Harmonie und Glückseligkeit katapultieren. Sehr ausführlich beschreibt Martinus seine Erfahrung dieser Art und die dazugehörigen geistigen Fähigkeiten die dann freigesetzt werden ‚ nach dieser kosmischen Taufe wie er es nennt. Sein Buch unter ISBN-87-575-0821-6, plus alle anderen Bücher. Und in dieser Weltwirtschaftsreligion oder Weltkunstreligion, denn Arbeit ist Kunst, wird absolutes Wissen zum Vorschein kommen das zu einer absoluten Weltwirtschaftswissenschaft führen wird. Also eine Tatsachenreligion. Zur Zeit arbeiten ja schon alle Völker daran die Weltmenschengemeinschaft zu einem gemeinschaftlichen Reich zu führen. Hier ist nochmal was Martinus zu dieser Situation schreibt :

Nach höheren Zielen zu streben, bedeutet stets dasselbe wie Hindernisse zu überwinden, und so haben die Erdenmenschen denn auch verschiedenen Hindernisse zu überwinden, bevor ihr Gesetzes und Rechtswesen zu einer höheren Form kommen wird als der, die wir nun als Staatsgewalt kennen. Die Hindernisse sind also die Resultate des in den Erdenmenschen noch vorkommenden tierischen Selbsterhaltungstriebs, der eben auf Selbstsucht oder Eigenliebe beruht, was ja das Entgegengesetzte der Basis der Staatsgewalt der Allliebe oder Selbstlosigkeit ist. Von diesen zwei Formen von Energie, der Selbstlosigkeit und der Selbstsucht, macht die letztere den bei weitem überwiegenden Teil des Bewußtseinsmaterials der Wesen aus. Im täglichen Dasein wirkt sich dies in allem aus, was unter dem Begriff „ Privatinteresse" fällt, während die Selbstlosigkeit sich in allem zeigt, was unter „ Gemeinschaftsinteresse" gehört. Das Privatinteresse repräsentiert also die Reste des tierischen Selbsterhaltungstriebs oder des Begriffs „jeder ist sich selbst am nächsten" während dagegen das Gemeinschaftsinteresse das beginnende menschliche Bewußtsein in den Wesen ausmacht, oder dies "lieber zu geben als zu nehmen" um diese zwei Faktoren dreht sich das ganze menschliche Bewußtsein. Da das Privatinteresse noch als der größte Faktor im Bewußtsein des einzelnen Erdenmenschen hervortritt, ist dieser Faktor auch der größte und nach außen hin am meisten hervortretende. Und wir finden ihn deshalb als die tragende Grundlage der Realität wieder, die wir früher unter dem Begriff der „Geldmacht" behandelt haben, welche die größte materielle Macht innerhalb der erdenmenschlichen Gesellschaft ausmacht. So wie diese zwei Faktoren, Selbstsucht und Selbstlosigkeit, im Bewußtsein des einzelnen Erdenmenschen als das sogenannte „Böse" und das sogenannte „Gute" zu bezeichnen sind, so sind auch diese zwei Faktoren die Grundlage für eine ähnliche Spaltung im gesamten Bewußtseinsleben der erdenmenschlichen Gesellschaft selbst. Und hier sind die Resultate der Selbstsucht oder der Geldmacht „das Böse" und die der Selbstlosigkeit oder der Staatsgewalt „das Gute". Wenn wir sehen, was diese zwei Realitäten für die gesamte Erdenmenschheit bedeuten, bekommen wir auch diese Analyse mühelos bestätigt. Die Selbstsucht in Form der Geldmacht bedeuten somit für die Gesellschaft: Truste, Überpreise für alle Bedarfsgüter, Armut, Not, und Elend, die wieder, wie schon genannt, Haß, Revolution, Krieg, Verletzung, und Krankheiten nach sich ziehen. Selbstlosigkeit in Form der Staatsgewalt bedeuten dagegen für die Gesellschaft: Entwicklung von Gesetz und Recht für jeden Bürger, kostenlosen Unterricht, Schulen, Krankenhäuser, Hilfe für unbemittelte, kranke und alte Menschen. Entwicklung des Schutzes gegen Räuberei, Plünderung und unverschämte Gewinne auf Waren. Errichtung des Polizeiwesens, Verkehrsanlagen, Parkanlagen, Museen, usw. Und die gemeinnützigen Maßnahmen seitens der Staatsgewalt nehmen ständig zu.

Das hier genannte bedeutet natürlich nicht , daß alle Repräsentanten der Geldmacht als „Verbrecher" zu stempeln sind, und daß alle Repräsentanten der Staatsgewalt „Heilige" sind, im Gegenteil. Es gibt ja viele edle Menschen unter den Vermögensbesitzern, wie auch viele Wesen unter der Ausübenden der Staatsgewalt sein können, die unedel sind. Aber das ändert nicht die eingeschlagene Entwicklungsrichtung des Gesellschaftssystems, in der die Staatsgewalt in der Entwicklung ist und die Geldmacht degeneriert.

OK; das waren einige Sätze von Martinus aus seinem Buch: Das Dritte Testament.

So, diese „Geldmacht" von der ja sehr viele reden, und wissen, das damit betrug verbunden ist und „Ungerechtigkeiten die mehr als Himmelhoch Stinken". Aber Frage „ Wenn die „Geldmacht" also das Falsche in Wahrheit Betrug und Ausbeutung ist, ist dann der Betrug an dem Betrug, Betrug. Nein. Und weiter, wenn durch die Geldmacht, Menschen und die Menschheit verschuldet und versklavt werden, hat der Mensch dann eine moralische Verpflichtung diese sogenannten schulden zurückzuzahlen. Nein. Denn, die Geldmacht, ist sich dessen selber Bewußt das Geldmacht und dazu kommen, Betrug ist und sogar nur mit Betrug erreicht werden kann. Und vieles, vieles mehr. Denn ich will hier garnicht weiter darauf eingehen, sondern bloß andeuten. Sonst schreibe ich bloß zu jedem Wort 5 Bücher. Da aber das Recht und die Rechtsprechung unter dem Einfluß des Denkens der Geldmacht steht, ist auch die Rechtsprechung und das recht kein recht, sondern Geldmachtrecht und somit inakzeptabel und ohne jeglichen wert. Das bedeutet ich brauche mich nicht daran zu halten weil es für die allgemein Menschliche Glücklichkeit ein Recht ist, das Unglücklich und macht, und versklavt. Ich höre erstmal mit diesem Thema hier auf, und mache stattdessen weiter mit folgendem :

Im globalen Wirtschaftsleben, wird also Armee und Volksenge nicht vorhanden sein. Aber Menschlichkeit und Schöpferische Kreative Gottesarbeit die zum wohl der Allgemeinheit der Menschen global in Freude tätig ist und in Liebe, ohne jeglichen Megaverrückten Zeitdruck der Konkurrenzen und des Geldmangels und der Angst nicht genug zu haben oder genug zu bekommen. Es wird Überfluß für jeden Menschen auf der Erde sein. Denn . **Dieser Überfluss ist in Wahrheit schon immer dagewesen und wird bloß aufgrund des falschen Glaubens an das Geld und die damit verbundene Übermegaignoranz das kreative schöpferische wohltuenden Arbeit nur möglich ist und gemacht werden kann wenn Geld da ist nicht erreicht und soll auch nicht erreicht werden, weil diejenigen die das Geld kontrollieren, das so wollen, sie wollen Macht über die Massen der Menschen, seid euch dessen total bewusst, das ist ganz wichtig.**

Hier sind einige wenige Passagen aus Machtgierwahnsinnigen Fantasien:

Die Kontrolle des Geldes.

Die Kontrolle der Nationen wird durch die Errichtung riesiger privater Monopole, als Behälter gewaltiger Reichtümer, von denen alle anders Denkenden abhängig sein werden erreicht.

Damit werden sie zugrunde gehen müssen, zusammen mit dem Kredit der Staaten, am Tage nach dem politischen Zusammenbruch.

Wirtschaftskrisen zur Schädigung gegnerischer Staaten, durch zurückziehen des Geldes aus dem Umlauf. Durch die Anhäufung großer privater Kapitalien, die dadurch dem Staate entzogen sind, wird dieser Staat gezwungen sein, die selben Kapitalien als Anleihen von uns zu entnehmen. Die Anleihen belasten die Staaten mit Zinsen und machen sie zu willenlosen Sklaven. Anstatt zeitgemäße Steuern von Volke abzuverlangen, werden sie zu unseren Bankherren kommen und betteln. Fremde Anleihen sind Blutegel und es gibt keine Möglichkeit, sie vom Staatskörper wieder zu entfernen, bis sie entweder von selbst abfallen oder der Staat sie abschüttelt. Aber die Staaten schütteln sie nicht ab, sondern legen sich immer neuere zu und müssen daher unweigerlich daran zu Grunde gehen.

Durch die Staatsverschuldungen werden die Staatsmänner bestechlich werden und dadurch noch mehr in unsere Kontrolle fallen.

Das ist aus den Protokollen der Weisen von Zion. Das sind alles verrückte nationalistische bekloppte Fantasien der Macht gegen andere und des Üblen der Geldmacht. Es sind Minderwertigkeitsmonopole die dort niedergeschrieben werden die eine unbeschreibliche Last des Wahn-Sinns übertragen, wer sich auf sowas Dummes einlassen würde.

Aber es gibt noch viel, viel mehr an Themen wie diese Raubtiere sich die Macht über Menschen vorgestellt haben, und ihren Wahn-Gott, den Alttestamentarischen JEHOVABEKLOPPTEN Überarschloch Fanatiker und Menschenhasser den die anbeten, auf so eine üble Art huldigen. Das muß man sich mal vorstellen, **ALLE ANDEREN VÖLKER SOLLEN VERSKLAVT WERDEN** , das ist deren Gottesziel. Fanatiker und Terroristen und Banditen und Hilflose verlorene Psychopathen sind das geblieben.

Mensch ist Jesus , gegenüber den AlttestamentRaubtieren, ein blühender strahlender Diamant der Liebe und Entspanntheit.

EIN Hopp Hipp Hippy Hurrah für JESUS.
EIN Hopp Hipp Happy Hurrah für Dich
Ein Hoppy Hippo Happen Hurra für Mich
GOTT KLONT NICHT

Denn das ist was all diese Organisationen und Religionsfanatiker basierend auf dem Unrechtsglauben ihres Blutes und der Rasse wollen, KLONEN, indem sie nämlich alle anderen genauso Blöde und bestialisch sehen wollen wie sie es selber noch sind. Auch das ist KLONEN.

Das ist also noch völkisch und tiefste Provinz in ihren Köpfen und Herzen die aus synthetischen Aberglaube und giftigem Geld sind. Und aus diesem Stoff sind die Petrochemischen Pharmazeutischen Kartelle entstanden, weil die es einfach noch nicht besser konnten. Das waren Totalverblödung Vollblut Raubtiere mit der Möglichkeit des Göttlichen Menschen, weil sie schon einen groben menschlichen Anzug trugen, den einfachen aber sehr, sehr fantastischen Menschlichen Körper.

Und diese Provinz ist in den Köpfen der Politiker und Wirtschaftsbosse und deren Geldgeber der Banker immernoch am blühen. Denn wer hat all diese Gifte und Armeen die auch Gifte sind aufgebaut, die Geldmacht, die Wirtschaftsbosse und die Politiker und diejenigen die von sich denken und glauben sie seien das Volk. Aber wer heutzutage noch denkt und glaubt WIR SIND DAS VOLK , der ist ganz schön benebelt. Alleine schon der Tierspruch : ALLE MACHT GEHT VOM VOLKE AUS ! der ist ganz schön daneben, weil, weil es da immernoch um Macht geht, und nicht um Recht oder Wahrheit oder Liebe. Und wenn es um Macht geht, geht es also um Unrecht und Banditentum und Bekloppheiten des feinsten Niveaus. Da ist man wieder bei Macht vor Recht, wie im Tierreich der Zoogarnituren im WohnzimmerAmt.

Aber damit zeigt sich wunderbar wo ein sogenanntes Volk noch steht, bei Macht. Aber, das muß hinter einem gelassen werden, damit die Liebe kommen kann, damit die Angstlosigkeit kommen kann, damit Zuversicht und Geldlosigkeit kommen kann, damit eure Freude wieder kommen kann, damit die innere Freiheit sich ausdehnen kann, und nicht in der Enge der sogenannten Tierischen Macht bleibt. Genauso ist es mit der Bezeichnung" die Staatsgewalt" oder „die Staatsmacht." Das sind alles Selbstbetitelungen der Tierischen Ingnoranzbewusstheit. Das ist Unwach und Armselig. So der Raubmenschspruch:

ALLE MACHT GEHT VOM VOLKE AUS
könnte heißen
ALLES RECHT UND LIEBE GEHT VON DER MENSCHHEIT AUS
oder
ALLE LIEBE GEHT VOM VOLKE AUS
Und nun weiter mit dieser Reise und dem Reisebericht.

Die Industrie selber sieht ja in der Politik kein moralisches Heiligtum. Im Gegenteil, da wird gut geölt, geschmiert, gehurt, gevögelt, gelogen, manipuliert, ausgetrickst und betrogen, daß den lieben Arbeitern die Haare zu berge stehen würden, wenn sie wüßten, was ihre Chefs und Cheffinnen alles so im geschäftlichen auf die Couch legen und für und mit wem sie sich beschäftigen. Sie sieht in der Politik auch kein ethisches Ideal, das sie selbst erreichen will. Die Wahrheit ist, die Industrie hat selbst ein viel höheres Niveau als die Politik, die Weltpolitik zusammengenommen sogar. Denn es waren immer Einzelne, die in der Industrie auf Dunkelheit aus sind und Machtgier versteckt als Menschheitshilfe Geschein- Heiligt haben. Doch in der Politik wurde im Namen des blöden Volkes schon immer ganze Massenmorde und Rassenmorde begangen. Das ist seit unzähligen Zeiten schon so gewesen. Natürlich gibt

es überall Kranke und Gesunde. Die spirituellen Zentren bringen konstante Gesundheit, die magnetisch ausstrahlt. Das Ziel, globale Industriegemeinschaft zu erreichen, ist gigantisch ‚höher, als der Versuch, politische Übereinstimmung zu finden. Denn die Politiker suchen ja nur Freunde für sich, die politische Zunft, ihre Überlebensquelle im materiellen, ihre Diäten, und soweiter. Auch der Staat kann so Wegrationalisiert werden. Denn Wegrationalisieren ist ja ganz einfach. Dazu brauchst du bloß Manager und Managerinnen. Und ihre Demonstration. Ohne Buhhhs und ohne Blutvergießen. Stattdessen wird der globalen Provinz Nötigkeit gegeben, die zum globalen Weltniveau heranwächst. Wir das Volk, ist eine eigene Verblödung, durch die Jahrtausende gelebte Verblödung der machtgierigen Despoten und Lebensunterdrücker. Das hat eine Mentalität des Krüppeladels hervorgebracht, die aus Angst ‚sich selbst für das Volk oder andere Bezeichnungen zu halten, resultiert. Wir sind das Volk zeigt schon, wie Selbstverblödend und ängstlich diese Menschen selber Denken, durch die Verblödungsstrategien ihrer alten Vorfahren, die sie bewußt blöde gehalten haben. Denn so funktioniert machtschöpferische Macht. Deswegen ist der Geist dein Feind. Politik ist immer Völkisch und Weltpolitik ist immer Weltvölkisch. Eine egozentrische Raserei von Vorurteilen und Instinkten, Weltlichkeiten, die alle dem Gesetz der Bewegung und Veränderung entgegen arbeiten wollen, aber nicht können, weil die Wahrheit sie zu einem globalen Zusammenarbeiten zwingt. Instinktivgebunden ist Politik Wut, Zorn, Eitelkeit, aber Menschotik oder Humanotik ist Freiheit, Liebe, das schöpferische Licht Gottes und der Liebestrahl des Goldenen Rosanen Lichts der Liebesfreuden.
Wirkliche menschliche spirituelle Belange oder sogar friedliche Tendenzen sind in der Politik nicht zu sehen, auch wenn sie sich vernünftig zeigt. Sobald die Macht angenagt wird, ist der Politiker instinktiv tierisch. Natürlich gibt es die Ausnahmen und die Edlen in der Politik, aber das sind Seltenheitsdiamanten der Güteklasse O. Doch diese Güteklasse O wächst weltweit und wird unaufhaltsam mehr MEER. Also die Industrie darf aber nicht so dumm sein, sich, noch länger durch die Politik der Güteklasse Minus O repräsentieren zu lassen. Wer will schon das historische Image von Krieg, Korruption, Mord, Machtgier, und Lügenmanipulation mit sich tragen und aufrechterhalten. Es war immer die Politik, die Menschen, also die Industrie versklavte. Denn Politiker sind ja auch die Bosse, die Firmenchefs, die Manager. Zwischen Firmenbosse und Berufspolitiker ist kein Unterschied. Auch die Rüstungsindustrie ist ein völkisches Politikgeschwür, von Politikern befürwortet, weil nationaler Egoismus ihr Gierziel war, um sich zu repräsentieren. Die Keulen sucht man sich, um sich

zu verteidigen, aber auch , um totzuschlagen. Die Grenzen die gezogen wurden, waren die Urinspuren von Völker, die sich bis zur Erschöpfung bekämpft haben, als Primaten, oder Vertreter der destruktiven Kräfte im Weltlichen. Doch, das Weltliche und das Nichtweltliche hat keine Grenzen und ist total eins. Denn es gibt keine Weltlichkeit und Nichtweltlichkeit. Das ist alles bloß das Gelaber von Unterscheidung und Rationalität, und diese Unterscheidung und Rationalität, kann nicht erkennen das aus Gott bloß Gott kommen kann.

Die Speere und Schwerter und Pfeile und Bögen wurden von Könige in Auftrag gegeben, um sich und die Gefolgschaft zu schützen. Aus Horden wurden Staaten, die global immernoch in Hordenprinzip verankert sind. Ich höre mit diesem militärischen Thema mal auf und mache nun weiter mit **MEDITATIVE TRANSFORMATION DER INDUSTRIE** , indem ich wieder direkt zu der Wirtschaft wie sie jetzt ist zurückkomme, und was in der Wirtschaft jetzt schon selber zusammen fantasiert wird, und den damit verbundenen Zielen. Im Spiegel, 22 / 2000 war ein Bericht : **ATLANTIS DES MOTORENKULTS** dort wird geschrieben was der Chefplaner Henn sagte, nämlich: **Kirche und Staat ziehen sich zunehmend aus dem öffentlichen Raum zurück, weil sie ihn nicht mehr ausfüllen können. Die Unternehmer haben die Pflicht, diesen Raum zu besetzen.** In dieser Aussage liegt schon genau das drin was in den Meditativen Transformationszentren zu tun ist und in welche Richtung die Industrie und die Weltindustrie zu gehen hat. Natürlich wird es eine **TOTALZUSAMMENARBEIT** werden da der Weltkörper der Menschheit eine Einheit ist. So wie das Universum eine Einheit ist oder die Welt oder die Erde. An dieser Stelle bringe ich mal ein Gedicht von Elisabeth Bonds Buch: **Die Antwort im Wort**

Voll-kommen

Komm

Kommst du voll, dann bist du vollkommen. Jetzt. Heute. Und nicht erst wenn Du,,,,mehr weißt, wenn Du,,,,dies und das tust.Wenn Du...irgendeinmal in irgendferner Zukunft irgendwas Bestimmtes erreicht hast. Das leben ist jetzt bereit, und Du bist jetzt da.

Als Mensch bist du Vollkommen

Du musst nur dafür sorgen, dass Du voll kommst und nichts zurückhältst.Das Du alles, was Du bist und hast, gebrauchst und dem Leben auch gibst.

Kommst Du voll dann bist Du voll da.

Jedes menschliche Leben beginnt mit Vollkommenheit,

denn ein Baby kommt bei der Geburt voll an und hält nichts   zurück
Das geht ja garnicht nichtwahr
Aber im Laufe des Lebens werden die Menschen Meister in
Zurückhalten
Sie halten ihre Gefühle zurück, sie halten ihre Gaben zurück
Sie halten ihre Gedanken zurück, sie halten ihr Geld zurück
Sie halten ihre Zeit zurück
und kommen nur noch halb bis ein Viertel oder sogar noch
weniger
Jedenfalls nicht voll

Jede Blume blüht mit voller Kraft, jeder Tiger Jagd mit voller
Kraft
aber fast jeder Mensch hält mit voller Kraft irgendetwas zurück
nämlich genau dort, wo er denkt, das er fehlerhaft ist
dass er nicht genügt oder das er schuldig ist
Und so kommt er nicht voll ins Leben, weil er überzeugt ist
dass er so nicht vollkommen sein kann

Dies kann passieren wenn sich ein Mensch Vorstellungen macht
wie das Mensch-Sein auszusehen hat, wie er zu sein hat
Dies kann auch passieren wenn er auf andere hört
die ihm genau sagen wie er zu sein hat
Dieses Bild der Vollkommenheit ist aber eine enge Sicht der Dinge
und hat mit Vollkommenheit nichts zu tun.
Sondern mit Anpassung.
Anpassung am richtigen Ort hat zeitweise ihre Berechtigung
Die Kraft voll zurückzuhalten, und nicht konstruktiv zu gebrauchen ergibt
keinen Sinn im Leben
Viele Menschen haben Angst vor ihrer Kraft, halten sie zurück
und fühlen sich aus diesem Grunde auch UN-VOLL-KOMMEN

KOMMST DU VOLL

Vollkommen- das Wort. Wie lautet Deine Antwort ?

Aber da ja heutzutage und auch schon zuvor Menschen lieber sauer sein wollen, ist hier ein wunderbares Rezept für den Weg sich , seinen Körper wieder süß zu machen. Denn die Übersäuerung hat auch etwas mit dem verkommenen Gesundheitssystem zu tun, das die Saure Pharmaindustrie das Raubtier schlechthin da sie ja bloß Gifte produziert, wie ihre Selbstbezeichnung ja selber beschreibt, aber auch mit der Ernährungsindustrie die ungemein viel Mega hoch drei Schwachsinn produziert bloß um die Kasse zu füllen und mit Ernährung so viel zu tun hat wie Rasenmäher mit Champagner. Da ihr Zeug bloßes minderwertiges abgekotze ihrer gleichnamigen Fantasien ist. Nämlich, lebloser Brei für halbblinde und volltote. Eben der Synthetikfraß ihrer Synthetikkartelle. Deswegen sind auch viele sauer.

KRANK DURCH SÄUREN

Wenn sie in ihrem leben etwas ändern wollen, fangen sie an, ihren Körper zu entsäuern. Machen sie ihn wieder Süß. Neuesten Statistiken vom Bundesministerium für Ernährung, Landwirtschaft und Forst zufolge, ist jeder zweite bis dritte Baum in Deutschland todkrank. (Was ich selber nicht glauben werde) Die gleichen Schadstoffe, die unsere Wälder zerstören sind auch eifrig dabei, die menschliche Gesundheit zu zerstören. Der saure Mensch wird sich selbst zum Verhängnis. Von den ca. 80 Millionen deutschen sind ebendmal 5 Millionen nicht Übersäuert, wenns hoch kommt. Mehr als 90 % aller Bundesbürger zählen zur Kategorie Unsüßer- Mensch.

Übersäuerung kann zu Erkrankungen des Magens, der Bauchspeicheldrüse, Zwölffingerdarms mit seinen Drüsen, der Leber , der Gallenblase , des Darms führen. Außerdem können die Blutfette, die Stimmungslage, Kopfschmerzen, Ekzeme, Herzinfarkt, Allergien, Gedächtnisschwäche direkt und indirekt durch Übersäuerung begünstigt oder ausgelöst werden.

Säuren sorgen für Erregungszustände, wenn eigentlich Ruhe angesagt wäre. Säure läßt Streßhormone explodieren, wenn gar kein Grund dafür vorhanden ist. Säuren versetzen unser Abwehrsystem in Bereitschaft und Aktivität, wenn nur harmlose Blütenpollen oder Metallmoleküle in unseren Organismus gelangen. Säure hemmt die Verdauung und die Ausscheidung von Schadstoffen, sie begünstigt jede Form von Krankheit.

Eine saure Stoffwechsellage ruft, durch die Beeinflussung des vegetativen Nervensystems, im ganzen menschlichen Organismus, die Anfälligkeit für Krankheit hervor. A-Z

Zum Beispiel: Allergien, Antriebsschwäche, Arthritis, Arthrose, Asthma-bronchiale, Bandscheibenbeschwerden, Bindegewebsschwäche, Bindehautentzündung, Blutdruck, Blutfette, Bronchitis, depressive

Stimmungen, Diabetes, Durchblutungsstörungen, Ekzeme, Erschöpfung, Fieber, Gallensteine, Gastritis, Gedächtnisschwäche, Gicht, Haarausfall, Hauterkrankungen, Herzinfarkt, Herzrhythmusstörungen, Hexenschuß, Hörsturz, Infektionsanfälligkeit, Ischiasbeschwerden, kalte Füße und Hände, Körpergeruch, Konzentrationsstörungen, Kopfschmerzen, Krebs, Leberschäden, Magengeschwüre, Migräne, Müdigkeit, Multiple Sklerose, Mundgeruch, Muskelverspannung, Neuralgien, Nieren, und Blasensteine, Nierenerkrankungen, Osteoporose, Pilze, Polyarthritis, Reizbarkeit, Rheumatische Erkrankungen, Rückenschmerzen, Schlafstörungen, Schlaganfall, Schwangerschaftserbrechen, übermäßiges Schwitzen, Sodbrennen, mangelnde Streßanpassung, Verdauungsbeschwerden, Verstopfungen, Weichteilrheuma, Zahnschäden, Zwölffingerdarmgeschwür.

Säure, Basen und ph-Wert, was ist das ?

Säuren sind chemische Verbindungen, die mit Metallen und Basen chemisch reagieren. Um Säuren zu neutralisieren und dadurch die lebenswichtigen Organe wie Herz, Gehirn, und Blut vor Säure zu schützen, zieht der Organismus Kalzium aus den Knochen ab. Folge ist Osteoporose.

Basen

Basen sind chemisch gesehen die Gegenspieler der Säuren. Also wieder das positiv -negativ Ding.

PH-Wert

PH-Wert ist der Meßwert für den Grad der sauren oder basischen Reaktion eines Stoffes. Die Skala des Säuregrades reicht von 0 bis 14.

1-6 mißt die Säure, bei 7 liegt der neutrale Punkt, ab 8 wird es basisch.

Einen PH-Wert von 8,0 weisen Bauchspeicheldrüsen und Darm auf.

Einen PH-Wert von 7,35 bis 7,45 weist unser Blut auf.

Sinkt (7,0) oder steigt (7,8) der PH-Wert des Blutes wirkt sich dies tödlich aus.

Einen PH-Wert von 7,00 bis 7,10 weist unser Speichel auf.

Einen PH-Wert von 7,08 bis 7,29 weist unser Bindegewebe auf.

Einen PH-Wert von 6,90 weisen unsere Muskeln und Zellen auf.

Sinkt der PH-Wert der Muskelzellen auf 6,2 ab, bleibt das Herz stehen.

Einen PH-Wert von 4,80 bis 8,00 weist unser Urin auf.

Einen PH-Wert von 1,20 bis 3,00 weist unser Magen auf.

Was führt zur Übersäuerung ?

Mineral- und Spurenelementemangel(Säure-Pufferfunktion) Nahrungsmittel, Eiweißmast, Süßigkeiten, Alkohol, Rauchen, Angst, Traurigkeit, Ärger, Groll,

Kummer, Streß, Bewegungsmangel, chronische Darmgärungen, Krankheiten der Nieren, der Bauchspeicheldrüse, der Gallenblase, der Leber, und des Magens.

Wie werden Säuren ausgeschieden ?

Über Nieren, Haut, Leber und Darm.

Wo werden Säuren deponiert (Müllkippen des Körpers) wenn sie nicht ausgeschieden werden können?

Zuerst im Bindegewebe, dann im Bereich der Gelenke, Sehnen und dann in den Muskeln, die dann versteifen und nerven einklemmen. Zum Beispiel Harnsäurekristalle verursachen einen Gichtanfall. Rheuma und Polyarthritis (schmerzhafte Entzündung verschiedener Gelenke des Körpers) sind die Folge übermäßiger Ablagerungen von Säuren und sonstigen biologischen Giften im Körper. Von den Sehnen gelangt die Säure in die Gelenkschmiere - Synovia. Sie kann dann den Knorpel nicht optimal ernähren. Der Knorpel wird defekt, die Gelenke nützen sich ab- Arthrose entzündet sich- Arthritis. Außerdem entsteht auch so ein Tennisarm.

Welche Säuregrade gibt es ?

1 Grad -Idealzustand

Der Säure/ Base Haushalt (Homöostase) ist im Gleichgewicht.

2 Grad - Versteckte Übersäuerung

Die Müllkippen sind mit Säureresten angefüllt- latente Azidose mit Müdigkeit, Verstopfung, Magendrücken.

3 Grad- Vorübergehende Übersäuerung

Verschiebung des Säure- Basen-Gleichgewichtes- akute Azidose zb. durch eine Infektionskrankheit.

4 Grad- Chronische Übersäuerung

Chronische Azidose- drastische Krankheitsbilder wie zbs. Rheuma

5 Grad- Örtliche Übersäuerung

Säurestarre mit Folgen wie Herzinfarkt, Schlaganfall

6 Grad-Säuretod

Säurekatastrophe mit Folgen wie Nierenversagen, tödlicher Infarkt, Krebs, und Zuckerkoma.

Wie mißt man die Übersäuerung im Körper?

Ihr behandelnder Arzt oder Heilpraktiker kann es messen, Urinproben in Speziallabor schicken, Urinuntersuchung nach Friedrich Sanders, er ermittelt Tagesdurchschnittswerte, Teststreifen aus der Apotheke mit dem man um 7,10,13,16,19 Uhr Messungen durchführt.

Essen sie viermal soviel Basenspender wie Säurebildner.

Das entspricht ungefähr dem Verhältnis von Säuren und Basen, wie es auch natürlicherweise im Körper besteht oder bestehen sollte. Dazu müssen sie eigentlich nur wissen, was Basenspender und Säurebildner sind. Das ist nach kurzer Zeit leicht zu merken.

Säuren und Basen in unserer Nahrung

Grundsätzlich werden vier Gruppen von Nahrungsmittel hinsichtlich ihres Einflusses auf unser Säure- Basen Gleichgewicht unterschieden.

Basenliefernde Nahrungsmittel

Dazu zählen vor allem :

Kartoffeln, Gemüse, Wurzeln, Blatt und Wildgemüse, Obst, Rohe Milch (Achtung verschleimt, Kuhmilchallergie) und Sahne, Stille Mineralwasser, Gewürzkräuter wie Petersilie, Schnittlauch, Majoran, Thymian, Oregano, Dill, Senf, Kümmel, Pfeffer, Paprika.

Neutrale Nahrungsmittel

Sie halten das Gleichgewicht zwischen Säuren und Basen. Dazu zählen:

Butter, naturbelassene Öle, Olivenöl , Distelöl usw. Walnüsse, Leitungswasser

Säureerzeuger

Das sind Nahrungsmittel, die selbst keine Säuren enthalten, sie aber bei der Verarbeitung im Stoffwechsel entstehen lassen: Dazu zählen : Zucker, Zuckerhaltige Süßigkeiten, Weißmehlprodukte, Nudeln, Spätzle, Brötchen, Toastbrot, Polierter Reis,, alle geschälten oder polierten Getreideprodukte, also auch Graubrot, Zuckerhaltige Limonaden, Bohnenkaffee, Alkoholhaltige Getränke

Säuerlieferanten

Das sind Nahrungsmittel, die einen Überschuß an sauren Mineralstoffen wie Schwefel, Phosphor, Chlor, Jod, Fluor, oder Silizium bringen. Teilweise werden durch ihren Genuß bei der Verstoffwechselung auch noch zusätzlich Säuren erzeugt. Auf diese weise sorgt zb. Fleisch für einen doppelten Basenverlust. Zu den ausgesprochenen Säurelieferanten zählen: Fleisch, und Innereien, Leber, Herz, Nieren, Bries, Hirn, Geflügel, Huhn, Ente, Gans, Pute, Wild, Hase, Reh, Hirsch, Wildschwein .Eier (nur der Dotter ist basisch) Käse, Quark, Fleischbrühe

Welchen Nutzen haben sie durch einen Säure-Basen Diät ?

Allgemeine positive Gemütsstimmung, gute Laune, entspannter Geist, entspannte Atmung, positive Gedanken, Spannkraft, erhöhte Ausdauer, angekurbelter Stoffwechsel, erhöhte Körpertemperatur, normale Müdigkeit, gesundes Schlafbedürfnis, weniger Lichtempfindlichkeit, Lymphgewebe wird entstaut, verjüngtes Aussehen, Regulierung des Blutzuckers und des Blutdrucks, verminderte Entzündungsanfälligkeit, Anregung des Parasympathikus

Wie, und wie lange sollte man eine Säure-Basen Diät durchführen?
1 Monat bis 12 Monate

Fasten für das Säure- Basen- Gleichgewicht
Fasten ist der beste Auftakt zu einer Ernährungsumstellung. Das Fasten dient der grundlegenden Entsäuerung des gesamten Organismus mit dem „ Lernziel" das Säure-Basen-Gleichgewicht zu erreichen. Beim Teilfasten läßt man die dritte Mahlzeit am Tage ausfallen und ersetzt sie durch warmes Wasser und warmen Tee.

* Ein bis drei Obst-bzw. Rohkosttage einlegen-der beste Einstieg . Im Winter auch als Kompott.
* 3 geregelte Mahlzeiten, keine Zwischenmahlzeiten
* In schweren Fällen ist eine Vorübergehende Vegetarische Ernährung sehr hilfreich
* Viel trinken ist besonders wichtig, mindestens 6 Gläser reines Wasser
* Sport, Bewegung, Wasseranwendungen sind hilfreich

Bei Säurekrankheiten lassen sie sich bitte bei ihrer Säure-Basen-Kur von ihrem Hausarzt begleiten
Hervorragende Nahrungsergänzungs-Produkte um den Mineralhaushalt wieder aufzubauen mit Kolloidialen Mineralien und Fulvo-Säuren für die Pufferung der Säure- Basen sind Neways Produkte, wie sie schon zuvor von dem Alternativen Nobelpreisträger Dr. Epstein erwähnt wurden in seinem Interview. Zum Beispiel Maximol oder Hawaiian-Noni. Giftstoffe, Schwermetalle die im Körper sind können mit Nutri Fizzion heraustransportiert werde. Gifte im Darm den Zellen mit Cassie- Tee und Darmreinigung mit Puri-Tee. Auch ist als starker Fleischesser eine Parasitenkur hilfreich die mit Para-Free gemacht werden kann. Ihre Zellen schützen sie vor freien Radikalen, also den Wilden, mit den hervorragenden Produkten Revenol und Cascading Revenol. Neways ist ein Direktverkaufssystem. Jeder bestellt sich die Ware von der Firma.

Übernehmen sie Verantwortung für ihre Gesundheit. Sie ist kein ausschließliches Privileg der Jugend.
So, das war etwas zum Thema Sauer sein, Sauer werden, und wieder Süüüüß sein. Und um diese Thematik etwas aufzulockern zwei Witze.

Ein Mann kommt in die Hölle. Der Teufel heißt ihn herzlich willkommen und führt ihn in der Hölle herum. Der Mann ist zutiefst verwundert. Der Teufel zeigt ihm wunderschöne Badestrände, hübsche Frauen in knappen Bikinis, riesengroße Cocktails (also Hahnenschwänze) Die Hölle ist einfach wunderbar. Da sagt der Mann: Das ist ja toll hier. Das reinste Paradies. Der Teufel lächelt und sagt zu dem Mann „Komm mal mit"
Er führt ihn in eine entlegene Ecke. Dicht an dicht stehen hier viele Kessel. Drumherum viele Teufelchen, die Menschen in den Kesseln kochen und sie dabei piksen. Der Mann macht ein fragendes Gesicht. Darauf sagt der Teufel: Das sind die Katholiken, die wollen das so.

Ein Mann sitzt über einem Drink in der Bar, als eine aufregende Blondine eintritt. Er verschlingt sie regelrecht mit seinen Blicken. Sie bemerkt es und kommt auf ihn zu. Bevor er sich entschuldigen kann sagt die Blondine: „Ich mache für 200 Euro alles was du willst, unter einer Bedingung. „ Überrascht fragt der Mann welche Bedingung das sei. „ Du mußt das, was du von mir wünschst in drei Worte sagen" antwortet die Blondine. Der Mann überlegt eine Weile, öffnet seine Brieftasche, legt vier 50 Euro-Scheine auf den Tresen, schaut ihr in die Augen und sagt mit ruhiger tiefer Stimme: „Streich mein Haus."

Also weiter mit der Thematik: **Meditative Transformation der Industrie**

Da die Politiker nicht in der Lage sind und selbst tief im Wurstsalat der Selbstbedienungen und Hintergehungen und Amigogeschäfte und wirtschaftlichen Übermegafehlentscheidungen mit den Geldern der Einzahler sind und machen, und da die Politiker mehr oder weniger die Söldner der Wirtschaft sind, stelle ich mir einen Staat vor der ohne Politiker funktioniert und ohne Beamten, beides Bleifuß Blockierer und außerdem noch eine alte Machtgarde die den Bürger das Volk als etwas Pöbelhaftes im Gedächtnis herumspuken hat. Warum also Menschen wie Politische Systeme bezahlen, die sich ihre Gehälter selber erstellen, und soweiter, und nicht direkt die Wertemöglichkeit entziehen, und einen Staat ohne Politik machen. Das Recht in seinem werden, was der Staat zur Zeit ist, das kann auch ohne politischen Filz und dieser überblöden gegenseitigen destruktiven Atombeneidung von Politischen Parteien und Programmen passieren. Die menschlichen Übel oder Überbleibsel seines tierischen Eigenschaften, werden auch in einer globalen Wirtschafts- Werte-Gemeinschaft erkannt werden, die dann auch innerhalb dieser Wertegruppe aufgedeckt werden können. Diese Reste des Tierischen Lebensprinzips sind ja in den Politikern und Wirtschaftsbossen gut sichtbar mit all ihren Egoistischen Geldgierhochzeiten. Die Steuernzahlen Predigen, oder Schwarzarbeit bekämpfen, oder alle anderen Möglichkeiten der Menschen in ihren Schwachsinnsgesetzen binden wollen und sie in Unfreiheit am allerliebsten sehen, aber selber ihre Schwarzgeldseuchen herumfliegen haben, denn dann kann die Amigowelt besser geregelt werden und die Geldpleiten besser vernebelt sein, und die Kürzungen der Massen besser neutralisiert werden und die Bestimmungen was die Menschen zu tun haben sollen müssen und soweiter besser abgewickelt werden. Das alles ist bloßes dumpfes Raubmenschtum. Die Politiker der heutigen zeit werden NIE in den Besitz des Geldes kommen, NIE, sie werden NIE in den Besitz der Geldmacht kommen, dazu sind sie als Menschen viel zu Tierisch und unerfahrene Weicheiersuppen die selber lieber unter dem Deckmantel arbeiten, und das dann als höchster Ebene in den Medien vermarkten lassen. Und überhaupt, es gibt heutzutage nicht einen einzigen Menschen auf der Erde, der wirkliche echte fehlerfrei Tierlosigkeit und echte Wahrheit leben kann, damit sind diese politischen Systeme, allesamt, nicht würdig, in den Machenschaften mit der Wirtschaft, als Menschenführer zu leuchten. Wohlbemerkt unter den Politikern und in der Wirtschaft. Es gibt schon Heilige und Erleuchtete und Weise, die sind aber nicht für solche Menschengruppen geeignet da sie total andere Perspektiven und Einsichten haben, die ein Normalsterblicher als, sage ich mal: Utopie und dergleichen abwürgen würde, weil er ganz einfach nicht die Bewußtseinserweiterung hat. Das ist einfach so, und diese Menschen auf der Erde machen ja sowieso ihre Arbeit ganz ohne dem Erscheinen in der Politik oder Wirtschaft. Also die Politik heute mit diesen Politikern sie werden NIE die Geldmacht bekommen, und die damit verbundene Möglichkeit. Aber nur das Recht kann die Werte besitzen.

Recht gibt es aber auch in der Wirtschaft und nicht bloß beim Rechtsanwalt der oft beide Seiten bedienen und immer Gewinnt auch wenn er verliert, da seine Honorare Kartellmäßig aufgebaut sind zum Abzocken. Das nennt sich dann Rechtsstaat. Aber zur Zeit ist weder die Wirtschaft mit ihren Raubmenschen oder die Politik mit ihren Raubmenschen in der Lage das Recht zu haben und die Werte zu leben. Die Geldmacht macht sowieso allen Angst und Bange weil alle noch am tierische Glaube kleben, das ohne Geld die Welt untergehen würde, und das er der Mensch dann einfach paralysiert und höhlenmäßig und Sinnlos und betäubt zu sein hat und alle seine Fantasien und Kreativitäten dann wie weggeschmolzen sind und er nur erwärmt wenn er Geld und Kohle und

Asche und Zaster und Pinke Pinke und Moos sieht. Aber so Blöde sind diese Raubmenschen heutzutage noch. Und da immer und immer wieder versucht wird das alte Lied „Spiel mir das Lied vom Tode" weiter zu leiern, wird sich in bezug zum wahren Recht auch garnichts entwickeln können. Bis alles zum Megaignoranzscheißhaus geworden ist. Also die Weltwirtschaft wird die Staatsmacht oder die Allliebe oder die Weisheit oder die Wertegemeinschaft. Dann ist eine Laberebene weg, und eine Abzockebene weniger. Und diese Industriestaaterei wird dann das Gemeinschaftsinteresse ausweiten und verschönern und zwar ohne Bürokratien und Beamtenschmand der Güteklasse Blockkopfbewußtsein und Paragraphenorgasmus für Bürowahrheiten.

Es sind menschliche Werte die zählen und nicht Raubmenschliche Werte wie jetzt in der Politik und Wirtschaft. Die Wirtschaft muß dann selber Selbstlos werden, da es nämlich nicht um Profite geht, wozu auch sich selber weiterhin verblöden im Raubmenschnebel. Denn das Recht das jetzt gluckert und säuselt in den politischen Systemen ist bloß die Realität der Macht des Geldes, der

diese Staaten unterworfen sind. Was sind das für Helden, mann oh mann, kein wunder Arnold Schwarzenegger wird Präsident der USA.

Also das Recht von heute oder der Staat ist somit noch weit davon entfernt

Selbstlos zu sein, auch weil es immernoch nationaler Natur ist. Und Nationen sind mehr oder weniger also Wesen die beide Seiten der Positiven und Negativen Huldigen, und jeh nach Geldgier und Wirtschaftlichen Interessen, das Recht übergehen und andere platt machen indem versucht wird Geldvorteile zu ER-MACHTEN.

Auch in den großen Wirtschaftsverbänden, WTO, ist ein klares „Macht ist Recht" Rabsäugetierdenken vorhanden. Das ist aber UNRECHT an dem sich alle anderen zugehörigen Staaten dann laben. Ebenso das Geldkartell fällt unter diese Denken „Macht ist Recht." Auch die sind von der Gier wie blinde Schneeflocken getrieben die Denken sie wüßten was sie tun. Aber wenn Armut Ausbeutung Wirtschaftlicher Kollaps und Geld drucken aus dem Nichts ‚Recht sein soll, damit dann dafür Sklavenzinsen genommen werden können und Staaten ausgeblutet werden und alles was an Ausbeutung in der Geldmacht drin ist, dann ist das Banksystem kein System das für die Freiheit der menschlichen globalen Gesellschaft eine Rolle zu spielen hat. Aber die Realität sieht ja ganz anders aus. Alle Menschen Glauben an diese Sklavenrealität des Traumtaumels von verrückten mit Doktortitel und Professorenhüten.

Der Schachzug der Geldmacht ist der, nämlich eine Weltregierung unter der Geldmacht, damit sie euch weiterhin verblöden und im Traumtaumelzustand Braten und Rösten kann wie die Bilder von Breugel und anderen Höllenmalern, aber der andere Weg der gleichzeitig geht ist der Weg der Geldlosigkeit und dem Wohlstand für alle und zwar Wohlstand der mit der Geldmacht und gegenüber der Geldmacht mit ihren Üblen und Gierigen und verschwörerischen Schachzügen der Kontrolle über die Menschheit weit, weit überlegen sein wird und eben Totalbeschäftigung sein wird. Was unter einer Geldmacht bloß in dem Blickwinkel NIE sein kann. Da es immer eine Kontrolle um das Geld geben wird unter den Raubmenschen der Diabolischen Gesinnungen und Schachzüge der Intelligenten Ausbeutung unter dem Deckmantel des Guten für die Menschheit.

Zur Zeit sind die Menschen noch alle Sklaven der Macht der Geldmacht. Also der Unwahrheit der Illusionen des Betrugs und der Täuschungen in allen Bereichen. Der Geldmacht-Nationalismus ist noch sehr stark wirkungsvoll. Aber auch der pure Wahnsinn in den sogenannten religiösen Staaten der Moslems. Das ist alles purer Egoismus purer Raubtier - Egoismus. Und was kann daraus schon für wertvolles kommen, bestimmt nicht viel. So die Menschen sind Sklaven ihrer Tierhaftigkeit die sie noch nicht hinter sich gelassen haben, und auch garnicht wollen. IN DEN REGENBOGEN TRANSFORMATIONSZENTREN

WERDEN DIESE TIERHAFTEN EIGENSCHAFTEN VERARBEITET UND TRANSFORMIERT DAMIT AUS DEM RAUBTIER ZUMINDEST EIN MENSCH WIRD.

Nationalismus ist ja nichts anderen als die immense Selbstsucht der Nation. Aber Internationalismus ist die Selbstlosigkeit der Nation. Selbstverständlich werden diese Entwicklungen von der Geldmacht für ihre Betrugs-Ausbeutzwecke kanalisiert und mit aller Boshaftigkeit so versucht zu gestalten, das weiterhin das Üble die Geldmacht die Menschen verblöden kann. Deswegen muß eine Weltregierung letztendlich aufgebaut werden, die Träger der Werte ist und nicht die Geldmachtregierung die Träger der Betrugswerte ist. ALL DAS WIRD IN DEN REGENBOGENTRANSFORMATIONSZENTREN FREIGELEGT WERDEN UND ALS WAHRHEIT ZURÜCK IN DIE WIRTSCHAFT GEBRACHT WERDEN DIE DAVON PROFITIERT.

In den Regenbogen Transformationszentren wird auch erkannt werden wie die Staatsmacht heutzutage und praktisch alle Staaten, gigantische Opfer dieser Geldmacht sind, und ihnen in Wahrheit sogar unterworfen sind und damit der Untertan der Geldmacht ist anstatt der Herr. Das ist aber auch total inakzeptabel, weil es nämlich bedeutet das ihr als demokratische Steuerzahler , aber auch in den Nichtdemokratischen Staaten, im Namen der Geldmacht ausgebeutet werdet, was aber auch im Namen der Staatsmacht ist, was wiederum, Unrecht ist, was wiederum bedeutet das diese sogenannten Rechtsstaaten in Wahrheit noch Unrechtstaaten sind. Ich sehe das zum Beispiel sehr gut wie das Gesundheitswesen das in Wahrheit ein Krankheitswesen ist von der Pharmamafia kontrolliert wird. Und wie diese Pharmalobby den Politikern vorschreibt was wie teuer zu sein hat, oder aber auch wie diese Pharmalobby ihre Giftprodukte die Menschen allesamt vergiften und verblöden, diese Produkte sozusagen unter Staatsschutz gebracht haben, indem sie sogar in der Gesetzgebung fungieren, und dann die Staatsorgane dazu benutzen diese Produkte die nicht in das Giftkonzept der Pharmamafia passen, über den Weg der Ämter und Polizei und sogenannten Gesundheitsämter bekämpfen lassen. All das ist Unrecht und Unwahrheit und eine ganz bewußte Unterdrückung der Natürlichkeit und der Naturprodukte und Pflanzlichen Produkte. Denn dieses Petrochemische Kartell dem auch das Pharmazeutische Kartell gehört ist ja ein totaler Gegner gegen alles was Natur ist, da sie ja Lieferant des Unnatürlichen des Synthetischen sind. Aber das vertritt dieser sogenannte Rechtsstaat. Und es wird mit aller Macht alles getan all das was nicht Patentierbar ist als Schädlich zu diffamieren oder aber von der Wissenschaft nicht bewiesen. Oder aber es

werden geschmierte Satanshelfer als Professorensäue gekauft die gut geschmiert von der Geldmacht dementsprechende Wissenschaftliche Falschurteile abgeben, auch über die dementsprechenden Medien die allesamt zur Geldmacht und damit zur Selbstsucht und damit zum Kackbewusstsein gehören. Kurzum dem Stinkbewußtsein ihrer eigenen Unfähigkeiten diese Selbstsucht hinter sich zu lassen Internationale Gerichtshöfe müssen diese Globalkartelle zerschlagen. Aber so wie damals mit Rockefeller der in den USA das Ölkartell aufbaute indem er alle anderen Anbieter systematisch Ruinierte egal mit welcher Methode, und der dann seine Firma zerschlagen mußte, was er auch auf dem Papier tat, aber er die zerschlagenen Teile, weiterhin unter seiner Regie hatte, und heutzutage fast die gesamte USA Ölproduktion in Wahrheit alles Rockefellerkartellen gehört. Es wurde nämlich so aufgebaut das es in der Öffentlichkeit so aussieht das Konkurrenz da ist, aber in Wahrheit waren diese anderen Ölfirmen alles Rockefeller .Und heutzutage gehört fast die gesamte Petrochemische Industrie der Rockefeller Klangruppe, die unterschiedlichen Anbieter sind bloß Namen die dazu dienen, vorzutäuschen, das es kein Monopol gibt.In diesen Regenbogen Transformationszentren werden Menschen auch neben den Therapeutische und Meditativen Arbeiten darauf vorbereitet sich eine Weltregierung aufzubauen. Eine Weltregierung die ohne die Geldmacht und deren Sucht nach Macht arbeitet. Dort in den Zentren werden die Menschen in Kontakt gebracht mit dem Gesetzt des Daseins. Und das Gesetzt des Daseins ist unter anderem das die Absolute Grundlage für eine Glückliche Menschheit davon Bedingt ist, daß JEDER WERT MIT EINEM ENTSPRECHENDEN WERT BEZAHLT WERDEN MUSS. WEDER MIT MEHR NOCH MIT WENIGER. DIESE WELTREGIERUNG ODER INTERNATIONALE GERICHTSHOF WIRD DAS GRUNDPRINZIP IM GEGENWÄRTIGEN HANDELSSYSTEM AUFHEBEN, DAS NÄMLICH BEDINGT, DAS JEDE WARE MIT EINEM ÜBERPREIS BEZAHLT WERDEN MUSS, WEIL ES NICHT AUF VERDIENST SONDERN AUF ÜBERSCHUSS BERUHT.**DA JEDES PRODUKT WIE GESAGT INFOLGE DES GESETZES FÜR DAS DASEIN NUR MIT SEINEM WIRKLICHEN ODER WAHREN WERT BEZAHLT WERDEN SOLL IST JEDWEDER HANDEL DER MEHR AUSBEUTE GIBT ALS EINEN NATÜRLICHEN ARBEITSLOHN EIN VORWAND ODER DECKMANTEL FÜR EINE UNRECHTMÄSSIGE ANEIGNUNG DIE DADURCH IDENTISCH MIT MASKIERTEM RAUB IST.**
SOLCHE LÖHNE ODER GELDMACHTABZOCKEREIEN KANN MAN SICH NUR VERSCHAFFEN SOLANGE DIE GESAMTE

WELTWIRTSCHAFT OHNE JEGLICHE VERWALTUNG IST.
In den Regenbogen Transformationszentren wird diese Entwicklung zu einer Weltregierung und Welthandelsregierung ohne die korrupte Beteiligung der WTO und deren vom Geldadel unterwanderten Organisationen , im Geiste aufgebaut werden und in die Realität der Erde übersetzt werden. Diese Weltregierung oder Weltwirtschaftsregierung wird auch das System des Zwischenhandels abschaffen damit alle Güter viel, viel Kostengünstiger werden können. Der Zwischenhandel ist nämlich für die Menschheit eine totale unnütze Arbeit total sinnlos und bloßes Geldmacht denken und ausbeuten. Zumal auch die Produkte heutzutage von der Senilen aber mit Wissenschaftlern und Doktoren vollgepfropften Nahrungsindustrie so Denaturiert werden und somit so Sinnentleert werden das dieses System auch bloß ein System von dummen Raubsäugetieren ist, das in einer erwachten Demokratie keine Platz mehr hat INSBESONDERE DER RAUBTIERDENKWAHNSINN DAS RAUBTIERSYSTEM DADURCH AUFRECHT ZU HALTEN INDEM IMMER MEHR SINNLOSE PRODUKTE AUF DEN MARKT GEBRACHT WERDEN DAMIT DIE WIRTSCHAFT LÄUFT WIRD AUFGEHOBEN WERDEN. DAS SIND ALLES WEGE DIE IM WIEDERSTREIT MIT DER VERNUNFT SIND ODER INTELLIGENZ UND BLOßE ABNORMITÄTEN DES GESUNDEN NATÜRLICHEN GEWORDEN SIND. DAS GEGENWÄRTIGE SYSTEM DES ZWISCHENHANDELS DAS EINE VERSCHLECHTERUNG DER QUALITÄT DER WAREN BRINGT DA WAREN NICHT DIREKTVERMARKTET WERDEN DESWEGEN WIRD DIREKTVERMARKTUNG IMMER POPULÄRER UND AUßERDEM DIE WAREN SEHR VERTEUERT IST SOMIT EINE ABNORMITÄT DES GESCHÄFTSWESENS. SO ALLE ARTEN VON BEDARFSGÜTER DIE HEUTZUTAGE EINE REIHE VON PRIVATEN AUSBEUTERISCHEN ZWISCHENHÄNDLER ZU DURCHLAUFEN HABEN UM VOM PRODUZENT ZUM VERBRAUCHER ZU KOMMEN ABER DABEI UM EIN VIELFACHES TEURER WERDEN MÜSSEN VERSCHWINDEN DA ES SINNLOSES GETUE IST. DIE ABSCHAFFUNG DIESES SYSTEMS DES ZWISCHENHANDELS WIRD ALSO FÜR DIE GLOBALE MENSCHHEIT EINE PREISREDUZIERUNG WERDEN UND DAMIT EINE ERLEICHTERUNG SOLANGE NOCH MIT DEM BLÖDSINN DEM GLAUBEN ANS GELD GEARBEITET WIRD.
IM WELTSTAAT ODER DER WELTREGIERUNG ODER DER WELTWIRTSCHAFTSREGIERUNG WERDEN ALLE GÜTER DIE VON MENSCHEN GESCHAFFEN WERDEN UNBESCHREIBLICH

KOSTENGÜNSTIG SEIN DA MIT IHNEN NUR ARBEITSLOHN VERBUNDEN IST UND KEINERLEI PROFITDENKEN UND GELDMACHTIGNORANZ ALSO KEIN UNNATÜRLICHER ÜBERSCHUSS UND AUCH KEINE GIGANTISCHE MENGE VON DIENSTLEISTUNGEN ODER FALSCHEN BERUFEN DIE BLOß ABZOCKEN WOLLEN ALS ZWISCHENHÄNDLER. IN DIESER WELTREGIERUNG UND DEM WELTSTAAT WIRD JEDER MENSCH UMSONST EXISTIEREN INDEM ER DURCH ÜBERSCHUSS ALSO PROFITE EIN MINUS FÜR ANDERE MENSCHEN AUFBAUT UND IHNEN DAMIT DAS GELD WEGNIMMT SONDERN JEDER MUSS FÜR SEIN LEBEN FÜR SICH UND DIE GESAMTE MENSCHHEIT NUR NÜTZLICHE ARBEIT MACHEN. DENN DAS GELDMACHEN AN SICH IST EINE TOTAL UNNÜTZLICHE ARBEIT DIE BLOß AUF AUSBEUTEN UND VERARMUNG DER ANDEREN BERUHT. DENN DIE GESAMTE MENSCHHEIT AUF DER ERDE IST ALLEINIGER BERECHTIGTER VERMÖGENSBESITZER DES GESAMTEN VOLUMENS DER ERWIRTSCHAFTETEN GÜTER DENN IN WAHRHEIT IST MEHR ALS EIN NATÜRLICHER ÜBERSCHUSS FÜR DIE MENSCHHEIT AUF DER ERDE ABER DIE GELDMACHT HAT DAS TOTAL VERSCHOBEN MIT IHREN SELBSTSÜCHTEN UND KONTROLLSTRATEGIEN UND AUSBEUTMECHANISMEN BIS IN ALLE STAATEN HINEIN UND DAS WIRD IN DEN REGENBOGENTRANSFORMATIONSZEN TREN GANZ KLAR UND PLASTISCH AUSGEARBEITET WERDEN DAMIT DIESE WAHRHEITEN ZURÜCK IN DIE WELTINDUSTRIE GEBRACHT WERDEN KANN UND DORT WEITERGEGEBEN WIRD FÜR ZUKÜNFTIGE VERBESSERUNGEN

DER ABERGLAUBE DAS LUXUS UND REICHTUM UND VIEL GELD UND ANDERE REICHTÜMER EIN ZEICHEN VON KULTUR UND GRÖSSE IST UND DAS GELDANHÄUFEN UM NICHT MEHR ARBEITEN ZU MÜSSEN EIN WAHN IST UND EIN ADELSZEICHEN WÄRE ODER ANGESTREBT ZU WERDEN LOHNENSWERT IST DAS WIRD ALLES IN DEN ZENTREN ALS ABERGLAUBE UND SELBSTSUCHT ERKANNT WERDEN UND DER SELBSTLOSIGKEIT ALS HINDERLICH GESEHEN WIRD DA NÄMLICH DADURCH ALLE ANDEREN MENSCHEN AUF DER ERDE BENACHTEILIGT UND IN ARMUT GEBRACHT WERDEN

SÄMTLICHE WERTE DIE HEUTZUTAGE ALS ERSTREBENSWERT DARGESTELLT WERDEN NÄMLICH VON DER GELDMACHT WIE ZUM BEISPIEL AKTIEN TRUSTE HANDELSGESELLSCHAFTEN BANKEN ODER DIE WERTE DER EINZELNEN FIRMEN MIT IHREN IMMENSEN GELDMENGEN ODER EINZELNER PERSONEN DIE UNMENGEN GELDER ANHÄUFEN DIE ÜBERALL AUF DER ERDE FEHLEN WERDEN ALS WERTLOS ERKANNT WERDEN

In diesen Regenbogen Transformationszentren werden auch die Zugänge zu den Regionen Geistes geschaffen werden die eine Erleichterung zum erkennen des göttlichen wissen bringen werden. Denn zur Zeit mit dem konzentrierten Interesse der Privatmacht oder der Geldmacht oder der Privatinteressen werden sämtliche Werte dieser wenigen so über die Medien in die Massen gebracht das es für alle so aussieht als ob das die geistige und göttliche einzige Wahrheit für die Menschheit wäre. Denn sie bestimmen ja auch über die Arbeit und damit über die Verwaltung. Und da die Privatmacht und die Geldmacht nicht das geringste Interesse hat die Gemeinschaftsmacht oder das Gemeinschaftsinteresse zu fördern und deren Recht zu leben oder sich deren Werte aneignen will, denn das würde ja bedeuten das sie ihren eigenen Untergang aufbauen würden, platt werden würden ,wird natürlich das Privatinteresse und die Geldmacht nur diese Bereiche unterstützen die ihren Besitz noch mehr vergrößern und ihre Macht über die Menschheit noch mehr ausbreiten. Aber sie kann diese Macht nur aufrecht erhalten indem sie sich der auszubeutenden Arbeiterschaft bedienen. Egal ob mit Doktortitel oder Diplom alles wird von denen ausgebeutet. Letztendlich ist es das gleiche System wie der Bauer der die Tiere ausbeutet und ihnen dafür Nahrung und Ställe gibt. Deshalb sind Maschinen der beste Ausbeutfaktor den diese Geldmacht sich nur wünschen kann, denn damit können und wollen sie letztendlich von fast allen Menschen die bloß Unkosten sind loskommen. Resultat wird gigantomanische Arbeitslosigkeit sein. **All das ist Banditentum Heidentum oder Wahnsinn von Raubmenschen egal wie viele Villen sie haben egal welche Torten geschmiert werden egal wieviel Ansehen sie zur Zeit auf der Erde unter der ausgebeutet Menschheit haben, es ist eine Bankrotterklärung der Menschen an sich selber eine Erschlaffung und Ermüdung und eine Geistleere Fülle die schon fantastisch zu beobachten ist.**

NUR DIE WELTREGIERUNG UND DIE WELTWEISEN OHNE DIE GELDMACHT KANN DIE MENSCHHEIT VOR DEM WAHNSINN DER WAHNSINNIGEN GELDMACHT BEFREIEN DENN NUR

DORT WERDEN DIE GLOBALEN WERTE LIEGEN DIE DANACH SOGAR GELDLOS SEIN WIRD UND NUR DORT WERDEN WERTE SEIN DIE HUMAN SIND UND RECHT VOR GELDMACHT LEBEN WERDEN DENN DIE WELT IST EIN GESCHENK FÜR DIE GESAMTE MENSCHHEIT UND NICHT FÜR DIE GELDMACHT

Wer dem Geld dient und Besitz in seinem Bewußtsein oder seiner Fantasie anhäuft und wer an Besitz verhaftet ist und sogar daran glaubt und es sogar verteidigt oder in der Öffentlichkeit propagiert, der ist ganz einfach ein Ignorantes Tier geblieben und gehört weder in eine verantwortliche Position oder Staat oder Firmen, da der Wahnsinn der Gier und der Verhaftung an die Materie unweigerlich zur Zerstörung führt, auch wenn zuerst der Luxus den Arsch soweit aufbläst das die Gier voller Karacho ohne Verantwortung alles ausbeuten wird was es sichtbar zu erbeuten geben wird, und dabei noch mehr und mehr Armut schaffen wird und Versklavung. Aus den USA kommt, da es die Hölle des Materialismus ist ,und in der Betrugsdemokratie der wahre **FÜHRER** ist, die totale Versklavung all eurer Taten, Wünsche, Hoffnungen und Habgier an das Geld das für diese immensen **FÜHRER** der Freiheit durch Geld der Erdenhimmel oder das Paradies ist. Natürlich sind alle anderen Staaten und deren Beamtentum und Doktoren oder Proffs und die Menschen überhaupt genau so **verblödet** geblieben und damit der Untergang in die materielle Ignoranz schon vorgeweiht ist.

Die Erde ist ein Geschenk an alle Menschen und alle Lebewesen, und damit nicht ein Ausbeutobjekt von Privatpersonen oder Gruppen, oder Geldsekten wie die Banken oder die Kartelle. Die Kohle gehört allem Menschen, das Gold gehört allen Menschen, das Wasser gehört allen Menschen, das Getreide gehört allen Menschen, das Öl gehört allen Menschen , kurzum, die Rohstoffe gehören allen Menschen auf der Erde und keinen Firmen, Staaten, oder Privatpersonen. All das ist noch Betrug und Raubsäugetierwahnsinn, das ist weder Recht oder Rechtsstaat, das ist alle Murks mehr nicht. Es ist unbeschreibliche Armut gigantische Armut im Geiste und in der Wahrheit. Als auch im Sehen und Hören und erkennen was wo wer wie weshalb ist.

Da die Rohstoffe der Erde entstanden sind die keinen Pfennig Cent oder Euro oder Dollar und Yen und soweiter gekostet haben, ist es auf diese weise geschenkt worden. Kein Mensch hat deswegen ein Recht, Bezahlung für Mineralien Rohstoffe und soweiter zu verlangen. Da er Werte bekommt für die er garnichts geleistet hat. Erst wenn der Mensch der Raubmensch diese

Rohstoffe so bearbeitet die es zu einem Plus für die Menschheit machen, kann Bezahlung verlangt werden. Aber es kann keine Bezahlung für die Rohstoffe sein, sondern nur für die Arbeit, um den Rohstoff nützlich zu machen. Da aber kein Mensch für das vorhanden sein der Rohstoffe auf der Erde Arbeit geleistet hat, sondern diese allen Menschen auf der Erde gehört, kann hier rechtmäßig kein Verlangen nach Bezahlung für geleistete Arbeit sein. Im Weltstaat wird die persönliche und nützliche Arbeitsleistung eines Menschen das einzige absolute Bezahlungsmittel sein. Das Geld wird dann langsam nachdem der Weltstaat in den Besitz der Werte gelangt aus der Welt verschwinden. Es wird also später nur ein einziges Unternehmen auf der Erde sein. Dieses Unternehmen wird für alle Belange und Güter und alles was neu wird und kreativ und soweiter sorgen damit alle Menschen auf der Erde total Sorgenfrei leben können und frei von Versklavung der Privatinteressen und der Kartelle und der Staateninteressen und der Geldmacht.

Selbstsucht und Nationalismus sind das gleiche sie haben ihre Energie vom tierischen Ignoranznebel. Hier ist was Martinus zu diesem Thema schreibt:

1. Alle Formen des Sieges der Selbstlosigkeit über die Selbstsucht. Sieg des Gemeinschaftsinteresse über das Privatinteresse

2. Erschaffung einer Internationalen demokratischen Weltregierung

3. Abrüstung aller Länder zum Vorteil für die Errichtung einer Internationalen unparteiischen Weltpolizei

4. Entwicklung eines internationalen klar zutage tretenden nicht geheimen-höchsten Gesetzes - und Rechtswesens, zusammengesetzt aus den besten Repräsentanten der Wissenschaft auf geistigen wie auch materiellen Gebieten, die qualifiziert sind, den Unterschied zwischen „ abnormalem Handlungen" und „ Verbrechen" zu erkennen, die den Gang und die ewigen Gesetze des Daseins kennen und die damit eine Garantie für absolutes Recht und absolute Gerechtigkeit für alles und alle sind.

5. Abschaffung des Privatbesitzes von Werten zum Vorteil ihrer Aneignung durch den Weltstaat

6. Abschaffung des Geldes zum Vorteil der Einführung persönlich geleisteter Arbeit eines jeden Wesens als einzigen Zahlungswert und Quittungen hierfür

als einziges Zahlungsmittel dieser Person.

7. Errichtung einer für den gesamten Weltstaat gemeinschaftlichen Kindheits und Alters und Krankenfürsorge auf Basis des Abzugs von den Arbeitsquittungen

8. Ausnutzung der Maschinen zur Verkürzung der materiellen Arbeitszeit zum Vorteil von Studientagen und Geistesforschung

9. Abschaffung aller Gewaltpolitik und allen Blutvergießens

10. Abschaffung von Tortur und Prügel und Todesstrafen zum Vorteil von qualifizierten Internierungs und Erziehungsvorkehrungen

11. Entwicklung von Vegetarischen Nahrungsmitteln, von Gesundheit und Körperpflege sowie von gesunden und hellen Wohnverhältnissen

12. Entwicklung von Geistesfreiheit, Toleranz, Humanität, und Liebe zu allen Lebewesen, zu Menschen und Tieren zu Pflanzen und Mineralien.

So, das war einiges was in den Regenbogen Transformationszentren auch erarbeitet werden wird. Es werden also auch viele Themen von Geisteswissenschaftler wie Martinus der kein Buchgeisteswissenschaftler war und ist, sonder der aufgrund seiner Göttlichen Existentiellen Erfahrung Einblicke in die Wahrheit Gottes und seiner Schöpfung bekam, die weit und mehr als weit überlegen sind was ein angelesener Gelehrter jemals ins einem Leben überhaupt fassen könnte. Hier in diesen Zentren werden nur Menschen aktiv sein die zumindest mit Lehren arbeiten werden die eine Existenzielle Göttliche Erfahrung hatten. Alles Mentaltheoretische ist hier fehl am Platz wie zum Beispiel Theo- Logen. Hier wird nur derjenige verbreitet werden dem Gott ‚das Göttliche‚ schon etwas von der größeren Wahrheit zeigte.
Zum Beispiel hat die militärische Zunft hier keine Zukunft mehr. Ihr zustand ist weltweit unerträglich. Wirtschaftlich ist Militär sowieso untragbar, emotional inakzeptabel, mental ist Militär völliger Irrsinn. Politisch ist Militär das reinste Gift, Gift von Giftmischern für Giftmischer, vom Gefühl her ist Militär völlig Irrational und total auf Lug und Betrug aufgebaut , auf Tricksen Täuschen Irreführen. Wer das heute noch vertritt ist simpel und voller Haß aber auch voller Wut und Schizophrenie und den Abgasen seiner ziemlich blöden Muttersprache.

Denn wer sich heute noch beweisen muß der hat ziemliche geographische Irreführungen hinter sich, aus denen er nicht die richtigen Schlüsse gezogen hat. Jeder Politiker jedes Volk jede Partei die Armeen unterstützt ist ein Verfechter des Üblen, und das muß zum Tabularasa Tabu werden. Wenn Generäle sich öffentlich beweisen wollen wie gut sie doch sind so ist das schlicht eine Lüge ins Gesicht der Menschen und ihren Arbeitgebern, nämlich dem Provinzvolk. Wenn das Provinzvolk Militär haben will dann verdient es auch Weltkriege. Im Militär ist das Gefühl unterentwickelt und die Intelligenz überentwickelt, es sind also Mißbildungen.

Die Industrie- will sie global spirituell werden- muß sich davon distanzieren, denn sonst ist die Industrie, die Menschheit als ganzes nicht mehr Glaubwürdig und es lohnt sich nicht mit solchen Idioten noch etwas zu tun zu haben.

In den Regenbogen Transformationszentren, dort werden nationale also selbstsüchtige Ängste so wie politische Ängste und Alte-Neu-Rosen beseitigt, damit der Duft der Menschheit leben kann, und nicht der Gestank der Politik und des Militärs. Das Militär wird dafür ein eigenes Lager, weit, weit draußen in der Wüste haben, wir werden sie mit Filmen von Atombombenopfer mit Naziopfer mit Attilas Methoden mit Alexander den blöden Großen dem irren wirren, mit Vietnamkriegsopfer mit Giftgasopfer tagtäglich zusammenbringen, wir werden aber auch die Opfer der Kriege und Massaker der Israelischen Morde an andere Gruppen und andere Völker mit reinbringen, denn: Werfe du den ersten Stein wenn du nicht Schuldig bist. Und die Israelis haben im Laufe ihrer langen Mordphasen auch genügend Menschen anderer Sorten erwürgt erschlagen und soweiter. Wenn ich alleine bloß an das Kosher-Ermorden von Tieren denke, das angeblich etwas mit Religion zu tun haben soll, -Mein Gott - muß Gott da ein Blutsauger und Fleischfresser sein,,aber alles hoch religiös, sehr religiös, nein, nein, ihr könnt euch selbst und eure Glaubensblinden täuschen aber nicht mich. Auch die Juden sind bloß Raubsäugetiere geblieben und gehören zur gleichen Kategorie bei denen ist das bloß in der Vergangenheit verdeckt worden.

Es gibt keine Völker auf der Erde die nicht irgendwann irgendwie irgendwo und wenn auch nirgendwo andere Ethnische Gruppen platt gemacht haben. Alle Menschen kommen aus dem Raubtierbereich und mußten vom Töten leben, das war ganz normal, so wie es die Wesen noch tun müssen die der Mensch Tiere nennt, und sich dabei sehr großzügig übersieht, diese Sogenannten Tiere können garnicht anders sie müssen andere Körper töten um zu überleben. Wir werden das Militär sich an diesem Kriegen und Morden der Vergangenheiten ihrer Völker laben lassen. Wir werden ihnen das Gejammer der Kinder und Mütter tagtäglich hören lassen. Wir werden ihnen zeigen wie Senile Machtpolitiker also Raubtiere skrupellos mit der Geldmacht Kriege anfachen und das Militär für ihre Selbstsüchte eines Raubtiers immer als Arschloch der Nationen abgezockt haben. Egal welche Nation egal welches Volk alle haben sie den gleichen Wahn

und sinnlosen Irrweg ihrer Egosüchte gelebt. Wir werden dem Militär per Computersimulation, ihre Mütter und Kinder und verwandte vorführen, wie sie in die Gaskammern geführt werden , oder wenn die Bomben auf ihre Häuser fallen. All diese vollgefressen russischen Generäle die amerikanischen zynischen Generäle die deutschen Fachidioten Generäle die nichts dazugelernt haben, die Chinesischen Affenidiotengeneräle, die französischen Atombombenlieb habergenerälen und alle anderen Generäle der Weltweiten Volksarmeeidioten, sie alle werden in der Wüste in Computeranimationscamps speziell therapiert werden. Wir werden ihnen schon ihre geheuchelten Verteidigungsphobien auf Staatskosten glattbügeln. Jede Gehirnwindung wird mit Jimi Hendrix Gitarrensolos glattgebügelt werden. Aber alles wird Computergesteuert sein, sogar über Satelliten gesteuert sein, ihre eigenen Satelliten. Die da oben als

Gift herumschwirren.

Dieses Staatliche Idiotengift, dieses staatliche politische Affengemisch aus Gier Widerstand Wut Geheuchel, das von den Politikern als Realität beschrieben wird, das wird in den Transformationszentren Extrabehandlung bekommen. VIP Behandlung.

Sie werden alle auf Diät gesetzt werden,, für Immer.

Denn Weltwirtschaftsziele sind das nicht. Da sie die Gegner dieses spirituellen industriellen Weltwunders das auf sie zukommen wird, sind. Wenn ich heute die Weltwirtschaftsgipfel betrachte ist das schon amüsant chaotisch. Da stehen dann Politiker die angeblich die Weltwirtschaft präsentieren. Das ist völliger Quatsch. Noch dümmer gehts wohl nicht. Die Zeit der mystischen Hieroglyphen der Symbole, der Täuschungen soll doch vorbei sein. Dort stehen Sektenführer, die tief in Korruption in Militarismus , Waffenhandel, der übelsten Sorten, in Geheimdienstübeleien in Kriminalität verwickelt sind. Und sie repräsentieren die Weltwirtschaft. Also die kommende Weltreligion. Aber Weltwirtschaft ist global und nicht politisch. Sie ist auf Kooperation, Tausch, Handel, Information, Wissen aufgebaut, auf Arbeitserfahrung, auf,s Handwerk, und auf,s Mundwerk. Auf Intuition, Denken, auf Erkenntnis, Erkenntnis das die Erde irgendwie rund ist, verletzlich, und nicht auf provinzielle politische Kapriolen.

Politiker sind Gehaltsempfänger. Das ist alles. Es sind dumme Jungens vollgefressen vollgesoffen die aber auch garnichts wissen, sie sind bloße Tiere geblieben. Keiner der Politiker weiß das er mehr ist als bloß vollgefressener Body. Keiner. Das politische Wesen, Typus, hat seine Hauptinteressen zwar oft im Gemeinschaftssinn und ist wie in Bayern und in anderen Ländern und Städten oder Dörfer stark daran interessiert was und wie die Regierungsverhältnisse sind, und möchte deswegen auch da mitmischen, weil er fantasiert er würde einiges verbessern können, und wenn auch nur für sich zuerst. Denn gut sichtbar ist ja das politische Selbstbedienungsdemokratien bestens für die politischen Sekten gedeihen. Die Interessen dieser Menschen dieser Politiker hat aber auch oft eine dominierende Natur gut versteckt hinter den Masken des Raubtiers, die ab und an auch sehr gerne bis zur verbrecherischen Selbstsucht reicht, aber auch ausgezeichnete selbstlose Menschen zum Vorschein bringt oder ab und an einen Idealisten. Aber je primitiver das Gefühlsleben eines Politikers ist, wobei es gleichgültig ist ob in einer Demokratie oder Nichtdemokratie, je primitiver ihr Gefühlsleben ist, in Verhältnis zu ihrer Intelligenz, desto übler stinkender ausbeuterischer und selbstbedienender und selbstsüchtiger werden diese Politiker sein, wobei egal ist ob es die sogenannte religiöse Politik ist der Kirchen Politik oder der Parteipolitiker, den gut sichtbar ist auf der Erde das sie allesamt ihre minderwertigen Beschränktheitsfantasien ausleben und ablabern können,. Aber je mehr das Gefühlsleben entwickelt ist und damit auch das Bewußtseinsleben desto mehr werden sie die Fähigkeit bekommen eine leuchtende Intelligenz zu entwickeln die zum wohl der Menschen angewendet werden kann, eine Intelligenz die beides hat nicht bloß Intelligenz ohne Gefühl. Erst dann sind sie wertvoll für die Menschen. Da aber Politiker oft aus unterschiedlichen Gesellschaftsbereichen kommen, sind ihre Motive auch unterschiedlich, und sie werden oft bloße Söldner der Industrieverbände sein von denen sie zuvor gesponsort wurden, oder bei deren Verbänden sie zuvor in die Lehre gingen um dann Politiker zu werden um insgeheim dann diese Industrieverbände zu repräsentieren und ihnen keine Schwierigkeiten zu machen. Natürlich laufen da auch andere Typen herum, aber keiner dieser Politiker wird einen echten Erfolg erleben können, solange er eine Atheistische Haltung haben wird und denkt oder glaubt das es das Göttliche nicht gibt. Er wird Schwachsinn hinterlassen und Schwachsinn aufbauen. Aber auch die Gläubigen sich auf Gott berufenden werden Totalverblödung hinterlassen da sich bei ihnen die Wahrheit bloß als Glaube und Hoffnung darstellt oder als Fundamentalwahnsinn. Politik muß auf den konsequentesten Einsichten der unwiderlegbaren Logik der geistigen Gesetze basieren, nämlich einer total geistigen Basis, oder dem Göttlichen Fundament. Jegliche Politik und Weltpolitik ist zum Scheitern verurteilt und wird auch konsequenterweise Scheiter Haufen hinterlassen, mag sie noch so Innovativ und mit anderen Schlagwörtern bepflasterte Selbstbehymnung sein, es ist Scheitern. Denn all das ist ohne Rückrat und ohne wirkliche Kraft und ohne unumstößliche Wahrhaftigkeit, und deswegen sind politische Systeme egal welche auf der Erde, schwachsinnige Schlammschlachten der Verkehrtheit und des materialistischen Jubels auf das nächste Grab.

Es wird auch keine besondere Intelligente demokratische Weiterführung passieren, die für die Menschen eine Erweiterung der inneren Freiheiten bringen wird, solange die politischen Sekten bloße dumpfe Materialisten sind. Sie können zwar sagen sie glauben an Gott oder auch nicht, aber an den Früchten werdet ihr sie erkennen. So ist also eine Politische Demokratie gesteuert von der Geldmacht eine Primitivstaaterei ohne besondere Geisteskultur, aber mit sehr viel blah, blah, blah und in, und aus, allen Arschlöchern ,für alle Arschlöcher. Es wird eine Macht also das Unrecht sich weiterhin hinter dem Deckmantel des Rechts seine Intoleranzen verschleiern lassen, und Materialismus wird blühen bis zur Totalverblödung, auch der Wissenschaftler.

Denn da aber auch garnichts und rohnichts ohne geistige Energie leben kann und bestehen kann, ruinieren diese politischen Menschen und Wissenschaftler ohne es zu wissen ihr eigenes Vorhaben. Da aber die Antireligiosität der Atheisten aber in Wahrheit bloß ein Mangel an genügend Intelligenz ist wird eventuell ihre eigene Ignoranz im laufe der Zeit des sich weiterentwickelns zerfallen, und diese Menschen werden dann erkennen können wie das göttliche glänzt und was für ein Gesetz das ist. Dann erst werden Politiker da sein, die dann aber keine Politiker mehr sein werden, da dann schon eine Weltregierung und eine Weltwirtschaft geschaffen wurde und jegliche Politik überflüssig geworden ist, und bloß Wahrheit und Weisheit und Liebe und Kreativität und schöpferisches weiterführen aktiv sein wird. Aber das ist noch ein langer, langer Weg bis dahin.

Ich, Gott, hoffe das die Industrie nun mittlerweilen so wach geworden ist, das sie erkannt hat das ihr eigenes Profitstreben, das die MitarbeiterInnen, als bloß eingekauft betrachtet, auf lange Sicht keine Chance zum Überleben hat. Sie wird einfach Totgelebt. Da ich Gott bin sind alle anderen auch Gott. Auch wenn sie es noch nicht verstehen oder erfahren haben. Es bedeutet aber das jeder Gott ist , und das bedeutet wiederum das keiner niedriger als der andere ist, wenn ICHS mal so plastisch formuliere. Jedenfalls wird mit Protest mit Geduld mit Gewalt mit wer weiß was diese politische Weltmafia weggelebt werden müssen. Sie paßt nicht mehr in die menschliche Gemeinschaft. Politiker müssen das selbst einsehen und dann gehen. Dann wird anstatt Politik Weltgemeinschafts wirtschaft gemacht werden können. Was kümmern einen Gesetze der Willkür der Raubmenschen die bloß Intoleranz hinterm Recht verstecken, und ihre Lobbywahrheiten durchziehen um ihre Sektenfirma per Gesetz sozusagen im Staatskartell geschützt zu haben. Weg damit. Das ist alles Blockade für die Menschheitswirtschaft, der Globalen.

Wenn die politische Würgerei in der Welt sich nicht verändert, werden die Politiker ganz einfach nicht mehr beachtet werden. Und heutzutage ist ja schon gut erkennbar, das die Illusionstriumphe der Politiker mit 30% von 40% nur sie selber verblödet und keinen anderen mehr. Die Menschen sind in Wahrheit innerlich viel weiter als diese Verblödungssysteme global die sich Politik nennen. Egal mit welcher Sekte ob Politisch, Religiös oder Philosophisch und sonstwas, es sind alles bloß Sekten. Und Sekten können bloß in Prozente da stehen weil sie ja wie der Begriff schon sagt Sektirisch Sektion also bloß Teile sind oder Teilchen. Aber wer auf das Teilchen hört ,fixiert ist, und auch Nationalstaaten sind bloße Teilchen, der wird den Engstirnkomplex bekommen und damit auch alle die innerhalb dieses Sektenbereichs sich volldudeln lassen von den Sektenchefs und Innen. Deswegen auch die Regenbogen Transformationszentren damit diese Sekten oder Teilchenwirtschaft wieder geöffnet werden kann und die Weite und Größe und Freiheit erscheint.

Die politische Akzeptanz unter den jüngeren läßt stark nach. Die Menschen wollen sich einfach nicht mehr um die politischen Schmalspurträume und Fehler kümmern .Abbau von Grenzen und anderen Barrieren geht auch ohne die Politik. Es sind nämlich nur ihre eigenen Fehler die dort ablaufen. Es sind nämlich auch bloß ihre eigenen Grenzen weltweit die sie innerhalb ihrer eigenen politischen Systemarbeiten abbauen oder auch nicht. Kurzum, das politische Spektakel hat sich selbst zu einem Blockadewesen entwickelt das verhindert das Freiheiten gelebt werden können. Wer will den Gleichton Laberschund der Einschlafmonotonie ihrer Träume noch hören. Doch bloß hörige. Also zurück zu den Beschäftigten in der Industrie.

Auch sie wollen, trotz Arbeitsverträge 5-6-7-8-9 Tausend im Monat verdienen und mehr, und das ist auch vernünftig so. denn, solange Re- Gier-ung selbst die Gier lebt im bezug zur Selbstbedienung der Politiker an den Geldern der Einzahler, und sie damit öffentlich vermarktet, weshalb sollten da die Gierunterstützer, die garnicht so gierig sind wie es jene immer gerne darstellen damit auf jemand runter gezeigt werden kann und ein Feindbild weitergeführt werden kann, nämlich die Re-Gier- ung und die Habsucht des Volkes, was totaler Betrug ist und in Wahrheit die Intoleranz der Gier Re-gier-enden ist, die auch hier wiedermal unter dem Deckmantel des Recht-habens täuschen indem sie die saubere Gier sein sollen. So das ganze System ist ungerecht, nein, die Menschen sind ungerecht und leben bloß blah, blah, blah. Zum Beispiel das Raubsäugetier Beamtentum, was das alleine für Vorzüge bekommt und Kostenreduzierungen in vielen Bereichen, und das nennt sich dann Rechtsstaat. Es ist Ego- Staat mehr noch nicht. So kein Wunder das Menschen diese Raubsäugetiergerechtigkeiten und Gesetze auch nicht beachten wollen. Wieso auch.

Oder der Betrug der weltweiten Chemischen Industrie, die, die gesamte Welt vergiftet und die Menschen unbeschreiblich Krank macht bis zum Krebs und vielen anderen Krankheiten, die aber bei den Politikern Gehör finden und den Blöden Politiker weltweit erpressen, mit dem Argument, wenn die chemischen Stoffe auf ihre Effektivität untersucht werden müssen, so wird das Arbeitsstellen Abbau geben. Das ist alles Betrug und der weiterversuch sich mit den Blöden Politikern in der Öffentlichkeit ein Scheinrecht auch als Euroscheine aufzubauen, damit die Giftintoleranz der Chemischen Industrie sozusagen den

Freifahrtsschein für ihre Gifte und damit Tötung der Menschheit zu geben. So immens blöde sind Politiker. Und die Menschen, die Massen, sie haben ja keine Lobby wie die Chemische Industrie die in Europa über 400 Milliarden Euro Umsatz macht , und werden so weiterhin vergiftet. Was ist das für ein Rechtsstaat, oder Gerechtigkeitssimsalabim von Politikern ergo Raubsäugetieren Na ja, wie schon geschrieben, was kann ich von Raubsäugetieren auch schon verlangen, Fressen, Scheißen, Glauben und Schlürfen, plus einiges mehr, nämlich, zu Glauben das sie Menschen wären. Nicht nur das in Wahrheit gibt es nochnichtmal Chemie, was die Chemiker einem Weltweit vorlabern und an was sie Glauben, das ist alles bloß ein Glaubensbekenntnis , ergo schwachsinniges Gestammel mit Nobelpreisen zum weltweiten weiterverblöden. Denn das was Chemie sein soll, ist ja erstmal bloß ein Begriff, und die Stoffe die sie da Anal- lysieren und die sie Isolieren, und dann benennen, sind garkeine solche Wahrheiten, denn, das Wort ist nicht das was sie als Chemie bezeichnen, das Wort Atom zum Beispiel ist bloß ein Wort aber das was sie als Atom bezeichnen ist gar kein Atom es wird nur so genannt. Und da die Chemische Industrie auf Abspaltung beruht und Isolierung, ist das sogar ein Doppelignoranzding, denn es gibt keinen Isolierten Stoff in der Schöpfung Gottes, und auch kein Isolierter Stoff kann jemals etwas Lebensförderndes Erreichen, und deswegen sind alle Isolierten Stoffe und dann künstlich hergestellten Stoffe, auch das falsche nämlich Gift für die Welt das Universum die Menschheit. Es wird immer ein Feind sein gegen das Wahre ungeteilte Leben. Noch einiges mehr, da alle Isolierten Stoffe aus ihrem natürlichen Verbund gerissen werden und mit Chemischen Giften alle Chemie ist nunmal Gift, behandelt werden, ist das Natürliche dieser von den Superblöden Chemikerraubsäugetieren gesehene Teil, nämlich auch aus der Verbundsenergie die aus Licht und Ton , mal einfach formuliert besteht, gerissen ,und hat damit seine natürliche Schwingung die immer perfekt für jedes Organische und Unorganische Leben ist verloren, das bedeutet es kann dann nur noch eine falsche Schwingung abgeben nämlich die Schwingung der Isoliertheit und das ist Zerstörung in seiner reinsten Form. Und so eine Kotze verteidigen die Politiker so blöde sind die. Und so verkommen ist die chemische Industrie die ja zu den Kartellen der Petrochemischen Pharmazeutischen Weltkartellen gehört die wiederum von den Bankkartellen und damit den Privatmenschen gehört das heißt den Familien und Sekten dieser Geldgläubigen Schwarzlichtanbeter.

MEIN LICHT IST HELLER ALS DAS LICHT DER SONNE:
DEINES AUCH
LEBE DANACH DEMENTSPRECHEND

DENN DIE POLITISCHE WELT IST OHNE LIEBE SIE IST BLOß GESCHÄFT SO WIE DIE WELTINDUSTRIE NUR GESCHÄFT IST

Hier ist was Dr. Rath als Appell an die Menschen der Erde in Berlin am 2. November 2002 sagte.

Gesundheit statt Krieg- Make Health- Not War

Nie zuvor in der Menschheitsgeschichte konnte ein einzelner medizinischer Durchbruch so viele Volkskrankheiten auf einmal beseitigen und so viele Menschenleben retten wie die Erkenntnis der Bedeutung von Vitaminen, Mineralien, und anderen lebenswichtigen Faktoren des Zellstoffwechsels für die Vorbeugung und Beseitigung von Volkskrankheiten.

Nie zuvor in der Menschheitsgeschichte konnte mit Hilfe eines einzelnen medizinischen Durchbruchs die führenden Todesursachen sowohl in den Industrieländern als auch in den Entwicklungsländern auf einen Bruchteil des heutigen Standes verringert werden. In den Industrieländern können jetzt Herzinfarkt, Schlaganfall, Krebs, und viele andere Volkskrankheiten erfolgreich bekämpft werden, in den Entwicklungsländern die Folgen von Unterernährung und die Anfälligkeit gegenüber Infektionskrankheiten.

Nie zuvor in der Menschheitsgeschichte war es möglich, solche unvorstellbaren Ziele innerhalb nur weniger Jahrzehnte zu erreichen, denn die benötigten Naturheilstoffe können sofort überall auf der Erde in ausreichender Menge zur Verfügung gestellt werden.

Nie zuvor in der Menschheitsgeschichte war das Ziel, eine Welt ohne Krankheiten zu erreichen, so real wie heute.

Das wichtigste Hindernis auf dem Weg zu diesem Ziel ist der Wiederstand der Pharmaindustrie, einem Industriezweig, dessen Geschäftsgrundlage der Fortbestand von Volkskrankheiten ist.

Nie zuvor in der Menschheitsgeschichte gab es eine Industrie die Gesundheit und Leben von Millionen Menschen länger und systematischer aufs Spiel gesetzt hat als die Pharmaindustrie, mit dem Ziel, aus fortgesetztem Leiden und Not von Millionen Patienten Milliarden- Profite zu schöpfen.

Nie zuvor in der Menschheitsgeschichte gab es ein umfassenderes Täuschungs-Geschäft als das Pharma-Geschäft mit der Krankheit. Sie versprechen die Ware „Gesundheit" kassieren Milliardenbeträge und liefern vor allem noch mehr Krankheiten. Als zwangsläufiges Ergebnis dieser globalen Täuschung wurde über Jahrzehnte keine Volkskrankheit beseitigt, die Milliardenkosten jedoch ruinieren die privaten und öffentlichen Haushalte weltweit.

Nie zuvor in der Menschheitsgeschichte gab es einen skrupelloseren Versuch, ein Milliarden umfassendes globales Täuschungs und Betrugssystem aufrecht zu erhalten, indem Regierungen sowie nationale und internationale Parlamente missbraucht werden für den Erlass von Protektionsgesetzen und Maulkorb Erlassen mit dem Ziel, eine wirksame, nebenwirkungsfreie und erschwingliche Gesundheitsvorsorge durch natürliche nicht patentierbare Heilverfahren auszuschließen.

Nie zuvor in der Menschheitsgeschichte lag auf einer Generation unseres Planeten eine größere Verantwortung als auf der unseren hier und heute. Entweder es gelingt uns jetzt, die Menschheit von der Geißel des „Geschäfts mit der Krankheit" zu befreien, oder dieser skrupellose Industriezweig wird die Menschheit weiterhin und auf Generationen hinaus verknechten.

Gemeinsam zeigen wir heute unsere Stärke und Entschlossenheit, unsere Gesundheit und das recht auf freien Zugang zu Naturheilverfahren zu schützen.

Von dieser Konferenz rufen wir die Menschen auf der Erde auf, sich uns anzuschließen mit dem Ziel, die Erde von den Volkskrankheiten von heute zu befreien. Wir rufen euch auf: Helft mit Gesundheit zu einem unveräußerlichen Menschenrecht zu machen.

Niemand hat das Recht, uns lebenswichtige Gesundheitsinformationen vorzuenthalten. Wer dies tut, macht sich der Verbrechen gegen das Menschenrecht schuldig und muß mit allen Mitteln nationalen und internationalen Rechtes zur Verantwortung gezogen werden.

1

Wir rufen die Staatsoberhäupter und Regierungschefs in den Industrieländern, wie in den Entwicklungsländern gleichermaßen auf, stellen sie sich den Plänen der Pharma Industrie entgegen, lebenswichtige Gesundheitsinformationen zu Vitamintherapie und Naturheilverfahren per Gesetz verbieten zu wollen. (**Man muß sich das mal Vorstellen, lieber LeserInn , da versuchen und auch mit bestem Erfolg wie ja im Zusammenbruch der Gesundheitssysteme gesehen werden kann mit Deutschland hinter den USA den höchsten Kosten für diese GiftPharmazeutikamafia, da versuchen diese Kartelle bewußt Menschen krank zu halten und sie bis zum Tode auszunutzen. Die USA ist der Vorreiter dieser Demokratiefaschismus-Gesundheits-Konzentrationslager. Das ist Faschismus denn die Medizin-Pharmabranche war ja auch einer der größten Konzentrationslager-Faschisten da die IG-Farben ja selber**

Konzentrationslager ausbaute und sogar den Spruch entwickelten : „Arbeit macht Frei", das zu Auschwitz gehörte. Und das Rockefellerkartell und IG-Farben hatten ja in den Dreißiger Jahren angefangen diese Deutschen und Amerikanischen Gesundheitssysteme in ihrem Giftverkaufinteresse aufzubauen. Und genau das gleiche Kartell von damals ist heute mit der veränderten Masche dabei, die Menschen eben in der Demokratie als Konzentrationslagerinsassen zu sehen und sie eben Demokratisch zu Töten. Man muß sich auch das gigantische Superniveau und das vom feinsten der Politiker mal anschauen die dieses kriminelle mit aufbauen und selber die Gesetzgebungen, die dann dafür die Schutzgesetze machen. Ist euch etwas klarer wo ihr nun seid, und mit wem ihr es zu tun habt. Ja, mit Dumpfen Raubsäugetieren mehr nicht.)

2

Wir rufen die Politiker auf kommunaler, regionaler, nationaler und internationaler Ebene auf, im Namen all der Menschen, die sie gewählt haben, im Namen der gesamten Menschheit, nutzen sie den Durchbruch der Naturheilforschung zur Beseitigung von Volkskrankheiten. Nur so werden sie ihrem verfassungsmäßigen Auftrag gerecht, Schaden von der Bevölkerung zu wenden. Nur so entkommt die Volkswirtschaft ihres Landes dem Würgegriff des „Pharma-Milliarden-Geschäftes" mit der Krankheit.

(Es ist ja ganz klar das muß erkannt werden, diese Industriekartelle, müssen ja Stoffe bauen die nicht helfen und tun das schon seit über einem Jahrhundert, denn wenn sie was sie nicht können, Stoffe hätten die wirkliche Heilung bringen würden, würde das Geschäft ja ruiniert werden. So aus dem Blickwinkel ist Pharmaindustrie und deren Wissenschaft immer Betrug. Und die Politiker und Wissenschaftler machen eifrig mit.)

3

Wir rufen die politischen Parteien in den Ländern der Erde auf, den Fortschritt der Naturheilkunde zur Grundlage einer neuen patientenorientierten Gesundheitspolitik zu machen. Jede Gesundheitsreform, die allein auf administrative Veränderungen beschränkt ist, muß scheitern. Allein eine Gesundheitsreform, die auf wirksamen, nebenwirkungsfreien und kostengünstigen Naturheilverfahren aufbaut, ist verantwortliche Gesundheitspolitik.

4

Wir rufen die verschiedensten gesellschaftlichen Gruppen auf, helfen sie mit, dieses Wissen zu verbreiten. Nichts ist wichtiger als die sofortige Beendigung unnötigen Leidens und Sterbens von Millionen Menschen an Krankheiten, die längst vermeidbar sind.

5

Wir rufen Ärzte und Angehörige der verschiedenen Heilberufe auf: Laßt euch nicht vor den Karren einer falschen Medizin spannen, die, die Volkskrankheiten von heute weder reduzieren noch beseitigen will, da deren Fortbestand die Geschäftsgrundlage ganzer Industriezweige ist. Erkennt, daß ihr oft selbst zum Opfer wurdet, degradiert zu Rädchen in der Maschinerie des „ Pharma-Milliarden- Geschäfts mit der Krankheit" Jetzt könnt ihr dazu beitragen, den Volkskrankheiten von heute wirksam vorzubeugen und sie in vielen Fällen zu heilen. (**Ich rate nochmal das Lehrbuch der Klassischen Naturheilkunde zu lesen-" Der Grosse Gesundheits -Konz." ISBN 3-8004-1314-0**)

6

Wir rufen die Kirchen auf. Ihr habt in dieser Situation einen besonderen ethischen und moralischen Auftrag, Wiederstand gegen weiteres Verbrechen zu leisten, das im Interesse von maßlosen Profitinteressen der Pharma-Industrie und deren Investoren an Millionen Menschen begangen wird.

7

Wir rufen die Gewerkschaften auf, im Interesse der arbeitenden Menschen eurer Länder helft mit, den medizinischen Durchbruch so schnell wie möglich umzusetzen. Niemand hat ein größeres Interesse daran als die arbeitenden Menschen, die gesundheitlichen und die finanziellen Lasten des „ Pharma-Milliarden-Geschäfts mit der Krankheit" abzuschütteln.

8

Wir rufen die großen und kleinen Unternehmen in allen Ländern der Erde auf, macht euch diesen Durchbruch der Vitaminforschung zunutze, um die Gesundheit eurer Belegschaft zu verbessern, die Lohnnebenkosten zu senken und damit Arbeitsplätze zu schaffen.

9

Wir rufen die Lehrer/innen, Kindergärtner/innen, Schüler/innen , Eltern und alle anderen auf, die im Erziehung und Bildungsbereich tätig sind: Sorgt dafür, daß Kinder, Jugendliche und Erwachsene gleichermaßen lernen, daß der menschliche
Körper Vitamin C, Lysin und andere lebenswichtige Naturstoffe nicht bilden kann, die entscheidend zu Stabilität des Bindegewebes beitragen und damit vielen Krankheiten vorbeugen können.

10

Wir rufen die im Medienbereich Tätigen auf, berichtet vorurteilsfrei und informiert die Bevölkerung über die wissenschaftlichen und praktischen Erfolge der Zellular-Medizin.

11

Wir rufen die jungen Menschen der Welt auf, setzt euch mit uns dafür ein, daß Gesundheit jetzt, in dieser eurer Generation zum Menschenrecht wird. Durch eine konsequente Anwendung dieses Wissens habt ihr jetzt die Chance, die erste Generation zu sein, die ohne diese Volkskrankheiten aufwächst, und diese lebenswichtigen Kenntnisse an die nächste Generation weitergeben wird.

Wir rufen alle Menschen der Erde auf, gleichgültig welcher Religion, Hautfarbe, Nationalität ihr angehört, helft mit, die Menschheit aus dem Joch des „Milliarden-Geschäfts mit der Krankheit" durch die Pharma-Industrie zu befreien. Versprecht daß ihr dieses Wissen solange weitersagt, bis wir unser Ziel erreicht haben und das Wissen um die jetzt mögliche Befreiung von Volkskrankheiten den letzten Winkel der Erde erreicht hat.

Die Dimension dieser Auseinandersetzung ist so gewaltig, daß es kaum eine globale Entwicklung gibt, die nicht davon beeinflußt wird.

Wir erkennen das die politischen Machthaber Angst haben. Sie haben Angst davor, daß mit der Glaubwürdigkeit der Pharma-Industrie auch ihre eigene Glaubwürdigkeit stürzt. Sie haben Angst davor, daß sie für die Verbrechen, die, die Pharma-Industrie an der Menschheit angerichtet hat, mit zur Rechenschaft gezogen werden. Sie haben Angst davor, daß wenn die „Mauer" des Pharma-Kartells einstürzt, die Wut von Millionen Patienten und ihrer Angehörigen sie mit hinwegreißt.

Dies ist der Hintergrund, warum die politischen Handlanger des Pharma-Kartells derzeit internationale Krisen schüren, ja, sogar Kriege in Kauf nehmen. Im Windschatten dieser Krisen und Spannungen werden die Bürgerrechte eingeschränkt und „ Notstandsgesetze" in Kraft gesetzt, die, die Herrschaft dieser globalen Wirtschaftsinteressen stabilisieren soll-notfalls mit Gewalt gegen die eigenen Bürger.

Als unmittelbare Folge des globalen Machterhalts der Pharma-Industrie würden weiterhin Millionen Menschen an vermeidbaren Krankheiten sterben.

Deshalb ist euer Einsatz für den Erhalt des Friedens heute genauso wichtig wie das Engagement für die Befreiung der Menschheit vom Joch des „Pharma-Geschäfts mit der Krankheit"

(Hierzu nochmal die Empfehlung das Buch von G. Edward Griffin- World without Cancer. ISBN 0-912986-19-0 zu lesen. Wäre gut wenn das jemand ins deutsche übersetzen würde.)

(10.4.2007 Die Übersetzung ist passiert. Das Buch ist erhältlich-Eine Welt ohne Krebs.)

Der Einsatz für das Recht auf natürliche Gesundheit und das Engagement für den Erhalt des Friedens sind untrennbar geworden.

Die verantwortlichen Politiker rufen wir auf: Gesundheit statt Krieg ! Make Health- Not War !

Wir die Menschen jetzt und heute haben die historische Chance und Verantwortung, die Menschheit für alle zukünftigen Generationen von Volkskrankheiten zu befreien und Gesundheit endlich zu einem unveräußerlichen Menschenrecht zu machen.

Wir versprechen euch, den zukünftigen Generationen, wir werden alles tun, um euch eine gesunde, gerechte, und friedliche Welt zu übergeben.

Europäische Gesetzgebung stellt Gefahr für die Naturprodukte und für die Entscheidungsfreiheit der Verbrauher dar!

Die europäische Kommission und das Europaparlament, mit dem europäischen Ministerrat, diskutieren zur Zeit eine Reihe von Richtlinien, welche die freie Verfügbarkeit der Naturprodukte (Vitamine und Kräuterpräparate) in Frage stellen. Die in Vitaminprodukten verwendbaren Rohstoffquellen werden eingeschränkt, Dosierbeschränkungen sind vorgesehen, aber noch nicht im Detail festgelegt. Kräuter sollen dem Medizinbereich einverleibt werden und Codex Alimentarius, ein der UN unterstelltes internationales Gremium, plant seine eigenen restriktiven Regeln für Vitamin und Mineralpräparate. Das Ganze im Zeichen einer fortschreitenden „ Globalisierung" unserer Gesundheit, im Sinne des multinationalen Pharmakartells und der von ihm kontrollierten „ offiziellen „Medizin.

Deshalb haben wir auf unserer Internetseite eine Unterschriftenaktion gestartet. Verbraucher aus mehr als 100 Ländern haben sich schon daran beteiligt.

Wir verlangen daß:

Europäische und internationale Gesetzgebung so strukturiert werden soll, daß der freie Zugriff der Verbraucher auf Vitaminpräparate und Naturgesundheitsprodukte garantiert ist, die zulässigen Nährstoffdosierungen nicht beschränkt werden, mit Ausnahme nur der Fälle, wo dies zur Abwendung wirklicher gesundheitlicher Gefahren für die Verbraucher nötig ist (nicht zur Abwendung von lediglich möglichen oder theoretischen Gefahren) die zu erlassenden gesetzlichen Regelungen die verwendbaren Inhaltsstoffe nicht durch einschränkende Listen bestimmen sollen, außer wenn eine solche Substanz offensichtlich für Schäden verantwortlich ist, wie sie heute allgemein bei der Einnahme von vielen der genehmigungspflichtigen Arzneimittel beobachtet werden. (Der volle Wortlaut der Petition kann auf folgender Adresse eingesehen werden) www.laleva.cc/petizione/petition-index html oder Vereinigung für die Wahlfreiheit der Verbraucher - www.laleva.cc

Sooo, das war einiges von der Arbeit von Dr. Rath und hier ist einiges von der Arbeit von Voltaire (1694-1778)

„ Ärzte schütten
Medikamente
von denen sie wenig wissen
zur Heilung von Krankheiten
von denen sie noch
weniger wissen
in Menschen hinein
von denen sie garnichts wissen."

Und hier noch einiges von der Arbeit von Hippokrates:

**EURE LEBENSMITTEL
SOLLEN EURE HEILMITTEL SEIN
UND EURE HEILMITTEL
EURE LEBENSMITTEL**

Ja, da sind also gigantische Betrugstohuwabohus am wirken die euch , dich, mal poetisch formuliert, abmurksen sollen, natürlich ganz vornehm, per Gesundheitsgesetze. Diese Pharmakartelle sind mit einer langen Tradition vom feinstem Betrug und vom Nobelpreisträchtiger Zusammenarbeit eine Gesellschaft in guter Tradition der wohlbekannten Gruppe die zur Wissenschaftlichen Erforschung nur Genies und Verrückte hat, die aber ganz beseelt sind vom Goldrausch der Heilung in etwas 40 Millionen Jahren oder auch zwei bis drei

Jahre früher. Aber diese Nobelpreiskartelle kaufen alles auf was gegen sie ist insbesondere im Bereich Bücher. Es hat da das Buch von Rita Stiens gegeben: **Kursbuch Kosmetik ISBN-3-517-07604.** Da gehts um die Giftküche in der Kosmetika und überhaupt ChemieNobelpreiszutaten. Aber ich habe gehört das Buch wurde vom Pharmakartell aufgekauft und auch die ISBN wurde von denen vernichtet, so das es sowas nie zu lesen geben sollte. Das ist eure Gesundheitspolitik der Pharma und Chemiefaschisten. HoHoHoHo

Alle großen Organisationen UN oder WHO und WTO und andere großen Organisationen sie sind alle mehr als Unglaubwürdige Vasallen des Rockefeller Kartells das wenn ihr es wüßtet was und wo die überall drin sind und was die euch vermarkten, ihr sofort tot umfallen würdet, vor Freude auf der Suche doch lieber den Satan dann persönlich zu treffen.

GOTT KLONT NICHT
NUR NOBELPREISTRÄGERISCHE VERRÜCKTE WOLLEN DAS WAS ?
DIE GLEICHE FRATZE IHRER SELBST SEHEN

Also Behauptungen, Behauptungen, Behauptungen, damit werden ja auch die GentechnikerInnen auf die Bühne gescheffelt, und zwar alles mit den Geldern dieser Kartelle. Die Gentechnik ist ja auch so ein Produkte der Fantasien dieser Kartelle die weiterhin behaupten, behaupten, behaupten und die Gesundheitswahn-Versprechungen an die Massen der Bürgerlie der Erde weiterleiten, deren Opfer, Opfer mal auf eine demokratische Art, mal was anderes, per Gesetze Opfern, einfach so. Geld macht's möglich. Aber was hat Martinus mal gesagt: **WO DIE UNWISSENHEIT AUFHÖRT DA HÖRT DAS BÖSE AUF.**

Und deswegen auch **SPIRITUELLE Transformation der Industrie.**

Denn die Katastrophen von Tschernobyl, Bophal, Contergan, Sandoz, Harrisburg, und die Liste könnte nun einige Seitenlang werden, aber die erste Risikotechnik Atomkraft, die zweite Chemie und die dritte Gentechnik, wollt ihr das, wollt ihr den Totalen Krieg,,,wer hat das nochmal geschrien, ach ja, er Adolfus Hitlerus der Henker der Bürger und Liebenden der Seelenbefreier von vielen die Rache wollten und von den Banken der US Geldgeber, auch viele Jüdische Banken unterstützten ihn, denn was sagten die Römer Pinke Pinke nixi stinke. Ja, ja wollt ihr den totalen Krieg, wie der rote Hugo der Tot im Saal hängt, und laut vor sich herschreit," jaja ich will ihn denn ich weiß sowieso nicht weshalb ich hier bin und da wartet nur der Satan auf mich," ja, laßt uns den totalen Krieg haben, lets go. Gib mir die Heiße Gitarre. Laßt uns den totalen Krieg gegen die Natur

führen denn was ist die Natur schon im Vergleich mit UNS, schaut euch unsere Fähigkeiten an, wir können vergiften, wir können opfern ‚wir können Lügen, Betrügen Ausbeuten, Wir können schon seit 100 Jahren Versprechungen machen dass das nächste wissenschaftliche Mittel endlich den Durchbruch bringt zum großen, großen Heil das heiler ist als **Die Wahrheit Jesus** der heilen konnte, aber wir können dann, irgendwann, die ganze Welt heilen ‚alles, sind das keine Fähigkeiten. Was könne wir noch, wir könne durch unsere Lobby eure blöden stumpfen Politiker einseifen, dazu haben wir die besten Pflegeprodukte rein synthetisch, was übrigens bedeutet, das wenn diese Produkte immer benutz werden alles synthetisch wird, auch der Mensch und sogar seine Seele, das ist doch Fortschritt, Freiheit, Liebe, Schönheit, Demokratie, wunderschön, prima, halejula halleduda halelujahh.

Sooo, wo war ich nochmal, ach ja, apropopo Politiker, gestern war doch wieder ein CDU Politiker in den Medien vertreten, angeblich soll er etwas zum Holocaust, oder nein, etwas über Angreifervolk gesagt haben, das die Juden seien, und er hatte dann, vor lauter Superängste vor dem Feind, ganz brav wie ein gutes Bürgerli, vor der Kamera seine Entschuldigung runtergeleiert. Das gefiel nun dem Jüdischen Geheimrat nicht, den ihr ja mit Millionen so wie euer Chefli Schröder es mit eurem Geld machte unterstützt, damit der nun fleißig aufpaßt, das ihr, wer immer ihr auch seid, ja keine Muckserei macht und hübsch brav bleibt und im Sinne von Jesus euren Nächsten liebet, halajujula, hale juhulala, im Himmel, nun wollen sie den Politiker anzeigen, **WEGEN VOLKSVERHETZUNG**. Aber was ich sagen will ist folgendes, wer also heute richtig gute Medienpräsenz haben will, ganz bewußt aufgebaut als Erfolgsstrategie, der braucht nun bloß etwas gegen die Juden sagen in bezug zum Holocaust und der ganzen Nazibraunheiten, und nichtmal das, er braucht bloß das Wort Jude in den Mund zu nehmen und schon gibt es eine Staatsaffäre. Aber schon bist du ein Medienstar, also zum Beispiel eine Neue Rockgruppe, oder ein werdender Politiker, oder ein Pornostar oder die kommenden Stare, , also bloß gegen die Holocausterei öffentlich sein, und schon bist du ein Superstar in den Medien. Und in den Arabischen Ländern wärst du sogar ein Überpopstar. Da ist sogar ein Song zum Supersong geworden mit dem Titel.” Ich hasse die Juden.” Mit anderen Worten der wird dort nicht als **VOLKSVERHEITZER** gerügt. Was muß aber dort für ein Haß sein. Aber Haß ist Intoleranz und Unrecht. Ich meine Jesus würde das nicht tun, denn er war immer bei den von den Bürgern nicht anerkannten bei denen die Hilfe brauchten und nicht bei denen die denken wegen ihres Verstandes schon mit Gott Frühstück zu essen. Aber was würden die Juden dann sagen wenn ein Jude nun gegen sie Position beziehen würde wie damals. **ABER GOTT KLONT JA NICHT**. So, wo liegt hier ein Fehler, er liegt in der Pauschalreisementalität, im Pauschallisieren. Die Juden, die Russen, die Deutschen, Die Amerikaner. Aber es sind immer einzelne oder Sekten und soweiter. Aber weiter, diese Bezeichnungen wie Juden oder Deutsche sind ja falsch, sie sind bloß Glaube, denn wenn weiter geforscht werden würde, wer dieser Jude nun wirklich wäre oder dieser Chinese, dann würde zu dem Schluß gekommen werden, das er nicht die Nationalität und auch nicht der Glaube sein kann. Also sind diese Selbstbezeichnungen einfach falsch. Und weiter, wenn aber gesehen wird, das dieser Jude oder Holländer ein Mensch ist, was ja als Fixierpunkt einer Erkennung genügt, dann kann gesehen werden, das der Jude ein Mensch ist so wie der Deutsche ein Mensch ist so wie der Russe ein Mensch ist und soweiter. Und damit fällt diese Stigmatisierung gegenüber den Juden oder Deutschen weg und bleibt am Menschen hängen. Und welche Eigenschaften haben Menschen heutzutage noch, und soweiter und soweiter. Aber was nicht unterdrückt werden darf, denn sonst entsteht unterschwellige Atombombenaggressionen, ist folgendes: „ IN EINER DEMOKRATIE IST DENK UND REDEFREIHEIT UND ZWAR EGAL WAS ES AUCH SEIN

196

MAG OK „ Alles andere führt zur Heuchelei. Und noch einiges zum Thema sich als Mensch trotz des Holocaust trotz der Weltkriege in der Gegenwart gut zu fühlen im hier und jetzt, denn was einmal gemacht wurde kann nicht durch Denken rückgängig gemacht werden, aber die Gegenwart für dich oder mich, kann trotzdem und ist auch OK, Gut, Schön, Frei, Lebendig, Wahrhaftig, da der schmerzhafte Lernprozess in jeden im kollektiven Bewußtsein gespeichert ist. Ich habe das selbst als sogenannter Deutscher erlebt, wie sich in mir das kollektive Bewußtsein öffnete und ich mitanschauen mußte was zu der Nazizeit ablief mit all dem Leiden und Raubtierverbrechen. Das habe ich in dem fertigen Manuskript „ ALS ICH NOCH JUDE WAR „ beschrieben, das irgendwann mal als Buch fertig sein wird. Deswegen, laßt euch nicht von der „engen Perspektive" zu falscher Selbsteinschätzung verleiten ! Wenn die Perspektive historisch zurückgebeamt wird ist sichtbar das England als Empire massenhaft abschlachtete. Wenn auf Frankreich geschaut wird, sackte Napoleon die Köpfe von vielen ab. Blick auf Russland, massenhaftes abschlachten anderer Volksgruppen. Blick auf Japan , auch abschlachten. Blick auf China, Kopf ab gehört da zum Frühstück. Perspektive auf USA, massenhaftes abschlachten von Volksstämmen, Kriege, Annexionen, Atombomben Abwurf, Spionage Sattelitensysteme, Abhorchsysteme, auch wirtschaftliche Spionage. Krieg im Irak. USA ist in vielen Kriegen meisterlich, wegen ihr Gier nach Macht und wegen des dort am besten entwickelten Materialismus in der Wissenschaft. Also Gottlosigkeit. Aber wie siehts mit Spanien aus, wunderbar, prima, berge von Leichen in Südamerika. Holland, Kolonialer-Plattmach-Trip. Portugal, genauso. Auch Belgien. Österreich -Ungarn, Plattmachkriege. Polen, Kriege. Schweden-Dänemark mittelalterliche Religionskriege. Oder die Supersau- Vatikan, katastrophale Verbrechen an die Menschheit, Foltern, im Namen Gottes. Ach ja, auch im Namen Gottes die Islam-Heiden bis nach Europa alles Plattschlagen Köpfe ab. Und Italien, Äthiopien, oder als Römisches Reich die Plattkopfski-ab-Republik par Exzellenz. Viele, viele Morde und Massenschlachtungen. Mir ist nicht bekannt das eine Nation, ein Volk eine Rasse eine Gruppe es von Anfang an gegeben hat die nicht das Morden und Töten und Abschlachten aus dem Tierreich nicht mitgebracht hat. Weil das garnicht ginge. Denn alle die sich jetzt Menschen nennen, mußten ja durch die Phasen des Raubtierreichs durch, sie durchleben, um überhaupt den Unterschied zu erkennen, zwischen Raubtier, Tier, und RaubMenschsein zum Menschen. Weil es so aufgebaut ist. Erst langsam wächst das Bewußtsein das es ohne Liebe kein wahres Menschsein auf der Erde geben wird. So laßt euch von Politischen Tabus und Uhus von

Tabupolitik nicht verblöden. Diese Halbaffen kennen doch nur Politik und keine Wahrheit. Lebt eure Kraft und Mut, das Denken ist frei und Sprechen auch. Denn nur damit und der daraus entstehenden „ Reibung" wird Wissen gemacht zum weiterwachsen. Trotz all den historischen Völkermorden an Minderheiten ist das friedliche Zusammenleben der Menschheit nicht aufzuhalten. Auch wenn das Heidentum der Religionen und die Selbstsucht der Politiker Global weiterhin verblödendes Projiziert. Auch wenn wirtschaftliches Raubtiergehabe auf der Erde brodelt und die Unwissenheit kocht, das Gute und Schöne die Wahrheit wird siegen und macht FREI.

UND IN DIESEN MEDITATIVEN TRANSFORMATIONSZENTREN DEN REGENBOGENZENTREN DA WERDEN NATÜRLICH AUCH GANZ GEISTIG - WISSENSCHAFTLICH BIS INS SUBTILSTE HINEIN ALLE RHETORISCHEN MACHTGEILHEITEN EGAL WELCHER GRUPPIERUNGEN MIT TIEFENPSYCHOLOGISCHEN ARBEITEN AUFGEDECKT SO DAS NIEMAND MEHR IN DIE VERLOGENHEITSFALLEN VON ANGEBLICHEN MORALISTEN UND GUTRAUBSÄUGETIEREN REINFÄLLT DENN ES GIBT NOCH KEIN GUTES RAUBSÄUGETIER AUF DER ERDE ABER ES GIBT EIN ZWANGHAFTES RAUBTIER AUF DER ERDE UND ZWAR ZWANGHAFT AUCH WEIL SEHR VIELE ANDERE GRUPPEN UNUNTERBROCHEN VERSUCHEN IHREN BLINDFLUG AUF ANDERE ABZUWÄLZEN ALLES IM NAMEN DES RECHTS ABER IN WAHRHEIT FÜR DIE INTOLERANZ ABER SEHR GUT VERSTECKT UNTER VOLKSVERHETZUNG UND VOLKSVERHEIZUNG ODER FREIHEIT ODER DEMOKRATIE ODER GERECHTIGKEIT ODER SOZIALEM FRIEDEN ODER ARBEITSPLÄTZE ODER LIBERIALIBERALISMUS ODER GANZ EINFACH FANTASIEVERNUNFT ODER THEORIEWAHRHEITEN KURZUM SCHWACHSINNIGEM GESTAMMEL ABER GANZ GANZ WICHTIG!

Und auch so eine wichtige Einsicht wird in den Regenbogenzentren klargemacht wie zum Beispiele das Wesen des Handels und der Industrie oder des Geschäfts. Das wiederum eine bestimmte Sorte von Menschen anzieht, und übrigens, soll ja nun jeder zu einem ICH-AG Industrie und Handelsunternehmen werden. Dazu folgendes, um Steuern zu sparen und sehr viel abzusetzen, wenn sich jeder sogenannte Arbeiter selbständig machen würde, und sich dann dem Industrieunternehmen angeilt, dann kann er nicht von der monatlichen Kontrolle des Systemvereins der sich Staat nennt und seine Vasallen im Finanzamt hat, kontrolliert werden, aber ihr könnt es umgekehrt machen, ihr kontrolliert eure eigenen Gelder, solange es in dieser stupiden Systemdemokratie noch Geld gibt. Ihr gebt den Beamten keine Vorrausgelder mehr, das wird deren Arbeitsplätze abbauen und sie müssen erkenne das sie mit euren Geldern euch platt machen wollen denn ihr bezahlt ja diese Plattmachertypen, auch diese Plattkopfskipolitiker. Jedenfalls wird in den Regenbogenzentren erkannt werden das alle anderen Menschen irgendwie doch auch alle Geschäftsleute sind, da ja das ganze Dasein ihrer aufgebauten Systemdemokratie auf Geld basiert und sie sich dem Blinden Heidentum hingegeben haben weil wies immer so schön heißt so ist. Das aufrechterhalten des Lebens ist ja in Wirklichkeit eine Handelsware geworden, die aber mehr oder weniger aufgezwungen wurde oder ein notwendiges Übel wurde. Für die Arbeitenden die ihre Handelsware als die Arbeitskraft und ihren Beruf anbieten können um mit mehr oder weniger guter Bezahlung die gleich wieder von den bekloppten Steuern halbiert wird ist das Geschäftsprinzip einfach eine typische abzock Sauerei die von den Politikern die sie selber bezahlen auch noch unterstützt wird. Deswegen der Bürger ist schon ganz schön blöde, er bezahlt seine eigenen Ausbeuter und Unterdrücker weltweit. Aber diese Industrie die ja auf dem Geschäftsprinzip beruht, und die ja eine Räuberei ist aber alles im Namen des Gesetzes, und mit VIP Karten natürlich aber auf diesem primitiven Niveau des Geschäftsprinzips eben, die wird sich verändern müssen. So in diesen Regenbogenzentren wird dann auch erkannt werden das bei der Entwicklung des Raubmenschen zum Menschen hin, das Raubprinzip Geschäftswelt hinter einem gelassen werden muß, damit überhaupt eine Entwicklung passieren kann. Denn diese Basis des Kampfes ums Dasein was die Geschäftswelt ja ist, ist eine zu primitive Bewußtseinsebene, in denen aber auch jene die daran beteiligt sind, erkennen das es nicht mehr zu ihrem Bewußtseinsentwicklungen paßt, jene die auch in den gehobenen Stellungen der Industrie sind. Andere fühlen sich in dem Sumpf natürlich wohl und das sind dann die Sumpfsäue die ganze Firmen abzocken wie in den USA oder auch Deutschland und anderen Ländern und sich die Abfindungen per Bagger Nachhause scheffeln lassen in extra dafür ausgebauten Kellern von 30x30x30 Metern. Denn die müssen voll bis zum Rand sein. Denn, was in den Zentren erarbeitet wird, ist, das in der Geschäftswelt keine sauberen und hohen Gedanken gelebt werden können, da die Themen immer und auf ewig an die niedere Materie binden. Das gesamte Geschäftsklima global ist ein Egoistisches Blutwurstniveau mit besonderer Würze aus Gier und Täuschung und Elektrischem Lächeln der

Nobelpreisklasse. Das Elektrische Lächeln kommt sofort an wenn Ausbeutprofite und Arbeitsabbau und Aktienkurse und Täuschvernunft also Lügenvernunft blüht. Aber der reine Geschäftsmensch ist ein Wesen das sich dort so richtig wohl fühlt, deren Bewußtsein ist direkt da angepaßt und sie leuchten förmlich in dem unvollkommenen und primitiven Gedankenklima eben die Geschäftswelt. Da natürlich dieses Gedankenklima ein totaler Egoismus ist, deswegen auch die ganzen Subventionen die durch die Lobbyisten erkauft werden, und deswegen auch die ganzen Pharmabrühe die durch deren Lobbyisten erkauft werden da sie ja Unmengen Geld im Keller haben, das sie sogar selber drucken können, denn die Zentralbanken insbesondere in den USA sind ja die Freunde der Geschäftswelt und deren Welthandelsorganisationen und die Politiker sind deren Freunde, damit sie weiterhin Blah, blah Versprechungen dem blöden Volkkkk anbieten können, also ein wunderbares Ausbeutsystem ganz rund ganz stimmig solange die Bürger weiterhin saftig Furtzen und Saufen und sich so richtig Sauwohl fühlen. Es ist so richtig ein Globale rundes Globalblödheitssystem. Und dieser Egoismus aus Gier, Rücksichtslosigkeit, Abzockschocktherapien, bewußtem Aktienverfall durch Geldzurückhaltungen, Heuchelei, Ehrgeiz, und Fickmanie, das ist das Bewußtsein der Geschäftswelt. So kann man sich gut vorstellen was sich in diesen Wesen egal ob mit 4 oder 12 Doktortitel, dann sogar 12 fach so schlimm, das heißt also in deren Bewußtsein ist. Das ist so dumpf so niedrig und das Bewußtsein beherrscht zur Zeit noch die Menschenwelt, denn die Politiker sind ja auch bloß Abzockmentalitäten und Täuschaffen oder Nahkampfsockenhalter die noch nie gewaschen wurden. All das wird in den Regenbogenzentren erarbeitet werden und klar gemacht werden das sowas keine erfreuliche Zukunft zu erwarten hat. Dieses primitive Gefühlsleben muß also gereinigt werden von den Urwaldsümpfen dieser Affenarschfantasien des Luxus. Denn aus solch einem Bewußtsein kann nichts Gescheites für die Menschheit entstehen auch wenn nach draußen hin viele Leuchten und die Konten überschwappen so das die anderen Konten von denen das Geld ja geholt wurde abgetrocknet sind. Das ist alles Halbaffenuntermurkserei. Nun gut, sie haben zwar primitive Gefühle aber eine sehr gute Intelligenz die aber falsch benutzt wird. Denn ihre Intelligenz ist ja schon längst weit, weit über das alte religiöse Begriffsjonglieren und deren Vorstellungen hinausgewachsen aber deren Gefühl ist noch zu unterentwickelt um die höheren Gebiete zu erkennen die zum erweitern des Geistigen und damit der Erkenntnis Gottes führt. Aber sie sind Nobelpreiswürdig in der Entwicklung von Heucheleien und unechter Liebenswürdigkeit so wie die Politiker die sofort ihr elektrisches Lächeln anknipsen sobald es was zu holen gibt. Die absolute Krönung erreicht das in der Werbebranche die total verlogen und betrügerisch ist und auch den Satan selber noch als gesund und voller Liebe vermarkten würde solange die Zentralbanken das unterstützen und das Militär abbombt wenns zu gefährlich wird. Das sind in Wahrheit alles noch Raubtiere die gerne Fallen stellten und austricksten als sie noch den Körper von Löwen oder Schlangen hatten , und nun aber mit einem Menschlichen Körper konfrontiert sind der einiges anderes abverlangt was sie aber noch nicht können und auch bei den meisten noch nicht wollen. Da ganz andere Faktoren in ihrem Raubmenschbewusssein sind. Und dieses ganze Raubmenschbewußtsein erstreckt sich durch die gesamten menschlichen Gesellschaften egal welcher Farben und politischen Systeme auf der Erde. Dieses unreine Geschäftsklima wird in den Bewußtseinszentren gereinigt und somit zurück in die Industriewelten gebracht damit irgendwann dieses Raubsystem beendet werden kann für die Befreiung der Menschheit, global. Das ist also einer der Hauptgründe für die ***MEDITATIVE TRANSFORMATION DER INDUSTRIE*** .

Denn das interessante ist ja, das diese Geschäftswelt mit ihren immensen Betrugsgeschäften wo auch ganze Nationen Plattspekuliert werden und sogar bewußt Gelder abgezogen werden um Aktienmärkte umzuhauen wie zum Beispiel in Deutschland, wo aufeinmal die Blase platzte, und gigantische Mengen Gelder weg waren, aber wer hat die wohl, das Geld hat sich ja nicht in Luft aufgelöst, klar, diejenigen die mit diesen Strategien Erfahrungen haben. Und das tägliche Leben der Menschen ist heutzutage ein primitives Leben mit Designeranzügen und Mercedes und soweiter, aber bloß als Raubsäugetier. Nun stellt euch einmal vor wenn ihr diese niederen Eigenschaften beseitigt, und stattdessen Noble Eigenschaften leben würdet, was das dann für eine Gesellschaft global sein würde. Das wird auch kommen, aber das dauert, dauert, dauert.

Also diese Weltgemeinschaft ist heutzutage nicht mehr als eine Tierhaftigkeit die als Menschlichkeit maskiert ist. Und da ununterbrochen Betrug an der Menschlichkeit aufrechterhalten wird auch durch diese immensen stupiden Ideen der Politikersekten, schaffen diese Gruppen eine solche Antipathie unter den Menschen das es dazu beiträgt eine Weltwährung und eine Weltregierung aufzubauen, weil, weil, eben der Betrug und die Ausbeutung und Kriminalität auf der Niederen Ebene der Nationalstaaten selbst dazu verführt zu Betrügen und auszubeuten als Nation oder als Egostaat Oder als EGORechtsstaat. All das ist ungenügend für eine wahrhaftige Gerechtigkeit, da ja zum Beispiel immernoch politische Nationale Interessen den Vorrang vor Politischer Selbstlosigkeit gibt oder aber nationale Firmen sich weigern internationale Rechte umzusetzen zbs die Pharmaindustrie oder Chemische Industrie im bezug zu Naturprodukten und Heilmittel der Pflanzenwelt. Natürlich können diese Raubmenschen wie sie sie zum Beispiel, in der Liberalen Partei lockt oder anderen Parteien, Gegner dieser Selbstlosigkeit seien und der Selbstsüchtige Weg ist ihre Straße zum weiteren Irrsinn der aber auch total Unlogisch ist und damit die Wahrheit verfehlen muß. Und zwar solange bis der Schmerz so groß ist, das der Dammbruch passiert und ein wenig klare Einsicht zum Vorschein kommt.

So, das der neue Weltimpuls sehr viele Pleiten schaffen wird und sehr viele Bereiche der Politik und Wirtschaft in Aufruhr bringen wird und ihnen die Zwänge zeigen wird, könnte es ja auch sein, das dadurch irgendwann mal, der innere Himmel sich öffnet und ihnen die Einsicht kommt." Wir verblöden uns und alle anderen mit Geld so dermaßen das wir schon patentierte Pestbeulen im Nobelpreisformat haben, und das reicht jetzt mit der Megaignoranz, laßt uns Freiheit von unseren selbstgemachten Zwängen erreichen."

All diese Veränderungen passieren langsam graduell, damit kein Totalkollaps passiert und wird sich allmählich ab und aufbauen. So jeder hat genügend Zeit sich dafür zu entscheiden mit der alten Giftmoral und Synthetikseuche zu brechen und ganze Industriezweige wie Chemie und Pharmazeutika von der Erde verschwinden zu lassen da sie bloße Gift und Betrugsarbeiten sind und alles um ein mehrfaches schwieriger machen als ihre verlogenen betrügerischen Werbekampagnen einem Vorlügen, natürlich als Recht verkleidet.

Die Situation auf der Erde mit all ihrer ausbeuterischen Zerstörung und Vergiftung die aus dem Materialistischen Betonkopfgeist der Wissenschaftler entstanden ist und sind, egal in welchem Bereich, ist ja die perfekte Spiegelung dieser Raubsäugetiere die von sich behaupten sie wären Wissenschaftler und in der Masse ,die immer träge ist, ansehen haben, das genauso verblendet ist, wie das Ansehen der Ärzte die Götter in weißen Kitteln sein sollen, was beides bodenloser Quatsch ist. Zu allererst sind das bloße Raubsäugetiere geblieben denn beide haben keine weitere Innere Entfaltung erfahren und bloß die Intelligenz in solche Isoliertheit geführt das die heutige Situation das wunderbar zeigt nämlich im Zerfall anstatt dem Aufblühen des Menschenlebens und der Erde. Ärzte können nicht Heilen und Wissenschaftler wissen garnichts denn sonst würde die Wahrheit ja mehr zum Vorschein gekommen sein, und es ist ja bekannt das die Wahrheit Heil ist und damit Heilt. So diese Wesen die von sich in einem überzogene Maß im Wahn des Glaubens an eine Wissenschaft leben, wobei bei denen der Glaube an die Wissenschaft also dieser Glaube schon die Falschheit ihrer Einsichten und die Betonkopfsichtweise zum Vorschein bringt.

Bei diesen Halbaffen, in den Gesprächen, die ich mit ihnen hatte ,war wunderbar sichtbar wie sie sich selber ausblockieren und nicht fähig sind die höheren Bereiche zu erfahren weil sie aber auch alles abblocken was in ihrem Sinne nicht wissenschaftlich ist. Oder einfacher formuliert, nicht Raubsäugetierhaftig ist. Denn das ist Wissenschaft der Materialisten mehr nicht. Ihr ewiger Blick auf die Oberfläche egal wie tief sie auch glotzen mögen mit ihren mechanischen Krüppelwerkzeugen, denn nur Krüppel brauchen stützen, ist mehr als lächerlich. Und an diese Lächerlichkeit glauben Politiker oder andere Wurstskopfspezialisten der Untergeneration. So die Wissenschaftler, die Raubmenschwissenschaftler, sind selber schuld wenn sich eine **Gegenwissenschaftkultur** etabliert die weit, weit, weit über die Köpfe dieser **Plumsklogesellschaft-tölpel** hinausgeht, soweit hinausgeht, das man sie schlichtweg für Megablöde halten muß. Auch mit 12 Nobelpreisen wohlbemerkt.

Denn das Komitee ist ja noch blöder. Die Wissenschaftler sind selber schuld an ihre Misere, da sie ja diese Giftresultate und Produkte selber geschaffen haben in der Medizin, Wirtschaft, der Militärseuche und der Industrie überhaupt. Den Anspruch alle Probleme lösen zu können, das ist auch bloß ein Anspruch mehr nicht. Sie können die drängenden Probleme der Menschen nicht lösen sie tun bloß so und da sie totale Materialisten geblieben sind werden sie das solange sie das bleiben auch nie können. In den Regenbogen Transformationszentren werden diese materialistischen Wissenschaftler erkennen können das die Bleikopfbetonmauer die sie als Aura mit sich tragen aufgelöst werden kann und sie dadurch ihr Bewußtsein ausdehnen können und diese materialistische Enge hinter sich lassen können. Da die Wissenschaftler also noch mehr Intelligenz zum Kochen gebracht haben, ist ihre Verdrängung im Verhältnis zur Wahrheit noch größer und das Gefühl ist bei ihnen praktisch TOD und damit auch alle jene Schwingunsbereiche die für eben kosmische Intelligenz notwendig sind. Sie, diese Wissenschaftler sind in Wahrheit total disharmonische Wunderkrüppel die von den Massen sogar bewundert werden. Deshalb ist eine Gesellschaft auch so Wissenschaftsverblödet. Da das Gefühlsleben dieser Wissenschaftler schlichtweg primitiv ist, muß dementsprechend auch die Lösung der Probleme und soweiter ein **Primitivresultat** sein. Was ja gut sichtbar ist auf der Erde mit all den Problemen die heute kochen. Denn ihr Gefühlsleben erstreckt sich praktisch garnicht zu seelischen oder geistigen Gebieten, sondern ist bloß rein materiell oder physisch am wursteln. Das bedeutet also, das Bewußtsein dieser Wissenschaftler besteht bloß aus dem Wissen dieser rein materiellen Gebiete da sie bloß mit rein materiellen Sinnen und technischen Hilfsmitteln, malochen. Natürlich ist das Wissen auch wichtig, aber es ist schlichtweg rudimentäres Wissen, träges ‚schwerfälliges, Wissen, oder anders, unintelligentes Wissen. Aber heute, in 2003 ist Wissen erforderlich des Befreit, das Erhöht ‚das Erweitert und nicht- **Das die Besitzstände aufrecht erhält**. Es hat aber auch garnichts

mit Weisheit zu tun Wahrheit und Liebe. Denn Weisheit, Wahrheit und Liebe beinhaltet **Gefühlswissensbereiche** und sozusagen Kosmisches Wissen und Erweiterung des Bewußtseins. Hier mal eine Kurzinfo,: „ Das 8-9 Chakra oder Energiefeld das wäre das Höhere Selbst und das 9-12 Chakra oder Energiefeld wäre das Überselbst.” Was heißt das, es bedeutet das du, oder dein Bewußtsein sich über die Physische Eben hinauserstreckt so wie die Zwiebelschalen und du selber auch dann größer sein wirst, es geht so weit das du die gesamte Schöpfung in dir trägst, alles klaro. Alle Sonnensysteme die Milchstraße die gesamte Schöpfung. In Wahrheit ist das jetzt schon da, aber es muß erfahren werden. Natürlich sind innerhalb dieser materialistischen Wissenschaften viele Edle Wesen und so weiter, **aber die Geldmacht hat viele verbogen** und die eigenen Ruhmsüchte haben die meisten ihrer **Edlen Seiten** verkümmern lassen für den Mammon, den Nobelpreis, und die Anerkennung. Viele arbeiten im

Interesse der Menschheit aber die Resultate sind dennoch Zerstörung weil sie die Minderheiten sind. Da die Geldmacht **Ausbeutziele** hat und sich dessen bewußt ist das ihr Denken den Kreislauf des Geldmachens aufrechterhalten muß, und will, damit sie an der Geldmacht bleiben können, muß sie gegen jeden Willen, die Freiheit und Wahrheit unterdrücken. Das was ihr jetzt in eurer Demokratie als Freiheit erlebt ist bloß der Schatten der Freiheit und Schönheit, Gottes, da ihr euren Ängsten zum Sieg verhelft. Die Sklaven des Egoismus sind auch die Sklaven des Ehrgeizes und das sind die Resultate dieser Wissenschaftler die, die Erde heute erfährt mit der Zerstörung. Es kommt immer wieder auf den gleichen Nenner zurück- **Das Raubsäugetier**, egal welche Etikette es sich auch anhängt ob Präsident ob Direktor ob Professor ob Arzt ob Diplom soundso und soweiter **solange das Raubtier noch innerlich nicht Transzendiert ist** werden die Resultate zerstörerisch bleiben. Auch wenn du 23 Nobelpreise bekommen hast. **Die Finsternis ist bei dem Raubsäugetier noch das Licht**. Da sind also Idealisten und Megaverbrecher unter den Wissenschaftlern. Also, so ‚wie überall auf der Erde, nix besonderes. Deswegen könne Wissenschaftler auch nicht die Probleme der Menschheit lösen. Und das ist einer der wichtigsten Punkte weswegen: **Da diese Wissenschaftler ihr Wissen aus bloßen materiellen Erfahrungen und Abwiegen und Berechnungen haben, fehlt ihnen die Wahrheit die Weisheit die nur durch geistige Sinne und Erfahrungen erlebt und erfahren werden kann**. Und dadurch haben diese Wissenschaftler ohne die Erfahrung des Geistigen durch geistige Sinne bloß einseitige Erfahrungen und werden damit immer Einseitiges anbieten können. Aber weiter noch, das System das ja in den ganzen Staaten von diesen wissenschaftlichen Aufbauten durchtränkt ist, mit all ihren Institutionen und Verbänden und Organen, das hat solch eine einseitige Gehirnwäsche erlebt und Beengung, das sie alle neuen Impulse als „**Unwissenschaftlich**" kaputtmachen wollen und sogar verfolgen mit ihren materialistischen Organen der Ämter die ja auch Totalmaterialisten geblieben sind. Für die ist das erweiterte Bewußtsein etwas phantastisches und sie werden zu den Gegnern dieser neuen erweiterten Impulse und Befreiungen der Menschheit global, eben, weil ihnen die Anhaltspunkte die Erfahrungen für eine saubere Analyse fehlt. So alles was für diese Wissenschaftler außerhalb ihres materialistischen Sehens ankommt ist für sie Hokuspokus und sie werden das bekämpfen oder je nach Entwicklungsstand annehmen können ‚denn jeder hat ja seinen eigenen Wachheitsgrad. Und da diese Wissenschaft zur Industrie gehört sind sie prädestiniert in den Regenbogenzentren eine gute Wäsche zu bekommen die ihnen gut tun wird und damit der Menschheit die ja genug vergiftet wurde von diesen Bleikopfzwergen. In diesem Reisebericht habe ich ja nicht vor ausführlich ins Detail gehende Beschreibungen zu machen. Ich habe bloß die Aufgabe diese Idee und die Gründung der Organisation zur Meditativen Transformation der Industrie zu machen, anzufangen. Den Samen zu legen, aus dem sich dann schon das Wesen dieses Samens entfalten werden wird. Aber hier einige kurz Infos zu erweiterten Wissenschaftsbereichen die nicht akzeptiert werden von der Betonkopfseite und somit die Freiheit und Schönheit der Menschen und Erde weiterhin vergiften. Es gibt zum Beispiel eine Smogfreie Telekommunikation. Es ist eine Technologie die Gravitationswellen als Trägerwellen zur Informationsübertragung, Sprache und Bild benutzt. Diese Gravitationswellen gehen durch das gesamte Sonnensystem, und Universum. Die Wissenschaftler nenne es die G-Com - Technologie. Weitere Infos darüber beim Institut für Raum und Energie Forschung in Wolfrathshausen Tel/ 0817141886 oder institut@raum-energie-forschung.de. Mit dieser Technologie kann zbs, die gesamte Elektrosmogseuche und der damit verbundene Krebs und Gehirntumor durch Handybetrieb abgeschafft werden. Oder es gibt die Physik der Bioenergie und Theoenergie. Die auch als supramaterielle Energie-Arten bezeichnet werden. Oder einfach als höheres Chakra bezeichnet werden kann. Die 7 oder 10 oder 12 Bewußtseinsstufen sind ja auch Energieformen.

Nach Deskalos	Nach Bioenergetischen Einheiten- BBB
1. Seelen- Selbst- Ego- Selbst Überbewußtsein	1. Liebe Gottes
2. Seelen- Selbst- Überbewußtsein	2. Liebe Archetyp
	3. Liebe Idee
3. Seelen- Selbst Bewußtsein	4. Liebe Gesetz
	5. Liebe Ursache
4. Selbstbewußtsein	6. Liebe Mental
5. Wachbewußtsein	7. Liebe Noetisch
6. Unterbewußtsein	8. Liebe Psychisch
7. Instinktivbewußtsein	9. Liebe Körperlich
	10. Sex

Der Artikel über diese Infos ist aus der Zeitschrift Raum & Zeit 114/ 2001. Diese Elektromagnetischen Felder die zur Zeit durch die Erdatmosphäre sausen sind ja bekanntlich Errungenschaften der materialistischen Wissenschaftler. Diese gepulsten Schwingungsformen der Digitalnetzwerke sind in der Natur ja völlig unbekannt. Aber der Halbaffenwissenschaftler der denkt natürlich er sei was besonderes wenn er etwas in die Natur bringt das zuvor garnicht vorhanden ist. Wie den Kühlschrank ‚das Auto, und die Pariser Modelle .Und da ja die Manager und soweiter von gleichen Wahnstreben nach der sogenannten Originalität verblödet sind ist deren Sucht natürlich weltweite Anerkennung zu erlangen und der sogenannte Vorreiter zu sein, nämlich für das Abzocken und Marktvorteile, so dermaßen groß, das die Menschen dabei garnicht wichtig sind da zählt bloß der Ignorante Erfolg der erste zu sein und die Erde damit zu beherrschen, das sind alles noch typische Raubmenscheigenschaften, die in den Transformationszentren beseitigt werden durch Arbeit an dir selber. Selbstverständlich sind Ideen und Kreativität und Schönheit und Wohlbefinden und Gesundheit und Liebe erstrebenswerte Errungenschaften und Vorreiter Modelle. Die Analogen Wellen sind ja natürlich. Und ebenso die Wellen die da in der Zeitschrift Raum & Zeit vorgestellt wurden oder die Gravitationswellen, alles schadfreie Energien. So, nochmal das Synthetische, also diese Sucht das Falsche in die Natur zu bringen wird alles falsch machen und hat das auch schon mit all den Krankheiten die diese Industrie der Hochintelligenzblöden geschaffen hat, und dazu gehört auch die falsche Medizin, die synthetische Seuche. Was sagt Rolf Dodenhoff von der ITL dazu: „ Durch die Aussendung elektromagnetischer Impulse unterschiedlichster Frequenz und Stärke in Form von Radar, Satelliten, und Mobilfunk werden Resonanzen in sämtliche belebten und den (scheinbar) unbelebten Dingen der Erde erzeugt. Die genauen Wirkungen sind nur einer Wissenschaft zugänglich, die, die universellen Gesetzmäßigkeiten anerkennt und die mit Offenheit der Natur gegenübertritt. Die unbestrittene Tatsache, daß die elektrischen Impulse der menschlichen Nervenleitungen bereits mit geringerer Energie ablaufen als viele der exogen auf den Menschen einwirkenden technischen elektromagnetischen Energien, zeigt ja, daß äußerste Vorsicht bei der Emission von Esmog geboten ist.

Weniger oder garnicht bekannt ist, daß elektromagnetische Wellen Einfluß auf Beton und Bäume haben. Bäume z.B. haben eine lebenswichtige Funktion für das System der Erde. Sie erhalten das Magnetfeld des Planeten für den Menschen und alles Leben hier aufrecht. Das vegetative Nervensystem des Menschen ist in ständiger, intensiver Wechselwirkung mit der Vegetation in seinem Milieu, insbesondere zu Bäumen. Ohne Bäume haben wir keine Chance zu überleben. Das Haus , in dem sie leben, hat eine intensive Wechselwirkung mit den Bäumen in der Umgebung und zu den natürlichen und künstlichen elektromagnetischen Energien im Umfeld. Sie bekommen also die stabilisierende Wirkung des Erdmagnetfeldes genauso in ihr Nervensystem wie Wirkungen des Teilchenbeschleunigers in 500 km Entfernung, des Radars, der Satelliten und des Mobilfunks. Dabei werden viele der Belastungen noch von den Bäumen abgefangen. Das Waldsterben hat mehr mit Elektrosmog zu tun als mit irgend etwas anderem. Die Bäume werden durch diese Energien regelrecht versklavt, da sie in Resonanz zu ihrer Umgebung stehen und jede Energie aufnehmen müssen, die ihnen angeboten wird. Bei jeder Anregung durch Sender oder Licht schicken sie die gespeicherte Energie wieder in die Umgebung, und Baum und Mensch werden davon betroffen.

Die Bäume als Umgebung des Menschen sind Lichtspeicher (Photosynthese). Da sie wie alle Materie nicht nur Licht aufnehmen, sondern auch zurückwerfen, wirkt auf uns auch das Licht, das von Bäumen zurückgeworfen wird. Dieses Licht wurde verändert ! Das wurde bei optischen Polarisationsversuchen ermittelt. Es ist nachweisbar, daß die Polarisationsebene des Lichtes bis zu unglaublichen 120 Grad gedreht wird. Die Stärke der Drehung und die Drehrichtung hängen von der Art des Einflusses ab, der auf den Baum oder das Bauwerk einwirken. Besonders stark wirken Radar und Mobilfunk, Teilchenbeschleuniger wie CERN, DESY etc. sowie Belastung durch diese Apparate, die auf elektromagnetischem Weg transportiert werden, z.B. über Sender, Bildschirme und Telefon. Die dadurch hervorgerufenen Lichtveränderungen sind toxisch. Die Folge sind Krebs, Leukämie, sowie Schwächung der Immunabwehr.

Die Giftigkeit toxischer Photoeffekte ist meßbar durch biologische Resonanzeffekte. Der retino-hypothalamische (energetische) Anteil der Sehbahn ist der Leiter für Lichtqualitäten im Organismus. Lichtqualitäten sind verantwortlich für Gesundheit und Krankheit im Organismus. (siehe : Prof. Dr. F Hollwich „ Augenheilkunde" u.a.) jedes DNS Molekül ist eine Antenne, Haut und Augen reagieren auf Lichtqualitäten. Licht ist genauso wichtig für den Menschen wie Luft und Wasser. Die aufgenommenen Lichtqualitäten umfassen nicht nur sichtbares sondern auch Infrarot- und UV-Licht und andere Teile des elektromagnetischen Spektrums. Das von Baum, Gebäude oder Menschen zurückgeworfene Licht gibt Aufschluß über seinen Belastungszustand.

So wie man Belastungen von Mensch und Natur feststellen kann, kann man diese auch wieder aufheben. Auf der Grundlage der Synergetik kann man betreffende Objekte harmonisieren , d.h. seine Ganzheit wieder herstellen. Die RAUM UND LICHT INITIATIVE GLOBAL (ITL) untersucht durch Fernerkundung elektromagnetische Belastungen in Gebieten von besonderem Interesse und stabilisiert und harmonisiert diese, wenn die Bedingungen es ermöglichen. Die Bedingungen sind unter anderem Einsicht des Menschen in seine Wechselwirkung mit der ganzen Natur, sowie die Bereitschaft, ihr zu

Hilfe zu kommen und die, die Natur störenden Einflüsse zu stoppen. **Wenn Geld verdient wird mit diesen Anlagen , kann man oft schwer die Wahrheit akzeptieren. Aber Geld kann man nicht essen.**

Zur Beachtung: Die Russen haben große Mengen radioaktiven Abfall außer, wie bekannt, in der Arktis auch im Pazifik versenkt, von wo diese ebenfalls in die Atmosphäre strahlen und das Ozonloch auf der Südhalbkugel verstärken. Die Lage des Atommülls : 110-140 Grad westl. Länge und 40-55 Grad südl. Breite, Sowie in der Antarktisbucht 20-60 Grad westl. Länge Dies wurde eindeutig festgestellt bei der Auswertung von Infrarotsatellitenaufnahmen ! Es ist ausschließlich Atommüll aus russischen Quellen.

Außerdem stehen alle Atomkraftwerke und Teilchenbeschleuniger auf der Nordhalbkugel der Erde. Deren Emissionen induzieren (offenbar ohne Wissen der Betreiber) ausgedehnte geoelektrische Leiter auf der Südhalbkugel mit unglaublich schädlichen Auswirkungen auf die dort lebenden Menschen und Ökosysteme. Diese mit unverantwortlich hohem Energieeinsatz betriebenen Anlagen geben ungeheure Verseuchungen an Transuranen an bestimmten geologischen Formationen ab. Die Energien dieser zerstörerischen Apparate werden in den Boden abgeleitet - sie müssen ja irgendwo hin ! Nur völlige Gedankenlosigkeit kann davon überzeugt sein, daß diese Energien einfach zu Nichts verschwinden und keine Schäden anrichten ! Diese Energien gehen angereichert mit hochtoxischen Transuranen in den Boden und werden von den fossilen Lebensformen (z.B. magnetotaktische Bakterien) eingelagert, um durch Bäume , Bergspitzen, Gletscher, Wasseroberflächen und anderen Energieleitern wieder nach oben geschleudert oder gespiegelt zu werden, wo sie dann alles Leben u.a. durch Lichttoxizität schädigen und auch die Ausbreitung des Ozonlochs beschleunigen. Siehe Hautkrebs in Australien und Neuseeland. Wir leiten unseren Dreck einfach dorthin ab.

Beton ist eine Mischung verschiedener Stoffe, z.B. Kalk und Hochofenschlacke. Schlacke besteht u.a. aus ring- und spiralförmigen Molekülen, die eine ausgezeichnete Antennenfunktion haben. Die Kugelmoleküle der Zementfabriken hinterlassen mikroskopisch feine Eisenteilchen im Zement, die jeden Beton - nicht nur stahlarmierten - zu einem Resonator für elektromagnetische Energien machen. Diese Resonanz führt zu einer erhöhten Korrosion, die zu der bisher unerklärlichen Beschleunigung des Zerfalls von Betonbauten führt, verbunden mit hohen Kosten und Regressansprüche an Planungsbüros. Diese durch ferromagnetische Elektrodenresonanzen erzeugte Stimulation galvanischer Prozesse führt zu einer Freisetzung von Radioaktivität und Radon um Betonbauten herum. Einfach gesagt, die Sender induzieren und zerstören den Beton auf dem Induktionsweg. Die Freisetzung von Radioaktivität und Radon bewirkt eine meßbare Drehung des Lichtspektrums durch Photoeffekte."

So, das war mal einiges aus dem Bereich Kunst, Künstler, oder künstliche Kunst, und deren Wirkungen. Diese Art von Wissenschaftsignoranz ist total unverantwortlich. Ich gehe mal einen Schritt weiter, als Gott und Lichtquelle, dort wo die Unwissenheit aufhört hört auch das Böse auf, das hat mal Martinus geschrieben, und was außer Unwissenheit ist diese Raubsäugetier-Materialisten-Wissenschaft, eine sehr, sehr große Unwissenheit. Aber das wird ja heute wegen der Geldmacht soweit, das Profite machen, weit, weit über das Leben als Wert gestellt werden, was ja eine typische dumpfe Raubmenscheigenschaft ist. Deswegen auch diese Regenbogen Transformationszentren. Dort wird die Lebensquelle akzeptiert und erkannt das es außer dem **Ewigen Leben** kein Leben gibt. Das bedeutet das die Erde auf der diese Menschen zur Zeit noch leben, erkennen müssen das sie auf einer immens gewaltigen wunderbaren Seele leben, deren Körper die Erde ist. Und das diese Seele dieser Erde eine solch immense Erhöhung von Bewußtsein ist, wogegen jeder Buddha und Jesu ein schwaches Licht ist. Und es ungemein lange dauern würde bis ein Buddha sich zu einer Kosmischen Seele und Lebensform entwickelt hat wie die Planeten Seelen es geworden sind. Genauere Beschreibungen darüber gibt es in den Martinus Büchern. Überhaupt, die gesamte materialistische Wirtschaft ist bodenlose Ignoranz die so ungemein tief Dunkel und Dumpf ist, das mir nur noch müdes Göttliches Lächeln über euch Raubsäuger übrigbleibt weil ihr nicht erkennen wollt wer und was ihr wirklich seit, und mehr euren Unwissenden Wissenschaftlern glaubt also Wissenschaftsreligion betreibt anstatt wahre Gottesreligion. Nämlich erkennen das **Ohne mich Gott** dem göttlichen aber auch garnichts geht. Ich Gott in Bewegung, oder als Heiliger Geist, oder als Klangstrom ,kann euch nur sagen das dieser Klangstrom, die gesamte Materie geschaffen hat und auch weiterhin schaffen wird. Dieser Klangstrom ist direkt aus mir ,als Bewegungsablauf in wellenförmiger gigantomanischer für eure Verstandesmöglichkeit riesiger Größe. Dieser Klang ist der Geist aus dem alles was ihr als Materie bezeichnet, geschaffen hat. Es gibt nur Geist oder Klang oder Licht und Ton, es gibt nichts anderes. Diese fundamentale Bedeutung des Klangs kann garnicht zu hoch für eure Krüppelwissenschaften zum Leuchten gebracht werden. Aber laßt bloß nicht die Raubsäugetiere an die Wissenschaft sondern laßt sie bloß die Rudimäntärarbeiten machen. Und baut auch so eure Systeme auf, das keine materialistischen Raubsäugetiere mehr in verantwortlichen Positionen kommen und auch keine Industrie aufbauen dürfen. Dafür könnt ihr Wissenschaftliche Test machen die gewisse spirituelle Erfahrungen und Fähigkeiten verlangen, was die Prüfer zuvor erlebt haben und damit eine materialistische Wissenschaft unmöglich machen würde weil deren Einsichten eben weit, weit über das Ignoranz und Bösartigkeitsniveau dieser Geldggeilindustrie und Wissenschaftler die in Wahrheit Unwissende Wissenschaftler sind. Denn Materie und Bewegung ist Klang oder Klangstrom oder der Heilige Geist.

Die Tolteken aus dem vierten Zyklus sehen, daß die Kraft im Herzen Gottes ihren Ursprung hat, einem übergeordneten Seinszustand, der alles durchdringt, während er gleichzeitig auch selbständig existiert. Alles ist ein Teil Gottes und Gott existiert als vollständige Wesenheit. Tatsächlich hört Gott auf die Einheiten, die innerhalb von ihm erschaffen sind, und fühlt sie auch, um dazu beizutragen, daß das Selbst sich vollständig wahrnimmt. Wir sind nie allein. Wir müssen nur immer wieder an diese Verbindung denken. Aber der Wissenschaftliche Materialismus ist ein Dogma, und über Dogmen muß man sich hinwegsetzen oder sie hinter sich lassen oder erst garnicht beachten, damit eine Erweiterung des Bewußtseins passieren kann. Dogmen sind bloß Gruppen oder Einzeltunnelvisionen mehr nicht. Oder anders, Futter zum verblöden. Aus dieser gesellschaftlichen Verblödung der Höhen und Tiefen der Gesellschaft mit all ihren Wirrnisregeln und Gesetzen und Verblendungen auch durch die Geldmacht und dem Politischen Sektenwahn der ungemein mächtigen 25% von 30% = 7,5 % Realitäten zieht sich derjenige der in die Regenbogen Transformationszentren kommt zeitweilig zurück und er läßt diese irrealen Gepflogenheiten hinter sich. Er wird in den Zentren im Hier und Jetzt leben können, eines der Ziele der Reinigung. Dort wird er keine Familie mehr haben, keine Heimat, kein Land und Namen sondern nur noch sein Leben. Alle falschen Identifikationen werden in den Zentren fallengelassen und er kann wieder zu sich und was er in Wahrheit ist kommen und das auch erkennen. Dort wird er sein Leben in die Hand der wirklichen Kraft legen in das Herz Gottes. Die daraus entstehenden Blüten und Düfte und Glückseligkeiten und vieles mehr unter anderem das Wachsen der geistigen Fähigkeiten und Organe, wird er dann wieder zurück in die Wirtschaft bringen die dadurch vom feinsten profitieren wird, und dadurch die gesamte Menschheit profitieren wird. Denn die Wichtigkeit dieser gesamten Entscheidungen die im Theater der Politik und Wirtschaft ablaufen sind ja, wie ja nun jeder sehen kann, aufgeblasene Fürze von Neid, von

Konkurrenzkämpfen, von Geldgeilheiten und Amigogruppenfechtereien, von Verblendungen, und Entscheidungen die von unbeschreiblicher Ignoranz getragen sind, und die sehr vielen Menschen mehr Leid zufügen als die hochgeputschten aus Superbenzinformeln gebrachten Versprechungen und Wünsche die aber Lichtlos sind, anderen vorgaukeln das alles besser wird, überhaupt seien können. Oder einfacher: Das Blendwerk der Worte hält nicht was sie vorgeben. Auch das wissen der Tolteken wird dort angewendet werden, und zwar den Tod als Ratgeber nehmen. Angesichts des Todes ist es sinnlos und überflüssig, die letzten Momente und die Momente jetzt mit Sorgen zu verschwenden. In den Regenbogenzentren werden die Menschen auch angeleitet werden sich mit der Kraft zu verbinden und nicht mit den Gedanken und Wünschen von anderen. Das üben im Fühlen wird dort praktiziert werden und sich nicht bloß auf die Vernunft verlassen. Denn Bewußtheit ist Wissen und Bewußtsein ist sehr großes wissen. Und du selber bist Immer eins mit dem Wissen. Das ist aber was anderes was die Wissenschaftler heute als Wissen verstehen und glauben. Natürlich geht es über das Bewußtsein hinaus. Aber zumindest schonmal zum Bewußtsein kommen und eins mit dem Wissen zu werden ist schon was. Das wird auch dann bedeuten das die Erde als ein lebendig fühlendes Wesen erkannt wird, und sie nicht dazu da ist um vergiftet und ausgebeutet zu werden. „Von den Flöhen in ihrem Fell" Und weiter, in dieser Regenbogenzentren wird der Mensch nur sich selbst kontrollieren und niemanden anders. Er wird dort erkennen das Ansichten und Theorien und Weltansichten Philosophien bloß Begrenzungen sind. Er wird mehr zuhören lernen, sich in Geduld üben, denn er weiß worauf er wartet und vertraut seiner persönlichen Kraft aus der die Freude und der Spaß am Leben kommt. Und das hat er dann auch. Er wird ununterbrochen weitere Schichten von Glaubenssätzen ablegen können was zum Wohl für ihn sein wird, und damit auch zum Wohl des ganzen. Da die Glaubenssätze Unwissenheit sind wird er somit auch das Böse ablegen können das im Dunklen Glauben den sogenannten Unbewußten sein Fest feiert, auch mit Lachen und trara. Wer sich den Tod als Ratgeber nimmt wird erkennen, das er seine Wichtigkeit ununterbrochen durch einen Kraftakt aufrechterhalten muß, und er diese in Wahrheit, Unannehmlichkeiten, nicht mehr aufrechterhalten will und sie dementsprechend nicht mehr ernst nimmt, denn er wird sich fragen, ob er nun wirklich aggressiv auf etwas reagieren will oder deswegen sauer reagieren will. Dort wird der Mensch auch wachgeträumt indem er erkennen muß das er niemandem gefallen darf oder will weil dadurch die Bindung an das Objekt des Gefallens wichtiger ist als er und seine Quelle, die dadurch verschleiert wird und er seine Kraft verlieren wird. In letzter Konsequenz gilt das für alles was sichtbar ist. Alles. Denn alles was sichtbar ist bist du nicht kannst du nie sein und wirst du auch nie sein, sondern das ist alles deine Erschaffung, da alles aus dem Geist oder Gott erschaffen wird und wurde. Und somit selber Göttlich ist. Die meisten sind ja Opfer dieser falschen Identifizierung und dieser verschiedenen Reichweiten ihrer Wahrnehmungen sowohl außerhalb als auch innerhalb. Obwohl es weder innen noch außen gibt. Diese Modelle die viele als Wahrheiten sehen gehen aber immer von bestimmten Reichweiten der Wahrnehmung aus. Denn jedes Modell hat bloß bestimmte Glaubens und Wahrnehmungssätze, die alle gültig sind, aber bloß innerhalb ihres eigenen Rahmens. Zum Beispiel die Theologen die wissen schon garnicht mehr das ihr Wissen bloßes angelesenes Wissen also Informationen sind und kein wahres Wissen. Ihre Gedanken und Vorstellungen machen nichtmal den Unterschied zwischen Wahrheit und Vorstellungen und anderen blah, blah. Da gibt es Doktoren Professoren und dergleichen, die sind so benebelt, und die denken und glauben in ihren Aussagen das sie über Mystik und Spiritualität in ihrer Theologie und politischer Theologie nicht aufzuklären seien. Als ich das las, mußte ich wirklich lachen. Diese Theologen Professoren können dich zwar volllabern ‚als Unwacher wirst du das auch, aber sie haben bloß angelesenes also Informationen im Köpfchen gespeichert von dem sie denken und glauben, das sei Wissen, so ist die Brühe der Theo Theoretiker. Aber Mystik ist direkte Menschliche Erfahrung und Spiritualität ist keine Theologische religiöse DIN Norm sondern freie Kraft und Fähigkeit die zur Erweiterung und Erwachung führt nicht zum Informationsdummen aus Büchersammlungen und Religionsrechten. Aber als Unwissender wirst du sehen und hören wie diese Theologen dir den Wortschatz dieser Mystiker um die Ohren schleudern, und zwar so, als ob sie wissen was das war und ist. Aber Theologie ist keine Spiritualität sondern Labertheologie. In den Theologischen Modellen ist auch bloß eine bestimmte Reichweite der Wahrnehmung also Begrenzung. Daran glauben die dann. Aber in den Regenbogen Transformationszentren wird erkannt werden das sich in Modelle, Denkmodelle, verlieren indem es nur die Wahrheit geben soll, ein Verlust ist.

Denn das Bewußtsein ist vielschichtiger und so komplex das es mit dem Verstand nie erkannt oder verarbeitet werden kann. Und dafür werden ja auch weitere Spirituelle Fähigkeiten erwachen und entstehen.

In diesen Regenbogenzentren wird darauf geachtet weniger zu Denken, aber dafür mehr auf seine Wahrnehmung zu achten. Denn Denken bringt einen weg von der Erfahrung. Um so mehr gedacht wird um so mehr symbolische

Bedeutungen hergestellt werden, also Synthetik, um so mehr wird das Bewußtsein in Bereiche kommen die von dir selber wegkommen, oder von der primären Realität wegführen. Denn wenn Erfahrungen in Worte gekleidet werden sind sie nicht mehr die Erfahrung sondern die Worte stellen dann als Repräsentant die Erfahrung dar. Wenn dann wie die Theologen oder andere Wortgläubigen wie die Medien oder Film und Druck oder Philosophie , diese verbalen Symbole der Erfahrungen interpretiert werden, entfernt man sich noch weiter von der eigentlichen Erfahrung. Damit bleibt der Mensch in Bereichen hängen die weder zu ihm selber führen noch der Wahrheit näher kommen. Solche Wesen sind heutzutage jene die sich Christen nennen oder Buddhisten oder Moslems, eben die Gläubigen. In diesen Regenbogen Bewußtseinszentren werden deshalb sehr viele Methoden angewandt die dazu führen diese Gesellschaftlichen Oberflächen Realitäten fallen zu lassen damit die anderen Schichten sichtbar werden und erfahren werden können. All das ist dienlich für die Gesellschaft da dadurch Wahrheit und Weisheit in eine Gesellschaft kommt, und viele anderen neu Eigenschaften die notwendig sind damit das Potential geöffnet werden kann und eine Gesellschaft sich kontinuierlich erneuern kann und zwar nicht im Bezug zur Tradition alleine und den Glauben an die Tradition sondern im Wissen das Tradition selber mal das neue war und nun aber wenn es unbrauchbar wird das alte ist und frisches zum Vorschein kommen muß und wird. Eine Gesellschaft verändert sich Lebend indem Schicht für Schicht der Oberflächen abgetragen werden um zum Kern der Wahrheit zu kommen die in jedem vorhanden ist und in Wahrheit jetzt wirkt und ewig frisch ist, Unbeschwert und voller Ideen und Freude und Liebe. Bloß die beharrenden Kräfte der Macht wollen das ihre angelegten gesellschaftlichen Strukturen aufrechterhalten bleiben egal was es koste und auf welchem Buckel es geschieht. Wie gesagt hier in diesem Reisebericht gebe ich bloß die Idee weiter. Es werden sich Menschen finden die viel, viel mehr hinzufügen werden und besser sind als ich um das Konzept und die Struktur fließend aufzubauen. Die Gegenwart ist das Göttliche. Darauf wird man sich konzentrieren. Alle Identitäten werden in den Zentren fallen gelassen, keine Modelle deiner selbst oder anderer werden akzeptiert in die man sich eingesperrt hat mit seiner Wahrnehmung und Denken und Fantasien. Denn durch das Loslassen erscheint das neue.

In diesen Regenbogenzentren werden auch diese Menschen die eine zu stark entwickelte Intelligenz haben im Verhältnis zum Gefühl in die Position gebracht werden die es ihnen erlaubt in Harmonie zu kommen. Damit ihre innere Unausgewogenheit in ihrem Bewußtsein entweder als Überreligiosität die sich als Fanatismus und Fundamentalismus zeigt oder in Sexuellen Ausschweifungen und anderen Arten der Fickereien und Belästigungen entweder gegen Kinder oder Erwachsene oder sogar Tieren zeigt, also Perversitäten sind, also Disharmonien sind, und Konsequenzen einer zu starken Intelligenz in Verhältnis zum Gefühl geworden sind. Disharmonien sind also auch das bloße Rationalisieren und die damit verbundene Primitivgesellschaft die bloß noch alles aufs Geld fixiert sieht und Denkt und Glaubt das sei die Wahrheit und das Leben wäre so und nichts anderes. Diese Gesetzes und Verordnungwahnschaften oder die immense Steuerbelastung all das sind Disharmonien und krankhafte Süchte aus der Vergangenheit die nicht losgelassen werden können und oft auch nicht gewollt ist weil damit alte Machtstrukturen gegen die Menschheit weiter geführt werden können. Alles ist eine Art des Lernens, solange der Mensch noch nicht weiß wer und was er wirklich ist, aber das macht seine Handlungen und Gedanken so gefährlich, weil er nämlich sich dessen nicht bewußt ist was dieses Denken und Fantasie bewirkt,,,,,, weil er ja in Wahrheit das Göttliche ist innerhalb des allmächtigen Göttlichen. Und um zu dieser Einsicht und Erfahrung zu kommen, deswegen kommt er auch in diese Regenbogen Transformationszentren die von der Industrie aufgebaut werden in großem Reichtum damit die Sinne sich dort sehr wohl fühlen und den Mangel an Schönheit die zur Harmonie gehört kompensiert werden kann, plus anderer wichtiger Eigenschaften die solche Zentren haben müssen damit das höchste und beste und feinste erkannt werden kann. In den Zentren werden dann Wege gezeigt werden die den Menschen zu noch mehr Toleranz führen werden damit seine Blockvoreingenommenheiten und falschen Sehweisen an die er sich gewöhnt hat gelockert werden können. Es wird ein Üben sein um Moralische Genies zu werden. Talente werden dort freigesetzt durch üben. Denn Talente sind auch schon mitgebrachte Fähigkeiten aus zuvorigen Leben, in denen derjenige schon fleißig gewissen Fähigkeiten erarbeitet hatte. Aber hier werden dann eben neue Lehrwege eingeschlagen mit Übungen die schließlich in der Kulmination dieser Talente enden. Die Begriffe von Feind oder von Feinden werden fallengelassen, und auch die nationalen Identitäten die allesamt auf Ignoranz beruhen da sie bloß die Oberfläche sind. Alles was einem Unbehaglich ist wird als das erkannt werden was sozusagen außerhalb von dir ist, also nicht du sein kannst also auch nicht darauf reagieren brauchst wenn es zum Beispiel Aggressivitäten oder Wut oder andere Formen der üblen Auswüchse ist. Alles was mit Töten zu tun hat wird fallen gelassen, also alles was anderes verletzt, so wie die Weihnachtsgans oder das Schlachten und Opfern von Schafen oder Ziegen und so weiter. Vieles mehr wird da erarbeitet werden damit die Genialität im Menschen zum Leuchten kommt die jeder in sich trägt. Das wird dann zur Toleranz führen zu wahrer Toleranz denn deswegen haben wir jetzt noch keine wahre Toleranz in den Gesellschaften, um es nochmal ganz einfach und klar zu formulieren= **Weil der Mensch noch zu sehr an der alten Tradition des Raubmensch Seins gebunden ist.**

In diesen Regenbogenzentren werden konsequent und Bewußt die Limitierungen der Physiker und damit materialistischen Geistes dargestellt und versuche gemacht das zu erweitern, auch wenn diese materialistische Physik und der damit verbundenen Raubsäugetierkapitalismus so viel Geld angehäuft hat das er denkt und will, auf Ewig seine Beschränktheiten auf der Erde auszuleben. Mit all den damit verbundenen Betrügereien und Intoleranzen. Damit ist der Raubtierkapitalismus das Kapital die Geldmacht ein wunderbarer Spiegel wie es eben nicht sein soll. Auch die Lehre Bruno Grönings wird dort aufgefrischt werden und angewendet werden. Nach seiner Lehre steht der Mensch im Spannungsfeld zweier Kraftquellen. Negativ- abbauend und Positiv- aufbauenden Kräften, zwischen denen er sich entscheiden kann und muß. Welchen Energien er sich öffnet, hängt von seiner gedanklich-geistigen Ausrichtung ab. Während negative Gedanken einem Menschen an das negative Potential anschließen, das ihn seiner Kräfte beraubt und dadurch krank werden läßt, verbinden ihn positive Gedanken mit der guten, der göttlichen Kraftquelle, aus der ihm stärkende und heilende Energien zufließen. Das erfordert zum Beispiel vom kranken Menschen freilich eine Neubesinnung. Ist er doch geneigt, sich einem Krankheitsgeschehen eher angstvoll-besorgt hinzugeben und sich so noch fester an das Übel , das er gerade loswerden will, zu binden. Bruno Gröning sagt : „Wer sich mit der Krankheit beschäftigt, hält sie fest und versperrt der göttlichen Kraft den Weg." Der wichtigste Schritt für den Heilsuchenden besteht also darin, geistig eine ganz bewußte Trennung von der Krankheit zu vollziehen. Hat der Kranke sich dieser Weise innerlich richtig „ eingestellt" darf er das Einfließen der heilenden Kräfte zuversichtlich erwarten. Soo, diese Medizinisch- Wissenschaftlichen- Fachgruppen des Bruno Gröning-Freundeskreises werden dort auch ihre Tätigkeiten einbringen können. Und obwohl all diese Gruppen jetzt schon separat wirksam Tätig sind, werden sie im großem Umfang in den Regenbogen Transformationszentren konzentriert und bewußt in eine Zusammenarbeit eingefügt werden die dann selber ein Energiefeld des Heilen und Gesunden aufbauen wird das diese Zentren umgibt und durchdringt. So das dadurch schon der Mensch Heiler wird und nicht wie in den Krankenhäusern von heute wo die Schwingung so dermaßen Negativ und Übel ist, schon beim Einliefern automatisch Krank wird. Und wer länger im Krankenhaus war oder etwas sensibler ist der kommt nach einer Behandlung mit der Allopathischen Materialistischen Methode auch dementsprechend fertig aus diesen Dumpfgebäuden, aber vollgestopft mit Giften die dich erfrischen sollen, so immens ist deren Schwachsinn noch. Licht und Ton, oder Klangstrom, oder der Heilige Geist oder Klang, damit wird dort auch gearbeitet werden. Wobei auch für die Natur und damit für den menschlichen Körper dadurch Aufbau gemacht werden wird, wie z.B. Klangvoller Dünger, oder Wachstum durch Klang, der nicht die Illusionen der Chemischen Industrie braucht damit Pflanzen wachsen, die immer höhere Dosierungen braucht , aber eventuell so eine Vergiftung hinterlassen werden das deren Produkte einfach zur Vergiftung führen werden, wie Obst Gemüse oder deren Mordfleisch. Die Amerikanische Methode des **„Sonic Bloom"** wird dort beigebracht werden und erweitert werden. Pflanzen wachsen durch gewisse Klänge sehr gesund und geben sehr viel mehr Ertrag, und sie nehmen aber zur gleichen Zeit auch Nahrung über ihre Oberflächenporen auf. Eine Nahrungsergänzung wird den Pflanzen dann zugesprüht die sie mit den offenen großen Poren dann aufnehmen. Das Resultat ist eine enorme Wachstumsstärke und damit verbundene Fruchtmenge und Qualität und alles ohne Gifte der Chemischen Kartelle, das die menschliche und tierische Nahrung wieder Giftfrei und Biologisch sein wird. Klangfrequenzen im Bereich 3-5 Kilohertz die in Resonanz mit einem Zwitschern einer bestimmten Vogelart sind, stimulieren Pflanzen dazu, ihre Blattspalten , mundartige Poren, mit denen Pflanzen Atmen, zu öffnen. Diese Poren öffnen sich deutlich weiter wenn sie mit dem Verfahren von Dan Carlson behandelt werden. Kurzum die Pflanzen werden enorm gesund , Fühlen sich wohl und geben deswegen auch mehr Früchte und Ernten. Da die gesamte Schöpfung Gottes aus dem Klangstrom oder Gott in Dynamik entsteht und aufrechterhalten wird, ist Klang so wichtig so wie Musik, und beides ist immer verbunden mit Licht. Eine Zeitschrift in den USA" Landowner" berichtet von Ertragssteigerungen zwischen 20 und 100 %. Tomaten erzielten eine Steigerung um 133%. Alfalfa um 1.200 %. Blumenkohl wird so groß das bloß 4 Köpfe in einen Karton passen. Sojabohnen hatten 300 Schoten pro Pflanze. Normal sind 30 Schoten. Ginseng wurde von 700 kg auf 2.500 kg pro Acker gesteigert. Auch die Wirkstoffe in den Pflanzen sind enorm gesteigert. Auch Blumen haben mehr Blüten. Das ist die Möglichkeit, wenn man sich über diese Steinzeitwissenschaften der heutigen Geldgeilidiotien und Politikergenieraubsäugetieren und deren Kumpaneien mit der Geldwirtschaft hinaus, erwirtschaften kann. Wenn Wahrheit gesucht wird und über diese blöden

Traditionen hinausgeschaut wird oder sie total Ad Akta gelegt wird. So wie

das allmächtige Göttliche, das Universum, also seinen Körper, betreut, betreut
ein Mensch auch als seine eigene Gottheit sein Universum, nämlich seinen

Körper. Und alle Lebewesen bis hin zu dem Lebewesen Atom sind von dem was er seinem Körper gibt abhängig. Wenn ich ihm also Schundnahrung wie sie die konventionelle Landwirtschaft als unbewußte Vermarkter der Chemischen Keulen anbieten, zu mir nehme, und andere Giftstoffe oder Genußstoffe und andere falsche Nahrungsmittel in mein Universum mein Körper gebe, werde ich dementsprechende Unstimmigkeiten erzeugen und die Konsequenzen erleben, durch Krankheiten oder andere Leiden. Denn die Kleinstlebewesen aus denen der menschliche Körper ja besteht sind nur optimal Funktionsfähig wenn sie saubere unvergiftete Universumsnahrung zu Schmausen bekommen. Dazu gehört auch der Lichtfaktor der in der Materie der Nahrung enthalten ist und die damit verbundenen Schwingungsfrequenz. In diesem Sinne ist es auch zu verstehen „wie im großen so im kleinen oder wie oben so unten."

Diese Aufforderung die ich ja dort auf der Wiese im VW-Bus im Schlaf, morgens, auf Kreta bekam, besagte ja, das ich ein Buch schreiben soll über die spiritualisierung der Industrie und dann eine Organisation Gründe soll und zwar in Montreal, weil dort schon gewisse Menschen darauf warten, da sie mit der Thematik innerlich arbeiten. Das heißt ja, das die Industrie noch total Unspirituell ist und Unmeditativ, und das in der Weltindustrie sehr viele Üble Eigenschaften vorhanden sind, als Gruppe als Organisation oder als Einzelindustrieller. Es kann in Büchern ja noch gut verfolgt werden wie zum Beispiel die großen Organisationen im Bereich Handel und Wirtschaft entstanden sind. Aus den USA kommen die besten und freiheitlichsten Schriften und Nachforschungen. In den USA wird nicht sofort Antisemit gepoltert weil deren Vergangenheit in dem Bezug anders ist, oder es wird nicht sofort versucht alle Zugänge zu Staatsinformationen unzugänglich zu machen. Oder einfacher das Individuum in den USA läßt sich nicht so leicht einschüchtern durch Denkmodelle oder dergleichen andere Wege der Kontrollen. In diesen Regenbogen Transformationszentren werden auch die Unechten die Falschen Welthandels organisationen gehandelt und die damit verbundenen Ziele die mit dem Begriff „Globalisierung„ bezeichnet werden. Als Beispiel die Welthandelsorganisation WTO oder zur Zeit in Europa der EU das aufbauen von Gesetzen die durch sogenannte Experten aber von der Industrie gebrachten Experten gemacht werden. Dort in der EU werden also Wirtschaftsgesetze gemacht die gegen den anderen Bereich also deren Konkurrenten aufgebaut sind so das die es schwer haben sich zu etablieren. Zum Beispiele die Lebensmittelbranche oder die Pharmabranche die aber mit aller Intoleranz also Bösartigkeit also Unwissenheit versucht alles was es an Naturheilmitteln gibt zu verbieten und auch an Nahrungsergänzungen , Vitaminen, Enzyme, Mineralien, und soweiter. Aber was ein absoluter Fehlgriff dieser EU Gesetze ist, und sein wird, das eine Branche die total garnichts mit Naturprodukten zu tun hat, über sie Bestimmt und Antinaturgesetze von der EU gemacht werden. Denn die Pharmabranche ist nur an Geld interessiert und Patenten, und die Natur die Pflanzen kann sie nicht patentieren. So , diese Verrücktheit dieser Pharmaraubsäugetiere und der EU-Raubsäugetiere ist schon enorm. So es ist total inakzeptabel das   Industr iebranchenExperten Gesetze mit aufbauen, die über andere Branchen gehen mit denen sie garnichts zu tun haben. Ganz gefährlich ist ja auch das diese Experten alle nicht demokratisch gewählt wurden und diese Gesetze also reine Geldgesetze sind, also, diese Gesetze auch keine Gesetze sind die zu beachten sind weil sie Betrugsgesetze sind. Es gibt ja unbeschreiblich Intelligentes Universitätsniveau die sich Wissenschaftler nennen, und die dann auch schon herausgefunden haben wollen, aufgrund ihrer Unfehlbaren Erkenntnisse und Methoden, den Wissenschaftlichen natürlich, aber auf welchem Niveau, die besagen all das was es an Verschwörungstheorien gibt ist Quatsch und kann als Blödsinn abgehakt werden. Ja, so wie das Wort schon sagt es sind bloß Theorien. Aber diese ungemein Intelligente Universitätswisserei der Professoren, die behaupten wissenschaftlich fundiert natürlich, das es sowas nicht gäbe, das die Menschen hier von Gruppen gesteuert würden und weiterhin immer versuche gemacht werden das sie von Einzelnen oder Gruppen gesteuert werden, und das diese alten „ Der Weise von Zion „ Schriften und die Illuminati oder die Dunkelbrati, oder Banker oder überhaupt: Es soll also keine Verschwörungen geben. Das ist bodenloser Quatsch von diesen Uniwissenschaftlern. Den Theoretikern diesen Supraintelligenten ungemein Wissenden in irgendetwas zumindest auch wenn es ihre eigene menschliche Unerfahrung ist. Aber dazu möchte ich folgendes sagen : Jede Kartellbildung ist eine Verschwörung. Jede Gruppenarbeit die dazu dient andere Gruppen auszubeuten ist eine Verschwörung. Und wenn nun auf diesen Gründern dieser großen Organisationen die aus dem Rockefeller Kartell und damaligen IG-Farben entstanden und einigen anderen sehr erfolgreichen Superreichen aus dem Stahl und Bankgewerbe und Versicherungen, wenn also aus diesen Gründern damals bloß Heilige gewesen wären, dann gäbe es auch keine Verschwörungen. Und alleine deswegen gibt es Verschwörungen in vielen Bereichen der Industrien und Geldmächten. Warum, weil deren Intelligenzfähigkeit gleich minus Null ist, und in den unteren Bereichen der Sumpfkopflogik agiert weil es noch nicht anders geht, denn :

Die kennen nur diese Machttrips der Kontrolle und Ausbeutungen. Und da diese Menschen sich auf den Machttrips Ausbeuttrips und den Einflusstrips in der Politik seit langer Zeit die Gesetze selber gemacht haben, durch ihre Lobby und ihr Geldeinfluß gegenüber den Politikern die bloß der lange Arm dieser Kartelle sind, ist praktisch die gesamte Weltindustrie so wie der Fisch im Wasser nichtwissend oder wissend im Wasser der Kartelle ergo Verschwörungen drin. Verschwörungen sind ja nicht bloß diese Illuminatenblödheiten oder Rassenblödheiten, nein es sind insbesondere die langsamen Aufbauten von Strategien Macht über Menschen zu erreichen sie auszubeuten und nichts davon abzugeben, und somit große Mengen an Menschen dadurch auch per Gesetzt zu kontrollieren. Im Buch von Edward Griffin „ The Creature from Jekyll Island ISBN-0-912986-21-2 wird wunderbar beschrieben wie sich in den USA Internationale Bankiers trafen 1912-13 und die Federal Reserve Bank durch eine Bankiersverschwörung aufbauten. Charles Lindbergh schrieb dazu : Das größte Verbrechen in der Geschichte der USA. Durch diese Verschwörung von Bankiers wurde zum Beispiel dann die Wall Street Aktienpleite in den Zwanziger Jahren aufgebaut und soweiter und soweiter. Das sind keine Verschwörungstheorien, das ist gelebte Raubsäugetier-Verschwörung. Es wimmelt auf der Erde nur so von Verschwörungen zum Ausbeuten und Kontrollieren von Menschen und Bevormundungen , mit dem Ziel andere Platt zu machen und Platt zu halten. Raubsäugetiermenschen sind so. All das gehört zur Verschwörung. Zum Beispiel als die Airbus Angelegenheit mit dem Bauplatz in Hamburg akut war und die „ Umweltschützer „ damit diesem Minnisumpf und den Vögeln demonstrierten, wurde später herausgefunden, das die Organisation die hinter dieser Umweltaktion stand aus den USA kam, Bingo, und zwar von wo: Nämlich aus dem Ort wo Boeing seinen Sitz hat. Mal eben Blockaden aufbauen als Verschwörung. Die Amerikanische WTO ist total Undemokratisch und basiert bloß auf EGOWAHN der Industriellen und Banker. Diese Organisation erlaubt sich sogar über die Köpfe der Menschen und Staaten zu entscheiden und Strafen zu verhängen. Und dem Wahnsinn haben sich die Schleimpolitiker hingegeben. Dem Denken das wäre Demokratie. Also in ihren Ländern lügen sie eins auf Demokratie und in der WTO wird dann Weltkartell- Diktatur gelebt. Typische Raubmenschmentalität, mehr nicht. Mit dem Streitschlichtungsverfahren verfügt die WTO über ein supranationalen Mechanismus der Strafzölle zur Umsetzung der WTO-Richtlinien erzwingen kann. Das ist alles Diktatur oder Industriefaschismus. Und alle Mitglieder dieser Streitschlichtungsgremien sind außerdem nicht demokratisch gewählt. Aber das ist genau im Sinne der damaligen

Gründer der Rockefellerkartelle, Bankkartelle und anderer Systemdenkkartelle. Auch der Schutz geistigen Eigentums was in Wahrheit Betrug an der Wahrheit ist, denn alles ist, das wenn schon Eigentum das Eigentum der gesamten Menschheit und Patente sind Unwahrheit der Versuch andere auszubeuten durch die All-Ein-Ausbeutung. Denn der Geist oder das Geistige ist Eigentum der gesamten Menschheit. Patente sind schon eine Form der Verschwörung und zwar gegen die anderen. So, da solche Handelsorganisationen Undemokratische oder materialistische Ziele haben ist das auch schon eine Verschwörung gegen die gesamte Menschheit. Was ja auch im Sinne von Rockefeller war, der ja die Kontrolle über die gesamte Erde haben würde und jedem sein Rohöl als Medizin gegen Krebs anbieten würde wie der alte Rockefeller damals in den USA. Und genau der Geist herrscht nun in der Petrochemisch- Pharmazeutischen Industrie die einige Kartelle total beherrschen. Der Geist des Betrugs der Falschheit, da hat sich nichts verändert es ist bloß noch mehr Geld hinzugekommen und damit mehr Ausbeutkontrolle gegenüber der Menschheit. Denn Globalisierung ist zu allererst erstmal Amerikanisierung. Da die Habgier von Dort noch ganz schön Fett ist, aber bald wird China auch in dem Fett schwimmen und eventuelle auch die Russen, wenn sie nicht dem Raubmenschwahn erlegen sein werden, ihrer Raubtiergeneräle und Geheimdienste. Aus denen kann ja niemals etwas Gutes und Schönes kommen. Egal aus welcher Nation. Und Amerikanisierung ist Hauptsächlich das Gesetzlose Pistolero Recht des Geldwahns und Unrechts also Macht vor Recht. Typisch Raubmensch-Amerikanismus-Globalisierung. Da ja Tabus oder Angstschleier gewisse Entwicklungen einschränken, werden die Nebelbomben der Demokratie und Freiheit und Wohlstand für alle geworfen. USA hat 40 Millionen Analphabeten, gigantische Slums und ein Raubmenschsozialsystem der Unterhöllenwissenschaften. Und in Europa und Deutschland beten stupide Raubmenschpolitiker diese Finanzkartelle dermaßen an und der dazugehörigen Unrechts und Gewaltherrschaft. Das ganz klar ist, Politiker sägen sehr gut am Ast der sie trägt mit ihren 25% von 50% Wahnvorstellungen ! Amerikanismus sind Atombomben-Atomraketen-Atomflugzeugträger und Militarismus des Wahnsinns. Alles andere ist Angst, wer sowas befürwortet, oder Unwissenheit die ja bekanntlich immer das Üble tut.! So diese Globalisierung mit diesen Welthandelsorganisationen der WTO der Währungsfond und anderen Sportlern die kräftig Synthetik schlucken damit Weltrekordrendite glänzt, die habe auch wegen ihres Geistes der das trägt etwas mit Neofaschismus zu tun, denn das sind keine Gegensätze sondern Erweiterungen, da diese Kartelle den Geist des Faschismus in sich tragen.

Faschismus ist das Raubtier der Raubmensch ok. Diese Organisationen leben bewußt mit dem Ökonomischen Analphabetismus aber auch mit dem Versuch die Menschen unaufgeklärt zu halten durch Gesetze und Verbote in ihrem Sinne der Ausbeutungen anderer. Die WTO steht über dem Umweltschutz, und das vertretend dann eure Politiker. Ein weiterer Grund sich von den Politikern und deren Systeme zu entfernen. So wie die Menschen sich von Königen und Kaisern befreit haben die letztendlich bloße Selbstsucht und Größenwahn lebten auf Kosten andere so wie die WTO und Weltbank und soweiter. Und dafür sind eure demokratisch gewählten Politiker. Da die WTO und die Weltbank garnicht den freien Handel leben, sondern bloß ihren Handel leben wollen, der Unfrei ist und bloß ihre Interessen vertritt die Interessen der Kartelle, Industriekartelle, ist auch ihre Freihandelspredigt eine verlogene Predigt typisch für Raubsäugetiere. Die sind wie schon das Wort sagt bloß auf Raub aus. Wenn Handelsfreiheit vor Umweltschutz geht wie in der WTO dann wird bloß das Gift das sie verkaufen Schutz haben. Die Öffentlichkeit dieser faschistischen Organisationen der Weltkartelle ist ja total außen vor, was ja auch aus deren Sicht Vernunft ist. Also hier ist aber auch TOTALUNRECHT am wirken mit dieser WTO und deren Rechtsanwälte, vom Kaliber Mao oder Stalin oder Mafiabosse. Wer die Wurzeln dieser Kartelle verfolgt gut in US Büchern nachzulesen der weiß Bescheid was auf die Menschheit zukommt. Das Ende der Demokratie.

Denn freier Markt und Demokratie sind Gegensätze. Da der Weltkapitalismus die Demokratie als Opfer für seine Ausbeutung sieht. Denn es wird bloß mit Verheißungen und Versprechungen und dergleichen gelockt aber dahinter steht der Versuch alles, alle, zu Geld zu machen, das Wasser die Luft alles, also Totalversklavung,, und da schreiben diese Überbekloppten Uniwissenschaftler es gäbe keine Verschwörungen. Das kann erkannt werden sogar ohne das ich näheres an Einsichten habe und tiefer in die Materie eintauchen würde. Die sind einfach zu Ignorant diese Wissenschaftler mit ihrem Dummheitsblick, die sind ja auch bloß Raubsäugetiere geblieben. Normalerweise glauben wir, du vielleicht auch, das Intellektuelle intelligente Menschen sind. Das ist nicht wahr. Intellektuelle leben bloß von toten Worten. Intelligenz bringt das nicht fertig. Intelligenz läßt das Wort die tote Hülle fallen und entnimmt ihm nur den lebendigen Hauch. Der Weg des Intelligenten ist der Weg des Herzens, denn das Herz ist nicht an Worte interessiert, es ist nur an dem Saft interessiert, der in den Behältern der Wörter geliefert wird. Er sammelt nicht Behälter er trinkt einfach den Saft, und wirft den Behälter weg. So Wissenschaftler sind saftlose

Worthülsen und saftlose Laborgeräte so wie ihre Umgebung sie sind Hülsen der eigenen Blockierbarriere die sie sich unbewußt auferlegt haben, nämlich nichts zu erkennen was nicht wissenschaftlich ist, damit haben sie sich ein enormes Korsett der Selbstverblödung ihres freien Geistes auferlegt, den sie auf die Menschheit abwälzen als Wissenschaftlich. Aber blöde. So nochmal, es gibt sehr viele Verbote die aus Handelsorganisationen und Industrie kommen und die damit andere Industrien platt machen wollen, das ist Verschwörung ihr Vollidioten Wissenschaftler. Und somit ist die Materialisten Religion die

Verschwörungsreligion im Mantel der Demokratien die unheilige Trinität von Weltbank, Internationaler Währungsfond und Welthandelsorganisation WTO. Gutes Buch ist : **GLOBALISIERUNG VON UNTEN** von Maria Mies, hoffentlich ist ihr Name nicht versteckte Sinngebung und karmische Altlast.

So es kann praktisch gesagt werden das diese Amerikanische Globalisierung auch in der EU, fast alles was wirklich Heilt, versucht zu versumpfen im Sinne von Auslöschen wegen der Asche, der Kohle, des Moos, der Knete, oder aber wird Verboten und soll verboten werden. Diese sich nun sozusagen verwickelte WirrnisIndustriegesellschaften, die von sich sogar behaupten eine hochentwickelte Industriegesellschaft zu sein, kann garkeine hochentwickelte

Industriegesellschaft sein, da sie eine Kartell also Kontrollindustriegesellschaft ist, und, und mit Millionen von Arbeitslosen. Das sind in Wahrheit Einbahnstraßen-Industriegesellschaften die von wenigen Kontrolliert werden zum Nachteil von den meisten. Durch ihre Roboterhaftigkeit ihrer Produkte sind Menschen sowieso bloß Kostenfaktoren oder Asoziale, und sie schaffen so noch mehr Arbeitslose, da die Automation ja deren Beitrag ist und zwar für eine Mißgestaltentwickelte Industriegesellschaft. Es brodelt unter den so genannten Bürgern und Bürgervereinigungen und zwar auch Global. Zum Beispiel hiergegen kämpft der **Bürger-Schutz-Bund (BSB) Frankfurt**

1. Rechtsschädigung 2. Behördenwillkür 3. Amtsmißbrauch 4. Gesetzeswillkür 5. Selbstbedienung 6. Sozialschädigung 7. Verdummung 8. Ausbeutung 10. Entmündigung 10. und viele andere Problembereiche. Oder : „Owi"- Schädigung und Geldmittel-Beschaffung

Als finanzpolitisch forcierter „ Falschparker" sind sie das Opfer der städtischen Bußgeldjäger ! Als ein von Amts wegen installierter Beschuldigter, sind sie nun „Freiwild" der städtischen Abkassierer ! Die von ihnen juristisch abgepreßten „ Owi-"Gelder, dienen u.a. zur Finanzierung der Stadträte-Gehälter !

OK, das war etwas aus Frankfurt. Hier nun das Manifest des BürgerKonvents aus Bonn. Aber auch hier sind diese Bürger selber noch zu sehr an der Tradition dieser begriffe verklebt denn sie Nennen ihr Konvent: Alle Macht geht vom Volke aus. Damit sind sie selber noch im Machtwahn und dem damit verbundenen Traditionellen Träumen. Erst wenn die Macht mit dem Recht eine Einheit wird ist es eine Gerechtigkeit. Trotzdem, es brodelt unter den Bürgern, weltweit.

Alle Macht geht vom Volke aus !

Das Manifest des BürgerKonvents.

1.

Wir Deutschen befinden uns in einer Sackgasse. Ohne Kursänderung werden wir in Kürze auf eine grundlegend veränderte Wirklichkeit aufprallen.

Fixiert auf Vergangenes, sehen viele nicht das Kommende. Das hat Folgen. Die wirtschaftliche Dynamik ist weithin erlahmt; Millionen von Menschen sind ohne Arbeit; die Zahl der Insolvenzen erklimmt Rekordhöhen.

Obwohl wir Bürger dem Staat die Hälfte des von uns Erarbeiteten überlassen, macht dieser hohe Schulden. Allein für die Verzinsung seiner Altschulden gibt es mehr aus als für Investitionen. Die Stabilitätskriterien von Maastrich einzuhalten fällt ihm schwer. Sie aber sind Grundlage eines starken Euro.

Zugleich bröckeln die sozialen Sicherungssysteme. Die Wechsel, die hier auf die Zukunft gezogen wurden; sind nicht gedeckt. Damit immer mehr alte von immer weniger jungen Menschen auskömmlich versorgt werden können, müssen die Nachwachsenden die bestmögliche Bildung und Ausbildung und ausreichend produktive Arbeitsplätze erhalten. Beides geschieht nicht. In Deutschland wird zu wenig investiert- in Menschen und Arbeitsplätze. Die Folgen hiervon haben vor allem die Jüngeren zu tragen.

Wertvolles Potential liegt brach. Herausragende Leistungen sind selten geworden. Zukunftsinvestitionen in schulische und berufliche Bildung, Wissenschaft und Kunst stehen im Schatten flüchtigen Gegenwartskonsums.

Auch die Herausforderungen der deutschen Wiedervereinigung sind nur zum Teil bewältigt. Ost und West sind noch längst nicht zusammengewachsen. Hinzu kommen wirtschaftliche Probleme. Seit Mitte der neunziger Jahre stagniert die Wirtschaftskraft in den neuen Bundesländern bei reichlich 60 Prozent des Westniveaus. Um dennoch den ostdeutschen Lebensstandard dem westdeutschen anzunähern, fließen ständig hohe Milliardenbeträge von West nach Ost. So einsichtig dieser Transfer ist : Er hinterlässt in den alten Bundesländern mittlerweilen deutlich Spuren. Das und manches andere stimmt viele Menschen pessimistisch. Unabhängig von Parteikonstellationen haben sie Zweifel an der, der Fähigkeit der Politik, die sich auftürmenden Probleme zu lösen. Die Lage spitzt sich zu. Viele Bürger wollen nicht länger zusehen, wie ihre Zukunft aufs Spiel gesetzt wird. Es ist Zeit zu handeln.

2.

Die Veränderungswilligen stoßen auf Besitzstandwahrer, die ihre Position zäh verteidigen. Es wird um die Richtung gerungen, die dieses Land einschlagen soll. Solange dieses Ringen nicht beendet ist, bleibt Deutschland blockiert.

Schon werden Stimmen laut, die, die demokratische Ordnung für diese Blockade verantwortlich machen. In einem funktionierenden Gemeinwesen, so heißt es, könnten nicht alle mitreden. Einer müsse entscheiden. Diese Argumentation scheint schlüssig. Trotzdem ist sie falsch.

Ursächlich für die Blockade ist nicht die demokratische Ordnung. Ursächlich sind gravierende Fehlentwicklungen an dieser Ordnung vorbei. Wir brauchen keine Systemveränderung. Was Not tut, ist die Rückkehr zum eigentlichen Sinn unserer Verfassung.

In der Demokratie entscheidet die Mehrheit unter Wahrung der legitimen Interessen der Minderheiten. In Deutschland wird dieser Grundsatz verletzt. Faktisch setzen straff organisierte Minderheiten ihre Interessen- legitim oder nicht- gegen die objektiven Interessen der nicht organisierten Mehrheit durch. Die nicht organisierte Mehrheit hat es schwer, ihren Willen zu bekunden. Minderheiten haben die Meinungsführerschaft übernommen.

Besonders problematisch sind Machtstrukturen, die aus einem fehlgelenkten Sozialstaat und der Sozialpartnerschaft erwachsen sind. Zwar beruhen sie auf der Verfassung und gesetzlichen Regelungen. Aber sie haben sich der demokratischen Kontrolle entzogen, obwohl sie unser aller Lebensbedingungen massiv beeinflussen. Diese Machtstrukturen sind mit den Volksvertretungen in Bund, Ländern, und Gemeinden eng verflochten. Die einen ermöglichen und fördern politische Karrieren; die anderen wehren alle Versuche ab, jene Strukturen aufzubrechen oder zumindest ihre Leistungsfähigkeit einer gründlichen Prüfung zu unterziehen.

Diese Verquickung von Verbandsinteressen und Politik ist beispielsweise zuzuschreiben, dass die Bürger viele Jahre hindurch riesige Milliardenbeträge in eine unstrittig wenig effektive Bundesanstalt für Arbeit pumpen mussten - gesteuert von den Tarifparteien und Politikern. Ähnliches gilt für weite Bereiche der so genannten öffentlichen Daseinsvorsorge, wo hinter dem Schild sozial verpflichteten Handels nicht selten höchst egoistische Einzelinteressen verfolgt werden.

Diese heillose Vermengung von Staat, Parteien, Gewerkschaften und Verbänden hat die Entwicklung dieses Landes nachhaltig beeinträchtigt. Doch große Teile der Bevölkerung haben sich so sehr an sie gewöhnt, dass sie nicht mehr als hochgradig abnorm, sondern fast als normal ansehen.

Um sich zu legitimieren, machen alle der Bevölkerung immer neue Versprechungen. Zu halten sind diese schon lange nicht mehr. Aber noch immer gelten Illusionen bei vielen mehr als die Wirklichkeit. Wer die buntesten Träume verspricht, verbessert seine Wahlchancen. Auf Dauer lässt sich die Wirklich jedoch nicht überschminken.

Deutschland ist auf diese Wirklichkeit nicht vorbereitet. Die Bürger ahnen vieles, aber sie wissen vorerst wenig. Weder wissen sie um die brüchig gewordene Bevölkerungsstruktur noch um die wirklichen Bedingungen des Arbeitsmarktes, die maroden Sozialsysteme oder die nachhaltig geschwächte Stellung Deutschlands in der Welt. Das Land leidet unter einem Wahrheitsstau, der zügig aufgelöst werden muss, um die bestehenden und absehbaren Herausforderungen meistern zu können. Aus Ahnung müssen Gewissheiten werden, die, die Grundlage einer Neuorientierung sind.

3.

Von der Politik ist eine solche Neuorientierung, wenn überhaupt, nur in engen Grenzen zu erwarten. Jahrzehntelang hat sie den Eindruck erweckt, alle Hindernisse auf dem Weg in die Zukunft mühelos beiseite räumen zu können. Das hat die Erwartungen der Bevölkerung geprägt. Etwas anderes würde sie jetzt enttäuschen. Eine solche Enttäuschung möchte die Politik vermeiden. Sie hat ihre Lektion gelernt. Nur wenige Politiker erlangen die Gunst der Wähler, wenn sie die Wahrheit sagten. Weit länger ist die Liste derer, die hierfür mit dem Verlust ihres Mandats bestraft wurden. Wer die Wahrheit verbiegt, spekuliert nicht ohne Grund auf Vorteile im politischen Wettbewerb. Der zurückliegende Bundestagswahlkampf hat dies erneut gezeigt.

Das heißt nicht, dass sich die Politik der Wirklichkeit nicht stellen möchte. Doch eingeklemmt zwischen mächtigen Partikularinteressen und unrealistischen Wählererwartungen, fühlen sich viele Politiker zu schwach. Um sich nicht selbst mit ihnen auseinander setzen zu müssen, verbergen sie sich immer häufiger hinter Bündnissen und Kommissionen. Solche Einrichtungen sind sinnvoll, wenn es Erkenntnisdefizite gibt. Den Politikern fehlen jedoch derzeit nicht so sehr Erkenntnisse. Ihnen fehlen Kraft und Mut und vor allem die breite Unterstützung derer, die weiter sehen, tiefer schürfen und bereit sind, sich für das Ganze zu engagieren- der verantwortungsbereiten Bürger. Aus Furcht vor dem Verlust ihrer politischen Mandate flüchten sich viele in Unverbindlichkeiten. Die offene Auseinandersetzung mit organisierten Besitzständen und unwissenden Wählern haben die wenigsten gelernt. Sie sind durch die lange Schule der Anpassung gegangen. Das bestimmt ihre Politik.

Deshalb müssen Männer und Frauen, die weder von Partikularinteressen noch von schwankenden Wählerstimmen abhängig sind, der Politik eine Schneise schlagen und sie bei der undankbaren Aufgabe entlasten, den Wahrheitsstau aufzulösen und der Wirklichkeit Akzeptanz zu verschaffen. Künftig dürfen sich Politiker nicht mehr darauf berufen können, dass eine sachgerechte und zukunftsweisende Politik ihre Partei die Mehrheit und sie selbst das Amt kosten würde. Vielmehr müssen sie sich und ihre Politik daran messen lassen, ob sie der Wahrung nicht nur der gegenwärtigen , sondern auch der künftigen Interessen der Bevölkerung genügen.

4.

Mit diesem Ziel haben sich Männer und Frauen zu einem BürgerKonvent zusammengeschlossen, um außerhalb der politischen Parteien dazu beizutragen, Deutschland wieder aus der Sackgasse herauszuführen und den Weg für eine zukunftsweisende Politik zu ebenen. Dass die Verfolgung dieses Ziels nicht einfach ist und den orchestrierten Aufschrei der Profiteure der bestehenden Verhältnisse herausfordern wird, ist vorhersehbar. Dennoch erachten es der BürgerKonvent als seine Pflicht, nichts unversucht zu lassen, was den Stillstand dieses Landes überwinden könnte. Deutschland hat in der Vergangenheit zu oft Schaden dadurch genommen, dass die Politik nur Politiker und Interessenverbänden überlassen wurde. Die politische Willensbildung liegt beim Volk. Parteien wirken hieran nur mit. Sie haben kein politisches Monopol. Das ist in Artikel 21 des Grundgesetzes ausdrücklich verankert.

Der BürgerKonvent möchte diesem Verfassungsgrundsatz wieder stärker Geltung verschaffen. Zugleich will er darauf hinwirken, dass Politik und Bevölkerung nicht länger die Wirklichkeit verdrängen, sondern sich ihr aktiv stellen. Nur so können die Risiken dieser Wirklichkeit vermindert und ihre Chancen genutzt werden. Zu dieser Wirklichkeit gehören:

1. Wir Bürger sind mündig.

Der Staat darf nur übernehmen, was wir nicht selbst regeln können. pro Kopf der Bevölkerung erwirtschaften wir heute fünfmal so viel wie die Menschen vor 50 Jahren. Breite Schichten sind wohlhabender als jemals zuvor. Sie haben Grundeigentum, Sachvermögen und beträchtliche Ersparnisse. Selbst der vierköpfige Sozialhilfehaushalt verfügt über die gleiche Kaufkraft wie durchschnittliche Vier- Personen- Arbeitnehmerhaushalte Mitte der sechziger Jahre. Zugleich wurde ein hoher formaler Bildungszustand erreicht. Jeder vierte 20-bis 60- Jährige hat Abitur, jeder achte ein abgeschlossenes Hochschulstudium.

Dank dieser Entwicklung kann die Mehrheit vieles einschließlich eines Großteils der Vorsorge für die Fährnisse des Lebens mittlerweilen selbst regeln. Doch wir dürfen nicht. Der Staat entläßt uns nicht aus seiner Vormundschaft. Er engt uns wirtschaftlich und mental ein und verwendet die uns entzogenen Mittel nach seinen Vorstellungen. Die Lage ist absurd: Als die Menschen noch arm und ungebildet waren, mischte sich der Staat weit weniger in ihr Leben ein als jetzt.

In Deutschland muß wieder gelten: Nur was wir Bürger nicht selbst regeln können, dürfen gesellschaftliche Organisationen und der Staat übernehmen. Zugleich darf uns der Staat nur die Mittel nehmen, die es besser und effektiver einsetzen kann als wir. Das ist die Vorgabe für die seit langem fällige Steuerreform; Die Besteuerung der Bürger muss maßvoll, einfach und gerecht sein. Davon sind wir weit entfernt.

2. Die Schultern der Jüngeren sind schmaler.

Sie müssen gestärkt und entlastet werden. Die Jahrgänge , die seit 1970 geboren wurden, sind an Zahl weitaus schwächer als die älteren. Daran ändern auch die Zuwanderer wenig. Sie können zwar Bevölkerungslücken füllen, nicht jedoch die dramatische Verschiebung von Jung zu Alt verhindern. Zuwanderer altern wie alle anderen auch.

Um die Jüngeren nicht zu überfordern, müssen sie durch eine wirksame familien- und Integrationspolitik sowie die bestmögliche Bildung und Ausbildung gestärkt werden. Auch benötigen sie mehr produktive Arbeitsplätze. Das wiederum setzt eine intensivere Vermögensbildung voraus. Produktive Arbeitsplätze erfordern Kapital. Zugleich müssen die Jüngeren entlastet werden von vielen heute lösbaren Aufgaben, z.B. im Infrastruktur- oder Umweltbereich und von den Schulden der öffentlichen Hand. Die Schulden von heute sind die Steuern von morgen. Durch sie sind unsere Gestaltungsräume unzumutbar eingeengt. Unsere Handlungsmaxime muss sein : Die Jüngeren dürfen nicht mit schweren Lasten befrachtet werden, als wir jetzt zu tragen bereit sind. Ihre Schultern sind schmaler als die unseren !

Das zwingt zu grundlegenden Veränderungen tief verinnerlichter Sicht- und Verhaltensweisen. Wir können und dürfen die Lösung der aufgestauten Probleme nicht länger vor uns herschieben. Denn was wir heute nicht lösen, vermögen wir morgen erst recht nicht zu lösen.

3. Ansprüche übersteigen Leistungen.

Wirtschaft und Arbeitsmarkt müssen belebt werden. Wohlstand kommt von Arbeit. Deshalb müssen wir mehr und besser arbeiten, wenn unser Wohlstand weiter wachsen soll. Ungetane Arbeit gibt es in Fülle. Woran es mangelt, ist die Umsetzung dieser Arbeit in Arbeitsplätze. Das ist in Deutschland schwierig. Für die meisten zu schwierig. Sie ziehen es vor, Arbeitsplätze zu suchen statt zu schaffen. Dabei sind viele recht anspruchsvoll. Arbeitsplätze sollen gut bezahlt, interessant, angenehm, nicht sehr anstrengend und gesellschaftlich angesehen sein. Von solchen Arbeitsplätzen gibt es in Deutschland nicht genug. Die Hürden sind zu hoch. Die Arbeitgeber können den Erwartungen weder quantitativ noch qualitativ hinreichend gerecht werden.

Die Hürden müssen gesenkt werden. Das gilt um so mehr, als wir Deutschen wichtige wirtschaftliche Vorsprünge eingebüßt haben. Andere Völker haben uns eingeholt und mitunter überholt. Zugleich sind sie oft bescheidener. Dadurch können sie Produkte und Dienste anbieten, die den unseren in nichts nachstehen, aber preiswerter sind. Für uns heißt das, dass wir entweder wieder in mehr Bereichen zur Spitze vorstoßen oder unsere Ansprüche zurückstecken müssen. Unsere derzeitigen Ansprüche übersteigern unsere Leistungen. Die Folge ist Enttäuschung. Unternehmerisches Denken und Handeln kann sie überwinden. Es ist zu pflegen und zu fördern. Das beginnt in der Schule und setzt sich im späteren Leben fort. Auch Arbeitnehmer können sich unternehmerisch verhalten.! Nichtsbelebt Wirtschaft und Arbeitsmarkt besser.

4. Bildung und Wissenschaft sind nur Durchschnitt.

Sie müssen verbessert werden. Der Verlust wirtschaftlicher Vorsprünge ist nicht zuletzt darauf zurückzuführen, dass wir bei Bildung, Ausbildung, Wissenschaft und Forschung weithin nur noch Durchschnitt sind und mitunter noch nicht einmal das. Bereits die Vermittlung von Lese-, Schreib- und Rechenfähigkeit lässt nicht selten zu wünschen übrig. Das trifft auch auf den Umgang mit neuen Medien zu. Schulen und Hochschulen fehlen Anreize, ihre Leistungen zu verbessern. Eingeschnürt in staatliche Korsette, ist der Wettbewerb unter ihnen wenig entwickelt. Auch international spielen sie nur noch eine nachrangige Rolle. Oft können Universitäten Spitzenkräfte noch nicht einmal halten, geschweige denn bewegen, nach Deutschland zu kommen.
Hier sind vor allem die Bundesländer gefordert. Gerade im Bildungsbereich muss Kulturföderalismus wirklicher Wettbewerbsföderalismus sein. Herausragende Schulen und Hochschulen sind die Voraussetzungen für hoch qualifizierte Arbeitskräfte und diese die Grundlage für Spitzenleistungen in Wissenschaft und Forschung. Ohne sie sind Standortvorteile unserer Wirtschaft weder zu erringen noch zu halten.

5. Der Staat kann unseren Lebensstandard nicht sichern.

Wir müssen mehr für uns selbst sorgen. Die Politik kann ihr jahrzehntelang gegebenes Versprechen, im Rahmen der gesetzlichen Sozialsysteme den individuellen Lebensstandard zu gewährleisten, nicht mehr halten. Auch wenn sie noch zögert, das offen einzugestehen - die Fakten sind erdrückend. Schrittweise werden alle diese Systeme zu bloßen Existenz - oder Grundsicherungen. Um den individuellen Lebensstandard im Alter, bei Arbeitslosigkeit sowie im Krankheits - und Pflegefall aufrechterhalten zu können, müssen wir in bislang ungewohnter Weise für uns selbst vorsorgen. Hierauf müssen wir uns nicht nur mental einstellen. Wir müssen auch unsere Lebensgewohnheiten spürbar verändern. Ohne einen gewissen Konsumverzicht wird es nicht gehen. Substantielles Sparen ist wichtiger denn je. Es wird erleichtert durch eine Verringerung der staatlichen Abgabenlast. Dazu muss der Staat die bestehenden sozialen Sicherungssysteme umfassend reformieren und auf ihren Kern zurückführen. Was darüber hinaus geht, ist nicht länger finanzierbar.

6. Öffentlicher Wohlstand auf Pump

Der Staat muss Schulden abbauen. Zugleich muss der Staat mit den von uns überlassenen Mitteln besser haushalten. Bisher vergeudet die öffentliche Hand hohe Summen. Ordentliche Einnahmen und Ausgaben müssen wieder zur Deckungen gebracht werden. Die Schuldenpolitik der zurückliegenden 30 Jahre gehört zu den sinnlosesten und gefährlichsten Entgleisungen des Staates. So lange ein erheblicher Teil unserer Ersparnisse in öffentliche Schulden umgewandelt wird, ist private Vermögensbildung erheblich beeinträchtigt. Denn öffentliche Schulden müssen ausnahmslos von uns Bürgern beglichen werden. Das ist die Besonderheit des Staates als Schuldner. Er kann seine Schulden nur tilgen, wenn ihm die Gläubiger - wir, die Bürger - die Mittel hierfür geben. Staatliche Schulden sind unsere Schulden ! Sie müssen abgebaut werden , damit unsere zwingend erforderliche private Vorsorge nicht geschmälert wird.

7. Die Wiedervereinigung ist nicht vollendet.

West und Ost müssen die Kräfte anspannen. Die Wiedervereinigung Deutschlands hat uns vor große Herausforderungen gestellt. Allerdings haben die Ostdeutschen das schneller erkannt als die Westdeutschen. Gemeinsam wollen wir, dass sich der Lebensstandard der Mitbürger in den neuen Bundesländern möglichst zügig dem des Westens angleicht. Um das zu erreichen hätten wir in West und Ost alle Kräfte anspannen müssen. Stattdessen haben vor allem die Westdeutschen versucht, möglichst weiterzumachen wie bisher. Der große Aufbruch hat nicht stattgefunden. Nicht zuletzt deshalb weist Deutschland seit der Wiedervereinigung immer wieder das geringste Wirtschaftswachstum in der Europäischen Union auf. Soll die Wiedervereinigung die wirtschaftliche Entwicklung Deutschlands nicht dauerhaft belasten, müssen die Verkrustungen von Wirtschaft und Arbeitsmarkt aufgebrochen , muss unserem Gestaltungswillen Raum gegeben und die Handlungsfähigkeit des Staates wiederhergestellt werden. Das höchst außergewöhnliche Ereignis der Wiedervereinigung ist Anlass, ausgetretene Pfade zu verlassen. Sonst kann sie nicht wirklich gelingen.

8. Ein Übermaß an Regelungen und Kleinstaaterei behindert staatliches Handeln.

Überflüssiges muß beseitigt werden. Das Handeln des Staates wird empfindlich beeinträchtigt durch ein Übermaß gesetzlicher und administrativer Regelungen sowie unklarer Zuständigkeiten. Dieses Wirrwarr kann und muss gelichtet werden. Notwendig ist insbesondere die saubere Trennung der gesetzgeberischen Zuständigkeiten von Bund und Ländern unter Berücksichtigung des Subsidiaritätsprinzip auch im Verhältnis von Bund und Ländern zur Europäischen Union. Dabei ist der Tatsache Rechnung zu tragen, dass Deutschland ein Bundesstaat ist und folglich dem Bund nur die Aufgaben zuzuweisen sind, die vernünftigerweise nur einheitlich gelöst werden können. Alles andere gehört in den Zuständigkeitsbereich der Bundesländer, die umgekehrt nur noch sehr beschränkt Einfluss aus Bundesangelegenheiten haben dürfen. Parallel hierzu sind die Steuerhoheit der Länder und die Stellung der Gemeinden zu stärken. Weil sich Bund und Länder derzeit die wichtigsten Steuerquellen teilen, werden finanzielle Verantwortlichkeiten verwischt. Durch deren klare Zuordnung sowie den Rückzug des Bundes aus den Gemeinschaftsfinanzierungen ist die föderale Ordnung zu stärken. Der Länderfinanzausgleich darf den Länderwettbewerb nicht beeinträchtigen.

Die Bundesländer sind neu zu gliedern und so der veränderten Wirklichkeit in Deutschland und Europa anzupassen. Eine solche Neugliederung sieht Artikel 29 unseres Grundgesetzes ausdrücklich vor. Etwa sieben Länder können die Interessen und Bedürfnisse der Bürger und die bundesstaatliche Ordnung wirksamer wahren als die bestehenden sechzehn. Wiederstände gegen eine Neugliederung dienen vor allem der Besitzstandswahrung politischer und gesellschaftlicher Institutionen. Damit diese Wiederstände überwunden werden, müssen den Bürgern das Wiedersinnige der heutigen Regelungen und die großen finanziellen Vorteile einer Neugliederung einsichtig gemacht werden. Der Druck zur Veränderung muss von uns Bürgern kommen, die, die Rechnung der heutigen Kleinstaaterei zu zahlen haben.

5.

Wir Deutschen haben in der Vergangenheit große Herausforderungen eindrucksvoll bewältigt - den Wiederaufbau nach dem Zweiten Weltkrieg, die Wiedervereinigung unseres Landes, Naturkatastrophen, bei uns und wo auch immer auf der Welt. Wenn wir wollen, sind wir stark.
Die Aufgaben, die es jetzt zu lösen gilt, sind nicht schwieriger. Nur müssen wir uns ihnen stellen. Wir müssen Abschied nehmen von lieb gewonnenen Illusionen, insbesondere der Vorstellung, der Staat könne und werde alles für uns regeln. In Wahrheit hat sich der Staat maßlos übernommen. Um handlungsfähig zu bleiben, muss er Verantwortung abgeben. Die Zeit politischer Träumereien , überzogener Forderungen und haltloser Versprechungen ist zu Ende. Jetzt sind wir, die Bürger, gefordert.
Deshalb will der BürgerKonvent die Mitbürger über die wirkliche Lage Deutschlands aufklären und ihre Bereitschaft zu zukunftsweisenden Lösungen der aufgestauten Probleme fördern. Wir Bürger müssen wissen: Wir können das bisher Erreichte nur halten und fortentwickeln, wenn wir uns von Überholtem trennen und unsere Zukunftsfähigkeit nachhaltig verbessern.
Der BürgerKonvent setzt sich ein für ein Land, in dem die Menschen gerne leben, arbeiten und ihre Ersparnisse anlegen; in dem Leistung sich lohnt; das seine besten Traditionen pflegt; das eine Zukunft in Freiheit und Wohlstand hat; auf das wir auch morgen noch stolz sein können. Der BürgerKonvent ruft alle in diesem Land auf, sich hieran zu beteiligen, besonders aber diejenigen, die sich mündig genug fühlen, für sich und andere mehr Verantwortung zu übernehmen. Beenden wir die Vormundschaft des Staates. Schaffen wir eine Bürgergesellschaft! Jede Unterstützung ist willkommen: Engagement, Wissen, Können, Zeit, Geld. Gemeinsam können wir die quälende Selbstblockade dieser Gesellschaft aufbrechen.
Informationen über den BürgerKonvent unter www.BuergerKonvent.de
Sooo, das war einiges von den Bürgern. Diejenigen die daran glauben das sie das sind. OK. Zum erweitern folgendes :

Wir sind alle dazu bestimmt, zu leuchten !
Unsere tiefgreifendste Angst ist nicht,
dass wir ungenügend sind.

unsere tiefgreifendste Angst ist,
über das Meßbare hinaus kraftvoll zu sein.
Es ist unser Licht,
nicht unsere Dunkelheit,
die uns am meisten Angst macht.

Wir fragen uns, wer bin ich.
mich brilliant, großartig, talentiert
und phantastisch zu nennen.?
Aber wer bist du, dich nicht so zu nennen ?

Du bist ein Kind Gottes.

Dich selbst klein zu halten, dient nicht der Welt.
Es ist nichts Erleuchtendes daran, sich so klein
zu machen, daß andere um dich herum
sich nicht unsicher fühlen.

Wir sind alle bestimmt, zu leuchten,
wie es die Kinder tun.
Wir sind geboren worden,
um den Glanz Gottes,
der in uns ist, zu manifestieren.
Er ist nicht nur in einigen von uns,
er ist in jedem einzelnen.

Und wenn wir unser Licht erscheinen lassen,
geben wir unbewußt anderen Menschen
die Erlaubnis, dasselbe zu tun.
Wenn wir von unserer eigenen Angst
befreit sind, befreit unsere Gegenwart
automatisch auch andere.
Nelson Mandela

In diesen von der Industrie aufgebauten Regenbogen Transformationszentren
werden dann sozusagen Transformatiker im poetischen Sinne erscheinen. . Die
eben nicht wie die Politiker die Unrealistisch und bloße Verteiler eurer Gelder

geworden sind, und das auch noch miserabel, im Sumpf der Beharrungsenergien sich aalen müssen, sondern in der erarbeiteten Freiheit dementsprechende Freiheiten für die Menschheit präsentieren können. Politiker sind raus, so wie Könige und Kaiser, weil sie nicht mehr die Realität und Wahrheit auch nur ansatzweise repräsentieren und auch nicht können. Realität präsentieren bedeutet keine Angst vor dem Feind und der Wahrheit zu haben und sie auszusprechen, und dann auch Wissen das die Realität also Wahrheit viele Schichten hat aus denen sich der Mensch raus und rein entwickelt. Die FED in den USA oder andere Zentralbanken sind Konstrukte um die Politiker zu kontrollieren, und damit die Menschen die diese Politiker wählten, und vieles, vieles, vieles mehr ist damit verbunden. Natürlich wird das dann auch Universitätsmäßig und Doktorenmäßig und Professorenmäßig vermarktet damit die Masse auch im Physikalischen Sinne schön Träge bleibt. All das wird in den Regenbogenzentren der Wahrheit und Freiheit und Liebe erkannt werden und mit Liebessysteme ersetzt werden müssen. Denn Wissen -schaffen führt zu Wissen und Wissen muß zur Wahrheit und Wahrheit zur Erkenntnis Gottes führen. Aber jede Wissenschaft die nicht zum Göttlichen führt ist damit keine Wissen-Schaft sondern Aber-Glaube, mehr nicht.

Eine kleine Denkpause

Die Menschen lieben die Wahrheit
wenn diese sich selbst offenbart,
aber sobald sie die Menschen bloßstellt,
dann hassen sie die Wahrheit.

Das sagte mal der Heilige Augusti In den Regenbogen Wahrheitszentren wird auch die materialistische Explosionstechnologie also nach außen gerichtete Kräfte abgeschafft werden. Das sind zerstörerische Kräfte mit extremen Folgeschäden wie ja weltweit sichtbar ist. Die Atomindustrie, als Wahnsinnswissenschaftle rseuche und Irrsinnsweg. Aber auch die anderen Verbrennungsmotoren und sogar Elektrizität sind Steinzeitmodelle die für eine Humane Gesellschaft total unbrauchbar sind. Und für eine Gottmenschgesellschaft ein absoluter Unterhöllentrip ist, da kocht Satan sozusagen seine hochmoderne Suppe. Denn vergeßt nicht was Jesus sagte : Seid vorsichtig ! Gott hat dem Satan erlaubt, euch auf die Probe zu stellen und die Spreu vom Weizen zu scheiden. (Lk 22,31) Dabei zeigt uns die Natur andauernd das implosive Kräfte nicht nur effizienter sind, sondern auch keine schädlichen Nebenwirkungen haben. In der Natur läuft alles als Bewegung nicht explosiv nach außen sondern implosiv nach innen. Das ist der Weg der Meditation nämlich zum Zentrum führend zentripetal. Buddha sagte mal : Der Weg nach außen ist der Weg der Ignoranz. Dem stimme ich 100% zu. Deswegen auch meditative Transformation der Industrie. In diesen Regenbogen Wahrheits und Liebeszentren, werden auch die Wege der Lichtkörper- Transformation geöffnet. Auch die Heilige Geometrie wird dort genutzt werden. Die Persönlichkeit besteht aus drei Energiefeldern und deren Inhalt. Man nennt die Kombination eines Feldes und seines Inhaltes „ Körper „. das Geistselbst projiziert oder manifestiert aus seiner eigenen Energie heraus drei Körper :

Physischer Körper- Emotionaler Körper - und Mental Körper.

Energie wird in stehenden Wellen in einer Hülle arrangiert, so daß sie drei Energiekörper formen.

Ein vierter Körper, der spirituelle Körper, bildet eine Brücke zwischen diesen drei niederen Körpern und dem Geist. Die Tatsache , daß alle vier Körper aus dem gleichen Material gebildet sind, ist, wie wir später sehen werden von höchster Wichtigkeit.

Zuerst kommt der physische Körper. In welcher Form es sich manifestiert, wird von vielen Faktoren beeinflußt.

Im Moment der Empfängnis verschmolzen zwei komplette DNS-Stränge und schufen dadurch einen Dritten. Als das Ei sich teilte und die Zellen sich bildeten, halfen bewußte Energieeinheiten dabei, zuerst subatomare Partikel und dann Atome und Moleküle zu formen. Dieser Prozeß wurde von Mustern überwacht, die in der DNS gespeichert sind - nämlich, die „ Gesamt- Blaupause „ für den physischen Körper.

Wissenschaftler haben bislang nur einen Bruchteil der Millionen Informationen entschlüsseln können, die in der DNS gespeichert sind. Man kann die DNS als eine Serie von Proteinen betrachten, doch wie ein Hologramm sollte sie vollständig gelesen werden, um den maximalen Nutzen daraus zu ziehen.

Während der ersten Schwangerschaftswochen liest die bewußte Energie, die, die Zellen formt, die DNS.

Sie entschlüsselt sie, um herauszufinden, welche Art von Zelle gebaut werden soll. Die wachsenden Zellen, die auf ihre Art auch bewußt sind, stimmen sich in die Blaupause für den physischen Körper und in die simultane Zukunft ein, um für ihr Wachstum Anleitung zu erhalten. Sie organisieren sich selbst und ziehen weitere Energieeinheiten an, damit diese die nötigen Atome bilden, und sich innerhalb der übergeordneten Hülle vermehren, um Funktionen auszuüben, die in der DNS festgelegt ist. Das Bewußtsein einer Zelle, die sich z.B. zu einer Leberzelle entwickeln will, zieht Energien an und teilt sich, um weitere Leberzellen zu bilden. Im Laufe der physischen Entwicklung multiplizieren sich in der ständig wachsenden stehenden Welle, die für die Leber eingerichtet

wurde. Zu Beginn der Schwangerschaft ist das Wachstum sehr schnell und verlangsamt sich dann gegen Ende der Schwangerschaft. Das Wachstum setzt sich dann noch ein paar Jahre lang fort und hört dann auf. Es werden nur noch abgestorbene und beschädigte Zellen ersetzt. Der physische Körper ist aus stehenden Wellen in stehenden Wellen in stehenden Wellen gebaut. Das Körperbewußtsein bildet sich heraus und formt Atome, Moleküle, Zellen, und Organe unter der Anleitung des Geistselbst sowie einer Art von Zukunftsversion des Körpers. (die als Blaupause fungiert)

Nachdem der Körper in Einklang mit den Blaupausen in der DNS und den mentalen Blaupausen in der DNS und den mentalen Blaupausen - den Gedankenbildern - , die man über seinen Körper hat, permanent neu erschaffen. Der Körper ist eine wunderbare Wesenheit. Er besitzt ein eigenes Bewußtsein und kann sich selbst ausgezeichnet regulieren. Doch er blickt auf sein größeres „ Du „ und erwartet von ihm Input. Durch Resonanz haben die Gedanken und

Gefühle, die jeder über sich selbst hat, enormen Einfluß auf das Bewußtsein des Körpers. Angst vor Krankheiten und Tod wird ihn buchstäblich auf Krankheit programmieren. Gleicherweise werden Gedanken an eine gute Gesundheit und Lebensfreude den Körper so programmieren, daß er seine Selbstheilungskräfte aktiviert. Diese Kräfte beheben Verfälschungen in der Zell-DNS (oft die Ursache von Krankheiten und Leiden, die normalerweise mit dem Alterungsprozeß in Verbindung gebracht werden)

Diese Erklärungen enthüllen nicht mal Ansatzweise, wie kompliziert die Vorgänge wirklich sind. Selbst die kürzeste Reflektion darüber, wie man seinen Körper wachsen läßt, würde einen in Ehrfurcht vor sich selbst versetzen. Diese oberflächliche Beschreibung soll nur den Zweck haben, zu zeigen, daß der Körper, den man für fest hält, eigentlich Energie ist, die in einer Serie stehender Wellen angeordnet ist, die für die physischen Sinne subatomare Partikel, Atome, Moleküle, Zellen, und Organe und schließlich der ganzen Körper sind. Jede Energieeinheit ist sich ihrer Rolle voll bewußt und nimmt voller Freude und im Einklang mit dem Bild von der Realität an der Struktur teil, die man als seinen Körper kennt. Es mag einen überraschen, zu hören, lesen, daß der Körper bewußt ist, doch er ist nicht bewußt in dem Sinne, wie man diesen Begriff versteht. Der Körper weiß z.B. wie er das Herz schlagen lassen, Nahrung verdauen und sich selbst heilen kann. Er ist sich der Zyklen des Mondes, der Planeten und der Sterne bewußt, er benutzt diese Zyklen und paßt sich ihnen an. Schließlich ist er aus bewußter Energie zusammengestellt, die aus dem ungeheuer großen planetarischen Feld stammt. Was man für Bewußtsein hält, ist eigentlich eine Mischung aus verschiedenen Arten von Bewußtsein. (Obgleich sie letztendlich eine Einheit darstellen)

* subatomares Bewußtsein, das sich der riesigen kosmischen Felder bewußt ist und in ihnen mit allem anderen subatomaren Bewußtsein interagiert.

* Zellbewusstsein, das auf den Blaupausen basiert und mit den Lebenserfahrungen, den Gedanken und Gefühlen imprägniert ist.

* Körperbewußtsein, das die Gesamtform zellularen Bewußtseins darstellt, zu dem noch ein paar eigene Ideen hinzukommen (das Selbst-Bild des physischen Körpers hängt jedoch weitgehend von den Glaubenssätzen des Mentalkörpers ab.)

* Gefühle , die im Moment durch einen fließen und von vergangenen Emotionen überlagert sind, an denen man festhält, anstatt sie fließen zu lassen.

* Gedanken und Glaubenssätze, die man verwendet, um die Realität zu strukturieren (man sei sich bewußt daß jeder Glaubenssatz nur eine Meinung über die Realität darstellt)

* Spirituelles Bewußtsein, Intuition oder direktes Erkennen. Dieser Aspekt entspricht in etwa dem, was oft universelles Bewußtsein genannt wird. Eigentlich ist es Teil einer verborgenen Blaupause , aus der die Realität fließt und die - neben anderen Dingen - die Archetypen der Spezies enthält, also die heroischen Aspekte der Menschheit. Durch dieses „ Bindegewebe „ für die physische Realität hat man Zugang zu anderen Zeiten, anderen Orten und anderen Dimensionen.
Die meiste Energie zur Bildung des physischen Körpers zieht man aus der Nahrung die man aufnimmt, doch Energie wird mehr und mehr in den Körper projiziert. Und das funktioniert so:
Als Ersatz für die Energie, die aus dem Eiweiß und der Stärke verdauter Nahrung kommt, projizieren die Geistebenen eines Wesens bewußte Energiequanten in das physische Feld und leiten sie dazu an, Zellstrukturen zu bilden. Das Geistselbst wandelt die Zellen des Körpers systematisch so um, daß sie direkt von projizierter Energie ernährt werden können. Diese projizierte Energie wird aus der Energie gewonnen, die auch hinter der Strahlung steckt, die man Licht nennt. Als Folge davon beginnt sich der sogenannte „ Lichtkörper „ zu bilden. Der physische Körper stellt sich immer mehr darauf ein, von Energien ernährt zu werden, und nicht von physischen Nährstoffen, die in einer zellularen Hülle stecken. Ein Effekt davon ist, daß sich die Frequenz der Zellen und des Körpers erhöht. Schließlich wird der Körper beginnen, sanft zu strahlen. Dann wird man in einem Lichtkörper leben.
Diese Veränderung ist auf unterschiedliche Weise eingeleitet worden, braucht aber für gewöhnlich die bewußte Einverständniserklärung des Betroffenen. Der Lichtkörper-Transformator ist dazu gedacht, als energetisches Hilfsmittel diese Prozesse zu unterstützen und bei auftretenden Beschwerden Linderung zu schaffen. Die verschiedenen Felder (Emotional-Mental- und spirituell) drehen sich mit einer für Jeden charakterischen Frequenz. Bei manchen Menschen drehen sie sich schnell, bei anderen langsam. Doch jedes Feld dreht sich in einem bestimmten Verhältnis zu einem anderen Feld.
Wenn sich die Drehzahl eines der Felder und damit das Verhältnis zu allen anderen Feldern ändert, fühlt man sich evtl. „ leicht daneben „ oder schwindelig. Die Drehung eines Feldes und das Verhältnis der Drehzahlen der Felder sind sehr wichtig. Das organisierte Prinzip des Universums und die Energie, aus der das

physische und nichtphysische Universum geschaffen sind, sind dasselbe Ding: ein Kontinuum bewußter Energie, das alle wahrnehmbare und nichtwahrnehmbaren Frequenzen umfaßt und mit atemberaubender Schönheit organisiert und sich voller Vergnügen dem Erschaffen widmet.

Sooo, das waren einige Informationen über den Lichtkörper Transformator mit dem auch in den Regenbogenzentren gearbeitet werden wird, und der von Eckhart Weber erbaut wurde. Weitere Infos unter www. weber-bio-energie-systeme.de oder weber-bio-energie-systeme @ t-online.de

Sooo, in diesen Regenbogen Tarnsformationszentren werden also viele Möglichkeiten gegeben sein, um jeden dort abzuholen wo er gerade ist, denn jeder Mensch ist in seiner Ent-Wicklung anders als der nächste, und muß daher das für ihn passende meditative spirituelle Werkzeug bekommen mit dem er arbeiten kann und mit dem er aufwachen kann, aus dem Kollektivsumpf. Deswegen werden auch Methoden mit Kristallen und Pflanzen angewendet werden. Kristalle und Pflanzen sind ja deswegen so hilfreich für die Menschen, weil deren Ich mit ihrem Tagesbewußtsein noch im Seligkeitsbereich ist, und ihr Tagesbewußtsein bloß bei den Pflanzen dabei ist sich durch Gefühle zu zeigen die aber nicht so klar seinen können wie beim Menschen sondern dumpfer. Und weil die Kristalle also noch mit der Schwingung vom Seligkeitsbereich direkt in Kontakt sind, und noch nicht wie der Mensch die Region des Tötens, also des Üblen und der ganzen Palette von Raubtiereigenschaften erlebt haben und gespeichert haben, ist die Wirkung der Kristalle und Pflanzen so heilend, weil sie nämlich noch Heil sind. Beim Menschen muß erst wieder das Gleichgewicht und die Zukunft zum Heilen erbaut werden, da sie sich immernoch mit dem Tierreich in Beziehung setzen und auch Glauben und Denken das sie Tierisch sind. Aber das wird eventuell vergehen dauert aber. Und da das Tierische bloß relativ ist, und das Relative bloß relativ, und nicht alles relativ sein kann, ist die Heilung also Heil und damit auch nicht Relativ. Heil ist das ganze und solange sich der Mensch noch nicht als ganzes erkannt hat sondern glaubt er sei ein Teil ist er auch den relativen Bereichen unterworfen und muß Leiden weil immer etwas fehlt und unzulänglich erscheint. Gute Bücher sind : HEILUNG DURCH DIE SCHWINGUNG DER EDELSTEINELEXIERE BAND 1+ 2 ISBN -3-908644-60-7 und ISBN- 3-908644-61-5 von GURUDAS. Ein weiteres gutes Buch ist : DIE ERDENHÜTER- KRISTALLE von WOLFGANG HAHL Da ja die Kirchen, also die Firma, die dann durch ihre Mitarbeiter im laufe der Zeit so viel Reichtum angesammelt haben Legal und Illegal und durch Betrug

, wie Steuervorteile und Erpressung der Politiker und Gesetze die gemacht wurden damit sie noch mehr Geld noch mehr Ausbeuten könne, wie die großen Firmen heutzutage, die fast keine Steuern zahlen und wenn sie Steuern zahlen dann bekommen sie so viele Subventionen also eure Steuern so das sie unterm Strich keine Steuern zahlen, sondern bloß ihr Ausgebeutet werden könnt. Das nennt sich dann Demokratie oder Politik. Ist aber in Wahrheit Betrug und Raubmenschdemokratie, von einer Demokratie kann nicht die Rede sein, es ist Flickwerk und Armseligkeit. Da ja die Kirchen heutzutage so viel Reichtum angesammelt haben, ist es inzwischen so weit gekommen, das sie die Menschen garnicht mehr benötigen denn ihre ökonomische Macht reicht aus um alles weitere weiterhin zu verblöden. Aber die Gläubigen geben sogar ihre Liebe zu diesem Wirrnishaufen, kann also heutzutage in keiner weise davon zu reden sein, das diese Gesellschaften innerhalb der Gesetze der Vernunft leben, denn Politiker sind Raubsäugetiere geblieben, das kannst du schon wunderbare an deren Stimmen hören, dazu brauchst du die garnicht zu sehen, alleine schon zu hören aus welchem Bereich die Stimme kommt besagt alles, aber Politiker sind nicht, niemals, die Krone der Evolution obwohl auch sie eventuell dahinkommen werden. Und die Weltwirtschafts Raubmenschmanager sind bei weitem nicht die Krone der Evolution sie sind wirkliche Tiermenschen geblieben. Total dem Prinzip des Raubs und der Ausbeutung unterworfen, aber in teuren Anzügen und Worten vertuscht, deren Bewußtsein ist voller niedriger Motive. So, in solchen Gesellschaften, wo die Weltwirtschaft ohne jegliche Verwaltung der Wahrheit unkontrollierte Kontrolle ausübt, und die Politiker tagtäglich das Vater unser beten in der modernen Ausführung wie: Geld, Geld,Geld, gib uns mehr Geld, Geld, Geld wie auch wir unseren Schuldnern nicht vergeben und dein Geld sei unser Himmel bis in die Ewigkeit, in solchen Gesellschaften muß das Leiden und die Krankheiten Hoch- Zeit haben und hat sie auch. In den Regenbogen Transformationszentren wird der Zusammenhang aufgelöst und diese Raubmenschmentalität veredelt werden durch das freisetzen der höheren Talente im Menschen die von unsagbarer Schönheit sind. In solchen Raubmenschgesellschaften wo einige Millionen verdienen aber nicht wirklich verdient haben, und die meisten durch die Kontrolle der Geldmafia der Zentralbanken also deren Bankiersraubmenschen, in solch einem Seinszustand gehalten werden das für die anderen garnicht mehr als drastisches Engebewußtsein und Zu-Wenig-Bewußtsein aufrechterhalten wird, wegen der Macht die damit verbunden ist, da muß auch Betrug, Roheit, Übles, Niederträchtiges, Verbrechen, Raub, Mord, oder andere intolerante Handlungen passieren,, weil das nämlich,

242

der Betrug ist der im großen Stiel von der Betrugsindustrie an den Massen ausgeübt wird, und von den Politikern auch wenn sie noch so vernünftig reden unterstützt wird, weil deren Bewußtsein flach ist, und bloß ihre Fantasie ihnen suggeriert, sie seien nun jene die das sagen haben also müsse sie auch die Besten sein, was garnicht stimmig ist, denn sie sind kraftlose unmutige Raubmenschen geblieben, die bloß draufhauen können und zwar wo, auf die Wähler mehr nicht, sie tun schon seit Jahrzehnten ihren Beitrag zur Misere der Massen und unterstützen in ihrem falschen Denken immer die Mächtigen, also die Unrechtmäßigen, weil sie danach wenn sie gefeuert werden genau dort wieder unterkommen als Vorstand oder Nebenstand. Selbstverständlich kann weder der Industrielle noch der Politiker einfache Wahrheiten verstehen. Für ihn ist immer alles sehr kompliziert. In diesen modernen Gesellschaften wo die Menschen schon so verblödet sind das sie ihre Kinder lieber mit Kaiserschnitt zur Welt bringen wollen, soweit haben die ignoranten Ärzte es geschafft die Massen zu beeinflussen, und so blöde ist der Stadtmensch geworden, in solchen modernen Geldgesellschaften ist jeder ein Konkurrent ein Feind und damit ist auch alles gemeinschaftliche dazu verurteilt diese Lüge zu leben und daraus wird nie etwas wahrhaftig demokratisches entstehen eher wird ein Weltkrieg passieren solange Menschen noch so blöde sind wie sie sich heute darstellen. Aber das ist noch das Überbleibsel vom Egostaat, denn immernoch konkurrieren Staaten mit anderen Staaten, und die verlogene WTO haut alles flach was nicht in ihr Ausbeutschema passt auch wieder am liebsten die armen Länder so wie die Politiker ihre Wähler flach hauen auf subtile verlogene Art durch Steuern fürs Massenbewußtsein und Subventionen für Firmen. Diese Staaten diese Gesellschaften sind so verwickelt in ihren Illusionen so tief im Nebel umhertaumelnd, wo das Geld sie so armselig gemacht hat, also ihr Glaube, wie ja auch der religiöse Glaube die Menschen über Jahrtausende armselig gemacht hat und verblödet, denn der Glaube ans Geld ist genau der gleiche Glaube da ist auch kein Unterschied darin, es ist Glaube, und in diesen Megaignoranzge sellschaften wo die Produktion garnicht vom Verbrauch sondern vom Profit geregelt ist, denn alles was das Vollidiotentum heute herstellen will wird nur noch unter dem Geldglaube gemacht, also total Unkreativ, aber wo dieser Profit in Wahrheit garkeinen Wert hat, denn er ist eine Illusion, und das zeigt sich ja nun mehr und mehr, weil er total spaltet so wie die stupide Atomspaltung oder das stupide Embryonenforschen spalten wird, denn die Spaltung wird tagtäglich größer in Geldraubsäugetiere und Nichtgeldraubsäugetiere, aber Spaltung bedeutet mit hundertprozentiger Sicherheit Explosion, weil sie total unnatürlich und gegen die Wahrheit ist, wird es also zu weiteren Kriegen kommen, auch in diesen sogenannten demokratischen Sozialen Staaten die sich Rechtsstaat nennen, wo aber das Recht das Recht der Mächtigen des Geldes ist und wo das Recht noch gar kein Recht sein kann, da die, welche über das Rechte entscheiden noch nichtmal das Prinzip du sollst nicht töten verwirklicht haben also noch zum Tierreich gehören, kann es da Gerechtigkeit überhaupt geben ? So in diesen Geldgeil Gesellschaften dreht sich alles immer um die blödeste aller Fragen Lohnt sich das überhaupt, lohnt es sich überhaupt Kinder zu bekommen, so blöde sind Menschen geworden so blöde haben sie sich gemacht. Und machen lassen. So das Geld muß aus eurer Gesellschaft verschwinden. Und wißt gleich im Voraus, jene die das versuchen zu verhindern sind die **Söhne des Satans**, denn sie wollen weiterhin die Spaltung aufrechterhalten und die damit verbundene Zerstörung und Lieblosigkeit auf der Erde und zwar unter allen Völkern. Und seit gewarnt sie wollen auch weiterhin die Kontrolle über euch aufrechterhalten, damit ihr nämlich bloß das machen könnt was sie zuvor durch ihre Geldstrategien von denen ihr aber überhaupt garnichts mitbekommt entschieden haben. **ABER WARUM NICHT AUF DER HÖHE EURER GÖTTLICHEN IDENTITÄT UND HERKUNFT LEBEN UND SEIN.**

Denn dann baut ihr euch ein absolut glückliches Schicksal auf. Aber nicht so wie es jetzt läuft mit dem glauben ans goldene Kalb. Aber erst wenn die Nationen zu Provinzen geworden sind und zwar in einem Staat, erst dann werdet ihr anfangen können mehr Gerechtigkeit zu leben. Aber nicht unter der Satansfuchtel dieser neuen Weltordnungsfanatiker zu der die Buschfeuerzeremonie gehört die im Weißen Haus ihre Ölbratereien hat und das geschmorte über die Erde verteilen will, obwohl die auch bloß eine Sekte sind, mit ihrem stupiden Raubsäugetierglauben an Macht und ihrer dummen Eine Weltregierungsstrategie.

Die aber durch bloß ihre Satanischen Methoden, dem Glaube ans Geld und an :"In God we trust Popsong," damit die Kasse stimmt und alles eingefangen werden kann, die Hitparaden für Selbstverblödete im TV und Rundfunk und anderen Medien tagtäglich aufgekocht wird. Aber wenn es einen Staat auf der Erde geben wird, dann wird es auch kein Volk mehr geben gegen dem Krieg geführt werden braucht. Obwohl diese Buschfeuersatanisten euch erzählen werden, ja dann, müssen wir jetzt viel größere Anstrengungen machen, weil die Außerirdischen noch viel stärkere Waffen haben,, und ihr blöden klatscht das auch noch ab, das kann ich gut sehen, das ist eure Tradition, das blöde gut zu finden und Leichen zu fressen, das ist eure Tradition. Es wird aber in einem von Vernunft und wahrer Liebe geleiteten Weltstaat sowas nicht geben, dort werden alle militärischen Forschungen aufhören und es wird bloß eine Weltpolizei geben. Aber dann braucht es auch keine Landesgrenzen mehr und damit auch keine Betrugszölle. Aber es wird auch nichts zu kaufen geben. Denn niemand wird verkaufen.

Aber durch Einkaufen und Verkaufen wird heute die gesamte menschliche Struktur kontrolliert. Ich selber stehe zwar nicht auf große Brüste, das ist katastrophal wie Männer auf große Brüste stehen, können die sich denn nicht woanders hinstellen. Immer diese Unter- Drückung. Ich halte diese schönen weichen Schmeichler lieber in den Händen und daran sollten sich alle Männer ein Beispiel nehmen, auch der Papst und die Mullahs. Und das Männer die auf große Brüste stehen sogar gesünder leben sollen und älter werden, wie eine Studie aus den USA von dieser Doktorin nachgewiesen hat, zeigt auch eindeutig wie übel diese Amerikaner sind, und das die Frauenbewegung wirklich ein wichtiges Anliegen hat gegen diese Platttreten Männerattitüde. Also ich empfehle hier nun wirklich: Haltet die großen Brüste in den Händen oder Küßt sie aber um Gottes willen nicht drauf stehen.. Die müssen eben viel Angst haben, und aus Angst ist noch nie etwas großes entstanden. Alles was großartig ist und Prima, ist aus Liebe und Meditation und Stille und Verstehen entstanden nicht aus Angst.

So diese Angst ,nicht genug zu haben, ist schon eine Tradition geworden, dieses Kaufen und Verkaufen, das ist alles altertümliches Gehabe das jene aber nicht aufgeben wollen die sich daran enormen Wohlstand im materiellen Bereich aufgebaut haben. Aber aus großer hoher Perspektive gesehen, ist ein Volk wie ein Individuum zu sehen, und ein Individuum kann nicht mit sich selbst Handeln. So das Geld wird die Basis verlieren für seine Existenz, zumal ja schon heute diese erbärmliche Angst der Politischen Raubsäugetiere zu sehen ist, in ihren enorm senilen Entscheidungen des reduzierens von anderen aber bloß nicht ihres, der Betrug ist so enorm, das schon der Papst und die Mullahs dabei sind, eine neue Partei zu gründen, „die Weltreligionspartei für Glaubenswohlstand beim Träumen". Doch unsere hochwissenschaftlichen WissenschaftlerInnen die so ungemein Wissend sind, aber keineswegs Weise, bloß Computer sind sie halt, die spielen dann ihren langsamen Walzer und singen: Diese Naive Tradition diese ganz unlogische Tradition kann langlaufmäßig nicht aufrechterhalten werden, diese Tradition des „ Geschäftemachens „ Sie schreien dann aber nicht: „ Das ist in Wirklichkeit nur maskierter Raub". Sie sagen nicht das es ein Mittel ist künstliche Berufe aufrecht zuerhalten. Künstliche Gewerbezweige sind aber Methoden um sich Werte anzueignen Reichtum, ohne irgendeine Arbeit dafür zu leisten. Spekulationen an der Börse, Hausspekulationen, oder für 100 Euro ein Kopf Salat einkaufen und für 120 weiterverkaufen,, jaja, das wird bald wieder kommen. All das ist aneignen von falschen Werten auf Kosten von anderen. Das gleiche sind Zinsen, in Wahrheit ist dieser sogenannte Gewinn „Zinsen", da kann nur Armut daraus entstehen, und wird es auch, die Polarisation wird so enorm werden, so groß so weit, das unweigerlich, die Plattmachrevolution kommen wird. Aber die Menschen der Zukunft werden unter ehrlicher Arbeit etwas anderes verstehen, und diese Zeit jetzt als schlichtweg barbarisch sehen. Deshalb wird es in einem Weltstaat der nicht zu dieser „eine Weltregierung" der USA Fanatiker und Gruppierungen steht, mit ihren in GOD WE TRUST Fundamentalismus von Sekten und Magie , überhaupt keine Transaktion dieser Unkunst dieser UnArt mehr passieren, da ja bis dahin das Geld längst abgeschafft ist, weil erkannt wurde das Geld die Menschheit polarisiert Wegen der Glaubensgemeinschaften also wieder wegen Glauben also Ignoranz also Unvernunft also Unwissenschaftlichkeit also Unweisheit also Unliebe also Ungöttlichkeit. Also Raubtierglaube Raubmenschglaube. Nur Arbeit wird dann als Zahlungsmittel dienen. Nur Arbeit und die ist Göttlich wo das Genie des Menschen seines wahren Ich,s zum Vorschein kommt. Jetzt durch Geld wird das Genie bewertet und, und abgewürgt weil die Geldmacht verrückt und blöde unvernünftig stupide senil Atombombenarschlöcher und bekloppte sind. Denn alle Menschen besitzen die Erde oder keiner. Und was kostet „ Arbeit „ in Wahrheit garnichts. Alles ist bloß ein ignorantes Spiel von Traditionsbewußten Aufrechterhaltern eines blöden dumpfen Unwissenheitsglauben mehr nicht, Geld ist ein Zeichen der Ignoranz unserer Vorfahren ein Zeichen ihrer Tierhaftigkeit . Steckengeblieben im Habgiertraum von zu wenig bekommen. Aber mit Hilfe von Geld, können sich die Menschen heute freikaufen, die Arbeit zu leisten die es kostet die Materialien für die Erhaltung ihres eigenen Lebens brauchbar zu machen. Das hat zur Folge das jene die kein Geld haben, nicht nur die Arbeit für ihre eigene Existenz leisten zu müssen, sondern auch die bekloppte Arbeit die das Leben oder die Existenz der besitzenden Klasse kostet. Das bewirkt wiederum das die ersteren sich abarbeiten müssen, auch wenn heute 35 Stunden die Woche drin sind ist das noch viel zu viel, weil es einfach zu ignorant und zu Unwahrhaftig ist. Und da ja nun in dieser sogenannten Globalisierung mit dem Giftverein WTO und Rockefellerkartelle und IG-Farbenabzockpolitik, auch wenn die Firma, das Logo IG-Farben nun endlich pleite sein soll, das heißt nicht das Kartell wäre nicht existent im Gegenteil es blüht unter anderen Namen und Vereinigungen, und da ja nun, das Geld so genau kontrolliert wird, und die Macht des Betrugs so demokratisch geworden ist so Politisch so Göttlich Senil, und die Abhör und Kontrollinstanzen so satellitenmäßig aufgebaut sind, das die Kontrolle enger werden wird, und die Geldknappheit so weit ausgetestet werden wird, bis die erarbeiteten Minifreiheiten zerbrochen sind, zum Wohl der Demokratie natürlich, das vorzeitiges Altern wieder modern werden wird, so wie es modern ist zwar älter zu werden, aber Saukrank dabei sein. Wegen der Pharmakartelle die über die WTO und anderen Organen in euch Reindemokratisiert werden im guten Glauben also Blödheit, euch sei geholfen von den weißen in Giftbrühen gewaschenen Kittel der Abzockärzteschaften und Kassen. Die Industrie und ihre Besitzer und Manager sind eben bloß Raubsäugetiere geblieben, das ist der Nachteil dieser Entwicklung, erfolgreich zu werden in der Industrie. So derjenige der für Geld arbeiten muß der wird gnadenlos auch wenns Rente gibt oder Urlaub abgezockt sowohl durch die Ignoranz der Politiker der Beamten und die Ignoranz der Industriebesitzer und Bankinsassen. Natürlich gibt es mal ne Ausnahme. Aber die restlichen 95 % sind eben auf Raub aus, und wenn dann viel Geld da ist, dann stellen sie sich in der Öffentlichkeit sogar als hilfreiche Spender da. Das ist Gift, Gift, gegen das Genie das in jedem Wirken will, aber durch die Traditionsmäßigen Zwänge der Menschheit so vergiftet in ihrem Glauben an das Gift geworden sind, das viel, viel Wasser gebraucht ist sauberes Wasser um das Gift zu entfernen. Und das Wasser des Lebens, was könnte das wohl sein, das Wasser des Lebens ist der Immense Ozean des göttlichen Klangstroms, der Klang Gottes in Aktion und Bewegung, der tatsächlich wellenförmig alles erschafft und aufrechterhält. Und den du hören kannst, und das ist der Weg den dieser indische Heilige am Anfang aufgezeigt hatte mit den unterschiedlichen Ebenen und Welten der SatnamSerie am Anfang des Buches. Ich selber habe den Klangstrom Gottes schon wahrgenommen, und soweiter, jedenfalls, in einem Weltstaat wird das primitive Übel des Geldes nicht mehr geduldet werden. **Alles kostet Arbeit , aber kein Geld.** Da werden die Menschen sich nicht mehr so primitiv wie heute darstellen müssen, wie sie gigantische Betrügereien machen, Firmen ruiniert werden von dumpfen Managern die bloß Raubtiere geblieben sind, da ist keine Steuerhinterziehung mehr nötig, oder andere Sorten von Betrug des Gelds wegen, der Habgier wegen, der Armut wegen, der Verzweiflung und Ängste wegen zu wenig zu haben, das ist alles ein gigantische Schande für die Menschheit heutzutage, die sich als ungemein erbärmlich mir darstellt und weniger Wahrheit trägt als eine Singdrossel. Es werden keine Betrügereien mehr notwendig oder bewußt zu machen sein, weil es für alle nur das Beste geben wird, und es wird dadurch das Geld nicht mehr vorhanden sein wird nur die höchste Qualität für alle da sein. Das bedeutet auch **Totale Vollbeschäftigung , Weltweit**. Da wegen des heutzutage total kontrollierten Geldes von Halbaffensystemen und deren Befürworter, keine Barriere mehr aufgebaut werden wird und zwar in den Denkstrukturen und Glaubensbereichen dieser Globalen Menschheit. Dieser Betrug an der Wahrheit Gottes, an euch ,wird dann nicht mehr möglich sein, jeder wird seine Arbeit zu leisten haben und wird dann aber auch nur das machen was wirklich für ihn passend also lustvoll und liebend ist, und damit alleine wird Arbeit zum Vergnügen werden und alle anderen damit zusammenhängenden Vernuftsmäßigen und logischen Konsequenzen. **Ohne Geld ist das Zahlungsmittel bloß die Arbeit**. Da wird dann keiner weil er eine Firma aufgebaut hat wie ich im Stern lese wie dieser Müller Multimillionär nun in die Schweiz auswandern müssen bloß weil er einige Hundert Millionen Erbschaftssteuer sparen will, man ist das Armseligkeit. Die aber auch durch diese blöde Tradition aufgebaut wurde an der festgehalten wird, das Netz, das der Satan euch Auswarf als ihr dachtet das sei die große Freiheit, sich aber nun als die große Unfreiheit über euch geworfen hat und ihr seid darin ganz schön verwickelt. Und nun wißt ihr nicht wie ihr euch davon befreien könnt. Es geht einfach nicht wird gesagt oder das ist so das ist menschlich. Aber was ist schon menschlich, das ist relatives dummes Gelaber, von Doktoren die dafür zur Universität gingen, wirklich ein Halbaffentheater vom feinsten. Den was war das menschliche vor 200 00 Jahren und dann vor 100 000 Jahren und dann vor 50 000 Jahren und dann vor 10 000 Jahren und dann vor 5000 und dann vor 1000 und dann vor 500 und dann vor 100 Jahren und was wir das menschliche in 100-200- 500- 100- 2000- 5000 - 50 000 Jahren sein. So das menschliche ist garnichts es ist bloß die Bewegung der Formen. Und wer bist du dann, denn irgendjemand muß ja die Formen bewegen, wer tut das wohl, dein Ich natürlich ob im Makrokosmos oder im Mikrokosmos,, in allem ist das gleiche Ich. Dieser ganze Armseligkeit Demokratieschiß für Abzocker Betrüger und Traumtänzer von Religionen und Nichtreligionen mit ihrem Glauben, mit ihren Sozialeinrichtungen und Freibeträgen und Vorteilen und Philanthropischen Selbstbeweihungen und den Wohlfahrtsgruppen und den Armenhilfen oder den Steuerwahnsinnigen, Gesetzesurwäldern für verrückte von bekloppten, all das wird es nicht mehr geben brauchen, das wird überflüssig sein, unbekannt. Da braucht der Mensch nicht mehr auf solch einem Wirrnisniveau zu leben wie heute. Wo Fleischfressende also mordende Politiker Strategien leben die sie an die Bevölkerungen jodeln mit allerlei Leipziger Gemüse, damits auch schmeckt und die Massen weiterhin verblödet werden können im Namen der

Freiheiten und DemoKarteien, oder im Namen Gottes wie bei den Gottesstaat Samureikrieger der Selbstmordattentäter, mein Gott, sind das menschliche Eingeständnisse an Armut und Ignoranz, wirklich, eine enorme Show von Blindheit. Da ist die „ Müller Partei „ eine Lachnummer aus der Vergangenheitserinnerung an damals. Aber heute ist das Motte der goldene Weg für jene die sich durch Geld eine Freiheit erkauft haben, aber auf Kosten anderer, auch wenn sie denken ja dafür hat der ja meine Produkte gekauft, aber das ist bloß Unteroberflächendenken und Einsicht, mehr nicht. Da die Konsequenzen viel viel Erbärmlicher sind wenn der Langlauf langsam erkannt wird. Es wird am Ende keine Sieger geben, auch wenn ihr noch so sehr davon Träumen werdet großartig oder wer weiß was zu sein oder werden, mit dieser Methode, es wird nur Verlierer geben. Was nützt mir wenn ich die ganze Welt hätte, wenn ich selber dadurch armselig werde und bleibe, denn : Keiner von euch Reichen hat das Königreich Gottes jemals bloß erahnt, oder sogar gesehen oder gehört, und keiner von euch Reichen im Geld, weiß was es ist, er selber zu sein, keiner, ich sehe eure Enge im Fernsehen und höre sie im Radio, die Enge des sterbenden Körpers, eurer Dummheiten eures Verlangens nach Freiheit, denn die Belastung des Geldes ist groß und der Glaube ans Geld und an Land und Besitz ist schwer und hält euch gefangen und macht euch Plattkopskimenschen zu Flundern im Wundern was das hier alles ist und wer bin ich und wo bin ich hier. Ein Mysterium ein dumpfes Empfinden von Glück oder Licht und ein Glimps von Liebe, aber nicht`s wirklich wahrhaftiges, keine Glückseligkeit, da ist bloß Fressen Scheißen und Schwadronieren auch mit Doktortitel und Schlapphut. Natürlich ist die menschliche demokratische Wirklichkeit nicht so wie ich sie hier dramatisiere, ok. Aber da ist was drannn, oder ? Ja, ja, dieser Müllerparteislogan, der ist schon stimmig. Warum sind Politiker so blöde, Weltweit. Obwohl Schröder ja Weise war und sich nicht an den Bekloppten Politikern der USA, Spanien Und Polen und England und Japan und anderen Politikern ein Vorbild nahm. Was du säst das wirst du ernten, das ist schon stimmig. Und das hat die deutsche Bevölkerung vor dem ungemein hochintelligenten Wissensstand der CDU-CSU PolitikerInnen bewahrt die ja sofort den Panzer aus ihren Raubmenschgehirnen laufen gelassen hätten als gute Vasallen der Ignoranz des Geldes. Diese Merkel Unmerklichkeitssyndrome für blöde. Aber Tradition ist so, sie ist Gewohnheitsenergie und damit keine Gegenwartsrealität, sie ist, Unwachheit.

Sie zieht nach unten und will **Sterben und Weinen** und in das Grab das auf sie wartet.Das ist die Weisheit des Körpers wenn er die Macht erreicht hat und das Mental das Denken, zum Chef geworden ist, und das wahre Ich bloß eine Erinnerung alle 20 000 Jahre mal für einige wenige.

Politik und PolitikerInnen was ist das schon. Es ist eine lange Tradition. Sie ist aus dem Tierreich entstanden, aus dem Rudel und deren Führer, aber die weisen Elefanten, sind nun wirklich weise, was von Politikern eben nicht gesagt werden kann, und zwar weltweit, oder zumindest auf der Erde. Sie ist aus dem Volksgruppen den Clans ,den Familienbünden entstanden. Wo immer ein Oberhaupt ein Chef eine Chefin gesucht wurde, oder aber Hauptsächlich, es war die Macht des stärkeren. Heute stellt sich das aber genauso dar. Denn der gewählte, die gewählte, präsentiert sich im Kampf als die Stärkste der Stärkste, doch das ist für die heutige Zeit kein gutes Merkmal mehr. Da viel zu viele Unedle Nuancen im Spiel sind, im Hintergrund ,und es längst zu einem verlogenen getäuschten, und Senil angehauchten Gemurkse geworden ist. Als ich da im Reisebus lag, noch im Schlaf wurde mir mitgeteilt die Industrie zu spiritualisieren, weil die Menschheit schon längst vereint ist und ihre wahre Religion immer in ihnen da ist, der Glaube an das Göttliche, mögen die unterschiedlichen Sprachen und Denkweisen auch andere Begriffe für das Göttliche haben, alle Menschen sind schon längst in Gott vereint. Und die Menschheit ist schon längst Global es sind bloß die unterschiedlichen Machtkämpfe der politischen und Religionsmacht Machtkämpfe auf der Erde die das Vernebeln, und weiterhin um die Vorherrschaft kämpfen, natürlich mit dem Schein dein bestes zu wollen. Diese Mitteilung sagte aber auch das es ohne Politik ohne Politiker gemacht werden wird. Politiker sind eine verlängerte Tradition die längst überflüssig geworden ist, so wie Kaiser und Könige. Politik ist Irreal und zerstörerisch und Politiker sind Unwahr und Opportunistische Wesen mit bloß ein Fünckchen Wahrheit, wenns sein muß, sonst nicht, sonst sind sie verblendete Lobbyistensklaven und Industriegläubige die euer Geld so verteilen das andere das beste davon haben, und es sogar gegen euch verwenden. Politiker sind keine Visionäre keine mutigen Wahrheitssucher und Liebenden, natürlich gibt es Ausnahmen, aber global ist Politik ein Zwangsunternehmen, eine längst veraltete Tradition die aufrechterhalten werden soll, indem geglaubt, werden soll, ohne Politiker geht garnichts. Dabei läuft alles viel besser ohne Politiker, global, ohne Politiker. Natürlich ist das ein langer Weg bis das verwirklicht werden kann, da ja heutzutage das Mickrige die Oberhand hat, weltweit. Aber die Industrie ist noch schlimmer als die Politiker. Diese beiden Bereiche, die Industriellen, dazu gehören auch die Banker und die Politiker, das sind aber bloß winzige unbeschreiblich wenige

Menschen auf der Erde. Aber ihr, anderen, ihr seit jene die alles in Wahrheit aufrechterhalten, nicht die Paar Industrieunternehmen oder politischen Sekten und deren Spitzenpolitiker oder die paar Banken auf der Erde, die sind garnichts, die sind in Wahrheit nichtmal der Rede wert so wenige sind das. Ihr seid schon längst vereinigt durch eure Arbeit weltweit, und Arbeit ist Göttlich, schaffen und Kreativität ist das Göttliche, ist das Segensreiche das Liebende das Schöne und befreiende, wenns aus dem Herzen der Liebe kommt, der Freiheit. Aus der Tradition haben sich so viele unbeschreibliche Übel aufgebaut die nun garnicht mehr als das erkannt werden weil sie zur Gewohnheit geworden sind, aber Gewohnheit ist das Übelste von allem, denn es führt unweigerlich zum Schlaf zum Traum zur Unwachheit zum Dumpfen und zur Verblödung. Kurzum zur Sucht und damit zur Zerstörung. Egal welche Sucht es auch sein mag, dazu gehört auch der Glaube an die Traditionen, oder ans Geld oder an politische Systeme, all das ist Gewohnheitstradition, und deswegen seit ihr auch Unfrei geblieben, doch es gibt noch andere Gründe dafür. Es sind nicht bloß die Politiker in Deutschland nein es sind die Politiker überall. Bloß sie machen den Ärger , nicht der Bürger, obwohl mir der Begriff Bürger einfach zu Blöde ist, zu erniedrigend, zu behätschelt, und zu Unwach, da ist nichts göttliches im Bürgerbegriff. Diese heutige politische Situation, die Politiker, alles was sie können ist zu verschieben und zwar vom Reichtum zum Reichtum und von Armentum zum Reichtum, und zwar mit euren Geldern. Und alles soll zu Geld gemacht werden, sogar euer Wasser ,und Luft wohl auch noch, alles, und sagt mir bloß nicht es gibt keine Verschwörungen, ihr wißt wohl nicht was eine Verschwörung ist, sie ist es die zum Kartell führt. Alle Kartelle sind Verschwörungen und zwar gegen die anderen, alle Sekten sind Verschwörungen und zwar gegen die anderen, alle Firmen sind Verschwörungen und zwar gegen die anderen Firmen, alle politischen Parteien sind Verschwörungen und zwar gegen die anderen, gegen die anderen sein ist eine Verschwörung. Das muß klar erkannt werden. Heute wollen die Politiker die ungemein blöde sind, weil sie das Amerikanische Sausystem der dort herrschenden Geldklasse blind übernehmen wollen, das Rockefeller IG-Farbenkartell, und andere Gigantokartelle, das wollen und tun sie auch schon ,Blind übernehmen, dabei ist die USA ein Ungemein verblödetes Volk ausgenutzt von Firmen und Politikern bis zur totalen Aufgabe, verblödet in Patriotismus und dem anbeten der Stoffwahnsinnsliebe an die Flaggen, ein ungemein verblödetes Menschenwesen wird dort gezüchtet, das voller Ängste und Zweifel ist, und das soll euer Vorbild sein, mein Gott seid ihr schon im Tiefschlaf von Tiefschlafpolitiker in den Keller geführt worden wo schwarzes Licht ist und Schwarze Ideen und Systeme die Total Lichtlos sind, auf euch abgewälzt werden weil diese Politiker Lichtlose Gestalten sind, da ist kein Licht in denen, keine Liebe und damit Freiheit da ist bloß das Tier in denen, die Macht zu erlangen und zu erhalten. Natürlich gibt es auch Idealisten unter den Politikern wirkliche Liebende und Menschheitszielen und Wahrheitszielen und Gotteszielen erwachte. Auch die Universitäten sollen nun Geld machen, mit anderen Worten zu Banken werden, so verblödet sind die Denkweisen von euch Menschlein . Firmen wollen Banken sein, Geschäfte alles soll zur Bank werden. Das sind die Ideen der Politiker das sind doch keine Ideen das sind Wehen der Satansbratensuppe die geboren werden soll. Nun habt ihr den Salat eurer gewachsenen Ignoranz dem Irrglauben ans Geld und die Hoffnung damit jemals eine funktionierende Gesellschaft aufzubauen. Das was heute als funktionierende Gesellschaft gezeigt wird das ist doch bloß eine Gewohnheitsroutine die aufrechterhalten wird, weil ihr schön Brav eure Gelder abbuchen läßt direkt zu denen die euch dann kurz, und die Banken noch kürzer halten und die Bankbesitzer noch kürzer halten , denn Geld muß ja kurz gehalten werden, weil es ja garkeinen Wert hat, und bloß auf Illusionen und Wahnvorstellungen aufgebaut worden ist in dem Wahn das es sonst nicht gehen würde. Aber das mit dem Gehen das stimmt schon es geht auch nicht aber es kann Laufen und Rennen und Segeln und Brausen und zwar ohne Geld. Weil dann sämtliche Bedürfnisse der gesamten Menschheit zu erfüllen sind, und zwar in der höchsten Qualität, nur das Beste, Edelste und Nobelste für den Menschen hier auf der Erde, und zwar Kostenlos, nur durch direkte Arbeit. Und redet mir bloß nicht von Kommunismus oder sowas blödes ,von Denkungeheuern aufgebaut, und das Kapital völlig versoffen, was soll da schon draus entstehen eben Kriminalität, weil das Raubsäugetier edle Einsichten garnicht verwirklichen kann. Das ist Unmöglich. Ja das Geld muß konsequent kurz gehalten werden, und Schulden dürfen nie, nie, nie nie, abbezahlt werden, weil ja sonst sämtliches Geld von der Erde verschwinden würde, denn alles Geld ist Schuldengeld, und zwar an die Banker. Das ist eure Traumtanzgesellschaft die ihr so Demokratisch nennt , na und, was ist das schon, ja, Geld ist bloß auf Betrug aufgebaut auf Selbstverblödung, Denkt ihr etwas Menschheitsziele oder der Mensch wird sich da weiterentwickeln können solange er noch solch einen stupiden Glauben mit sich trägt, nein natürlich nicht, das ist unmöglich. Jede Form von Selbstverblödung muß abgelegt werden damit wahrhaftigere Ziele erkannt werden können und gelebt werden können. Alles an selbstgemachten Grenzen aus der Vergangenheit muß erkannt und konsequent abgelegt werden, da hilft

Angst nicht, vor der sogenannten Geldmacht, da hilft nur direkter Mut, Wahrheit und Liebe. Und in der Liebe sind dann alle Gesetze erfüllt. Geld muß knapp gehalten werden damit die Kontrolle über die Geldgläubigen auch klappt. So Politiker leben in diesem Nebel und werfen dann auch noch ihre eigenen Nebelbomben. Politiker wollen bestimmen aber Wachstum geht von unten nach oben. Obwohl in der Einheit weder unten noch oben zu finden ist. So Politiker sind abhängige Diktatdemokraten für die Wirtschaft geworden. Und in den USA ist es der Himmel dafür wenn ich mir die demokratischen Systeme anschaue. In den undemokratischen Systemen ist das Raubtier auf andere weise aktiv indem der Religionsglaube zum Wahnsinn gemacht wird. Ich sage bloß das es so ist und das aber die Menschen so wie sie sind bis zu einem gewissen Grad nichts dafür können, weil sie bloß durch ihren Dumpfglauben sich so weit gebracht haben. Auch das sogenannte Üble , Böse und soweiter ist bloß so weit gekommen und mehr nicht. Aber gewisse Traditionsaufgebaute Träume müssen Platzen damit der noch Raubmensch etwas mehr aufwacht. Nicht bloß im Denken und Quasseln , nein, in der Handlung in der Tatkraft im Umsetzen der Einsichten zum Wahrhaftigen zur Wahrheit hin, denn die Wahrheit macht doch Frei, aber das ist wohl in Vergessenheit geraten, jaja die Raten die Bankraten, die Abzahlraten jedes Landes und jedes Bürgers, eben der Irrglaube an die Selbstverblödung, oder war es etwa Gott der euch Geld und Bankzinsen aufgebürdet hat und den stupiden Glaube daran.

Politiker sind noch alle Abzocker der Massen geblieben, auch wenn ihre Geschäfte nun durch die Politisierung der Systeme und Gruppen nun sich so darstellt das es ein gewachsenes System ist und es praktisch das Leben wäre, aber das stimmt nicht und wird auch nicht so sein in der entfernten Zukunft. Die Arbeit des Menschen wird in der Globalen Vereinigung, die schon da ist und zwar ohne die Multinationalen Ausbeutfirmen, die den Armutsbereich noch tiefer ausbeuten, seinen Weg finden ohne Politik und ohne die Gier und das Abzocktierische der Raubmenschheit wie sie heute sich darstellt. Das Spirituelle das ja Frei ist Frei von allem Politischen Frei von allen Sekten und Gruppen und Organisationen weil es dein wahres Wesen ist dein wahres Ich das ist das Spirituelle dein Unsterbliches ewiges strahlendes unbeschreiblich schönes Wesen, das wird natürlich verteufelt und schlecht gemacht, warum wohl, damit ihr schön blöde bleibt im System, für die Geldmacht, die Tradition, euch auszubeuten in der Tradition der Unwahrheiten und Nebelbomben der Politik und Industriellen Banker und anderen die da mitspielen, aber , es wird keine Evolution geben ohne spirituelles Erkennen und Wachstum ,es wird bloß unendlichen Materialismus geben der unendlichen Flachlandhorizonte der Selbstverblödungen, auf die sich andere freuen weil ihr dann eben so Unwach seid.

Politiker können ja bloß wegen ihres primitiven Bewußtseins von den Massen nehmen von den Geldlosen, und den Reichen geben, denn, die Reichen ,da es alles auf Gier aufgebaut ist, werden endlos lange die Gier weitervergrößern immer so weit bis Kriege kommen müssen, das liegt in der Logik der Gierigen und der Opfer der Gier. Die Gewinne des Kapitals sind enorm, aber es muß ja von irgendjemand weggenommen worden sein. Es geht einfach nicht anders. Damit ist Geld euer Gefängnis geworden. Die Gier ist eine Kraft die enorm ist, aber sie ist eine schwarze Kraft eine schwarze Energie, sie führt in die Dunkelheit. Die schwarzen Löcher gehören auch zur gleichen Energie. Ok, auch ein Weg, jeder kann machen was er will, aber für mich ist das nichts, denn das Dunkle ist auch Endlos, da gibt es kein am anderen Ende herauskommen zum Licht kommen, aber es gibt eine Richtungsänderung zum Hellen zum Licht. Heute ist das Dunkle das Geld, oder die Ignoranz der Menschen, und die damit verbundene Versklavung der Menschheit , ja soweit fortgeschritten das Menschen Arbeiten machen die sie bloß machen weil sie sonst nichts zum Fressen bekommen, denn von Essen kann hier noch garkeine Rede sein und von Speisen sowieso nicht, so, aber ein Mensch der unter solchen stupiden Zwängen leben muß, wo alles schon anderen gehört, und er dadurch versklavt ist, der kann nicht wirkliche schöpferische Arbeit segensreiche Arbeit machen, weil er Angst hat, aus Angst Tätigkeiten annimmt die ihm zuwider sind, weil er Vergleichen muß und auch weil er dadurch andere Besiegen muß um überhaupt Arbeit zu finden, das ist Inhuman das ist politisch das ist Raubmenschlich, aber er sollte in Wahrheit wegen eines inneren Genies arbeiten und das Genie zum Vorschein bringen das in jedem Menschen auf der Erde ist, das er selber ist, jeder ist ein fabelhaftes Original, und jeder ist auf seine weise Genial, aber wegen der Ungenialen Tradition des Geldmachtverschwörungsbratens, muß er sich auf Konkurrenzdenken einlassen, die anderen sind meine Feinde, er muß vergleichen und soweiter, aber sobald das aufhört verschwindet diese Geldeifersucht diese Bindung an die tierische die menschliche Gier und du kannst erkennen das so wie du bist, du fabelhaft bist, vollkommen, so wie im Gedicht zuvor beschrieben, und als Individuum unvergleichlich. **LASS DAS TIER IN DIR LOS** ! Die Industrie ist schon vereint, die Arbeit hat das schon alles vereint, und die Schritte zur globalen Vereinigung werden zuende geführt werden, aber nicht im Sinne der Geheimbünde und Machtbünde der reichsten der Erde die mit euch nichts zu tun haben wollen, weil das Ego dieser Halbmenschen eben viel zu Ignorant ist und auch bleiben wird, denn ihre Entwicklung geht in die Horizontale wenn sie nicht ins Spirituelle geht, und das Horizontale dieser Entwicklung ist unendlicher Selbstsuchtwahn und eben Habgier, weil deren Bewußtsein bloß über den Tellerrand schauen kann und er nicht weiß was und wer er ist, er ist eben im dunklen schwarzen Licht und versucht das durch Reichtum ,materiellen, zu kompensieren. So diese Raubsäugetierpolitik weltweit, mehr ist das nicht, das ist gut sichtbar, egal mit wieviel Titeln, ist keine Methode und Idee, für die Entwicklung der menschlichen Situation. Natürlich ist Europa schon durch den Abbau von Grenzen und weniger Währungen auf dem richtigen Weg, prima, aber es soll der Weg der Abzocker werden, ihr sollt weiterhin so bleiben wie bisher, gutes Vieh gutes Vieh gutes Kanonenfutter gute Bürgen für deren wahnsinnigen Träume. Das ist aber garnicht mehr notwendig, wählt die Geldmafia ab, oder laßt sie in Ländern leben wo sie ihre Hölle selber aufbauen und vervollständigen kann, als deren Paradieshimmel. Es ist ja genug Land für jeden Menschen auf der Erde da. Und zwar kostenlos. So diese Raubsäugetierpolitik sie soll aus der menschlichen Gemeinschaft entfernt werden sie ist veraltetes Glaubensbekenntnis an die Häuptlinge mehr nicht. Ihr seid also nicht viel weiter gekommen. Denn diese Raubsäugetiere sind unfähig anders zu Denken und zu Handeln und andere Vorschläge zu machen die über das gewohnte Leben hinausgehen und größere menschliche Freiheiten einläuten würden, sie haben eben Angst da sie in der Niedrigfrequenz der Kollektivenergie verhaftet sind. Und die ist mit Angst erfüllt. So werden sie als die Tiere die sie noch sein wollen immer die Söldner der Geldmacht seien werden, Tiere sind einfach so, und immer wenn sie nun nicht genügend Geld ,so wie die es sehen, da sein soll, werden sie Ängste bekommen und ihr Mäusegehirn wird ihnen sagen, ok, wir kürzen weiterhin denn das ist deren Mäuselogik, die können einfach nicht anders, so ist das noch, das ist kein Vorwurf oder eine Abneigung oder Verdammung das ist Tatsache, man muß wissen was Gold ist und was Kot ist. Und alle Gesetze die gemacht wurden und die da Schlummern, sind gemacht um auf Ewigkeit dieses Raubtiersein aufrecht zu erhalten, die Geldmacht zu schützen, die euch aber gesetzlich ausbeutet, könnt ihr das denn nicht erkennen. Wollt ihr das denn nicht sehen. Ich sage euch solange Geld da ist wird die Gier der Politiker und der Polarisierung der Menschheit die Menschheit total Arm -Reich erbauen. Doch Kriege werden das Resultat sein. Das ist 100 % Sicher. Es gibt ja nicht bloß Krieg mit Raketen nein, es gibt viele, viele Arten von Kriege. Kriege die schon jetzt geführt werden gegen die Menschheit. Geldkriege.

Pharmazeutische Kriege der Betrugsheilungen durch Synthetik, weil das Synthetische schon so verdorben ist, alleine schon wegen der geistigen Einstellungen dieser Firmen muß das Produkt schlecht sein, da die Motive Übel sind, hier muß erkannt werden das Firmen die nicht die Liebe in sich tragen und bloß Profite wollen das auf ihre Produkte übertragen und eure Körper sowohl mit dem Falschen dem Betrug an dem Organismus der eine Täuschung bekommt, und dem Falschen der Motive bombardiert wird, denn ein synthetisches Produkt ist eine Täuschung und wird niemals das Originale in der Natur ersetzen können, **weil Gott nicht klont** und es keinen Ersatz keine Alternative für die Göttliche Schöpfung gibt und es gibt auch keine Alternative zu einer gesunden Erde einer unvergifteten Erde, Ergo. Naturbelassene Nahrung und Heilmittel. Also diese Firmen führen ihren inneren Krieg durch ihre Produkte weiter in die Welt hinein in den Menschen und die Tiere und die Pflanzen und die Mineralwesen. Aber diese Primitivität und Unvollkommenheit dieser momentanen demokratischen Gesellschaften und nichtdemokratischen Gesellschaften die wird aufhören auch wenn es weiterhin mit viel Leid durch die Gifte auf unterschiedlichen Ebenen abläuft, seien es die Geldgifte die Pharmazeutischen Chemiegifte die Denkgifte der politischen Sekten dieser Flachlandtirolersekten. Nochmals hier sind interessante Infos zu der Pharmabranche und was die für Betrug und Unwahrheiten in das Leben bringen , laßt euch die Pharma Briefe senden unter : mail @ bukopharma. de oder 0049-0521- 60550 fax 63789.(Ich führe diese bukopharma infos nur deswegen auf, weil die der Pharmabranche und deren üble Machenschaften ein wenig auf die Finger schauen und zeigen was für eine wilde Truppe das ist, nicht weil ich für diese dem Pharmazeutischen verhaftete Bukopharmagläubigkeit bin, denn diese Narren, diese materialisten, glauben an den Schrott und die Gifte der Synthetik ,also des falschen, dieser Wirren ,Irren, Wissenschaftsdämonen.) Ich habe noch einiges weiteres Übles Interessantes gefunden, es betrifft den Schrott der aus den USA als Demokratiesegnung über die Erde verbreitet wird : Der Amerikanische Präsident verfügt über die hälfte des gesamten Rüstungsaufkommen der Erde. Also hier entsteht eine Art (Kunst) der Überlegenheitsmentalität von denen sich andere Raubsäugetiermenschen einschüchtern lassen. Aber auch das amerikanische Regierungssystem ist dem Rest der Erde überlegen. Aber was sind schon Regierungen ? Wie entwickelt sind schon Politiker wenn hinter den Begriff Politiker geschaut wird, und erkannt wird womit sich der Politiker beschäftigt, was er denkt was er im Privaten macht, was er für Ideale hat und welche Bücher er liest und überhaupt was er Frißt. Viele der Organisationen die sogenannte Weltorganisationen sind, sind in den USA und werden ganz einfach von dort von der Geldmacht gesteuert. Eines der Geldmachtpropaganda ist das Ausnutzen angesehener Organisationen oder Wertegemeinschaften. Eines der Ausbeutziele ist das Völkerrecht. Es ist gut erkennbar darin gilt nur eine Regel, „Faustrecht" Wer das Völkerrecht gut für sich auslegen kann, der ist der Sieger. Und da die Medien, die Fetten Medien alle ohne Ausnahem zu dem Negativen Bereich dieser Geldmacht gehören, ist der Sieg sicher in der Erdöffentlichkeit. Dem Unterlegenen erleichtert es den Selbstbetrug, weil man ihm vorjodelt er sei gerecht behandelt worden. So diese Politischen Geldmacht Sekten die in den USA die amerikanischen Massen und die Erdmassen wunderbar volllabern und massenverblöden, haben natürlich auch die Fähigkeit den Anschein einer Superdemokratie in den USA aufrecht zu erhalten. Was unter den jetzigen Raubmenschlichen Bedingungen auch so ist. Auf der Ebene der Gemeinden, Kreise und Ländern geht es so weit, das der Schwächere in vielen Fällen ein wenig gegen den Stärkeren bevorzugt wird. Der Amerikaner erlebt im täglichen Umgang dass es sehr demokratisch zugeht. In vielen Teilen der USA hat das Volk auf den unteren Ebenen (Sowas gibts in Wahrheit nicht , denn es sind bloß Sinnliche Konstrukte) ein demokratisches Selbstbestimmungsrecht, von dem wir deutschen Staatssklaven uns keine Vorstellung machen, von dem wir noch nicht einmal träumen. Auf der Ebene des Präsidenten und der Bundesregierung gilt es nicht, hier ist es eine Diktatur, wenigstens fast, denn die amerikanische Verfassung weiß die Übel der Diktatur weitgehend zu vermeiden, die Vorzüge aber zu ermöglichen. Im Vergleich zu Europa ist sie hoffnungslos überlegen. Wir haben weder in der Gemeinde, im Kreis noch im Land und nicht die Spur auf der Bundesebene zu sagen. Den Miteuropäern geht es ebenso. Der demokratische Unterbau fehlt, wegen der Europäischen Kriege. Aber die Schweiz hat das geschafft. Diese letzten Gedanken fand ich in einem Artikel zu den Friedensdemonstrationen anläßlich des Irakkrieges Anfang 2003. Aber worauf will ich hinaus, folgendes, es geht um diese Raubsäugetiermentalität in den USA , die herrschende Klasse dort, die Kriege schon immer in ihr Konzept eingebaut hat, da die US-Bevölkerung den Traumtaumel als Bewusstseinsmode trägt. Es wird ja bewußt auf Ballern Knallern und Labbberdabber gezockt mit der Öffentlichkeit, denn um so mehr Waffen in den Händen der Massen sind um so bekloppter sind die auch und bleiben die auch zur Verfügung dieser Superdemokratischen Traumtänzereien der Politischen Sekten und der Geldmacht. Aber dieser Glaube an die Überlegenheit ihrer Systeme und Industrien und Kartelle ist ja ein „

GLAUBENSKRIEG „ Und irgendwann wird es auf der Erde so sein, wie in der Bibel beschrieben, das sich tatsächlich „Zwei Fronten „ gegenüberstehen werden, nämlich diejenigen die Wissen dass das Göttliche wahrhaftig da ist, und diejenigen die so tun das sie das wüßten und es bloß glauben, aber völlig entgegengesetzt handeln. Aber zuerst werden sich mal die platten dumpfen Religionsblinden gegenüberstehen so wie jetzt im vergangenen Kriegsmarathon der USA. Und aus diesen USA kommt ein wirklich totaler Wahnsinn, nicht das aus anderen Ländern kein Wahnsinn kommt, da ist noch genug Reserve vorhanden, denn, es ist ja so aufgebaut, aber das aus der USA kommende hat sich in der EU durchgesetzt mit ihren Verboten gegen die „NATURPRODUKTE „ mit einer raffinierten Verblödung an den dumpfen Glauben an die Wissenschaftlichkeit dieser EU - Blöden , und auch in der Bundesrepublik, und mit dem Lebensbeweltigungshilfegesetz (Gesetz zum finanziellen Absichern der Psychotherapie) hat man dann noch eins draufgelegt. Damit wird versucht alle Alternativmethoden und Gesundungswege abzuwürgen. Aber in den Regenbogen Metamorphosezentren werden genau diese Alternativen Methoden bevorzugt sein. Prima. Aber diese ganzen Üblen wirren stinkenden Strömungen kommen mal wieder aus eurem Paradies den USA, denn dort sitzt die Kal-Macht mit ihren Tempeln der Geldmacht den Industriellen die nur euer bestes wollen, hoho. Denn in den USA hat sich in einzelnen Staaten eine geradezu dämonische Energie gegen alle Formen von „ NATURHEILVERFAHREN „ inklusive „ Psychotherapie „ manifestiert. Mit dem Gesetz HB 591 haben ausgehend vom Staat Florida (Bruder des Buschfeuers) sieben weitere Bundesstaaten damit begonnen, die Ausübung vieler Formen von Naturverfahren als kriminelle Handlung zu definieren. (Das zum dunklen der Pharmaindustriellen und der dazugehörigen Geldmacht) Da in den USA etwa ebensoviel Geld für die private Nutzung von „ Alternativmedizin" wie für den gesamten Krankenhausbereich aufgewendet wird, geht es offenbar darum, diese Ressourcen zurück in die Kapitalverwertungsmaschine der Pharmaindustrie und High-Tech- Medizin zu leiten. Der damit einhergehende Rückfall in einen biologischen Materialismus des 19 Jahrhunderts soll der Bevölkerung über einen gleichgeschalteten Medizinjournalismus als „ Fortschritt „ verkauft werden und die in den letzten 30 Jahren mühsam erarbeiteten biopsychosoziale Perspektive aus den Köpfen der Betroffenen - und das sind wir alle - „ gelöscht „ werden. Schöne Neue Welt. (Diese Worte waren von Dr. Walter Andritzky (Buchveröffentlichungen : Alternative Gesundheitskultur VWB-Verlag) Soo erstmal Pause machen und Essen kochen, bis später.

Die Industrie, die Wirtschaft, also die MitarbeiterInnen, sie werden sich in diesen Regenbogen Transformationszentren, selber den Weg frei machen, für die Erweiterung ihres geistigen Horizonts und die moralische Kursänderung der Menschheit. Denn weil die Klugen immer nachgeben regieren die Dummen die Welt, die Erde. Die Erweiterung ihrer Intelligenz gibt ihnen dann die Fähigkeit, sich mit Wissen auf Gebiete zu bereichern, auf denen sie sich vorher damit begnügen mußten zu „ Glauben „ denn selbst die heutige Wissenschaft ist noch mehr „Glaube „ und nicht wirkliche Wissenschaft da sie immernoch fundamental Materialistisch ist, also total Oberflächlich. Die heutige Wissenschaft und damit Industrie ist von Dogmen, Vermutungen, und Überlieferungen also Traditionen benebelt.

In diesen Transformationszentren werden die Menschen ganz klar erkennen das die Liebe und nicht das Geld und der Konsum der einzige Weg ist der aus der Inneren und damit äußeren Finsternis führt. Die äußere Finsternis ist total sichtbar durch die Vergiftungen und die Armut die Krieg und die Politischen Wahnvorstellungen als auch der religiösen Nichtreligionstraditionen die aber auch garnichts mit zbs. Jesus oder Mohammed oder Buddha oder Mahavir oder Laotse oder Quetzankotel und so weiter zu tun hat. Denn durch die bitteren Erfahrungen der Menschen, und dem falschen Glauben an ihre sogenannten Führer egal in welchen Bereichen, werden sie am schnellsten Lernen und damit wissen, anstatt glauben, das die Verbindung, nun, direkt, zu Gott existent ist und keine Vermittler braucht, keine Zwischenhändler die nur eines machen, Abzocken, stören und ausbeuten und verdrehen und damit Unmündig machen.

Dieser Weg der Liebe der auch in der Wirtschaft mehr als Notwendig ist, und die ja keine Grenzen hat, wird die Menschen zu einer höheren Form von Leben führen. Diese Liebe die wir in den Familien haben was ist das schon, sie ist nicht die richtige Grundlage dafür, die Liebe und den Frieden auf der Erde zu stimulieren. Manche sagen ja, Liebe ist jedoch ein sehr weiter Begriff, doch das ist typisch GeisteswissenschaftlerInn, denn Liebe hat überhaupt garnichts mit begriffen zu tun. Diese Familienliebe, das ist doch sowieso nur eine Gruppenhypnose in der ja auch heutzutage meistens bloß Kampf abläuft, und die dann schon beim Nachbarn der nicht mehr zur Familie gehört Ende hat. So was ist das für eine Liebe das ist Murks mehr nicht. Oder die Liebe von Glaubensgenossen egal welcher Richtungen, das ist alles bloß Grenze. Doch Liebe hat weder Anfang noch Ende also : Keine Grenzen.

Also diese Familienliebe ist keine Äußerung wahrer Liebe oder echte Nächstenliebe da sie einen ja nicht daran hindert den anderen Platt zu machen und auszugrenzen und abzuwürgen und so weiter. Wunderbar ist auch die Grenze von den sogenannten Liebesreligionen den sogenannten Christen den Katholiken oder Protestanten Oder den Moslems. Denn untereinander sind sie sich durch ihre WahnvorstellungsPolitiker den Päpsten oder den Mullahs oder den Kardinälen, zu sehen, die Untereinander nichtmal Jodeln oder Tanzen oder etwas seltener, Masturbieren, aber ohne Bier.

In Wahrheit ist das alles wunderbarer Egoismus von Raubsäugetieren geblieben, mehr nicht, und dafür braucht ihr keine Zwischenhändler das muß erkannt werden , deswegen ist Politik auch Out.

Also diese Formen der Egoliebe hat keine Möglichkeit auf der Erde die Menschheit zu schöneren Lebensbedingungen zu führen. Deswegen, je schneller die Menschen das erkennen desto schneller wird der wahre Weltfriede blühen. Da in diesen Regenbogen Transformationszentren die Wirtschaft mit ihren MitarbeiterInnen versammelt sein wird, kann dadurch ein schnelleres Lernen passieren so das im großen Maßstab erkannt werden kann, das die Nächstenliebe mehr ist als bloße Familienliebe, und das wahre Nächstenliebe nicht bloß bis zum Mitmenschen geht , nein, sie geht eben auch zu allem anderen, dem Tierreich den Pflanzen der Erde dem Weltall und so weiter. Das ist damit gemeint : **Liebe deinen Nächsten wie dich selber.** (Aber ich kann von mir nicht sagen das ich das selber schon verwirklicht habe) Aber das wird kommen, denn diese zur Zeit üble menschliche Situation, wo eben nicht die Welt schlecht ist, wie immer so schön gelabert wird, und die Welt so gefährlich ist, nein, es ist der Mensch der seine Wahnvorstellungen zum Höhepunkt bringt, damit also eine Wahnvorstellungsweltbeurteilung fabriziert, die ja nur falsch seien kann. Somit ist all das Leben dieser Religionen egal welcher Kunstbereiche und Politik bloßes Heidentum, mehr nicht.

Ich selber wäre danach aber zumindest Doppelheide, da ich sogar in Heide geboren wurden. Aber als Doppelheide ist mir bewußt das Leben, eben Leben ist, und nie Leblos sein kann, so wie es in der Wissenschaft immernoch „ Geglaubt „ wird. Da die sogenannten Wissenschaftler für alles Begriffe genommen haben, die insbesondere in der Mikrowelt alles als etwas Totes oder Unbelebtes darstellen, so wie Vitamin oder Enzym oder Mineral oder Atom oder Welle oder Knochen oder Sauerstoff oder Schwefel oder Kohlenstoff und soweiter, hört sich das alles so an als ob das da sozusagen das Ende wäre. Aber das stimmt nicht, denn im ewigen Leben gibt es nur Leben und damit muß hinter diesen dumpfen Begriffen von dumpfen Raubsäugetierwissenschaftlern auch das ewige Leben sein und Schwefel muß in seiner noch verkleinerten Form auf der subatomaren

Ebene also ein Ich sein ein Lebewesen. Denn es ist unmöglich irgendetwas Totes im Ewigen Leben zu finden und zu haben. Das ist total Unlogisch also Unvernünftig und blöde, aber typisch materialistische also Massenverblödende Wissenschaft. Denn jeder gibt ja seine Ignoranz in dem Bereich als hohe Wissenschaft, vernebelt, an andere weiter. Da also alles Leben ist also ein Lebewesen ist vom Makrowesen bis zum winzigsten Mikrowesen, muß also auch der menschliche Körper ein Konglomerat von unzähligen winzigsten Ichs sein, der vom großen Ich, dem menschlichen Ich verwaltet wird, also der menschliche Körper ist sozusagen das Abbild des großen Göttlichen Körpers dem sogenannten Welt-All. Dort ist die Allmächtige Gottheit der Liebende fabelhafte unbeschreiblich wunderschöne das Liebende das sein Universum zum besten führt. Und in diesem Fall ist das menschliche Ich die Gottheit die sein Universum seinen Körper Lieben muß und deswegen nur die beste unvergiftete und total natürliche unsysnthetische Nahrung anbieten darf. Diese Einsichten werden in den Regenbogen Transformationszentren vermittelt werden und vertieft werden müssen damit eine neue Kultur der Wahrheit im Umgang mit dem ewigen Leben gelebt werden kann. Dadurch wird sich auch die bis jetzt noch primitiv Nahrungsindustrie und primitiv Pharmaindustrie total verändern müssen nämlich hin zu völlig naturbelassenen Nahrungsmittel ohne synthetische also geklonte Düngung und zu völlig friedfertiger Landwirtschaft ohne jeglichen Tötens . Denn der menschliche Körper besteht aus gigantischen Sonnensystemen und Milchstraßen und Planetensysteme, die alle Lebewesen sind und dort in dem Universum des menschlichen Körpers Leben und Sterben und wiedergeboren werden. Die dort um ihr Leben kämpfen müssen wenn die Primitivnahrung zu einem genommen wird, und Schnellkost und Schrottkost der Industrie in einen hineingestopft wird, und deswegen sind auch so viele Menschen Krank weil sie zu wenig über ihren Kosmos dem Körper wissen und seinen Aufbau und Ewigen Ichs die dort leben und Singen. Aber diese winzigsten Ichs, alles nur eine Frage der Perspektive, sie finden ihr Lebensglück genauso wie der Mensch selber auch nur, wenn die Liebe wahrhaftig gelebt wird, und dazu gehört eben Liebende Nahrungsmittel die von diesen Mikrowesen gebraucht werden. Denn seinen Körper als Blut , Knochen oder Muskeln zu bezeichnen das ist bloßes nachgelaber der Unwissenden Wissenschaftler die, die Massen verblöden, und damit komme ich nochmal zu den sogenannten Verschwörungsthemen, denn ich habe mal gelesen, das gewisse Verschwörungsgruppen, die Laberignoranz der Wissenschaftler für sich nutzen, und auch mit gigantischen Forschungsgelder unterstützen, weil diese Wissenschaftler nämlich so wunderbar vom wesentlichen wegführen und in die Irre führen, und das ist von denen gewollt, die Massen gerne weiterhin zum Melken brauchen, macht Sinn, oder .?

Ebenso, wie ich schon vor sehr langer Zeit in Büchern gelesen hatte das die Strategie von den Weltmachtgeilen und Massenverblödern folgende ist, : Um die deutsche Bevölkerung Platt zu machen und zu halten, sie über den langen Zeitraum in Internationale Kriegsdienste zu verwickeln, um große mengen Gelder abzuziehen die benötigt werden um den Aufbau Ost zu bremsen oder gar zu stoppen, jedenfalls sah ich das über die Jahre sich entwickeln und die dummen Politiker in diese schöne Falle gehen, die ja heutzutage eine stolze Aufgabe ist und die das deutsche Volk ja wunderbar und soweiter, was interessant ist das sowas auch in Büchern zu finden ist die lange vor der Zeit geschrieben wurden als diese Entwicklung sich noch nicht dargestellt hat, also muß da doch irgendeine Strategie am laufen sein, oder nicht ? Jedenfalls hier liegt auch ein Hammer in bezug zum Verbrennen der sogenannten Leiche, denn diese Lebewesen werden dann ja ermordet. Verbrannt. Damit sind sie nicht in der Lage den normalen natürlichen Zyklus zuende zu leben der auch innerhalb der sogenannten Leiche weitergeführt wird. Das ist dann Liebe deinen Nächsten wie dich selber in seiner Vollendung. Denn das Töten eines Mikrowesen hat die gleiche Schicksalswirkung wie das Töten eines normalen sichtbaren Lebewesens. Es ist bloß perspektivisch anders. Dann wurde mir auch klar als ich das erkannt, das was die Meister sagten die WahrheitsmeisterInnen, das es praktisch unmöglich ist sich aus dem Kreislauf des Karma von alleine zu befreien. Die letzte Hilfe ist also immer das allmächtige Göttliche selber. Denn was müßte das für eine Gottheit sein, die seine Unsterblichen Ichs auf ewig im Kreislauf halten würde ohne sich daraus befreien zu können , wenns gewollt wäre. Also wo die Lebewesen immernoch bloß als Stoff oder Materie bezeichnet werden sei dir sicher da bist du noch bei den Raubmenschen. Welterlösung ist ja in den Geboten, weswegen du das und das zu tun hast , enthalten, dazu gehört ja auch du sollst nicht töten. Aber heute ist das ja zum Volkssport geworden das Töten, in den Massenschlachtungen, und dem Massenvergiften der Mikrowesen im Erdboden durch die Vergiftungen der ignoranten Chemiker und deren Geldgeber. All das wird in den Regenbogenzentren zum Wissenstand und Einsichtstand für die Gegenwart und die Zukunft hervorgehoben und gelebt werden. Diese Mordlust diese Wollust am Fleischfressen egal ob von Kühen oder Tintenfischen oder von Enten und Garnelen, oder von Kälbern Langusten und Walen, das ist die noch übrige Mordlust die noch aus den Traditionen der Zwanghaftigkeit des mitgenommen Tierreichs übriggeblieben ist. Das muß aufgelöst werden sonst werden die Menschen weiterhin diese verlogenen Schaumschläger der Megatäuschungen und Selbstverblödungen bleiben.

Diese Raubmenschen ahnen nicht in ihrer Ignoranz Fleisch zu fressen, das es hinter den normalen Schwachstrom Gesetzen der Menschen Gesetze gibt die ewige Gesetze sind die mit den Irdischen Gesetzen nixi zu tun haben, und deswegen muß der Raubmensch ernten was er sät, so ist das aufgebaut und nicht so wie die Raubmenschfantasie es gerne hätte. Der Profite wegen und soweiter und soweiter. Natürlich muß auch hier wieder geschrieben werden das alle Wesen mitangehörige gewisser Entwicklungsstufen sind, und keinem kann in seiner Zone ein Vorwurf gemacht werden, denn er kann sich ja nicht anders Verhalten da er nixi anderes kennt, und somit auch nicht über sich selbst hinauswachsen kann, sein Bewußtsein erhöhen kann. Also der physische Organismus eines Lebewesens ist ein Universum, auch das zu erkennen führt weg vom zur zeitigen noch Heidentum. Denn Wellen sind ja keine Wellen und Atome sind ja keine Atome und Mineralien sind ja keine Mineralien so wie Vitamine keine Vitamine sind, das sind bloß Worte aber nicht das Lebewesen. Das Wort Apfel ist nicht der Apfel. Diese Befreiung vom Heidentum der Jetztzeit, ist auch das Verstehen müssen und die damit gelebten Konsequenzen das es genauso unmöglich ist für die inneren Teile des Organismus, wie Gehirn, Lunge, Magen Herz, und so weiter die richtige Zusammenarbeit und vollkommene Harmonie leben zu können , ohne das dahinter ein ich steht das es aufrechterhält, und genauso unmöglich ist es für das große Universum mit seinen Sonnen und Planeten und Milchstraßen und Galaxien, in ihrer harmonischen Zusammenarbeit zu existieren ohne das dahinter ein existierenden Ich es aufrechterhalten würde, also die allmächtige Gottheit. Ausführlicher über diese kosmische Wahrheit und Einsicht berichtet Martinus in seinem Buch : DAS DRITTE TESTAMENT - BEISETZUNG ISBN - 87- 575- 0933-6.

Soo, ich werde jetzt langsam das Schreiben dieses Buchs beenden, ich habe etwa die Hälfte des Originalmanuskripts in den Computer getippt und will Schluß machen um an einem anderen Thema zu Arbeiten, es ist gut möglich das ich später Teil zwei noch schreiben werde, vom Rest des Originalmanuskripts.

Ende von Teil 1 des ursprünglichen Manuskripts , das aber seit dem 28.5.2003 bis zum heutigen Tag dem 25.11. 2003 noch einiges hinzugefügt bekam.

W. SCHORAT

16.3.2009.
Werde Teile vom Buch Zwei noch zu diesem Buch hinzufügen, da mit Teil 2 sehr Umfangreich geworden ist und ich Jonglieren muss um die Bücher besser gestalten zu können. Ich mache direkt weiter mit dem Anfang des Textes um Buch Zwei zu reduzieren. W. Schorat

Es muss erkannt werden, dass die Politiker, das Militär, immer größere Mittel aus den Menschen herauspressen. Hauptsächlich die Politiker. Das muss ein für alle male aufhören. Solche politischen Systeme – Parteien - irren Politiker müssen für immer weg vom Fenster der Entwicklungen. Sie pressen immer größere Mittel aus den sogenannten Bürgern heraus, erfüllen aber ihre Aufgabe immer weniger. Der Irrsinn der Politik ist gigantisch - auch der Irrsinn der Wissenschaft, also Wirtschaft.
Die Dynamisierung der Menschheit geht so schnell vor sich das die Menschen geistig nicht mehr folgen können - Chaos ist unweigerlich vorprogrammiert. Die politischen Methoden führen in eine Sackgasse. Alles Rationale erweist sich als Begradigung und damit als unnatürlich und damit als Bedrohung und damit als Sterilisierung der Schönheit des Lebens. Die Menschen durch politischen Wahn gefördert - durch politische Dummheit und wissenschaftliche Ignoranz sind eigentlich immer am Abgrund ihres Daseins in letzter Zeit.
Politiker treffen, haben getroffen, unwahrscheinlich viele falsche Entscheidungen.
Politik - Staat hinkt unwahrscheinlich nach - da ist so ein Hinkefuß das er unwahrscheinlich an den Klumpfuß des Teufels erinnert. Die wissenschaftlichen Zentren schaffen auch mehr Verwirrung als Entwirrung. Sie schaffen keine Klarheit. Wissenschaftler sind viel zu ängstliche Menschen - sie trauen sich noch nicht mal zu erkennen dass sie selber Gott sind. Sie leben immer noch in der Trennung von Geist und Materie - dem Schwachsinn aller Zeiten. Wissenschaftler die heute die Menschen immer noch verblöden - weil sie selber zu   blöde sind und immer noch behaupten dass die Menschen mehr oder weniger zufällige Anhäufungen von Atomen sind.
Ich, Gott - ich weiß aus meiner Erfahrung das Energie bloß Energie ist.
Um so weniger Energie vorhanden ist um so größer ist die Harmonie.
Wenn gar keine Energie mehr da ist, ist Glückseligkeit erreicht - aber das ist viel, viel, zu einfach für die Wissenschaft. Ich weiß das weil ich diese Welten kenne, in mir.
Ich, Gott. Der Witz des Himmels im Dasein.

Alles was in der Wirtschaft noch mit viel Energie verbunden ist, ist ganz einfach steinzeitliche Wirtschaft. Es ist angebracht so schnell wie nur eben möglich von einer Energiewirtschaft loszulassen und eine energielose Zivilisation aufzubauen.

In den Regenbogen Metamorphose Zentren werden diese Erkenntnisse den Wissenschaftlerinnen sozusagen wissenschaftlich vorgeführt werden - aber sie müssen sie sich selbst erarbeiten, durch Methoden. Denn durch Energielosigkeit wird der größte Beitrag zur menschlichen Entwicklung gemacht werden. Wer heute noch nicht genug von Energiedenken der Wissenschaft hat der wird morgen ganz, ganz übel aufwachen müssen.

Energie bedeutet Wiederstände und zwar riesige Wiederstände.

Die Atombombe ist das beste Mahnmal dafür.

Der Bereich der Nichtenergie ist der Bereich der in die Spiritualität rein führt. Ich – Gott - weiß dass hinter der Energie die Nichtenergie kommt. Sie entsteht wenn alle 4 Welten durchwandert sind – Physisch – Astral – Mental – Geistwelt - Dann kommt die Welt der Nichtenergie. Die Seele der Körper das Ich des Sitzes von mir – Gott- auch sie ist aus Nichtenergie - Kein Wissenschaftler wird jemals die Seele - oder den Seelenkörper sehen, messen Können außer er wird zu einem Meditierer und erlebt sich als reine Seele - frei von den vier Weltkörpern die, die Seele umschließen.

Deswegen sind die „Spiritualisierung der Industrie" so wichtig.

Es ist ganz, ganz klar dass die Wissenschaftler nicht wissen was sie tun. Sie suchen herum erkennen Teilchenerfolge und bauen daraufhin Teilchenobjekte die, die Ganzheit letztendlich zerstören - das ist objektive Wahrheit, die, die gesamte Menschheit auf der Erde jetzt leidvoll erleben muss

Das Potential derjenigen die Menschen genannt werden, wurden, ist erst am Anfang.

Wer heute immer noch nicht erkennt das Meditation – Meditieren - der wichtigste Teil im Leben der arbeitenden werden muss, der wird morgen von der Dynamik der Energien - die sich alle verselbstständigen, überrollt werden. Es nützt auch nicht viel alles immer ruhig zu halten. Die Fehler im Innern kommen doch durch. Die Entscheidungen zeigen dass das Resultat ist die Vergiftung, Ausbeutung, die Aggressionen - die Teilchenwahrheiten eben Atomwahrheiten - die viel zu billig sind für das was die Menschen in Wahrheit sind. Die Industrie muss sich selbst höhere Standarte setzen. Keine Angst sie wird die Industrie nicht schädigen im Gegenteil die Industrie wird sagenhaft blühen.

Die Industrie muss moralisch ethisch humane Standards setzen. Sie muss was Nobles anstreben nicht bloß auf wissenschaftsphilosophischem Niveau wie Popperrismus, nein, sie muss über DIN und andere Standards weit, weit hinaus Ziele haben. Sie ist viel, viel zu ängstlich den meditativen Bereichen gegenüber. Sie muss so gestaltet werden das sie über die 3D Dimensionen der Universitäten weit, weit hinausragt. Und dafür sind die "Bewusstseinsmeta morphose Zentren". Die Industrie wird sich dort regenerieren, erholen, und neue Dimensionen in die Welt bringen. Dort wird ihr Nachwuchs herkommen. Nicht von Universitäten. Auch die Universitäten brauchen diese Zentren nämlich. Denn die Aggressionen die an Universitäten herrschen sind enorm. Das passt nicht in die humane Entfaltung. Das ist krankhafte Verwicklung, keine gesunde Ent-wicklung.

Es ist ja bekannt genug das der Mensch nicht nur vom Brikett alleine lebt - vom Brot, denn hören sie nun gut zu:

Die Schuld - das Karma, liegt nämlich dort - das globale Karma - die Wirkung der Ursache also.

Sobald der erste die Idee hatte ein Geschäft aufzubauen das mehr als er selber war. Also; mehr Lebenskraft als er selber braucht, um auch große Mengen an Materialien, Wohlstand für Eigennutz zu produzieren, und er nun andere Menschen zu sich nahm, aufgrund von Macht, aufgrund von Gewalt, jeder Art von List, aufgrund von sogenannter Ehrlichkeit, weil er ja nur, für alle das Beste wollte. Er aber durch Gedanken und Vorstellungen von sich trennte indem er glaubte, oder beherrschte, drohte, Zwang, die anderen seien nicht so gut so reich so mächtig so intelligent, so erfinderisch usw. wie er, er also andere benutzte um dadurch viel, viel, viel, Macht zu machen, er somit eine Menschenrasse von Ohnmächtigen formte, die sich bis heute, über die Jahrtausende, nur durch forcierte Arbeit, durch Überlebenswillen soweit gebracht haben, das sie nun selbst mächtig sind, als die Mächtigsten, auch wenn sie sich dessen tagtäglich nicht bewusst sind.

Die Schuldursache ist also weiterhin in der Industrie - das Karma - was du säst das sollst du ernten - die Menschen als Angestellte zu sehen.

Sie dürfen in keinem Arbeitsvertrag stehen. Denn das trennt sie vom ganzen. Alle müssen wirklich Alles haben oder keinem darf etwas gehören.

Das darf nicht nur eine intellektuelle Farce sein.   .

Nicht nur Maskerade, nicht nur als Gesellschaftsrolle dir gespielt werden, damit positives erreicht wird. Die Industrie muss diese Ursünde beenden.

Von Gott zu Gott. Ist das verständlich!?

Doch da die Industrie sich als menschlich bezeichnet leidet sie auch unter dem Mangel der menschlichen Fehlidentifikation. Das Ungleichgewicht muss erkannt werden - aber auch die Fehlidentifikation. Der Mensch muss sich eine andere begriffliche Identifikation geben.

Sich als Mensch zu bezeichnen ist was äußerst primitives - die Schwingung die damit zusammenhängt ist träge und erdlich und nieder ziehend. Ich - Gott warte schon mit Spannung darauf wenn der erste Wissenschaftler sich als Gott erkennt und es der Öffentlichkeit mitteilt - dann wird die breite Masse der Menschen mitziehen – mitzieht - da sie ja zur Wissenschaftsgläubigkeit reformiert ist.

In den Regenbogen Meditationszentren werden sich die Fehlinformationen der Vorfahren ganz von All - Eine beseitigen - wenn sich der Einzelne erst mal als das Lichtwesen und mehr erkannt hat das er in Wahrheit ist, wird er sich nicht mehr als Mensch bezeichnen wollen - es geht einfach nicht mehr.

Mit der Zeit wird alles Menschliche abfallen und er wird wieder er selber sein, Edel, Nobel, von unbeschreiblicher Schönheit und Wahrheit und mehr als Liebe sogar, was jetzt noch unerklärlich für ihn ist ...Die Physis wird keine Macht mehr über ihn haben.

Die Industrie muss diese Ursünde beenden.

Sie muss diese Ursache erfassen und somit die Schuld auflösen. Deswegen auch Besitzanteilscheine , oder einfach völlige Gleichheit in jeder Position. Dann kann sich auch die Industrie selber vergeben und wird befreiter. Die sogenannten Arbeitgeberverbände sind ein Hohn - ein göttlicher Hohn. Das ist ja Ursünde. Das ist das Gesetz des Tierreichs, dort wo die stärksten überleben. Dann ist ja Krieg, gerechtfertigt, also wo bleibt der Atomkrieg. Denn das wäre ja bewusst oder unbewusst das letzte Ziel - die Show des stärksten Tieres.

Doch wir sind göttlich.

Die Industrie muss selbst darauf hinarbeiten sich selbst von Arbeitskämpfen zu befreien.

Durch diese soziokratische Einstellung durch Besitzscheine durch Gleichberechtigung aller Beteiligten durch das Wissen das die Firma jedem und keinem gehört.

Durch die Bewusstseinsmetamorphose Zentren wird der Arbeitskampf um 1-5% jährlich Lohnerhöhungen - aufgehoben. Total.

Haben sie das verstanden.

Die Ziele liegen nicht bei 1-5% Erhöhung im Jahr.

Sie liegen in jedem, indem er erkennt wer, was, er, sie ist.

In der Ent-faltung - Ausweitung von Bewusstsein. In der Fähigkeit richtig zu sehen.

In der Harmonie, nicht im Arbeitsvertrag.

Die Bewusstseinsmetamorphosezentren, die „Spiritualisierung der Industrie„ global -das sind die Ziele die jährliche Lohnerhöhungen lapidar machen. Wen interessierte es wenn ich im Samadi oder in meditativem Glück oder im göttlichen Licht oder im spirituellem Sehen bin und, kreativ in meiner Firma für mein Wohl und somit für alles Wohl tätig bin. In Bereichen wovon die Industrie heute nicht die geringste Ahnung hat. Wir können mit Alpha oder Thetawellen Ingenieurarbeiten machen. Wir können Direktionskonferenzen machen die zuvor das Göttliche Licht anriefen oder Werkzeugmacher Elektriker können ihre Tätigkeiten im Bewusstsein von meditativer Eleganz machen.

Das Meditieren in diesen Zentren oder auch zuhause ist die Quelle der Liebe.

Wenn die Meditation regelmäßig ausgeübt wird geht sehr, sehr viel Gutes davon aus. Je mehr meditiert wird um so mehr werden objektive, äußere Vorteile erlangt. Wird nicht meditiert, erfährt der Mensch keine innere Weisheit und fühlt eine Schwere was gleich ist mit der Wirkung der Ursache, nämlich nichtmeditatives Leben, leben. Wer meditiert erfährt mehr Liebe und schätzt sich viel mehr. Zuerst muss sich der Mensch selber lieben erst dann kann er selber Liebe geben. Der ganze Macht und Neidtrip unter den Menschen beruht auch darauf dass die Menschen sich untereinander unterlegen oder Minderwertig fühlen. Viel Neid liegt in der Menschheit eine aggressive Stimmung die sich von Jahr zu Jahr steigert - die Aggressionserweiterung ist weltweit unübersichtlich geworden. Trotz materiellen Wohlstands und so weiter. Die Habgier steigert sich bis zur Selbstzerstörung.

Besitzen wollen ist ein typisches Merkmal dieser inneren Unsicherheiten. Die Fehler werden versteckt weil die Angst da ist, sonst nicht respektiert zu werden. Wobei respektiert zu werden schon ein Anzeichen von Minderwertigkeitskomplexen ist. Wer sich selbst liebt braucht keinen Respekt von irgendjemand. Die Menschen wollen viel besser erscheinen als sie in Wahrheit sind. Sie heucheln und tricksen sich ihr Leben zusammen, das fängt bei den Bossen den Chefs an bei den Politikern und bei den Kirchenvertretern - die Skandale die Perversionen der schwulen Kirchenseuche und die Betrugsfälle in allen Bereichen der menschlichen Zusammenkünfte sind ganz klare Zeichen dafür. Es gibt kein entrinnen von dir selber, irgendwann muss jeder sich selbst mit sich selbst befassen. Unser Unterbewusstsein kennt diese Verdrängungen die-se Fehler, das führt dann dazu dass der Mensch sich selbst nicht leiden kann und verzeihen kann. Und der Kreislauf der Zerstörung geht weiter.

Alle Zerstörungen, Taten, ob sie nun politisch wirtschaftlich ökologisch oder wissenschaftlich als auch religiös sind, spiegeln den Inhalt des Inneren des Menschen wieder

Das die Erde am vergiften ist das die Armut steigt das die Aggression steigt das die Intoleranzen steigen ist klar erkennbar.

Keine objektive Verbesserung kann erreicht werden wenn nicht zuvor eine Innere Verbesserung erreicht ist. Wer das immer noch nicht akzeptiert hat der ist sehr, sehr träge.   .

Du kannst nicht erwarten von einem aggressiven, oder sich minderwertig fühlenden positive Impulse lebensfördernde Impulse zu produzieren. Das ist ganz einfach zu verstehen.

Aus diesen Minderwertigkeitsgefühlen heraus entstehen viele falsche kaputte Verhaltens-weisen. Außer uns, ihm, ihr, werden auch viele andere verletzt, unsere Nachbarn sozusagen fühlen sich alle sehr, sehr unwohl-typisches Bei-spiel, der irre französische Chiraque, der wahnsinnige Berater hat ‚die wahn-sinnige Militärs haben, der die Atombomben wieder testen will - solche Ty-pen sind schlichtweg inakzeptabel in der heutigen Zeit.

Noch mal Politik ist schlichtweg ein Krebsgeschwür in der Gesellschaft.

Nur durch das meditieren und die Arbeiten in den „Luxus Metamorphose Zentren" werden wir unsere Vorzüge und unsere Weisheit wiederfinden und können uns so von den Minderwertigkeitsgefühlen befreien. Denn die mei-sten Menschen haben diese Minderwertigkeitsgefühle.

Sie sind seit Jahrtausenden schlecht gemacht worden durch Eltern Erzie-hungsformen durch Politik Staaten durch Diktatoren durch Militär durch sich selber durch gegenseitiges kaputtmachen und hauptsächlich durch falsche Identifikation. Auch Arroganz ist Minderwertigkeitsgefühl. Alle, ihr Chefs die ihr eure Mitarbeiter nicht echt schätzt seit in Wahrheit Minderwertigkeits-gefühlen unterlegen. Geld und Reichtum macht nicht freier. Auch nicht Er-leuchtet oder Weise dann wären nämlich die Millionäre jetzt die Stützen der menschlichen Evolution aber das sind sie selber „Nicht" weil sie selber näm-lich tief in Lug und trug verstrickt sind, haben. Kein Milliardär hat Einfluss auf die innere Befreiung des Menschen.

Kein Milliardär weiß wer was er ist. Zu sagen das ich Gott bin ist ja zumin-dest schon ein Schritt in die richtige Richtung, doch zu Wissen und zu Sein ist was ganz, ganz anderes.

Die Ministerpräsidenten schätzen sich nur als Ministerpräsidenten. Die Chefs nur als Chefs.

All Jene wissen nicht dass sie Gott sind, sondern sie glauben dass sie Imperfekt sind und das andere hochqualifizierte Wesen über ihm stehen. Aber nur das Wissen das du selber Gott bist wird dich heilen. Es gibt keine Medikamente dafür. Du musst es selber erfahren.

Dafür sind die Meditationszentren die Metamorphosezentren. Durch diese Minderwertigkeitsgefühle werden wir dann andere öfter schlecht behandeln, weil wir nicht richtig mit uns im Klaren sind. Probleme haben. Dadurch werden die arbeiten anderer behindert. In den Zentren werden diese Schwierigkeiten eliminiert auf meditativem Wege. Die schlimmste Krankheit ist das Minderwertigkeitsgefühl. Ich habe es genug selbst erlebt im Leben nur weil ich selbstsicher war damals noch nicht wusste das ich das Göttliche selber bin doch das hat vielen schon gereicht ihre Minderwertigkeitsgefühle mussten mich sofort bekämpfen.

Es bedeutet ganz einfach nur nicht zu wissen wer du in Wahrheit bist. Du bist Gott.

Lasst euch bloß nicht vom religiösen Begriff Gott in die Irre führen - die haben schon weltweit genug Schaden angerichtet. Der fast irreparabel geworden ist und der Anschein da ist das in einer gigantischen Zerstörung diese Seuche Religionsmanagement - vom Erdboden weggefegt werden wird.

Es erfordert Mut diese meditativen Zentren aufzubauen und dazu zu stehen. Doch der Lohn wird unermesslich sein. Nicht jeder hat den Mut da mitzumachen doch es gibt sehr, sehr, sehr viele Menschen die da mitmachen würden - und wenn die Industrie sich das Ziel setzt sich zu veredeln - die Menschen also zu veredeln - dann wird der Erfolg völlig da sein.

Darüber hinaus ist gut erkennbar das die Logik Ratio soweit geht das sie letztendlich zerstörerisch für den Menschen wirkt. Zuerst ist sie unwahrscheinlich eng. Eingleisig. Dann aber auch kann gesehen werden dass die Logik möglicherweise gar nicht richtig gelebt wird denn sonst würden ja zum Beispiel die Christen alle Gebote beachten und die Natur sähe jetzt ganz anders aus. Auch die Welt hätte eine andere Gesellschaftsordnung. Da die Gebote, also die Software, nicht gelebt werden die alle logisch sind ist gut sichtbar das die Menschen Logik gar nicht leben sondern Instinkte Leben. Was aber auch im Machtgeilen Religionssystemen verständlich ist. Die Wirtschaft die Industrie ist ja auch ein Faktor der gut zeigt das Logik gar nicht erreicht wurde auch nicht Ratio. Zerkleinerungsratio ja, Kaputtmachratio eben. Weltweit ist Linealität der Giftboden des Landes.

Denn Logik will keine Wiedersprüche zulassen. Oder besser Menschen wollen keine Wieder-sprüche zulassen, Jene die glauben das Logik das klarste wäre. Was natürlich quatsch ist. Doch Leben ist Wellenförmig.

Rund.

Eckig

Melodiös

Und Bizarr -zugleich und vieles mehr.

Da die Masse der Menschen durch die Berufsethik jetzt schon kollektiv logisch verseucht ist, Sind auch Vorprogrammierungen da, und sobald psychologische Wege gefunden sind, sind somit auch, sind sie somit auch noch kontrollierbarer. Die Industrie arbeitet an Biochemischen Mitteln die in Kombination mit Mentalpsychoindustrie die Massen noch mehr Logikdeprimierter machen könnte, Das sie völlig - Industrie - also Maschinenartig - ihr Verhalten leben. Jedes Jahr Milliprozente Lohnerhöhungen, dort , dann das kaufen, und bitte hier ankreuzen, dann wählen, und dann abkassieren.

Letztendlich wird das für eine Weltwirtschaftsreligion, für die Industriereligion,

Selbstmord - da der Geist sich auf gegensätzliche weise bewegt. Um es simpler zu machen dialektisch. Wer nur Logik lebt Tag für Tag, Jahr für Jahr, Jahrzehnt für Jahrzehnt, wird blöde. Deswegen sind alle Verstandesmenschen letztendlich blöde geblieben. Der Mensch wird als Genie geboren und stirbt als Idiot. Oder, der Mensch wird als Original geboren und stirbt als Kopie. Er wird innerlich starr und das wird sich auf die Wirtschaftgemeinschaft auswirken. Deswegen sind ja Firmen daran interessiert nur junge Menschen zu haben da sie noch spontan und freier sind .eben dem Verstand noch nicht zum Opfer gefallen sind. Ab einem gewissen Alter sind die meisten der Gewohnheit unterlegen. Und die Gewohnheit ist der Feind der Menschen ihrer Göttlichkeit. Sie leben dann nur noch für fiktive Sicherheiten Gehalt Routine Faulheit Komfort .Arbeitsplatzsicherung gehört auch dazu. Lebensversicherungen und Urlaub. Das ist dann das Resultat von Konformität. Starrheit eben.

Logik führt eben dazu.

Freiheit ist was völlig anderes.

Du bist die Ursache deines Lebens und nicht die Wirkung von irgendjemandem der sich mit dir eine goldene Nase verdient.

In diesen Zentren wird dann Freiheit wieder bewusst gemacht indem man dem Individuum all seinen Konditionierungen entledigt. Zen gehört auch dazu. Spontanität zu fördern.

Es werden dem Menschen die Gewohnheitsfaktoren abgeschaltet, aber auch die starren Mäntel der Industrienormen. Das Ziel ist Harmonie in Freiheit. Dadurch wird der Mensch von Gewohnheitsfaktoren zum Bewusstseinsfaktor, spontan kreativ und voller Liebe zu sich selber und anderen. Jetzt ist ja schon das und jenes und jenes und solches eine Bürde, Obwohl noch nie im Leben, im Westen, der Mensch solch einen Komfort hatte. Die Massenzucht auf Produktivität, auf Unbewusstheit, Routine, ist der Faktor der aufgeweicht werden muss. Eine Gesellschaft die rational ist, ist selbst-mörderisch, weil sie ständig Ventile braucht um das Irrationale zu leben. Wir im Westen haben zur Zeit einen Orgasmus des rationalen Denkens, doch ich weiß das an Universitäten und überhaupt die Intuition das Gefühl der Traum, das rechte Seite Gehirn Fach, sehr, sehr stark im kommen ist. Junge Menschen weigern sich an vielem teilzunehmen und alte schauen nur logisch zu. Ich kennen eine Methode wie beide Gehirnhälften beide Energien im Körper vereint werden können. In meinem Buch - die Affirmation- „Das Mantra - mich selbst erkennen„ beschreibe ich den Werdegang dorthin. Der Heiligenschein im Mittelalter der runde Kreis über dem Kopf ist das Symbol dafür das plus minus vereint sind und nun bloß eine Energie in dir lebt und so weiter. Sein und Haben ist ein ganzes.

Bewusstsein und Unbewusstsein auch. Haben oder Sein wird zu Seinhaben. Liebe und Hass ist ein ganzes und somit etwas anderes als in der Sicht der Vernunft oder Logik. Eine neue Eigenschaft wird gelebt. So als ob zwei Chemikalien zusammengeführt werden und einen neuen Werkstoff machen. So ist auch Logik und Unlogik ein ganzes. Logik alleine macht krank. In diesen Zentren soll die Industrie dafür sorgen, dass durch Bewusstsein, Unfreiheit im Berufsleben, abgelegt, erkannt wird, das Ziel ist harmonische Freiheit. Nur das garantiert den Welthandel, der Industrie globale Erfolge und endlose Märkte, die letztendlich auch ins Welt - All außerhalb der Erde führen werden. Wir sind ja selber mitten im Weltall. Denn in einer Unendlichkeit ist jeder Punkt das Zentrum. Somit ist auch jeder Mensch das Zentrum.

Es gibt Menschen, auch Meister, Autokraten, die meinen zu wissen, dass wir im Westen dazu tendieren die östliche irrationale Form des Lebens zu übernehmen. Das ist völliger Quatsch. Erstens ist das irrationale nicht östlich. So wie das logische nicht westlich. Zweitens ist Jugend nicht daran interessiert wie in Indien im Chaos des materiellen Dilemmas zu verfallen. Die Jugend will ja kreativ sein. Jugend ist ja gleichbedeutend mit Kreativität, auf allen Ebenen, die Jugend im Westen ist äußerst kreativ. Überhaupt ist Jugend weltweit egal unter welchen wirtschaftlichen Bedingungen äußerst kreativ.

Wir müssen bloß erkennen, dass die Problematik eine Überbetonung der Mathematik der Logik ist, allerdings auch die Logik so weit steigern, dass sie dann Phantasielogik wird.

So wie die Physik negative Zeit phantasiert um überhaupt noch klar zu kommen. Was ja auch schon zeigt dass sie da am Ende ist. Denn Phantasie ist ein Teil des höheren Verstandes der seine Fähigkeit von der Seele erhält. Dadurch wird aber nicht die Logik gesprengt Man wird sozusagen überlogisch oder hat den Titel eins Sonderlogikers mit andern Worten er, sie, steht über dem Gesetz das aus Routine und Willkür geschaffen ist. Sonderlogik führt also ins Irrationale was gebraucht ist. Es schafft Balance. Alles was von vornerein bestimmbar ist gehört dem Bereich des Sterbens an der Endlichkeit.

Doch Gott ist Realität und die Welt soll Illusion sein in der Erscheinung reine Einheit gegenüber der Mehrheit Vielzahl

bezugslos gegenüber der Sphäre der Beziehungen

unbegrenzt gegenüber der Sphäre der Endlichkeit

außerhalb von Raum und Zeit gegenüber von in Raum und Zeit

bewegungslos unveränderlich anstatt immerwährende Veränderung.

Was gibt es dazu zu sagen.

Vieles. Doch nicht jetzt.

Wer will alles und jedes vorherbestimmen, wissen. Der das will ist krank. Es ist aber auch seine Sache, diese Illusion Realität zu machen. Solch jemand ist auf totale Kontrolle aus.

Totale Kontrolle ist Gift für die freie Weltwirtschaft, Das darf nie das Ziel der Industrie werden. In der Politik redet man von Berechenbarkeit weil sie ja jahrtausendelang kriminell ist. Mord Totschlag Kriege List Täuschungen Intrigen Machtgier all das sind die Gründe dafür berechenbar zu sein. Das kreative Potential wird in den Zentren von Gewohnheiten die sogenannte Gesellschaftsmoral und ihre strukturierten Wege des Einbahnstraßenverstandes Verhaltensnormen und dergleichen - eben Massenhypnose - befreit. So das der Mensch auch mit. 40-50-60-70-80-voll da ist, was er auch in Wahrheit ist wen er nur will .der rationale Verstand die Logik die linke Gehirnhälfte hat die Tendenz letztendlich eben zu eng zu dogmatisch zu unharmonisch zu sein. All das wirkt sich auf die Lebensqualität weltweit aus. Es ist eben keine runde

Sache mehr sondern eine Lineare. Weil die Lebensenergien im Körper, nicht rund vereint sind. Ganzheitlich wird es als intellektuelle Beschreibung oder Idee oder Sehnsucht danach, beschrieben. Doch dieses Ganzheitliche muss erst im Menschen erreicht sein - über ganzheitliches Denken ist so was nicht zu erreichen. .Das ist bloß zu denken dass man ganzheitlich handelt und das ist eben wieder die Falle des Verstandes.

Des Gottes der Schöpfung - Kal.

Ganzheitliche Wahrnehmung ist Wahrheitszustand - nicht bloß so zu denken es ist lebende Wahrheit. Die durch Praktiken im Metamorphosezentren erreicht werden kann. Das ist wichtig das zu erkennen. Natürlich kann eine umfangreiche Anamnese eine Beobachtung zu einer größeren Einsicht des Problems führen. Doch wenn der Zustand der innerlichen Ganzheit der Energien erreicht ist dann ist das Wissen sofort da. Der lange Weg des lateralen Denkens und Suchens ist dann nicht mehr nötig. In den Zentren wird das Gehirn als ganzes aktiviert. Nicht so wie sie sich das vorstellen können sondern anders.

Die Industrie die Weltwirtschaft muss sich als ganzes eine Einheit verstehen. Sie darf nicht global als Konkurrenz gegeneinander auftreten. Das ist ungeheure Verschwendung von Energie, führt zur Dummheit die, die Kinder und Nachgenerationen müh,,,, müh,,, mühsam glatt bügeln müssen. Wenn das überhaupt zu schaffen ist.

Es ist ein starker Trend da, dass die Wissenschaft in den Hintergrund gedrängt wird.

Ich bin nicht gegen die Wissenschaftler, aber gegen Dummheit oder gegen Machtmissbrauch oder gegen Sektiererei - und Wissenschaft stellt sich als solches dar genauso wie die Religionen sich als Sektierereien darstellen. Weil die Natur zu vergiftet wird ist das aber auch zu verständlich. Die Meere die vergiftet werden. Die Gier des Geldmachens treibt Menschen dazu weil kein Vertrauen unter ihnen ist. Das muss herauskristallisiert werden. Denn das Vertrauen ist jeder Mensch selber. Wenn die Industrie weiterhin so weiter wurschtelt nur rational geprägt ist ohne Rücksicht unter einander wird sie sich selbst ins Jenseits katapultieren - ja Tieren. Menschen haben vor langer Zeit auch gelebt. Das Wasser war gut. Die Wiesen blühten. Und jeder hatte zu Essen. Wenn die Lebensspanne nur 40 Jahre war, na und das war die Norm. Da dachte keiner daran dass das Leben ganz was anderes sein könnte.

Außer die, die wacher waren.

In den Zentren, die Zentren, sind ein bewusster Versuch, ein Idealvisierpunkt, aus dem Menschen dem Handel, der Industrie, diesen Millionen und Millionen von Menschen, etwas höheres zu machen, anstatt bloße Arbeitsprofis, als bloße Detailschemata, echte Religion ist immer Problemlösung . Denn alle ihre Meister, die ja nie eine Managementorganisation gegründet hatten die sich Religionsgemeinschaft nannten, alle ihre Meister hatten zuvor ihre eigenen inneren Schwierigkeiten zu lösen. Jesus war kein Christ Buddha kein Buddhist Mohammed kein Mohammedaner, Bahalulla kein Bahai, und bei den Hindus ist es nicht erkennbar wer der Ur - Hindi war - jedenfalls heute hat der westliche Mensch sich von den alten Dogmen teilweise befreit und ist selbst Problemlöser geworden. .Also selbst Religiös geworden.

Industrie ist auch Problemlöser - wenn auch sehr, sehr, oft, und immer mehr, weil es mehr als Notwendig geworden ist durch die Probleme die sie sich selber geschaffen hat. Also sind die Menschen in der Industrie schon in der Religion vereint als Problemlöser so zusagen. Obwohl es kein Problem ist einen besseren Ledersitz des Besitzers zu erschaffen. Das ist Eitelkeit. Die Industrie ist also schon Religion Arbeitsreligion. Auch das soll in den Zentren erhöht verfeinert werden. Kultivierter werden.

Der Überfluss in der Gesellschaft produziert Langeweile. Da alles in Logik aufgeteilt wird, Straßen, Häuser, Autos sogar Eis essen wird die Langeweile also noch mehr ansteigen. Obwohl materieller Komfort noch größer wurde. Die Wohnung schon bis unter die Decke voll gekleistert ist mit Produkten - aber man könnte eine Zweitwohnung mieten - ins extreme geschaut - es muss ja vorgesorgt werden.

Diese Zentren werden Logik mit Nichtlogik verbinden. Und somit neue Fähigkeiten eröffnen. Die dann auch zu neue Möglichkeiten führen. Früher waren einige wenige am materiellen Überfluss beteiligt. Heute ist es die ganze Gesellschaft. Neben den Armen und kaputten, doch das braucht nicht zu sein, die können mitgezogen werden - der Überfluss ist mehr als gigantisch. Reichtum verliert dann an Bedeutung. Das heißt nicht das die Politik und Wirtschaft jetzt anfangen soll die Reichtum Ansammlung zu unterdrücken. Nur damit der Reiz materielles anzuschaffen erhalten bleibt.

Die Gier, der Menschen ist viel zu stark dafür.

Und Re-gier-ung zeigt schon wen sie sich, die Bürger, da als Vor - gier-rer geholt haben.

Nämlich noch gierigere als sie selber es sind.   ,

Die Reichen haben sich schon immer gelangweilt und das ist zu gefährlich.

Sehr viele werden einfach alles aufgeben nur um der logischen Gesellschaft zu entkommen. Denn der Tod ist ja gewiss. Er kann aber auch äußerst interessant sein oder aber auch erbärmlich.

Die Bewusstseinszentren werden gar nichts verneinen. Keine Therapien. Keine unetablierte Forschungen keine nichtakzeptierte Form oder Nichtform.

Die staatlichen Bundesämter verneinen ungeheuer vieles. Sie sind träge Machtöde und verlassen sich, aber wichtiger noch jene denen geholfen werden soll, auf unendlich lange wissenschaftliche Beweise und Prüfungen über Prüfungen. Das ist alles bewusste Unterdrückung von Freiheiten die der Mensch hat und ist .Alles staatliche ist zutiefst idiotisch und zu tiefst Faschistisch, auch wenn's gut kaschiert ist. Staat ist nun mal der Glaube dass er das Beste ist und nur er weiß was für die Masse am richtigsten ist. Dabei ist es aber genau umgekehrt. Der Staat ist immer schwerfällig träge und zutiefst nichtvertrauenswürdig. Ja er sät sogar Misstrauen. Deswegen müssen die alten stupiden staatlichen Organisationen einfach übergangen werden und eigene Ämter gegründet werden die ihre eigenen Wege gehen und eigene Sicherheiten weitergeben. So wie der alternative Nobelpreis oder andere selbstständige Organisationen die, die stupide staatsmonopolistische greulheul Seuche lahm legen durch bessere Qualität und vor allem durch erkennen der Wahrheit und nicht durch den Traum von tagtäglichen Meldungen an wissenschaftliche Unfehlbarkeiten. Spiritualität und Wissenschaft ist keine Sache der Fragen oder der Glaubenssachen - .es ist beides in einem. Die Seuche Industrie muss in eine gesundmachende Bewegung gebracht werden. Werte die, die Erde ausbluten lassen sind einfach unakzeptabel geworden. Und der Staat ist Vertreter dieser Werte. Diese Menschen die so ein Management wie die staatliche Organisation unterstützen .Das Gleichgewicht zwischen Materialismus -Physis - Logik - und spirituellen Werten und Wegen - Nichtphysis nicht 3D - muss beachtet werden.

Der menschliche Geist muss sich auch in der Industrie voll entfalten. Sein Verlangen nach Harmonie Schönheit Liebe und Erhaltung der Natur.

Max Plank Institute sind einseitig - Physik ist Einbahnstraße ohne Beine. Das Interesse an Meditationen - Spiritualität -wer bin ich was bin ich - muss auf die Industrie zurückstrahlen.

In den „Regenbogen Metamorphose Zentren" werden vor allem auch Spannungen abgebaut. Wie, das werde ich hier nicht beschreiben. Aber es werden allen Arten von Spannungen sein. Auch Elektrosmogspannungen oder Ozonspannungen oder zwischenmenschliche Spannungen oder Entfaltungsspannungen oder mentale Spannungen oder physische Spannungen oder, oder,

oder.

Ich weiß sie wissen's, sie wissen's, aber auch nicht wie man's anwendet. Es gibt viel, viel besseres als Autogenes Training. Da wir aber in einem offenen System leben als Welt als Universum und als Detail davon!

Die Arbeitszeit wird verkürzt, bald sind nur noch Computer Roboter - Humanoide am Werk. Und was tun die Menschen dann. Dann entwickeln sie eine Gegenkultur. Ein Antiestablishment Vielleicht ein Selbstverwirklichungszirkus. Doch die Religionen sind Tot. Im Buddhismus gibt es auch keine erleuchteten mehr - und dann sind da die verschiedenen Grade der Erleuchtung. Der Hinduismus - das gleiche - im Islam - da ist Erleuchtung gar nicht vorgesehen - obwohl der nicht islamische Mohammed erleuchteter war - tja so sind Religionsmanager - sie gründen Managementorganisationen. Aber nur aus ihrem Wissenstand heraus - Intellektuell -nicht aufgrund von eigener Erleuchtung. Nein, bloß aufgrund von mentalen Erkenntnissen - also vom Denken her - das Christentum ist ja auch so eine Organisation. Die Manager die 3-4 Hundert Jahre nachdem der Nazarener abtrat die Firma Christentum gegründet hatten waren alle Geisteswesen - Denkwesen - aber nicht Erleuchtete die ja immer über dem Denken und über dem Mentalen, über dem Astralen und Kausalen und, und, und, hinausgegangen sind. Deswegen verkommen alle Religionen letztendlich. Ihre Manager werden von Jahr zu Jahr korrupter und Geldgeiler Machtgeiler weil sie in sich selber keine Erleuchtung oder Selbsterkenntnis anstreben sondern nur Kontrolle und Macht und Einfluss - das führt dann in die Irrenanstalt des materiellen Urwalds.

Die Sufis sie haben Erleuchtung vorgesehen, deswegen werden sie ja auch von den Moslems bombardiert. Die Löwen, die Sikhs suchen auch keine Erleuchtung die Christen auch nicht. Unter all den Christen die es auf der Erde gibt, ist keine Erleuchtung kein Meister oder Meisterin - auch nicht unter den Moslems oder Buddhisten oder Sikhs. Deswegen hat man ja gegen die Naturerkenntnis der Nichtchristen in Europa von der Religionsmafia den Geburtstag - Jesus - auf Weihnachten gelegt der Wintersonnenwende Zeit - wo das Licht die Sonne wiederkehrt - doch Jesu war garantiert nicht zu der Zeit geboren. Es ging immer um so genannte Heiden kaputtzumachen. Bloß was die Religionen nicht wissen oder dran denken ist ja folgendes - deine üblen Taten kommen als ganzes auf dich zurück auf deine Organisation.Und das wird ja nun mehr erkennbar. Die sogenannten Heiden global, kehren zurück und sagen eh ehhhhh Moment mal - Gott ist in allem ihr als Christen müsset das doch wissen das ist doch was der Nichtchrist Jesus klipp und klar gesagt hat. Die ganze Mordmanagementorganisation der Päpste ist heutzutage inakzeptabel.

Trotzdem, die Menschen suchen, denn die Arbeit gibt und bringt ihnen nicht das was sie suchen und brauchen - deswegen muss die Industrie spirituell werden. Sie hat sonst keine Chance zu überleben. 10-50 -100 Jahre was ist das schon bis sie sich selbst vergiftet hat - dieses Suchen der Industriemenschen führt zu einer Art Krieg im Menschen - deswegen Atombomben - wenn diese Physiker (Raubmenschen) gewusst hätten das sie selbst das Göttliche sind könnten sie gar nicht solche oder Waffen überhaupt produzieren. Die ganze Giftindustrie - Wasserstoffbomben   Industrie-raketenindustrie-Atomubbootindustrie-Jetbombenindustrie-Granatenindustrie¬Pistolenindustrie und vieles ,vieles, mehr. Doch der irre Krieg geht weiter, der Neidkrieg, der Eifersuchtskrieg, der Habgierkrieg, der Lug und Betrugskrieg, der Krieg der Machtgierkriege, all das sind Bankkonten zur rein materialistischen Hölle. All das sind Guthaben Kredite zur persönlichen Devolution zur Illusion zur Weiterhypnose in die größte Ignoranz hinein.

In den Metamorphosezentren die, die Menschheit sich selbst errichten soll - in diesem Fall durch die Industrie - sie macht dieses Angebot sozusagen sich selber - so als ob ich mir sage okay, heute ist ein schöner Tag, ich gönne mir deswegen ein neues Auto, damit auch an Regentagen komfortables vorwärtskommen ist.

Der Industriezweig, die Firma, die Gruppe, der Multi, der sich diese Zentren aufbaut wird weltweit erfolg haben - in Quantität der Produktion in neuen Ideen, in Innovationen, Innovationsekstasen, sowie in Patent und Evolutionswegen, die noch kein Industriezweig weltweit, weltweit zuvor erreicht hat. Atlantis, okay, aber ich weiß nicht mehr was da wirklich los war. Seht, die Japaner, was weltweit wohl nicht so bekannt ist, laden in ihre Firmen, die Zenmeister die sogenannten Roshis ein, die zumindest einen Teil von sich erkannt haben. Ein Satorichen erlebt haben. Also Teilerleuchtet sind, höchstwahrscheinlich ist es der Geist zu dem sie kommen als höchstes, nach ihren Schriften Berichten zu urteilen, diese Roshis arbeiten dann mit den Mitarbeitern an so genannten Sesshins zusammen, .Also Wege die den Mitarbeitern zeigen ,eine Intensivtour geben, Brainstorming, um sie auf ihr höheres Wesen aufmerksam zu machen. Das Göttliche das jeder ist. Das ist schon für den Anfang inspirieren für die Mitarbeiter. In den Metamorphosezentren werden wir natürlich auch Roshis haben. Aber auch viele, die wesentlich mehr erfahren haben, wesentlich, wesentlich mehr.

Hier in den Bewusstseinszentren werden sich die Firmen sozusagen den Weg in die Zukunft legen, der allen zugute kommt. Auch der Erde den Sternen den Naturgeistern den Engeln den Atomen, den Tieren den Gewässern den Wolken den Insekten und den Pflanzen. Denn Transformation zum Göttlichen ist schlichtweg das feinste was die Industrie erreichen kann. Die japanische Kawasaki - Honda - Harakiri - Methode - kann dadurch um Lichtjahre erhellt werden, da hier ein harmonischer Wandel prognostiziert wird, der jedem in der Industrie - ergo- Gesellschaft zugute kommt. Denn warum die Selbstentfaltung den indischen Egotrip Gurus zukommen zu lassen zu denen Hunderttausende ja Millionen im Jahr pendeln. Aber Gurus werden in den Zentren auch wirken!

Wir bilden selbst Erleuchtete aus. Bringen sie hervor und transferieren so die Welt, und die menschliche Situation. Wenn wir uns nicht ändern sind wir leblos. Es gibt Menschen die sagen, Heilige und Gurus, das Gott sich nicht verändert, das Veränderung zur Welt gehört zum sterblichen. Na und kann ich da bloß sagen, na und, das Ändern passiert ja innerlich, es geht ja immer mehr in Richtung Liebe und weiter, Veränderungen sind wichtige Bewegungen im Innern des Menschen.

Die ganze menschliche Lebenssituation kann so allmählich geändert werden. Weg von 3-4% Lohnerhöhungen im Jahr. Weg von 10 Stunden Arbeitswochen. - nämlich und dann - was tun mit der Freiheit.

Hier ist der andere Ansatz, nämlich das Angebot ändern, anstatt jährlich die Preise zu erhöhen, lieber das Bewusstsein erhöhen, auch wenn Liebe und Herzlichkeit in der Industrie eine Fremdangelegenheit ist, aus dem Urwald kommt, so ist doch der Seinszustand existierend, und Weisheit, Klarheit und Erleuchtung, sind Wahrheiten, die nicht vom Leben wegrationalisiert werden können, oder Weggedacht werden können, .wenn das passiert, dann geht es eben ins kaputte. So wie es ja jetzt auf de Erde zu sehen ist mit all den Zerstörungen, Kriegen. Mit Neid in allen Bereichen, Politik, geistiger Neid, wirtschaftlicher Neid, und so weiter.

Wenn die Etablierten, die sogenannten Gesellschaftsmenschen, das nicht begreifen dann wird sich unweigerlich eine Grenze aufbauen, mit einer Gegenkultur, alternativ und so weiter.

Doch das Christentum hat keine Inspiration mehr, es hat sich selbst, es hat sich selbst tot gelogen.   ,

Die sogenannte Zivilisationen, die nichts anderes ist, als die Produktivität des Menschen, in diesem Fall die Wirtschaftsgemeinschaft, hat keine Messlatte, man kann Zivilisation zwar auch am materiellen Stand, am technischen Entwicklungszustand sehen, doch die Messlatte ist ihre spirituelle Entfaltung, die Liebe die sie ausstrahlt die Zuversicht das Positive das Lebensfördernde, das unvergiftete unzerstörende nichtausbeutende und so weiter.

Ob einer drei Mercedes zur gleichen Zeit fährt ist keine spirituelle Entfaltung. Das kann der größte Mafiaboss sein. Das Materielle braucht in der spirituellen Entfaltung nicht verneint zu werden. Weil beide ein und dasselbe sind. Wenn es Gott gibt - aber da ich ja da bin ist Gott auch da - also wenn es Gott gibt muss alles andere auch Göttlich sein.

Denn aus Gott kann nur Gott entstehen. Egal ob Gott das Negative was ja nicht negativ ist, geschaffen hat, sondern bloß eine andere Drehrichtung hat, damit überhaupt Sichtbarkeit geschaffen werden konnte, also Wirbelatome die sich Links und Recht drehen. Das sind die Welten des Sichtbaren, Das ist ganz einfach daraus ist alles Sichtbare entstanden.

Wo aber das Wesen aus Nichtdrehenden oder Gegensätzlichem besteht da ist das Ewige das Einheitliche das total Unzerstörbare die ewige Einheit die wir als Gott bezeichnen, und die durch alles aber auch alles durchfließt - das ist der Tonstrom oder Gott in Dynamik oder die Sphärenmusik, da ja die gesamte Schöpfung aus Musik besteht - aus Licht und Tönen. Was übrigens in der Biophotonenforschung entdeckt wurde das alles mit einer schwachen Lichtfrequenz, mit Licht durchzogen ist alle Zellen und so weiter, das ist der, nein.

Ich spreche es lieber nicht aus, ein andermal vielleicht.   .

Das Spirituelle war früher mit der Inspirationspunkt um große Werke zu leisten. Doch die alten Meister verblassen, nicht aber ihre Lehren. Aus diesen Lehren kann man neue Initiationsplätze machen - Bewusstseins - Metamorphose - Zentren. Die Pyramiden gehörten früher dazu. Die Menschen werden sowieso umher torkeln und suchen. Warum nicht sich selbst das Angebot machen. Ladet dann Gurus - Meister ein, mit denen dann im Land neue, erleuchtete erwachen. Wenn das Angebot Niveau hat wird sich schon alles andere einfinden. Global sind die Zivilisationen stark im Jimbo -Chaotisch und auf dem Weg der Zerstörungen. Sie taumeln so vor sich her, von einer Seuche zur anderen bis irgendwo etwas kracht und donnert dann sind sie für drei Stunden wacher. Doch so wie ich die Menschheit erfahre sind sie trotz materiellem Wohlstand nicht glücklicher - da hilft auch keine Massenhypnose oder Werbeaktion das jeder nun mal glücklicher sein soll oder mehr Humor haben oder Lächeln soll. Überall wo der Zwang der Drang der Wille dazu ist so zu sein ist es gekünstelt und beim genauen hinschauen kann erkannt werden das solche Menschen oft gar nicht das sind was sie da vorgeben denn das ist meistens nur das was sie sein wollen und das „'sind sie dann zwar auch für die kurze Zeit dieses Verstandes Intellektuellen Show denn die Welt heutzutage ist die Bühne des Verstandes und des Intellektuellen - aber im Herzen sind sie unglücklich und es verlangt viel Anstrengung immer wieder den Verstand Glücklichkeit vorzuleben. Da ist nämlich kein Fließen sondern Engheit.   ,

Gott selbst - also Ich - oder Du - und aber der Gigantogott der Allgegenwärtige was ja noch ne Nummer größer ist als Gott in Person - der hört gar nicht zu weil der sowieso Gott ist. Bei dem ist ja alles in Ordnung. Aus seiner Sicht ist die Welt perfekt. Und sie ist auch perfekt so wie sie in ihrer Situation ist. Bloß viele können das einfach nicht akzeptieren, ihre Schmerzen, ihr Leid, ihr Unglücklich sein, ihre Wut ihren Neid ihr Morden. Ihre Gier ihre Verlogenheit, derjenige, der das alles akzeptieren kann der ist glücklich weil er durch die Akzeptanz befreit davon ist. Er hat alles losgelassen und weiß dass das Lebe so ist, also warum noch darum Sorgen machen.

Aus der Sicht Gottes ist alles in bester Ordnung ob Glück oder Leid ob Misere oder Betrug das ist sowieso nur das Spiel der Kräfte und der Illusionen die dazu da sind der Seele einige Lektionen zu erteilen damit sie ,sich immer mehr auf ihren eigen Wert zurückbesinnt und anfängt sich das Beste zu erkennen. Wenn ich im Samadhi bin dann kann neben mir der Weltkrieg sein, na und, ich bin im Samadhi -ich würde darüber nur lachen. Wer in der Situation ist der ist in dem Kraftbereich der zu Gott zurückführt, das ist der Tonstrom Klangstrom der zum Göttlichen deiner selbst führt. Es gibt aber auch noch den Tonstrom der erst mal von Gott wegführt, das ist dann das so genannte Negative - was ja auch Göttlich ist. Das ist der Weg nach unten, wo zu allem sehr leicht „Scheiße" gesagt wird obwohl das Semantisch total unrichtig ist denn wenn man sich beim Gehen den Kopf gegen eine Laterne stößt ist das keine Scheiße - weil Scheiße ja was anderes ist - jedenfalls Samadhi wirkt mit einem Aufwärtszug, nach oben, wogegen Illusion mit einem Abwärtszug nach unten funktioniert - das ist der Weg der Versklavung -die Seele ist nun dabei die Süchte zu erleben die Gier und die Zerstörungen - der Sinn der darin erkannt werden kann ist folgender - in der Illusion -wenn du sie erkannt hast, weißt du den Unterschied zwischen den Universalen - Prinzipien, von begrenztem Wissen und von ewigem Wissen. .

Diese Kraft die obwohl positiv - wie in einer gigantischen Welle alles durchzieht das ist der Tonstrom -Am Anfang war das Wort oder die Sphärenmusik sie ist wie Ebbe und Flut weil sie in beide Richtungen arbeitet, sie stößt dich in die Welt der Illusion hinein, und sie bringt dich aber auch mit ihrer Woge wieder zurück. Du bist also in Wahrheit immer Eins mit dem Göttlichen - bloß dein Verstand - der von Kal der negativen Energie beherrscht wird versucht dich zu täuschen - der dich durch die Gedanken trennen will damit du das nicht erkennst. Der muss transzendiert werden -natürlich wird er sich weigern mit allen Tricks - doch dafür werden wir ihn in den Metamorphosezentren schon ganz schon einheizen. Solange du den Gedanken der Einheit in die trägst wirst du auch die Schwierigkeiten der Gedanken und Vorstellungen überwinden können - alleine -doch bei den meisten wird schon aus der Sicht des Älterwerdens - der Tod steht vor der Tür - das Überbewusstsein durch negative Bilder und Vorstellungen verschlossen - in den Metamorphosezentren wird darauf aufmerksam gemacht und dafür gesorgt das es auch offen bleibt. Das wird die Industrie veredeln und die Nationen gesunden und die Menschheit vereinen helfen.

Die Wissenschaft so wie sie sich heute darstellt ist negativ - da gibt's kein wenn oder aber oder trotzdem - sie ist negativ - das ist historisch bedingt aber auch schöpferisch bedingt. Weil der Blick der Wissenschaftler nicht ins eigene Zentrum führt - das ist ganz einfach - der Blick der Wissenschaft führt von dir weg in die gigantische Welt des Universums - das aber noch klein ist wenn es verglichen wird mit der Welt der Astralwelt oder der noch höheren Welt der Kausalwelt oder der noch größeren Welt der Mental oder Geistwelt und ganz zu schweigen von der Welt der Endlosigkeiten der Welt des Spirituellen des unzerstörbaren die riesig ist. .Der Blick der Wissenschaftler führt durch Instrumente. Allein das ist schon nicht der Weg um deine wahre Identität und damit deine besseren Fähigkeiten zu entfalten, Das Studienobjekt der Wissenschaft ist nicht die Natur selber sondern es sind die Beobachtungen der Teile der Natur. Die Gesetzte der Natur sagen fast gar nichts über die Natur aus. Sie sprechen nur von den Teilen es ist also alles zerschnitten in der wissenschaftlichen Mentalität. Aber Feststellungen über die Natur sind auch Feststellungen über den Menschen selber. Das Beziehungssystem das die Wissenschaftler haben ist immer weg vom Menschen - die Beziehungen müssen sich aber hin zum Menschen bewegen -wenn er anfangen würde sich mit dem was seine Seele oder Gott ist zu beschäftigen so bewegt sich sein Bewusstsein in ein anderes Koordinatensystem und somit in ein anderes Energiefeld und er hat Kontakt mit diesen Feldern, um mal wissenschaftliche Begriffe dafür zu gebrauchen. In allem ist am wichtigsten dass er weder Anziehung noch Abstoßung praktiziert sondern sich total dem Göttlichen hingibt, um dadurch in ein höheres Gravitationsfeld gehoben zu werden. Denn kein Beziehungssystem ist starr. Wenn sich deine Beziehung ändert, ändert sich auch dein Energiefeld und deine Möglichkeiten. Deswegen muss sich die gesamte Menschheit in Beziehung zu Gott -nicht mir der Gott - sonder dem Allmächtigen bewegen. Die Wissenschaftler Sezieren alles in Wellenteilchen Teilchen - da liegt der Fehler - denn ihre Instrumente können nicht anders als Teile entdecken das liegt im Wesen der Instrumente - kein Instrument ist so groß wie die Erde oder wie das Universum oder wie Gott - deshalb kann die wissenschaftliche Methode nur Details wiedergeben und verliert dadurch die Ganzheit -die Medizin ist immer noch von diesem Maschinenweltbild gepackt und verliert dadurch den Bezug zum Heilen - zur Heilung zum Ganzen.. Sie kann nur unterdrücken und rausschneiden - was ja manchmal auch angebracht ist. Doch die Relativität regiert diese und die anderen Welten, die Astral und die, Mental und die Geistwelt. Das ist nun mal so. Trotzdem gibt es Wege davon frei zu sein.

Der ganze Dilemma zustand der Menschen kann nur aufgelöst werden wenn sich alles auf Gott den Allmächtigen Allliebenden fixiert, okay. Es ist gut zu wissen, erkannt zu haben das ich die göttliche Seele bin, das ist schon ungeheuerlich befreien und mit Schönheit und vielem anderen verbunden. Trotzdem, nur eine Kultur die auf Gott aufbaut kann Human sein. Aber nicht auf den Wahnsinn der Raubmenschen. Auf Gott aufbauen bedeutet Meditation zu machen, Yoga, Zen, sich Selbst erkennen. Alles andere was sich auf der Erde unter den Menschen darstellt als Glaube das ist Ignoranz und keine Entwicklung. Sondern das ist Dummheit in der Evolution. Das ist ein IQ von Blödheit und Dummheit. Deswegen sind ja auch die Völker die heutzutage ein auf „Gottesstaat" machen, Mörderbanden und Vollidioten, Betrüger und Verbrecher, kurzum, sie sind Raubtiere geblieben in ihrer inneren Entwicklung. Oder um es genauer zu formulieren, die Repräsentanten dieser Kirchenorganisationen sind heutzutage genau auf dem gleichen IQ Niveau wie damals die Vertreter der Päpste und anderen Mörderbanden von Raubsäugetieren. Sie sind einfach „Gläubige" ergo Ignorante. Wenn „Gläubige" echte Gläubige wären dann würden sie auch das Gebot der Liebe Achten und somit nicht Töten, sowohl Tiere als auch Menschen, und vieles mehr. Somit sind die Menschen zbs. in den Moslemstaaten die schwer ein auf Gott machen und andere Ungläubige nennen, sehr schwer in IQ Niedrigfrequenzbereich geblieben, sie sind einfach Dumm. Glaube ist gleichbedeutend mit Ignoranz, wenn er gewalttätig sich darstellt und Intolerant und schwer ein auf „Verletzlich" macht. Also wo von der Verletzung von Religiösen Gefühlen gelabert wird, da ist ganz klar das sind die Üblen, die Ignoranten, die IQ Stagnierer. Alles andere ist Wissenschaftskultur und das führt auch zur Zerstörung, denn die Wissenschaftler sind auch Ignorante geblieben und viele sehr viele haben diesen Giftschrott aufgebaut und geholfen unter die Massen zu bringen. Denn, gebt ihnen die Wissenschaftler, die Labern viel, und sind Vasallen der Geldkartelle, die wiederum „Alles" unterstützen, ob Fanatismus ob Faschisten, ob Demokraten, egal was, Hauptsache es bringt mehr Geld. Auch Religionskultur führt ins Delirium - weil Religionen alle vom Geist- Mental beherrscht sind und nicht von Gottes Liebe durchdrungen sind. Das bedeutet, sie sind ohne Selbsterkenntnis oder der eigenen Erfahrung ihres wahren Wesens. Es sind bloß Intellektuelle geblieben, Denk und Gehirnwichser mehr nicht. Wortvasallen Täuscher Selbsttäuscher. Obwohl sie, die Liebe, in jedem ununterbrochen gegenwärtig ist - wäre sie es nicht, gebe es keine Welt.

Verträge bedeuten Garnichts. Wo Gott nicht gelebt wird, da gibt es Parteien Parteien Parteiungen - Zerstückelungen, mit anderen Worten wo Gott nicht gelebt wird da gibt es Abteilungen die wirtschaftliches Chaos machen psychologischen, Wirrsinn, wo Gott nicht gelebt wird da gibt es Armeen und der Ansturm von Kriegen wird weiter gehen. Starke Nationen werden schwächere angreifen - Politiker werden weiterhin Atombomben bauen lassen - wo Gott nicht gelebt wird, wird eine Seite gefördert und die andere nicht - wo Gott nicht gelebt wird, wird das nationale Interesse gelobt wogegen das andere nationale Interesse verachtet wird - wo Gott nicht gelebt wird, wird der Mensch bloß mickriger Bürger bleiben - der sich nur um die Bedürfnisse seiner selbst kümmert- was aber in einem gottverfluchten Staat auch richtig ist, denn da hat man Mühe sowieso überhaupt ein Leben zu machen.

Doch die Wissenschaftler haben auf eine Art bewiesen das durch die Relativitätstheorie das Raum und Zeit nicht starr sind , das bedeutet das Bezugssysteme verändert werden können - Innere sowohl als äußere: Er braucht bloß seine Betrachtungsweise zu ändern er braucht bloß anzufangen anders zu Sehen -und das was er sieht ist immer die Seele - die Augen sind nur die wissenschaftlichen Instrumente sie können Garnichts sehen - es ist immer die Seele die sieht. ..

Wenn das keine Bedeutung hat - was hat sonst Bedeutung...

Die ganze negative Einstellung im Menschen kann durch „Spirituelle Wissenschaft„ -oder „Christliche Wissenschaft" oder „Mohammedanische Wissenschaft" oder „Hinduistische Wissenschaft" oder „Mentale Wissenschaft" oder „Psychologische Wissenschaft" oder „Ganzheitliche Heilwissenschaft Heilige Wissenschaft" oder „Geistheilungen" oder andere positive Wissenschaften verändert werden, so das Kriege, Neid, und Hass wegfallen. Die werden einfach hinter einem gelassen so wie wir jetzt keine Bärenfelle mehr tragen -und wenn die Erde mal in   Chaos zerwühlt werden würde wenn sie weiterhin so behandelt würde - dann wären auch keine Bärenfelle mehr da zum wärmen - also aufgepasst.

Die Suggestionen der Werbung müssen mehr Niveau beweisen und nicht auf stupide Geldmach Geilereien hinauslaufen. Der Mensch kann durch qualitative Suggestionen zum Beispiel in seinem negativen Denken verändert werden. Die Kommentare die in den Zeitungen laufen oder im Kino oder im Fernsehen die sich ja so oft mit zerstörerischen befassen denen fehlt am Ende der positive Blickwinkel - wie so was verhindert werden kann. Die Massen werden einfach so mit negativem bombardiert und dann sollen sie schlafen gehen. Das ist nicht mehr vertretbar. Es muss immer ein harmonisierender Blickwinkel mit eingebracht werden wie so was verhindert werden kann. Es müssen immer Verbesserungsvorschläge mit eingebracht werden   :

Da hinkt der Journalismus ganz, ganz schwer nach. Es muss einfach ein negatives geschehen, danach gleich mit einem positiven Bild ergänzt werden, verbessert werden.

Sorgen machen hilft nicht weil Sorgen den Verstand zu sehr belasten. Ich mache mir auch keine Sorgen, mir sollen aber Sorgen gemacht werden, weil viele so noch denken. Ich werde weiterhin glücklich bleiben auch wenn mir das manchmal nicht so leicht fällt weil ich mit Schichten von Sorgen überhäuft werde - trotzdem bin ich mir bewusst was ich bin. Und bleibe und noch werden kann....

Trotzdem beteilige ich mich an der Verbesserung der Situation. Es ist tatsächlich so, im zustand der höchsten Selbsterkenntnis, da gibt es kein Leid, das was du wirklich bist ist kein Leiden keine Schmerzen keine Sorgen und Negativitäten. Das weiß ich nun mal. Ich habe es selber erlebt. Und aus der Sicht schaue ich nun, sehe es, und gebe meine Weisheit, weiter.

Mir ist es aber auch egal - ob darauf reagiert wird oder nicht. So wie eine Blume die blüht und duftet, ist dies mein Duft, der kein Publikum braucht, auch die Blume braucht kein Publikum zu duften und zu blühen, da ich ja Gott bin..HoHoHo.

In Japan in Korea in anderen asiatischen Ländern ist das Ziel der Perfektion viel intensiver ausgebaut, die spirituelle Suche der Buddha die Bodhisattvas, Zen, ist noch aktiv lebhaft in Japan, in China wird's wieder kommen, in Korea ist sowohl Buddhismus als auch Christentum aktiv nicht als Hallelujagejodel, sondern als spirituelle Entfaltung per Methodik - Disziplin - Meditation - aber nicht als Zwang sondern vom Herzen aus -mit Entspannung und vieles mehr - in Europa ist Christentum bloß noch ein Mottenmantel voller Löcher. Ein GlaubensHokuspokus. Das überlässt den Managern den Päpsten den Kardinälen und so weiter ein sehr gutes Geschäft zum Absahnen des Micky Maus IQ der Gläubigen. Es gibt nicht einen einzigen Christen-Erleuchteten den man sich als erleuchtetes Vorbild nehmen könnte - der Vatikan - das Papstgeschnarche -schreibt vor wer als Heilig gelten kann und dürfte - alle Organisationen wollen so bloß Macht ausüben - das muss durchschaut werden- Aus einem Raubsäugetier das noch vom Blut anderer Lebewesen lebt, kann keine wahre Freiheit und Liebe als Vorbild gelebt werden. Weil sie noch Raubmenschen sind. Und Päpste sind noch Fleischfresser und so weiter und die Gläubigen auch und so weiter mit all den Konsequenzen die damit verbunden sind und so weiter. Das ist also völlige Quatschologie - kein Papst war jemals erleuchtet kein Kardinal oder Priester oder Pastor. Spiritualität ist auch das Streben nach Selbsterkenntnis, die dann auf die objektive Welt sichtbar übertragen wird, mit ihren Einsichten und Vorteilen im Leben. In diesen Bewusstseinsmetamorphose Zentren wird das hohe Wesen eines Jeden aus dem Taumel eines engen Egos gehoben, das heißt es wird von seinen neidischen ängstliche unsicheren auf Sicherheit bezogenen Eigenschaften befreit werden. Und dadurch weitet sich das wahre Wesen von jeden aus - es wird umfangreicher - er wird erhöht vertieft allumfassender werden. Diese Chance muss genutzt werden - so lange die Menschen die Freiheit haben so was zu erlebe...

Viele Methoden werden dort angewendet werden - nichts wird einfach verneint werden da jeder Mensch anders ist und andere Hintergründe mit ins Leben brachte. Eine Atmosphäre des Noblen Edlen soll dort Fuß fassen und Grandeur, mit Einfachheit leuchten lassen.

Zielstrebiges Denken - weg vom Kreuz - zielstrebiges erkennen - weg vom Querdenken von Diskussionstaumel zum Meinungsquark. Wo das Leben im Gequatsche voreingenommen verjodelt wird. Also nicht in der Realität zentriert ist sondern nur in dessen möglichen Ideen davon.

Alles an Gestrüpp, dessen Last wird unter anderem in den Zentren entfernt so das direkt und klar wieder gesehen werden kann.

So ihr Professoren ihr Doktoren ihr Direktoren ihr Diplomingenieure, ihr Diplompsychologen, Ich werde Jetzt die Fassade die linke Gehirnhälfteillusion zerreißen die Ratio und Einweglogik, ich werd jetzt durch eure Titel durchschauen, und euch richtig anschauen, und dann total durch euch schauen.

Dafür werde ich als erstes den Titel weglassen, das Sie, und euch Duzen.

Ihr seit jetzt eine große Masse Duuuuuuuuuuuuuuuuuuuuuuuuuuuuuuuuuuu uuuuhhhh.

Das blöde Versteckspiel zum Zweck der Macht gegen Andere ist vorbei. Die Verstandesgrenze ist aufgehoben. Ich kenne eure Süchte in euren Chefetagen, eure künstliche Nobelheit und euer Doppelzüngiges Verhalten, das aus dem verstand entspringt, mit dem ihr euch fälschlicherweise identifiziert habt.

Oder, der verstand hat euch in seiner Macht.

Das Plus - Minusverhalten ist vorbei.

Eure Ziele sind bloße materielle Macht. Alles andere sind Worthülsen die Massen manipulieren sollen.

Materielle Weltmacht ist euer wahres Ziel. Das ist ebenbürtig mit eins sein mit dem Gott Kal, dem Schöpfergott., oder in den Worten Jesu dem Satan, der ihm ja die Herrschaft über die Welt anbot. Das ist nicht mehr gefragt im spirituellen entfalten.

Im materiellen entfalten ja.   .

Die materielle Weltmacht führt nur dazu und nicht weiter. Die eine Hälfte genügt nicht mehr. Da ein halbes kein ganzes ist. Keine Ganzheitsbewegung schafft. Sie ist lähmend. Auch wenn jeder eine Milliarde in der Tasche hätte. Die Milliardäre können dir nicht viel sagen bloß wie sie dazugekommen sind das ist alles. Ich habe lange genug euer Leben gesehen. Bei euch gelebt, mit euch geredet, und gehört wie ihr seit. Die Art und Weise wie ihr euer Leben lebt ist noch lange, lange nicht als Licht und befreiend für die Verantwortung die im Industriellenmassenwesen liegt, schön genug. Sie bringt keine Glückseligkeit in die Betriebe, keine Glücklichkeit, kein Humor, aber am wichtigsten für die Menschen die ihr ja führt, leitet, die in euren Gebäuden die größte Zeit ihres Lebens verbringen, mit denen ihr täglich zu tun habt, echte Lebensweisheit, tiefe Einsicht, hohe Einsicht, innerer Reichtum, geht fast total verloren, so wie ihr euch darstellt.

Da sind viele Stufen des Lebens im Leben. Die Industrie ist das Materiezentrum des physischen Teils, das sind die Wirtschaftsgemeinschaften global. Dort leben und sterben fast alle Menschen. Global -Arbeiten - Essen - Geldhaben - hier wird auf der physischen Ebene sinnliches Vergnügen gelebt - Autos - Computer - Urlaub - gutes Essen - gut schlafen - und gut Vögeln- eben alles Physisch. Physik.Langsam entwickelt sich eine allgemeine Faulheit die als Freiheit proklamiert wird. Weil materielle Ebenen eben so sind. Das war schon immer so. Im römischen Reich. Der Vatikan Diktaturen. Kaiser - Politik in Macht - all das hat schon immer zum verfaulen geführt.

Die denken die sind reif, also verfaulen sie auch. Eine Hochkultur ist das beste Beispiel.

Doch sie verfaulte bloß weil sie Hauptsächlich Physisch war. Wäre sie zugleich auch spirituell verfault sie nie, sondern geht endlos weiter - ohne je ins Chaos - Kriege - ganz einfach zu zerfallen.

Alle Kulturen zuvor haben bloß gearbeitet - geheuchelt - gelogen - betrogen geschwätzt und Kriege geführt - alle. Heutzutage zeigt sich das auch schon die Menschen werden von Jahr zu Jahr stupider - gieriger - weltweit. .Aber auch weil die Traditionalisten - die engen - die steifen im Köpfchen und im Herzen - verkalken. Auf dieser Stufe, und in euren Industrien, arbeitet man hauptsächlich nur um ein Leben zu machen, tatsächlich immer noch um zu überlebebebeben, egal was ihr sagt es ist so. Das
ist bloß ein kleinwenig mehr als Kühe auf der Wiese die Gras fressen weil sie Hunger haben.

Heutzutage wird kein höheres Ideal kein höheres Herz in die Arbeit gelegt. Es wird Erfolgsstrategie und Qualitätsmacht gelebt. Geht zu den Universitäten und sprecht oder hört bloß zu wovon sie reden oder denken, geht dorthin, dann wisst ihr wie ihr euer Land und eure Zukunft aussehen wird, wo von und womit eine Generation sich beschäftigen wird. Dann wisst ihr wie euer Land in Zukunft gestaltet werden wird.

Geldgeil - Positionsgeil - Machtgierig .

Aber ganz, ganz selten findet ihr jemanden der aus Liebe zum Leben lebt und menschliche Ideale hat - oder aber Niveau hat.

Diese Liebe zum Leben, die ja ganz ist, muss ja arbeiten, diese Liebe zum Leben hat ein anderes Bild in sich, und dies Liebe zum Leben muss mehr gelebt werden und darauf aufmerksam gemacht werden.

Das wird in den Bewusstseinszentren wieder entdeckt werden, befreit werden. Hier tut sich die Industrie selber sehr, sehr gutes, indem sie sozusagen ihre eigene kreative Therapie macht - obwohl der Begriff Therapie nicht so passend .ist, besser wäre, ihre eigene harmonische! Entfaltung anstrebt.

Ein ganz, ganz wichtiger Fakt in diesen Regenbogenzentren wird folgender sein - es wird Wert darauf gelegt die Verbundenheit die da ist die niemals getrennt war sondern nur durch primatenähnliches Getue abgegrenzt wurde, zum Vorschein zu bringen.

Diese Zentren werden eine Verbundenheit erzeugen und erkennen in allen Bereichen so das jede Form des Wissens und des Lebens, als harmonischer Teil integriert werden kann, in ein immer feineres Bewusstsein und kreatives schaffendes Leben hinein. Ich mache noch mal auf die relative Situation aufmerksam, die bedeutet, dass jeder die Welt verändert indem er seine Position ändert. Die Position ist aber auch gleichzeitig eine Wiederspiegelung deiner eigenen Erfahrungen und deiner Erkenntnisse - die Welt ist nun mal ein Ganzes unzerteilt und ununterbrochene Resonanz.

All das kann dann wieder in der Industrie angewendet werden. Die sich dadurch sozusagen selbst heilen kann was ja bekanntlich jedem Lebewesen zugute kommt - den Mäusen wie den Gräsern wie den Elefanten und Menschen.

Die Menschen finden ihre Arbeit gar nicht so sympathisch, sie wird tatsächlich nur als notwendiges Übel betrachtet. Das muss sich verändern. Einerseits sind sie unfähig selbständig zu sein, dann sind sie ängstlich, dann sind sie unkreativ, dann sind sie total vom System hypnotisiert - es muss enthypnotisiert werden - das ist ganz wichtig - für die. Menschen im ganzen - insbesondere dort wo sie glauben das sie bloß Räder im Getriebe sind, das stimmt nämlich nicht. Sie sind es nicht und sie müssen es auch nicht sein, das ist alles bloß Jahrhunderte lange Hypnose, durch die Unselbständigkeit produziert wurde. Doch das ist Illusion.

Ein anderer wesentlicher Bestandteil der Transformationsarbeit wird der sein es wird dort eine Transformation des Selbst sein, was bedeutet das die Wiederherstellung der persönlichen Beziehung zur eigenen Kraft eines jeden gefördert wird, welche Gott, Göttlich, ist, also die Liebe, die sich durch diese Transformation wieder einstellen wird. Die von den Kirchen - global die organisierten Religionen, haben seit Anbeginn den Spaltpilz, das kaputtmachen in sich getragen. Als solche Meister wie Jesus oder Buddha, oder Sokrates auf der Erde herum torkelten, wurde später, viel, viel später deren Wahrheit und Botschaft - durch fragwürdige, senile, Dogmen von Lehrern, das ist ganz wichtig, Lehrern, Managern, also Unerleuchteten, ersetzt. Diese Lehren, Dogmen, waren nicht zum Heil der Gläubigen gedacht, sie brachten den Gläubigen keine Erleuchtung, denn es gibt keine Erleuchteten, Christen und Moslems, und so weiter, sondern diese Verbindungen, Dogmen der Lehrer diente ausschließlich den Lehrern selber, die sich damit einen Berufsstand aufbauten.

Die Erleuchteten, Krischna, Buddha, Jesus, Sokrates, die Zenmeister, Laotse, und viele andere mehr, führten ihre Leute durch unmittelbare innere Offenbarungen, zum eigenen Gottesbewusstsein doch nach ihrem Tod sind sie dann von angeblichen Stellvertretern sozusagen als Werbemedien - Gemanagt worden - als Kultfiguren so zusagen - mit der Absicht sich damit Einfluss, Einkommen, Macht, und manipulatives Leben zu sichern.

In den Zentren wird auch der forschende Verstand durch meditative Praktiken und Übertragungen - spiritualisiert werden. Der Verstand gehört noch zur negativen Macht. Er ist ohne Licht so zusagen. Nicht jeder wird sich solche transformative Arbeit unterziehen wollen doch wer dazu bereit ist diese Einkehr in sich selber zu machen wird für sich und damit der Industrie der Gesellschaft des menschlichen und allen anderen Lebensformen etwas Wunderbares erhalten. Nämlich die eigene Unterwerfung oder der Aufstieg, in die Göttliche Natur seiner selbst. Es wird für viele gar nicht so einfach sein seine Göttliche Natur sein wahres Wesen einfach so zu akzeptieren. Durch jahrtausendelanges manipulieren der Machtgierigen und Zerstörer des Humanen des Göttlichen, ist der Mensch so konditioniert das er so was gar nicht akzeptieren kann - da werden nur eigene Offenbarungen und Erfahrungen helfen können. Aber indem er seine Göttliche Natur akzeptiert wird er sehen das alle Ebenen in ihm miteinander eins geworden sind, verschmolzen sind. Er ist sein eigener Meister geworden, und die tausend Stimmen in ihm sind eine Stimme geworden, Verstand Körper und Geist sind eins funktionieren als ganzes.

In diesen Zentren wir aber auch ein Grimmer Ernst als auch eine entspannte Heiterkeit sein-je nach Methodik und Energie eines jeden, der sich dort in den Zentren Transformatieren will.

Es werden dort Menschen Yoga machen und im tiefen Schlaf des Samadhi sein, Schlaf nach außen hin doch innerlich hellwach und, in Glückseligkeit getaucht das sind wichtige Offenbarungen, die dich wieder eins mit dir selber werden lassen und Zuversicht und Vertrauen in dir selber schaffen Werden - das durch materiellen Wohlstand alleine nicht gewährt werden kann.

Das Nirwana, dieser Zustand, ist ja für die Aktivität im Leben insofern wichtig, da er tiefe Eindrücke der inneren Erfahrung zum Vorschein bringt. Natürlich ist derjenige in solch einer Situation für die Industrielle Arbeit nicht tauglich -- das ist ja auch ok, doch wenn er wieder zurück kommt wird er um so tauglicher sein, auch wenn ein bisschen Ermahnung nötig ist nun nicht immer dort im Samadhi zu sein - erst wenn er voll erleuchtet ist ist er andauern im Samadhi und nach außen hin doch Hellwach das ist der Seinszustand der angestrebt wird - und der für die menschliche Gemeinschaft von unschätzbarem Wert sein wird. Die Industrie wird dadurch von Erleuchteten geleitet werden was eine erleuchtete Industrie zum Vorschein bringen wird -- die erst dann den Kontakt mit anderen Zivilisationen aufbauen wird. Alles andere ist auf Ängste und Machtgier aufgebaut-- wenn ich bloß daran denke wie das dumme Militär heute Außerirdische betrachtet und darauf reagiert kann einem schon Übel werden.

Das spiegelt bloß ihr Innenleben wieder, eben, ängstlich, aggressiv, bedrohlich zerstörerisch.

Zen - wird dort auch sein - wir werden Zenmeister einladen und Zenmenschen erwachen lassen.

Das Hauptgewicht von Zen liegt auch bei vollkommener Gleichgültigkeit gegenüber Erfolg und Misserfolg. Der Mensch wird dadurch befreit von den Anspannungen von Erfolg oder Misserfolg, Gewinne und Verluste. Spannungslos zu werden ist ein Ziel im Zen. Yoga und Zen beide zielen darauf hinaus über den gefangenen Verstand oder den Verstand als solches hinaus zu wachsen -rüberzuwachsen, weiter zu evolutionieren.

Yoga ist eine Herausforderung an die Existenz und Zen ist eine Herausforderung an die Traditionen und ihre Gebundenheiten.

Ich werde in diesem Büchlein nicht detailliert auf viele der Praktiken und Methoden eingehen. Dieses Büchlein ist eigentlich bloß eine Idee - Wiedergabe damit andere sie aufnehmen und wenn möglich erweitern und der Aufbau damit zustande kommt.

In diesen Zentren werden also auch Illusionen die aber auch Wahrheiten sind abgebaut. Denn alle Illusionen existieren ja und sind somit Wahrheiten wenn auch kurzlebige.

Auch De-Illusion ist Wahrheit. De-Illusion ist ja ein Glaube an etwas das entgegengesetzt zur Realität ist, und das sind die momentanen organisierten Religionen da sie De-Illusionsglaube verbreiten-sie fördern nicht die Befreiung der Menschen sonder binden sie an ihre Berufe, Berufsethik oder Moralethik die alle bloß von Lehrern und nicht Erleuchtete oder Meistern oder anderen Erwachten sind - deswegen gehen die Religionen auch zugrunde - auch wenn sich noch Millionen als ihre Mit-Glieder herumlaufen. Die innere Suche geht aber weiter und eventuell wird der „Verführte Gläubige" dort eine Abspaltung machen - da die Religionsmanager keine öffentlichen Methoden zur Befreiung der Seelen anbieten. Illusion ist ja wenn jemand die Realität sieht, ob nun

Objektiv oder Subjektiv, sie aber falsch interpretiert, sie fälschlich sieht.

De-Illusion ist Ignoranz Unwachheit gegenüber der richtigen Bedeutung des Sinns des Lebens.

Und da wir ja physisch viele Sinne haben, haben wir also ergo auch einen Sinn. Letztendlich gibt es weder objektiv noch subjektiv sondern eben nur Einheit - das Ganze. Einstein war ja auch Illusionist - er sah nur das Phänomen die emphemerale - objektive physische Welt die 100% real ist, doch eben nur der grobe Aspekt des Realen darstellt.

Dieses Grobe ist die Ebene der Physiker.

Die Menschen wollen nicht arbeiten, weil sie für andere arbeiten, weil sie kein Land haben um davon zu leben, weil sie unter einer Art von Raumzwang stehen. Sie spüren dass sie mehr sind, wissen aber nicht was das ist, was sie als das mehr sind, das sie in sich spüren.

Dieses „Mehr" das sie spüren was sie sind, wird in den Bewusstseinszentren freigelegt, hier darf es keinen Neid geben. Jeder Mensch der mehr zu sich gekommen ist, ist ein unschätzbarer Diamant für alle anderen Menschen und Wesen in der Existenz. .Neid ist hier unangebracht. Alles andere wird dann folgen sobald der Mensch diese innere Offenbarung erfährt. Die Menschen leben heute fast alle unter der religiösen Hypnose des Helfens und zwar anderen - das muss teilweise aufhören - dieses Dienen - denn tief in ihren Empfindungen empfinden viele Menschen das als Last - weil sie sich selber nicht kennen und mit ihren echten Fähigkeiten in Verbindung sind.

Generationen von Generationen sind ja Opfer Opfer Opfer Opfer Opfer Opfer Opfer Opfer Opfer-das kann nicht genug betont werden.(Opfer von Raubtieren Raubmenschen Kaisern Königen Politikern Bankern sogenannte Humanisten Demokraten oder Christen oder Mullahs oder Päpsten oder Kardinälen, oder auch Vätern oder Mütter, sogar Freunden. Das ist alles deswegen weil das alles bloß „Glaube" ist was sie gerne währen, sein wollen, aber was es in Wahrheit nie geben kann, denn das sind alles bloß ohne Ausnahme der „Glaube an das Wort" dieser noch Raubmenschen. Und von einem Raubtier dem Raubmenschen kann es keine Liebe geben keine Vernunft und keine wahrhaftige Logik. Es kann von ihm nur „Gier" geben, also Materialismus. Aber der Mensch ist weit, weit, weit, mehr als seine Evolutionären Eigenschaften an die er glauben soll, er ist weit, weit, mehr als sein Glaube an seine „Zukünftige Leiche der Körper sein KörperEgo)

Diese Gruppenhypnosepflicht muss beendet werden. Das kollektive Bewusstsein hat sie noch im Griff. Das kollektive Bewusstsein ist eine Energiefrequenz, die bindet und fest hält. Es ist eine Form bioelektronischer Energie und diese Energie wird sich wehren wenn die ersten Versuche gemacht werden sich davon zu lösen. Ich weiß wie das bei mir als Jugendlicher war. Auch in den Chefetagen liegt die kollektive Energie fest auch in den Doktoren und Professoren oder Diplompsychologen. Der Verstand als Wissensansammlung ist längst keine Befreiung. Die Loslösung muss real passieren.

Die Routine die Gewohnheit wird zur Last. Nur wenige haben die Freiheit des kreativen, auch wenn es so aussieht als ob diese Gesellschaft enorm kreativ ist, so ist sie doch bloß aus Notwendigkeit in der Masse kreativ, doch das ist keine echte Kreativität.

Erleuchtete, befreite Kreativität ist immer Lebensfördernd und versucht Niemanden zu binden und zu fesseln.

Egal in welchem Bereich auch immer.

Produkte werden entworfen um Geld zu machen nicht um die Qualität des Lebens zu erhöhen. Auch wenn das von vielen so mit Worten dargestellt wird. Es ist mehr als Skepsis angesagt. Es geht hauptsächlich um Massenquatschologie.

Produkte werden nicht entwickelt um der Menschheit zu helfen, heute geht es um Markvorteile, Marktlücken um Führungsstellungen und aber meistens darum, viele Gelder zu machen. Egal mit welchen Produkten Hauptsache es lässt sich gut vermarkten.

Diese Sorte von Unteridiotenbewusstsein wird in den Bewusstseinszentren nicht unterstützt. Im Gegenteil, dort wird bewusst, bewusst auch das gemacht was bestimmte Industriezweige ganz und gar nicht förderlich für die Harmonisierung der Evolution des Menschen sehen würden.

Also es wird bewusst gemacht das viel Industrien weg müssen.

Sie dürfen einfach nicht mehr unterstützt werden. Denn das ist eine üble Situation, Menschen werden dadurch nicht zum Nobelsten zum Schönsten zum Edelsten zum Glücklichsten geführt.

Nein sie werden in üble Industriezweige geführt die sich am Verblöden der menschlichen Situation bereichern und diese Arbeiten tun ihren Teil dazu .Deshalb muss sich heutzutage jeder fragen, ob der Industrie der er angehört ob das wirklich harmonisch - unzerstörerisch unkriminell - Lebensfördernd ist. Nicht aus weiter Entfernung betrachtet, also Voreingenommen nein, sondern aus nächster Nähe - auch das wird in den Bewusstseinszentren gefördert.

Die Industrie reinigt sich somit in den Zentren selber.

Die Industrieprodukte müssen genau geprüft werden. Aus der Betrachtung der Erfahrung, so wie seines Ursachen – Wirkung – Effekt, aber auch weltweit als Wissensinformation - um schon im Voraus zu erkennen wo Produkte hinführen, was ihr Effekt ist, und ob der Effekt überhaupt sinnvoll ist für die Evolution von Personen, Völkern, Gemeinschaft, Erde - und Universum.

Eine weitere Stufe ist das Emotionale - die Gefühle – Einsichten – Ideen man hat starke Meinungen - vertritt Dominanz – Autorität - das was man denkt ist richtig, was man tut ist richtig. Und alle anderen müssen auch so sein. Das ist wenn man unter der Illusion steht Deutsch zu sein - teilweise ja aber nicht echt. Oder Amerikaner oder Russe, Japaner. Diktatur ist hier angelegt. Sie wird ja durch emotionalen Ausbruch zum Kochen gebracht. Politik arbeitet ja noch damit. Die chinesische Diktatur - die Afrikanische Diktatur - die Südamerika Diktatur, die gut versteckte Diktatur überhaupt in der Politik weltweit. Es ist ja egal ob sozusagen demokratisch gewählt wird. Letztendlich ist Demokratie sowieso bloß eine Minderheitsregierung und nicht nur das, im Geheimen werden dann unter ganz wenigen die Strategien ausgearbeitet. Ich will damit nicht sagen dass das Leben in den Demokratischen Ländern nicht frei gelebt werden kann - solange du nicht aneckst oder deren also deren Freiheiten lebst die eine Beschränkung sind - ist ja alles ok, aber wehe du fängst an die Systeme als solches wegzurationalisieren, dann ist von Demokratie nicht mehr viel übrig - dann zeigt sich sofort die Machtkratie - es ist also alles Täuschung was hier abläuft. Alles was emotional lebt ist damit gemeint .Doch auch die Vernunft ist damit gemeint - sie ist nämlich der Ursprung dieser Emotionalität denn was ist schon Vernunft .Was sie sein soll hat sich noch nicht verwirklicht. Alle Extremisten sind emotionale Schläger - hier soll durch Kämpfen Liebe erzeugt werden, eine ganz gefährliche Sache. Die hat schon immer zu Kriegen geführt. Unter Personen oder, aber unter Nationen. .

Revolutionen sind auch ein Bereich davon. Und doch hat keine Revolution spirituell geholfen - denn letztendlich sind die revolutionären Kräfte selbst zu dem geworden was sie zuvor weg-revolutioniert hatten.

Nämlich genauso übel.

Stalin – Nixon – Castro – Lenin – Hitler - und alle anderen demokratischen Machtgeilen wie die Rockefellers oder die Rothschildkartelle - alle wurden oder werden sie letztendlich zu Unterdrückern, wobei diese GeldGeilKartelle der Rockefellers und der Rothschilds ungemein üble Kartelle sind, da sie ununterbrochen nur eines als Ziel haben - GeldFicken und von Geld Gefickt werden was natürlich eine Absolut verlogene Gesellschaft Global zum Vorschein bringt und gebracht hat, eine Total bekloppte Politik eine total bekloppte Industrie und eine total bekloppte Religion egal ob Christen oder Moslems beide die Päpste als auch die Mullahs sind Vertreter der Satanischen Kräfte nämlich der Lüge und der Täuschungen, was alles auf Worte basiert und Gedanken, so wie das ganze kommunistische Revolutionsgefasel, war auch totale Unterdrückung. Menschen oder präziser Raubmenschen sind eben so, sie Heucheln und Lügen und betrügen.

Das muss erkannt werden und in den Zentren entfernt werden.

Doch auch in der Demokratie ist der emotionale Typ - der negativ emotionale Typ- wieder am kommen. Durch die Monotonie des Wohlstands entsteht Zerfall. Vergesst das nicht.

Doch die emotionale Stufe ist so Blind innerlich, weil sie ihrer physischen Kraft mehr traut als dem höchsten Wesen in ihnen, das sie wenn sie Fehler machen sich immer unschuldig darstellen, oder ihr Gedächtnis ist im Urwald verschwunden, Politik. Wirtschaft ist da tief vergammelt. Auch in mir sind diese Eigenschaften - sie sind in Jedem drin, weil das Teil der Evolution ist. Nur durch Selbsterforschung kann aber darüber hinausgegangen werden. Fehler werden nicht zugegeben - sie sind nicht mehr flexibel, das macht sie so gefährlich primitiv, die Industrie ist voll davon - die Politik auch - und die Armeen weltweit sie arbeiten damit. Lügen Betrügen Schein Tricksen Täuschungen Fertigmachen das ist das ABC der Militärs.

Sie sind sozusagen die Grundlagenforscher des Üblen die Militärs. Und darauf bauen alle Staatssysteme der Welt auf. Auf dieser Erde jedenfalls. Denn Armeen wurden ja immer für den Schutz der MachtGeldGeilFamilienKlans oder Kartelle benutzt. Und das ist heute nicht anders, es sieht bloß nach Staatssystem aus durch die Gewohnheit, aber die Armeen sind alle ohne Ausnahme, die GigantoMörderbanden der WirtschaftsMagnate Weltweit. Damit werden heute wie damals ihre Interessen gewährt. Da hat sich nichts geändert. Der Neandertaler lebt der Cromagnum Man lebt, der Chinamann lebt, es sind die Primitiven die kontrollieren

Dann eine weitere Stufe die in der Industrie gelebt wird ist der physische Geist - der Intellekt- das Gehirn - das ist alles noch Physis - bloß ein Computer der Ego--ein außergewöhnlich guter aber der Speichert alles - ohne Urteile ohne Intelligenz - ohne Seele, aber ohne die Seele ist der physische Geist ein bloßes organisches Werkzeug-eben unerleuchteter Geist.

Das ist jetzt aber bloß eine isolierte Betrachtungsweise - aber da viele Menschen bloß aus dem Gehirn heraus leben ist das nun mal doch so. Viele die im

Gehirn leben, leben in der Illusion dass sie Perfekt sind. Doch diese Perfektion ist so Blöde das sie sich nicht bewusst ist dass das sogenannte Perfekte das sie meinen zu seien ja .Stillstand ist – Diktatur- denn Perfektes braucht sich ja nicht mehr zu perfektionieren.

Also sind alle Verstandesmenschen ganz schön Blöde mit oder ohne Doktortitel. .

Sie sind keine Idealisten sie sind Perfektionisten aus Angst vor dem Leben und sich selber. Sie haben keine innere Hingabe an sich oder ihr höheres Wesen oder an Gott oder wie immer das bezeichnet werden will.

Deswegen produzieren sie ja auch soviel ignorante Produkte. .

Sie sehen nicht die Situation auf der Erde. Die meisten dort in der Technologiewelt leben dort im Kopf. Sie alle denken wie gesagt sie sind perfekt. .

Mir wird auch schon ganz Überübel von meiner blöden Schreiberei hier, also Ende damit.

Nein ich werde weitermachen.

Sie brüten also Produkte aus, schauen ins Universum, senden ihre Raketen dorthin, oder planen größere Projekte doch alles ist immer nur ein Teilchen, so wie sie sagen Lichtwelleteilchen, oder Atome oder andere Biophotonen, sie sehen immer nur Teilchen, dabei ist das Leben das Universum unzertrennbar eins-ein ganzes das wissen ja schon einige erleuchtetere Wissenschaftler, sogar Sheldrake, sogar andere, es werden mehr, so wie es aussieht, Wissen das wie sie es beschreiben in Felder zumindest darstellen, also Felder sind ja schon mal was, aber das die Totalität so ist das haben sie noch nicht begriffen, das eine endlose Resonanz zwischen allem existierenden ununterbrochen abläuft das können sie in Labors nicht erkennen da ja da Zerteilt wird.

Wissenschaft ist negativ gepolt. Und diese Ignoranz der Wissenschaftler diese Negativität wird wunderbar von den GeldGeilKartellen der RockefellerRothschildIrren seit sehr, sehr langer Zeit Ausgenutzt und benutzt, und vor ihnen war die Negative Macht das Satanische (Ich gebe dir die Herrschaft über die Welt wenn du mich anbetest) auch schon aktiv als das Raubtier Mensch. So sind der größte Teil von ihnen Vertreter der negativen Macht. Der Machtbereich der negativen Macht lässt sie glauben das alles in Teile ist und das wenn man so weiterdenkt und sieht obwohl man da von sehen noch nicht reden kann, es ins Abstrakte geht, deswegen sind die Bücher von Jane Roberts Gespräche mit Seth alle negative Informationen - das konnte besonders gut gesehen werden als Seth sich darangab seine zukünftige Entwicklung zu beschreiben - es war völlige Abstraktheit. Ich will hier mal drauf aufmerksam machen das Seth - der Teufel - das Negative ist - es ist die ägyptische Bezeichnung für Negativ Teufel Seth brachte vieles um - Osiris und die ganze Show hängt damit zusammen.

Wer glaubt uns Menschen die Göttlich sind wissen zu lassen, das Abstraktion und somit letztendlich Garnix übrig bleibt der macht Menschen blöde. .Aus Abstraktionen können keine blühenden Blumen entstehen oder fabelhafte Menschen oder Götter oder Elfen oder Engel oder Diamanten. Negative Egozentriertheit läuft bei den Abstrakten ab. Das Üble also.

Mit Worten und Gedanken soll das dann aber so ausgelegt werden als ob das für die Menschen ist. Doch schaut euch das Chaos an das die wissenschaftliche Abstraktion hervorgebracht hat. Vergiftungen und Todesphilosophien par Exzellenz. Auch die Medizin ist so in den Bereich der Abstraktion getorkelt und hinkt nun hinter der Wahrheit her - und zwar ganz schön dicke. Der Intellekt ist nicht perfekt - da der Intellekt nur ein Teilaspekt der Wahrnehmungen ist, kann er auch nur Teilaspekte der Wahrheit wiederspiegeln - wenn der Intellekt perfekt wäre, wäre ja die gesamte Technologie perfekt und seine sonstige Schöpfung - das ist sie aber nicht sie ist stattdessen sehr giftig. Sie hat keinen blühenden Duft .Die Technologie von heute ist weit, weit, sehr weit weg von der Realität, sehr, sehr weit weg. Doch sie könnte Wahrheitstechnologie werden Liebestechnologie. Intellektuelle leben alle ganz, ganz stark in Illusionen, denn der Intellekt - der Verstand der die Daten interpretiert die Sinnlichen - schafft die Illusionen von Subjekt - Objekt - Ego der separat vom Objekt ist, von der Welt, vom Leben und somit bewusst oder unbewusst andere und anderes andauern als Feinde sieht das ist latent im negativen so einprogrammiert - damit das Göttliche die Göttliche Seele sich in der physischen Welt nicht erkennt.

Es wird natürlich nicht ausgesprochen von den Intellektuellen - und somit als Scheingut sich darstellt und zu produzieren.

Intelligenz ist was völlig anderes als Intellekt. Intelligenz hat was mit Freundlichkeit und mit Fantasie zu tun und noch vielem mehr.

Dieser Prozess ist so endlos wie die Welt selber. Diese Menschen - Gehirne sind nicht bewusst sie sind unbewusst - das ist gut an den Folgen erkennbar außer dem läuft aber auch in der sogenannten Materie eine 50 000 Jahreszyklus ab der sich zusammenzieht und ausdehnt Das ist wie das Ein und Ausatmen - aber auch im Sonnensystem also das Sonnensystem ist zur Zeit noch dabei sich zusammenzuziehen einzuatmen Materie wird fester und sie soll ihren Höhepunkt um das Jahr 2000 haben - der kleine Flavio in seinem Buch

:"Ich komme aus der Sonne" erwähnt das auch, und es sind schon einige mehr die das wissen - das bedeutet auch das die materialistische Mentalität damit ihren Höhepunkt erreicht hat und dann auseinander fallen wird das passt alles mit dem Wassermannzeitalter und mehreren Faktoren der Veränderung des Bewusstseins der Menschen zusammen. Dann ist auch der Höhepunkt der Erdbebensituationen erreicht - die ganze, so stark auf grobstoffliche Materie-technologie geprägte Zivilisation, wird dann noch mehr in den Hintergrund treten (HoHoHo) und eine feinstofflichere Technologie wird sich entfalten , Eine saubere - Sonnentechnologie ist sowieso unumgänglich und Atomindu-strie dieses Gift wird nicht mehr gefördert werden. Alle Technologien werden auch auf mineralische Basis und deren Kräfte in Verbindung mit Licht und Tönen aufgebaut werden.

Es wird eine Hochschwingfrequenz Aktivität sein keine Bergbauschwere. Nichts gegen die Bergarbeiter die viel geschuftet haben doch auch die verdie-nen etwas Besseres als sich Staublungen und andere Seuchen zu holen. Jedes Land das heute nicht seine Forschung in Licht und Töne und in Sonnenen-ergie die Licht und Töne ist, entwickelt, wird zur Steinkohleneandertalismus Gesellschaft gehören. Nichts gegen die Neandertaler - ich war auch mal einer, war gar nicht so schlecht, bloß die Mammuts wollten nicht das ich ihnen zu sehr auf den Leib rücke, aber die Winter waren lang und wir brauchten was zu knabbern.

Die sogenannte Ökologie ist ja ein Schrottplatz geworden. Ein Giftmüllplatz und ein Raubbauchaos. Auch das reicht schon ohne mit der goldenen Wimper zu zucken zu sehen dass der Intellekt nicht richtig sehen kann.

Weil Intellekt - Physiker - Biologe -Ingenieure - diskriminierende Gedanken weiter erzeugen, und keine harmonische Einheit schaffen wollen. Das hat gar nichts mit denen zu tun. Die müssen wohl zuhause in einer Art von Berg-bauhöhle wohnen. Das sind wohl noch Steinzeitlaboranten. Die Bewusstheit von dir selber als diskret Individuell ist eine Illusion. Trotzdem geht man durch diese Stufe - der Dualismus - ich - nicht ich - Erkenne jetzt, das die Dualität niemals Existiert hat, existiert, sie ist illusorisch. Das Erscheinen von Bewusstsein an sich ist Dualität. HoHoHo. Für den erwachten Weisen lebt oder stirbt niemand, und den gibt es auch nicht. Ho Ho Ho. Diese Dualis-mus MentalKotzGrenze in den Sauerköpfen der sogenannten Menschen hat, hat, hat, hat der Weltbevölkerung in. 3000 Jahren 5000 Kriege und unzählige Tote- Leid -Grenzen und Wahnsinn gebracht. Ohne Dualität existiert keine Welt. Deswegen wird die Welt niemals deine Fragen beantworten können.

Gehe zum Ursprung der Welt. Dann weißt du als Seher und mehr, was los ist. HoHoHoHo.

Der Krieg, der Krieg in Dir, der einfach so als normal, als menschlich akzeptiert wird. Macht euch die Welt Untertan ist ein Resultat von Egointellekt. Ich als Firma. Ich als Volk. Ich als Person, entwickle mich dann so das ich alles attackiere was meine Position bedroht, und verschlinge alles was meine Position macht, vergrößert .Antagonismus, Gier ,Entfremdung, Täuschen, Heuchelei, Lüge, Kriminalität, sind die Wirkungen dieser Ursache. Heute sind Industriezweige, bewusst, oder unbewusst, in dieser Art von Krieg verwickelt. den Schein des Wohlstands kann das nicht täuschen. Die Entfremdung ist gigantisch. In der Technologie- Zivilisation, ist ja offen sichtlich das sie denkt sie hat gar nichts mit der Welt zu tun. Da sind ja stupide die,die Welt so ruinieren. Die sind so vollkommen voller Illusionen in ihren Konstruktionsbüros, in den Chefetagen, im Planungsbüro, das sie Flüsse begradigen - Luft verpesten - Meere vergiften - Bomben bauen -Granaten explodieren - Giftwerke in Länder verlegen, die noch keine Sicherheitserfahrungen gemacht haben, Atomkraftwerke zu diktatorischen Regierungen liefern, oder staatliche Waffengeschäfte durch kriminelle weiterleiten lassen, sich überhaupt an globalen Waffengeschäften zu beteiligen ist schon unmöglich idiotisch, doch das sind deine Führer und Führerinnen, doch eine Plastikwelt ist für die Industrie immer noch real, realer als die Quelle die aus Plastik kommt.. So blöde seid ihr da schon geworden. Der Bürogeist ist dazu ja wunderbar fähig.

In den Regenbogen Bewusstseinszentren, werden die Menschen wieder wach gemacht, damit erkannt wird, dass das hier die Erde - die Welt - das Universum ist. Nicht das Büro, mit seinen künstlichen Plastikfreuden und Intimsprälächeln.

Das ist hier nicht die Kunstwelt des Computergeist - der ganz schnell vergreist machen kann, und blind und taub und vieles mehr. Es ist auch nicht der Stadtgeist, so was Enges - so was pro provinziales.

Wir werden die Industriemenschen, dort im Regenbogenzentrum, wieder zum Naturmensch im Kosmos treiben .auf humorvolle Art -Kunst also. Wir werden sie aufwecken. Das sie und die nicht unterschiedlich sind solange sie hier auf der Erde sind. In einer Einheit gibt es keine Unter oder Ober - schiede. oder etwa doch ....

Das sie und Harmonie ein und das selbe sind, und dass das auch gelebt werden muss.

In der tägliche Tätigkeit, wenn nicht werden alle Frauen sicherlich sofort schwanger durch Mentale und deren Mitteilungen...

Denn hört gut zu, oder lest gut weiter, Erleuchtung ist kein Endresultat, sie ist unendlich so wie die Welt unendlich ist.

Wer dem Machtbereich des Negativen entkommen ist, ist eigentlich ohne Sorgen denn er ist in dieser Hinsicht vollkommen. Dazu gibt's meditative Praktiken von Unsterblichen. Ja, du hast richtig gelesen von Unsterblichen. Auch du bist Unsterblich. Aber das ist jetzt wohl zu großer Humbug für dich und deswegen, stirbst du ja auch. Diese Massenhypnose des Todes ist eine Staats und Kollektivseuche der negativen Kraft. Das muss ein Ende haben.

Wir sind hier um unsterblich zu sein - weil wir es sind. Auch, ja auch deswegen werden wir immer wieder geboren, bis wir endlich die Lektion gelernt haben 100% zu wissen und es auch zu leben das wir unsterblich sind. Auch physisch unsterblich.. Dazu später mehr.

Diese drei Ebenen die ich zuvor erwähnt habe, sind die Hauptebenen, die im menschlichen ablaufen, von der sie sich ihre Firma ihre Welt ihr Land betrachten.

Das sind aber bloß die großen Bereiche. Im Regenbogen Bewusstseinsmeta morphosezentren werden sogenannte Evolutionsförderer, dafür sorgen, das nun auch die feineren, höheren, Zentren, Schichten, in das Leben integriert werden. Die ja andauernd da sind. Die Wissenschaft einige Erleuchtetere, sie wissen ja vom morphogenetischen Feld, oder vom bioelektronischen Feld, oder, von Quantenfeldern, aber so richtig bescheid wissen diese Kinder das doch noch nicht, weil ja ihre Instrumente immer nur Teilchen sehen, und den Rest müssen sie sich denken oder vorstellen. Das ist nicht so schön. Das ist zu wenig Wahrheit, Wahrheitserfahrung. Die gesamte Forschung der Unerleuchteten, Wissenschaftler, baut auf Teilchen auf - was völliger absoluter Quatschlogiewissenschaft ist. Es ist sogenannte Teilchen - Wahrheit.

In den Regenbogenzentren werden die größeren Wahrheiten die ganz leicht sind, und nicht so schwer und unlocker, herauskristallisiert werden. Das was die Wissenschaft mit dem einheitlichen Feld bezeichnet ist in Wahrheit mein Ton meine Symphonie mein unbeschreiblich schönes Lied des Seins - ihr habt es das Wort genannt oder der Ton oder Sphärenmusik, ihr könnt es aber auch Quantensinfonie nennen, oder Biooper, oder Morphoarien des Seins, dieses einheitliche Feld der Wissenschaftler das ist der göttliche Ton, der Tonstrom, der alles durchdringt ,nicht ein Flachfeld ist, nein es ist eine sagenhaft schöne Welle von unbeschreiblicher Schönheit an Melodien, die eine Welle ist, diese Welle besteht aus unbeschreiblich vielen Tönen und Farben die zusammen diese und andere Welten zum Vorschein gebracht hat - diese Welle das bin ich - Gott, wie ihr mich nennt - es bin ich in Dynamik, in Bewegung, sie ist so fein und so grob zur gleichen Zeit da alles eine unzerteilende - Nicht Teilchen Physik ist - es ist das Lied der Glückseligkeit das Lied der Liebe und der unendlichen Angstlosigkeit - die ihr in Wahrheit seit - alles und jedes es ist der Song der unendlichen Ruhe - da eine Einheit auch wenn sie optisch beweglich erscheint völlige Ruhe ist - und zwar unendliche Ruhe, ..

Um so erleuchteter ihr werdet um so besser werdet ihr die Töne und zuletzt den Tonstrom hören und ganz einfach eine Zeitlang sehr berauscht sein, ihr werdet betrunken sein von Gott, wie ihr es nennen würdet, doch das seit ihr in Wahrheit selber.

Da die Menschen, die Seele in unterschiedlichen Erfahrungsbereichen des physischen Körpers lebt, zum Beispiel im Bauch oder im Hals oder im Kopf, so ist auch das Hören der Musik unterschiedlich, um so tiefer der Mensch in der Materie verankert ist, um so dumpfer sind auch die Töne die er wahrnehmen kann was keine Beurteilung ins gut. Schlecht ist - es sind bloß Tatsachen wenn sich der Mensch der in Wahrheit das göttliche ist, nun von vielen Lasten der negativen Kraft befreit hat wird er leichter, sein wahres Wesen ist ja mehr als leicht es ist völlige Gegenwart, wenn er also leichter geworden ist, dann steigt seine Wahrnehmung auch auf in die feineren .atomaren Lieder des Lebens diesen Liebesatomen der Schöpfung, Und er fängt an immer schönere Töne und Melodien zu hören die alle eine besondere Freiheit mit sich bringen und alle eine Reinigung und Gesundheit ausstrahlen, die kein Mediziner jemals machen könnte, denn keiner ist so ein guter Mediziner wie du selber, oder ich das göttliche das keines Mediziners jemals brauchte, im Gegenteil die Mediziner brauchen mich mehr denn je, mit ihren verkorksten groben Methoden der Manipulationen.

Wenn ihr also höher gestiegen seit mit eurer Verfeinerung, dann wird sich mein Liebeslied in euch später im Bereich der Stirn hörbar machen, wer das zum ersten mal erfährt, erfährt das was die Wissenschaftler Felder nennen, nun als Welle meiner Selbst, denn ich bin plastische Musik, plastische bewegliche Wellenform ,in meiner Dynamik ..

Dies ist der Weg der Befreiung, für jene die nicht mehr wiedergeboren werden wollen, Das ist der Tonstrom, das Wort, die Sphärenmusik, auf der die Seele, zu sich selbst zurück findet und in befreiter Glückseligkeit, weitermachen kann ...

Diese Evolution der Töne wird euch frei machen, von den Lasten der groben Materie, Ein neues Zeitalter (HoHoHo) wird bei euch anbrechen, das Zeitalter der Wassermannopern, das Zeitalter der Wasserfrauarien, es wird das Zeitalter der Lichttonindustrie werden, die grobe Technologie, wird zum feinstoffliche zum Lichttechnologischen ausgeweitet werden.

Damit werdet ihr euch von Umweltbelastungen befreien können, natürlich werden die Sumpfkopfindustriellen, und die Fundamental-Idioten der Welt weiterhin versuchen ihre Grobheiten auf die Menschheiten abzuwälzen und sie somit zu versklaven, doch das Leichte gewinnt immer weil es leichter ist, und das schwere sich selbst erdrückt unter seinen eigenen verfressenen Gier Es werden Wissenschaftler und Wissenschaftlerinnen zum Vorschein kommen die weiter und schöner sein werden als Jesus und Buddha zusammengenommen. Da die gesamte Zivilisation der Menschheit auf unterschiedlicher Erleuchtungsstufe ist, wird es immer Schwankungen und Misstöne in der Sinfonie der Liebe geben, das gehört dazu, da brauch man sich nicht dran zu stören, diese Form der Perfektion, die ist auch unrealistisch zu glauben, das ein ganzes Volk, oder eine ganze Menschheit das gleiche volle Niveau hat, aber jeder hat Niveau, egal wie unterschiedlich seine Entwicklung nach außen hin aussieht, das muss ganz klar in euer Spatzenbewusstsein gepustet werden.

Nun komme ich zu einem Bereich, der in der Industrie, der Wissenschaft, so gut wie nicht vorkommt, gelebt wird, der mit produziert, die Welt gestaltet, eine weitere Stufe im Bewusstseinskleid des Körpers der ihn trägt .die Seele.. die Seele. Für alle die daran glauben .und sie somit geschaffen haben. Das Selbst ist ja der physische Körper. Das höhere Selbst ist die dritte Eben, die Kausalebene, dort wo alles gespeichert ist, die der Steiner erreichte und aus der er lesen konnte, dort ist die Vergangenheit - Gegenwart - Zukunft gespeichert.

Die Seele ist aber noch höher feiner und edler. Viel, viel edler. Doch mit der Seele ist noch Trennung von mir - ich bin noch der andere das Objekt der Zweiheit - die Einheit ist erst erreicht wenn das was du bist sich nicht mehr als Seele sieht denkt oder betrachtet,. Einige wissen dass sie also die Seele sind, durch ihre Evolutionen erkannten sie das.

Diese Seele arbeitet in der Industrie in der Wirtschaftsgemeinschaft der Menschheit.

Er weiß dass er lebt weil er die Seele ist. Die Seele ist ein Grad der Unsterblichkeit - in der Form des Individuums. Aber sie ist noch nicht fähig die Erfahrung der Einheit alles Seins zu leben - da sie diese Erfahrung noch nicht gemacht hat. Das wird noch kommen. Wenn sie es will. Wenn sie es nicht will kann sie Individuum bleiben und auch so ihre Unsterblichkeit leben. .Die Lichttonmeister Jesus Buddha Laotse Sokrates Pythagoras und Mohammed oder Rumi oder Mahariji Savan Singh oder Kirpal Singh oder Nanak oder Tulsi Das oder Bhai Landlai oder Sheikh Kabir, haha, und viele, viele mehr, sie sind alle Meisterseelen oder eins mit sich selber oder mir gewesen und sind es jetzt noch, sie arbeiten in anderen Teilen der Existenz von mir, solche Wesen werden in den Regenbogenzentren auch ihre Arbeit machen und dadurch die Wissenschaft spiritualisieren, sie zu einer spirituellen Wissenschaft machen ..

Wer in der Industrie arbeitet und weiß das er die Seele ist, dann hat er auch die Erfahrung gemacht das er nicht das Denken ist nicht die Trauer nicht der Intellekt ist - die Angst fällt ab - er hat durchschau das er endlose Ruhe endlose Angstlosigkeit und endlose Glückseligkeit ist. Diese wenigen in der Industrie die das erkannt haben sind jetzt schon die Stützen der Menschheit obwohl alle anderen auch, die Stützen der Industrie sind aber mehr im Mitmachschritt als im Freiheitsschrittits der lächelnden humorvollen Sicht dieser Erleuchteten. Die andauernd unter euch sind. Sie geben deren blöden öden stupiden Ernsthaftigkeit die Möglichkeit auch wieder befreiter ins Leben zu Blicken- denn im Fernsehen wird ja nur negatives gesendet- von Mord bis Mord zu Ostmord und Westmord. Das Fernsehen ist eindeutig in den Händen von Mordlustigen Senilen Tellerwäscher Institutionen die sich an den Geldern der Massen ihre stupiden Fantasien ausleben. Fernsehen ist total unerleuchtet sie strahlen ja auch radioaktive Seuche aus und ist somit schädlich für alle die gesund werden wollen, und das auch bleiben wollen.

Diese erhabenen Seelen in der Industrie, sie sind die Mitbegründer und Mitbegründerinnen dieser neuen spirituellen wissenschaftlichen Regenbogenzentren. Und das werden viele sein, weil viele sich ja nicht trauen zum Vorschein zu kommen, aber sobald der erste Schritt gemacht ist werden viele aus ihrem Schneckenhaus kommen und sich daran beteiligen denn zuhause kochen sie ja schon ihr spirituelles Süppchen aus Liebe und harmonischen Fantasien.

In den Regenbogenzentren werden diese Praktiken voll ausgeschöpft und um nach Temperament auch unterschiedliche Methodiken anzuwenden. Vom Stillen bis zum Brüllen von Resignation bis zur totalen Lebenskraft, oft ist es eine Mischung. Da .ja Chaos heute ein normaler Zustand im Leben, im Innenleben, sowohl im Leben ist. , Von hier entstehen die Noblen Edlen Ziele für die Menschheit Menschen für alles, was mehr als nötig heutzutage zum Vorschein gebracht wird. Wohl gemerkt, das ist alles schon in einem vorhanden, es muss bloß freigebaggert werden. Nun wird die Inspiration, mit der wir eins sind, ein und das selbe sind - unser Lebensleiter - nicht Marktlücken, nicht Konkurrenzkampf, nein Ziele die weit, weit darüber liegen, und die je nach Persönlichkeitsentfaltung ihre Färbung haben. Hier hat der Wirtschaftsgemeinschafsmensch den sogenannten spirituellen Körper erreicht - er lebt dann nicht mehr im Intellekt - hier identifiziert er sich nicht mehr mit dem Körper. Was nicht heißen soll das er alles schöne körperliche nicht mehr lebt, nein ganz und gar nicht - oder ganz und roh nicht, aber er lebt den Körper nicht so wie ein Egoist es tut durch Wissen durch Denken durch Worte, wo er sagt, ich und mein Körper, sondern hier ist es eine existenzielle Erfahrung. Kein Wort sondern echtes Wissen. Das gibt große Einsicht ins Leben und tiefes Glück. Ja manchmal sogar die Erfahrung der Glückseligkeit. Aus dieser Glückseligkeit heraus kreativ sein in der Industrie tätig sein ist gigantisch. Und somit wird die Gesamtstruktur der menschlichen Gesellschaft angehoben oder einfach spiritualisiert und damit wacher und schöner gemacht.

Soll ja einen Wertebonus geben, wacher und schöner, soll ja gefragt sein wenn wir in der Industrie Glückseligkeit hineinbringen - denn so was ist auf keinen Fall nur ein Bereich des religiösen Mönchsdaseins, nein Glückseligkeit hat gar nichts mit organisierten Religionen zu tun. Es ist dein Geburtsrecht, das Geburtsrecht eines Jeden. Nein ! Es Ist dein Wesensbestandteil!

Bis jetzt meine ich ganz einfach dass es in der Industrie keinen einzigen Glückseeligen gibt. Das kommt daher das Glückseligkeit nur mit päpstlichem Zertifikat zu erhalten ist ausgestellt von Wesen die selber bloße Manager sind und gar nicht wissen was und wo Glückseligkeit überhaupt ist. Doch ich weiß es. Da ich es erlebe und erlebt habe. Glückseligkeit hat aber auch gar nichts mit Religion zu tun mit Gruppenbewusstsein oder Organisationen, ganz im Gegenteil - Glückseligkeit kommt durch das öffnen des Kronenchakras oder des sogenannten

Tausendblättrigen Lotus - was ganz einfach eine sagen wir mal bioorganische elektronische Synapsenverbindung im Gehirn ist die durch starkes Verlangen danach zu wissen wer und was du bist aktiviert wird. Ich beschreibe diese Erfahrung demnächst in meinem Buch: DAS MANTRA „MICH SELBST ERKENNEN" Ich will jetzt nicht weiter darauf eingehen. . . .

Die spiritualisierung der Industrie ist natürlich keine Pflicht, nein sie ist eine Freude. Und Freude Ist doch wahrlich ein wichtiger Bestandteil unseres Daseins hier . . . auf der physischen Ebene. Es ist ein Genussss ein Fest die Industrie zu spiritualisieren und jeder sollte sich darauf einstellen diese Zentren mitzugestalten. Leider ist für die Industriemenschen die bloß auf den ersten drei Ebenen leben arbeiten Pflicht eine Notwendigkeit. Das ist so absurd das dadurch absurde Krankheit, gigantische Krankenhäuser und auch idiotisches Management entsteht. Doch da Land schon vergeben ist und Industrie sozusagen noch übrig bleibt, ist der Arbeitsvertrag ein Krankenschein von kranken entworfen, der seine Krankheit sofort an andere weiter gibt, der ihn akzeptiert. Somit ist Arbeitsvertrag schon sofort die Ursache für Krankheit, nämlich Arbeit als Pflicht zu verstehen.

Hier wird auch ganz subtil falsche Identifizierung auf die Arbeitnehmer übertragen was sehr giftig ist. Falsche Identifizierung ist eine ganz, ganz üble Angelegenheit darauf werde ich irgendwann mal tiefer eingehen.

Arbeit als Pflicht zu verstehen ist tief primitiv. Selbst Tiere sehen das nicht und haben das nicht. Da stellt sich sofort die Frage wer ist hier von der Evolution mehr begünstigt und wer steht wo höher oder tiefer. Arbeit als Pflicht entstand nur weil machtgierige Menschen so viel für sich haben wollten. Und alle anderen in Schachmatt halten konnten durch ihre Brutalitäten. Der Laotse ein LichtTon Meister, der hatte schon richtig erkannt dass das ganze Üble entstand als der erste Mensch anfing eine Arbeit für jemand anders zu machen. Das ist die Ursache und hier haben wir ihre Wirkung abhängige traurige fernsehschauende Mitbewohner oder Bürger nennen sie sich sogar oder lassen sie sich nenne. Denn wer hat schon eine eigene Bezeichnung für sich. Wer ?

Man darf nicht der Illusion unterliegen das Firmengründer die großen Freunde der Menschen waren. Ganz und Roh nicht, Ganz im Gegenteil. Auch Bauern nicht. Das waren ganz tiefe idiotische Tiere. Heute stellt sich die Industrie die Bosse die Chefs die Manager so dar als ob sie die großen Menschenfreunde sind - doch das sind sie nicht - alles dort ist von Habgier und Macht gegen die Natur und somit gegen den Menschen aufgebaut.

Die Industrie hat deswegen schon die Verpflichtung sämtliche Firmen in Treuhand und in globale nicht bekämpfende Konkurrenzunternehmen umzuwandeln. Denn Konkurrenz ist Tiefenpsychologieidiotie. Warum sich bekämpfen, Das ist Steinzeithumbuck, von Steinzeitpolitikern und Managern und Anwälten wegen ihrer enormen Aggressionen, aufrechterhalten.

So, krankfeiern - hohe Arztkosten, liegen größtenteils darin das der freie Mensch durch Industrie unfrei, krank gemacht wird. Was ist schon eine Lebenserwartung von 80 Jahren. Das ist schwachsinniges Gefasel von kranken Todesphilosophen. Jeder der Selbstständig ist arbeitet gerne. Und er arbeitet lange bis zum Ende - er fällt noch mit 80 nicht um sondern ist freudig tatkräf-

tig. Doch die unweise Industrie sieht das nicht - Arbeitsverträge sind Sklavenverträge, auch wenn man Demokratie träumt, sie ist nämlich hochkriminell.
So nun ist man also die Seele. Es nützt zwar schon etwas das zu wissen. Aber es muss erfahren werden erst dann ist es echtes Wissen. So ist es nur Information und kein Wissen und erst erfahrenes Wissen gibt vollkommene Sicherheit. Aber das ist noch nicht die beste Entwicklung die du durchmachen kannst, eben weil man sich noch als Seele identifiziert. Ich und Pappi sind eins hatte ja der Nazarener gesagt. Was bedeutet das? Das bedeutet das er und Gott EinUndDasSelbe sind. Trotzdem ist also noch Zweiheit zu viel da. Obwohl mir selbst egal ist wie viel da ist. Oder sind! Doch später hatte er ja gesagt - nicht ich sondern Pappi tust. Diese beiden Sprüche zeigen bloß unterschiedliche Sichtweisen für unterschiedliche Situationen und Publikum. So das die damaligen Nomaden, Schafhirten, Fischer und Kaufleute ihn irgendwie verstehen konnten.
Er selbst war ja schon längst viel, viel weiter. Wenn man so hoc steigt muss man, eigentlich nicht, nur wenn du eine Aufgabe hast, wieder runter kommen, um auf dem Niveau der nicht so hohen Energiefrequenzen, überhaupt verstanden zu werden. Um sie dann langsam oder plötzlich hochzubringen.
Das ist so als ob man einem Lehrling das Feilen beibringt, bohren, fräsen, der Meister fängt immer vom ABC an.
Also da im Christentum kein Meister mehr vorhanden ist, und ich alle Religionen auf Provinzniveau degradiert habe, und nun die Weltwirtschaft die neue Religion ist, muss sie auch die Religionsqualitäten haben. Ich will hier gar nicht die jetzt bestehenden religiösen Organisation schmälern, die tun viel gutes, es sind bloß deren Chefs die einfach zu unerleuchtet sind, kein Papst war jemals Erleuchtet kein Bischof und kein Priester, also die Substanz ist unerleuchtete ,ein wenig erleuchtet, aber doch sehr dunkel ansonsten mit ihren dogmatischen Ansichten und menschenverachtenden Gedanken und unfrei machenden Ansichten.
Ich gehe jetzt also noch weiter auf die Erleuchtungsstufe ein, füge aber noch hinzu, ich gehe nicht weiter auf die Erleuchtungsstufe ein, wollte ich sagen, füge aber noch hinzu, das also ab diesem Seelenlevel, man Göttlichkeitslevel hat, man hat es eigentlich immer bloß viele wissen das gar nicht und identifizieren sich fälschlicherweise als was. Was ganz Ungöttliches, und das hat ganz .schlechte Folgen, denn die Identifizierung ist wie eine Art von Selbsthypnose, und benebelt oder macht freier, denn jedes Wort jeder Begriff hat Schwingungen die wirken die dich mit verschiedenen Einsichten verkleiden,

falsche Identifizierung muss durchbrochen werden. Auch das wird einen hohen Stellenwert in den Regenbogen Metamorphose Zentren haben. Es kann gar nicht genug betont - also Musik - Licht - werden, das die Identifizierung verändert werden muss, das ist ganz wichtig, das hilft bei deiner Befreiung und Weiterentwicklung sehr. Du fängst also an göttliches Bewusstsein zu haben, was du eigentlich schon immer bist, so wie ich, denn Gott ist ja niemand anders als wir selber. Die Quelle ist ja am Anfang und was aus der Quelle kommt kann nur die Quelle sein. Sie wird zwar zum Strom, zur Elektrizität, zum Elektromagnetismus, zu Feldern aber sie bleibt immer ganz, es sind bloß Einzelaspekte die der Verstand hier herauskristallieren kann, das liegt in der Natur der Dinge so, die Physis der Verstand, hat eben nur solche Fähigkeiten, bis jetzt gezeigt. Die Quelle ist zu Power zum Universum und zu Universen und Welten geworden. Sie ist aber ewig die Quelle.

Doch als Seele ist man noch umnebelt davon dass man glaubt das ein Gott neben einem ist. Also geht's noch eine Stufe weiter und dann noch eine und so weiter.

Also die Wirtschaftsgemeinschaft ist eine tatkräftige Religion. Religiöse spirituelle Wirtschaft ist ja auch davon abhängig ob das Hundefutter ehh Entschuldigung, das Dog-Ma also die Hundemutter stimmt. Ob die Welt endlos oder endlich ist. Ob die Erde rund oder doppelt rund ist, oder ob der Körper und die Seele identisch sind. Oder ob es ein Leben nach und vor dem Tode gibt, da ja Arbeiten und Leben ein und dasselbe sind ist es völlig irrelevant solche Spekulatius, ehh, Spekulationen, zu züchten, da sie bloß Theoretiker und andere Idiötchen züchten.

Wirtschaft, Industrie Arbeit, ist harmonische Tätigkeit die spontan, langsam oder schnell, bei des ist ja spontan, sich mit evolutionären Tätigkeiten beschäftigt, die sich selbst nährt. Wissen ist ja die Belohnung vom Handeln, von Wirtschaft und Industrie.

Die Amerikaner, irgendwelche Barbaren haben gesagt - Time is Money - und nun da die Japaner von beidem mehr haben - sagen sie Wissen ist Macht. Sie können einfach nicht klar denken. Deswegen sind ihre Schlagwörter letztendlich auch große Kopfschmerzen die sie sich selbst schlagen. Wissen ist Belohnung für gesunde Arbeit. Wer Wissen mit Macht vermischt sucht also bloß Wissen um Macht zu erlangen und das ist schlichtweg idiotisch und passt nicht mehr in diese Zeit hinein. Wer Wissen benutzt um Macht gegen und über andere zu haben der wird letztendlich selbst davon erschlagen. Das Gesetzt von Ursache und Wirkung ist unabänderbar außer du hast die zum

Gesetzt der spirituellen Werte Gottes erholt - Grace - oder die Leichtigkeit der Vergebung die Liebe. Doch bis jetzt in dieser Schicht des Daseins gilt noch was du säst das sollst du ernten. Manchmal sofort manchmal erst später. Deswegen Ist Ja Amerika so kriminell weil dort viele Kriminelle sehr viel säen und säen und säen und säen. Die Welt ist eine gegenseitige Abhängigkeit die in Gleichgewicht ist. Ungleichgewicht ist Chaos Krankheit und mehr. Doch um das zu Wissen, also erarbeitet, erfahren zu haben, gesehen zu haben, muss man sich zumindest für einige Zeit vom Intellekt und der Imagination fernhalten, von Logik und dem normalen Menschenverstand. .

Die Weltwirtschaftsreligion braucht stärkstes Vertrauen. Die Menschen auch. Was viel, viel mehr ist als bloßer Glaube den die Provinzreligion predigt, von Berufspredigern, auf Universitäten vorgepredigt, erlernt sonst nichts. ..

Es gibt kein übernatürliches Wesen oder Aberglaube. Es gibt reines klares Wissen ohne den Gestank der Manipulation gegen andere.

Wissen kann nur für andere und sich selbst sein. Diese Weltwirtschaftsreligion hat auch starke Zweifel - Zweifel an der eigenen Kreation der eigenen Gedanken Vorstellungen und Wünsche Ziele und Tätigkeiten. Denn Zweifel gehört ja zum Mäusebereich da es dort nämlich Zweifel den Mäusewanderer gibt. Zweifel ist hier kein skeptischer Blick, sondern eine Art von suchenden Fragen. Intensiver Selbstbefragung, was wann, weswegen, wofür, wann, wie, wie viel. Dann entsteht daraus starke Determination. Diese Determination ist so stark das sie allen Zweifel durch Energie und Wille evaporiert - auflöst.

Wenn die Industrie oder Weltwirtschaft sich nicht so diszipliniert, wird sie auch nie fragen warum Gier, Hass, Zerstörung, Konflikt, Kriege, Armut, Krankheit, immer noch Katastrophen, katastrophal existent sind.

Wenn sie sich das nicht fragt ist sie offensichtlich im unteren Bereich des Lichts. Sex. Emotionen. Intellekt.

Dieser Wiederspruch muss gelöst werden, indem man selbst höher steigt, oder sich von Blockaden befreit. Das ist das gleiche höher hört sich so nach Hierarchie an, was das entweder patriarchalische oder nur Matriarch ist. Beide sind Blockaden aber zusammen sind sie wenn sie balanciert sind genau das richtige. Das ist Gesundheit.

Auch das wird in den Bewusstseinszentren herauskristallisiert.

Seht her der wilde unkontrollierte Taumel von Firmen muss ein Ende haben. Das primitive wegschütten von Nahrungsmitteln ins Meer oder auf Müllkippen oder verbrennen auch. Das gigantische Horden von Lebensmittel in der EG muss aufhören - Lebensmittel müssen gegessen werden - aber vorsorge ist auch schön. Solange es dabei bleibt. Lebensmittel müssen verteilt werden gegessen werden. Nicht wegen Geld ruiniert werden.

Das System ist hier nämlich tonangebender als die Menschen selber das muss verhindert werden. Politik ist keine Menschenführung es ist bloßer Selbstzweck der sich nun in der Öffentlichkeit so darstellt als wenn es hier um Führung geht.

Politik ist das Resultat von Primaten die sich seit langer Zeit in Anzüge kleiden um ihre Positionen zu behaupten.

Es ist das Resultat von Machtgier und Zerstörung und beherrschen wollen und ganz einfach wo wenige viele kontrollieren wollen. Deswegen muss Politik wegrationalisiert werden. Genauso wie die Saurier durch eine Katastrophe wegrationalisiert wurden. (Das Buch von Velikowsky: Welten im Zusammenstoß) Frohes arbeiten muss für alle möglich sein. Der Mensch darf nicht so idiotisch sein und sich selbst das Leben schwer machen oder schwer machen lassen. Alles Begrenzte ist Illusion. Die Illusion wird im Verstand im Intellekt genährt im Denken - in der Selbsthypnose.

Man kann sich also auch „freihypnotisieren". Schön - Edel- Gerecht - Nobel- Unkorrupt. Ungierig. Politik ist reine machtgierige Habgier die Sich heute mit dem Mantel der Dämonkratie kleidet. Die Politiker arbeiten heute immer noch mit Hass und mit Habgier.

Nicht alle. Aber wenn ich mir die Erde so anschaue dann sind es doch die meisten der politischen Führungen. Sie schaufeln in ihre Taschen mit ihren Freunden und geben ihren Freunden in Afrika Lateinamerika so als ob es ihr Geld ist. Das ist keine Entwicklungshilfe das ist freundschaftliche Beziehungen durch Masse Eigentum nähren. .

Politiker sind sowieso die Vasallen der Managermafia, und deren Denktankstrategien in denen Vorgedacht wird wie politische Strategien auszusehen haben. Die kriminelle Pharmaindustrie und die kriminelle Tabakindustrie hat in den blöden Abgeordneten also Hingerichteten für das Üble ihre besten Freunde. Das politische Raubtier der Raubmensch hat sich wunderbare Selbsbedienungssysteme aufgebaut in denen er, sie, abgesichert durch die Finanziellen Abbuchungen und den Kontakten zur Wirtschaftsmafia sozusagen Unkündbar ist und praktisch demokratisch gar nicht erreichbar ist. Er wiedersteht jedem Druck und kämpft bis zum ende der Täuschung und Lügenwirtschaftereien wenn er mal erwischt wird. Demokratie ist das alles nicht das ist subtile Gruppenkapitalistendiktatur. Wirtschaft kann ohne die Käufer nicht leben. Aber Politik kann ziemlich lange ohne die Wähler auskommen, ziemlich lange. Es ist also ein Betrugssystem dieses politische System. Und die Entscheidungen die oft gefällt werden sind oft richtig guter Schwachsinn. Das bleibt aber auch zu erwarten, denn die sind noch so. Politiker Menschen hinken meistens der Bevölkerung im Bewusstseinswandel sehr, sehr hinterher. Und so weiter und so weiter und so weiter………………..

Waffen sind total tabu für die Weltwirtschaftsreligion. Das wird in den Zentren gereinigt. Wer mit Waffen handelt ist kriminell. Damit sind alle Staaten kriminelle die, damit handeln. Die politischen Systeme und ihre Wähler. Das ist von nun an gesetztes Gesetz.

Das ist eines der neuen Gebote.

Außerdem wird der Bibelspruch der in allen Religionen besteht, Hindus, Sikhs, Buddies, Israelis, Christen, Islam, propagiert. Nämlich du sollst nicht töten. Das heißt keine Tiere oder Menschen. Das bedeutet auch das im laufe der Zeit sich die Menschheit auf vegetarische Ernährung umstellen wird. Das geht nicht von heute auf morgen - da die Fleischsucht eine Sucht ist die langsam weggelebt werden muss. Da der Körper danach süchtig ist. Wer tötet und vom töten lebt ist unfrei. Unsozial undemokratische, unchristlich, unbuddhistisch, unislamisch, unsikkisch, unjüdisch, unmenschlich. Wer Leichen isst ist Leichenfresser.

Was kann das schon für ein Niveau sein. Esst Blumen und ihr werdet besser erkennen wer ihr seid. Esst Früchte und ihr werdet süß werden und duften und. Ihr braucht dann nicht diese üblen ätzenden, Parfüme die heute auf dem Markt sind. Esst Luft und ihr werdet so sensibel das ihr 1000 Jahre leben könnt und mehr sogar unsterblich werden könnt physisch, wenn ihr das nur wollt. Denn wenn du als Direktor verkleidet in ein Feinkostladen gehst oder durch einen Boten Lachs, Filets, Pute oder Kalb kaufst, hast du damit jemanden einen Auftrag gegeben, rauszugehen und zu töten. Du tötest also mit. Du bist also ein Pate der Mafia des tötens. Das töten von Tieren muss ein für alle male beendet werden. Das töten von Menschen auch, sonst seit ihr nur Heuchler, Lügner, Schizophren, Sophisten.

Nirgendwo steht das der Mensch Tiere töten soll um sie zu essen. Aber es steht überall das der Mensch die Pflanzen essen soll. Jede Religion hat das. Alles andere ist schwarze Magie.

Alle Meister aus deren Lehren sich später Managerreligionen also Geschäft aufgebaut haben, waren Vegetarier.

Kein Fleisch mehr zu essen, das würde außerdem die Weltwirtschaftsnahrungsseuche beenden. Es würde mehr als genug da sein. Bekannt sind ja auch die Folgen von Fleischzucht ,unbekannt sind die Folgen der Mütter der Tiere und der Kinder der Tiere - die Kuhmutter schreit und weint und grölt und wird krank wenn ihre Kinder zum schlachten gebracht werden sie verweigert Nahrung und wird oft durch Drogen manipuliert - die Schweinemutter rennt verzweifelt umher schreit jammert tobt wird krank die Hühnermutter auch es ist das gleiche mit jedem Wesen. Der Tonstrom Gottes ist in allen - Gefühle sind in Tieren in Pflanzen in Mineralien in Steinen in Atomen und in Autos. Das einheitliche Feld der Physiker hat das doch nun schon genug für euch längst bewiesen - auch die Biologen erkennen das - oder die Chemiker - Heisenberg hat das Ja nun wohl klar genug beschrieben.

Die Landwirtschaft wird gefördert und Biologisiert nämlich intensiver nach besseren biologischen Früchten und anderen Nahrungsarten zu suchen.

Die DANN - Manipulation macht das Leben ja nun sehr interessant. Es wird viele zwiespältige.

Ansichten geben. Was die Chemie in der Landwirtschaft getan hat ist katastrophal. Die Möhren die ich im Lebensmittelladen kaufe sind ungenießbar wenn ich sie roh essen will. Man muss schon eine Soße und eine andere Abdeckung zubereiten das der ätzende Geschmack von diesem Gemüse nicht mehr schmeckbar ist. Wenn man solch eine Möhre einem Kaninchen geben würde, verneinte das Kaninchen dieses Gemüse.

Trotzdem, die Veredelung von Früchten und Gemüse ist ein altes Handwerk. Die Mönche haben darin Pionierarbeit geleistet. Unser Obst und Gemüse das wir jetzt essen ist alles gen-manipuliert - bloß das damals die Technologie nicht bestand wie nun, direkt an das Gen zu kommen und dort andere Gene einzupflanzen. Die Absorbierung der Gene war früher langsam - heute ist sie sofort da. Gen - Manipulation kann nicht aufgehalten werden - da viel zu große Interessenbereiche dahinter stecken. Aber wie gesagt unsere heutige Nahrung ist schon seit langer, langer Zeit genmanipuliert Und damit Wertloser schwacher und krankmachender geworden. Da Bitterstoffe weggezüchtet wurden und so weiter und so weiter. Der Satan, der Widersacher, die Astralwesen die plagen, das ist ja nicht weg, nur weil gedacht oder geglaubt wird, nun sind wir Wissenschaft nun sind wir Wissenschaftsdenker. Nein Niemals. Das ist alles genau so vorhanden wie zu Buddhas oder Jesus Zeiten. Und der Satan hat sich in vielen Wichtigen Industriebereichen sein Wohnpalast eingerichtet. Sich sogar legalisiert und mit Gesetzen verkleidet und so weiter und so weiter. Viele Industrien insbesondere im Öl und Pharmabereich und in der Lebensmittelindustrie, die sind wunderbar satanisch.

Ich selber sage das Genmanipulation nicht nötig ist. Ökologischer Anbau wird reichen.

Aber totes Fleisch ist nun mal totes Fleisch – gekocht – gebraten – geräuchert - oder sonst wie mumifiziert. Ohhh die Einhaltung des ersten Gebotes wird keine Zivilisation – Volk - jemals mehr sein als seine Vorgänge, nämlich Kriegsidioten. Weil das töten der Instinkt, das Fleischfressen nämlich der Krieg ist, die Ignoranz, der Raubmensch.

Deswegen sind die Christen auch keine Christen die Buddhisten auch keine Buddhisten und die Moslems auch keine Moslems und so weiter. Sie können noch nicht mal das erste Gebot einhalten, also warum noch „Spiritualisierung der Industrie", ganz einfach, weil sie ohne dem weiterhin wild unkultiviert, zerstörerisch bleibt. Es geht nicht das Menschen mit Unidiplomen, Doktortitel, Diplomzertifikate mit Managerausbildung, oder anderer Formen der Kriegsbemalung, roh, wild, blind, machtgierig, die erde leer saugen und voller Abfall pumpen.

Das ein Land mit Gesetzen gegen Gifte oder mit höheren Auflagen zur Pflicht für das Leben, die firmen in andere Erdteile gehen um dort die, weil dort die Gesetze noch lax sind, und dort die eigene Geldgiersau raus zulassen.

Der Mensch, seine Gesundheit die ganze Gesundheit, nicht bloß die Sauberkeit der Kleidung und das tägliche Zähneputzen und das Auto waschen lassen, es ist schon mehr verlangt, sind in allem als erstes zu plazieren. Menschen, ob in Europa, in Asien, in Afrika, oder Amerika, oder Australien, sind alle Opfer von Programmen, die, die vergangene Gegenwart der Situation des Lebens, den Umweltbedingungen den Versklavungen, der eigenen Rassenüblen mit sich gebracht hat. Angst wird als Machtmittel eingesetzt, die Häuptlinge in Bärenfellen stricken ihr eigenen Gedankenpullover, das nennen sie dann Evolution, so dass er jedem passen soll, muss. Diese Vergangenheit ist heute noch aktiv. In Professoren in Doktoren in Direktoren im Bundeskanzler. Sie sind alle noch von alten Programmen geleitet. Angst.

Keine Therapie, keine Katharsis, kein Training, kein Prozess, kann die tiefe evolutionäre Angst entfernen, denn das sind alles wieder neue Probleme für sie. Programmloses Sein muss entfaltet werden. Das wird im Regenbogenbe wusstseinszentrum übertragen, als Transmission.

Elektrizität läuft ja neben dem Draht und nicht im Draht. Negative Erfahrungen können so durch Menschen die Formen der Elektrizität übertragen können, übertragen werden. Dadurch wird der Körper gereinigt und die vergangene Angst vergeht. Der unbewusste Prozess der Emotionen wird so dargelegt, wodurch das Herz gereinigt wird. Die Irrenrealität von euch eure Körper, kann freigelegt werden, wenn Gedanken eins sind und der Körper pulsiert, dadurch werden die inneren Organe aktiviert, die unbewussten Erfahrungen zur Oberfläche gebracht, die explodiert und dann freimacht. Heutzutage kann auf der globalen Eben keine Entscheidung mehr von Provinzurkunden abhängig sein.

Jeder verantwortliche muss sich heute fragen ob er den Kreislauf nicht bloß wieder mitmacht, denn die Hypnose ist tief und unvorstellbar real, So das nie gemerkt wird das man überhaupt gar nicht frei und lebensfördernd agiert trotz Doktortitel, trotz Diplom trotz ,trotz. Es werden Programme laufen die enthypnotisieren, es werden Hypnose Therapiephasen laufen die, die vorherigen Leben durchgehen -in Traumphasen, die auch als Führung für wichtige Entscheidungen, ob die Firma nun dort oder dort oder ob das Produkt nun Investitionen oder, oder, oder.

Die Industrieelite, wobei Elite immer das Üble repräsentiert solange es im materiellen Bereich liegt, muss sich selbst, ihr Körper, in Harmonie mit der Natur bringen. Die ganze Welt muss als Familie gesehen werden. Aber nicht die Sorte von Familie die nur zerstörerische Tendenzen lebt sondern die Familie wie sie ursprünglich auf den geistig seelischen Ebenen des Daseins gesehen wurde. Der Ausgang ist das die Familie auf der Grundlage der Harmonie und Schönheit und Weiterentwicklung in Harmonie lebt, sich selbst erhöht und ihre alten Strukturen fallen lässt. Es gibt Tanzmassage aus Hawaii wo der Mensch, du eine tanzende Masse - den inneren Tanz des behandelnden heraus massiert, während er Tanzt. Die Hawaiianer, Polynesier, tanzen ja ihre Schönheit und Liebe zur Natur. Sie selbst hatten ja kein Interesse an Atommacht an Weltmacht oder an Religionsmacht weder noch an Geldmacht. All diese Machtkrankheiten haben ja die Industrienationen in den Kreislauf von Krieg – auf - tanken zum Krieg – Krieg - geführt.

Die Menschen sind noch zu sehr gefangene ihrer Vorfahren. Ob Mann oder Frau, beide, beide müssen sich befreien. Komplementarität ist hier der Sinn des Lebens. Wer nur Mann ist, ist halb, wer nur Frau ist, ist halb, denn in jedem arbeiten Mann und Frau Energien, und es gibt eine Methode wie diese Energien vereint werden können. Das passiert im Schädel, so erfuhr ich jedenfalls die Vereinigung der beiden Energien - wo dann weder Mann noch Frau da ist sondern nur noch Energie als solche. In meinem Buch „Das Mantra – Mich Selbst erkennen", beschreibe ich die Erfahrung.

Das wäre auch schon mal ein Schritt aus der Chefetagen Misere des Geschlechter Dilemmas.

Das sich ja weltweit in der Industrienationen unter Menschen zu stark polarisiert hat, zu gegensätzlich geworden ist, obwohl da Lichtblicke zu sehen sind.

Hören sie, die Bewusstseinsmetamorphose Zentren sollen keine bloße öde Elite Pinkelei sein der politischen Schmalspurideologien - sie sollen Plätze des tiefen Friedens der größten Schönheit sein, dort gehen die Bewegungen von normal zu supernormal. Dort wird die Lebensenergie nach oben geführt keine Psychologie der Anpassung des alten frischgereinigten engen Anzugs. In ihnen wird der Geist das transzendentale vibrieren, das heranwachsen Bewusstsein – Zen – Gott – Wahrheit – Überbewusstsein – Liebe - egal welches Wort, es geht um die Erfahrung des Daseins des Sinns deines Wesens. Es geht um das erkennen deines Wesens.

Hierbei rufe ich auch alle Erleuchteten auf sich mehr gesellschaftlich zu integrieren. Alle Meister. Die alte Methodik des Antiestablischments ist ein trostloser Traum für Höhlenbewohner. Auch wenn man genau hinschaut, kein Erleuchteter geht zu einem anderen Erleuchteten, um eine Art Supererleuchtungs Sessin, zu kreieren - auch wenn du selbst bis zu Gott gekommen bist so muss trotzdem weiterentfaltet werden, so läuft diese ganze Scho nämlich ab. Alle kämpfen gegeneinander. Jeder meint von sich das er es nicht nötig hat. Das ist limitierend. Somit stehen auch die Erleuchteten in Konfrontation. Das muss aufhören. Noch nie hat es eine Konferenz von Erleuchteten verschiedener Methoden gegeben - verschiedener Praktiken - in diesen Bewusstseinszentren wird das angestrebt. Erleuchtete reden zu 99,9 % nicht von der Krankheit der Erleuchtung, dem Größenwahn, der spirituellen Diktatur der Sucht in ihnen selbst, der Egomanie, auch wenn es kein Ego mehr gibt. Was aber Totalbeklopptheit ist, denn das Ego steht ja direkt vor einem, der Körper, ist das Universum, der Körper, das Ego ist die göttliche Energie und die ist aber auch immer Einheitlich , Eins, gemacht aus Gott selber. Oder glaubt oder denkt ihr etwa, aus Gott könnte etwas anderes kommen das „Nicht Gott „ wäre. So, das Ego ist bloß komprimiertes Sein, Selbst, Göttlichkeit, und wenn die Entspannung eintritt, dann kann das erfahren werden. Oleeee. HoHoHo.

So, auch wenn es kein Ego mehr gibt, das Resultat ist das gleiche .Auch Erleuchtete müssen ihre Persönlichkeit weiter kultivieren, auch wenn das auch die Persönlichkeit des Astralen des Mentalen oder des Geistes ist, auch wenn es die Persönlichkeit Gottes ist. Es gibt Erleuchtung auf jeder Ebene, da Gott ja nie irgendwoanders ist, als, überall. Das Göttliche ist nicht nur dabei sich irgendwo am Zentrumsanfang am Anfang des Tonstroms. Das Göttliche es ist überall. Jetzt hier.

Alleine besser klarer denken zu können, umfangreicher zu sehen, höhere Ideale zu haben, oder weitere Ideale zu haben, macht noch längst kein Edlen Noblen, noch längst keinen, ich hab noch keinen Erleuchteten gesehen der nicht auch defekt ist, der sich nur auf seine Erfahrung und damit auf seine höhere Schwingung beruft, mich selbst miteinbegriffen. Oftmals ist der Nichtego Ego so hell das die Erleuchteten nicht mehr richtig sehen können. Wer die Erleuchteten der Jetztzeit beobachtet hat, kann gut sehen, wie sie zwar viel lobenswertes reden tun aber auch katastrophal stupide Egomanen sind, gut verschleiert durch viele süße Worte, und natürlich, wenn erkannt, immer als von einem anderen Niveau – Level - her zu betrachten sei - mit Worten kann auch Erleuchtung zur Erblendung werden.

In diesen Bewusstseinsmetamorphosezentren, soll ja nicht aus sozialen Wesen, noch sozialere Wesen gemacht werden, das wäre ja Blei im Kopf, nein, dort wird aus dem ordinären sozialen Wesen, dem Verhalten und dem Notwendigen, wieder das spirituelle Wesen heraus poliert.

Der normale Gesellschaftsmensch ist Ordinär, vom Bundeskanzler bis zum Bierglaskanzler.

Das ist alles die gleiche Matsche, bloß mit mehr Macht im Hintergrund, sozusagen als Bühnenbildunterschied. Doch das spirituelle Wesen ist riesig. gigantisch, Nobel, Glückseligkeit. Dorthin muss Handel führen.

Nicht nur zum Ablaufen der Zeit und dann Rente.

Was macht die Industrie zeitlos, was macht die Weltwirtschaftsgemeinschaft so, das sie nicht in Erwartungen lebt, in Hoffnungen, in der Vergangenheit, oder in der Zukunft.

Die Menschen natürlich !

Aber nur wenn sie frei sind !

Nicht wenn sie von Monat zu Monat aufs Gehalt hinarbeiten.

Von Jahr zu Jahr auf Lohnerhöhung warten, von Jahrzehnt zu Jahrzehnt auf Rente hin zu arbeiten. Das ist senil. Schon von vornerein auf Senilität angelegt. Wenn auch unbewusst. Man kann keine Versicherungsnummer sein. Man darf nicht auf morgen warten, ab 60 erst leben, die Gegenwart ist jetzt in Gefahr in Schönheit oder in Langeweile, oder mit Überraschungen.

Die Industriemenschen müssen aus der Welt der Konkurrenz hinausgehen, mit seinen Ambitionen, mit seinen 3,1 % Gruppenhypnotismus. Wenn die Menschen, die Industrie, die Weltwirtschaftsgemeinschaft nicht anfängt sich selbst zu transformieren, wenn die Gurus, nein werden die Gurus schon schaffen, und, dann steht die Gesellschaft blöde da, und versucht mit korrupten Gesetzen sich von allen Sorten von kleinen Sekten oder Religionsgruppen zu befreien, da ja ihre tote Sekte ob nun Islam – Christentum – immer noch Schizophrenie bevorzugt.

Die Menschen die Industrie, muss sich selbst durch eine freie Institution, die höher als sie selbst ist, erhöhen, das sollten die Regenbogen – Bewusstseins Metamorphose - Zentren sein.

Die Konventionen werden dort in die Reinigung gebracht. Inspiration wird ausgerufen. Das wahre Ich auch. Wer bin ich. Die Liebe zum Leben zu dir selber zu deiner Arbeit wird dort erweckt und genährt. Dieses sind keine Glaubensstelle für Schafe, wo der Hirte drauf wartet seine Profite abzusahnen. Sondern Treffpunkte des feinsten nobelsten edelsten. Dort trifft man, tritt man nur mit innerer Andacht ein. Dort wird die Wahrheit die Welt weit über der täglichen Vertragsarbeit gestreichelt und hervorgelockt - ohne Kompromisse. Ansonsten versickert der Mensch in der Industrie bloß als Reklameposten immer schön lächeln, immer schön nett sein, immer schön dies und jenes essen tun, sollen.

Da die Arbeit immer noch als fremdes, als fremder, eingekauft wird, behandelt man die Firma auch als Wegwerfprodukt, wenn sie ausgelaugt ist, na und, was geht mich die Firma an.

Das moderne Leben, die Gestank hetze der Städte, der Giftpegel in alles von allem, im Menschen selber und die Gifte der Vergangenheit, haben heute ein künstlich schön angezogenen Menschen geschaffen, der im Kern Glückselig ist, doch aber an der Peripherie, sein Ich lebt, das nur auf Konsum, auf außen angewiesen ist. Dieser Dreck das Gift im Konsum muss gereinigt werden. Diese Körper Geist - die Aura - die Bioenergie - elektrische Ladung , muss als das erkannt werden was sie ist-nämlich die Grenze nach außen und dann doch im Zentrum, da lebt das echte, das echte, das durch die Irrfahrt der Sinne ganz, ganz in den Hintergrund gedrückt wurde durch das Denken, durch Emotionen, durch Gefühle, durch Ängste.

Dieser Geist muss weggewaschen werden. Die Projektionen des Gehirngeistes müssen durch die Entfaltung deines Wesens - des Zeitlosen-unbeschreiblichen Lichts - Wesen-wegerlebt werden, wegerfahren wegexistenzialisiert werden - wegidentifiziert werden .

Das passiert im Bewusstseinszentrum - dort wo der Regenbogen lebt und eine neue Farbe hinzukommen wird. Da das Bewusstsein wacher wird.

Die Menschen die Industrie, die Weltwirtschaftsgemeinschaft, muss sich sozusagen ein, ein Weltreinigungszentrum bauen. Denn Industriemenschen sind ganz schön übel. Professionelle, selektive Meditationsprojekte die sich mit dem jeweiligen Thema der spezialisierten Industrieziele beschäftigen, werden mit eingebaut werden. Jeder Industriezweig muss seine Ziele und Probleme erörtern, die dann durch spezielle therapeutischen Maßnahmen, meditative Praktiken, Hellsehen, Astralreisen, blick in die Zukunft, Reise zu anderen galaktischen Zivilisationen bearbeitet wird . Meditation und Therapie sind dort sozusagen die Straßenschilder zu dem jeweiligen Zentrum des Individuums das wenn dort angelangt----------------------und danach in solch einem Glückszustand - dieses feine edle noble in sein Fach - die Umgebung die Firma - die Weltgemeinschaft überträgt.

Dort in diesen Bewusstseinszentren ist das Tor zur Transformation, sobald man dort eintritt.

Die Multidimensionalität des Wesens, das zur gleichen Zeit auf mehr Ebenen Informationen aufnimmt und ausstrahlt, wird dort von der Sonne zur Entfaltung gebracht, so das sich das Wesen so öffnet wie eine Seerose oder wie die Rose, die ihre ganze Blütenpracht zeigt , indem sie ihre Blätter ausbreitet, und man sich am Duft am Sehen an der Schönheit des erfahrenen Menschen in der Industrie in der Weltwirtschaftsgemeinschaft erfreut.

Doch beim Industriemenschen ist Dekonditionierung nötig - er steht tief, tief in der Illusion. Der Illusion nämlich dass das Geld ihn nährt, das die Kleidung ihn ausmacht dass das Statussymbol ihn erhebt, oder das die Firma ihn gefangen hält. Er ist tief von Gruppenhypnotismus sozusagen sinnlich fixiert, das er gar nicht merkt dass er ja ganz, ganz was anderes ist.

Und das ist ein Manko für die Industrie und für die Menschheit insgesamt. Denn aus Schafen kann nur määääh mähh und bäääh bääh kommen. Doch der Industriemensch ist ja die Existenz selber die Schöpfung die Wahrheit die Liebe die Geniefrequenz. Er ist das nobelste das feinste was es in der Existenz gibt. Doch stupide Konditionierung durch Religionsidiotiemanagement die brauchen Kurse in Hexenverbrennung - durch Staatsperversion - durch Professorensophismus - durch Schläge durch Drohungen durch Angstmachen durch nationale Seuchen die durch Politiker ob durch Diktaturen oder Monarchien geprägt sind, sie haben aus ihm ein schönes, lächelndes gutgekleidetes Schaaaaf gemacht.

Das ist ein Nachteil für die Industrie. Für die Weltwirtschaftsgemeinschaft, Da das Potential nicht aktiv ist. Um diejenigen die so kriminell sind zu illusionieren das ein Volk eine Zivilisation, geplant geordnet nach DIN eingerastert werden muss, die müssen identifiziert werden und zwei Jahre in M editationsdehypnotisierungsgärten gebracht werden, wo sie mit Schafen mit Ziegen mit Pferden mit Ihresgleichen ihre Krankheiten wegmeditieren weghypnotisieren können - da man ja Hypnose unlimitiert in der Form dem Inhalt anwenden kann. Also hypnotisieren wir sie zur Freiheit, nicht zum Viehstall, den sie Volk nennen.

Weltweit ist das „Frohe" weg, das Mysterium, Leben auch, da man ja alles weiß - kann und hat welch ein Wahnsinn.

Stattdessen sind die Industriemenschen voller Stress, Aggressionen, Angstträumen, Perversion, der Sucht nach Spannung anstatt Entspannung, Informationen machen sie von Jahr zu Jahr blöder anstatt weiser oder liebeswürdiger, .was gebraucht ist, ist Transformation, nicht Transformatoren. Dort wird nichts gelernt in diesen Transformationszentren des Regenbogendaseins, nein dort wird aufgeweckt. Aufgeweckt zur eigenen Klarheit zur Wachheit, die nicht die normale Arbeitsweltwachheit ist. Dort wird die innere Schönheit geöffnet, die Stille die Harmonie die jeder ist. Durch viele Methoden - diese Regenbogen-Metamorphosezentren sind also eine völlig neue unstrukturierte Bewegung der Menschen in der Industrie. Sie geben der Gesellschaft auch einen Blick der weit über die Konsumgesellschaft geht. Hierfür ist ein klares JA nötig. Allein schon um den willen. Die besten Therapeuten, die Zen - Meister die eigenen erleuchteten Wesen werden dort mit der Zeit wachsen, vielleicht, sicherlich, viele Buddhas, Christusse, viele Rama Maharsis, Meister Eckhardts, Boehmes, Oshos, Krishnamurtis, Chuangtsus, Laotses, bloß in noch besserer Verfassung als die Alten, noch schöner noch nobler, werden dort heranwachsen. In den Bewusstseinszentren etablieren wir Zen – Meister wie in Japan, und Gurus wie in Indien. Wir, im sogenannten Westen, brauchen diese Zentren alleine auch schon deswegen damit nicht so viel nach Indien gereist werden braucht. Aber auch um ein globales Netzt dieser spirituellen Plätze zu schaffen, die ein Gleichgewicht hinsichtlich spiritueller Entfaltung schaffen werden. Es geht nicht mehr das nur einige wenige, obwohl es immer mehr werden, zu verschiedenen Meistern in spirituelle oder esoterische Schulen watscheln um sich dort ausbilden zu lassen. Diese Entwicklung ist viel zu wichtig als das sie nur vereinzelte machen. Es muss eine, ein nette, nein es muss ein Netzwerk aufgebaut werden. Der Quatsch dieser Reisereien zu anderen Meistern und Ausbildung ist zu groß und die Ashrams sind zu klein. Das Niveau ist zu dürftig und die Qualität dieser Plätze ist zu bescheiden. Denn schließlich erden dort die zukünftigen Weisen und Heiler und vieles mehr ausgebildet. So wie Jesus seine Zeit in Indien und Ägypten verbracht hatte, Gott ist - und er ist überall. Ich bin nämlich auch überall. Nicht nur in Asien. In den Regenbogen Zentren wird es Inter - National zugehen und galaktisch. Es wird auch Solar zugehen, und auch interstellar, aber, aber auch friedlich. Sufimeister werden von einem Zentrum zum anderen reisen, Reikimeister auch oder afrikanische Tanzmeister, es werden Ton - Gesangstherapeutinnen wieder den Rhythmus erwecken, japanische Bogenmeister, oder tibetanische Tantrameister, die den Kaschmir Tantra lehren, amerikanische Computergurus, oder deutsche Mystiker, japanische Ästhetik, mit Schweizer Effizienz, oder östliche Entspannungsmeister.

All das erwähnte ist aber erst der sehr oberflächliche Anfang der Reinigung und Veredelung. Die Sprache dort ist das Lachen, das verlorengegangen ist, und sich nur in der Freundesgruppe am Leben gehalten hat. Der Humor die Stille alles das sind Begleiter dort.

Dort wird das Wesen, die Existenz von dir gesucht und dir gezeigt, gelebt, das was du wirklich bist erfahren, dein wahres Selbst. Es werden ägyptische Pyramiden Rieten ausgearbeitet werden - atlantische Rieten, lemurische Weisheiten, und indische, Indianer Rieten, es werden alle alten Gebiete der Weisheit und Selbstentfaltung der Menschen in diesen Regenbogenzentren zusammengebracht werden um eine neue Sicht und Entfaltung zu ermöglichen.

Die Menschen werden dort viel, viel tiefer höher Erfahrungen machen, die jetzt noch nicht in der Industrie, dieser Vertragsindustrie, mit ihrer 35 Stunden Woche, im entferntesten angepeilt werden, die aber von enormer Bedeutung sein werden. Dort in den Regenbogenzentren wird Nahrung, spirituelle Nahrung ausgebreitet, ausgestrahlt, .ausgelebt, ja zur Quelle der spirituellen Nahrung selber vorgedrungen werden. Zen – Gott - kosmisches Bewusstsein- Astralwelt – Kausalwelt – Geistwelt - spirituelle Welten - und vieles mehr.

Alles ist und bleibt mystisch, (und mystisch ist gleichbedeutend mit Unerkannt. HoHoHo) doch alles bedeutet das gleiche, unbekannte, das nur erfahre, werden kann. Nun es gibt Meister die erleuchtet sind, aber noch keine höchste Erleuchtung erlangt haben, wie ich zum Beispiel. Einige jedenfalls sagen das Spiritualität bloß Selbsterkenntnis ist, noch Ego, dazu kann ich nur sagen na und. Wenn Spirit, das Selbst, die Seele, in einer Industrienation, global, in der Weltwirtschaftsgemeinschaft angestrebt wird, und auch verwirklicht wird, also den fünften Körper, dann wäre das ein Triumph für die Menschheit, weit, weit mehr als das tollpatschige herum tapsen auf dem Mond von Neil

Armstrong, .denn bis jetzt ist noch keine Neuzeit Zivilisation über das Mentale, den Denkkörper hinaus gekommen. So die Spiritualisierung der Industrie, zentriert sich am Anfang rein um die Selbstrealisierung. Diese Realisierung habe ich und noch einiges mehr.

Selbstverständlich wird in den Regenbogenzentren dort nicht halt gemacht. Denn der Weg ist ja endlos, obwohl das Wort endlos eine ziemlich seltsame Assoziation zum Vorschein bringt, das man dazu geneigt ist zu denken, zu glauben das da irgendwas nie enden wird im sinne von Entfernung Distanz und so weiter, das ist nicht so, Endlosigkeit hat nicht mit Distanz zu tun, Endlosigkeit ist Gegenwart - Präsenz, in der die Distanz eine Eigenschaft ist. Es wird in den Zentren über den Spirit die Seele hinausgehen in das Phänomen des Verschmelzens, aber auch das der Mitarbeit als Götterspeise und vieles, vieles mehr. Das führt also über die Spiritualisierung hinaus aus dem Geist der Physis, in den blauen Himmel der ganzen Freiheit, losgelöst vom Körper. Ich habe noch keinen Meister gesehen, gehört, der nicht auch Ego ist, Betonung liegt hier aber auf - auch. Da ja Ganzheit lebt.

So man darf sich nicht von erleuchteten Konfuzius, konfus machen lassen, Wenn sie sagen, ach du mit deiner Spiritualität, mit deinem spirituellen Ego, sehr, fein, sehr subtil, es ist aber bloß Ego. Jeder Meister ist sowohl No - Ego als auch Yes - Ego. .Ende. Das muss klar erkannt werden. Die Erfahrung des Zen - des Gotts - des Alls . - des Nichtseins - der Leere, die haben sie gemacht. Doch das Leben ist konstant ein Wechselspiel aller Schichten, außer man verneint den Körper total und bleibt nur im 7ten Körper - doch das ist Extremismus.

Denn Zen - oder Gott oder sonst wer lebt kein Extremismus Muus. Da Zen, Gott, ja in allem lebt. So viele Meister unterliegen der Macht des Jenseits, sagen wir mal. Doch da sie Ambitionen im Diesseits haben, das ist ja offensichtlich verschwiegen, sind sie in einem konstanten Dilemma, was natürlich verschwiegen wird. Kein Meister erwähnt seinen Größenwahn. Nun gut.

Jedenfalls stellen die Regenbogenbewusstseinsmetamorphose eine komplette persönliche Analyse, für das was der Individualist am meisten braucht um zu wachsen und zu transformieren. Da die Persönlichkeit ja sozusagen aus dem Zusammensein von Menschen entsteht die sich gegenseitig beeinflussen durch freie Gestaltung, Kommunikation, oder aber auch durch bewusste Manipulation. Zum Beispiel Nazis, Kaiser, politische Parteien, Vatikan Dogma, oder du bist Amerikaner, oder du bist Franzose, du bist Chinese, und dann wird grenzen gelebt, doch die Individualität sie ist dein Geburtszustand. Diese individuelle Art, sie geht im Laufe der zeit verloren, und alle quatschen das gleiche, essen das gleiche, das ist dann Gesellschaft oder Massenhypnose.

In den Regenbogen Bewusstseinszentren, werden erfahrene Ärzte, Therapeuten, Berater, Kommunikationsgenies, Heiler, Hellsichtige, Auraleserinnen, mit jedem Individuum eine Erkenntnis Studie machen, um dadurch eine persönliche Einsicht in die spezifische Verlagerung eines jeden zu bekommen. Angefangen vom Bundeskanzler bis zum Arbeitslosen. Hier möchte ich noch mal die Worte von Jesus erwähnen: Denn wer Arbeitet darf erwarten das er Versorgt wird!

Diese Gruppe wird dann eine •Totalanalyse ausarbeiten um den Weg zur Transformation zu ebenen. Es wäre schön wenn das jeder mit Freude angehen würde. Wissenschaftler und Visionäre Genies, allopathische Genies, Kunstgenies, sie werden zusammen den Weg zum spirituellen darlegen, als Diagnose in das neue Jahrtausend. Natürlich ist, wie ja schon bekannt ist, vor der Persönlichkeit die Individualität, und vor ihr die Nichtindividualität, die, die Zen Meister erlang haben, auf ihrem Weg der Unkompromisssuche nach Wahrheit, dem Zustand der jenseits aller Begriffe liegt. Denn du kannst das unerklärliche nicht mit erklärlichen Begriffen erklären. Das Gesicht das man hatte bevor man geboren wurde, eben das Zentrum das man selbst ist. Der beeinflussende Faktor bei jedem Experiment in der Wissenschaft, das göttliche Wesen das in Wahrheit jeder selbst ist, das diese Welt selber geschaffen hat, alles was die Wissenschaftler sehen sind in Wirklichkeit Teile ihrer selbst ihres göttlichen Wesens -deswegen auch der Sinn von Sokrates - Mensch erkennen dich selbst - das wird ja in den Regenbogen Zentren gelebt.

Die Persönlichkeit wird abgelegt, die Verhaltensnorm, die Enge die Physis, denn der 50 000 Jahreszyklus der atmenden Materie geht um die 2000 Jahreswende in seinen Höhepunkt, das bedeutet das die Verhärtung aufhört, und es leichter sein wird spirituelle Ziele zu leben und in der Menschheit zu integrieren. Der Materialismus hatte dann auch seinen Höhepunkt erreicht -ob der Pol Sprung dann zu dem Zeitpunkt auch passieren wird, das glaube ich nicht, denn solch eine üble Gesellschaft haben wir nicht obwohl global über die Medien vieles an üblen Sachen berichtet wird. Es geht auch darum konsequent das positive Lebenselement das lebensfördernde weiter zu entwickeln - denn die negative Macht ist nicht still sie wird andauernd versuchen ihr übles Bild zu gestalten - das ist nun mal so in diesem Bereich der Existenz-positiv negativ - die Balance muss gehalten werden, und es kann ohne weiteres das Übergewicht auf das lebensfördernde gebracht werden.

Das befolgen von stupiden Ritualen das dazugeführt hat das sich die Völker in 3000 Jahren mit 5500 Kriegen bekämpft haben, muss eine Ende haben. Und das man heutzutage so intelligent ist zu glauben das es einen Staat gibt, eine Religion, eine Wissenschaft oder eine Gesellschaft, ist schon absurd. In all dem erwähnten nehmt bloß die Industriemenschen weg und wo, was, wer, ist der Staat, was ist Religion, wo ist die Wissenschaft, alles Fiktion, alles kollektive Begriffe, die Menschen verblöden. Denn es gibt in allem nur Menschen, göttliche auch noch dazu, oder ist der Bundespräsident der Staat, oder ist der Wissenschaftler die Wissenschaft, der Arzt die Medizin, oder der Papst die Religion, das ist alles bloß Interessengemeinschaft die ihre Ziele vorantreiben die Religion ist nicht irgendwo zu finden die Wissenschaft nicht die Medizin nicht und auch nicht der Staat, es ist alles Hypnose und Massenverblödung.

In den Regenbogen Zentren sind wir auf dem Weg zur Freiheit, mit Musik, mit Licht, mit Tanz, mit magnetischen Arbeiten, mit Trance mit lebendiger Astrologie, mit Kristallen mit Blüten, mit Tieren, mit, mit, mit, mit. Es geht um eine edlere, enthypnotisiertere Gesellschaft, auch wenn es im tieferen Sinne keine Gesellschaft gibt, obwohl alles auf ewig unzerteilbare Einheit ist, doch aber so aussieht als ob es alles aus Teilen besteht. .Auch die Atome sind nicht isoliertes Leben in thermodynamischer Form. Man muss sich zumindest seiner Individualität ganz bewusst sein. Wer nun schon ahnt das dahinter die Nichtindividualität liegt, der kann den Schritt hinein in sich, hinein in Gott, hinein in Zen, hinein in Licht und Ton machen um dann die Welten die über der physischen Welt liegen, weil sie feiner sind, zu erfahren, und so irgendwann mal sich als alles in allem zu erleben,..nicht schlecht, wa, oder ist das keine schöne Aussicht..

Religionen wie Christentum, Islam, oder Hindus, Sikhs, Jainas, Buddhisten, sind ja bloß Religion nicht Gott, das göttliche, sie zeigen nicht mehr wie du das göttliche in deinem Tempel, der ja dein Körper ist finden kannst, sie haben den Fehler gemacht, in Laien und Nicht-Laien einzuteilen, sie waren sich nicht bewusst das Gott auch im Bettlerkörper ist und lebt, im Krankenkörper und im Reichen oder Gangsterkörper, sie haben sich so abgeschottet das die Wahrheit die viel, viel zu groß und schön ist, sich nicht mehr kreativ entfalten kann, jetzt in den paar Jahrzehnten der Demokratien und friedlicheren Koexistenten zwischen den Nationen ist das Suchen aber so intensiv geworden, im Menschen das es nicht mehr verschottet werden kann. Die Religionen haben aus dem göttlichen einen kriminellen gemacht. Sie verordnen zwar moralische Düfte aber das ist längst, längst nicht das was zu tun ist, sie haben sich auf die Illusionen der Massenbeeinflussung eingelassen, Macht. Mord, vergiften, Verbrechen, Machtgier, Lüge, Massenverblödungen, und sogar als den Opa mit langem Bart silbrig zwar, dort hinten hinter dem Universum, auf seinem goldenen Scheißhaus, so idiotisch verkindlichte Verblödung ist das göttliche geworden, nämlich du selbst, hypnotisiert worden.

Ich selbst bleibe bei Gott, da Gott das ist, für mich, was ich wirklich nie wissen kann, aber erfahren kann ich mich als solches, und dann dementsprechend Handeln, und sein.

Religionen sind alle Gruppen Hypnosen für Blinde mit Mercedesführerschein. Zen und Gott ist für mich ein und dasselbe, das ist meine Erfahrung. Wenn manche Meister sagen ok, Gott muss auch verschwinden ok, dann muss auch Zen verschwinden, und damit auch Buddha....doch das geht nicht der hat ja gelebt und lebt noch. Wer Gott sucht muss alles hinter sich lassen Persönlichkeit, Individualität, Religionsaffentum, Philosophie, Mathematik, alles er muss total endloses Vertrauen in sich tragen, nämlich zu sterben, und das habe ich. Deswegen war für mich Leben und Sterben noch nie ein Problem. Für Buddha ja. Für Jesus auch. Und für alle Religionsmitglieder auch. Und für die meisten von euch sowieso. Denn ohne Probleme bleibt ja nichts zu tun., so quält sich der Gruppenego, doch genau da fängt Gott an, beim nichts Tun können. Dieses hinter sich lassen von Allem, darf nicht missverstanden werden, das passiert nur wenn du an dir arbeitest im Regenbogenzentrum, nein Geldmachen, Berufe die Mitwelt entgiften und sie weiter, das muss weitergelebt werden, ok.... .

Doch es wäre wirklich ein glücklicher Tag für die Menschen wenn sie sich das Ziel setzen vom Denken zum spirituellen Denken zu kommen. Bloß diese inneren Blockaden lösen, das sehen sozusagen erweitern. Denn das Sehen sieht jeweils nur aus dem Zentrum denn es lebt im Körper und der hat ja bekanntlich mehr Bewusstseins - oder Sehstufen. Es ist schlichtweg erbärmlich für die Nationen, die Völker, das sie keine eigenen erleuchteten Meister beider Geschlechter haben. Zu oft wurden und werden sie ja zuvor gekreuzigt, geviertteilt, verbrannt erschossen, vergiftet, gefoltert, alles wie man sieht, Raubmenschleichenfressermentalitätsmethoden. Das muss vorbei sein. Ohne Buddha, ohne Jesus, ohne viele andere, Mohammed, Laotse, Sokrates, Pythagoras, Nebukadnezer, ohne viele andere Erleuchtete, wärt ihr jetzt längst noch Barbaren. Obwohl ihr die göttliche Seele seit. Aber viele der Anwesenden sind es ja heute noch, doch Geld und Einfluss lässt das nicht sofort erkennen. Nicht das ich gegen Geld bin, nein, Armut ist kein Reinheitszeugnis, denn

Geld kann nicht denken sehen gehen oder handeln, es ist immer der Mensch der damit Segen oder Seuchen schafft. Wer ist heute von ihnen noch Leichenfresser, mumifizierte Leichen, gekochte Leichen, wer die meisten.

Das ist der Ursprung des Barbarentums in Designeranzügen mit Bibel und Universitätsdiplom mit anderen Worten es ist noch übler als wenn ein Mensch der sich gerade so durch das Leben schuftet und ein bisschen SÜNDIGT, denn der Gebildete lebt nur Schein und Wahn.

In den Regenbogen Zentren wird auch konsequent das Kausalgesetzt erwähnt die Zusammenhänge von Tun, was du säst das sollst du ernten, was aber auch aufgehoben werden kann durch das Gesetz der Leichtkraft der Vergebung der Gnade. Nur so kann man über jede dualistische Konzeption hinauswachsen.

Dort in den Regenbogenzentren wird man in Wahrheit nicht hinter irgendetwas her sein, da ja dein Wesen schon da ist. Dort wird man auch tief in Sich hinein entspannen in sein Nichtsein. Aber es wird auch aktiv intensiv das Zengesicht angeschrien. Denn du bist keine Religion keine Lüge, du bist ja, du hast dein Sein dein Körper, du kannst ihn erkennen, hast auch dein Bewusstsein, und das kommt aus dem Wesen, deine Glückseligkeit.

Du bist also nicht von Religion abhängig, da du ja selbst das göttliche bist Zen bist. Und das wird dir in den Regenbogenzentren klar gemacht. Wenn ich hier gegen die Religionen Nörgel, so soll das nicht heißen das die gute Arbeit die in allen Weltreligionen getan wird dadurch geschmälert werden soll - keineswegs, nein - bloß die Starre - die Lüge der Wahn das Dogma der MachtgierTrieb die Geldsucht das Üble dagegen bin ich in der Religion. Jesus selber, das ist mein Freund - Mohammed auch Buddha auch und alle anderen. Aber die rein spekulativen theologischen Denkereien und deren logischen Fantasieschlussfolgerungen die sind nix - sie helfen nicht die Menschen oder die Erde zu gesunden - zu befreien - jeder meister, Krishna, Buddha, Jesus. Mohammed, Laotse, Nebukadnezer, Osiris, und so weiter, alle lehrten das du dich selbst erkennen musst, es führt kein Weg darum herum, das ist der Weg, egal auf welchem Weg das gemacht wird, und bei erkennen ist hier nicht gemeint zu wissen welche Vor und Nachlieben du hast, welches Verhalten du von dir kennst, nein, es bedeutet dein wahres Ich zu kennen, das in dir und um dir herum lebt und eins mit allem ist, in allem ist. Das ist dann die echte Heilung. Die echte Gottesliebe und so weiter.

Alles andere sind nur Methoden die zeitweilige Erleichterung schaffen. Alle Therapie, Methoden oder heilenden Methoden von Homöopathie - bis

Farbtherapie, Musiktherapien, bis zu Psychotherapien, oder Edelsteintherapien, oder Bachblütentherapien, oder Aura-Soma Therapien alle sind nur Wege zum Ziel dich selber zu erkennen, hoffe ich mal. Denn alle Therapien egal welcher Kunstform auch immer, inklusive Medizinischer, die nicht zu Gott führen, sind Nix, sind bloß Aberglaube, und der hilft bekanntlicherweise ja nur Kurzlebig zeitweilig wenn überhaupt geholfen wird. Oleeee. HoHoHo Auch das wird in den Regenbogenzentren erkannt. Es wird aber auch mit all diesen Methoden dort gearbeitet werden, sozusagen als Vorstufenreinigungen - die DANN - Strukturen Heilen entgiften - die Zellen entgiften - auf subatomarer Ebene - auf Zellatomarer Ebene - auf feinstofflicher Ebene - der Astralkörper wird gereinigt der Emotionalkörper - der Kausalkörper in dem die Akaschachronik liegt das kosmische Gedächtnis - und der Mentalkörper wird gereinigt werden - es wird mit magnetischen Schwingungen gearbeitet werden –Elektrobiologischen Feldern - mit allen Feldern die auf Licht und Ton aufbauen und psychospiritueller Energie sind, und es wird daraufhin gearbeitet den Ton zu hören - am Anfang war das Wort - oder die Sphärenmusik - der Ton Strom der Klang Strom der wie ich schon sagte plastisch ist und sämtliche Existenzen durchwebt - was sozusagen Gott in Dynamik ist –sein Geist oder der Heilige Geist - alles ist von diesem Ton Klangstrom getragen aber Sie, Du, dürfen nicht denken dass das nur ein Ton ist - das wäre zu eintönig - dieser Ton ist Gottes Sprache sein Gesang sein Atem der Liebe und des Schönen - der nach außen fließt und auch wieder zu sich selber nach innen fließt. Den haben die Wissenschaftler noch lange, lange nicht in ihren Messgeräten gehabt, weil der so klein ist und mehr als spirituelle Energie ist ich kann das jetzt hier nur so poetisch beschreiben. Dieser Tonstrom programmiert alles und bringt sein unbeschreibliches Licht und Klang in alles lebende. Hält es überhaupt am Leben ist das Leben das die Formen schafft und so weiter.

Irgendwann werde ich mehr darüber wissen und davon berichten.

In diesen Regenbogenzentren wird es eine Zeitlang dauern bis man dort selber erleuchtete zum Vorschein bringen wird. Doch sie werden kommen. Viele werden ihr altes Wissen in den Zentren wieder entfalten können da die Umgebung dafür günstig ist. Der Nährboden dafür da ist. Viele werden das was jetzt noch immer durch starre Konventionen weggeschult wegkollektiviert weggedacht wegrationalisiert wird, dort als ihre wahre Fähigkeit erkennen und müssen sich so nicht der Blödheit anderer unterwerfen die bloß zufällige Positionen dumme Strukturen aufgebaut haben die, die Menschen in die

Blödheit hin entwickeln. Vergesst nicht Bukowski hatte schon richtig gelegen wenn er schrieb - der Mensch wird als Genie geboren doch die meisten sterben als Idioten--das ist so weil Idioten in Positionen sind die negative Menschenbilder unterstützen. Materialistische Illusionen.

In den Regenbogenzentren werden dann neue wache Wesen zum Vorschein kommen - nicht nur in Indien bei den Gurus. Und vergesst nicht, ihr dürft dadurch nicht Größenwahnsinnig werden. Wenn ich sage ihr seid Gott selber. Gott hat es nämlich gar nicht nötig - das ist doch sehr leicht zu verstehen. Das ist alles bloße Fantasie dieser Gott der wer weiß was sein soll -Gott ist das ist ganz einfach. Gott sein ist das natürlichste im Leben, in der Existenz, verstanden, das natürlichste, das freundschaftlichste. Das Normale das ist die Kunstgesellschaft das Unnatürliche das Synthetische.

Kleine Pause :

Im freundschaftlichen Sinne ist es nun Nacht im Kardinalsfriedhof - Kardinalsverfaulfriedhof in Köln. Zwischen luftverpesteten Grabsteinen ist plötzlich eine Grabplatte mit der Aufschrift-Heilige Onanier in Bewegung, und wird dann emporgehoben. Hervor tritt das Skelett vom heiligen Kardinal Onanie, noch etwas unbeholfen.

Während er den Staub von seinen Knochen putzt öffnet sich daneben die Grabplatte vom Kardinal Papstblowjow, und hervor tritt das Skelett .Beide kennen sich von früher als sie noch Geld sammelten um Seelen sich freikaufen zu lassen, und waren selbst auch inbrünstige Hexenfeueranleger. Endlich sind wir wiedergeboren, frei, sagte einer von ihnen. Lass uns zum Kölner Dom gehen mal sehen ob es da Schwule gibt sagte der andere. Als sie so die luftverpestete Straße entlang rattelten dreht sich der heilige Onanien schnell um und läuft rattelnd klappernd zurück zum Grab. Dann kommt er .mit seiner drei Zentner Grabplatte zurück. Erstaunt fragt Papstblowjow, was das soll. Ja ich habe gehört, dass man in Deutschland nie ohne Ausweis gehen darf antwortete der heilige Onanie.

Ende der Pause

Überall, global, versuchen sogenannte StaatsIdioten, oder Zukunftsidioten, den Menschen zu Labeln, zu kategorisieren, und das soll es dann sein, wie idiotisch, wie herrlich idiotisch.

Da sind dann also Leichenfresser Raubmenschen die von sich denken, der Staat zu sein.

Der ja noch in alten Häuptlingstraditionen und Monarchietraditionen immer in übelster Form verneint, das er Übel ist, aber so tut als ob alle anderen die Üblen sind, nämlich das billige Volk. Volk darf eigentlich keine Bezeichnung mehr für eine Nation sein. Volk genannt zu werden ist eine negative Beschreibung die dazu dient andere niedrig zu halten und nicht deren Potential anzuerkennen. Deshalb wir von nun an alles was sich als Volk ausgibt und als Volk bezeichnet wird - verändert in göttliche Seele. Obwohl heutzutage die politische Phantasie dazu tendiert sowohl Autoritär als auch Gierig zu sein. Wenn ich bloß an den schwachsinnigen Chiraque denke der zur Zeit in Frankreich herumidiotiert - das zeigt das die französische Seele ganz schön benebelt ist vom Nationalgefühl und dergleichen schwachsinnigen Tendenzen. So wie Roosevelt ja schon sagte - wenn du zu den Leuten redest sei schön freundlich, hab aber den Baseballschläger hinter deinem Rücken griffbereit. Systeme, nein Menschen dieser Fleischfressgruppe sind nicht mehr geeignet große Massen von Menschen ein Vorbild zu sein, Weder haben sie die Fähigkeiten klar zu sein, da sie die Produkte des Kollektivs, des Traums der Menschheit der großen Irrenanstalt sind, nein sie sind die Produkte des Traumas -Menschheit, der großen Irrenanstalt ihrer regierenden Vorgänger.

(Aber kann der Mensch wirklich für seine Situation auf der Erde verantwortlich gemacht werden) Das Karma der Politik ist gigantisch. Das was Politik als übles mit sich schleppt ist unerträglich blutig übel und verlogen. Auch wenn in einer Demokratie geheuchelt wird - denn mehr als Manipulation läuft da nicht - umher schichten täuschen und so weiter. Deswegen müssen alle die Uni Diplome haben enthypnotisiert werde. Und jeder Politiker, Firmenboss, Manager, muss mindestens 10 Jahre lang regelmäßig enthypnotisiert werden. Enthypnomeditation sozusagen, plus eine Therapie. Einen Therapeuten haben der spirituell zumindest im 5 Körper ist. Es ist ja all zu bekannt - weltweit bekannt wie das politische Milieu in weltweiten kriminellen Aktivitäten verwickelt ist - weil eben Kriminalität ein Teil der Politik ist und war - Gewalt Brutalität und so weiter. Man denke bloß an Japan - Amerika, England –Südamerika - an Afrika. Europa. Wo sich weltweit Politiker ja sogar als Waffenschieber öffentlich diskutieren ließen. Politik ist System mit Kriminalität, die sich staatlich sanktioniert hat. Aber man darf sich nicht von Worten benebeln lassen, denn Politik ist ja Nix, die gibt's ja gar nicht, es gibt nur Menschen somit sind es die Menschen die den Schund machen nicht die Politik. Die

Politiker sind ja Wandlungsunfähiger als die Wirtschaft, weil sie ja gewählt werden, wurden, und dann im Amt sitzen, und sitzen bleiben wollen, egal was für Wirtschaftskriminalität und sonst was sie tun , für ihre Arbeitgeber die Wirtschaft. Und da wird obwohl die Entscheidungen der Politik oft abgrundtief absurd und Unvernünftig und unlogisch und so weiter sind, trotzdem für Projekte und Themen gestimmt, die der Masse nämlich schaden aber den wenigen den Besitzern von Firmen sehr, sehr, sehr viel nützen. Amerika ist das beste Beispiel dafür da ist die gesamte Politik ein Bollwerk der Öl und Pharmaindustrie die aber auch alles Giftige und falsche durch ihre Vasallen in Regierung und Richtern „legalisieren" Oleee. Aber Europa und Russland und China und Afrika und Südamerika sind da nicht viel besser. Das sind die gleichen Raubsäugetiere des Betrugs dort. Das ist ihr Evolutionsdilemma. Und auch der Kanal für die Negative Macht für den Widersacher für das satanische das falsche.

Obwohl es natürlich auch in der Politik anfänglich jene gibt die voller Zuversicht sind und erst später sich dem System beugen und fette üble Schmarotzer werden die sich auf dem ergaunerten herumwälzen. Die wahren Geld und Kartellbosse die kommen fast nie in den Vordergrund oder die Medien. Die Kartelle sind heute sooooo groß, das sie deswegen gar nicht mehr auffallen, weil es zur Norm geworden ist, da mit zu machen. Normal ist ja der Standard der Masse. Aber Masse ist so auch im Physikalischen Sinne.

Doch wir im Regenbogenbewusstseinszentrum, machen aus denen dann Wahrheitserkenner. Denn es darf nicht vergessen werden, jeder Heilige hatte eine Vergangenheit und jeder Sünder hat eine Zukunft. Das bezieht sich auf alle Menschen und Wesen. Und das ist auch meine Einsicht. Hiermit will ich auch gleich vorwegnehmen das man mich weil ich kritisiere und so weiter als Intoleranten und so weiter abstempelt, ich habe deswegen diesen Stempel auf der Stirn: Kritik ist nicht Intoleranz.

Es gibt ja Politiker die schwafeln von alter Realität oder neuer Wahrheit, egal was geschwafelt wird, die Wahrheit bleibt dort wo sie ist. Sie ist immer frisch jung und Unkriminell Unkorrupt. Es gibt keine neue Wahrheit, weder noch eine alte auch keine originelle. Die Wahrheit ist einfach. Doch soweit ist die politische Herde noch nicht vorgedrungen, ja sie wissen noch nicht mal was damit gesagt wurde. Jede sogenannten Führungsperson wird im Regebogenzentrum durch die Erfahrung des ewigen in ihm, das Spinngewebe des Kollektivbewusstseins durchschnitten und er erfährt sich als das echte, ist dann also nicht mehr auf Machtgier, was eine Regierung ja nun mal ist - da re - gier - Gier also sogar in ihrer Berufswahl enthalten ist, wo also Illusion, und Machtgier bei ihm nicht mehr das Motiv sind . Wo auch aus Metzgern keine Finanzminister mehr werden, die es den Fleischfressern so leicht machen. Das ist einfach ekelerregend, inhuman, das ist Raubmenschvergangenheit. Blutgier.................

Es ist für die Weltwirtschaftsgemeinschaft mehr als nötig, mehr als überflüssig, das sie sich selbst reinigt, wer kann ein Kawasaki auf dem Weltwirtschaftsgipfel stehen sehen wenn er in Japan in gigantische kriminelle Aktivitäten verwickelt ist. Natürlich ist das karmische Rückrat mit im Spiel. Deswegen kann auch nur verziehen werden und harte Bestrafungen darf nur Gott anwenden. Und Gott würde nie strafen. Deswegen sagte Jesus ja auch: Verurteile nicht damit auch du nicht verurteilt wirst. Denn was wirklich hinter dem erscheinen den Erscheinungen hier auf der Erde und seinen Abläufen steht kann kein Unerleuchteter, kein Mensch jemals erfassen und wissen und dazu gehören auch die Verurteiler und die Unterstützer der Verurteilungen. Kein Mensch darf darüber urteilen, aber sich davon befreien das darf er. Was ist das für eine Industrie, Mafia oder was...

Die Seele schreit da ganz laut BEFREIUNG, BEFREIUNG, BEFREIUNG! Oder es muss dazu aufgerufen werden sich von labilen Hass - Machtgier Leichenfressern Instinktmenschen zu befreien. Nicht das ich gegen den Instinkt bin. Der ist ursprünglich ganz rein doch er wird gierig und dann ist alles vorbei was lebensfördernd ist, und wird schädlich. Diese Wesen können dann keine Zelle ihres Wesens als Nobel erkennen, und denken sogar alle andern sind auch so und verallgemeinern das Bild dann sogar noch öffentlich, genauso wie die Politiker und der Staat - diese Menschen also immer noch die Massen beleidigen und verdummen indem sie vom billigen Volk reden und dem Pöbel, das muss ein Ende haben. Diese Form der Suggestion ist inakzeptabel. Im Namen des Volkes, diese Verblödung muss aufhören. Kein Gerichtsspruch ist jemals im Namen des Volkes gemacht worden, das ist bloße Rhetorik um sich mächtig zu fühlen und der Illusion hinzugeben das die Mehrheit in Übereinstimmung mit ihren Schundtaten ist, ihren Brutalitäten und ihren Ganovenmentalitäten.

Jeder Mensch, jede Gruppe übernimmt Verantwortung für sich selbst. Es darf nicht sein das immer auf andere abgeschoben wird.

Dann muss es eben Demokratie im gesteigerten zustand geben wo sich dann edle noble bis zum umfallen durch – Demo - kratien von Leichenfraß Ideologien befreien. Die Psychoalchemie muss hier angewendet werden die von Sehern und Mystikern seit Ewigkeit benutzt werden - sozusagen als Powerwerkzeuge um sich vom Pöbel in den Industriechefetagen und Politik zu befreien. Das muss aus eigenem Willen geschehen. Oder in der Sprache des Rechtsstaatidiotentums als Selbstanzeige. Das ist dann eben der Weg zum Regenbogen Bewusstseinszentrum. Für alle die Üblen, und alle die in großen öffentlichen Positionen sind, (aber auch die „Insgeheimen", die „Geheimen", die Megakartelle aufgebaut haben wie zum Beispiel die Rockefeller Kartelle und deren Besitzer und die Pharma und Ölkartelle „Global". Oleee, HoHoHo) weil sie nämlich in der EllenbogenSchmierHierarchie in der Manipulationshierarchie in der IndustrieHierarchie ja jeder dieser Meisterklassen absolviert haben, also Meister in der Menschenverachtung sind, das ist gut sichtbar. Sie sind bis jetzt alle Vertreter der negativen Kräfte. Jesus würde sagen: Widersacher oder Satans. Und wie gesagt, da hat sich auf der Erde seitdem nichts verändert, der Widersacher lebt und seine Vasallen auch und auch die Geistwesen die Kranke machen und Verrückte verseuchen und den Austreiber brauchen. Das ist nach wie vor weiterhin Tatsache Realität und Wahrheit auf dieser Erde. Bloß in einer geheuchelten Machtposition der Wissenschaftlichkeit wird so was konsequent verdrängt verschoben und verpönt, man ist ja schließlich Wissenschaftlich und hat Verstand und so weiter. Aber denkste, der Satan gewinnt auf dieser Erde im und mit dem Menschen, oleeeee. Diese Welt ist der Einflussbereich des Satans, hier ist der Satan der König, der Herrscher, er bot Jesus oder Buddha doch die Herrschaft über diese Welt an, habt ihr das vergessen,,,

Ich lass mich nicht durch Positionen Titel oder Prunk täuschen. Die Wut und die Rache in den Intrigengemeinschaften sind enorm. Das genügt schon. Das System der Politik Welt und Weit ist dazu gebaut immer mehr Größe und Gier zu bekommen. Jeder der da reingeht wird mit der Zeit ein größeres Raubtier als er zuvor schon war als er noch Ideologien hatte und Phantast war. Die Politik hat keine Heiligen als Vorbild. Obwohl sie sich Christen nennen. Das ist eine Farce auch von den Kirchen. Doch das ist die Teilchenrealität der Wissenschaftler und deren Erkenntnisse. Die seit Jahrtausenden gezüchtet wird und am Leben erhalten wird. Das ist heutzutage völliger Leichenfraß. Einen Intensivkurs 1 Monat. Für Anfänger sozusagen. Kein Sprechen nur intensiv Koans rezitieren - oder aber sich von einem lebenden Meister in Licht und Ton initiieren lassen und die Rezitationen machen. Dann Verbeugung in echter Demut.

Sitzen. Selbst kochen. Selber sauber machen. In Zurückgezogenheit. Keine Zeitung kein Radio. Stille. Stille. Stille.....

Was in diesen Regenbogen Zentren auch ein ganz, ganz wichtiger Faktor ist, ist folgendes, es wird nicht auf Problemen herum gekaut wie in der dummen Psychologie - die gar nicht weiß was sie da tut - denn was du denkst das wirst du, wenn du dich ein Leben lang mit Problemen beschäftigst wirst du selbst ein Problem. Ursache Wirkungsprinzip schlägt hier zu. In den Regenbogen Zentren geht es nur darum dir dein fabelhaftes Wesen zu zeigen. Das gute unbeschreiblich schöne Wesen das du bist. Und nicht die stupide Erbsündigkeit der idiotischen Priestermafia weltweit.

Du bist als Mensch von unbeschreiblicher Schönheit, dein Wesen das wahre das echte das unsterbliche in dir. Es geht darum wer wir sind nicht um Krankheiten. Verstanden. Das ist sehr, sehr wichtig. Deshalb sind die Lichttonmeister die besten Heiler weltweit. Denn sie sind völlig Heil deshalb ja auch Heilige. In diesen Zentren geht es um Transformation hin zu deinem Wesen. Wir beschäftigen uns dort nicht mit Krankheiten und kauen auf ihnen herum wie die Mediziner oder die Psychotherapeuten. Es geht hier um Schönheit um Glück um Glückseligkeit um Harmonie um alles gesunde was du bist..

Aber auch darum: Mein Königreich ist nicht von dieser Welt! Also das durchschauen dieser Welt die bloß auf einem gewissen Evolutionären Niveau ist und nicht unsere wahre Heimat ist. Unsere wahre Heimat ist nicht von dieser Welt, sie ist die „Höchste Welt" das Himmelreich die ewige unsterbliche Welt. Denn wir sind nicht die „Zukünftigen Leichen"

Alleine die Ideen im Geist wechseln ist auch bedeutungslos geworden. Wie Dylan sang: „Change my way of thinking". Das nützt nicht viel. Anfänglich ja. Denn der Geist selbst ist das was transzendiert werden muss. Geist hier im Sinne des Mentalen. Des Denkens. Nicht der Geist der als allmächtiger Gott bezeichnet werden soll. Der ist sowieso unerkennbar aber erfahrbar. Und das passiert durch Meditation. Dort wo alles zu mehr als Ruhe kommt. Das Denken das Fühlen. Das Sehen das Hören und so weiter. . .

Da du ursprünglich Heil bist, aber voller Schleier der Illusionen durch deine viele Leben davor bist du dir nicht mehr bewusst wer und was du überhaupt bist. Es nützt auch nicht viel zu wissen im Sinne von Information zu Lesen, Hören, wer und was du bist oder sein sollst. Nur echte Selbsterfahrung hilft da.

Es gibt Meister der Quatschologieen von der Synthese zwischen West und Ost. Ja so ein Schwachsinn. Der Inder Osho plapperte diesen als erleuchteter

Affengeist. Das der Westen immer nur im Kreis läuft. Und der Osten soll das was der Westen nicht findet schon längst gefunden haben. Das ist pureraffengeistnationalismus. Die haben ja auch Affengeist Tempel obschon das schön ist - die wissen noch das Tiere intelligente Wesen sind die ebenbürtig hier leben und mit uns eins sind. Der Osten hat das nicht, was über den Geist geht gefunden. Es haben nur einige wenige im Gesamtmaßstab das gefunden, das, was über den Geist hinausgeht...aber sehr viel mehr als hier im so genannten Westen. Das stimmt..

Unter Milliarden Menschen sind das aber nur Staubkörner. Obwohl diese Erleuchteten Staubkörner viel Entstaubung im Laufe der Geschichte gemacht haben. Wenn Krishna oder Buddha oder Laotse oder Pythagoras oder Sokrates oder Jesus oder Mohammed oder die Surat Shabd Meister oder Ching Hai oder andere Licht Ton Meister nicht gewesen wären dann sähe es heute ziemlich barbarisch aus...Der Osten träumt in nichts herum trotz Indiens Schönheit. Die Menschen verkommen im Demoanarchismus in Indien voller Kuhscheiße. Der Inder Osho plappert das der Osten die Bedeutung des Lebens lösen kann. Das wäre ja katastrophal.

Totale Langeweile - der Affengeist weiß in seinem Teilerleuchtungsegotaumel nicht mehr was er sagt, ist ja auch kein Wunder. Er ist ja Teilerleuchtet. Astralerleuchtung sozusagen. Aber auch vergiftet mit „Strahlendem Gift"

Meditation ist global seit Ewigkeit da. Meditation ist in Ägypten, Atlantis, Lemuria, seit wer weiß wie lange bekannt. Die Inder haben sowieso die heilige Kuh - Scheißegomanie drauf. Doch wer alleine so blöde ist um für Sekunden zu glauben dass der Osten irgendetwas mehr als Wahrheit kennt oder weiß der ist taub. Die Suche nach Wahrheit und Schönheit ist global. Ob sie Internal oder External ist das ist relativ da ja alles Wahrheit ist. Zwar liegt per Eigendefinition das Zentrum im Bauch. Doch die Unendlichkeit hat kein Zentrum da sie ja unendlich ist, somit wäre eigentlich jede Stelle das Zentrum, jeder Platz und Ort und Wesen. Somit kann Erleuchtung überall erfahren werden, relativ zum Mittelpunkt des Daseins. Meditation ist ja nicht meditieren - Meditieren ist das Tun. Meditation ist die Frucht des Tuns. Das was du bist und wirst im jeweiligen Zentrum. Man darf nicht vergessen die Existenz ist gigantisch, dein Wesen auch und dein Körper hat so viele Schichten in dem unterschiedliche Erleuchtungen ablaufen können.

Buddhas Erleuchtung war wohl Mahamegaerleuchtung ebenso Jesus oder andere Supererleuchtet doch sie ist garantiert nicht das Ende der Megaerleuchtung, das wäre einfach zu stupide, so wie der war oder so wie Jesus war.

Seltsam das ich das schreibe, ziemlich unbedacht, aber ich lass es mal stehen mal sehen was das bedeutet. Ich glaube das Böse kommt hier durch. Ich habe sogar in meiner Handschrift geschrieben, für mich sind die zu unbelebt. Das wovon sie quatschten haben sie nicht gelebt. Das ist doch völliger Quatsch von mir. Aber interessant das so was zum Vorschein kommt. Ich schrieb sogar - kein erleuchteter Affengeist ist wert eine reife Mango zu essen, wenn er nicht selbst so lebt wie er quatscht. Und das hat der Backekuchen schon gar nicht.

So, es ist immer besser wacher zu werden anstatt sich mit Problemen zu beschäftigen.

Durch meditieren wird man wacher das ist unverkennbar. Die Industrie die Weltwirtschafts- Gemeinschaft hat das dringend nötig.

Der Industrienationengeist ist unterdrückt von Konkurrenzdenken von Familien, von sich selber. Der unruhige Geist kann durch direktes Sehen wie der Geist funktioniert erkannt werden und man löst sich davon, mit dem EinsSein der Gedanken, zum sehen der Gedanken.

Man darf nie so naiv sein das Erleuchtung, Erleuchtete, das non plus Ultra sind, ist, und sich dann aufgeben. Sie sind gute Lehrer aber ebensolche Egomanen, die riesige Fehler machen. Trotzdem man eignet sich wertvolles an und bezeichnet den Rest als Affengeist. So lebe ich jedenfalls.

Die Hindus reden ja auch von Affengeist - der Freud bezeichnete die Klienten sogar als Anal -charakter. Also Arschlochcharakter.

Eines darf nicht unbeachtet bleiben, jeder Erleuchtete muss selbst noch seine Persönlichkeit weiterentwickeln da die Existenz endlos ist. Viele bleiben aber darin zurück.

Sie bauen sich ihren eigenen Staat ihre Ashrams. Warum auch nicht, ihre Klöster, und leben dann von und mit den Pilgern. Warum auch nicht. Das ist verständlich, da Politik Weltherrschaft anstrebt, ja, und doch irgendwie ein kleinwenig, heiß umkämpft ist. Die Macht und Selbstherrlichkeit der Kirchen und Klöster wurde ja von den Politikern, angeblich zu Gunsten des Staates, entmachtet, aber, aber, wie sieht es heute aus. Da haben sich Politik und Wirtschaft und Kirchen einen neuen Superkuchen zusammengebacken und es ist eine viel, viel, viel, größere Geldmacht entstanden als sie zuvor unter den Papstkotzereien und Kriminalgeschichten der Kirchen und Klöster und Kardinälen vorhanden waren, da die Kontrolle der Menschheiten wesentlich effizienter und ausbeuterischer ausgeführt wird und somit die Geldmacht das Gelddenken das Profitdenken das Bankendenken kurzum das Satanische das

Diabolische zur Meganatur des demokratischen Menschen geworden ist. Somit sind die Politiker und die Wirtschaftsmanager und die Kirchenmanager heute noch übler als zu den Zeiten der Alleinherrschaft der Kirchenmafia.

Aber die Evolution des Üblen der Lüge der Ausbeutung des Betrugs und des Wachstums dieser Habgier des Widersachers ist so weit fortgeschritten das es keinen auf Vernunft und Einsicht und Liebe aufgebautes Verändern dieser Geldwahnsucht mehr geben wird, obwohl das schön wäre. So wie wird so eine gigantischen Geldsucht Ausbeutnormalität und Verkehrtheit zu Ende gebracht werden? So etwas Gigantisches an Falschheit wird wohl durch kosmische aus dem Weltall kommende Katastrophen Platt gemacht. Ich habe vor einigen Jahren die Bücher von Helene Möller gelesen. Sie schrieb all das nieder was ihr der Erzengel Raphael mitteilte, und einmal war auch eine Zeitlang Jesus bei ihr und teilte ihr viele Informationen mit. Aber was mich da zum ersten mal beeindruckte in der Aussage von Jesus war folgendes: Die Zerstörung wird unbemerkt aus dem Weltall kommen,,,,,,,, Das war in bezug zu der Entwicklung dieser Bösartigkeit der Zivilisationen und so weiter.................

Viel später las ich das Buch von Velikovsky:Welten im Zusammenstoß. Und das zeigte also ein völlig anderes Bild von der menschlichen Geschichte, wo eindeutig Zeitalter und Entwicklungszyklen auf der Erde wenn sie nicht mehr das natürliche göttliche Ziel in sich tragen und zu Kulturzivilisationen und Nomalkulturen geworden sind, schlichtweg entfernt werden von der Erde und zwar durch Planeteneinflüsse , Kometen, Apokalypsen, Sintfluten und Totalerdbeben und so weiter..

Sooooo, wann ist die heutige Menschheit so weit, das sie abtreten muss. Weil sie total verblödet dem Geldwahn alle Aufmerksamkeit schenkt und somit total davon eingenommen ist. Dafür sind wir hier nicht auf der Erde. Basta. Bingo. Oleeeee.

Das reicht erst mal zu diesem Thema.

Auch der Teilerleuchtete, der Inder Backekuchen, war stark diktatorisch veranlagt. Er wollte Weltpolitiker sein, sogar ein völlig neuer Mensch sollte gezüchtet werden, diese Sorte von Urerfahrungsidioten, haben wir schon zu genüge gehabt, Stalin, Hitler, Tamerlain, Mao, die Päpste, die verlogene Politik schlechthin.

Der Abfall der Menschheit muss abgelegt werden. Leichenfresser können nur Leichenfresser Kulturen zum Vorschein bringen, da hilft auch kein noch so rhetorisches Getaumel und Manipulationen. .Aus Stalins werden nur Stalins aus Hitler nur Hitlers, und aus Politiker nur Politiker. Aber aus Heiligen werden nur Heilige. Aus Jesus werden nur Jesusse. Aus Buddha nur Buddhas. Doch ich bin mehr als Buddha, Jesus, oder sonst wer. Damit will ich sagen, ihr Industriemenschen müsst eure schöne Seele finden dann wisst ihr wovon ich rede, ich kenne meine, sie ist aus dem Stoff aus dem Endlosigkeiten gemacht sind. Ich kennen sogar die Schichten.

Das Industriewesen ist noch unfrei. Egal ob Direktor, Professor oder sonst wer.

Man muss wieder unschuldig werden. Von vorne anfangen. Es ist ja auch nicht einfach von hinten anzufangen, außer man will wie Hunde bumsen.

Die Meditation wird im Regenbogen Bewusstseinszentrum freigelegt. Sie ist in jedem Menschen vorhanden. Ja sie ist natürlicher Bestandteil der Existenz, nicht eine Methode.

Sie ist sozusagen das gleiche wie Zen oder in meinem Verständnis wie Gott. Meditation ist die Erfahrung deines Wesens seine Schichten seine Richtungen seine Einheit.

Der Inder Backekuchen spinnt sich die Birne voll, indem er sagt Meditation sei vom Osten.

Dieser Inder hat so viel Stupides zu seinen Zuhörern gesagt, genauso wie Jesus oder andere stupide Meister. .Schon interessant, wie ich hier gegen die Meister wettere, weshalb bloß, das sind doch die Heiligen. Man darf nie aus den Augen verlieren, ein Meister in meditativen Erkenntnissen ist nur dazu da, dafür präsent, aus anderen, auch Meister zu machen. Doch sie überschreiben ihre Erfahrungen und lassen dann die Sau ihrer nicht Erfahrungen mit in den Bewusstseinsstrom der Initiierten fließen. Seltsam das ich das schreibe.! ?

Ihre politischen Ambitionen ihre Machtambitionen, ihre materielle Gier, ihre Herrschsucht je nach vorheriger Veranlagung, wird nun auch in den Initiierten eingeflößt. Seltsam, seltsam, das ich das schreibe. Wo kommt das her. Erleuchtete sind nur dazu da Erleuchtete zu produzieren und Seelen zurück zum Ursprung zu Gott zu bringen, wird auch gesagt…………….

Seltsam das ich das schreibe, da muss das negative durchkommen wollen, ein Teil von mir der nicht konsequent an die Heiligen glaubt, naja, hoffentlich vergeben die mir. Ich vergebe mir schon mal selber. Man kann ja nie wissen. Jedenfalls geht es ausschließlich um die Freilegung des Wesens. Zu viel Politik ist in erleuchteten Meistern. Rebellion.

Das gefiel mir am Backekuchen Wahn nicht .sooooooo, aber am Anfang ja.

Der Osten hat also auf keinen Fall die Meditation erfunden. Indien nicht. Der spirituelle Egoismus ist dort gigantisch.

Die Brahmanen sind alle egoistische Wortklauber geworden, da ist kein Erleuchteter mehr dabei. Da Meditation du selbst bist, ist Meditation auch nicht geographisch festgelegt.

Meditieren, da Sitzen, praktizieren, ist dort kommerzialisiert worden, und das wird sie hier auch. Eine Reiki Ausbildung zum 3ten Grad da wird schon 20 000 Mark verlangt. Das ist kein Reiki mehr - das ist Geschäft, zumal die universale Energie in jedem vorhanden ist, auch ohne Symbole, Handauflegen ist universal vorhanden, bloß die Menschen wissen nicht um ihre Göttlichkeit.

In Deutschland in Indien in Italien in Marokko, in Kanada in England und so weiter habe ich überall Menschen gesehen die natürlich meditieren, obwohl sie wohl gar nicht wussten was sie taten, aber ohne daraus Geschäft zu machen, das abschalten, die Stilllegung, die innere Ruhe, der Gang zum schönen Platz im Garten, oder auf die Parkbank oder der Weg in den Wald mit der Decke, oder ganz einfach das hinlegen auf der Wiese, abschalten entspannen, all das sind die Urformen meditativer Praktiken, in mir selbst ist der Weg zum still sein andauernd vorhanden gewesen, muss ja auch so sein, da das was du bist, ohne Sprache auskommt, ohne Ton ohne Licht, so die darauf folgende Klärung das Klar werden ist ein Teil der Meditation, so Meditation ist globalexistent, weil sie ja selbst die Existenz ist. Alles andere ist intellektuelles Gequatsche. In Marokko bin ich mal im Atlasgebirge auf einen Berg gestiegen, morgens. Als ich los ging, saß ein junger Mann unten auf dem Gras, nach 7 Stunden saß der junge Mann immer noch auf der gleichen Stelle. Ich konnte sehen dass er natürlich in Meditation war, sich also in die tiefen leichten freien Schichten seines Wesens hinein saß. So wenn es so was wie eine Monopol Sucht hinsichtlich Spiritualität und Meditation geben sollte in Indien oder sonst wo, dann ist das totaler Blödsinn, der Inder Backekuchen sagte auch - Zen ist nicht eine Meditation das ist falsch. Zen und Meditation ist das gleiche. Meditation ist wie Zen, deine wahre Natur die sich zeigt. Dein ganz natürliches selbstverständliches Heiligtum. Deine Unsterblichkeit meditieren, ok, das ist nicht Meditation. Da also jeder unsterblich ist heil, Heilig, ist jeder auch Zen - oder Gott - oder Meditation - doch heutzutage gibt es eben viele, da Stadtleben hektisch und ungesund ist, da die Menschen zu aggressiv leben, da sie sich über die Sinne falsch identifizieren. Man identifiziert sich nämlich nur durch den Sinn, nicht die Sinne, und der Sinn ist Zen - ist Meditation - ist Gott - du selbst.

Du bist also totale ewige unsterbliche kreative liebevolle Freiheit. Und deswegen scheidest du selber welche Richtung du gehst. Das kollektive die Sinne also die sind unfrei, da sie nicht Wach genug sind ihre Wurzeln ihr Wesen zu erkennen, der Sinn.

Aus der Sicht der Freiheit ist totale Freiheit des Menschen - nicht Irrsinn oder Krieg , Freiheit bedeutet immer Freude Glück Liebe und Achtung vor dem Leben - alles was Lebensfördernd ist. Vielen bekommt die Freiheit ja noch nicht, warum sonst Kriege, Waffen oder der ganze andere Schrott, Karma hin Karma her. Da muss schon jeder selber Bedeutung, Sinn, in sein Leben, leben, zeigen, erschaffen, doch dafür sind auch die Regenbogenzentren da.

Damit die Freiheit eine echte Freiheit wird und keine Vergiftung oder Wahnsinn oder Ausbeutung oder, oder, an der Neiße, da oben in der Nähe von Polen.

Das ist ja das schöne, frei zu sein, es gibt dann gar keine Ziele die ein Mensch erreichen muss, aber aus Freude am Leben im Leben setzt er sie sich selber. Der Geist der bloß im Kopf lebt, der Physis Geist ist eng. Der große Geist - der Manitu - Zen- Gott - der ist grenzenlos -grenzenloses Sein - auch als Nichtsein bezeichnet - weil er nämlich grenzenlos ist - alles was keine Grenze hat kann nicht erfasst werden - es zeigt sich aber dem glücklichen Suchenden als Grenze - trotzdem dir wird mitgeteilt dass das, Grenzenlose ist - du weißt es in dem Moment - weil du es selber bist - in Worte kann das Grenzenlose Alles, nicht beschrieben werden - es ist einfach sagenhaft, sagenhaft, sagenhaft, sagenhaft. Der Stoff aus dem alle Sagen sind.

Meditation, Zen Allgeist allmächtige Totalität Wahrheitstotalität oder wer weiß sonst noch was all das ist weit, weit größer als dein kleiner Physis Geist an dem du so hängst und dir deswegen so viele Sorgen machst, Kriege, Neidereien, Hass, Wut, und alle anderen zerstörerischen Emotionen.

Die Physis – Ego – Persönlichkeit - die werden durch die Erfahrung deines grenzenlosen Wesens das du dann bist, in ihre echten Proportionen gesetzt. Man weiß dann dass das bloß Anzüge oder Kleider sind. Meditation die Erfahrung deines echten Wesens passiert als Einheit der Physis Geist, das Ego, erfährt das nicht, die Erfahrung passiert nicht im Ego, sondern das Ego erfährt das nur, ist Teilhaber im erkennen, und staunt, ist damit, sagen wir mal mit guten chemischen Lösungsmitteln in Kontakt gekommen und wird aufgelöst in ein egoloses Ego wird also größer. .Also ihr Egoisten, wenn ihr echte Egos seid, sein wollt, stürzt euch in das größte Abenteuer, das es global gibt. Nämlich in euer echtes egoloses Ego - lch.

Aber ein Ego zerstören oder gar Egolos zu sein das gibt es nicht das ist Simsalabim des Wunschdenkens,,denn wie sollst du Ichlos sein. Da du ja immer bist warst.

Soo, noch mal einiges zu diesem Schrieb hier von mir. Ich wurde ja da Morgens innerlich dazu aufgefordert nach Montreal zu fahren in Zehn Jahren und dort eine Spirituelle Organisation zur Spiritualisierung der Industrie zu gründen. Ich bin also bloß der Gründer der Organisation und der Schreiber des Buchs. Das kam also total Intuitiv plötzlich auf mich zu. Und nun versuche ich hier einiges zu schreiben. Ich hoffe man vergibt mir das was unangenehm und sonst was erscheint oder sogar blöde bekloppt und sonst was zu sein scheint. Ich bin kein Spezialist in diesem Fächern und Themen kein gelehrter oder Fachwissenschaftler und so weiter. Mit dieser Aktion werden die Menschen die in Montreal schon darauf warten im Stillen und die dafür prädestiniert sind alles Weitere machen was Notwendig sein wird um das auf zu bauen. Diejenigen die dafür viel besser sind als ich werden erscheinen. Also ich bin hier bloß der „Einfache Informant der Vermittler" und nicht der Fachmann.. Also vergesst das nicht bei der Betrachtung dieses Schriebs. Oleeeeee.

Kein Abenteuer ist so groß so mühsam, so anstrengen und so gefährlich, so voller Fallen voller Tricksereien, Täuschungen, Mühsal und Schufterei. Ich weiß das hört sich nicht nach Wohnzimmerleben an, es muss aber gesagt werden, denn sonst wird es euch keiner sagen. Die werben nur werben, werben. Es ist Arbeit, Arbeit, Arbeit, aber die Frucht ist schon mehr als fantastisch, zu wissen was du bist, wie du bist, wenn du dich zum Beispiel durch den engen Kanal hindurchzwängst und dann deine vorherigen Leben lebst, bist, die Tiere die du warst, die Pflanzen und so weiter, und dich dann mehr und mehr von der Erde wegbewegst, immer höher steigst höher, höher, höher, größer, größer, größer wirst, und auf einmal merkst das du das Sonnensystem und dann das ganze Universum in dir trägst und es umhüllst, stellt euch das mal vor Menschen, das bin ich und mehr, sagenhafte Schönheit...Dies nur als Kostprobe.. Jetzt im Körper habe ich mich ganz, ganz, ganz, ganz, ganz, ganz, ganz, ganz, ganz, ganz klein gemacht. Kein Abenteuer ist so leicht so schön so gefährlich so interessant wie die Reise nach innen zu dir selber wenn es dann die Totalität wird. .Ich weiß das ich Gott bin, das göttliche und trotzdem rede ich zu Gott und bete zu Gott und meditiere zu Gott, das ist eine ganz seltsame Situation, weil ich hier als Mensch sitze und schreibe, als Physis, als sterblicher, als Körper, Gott der ich bin der schaut zu, das ist ja das schöne absurde--Logik ist hier hilflos, es muss einfach so akzeptiert werden, und das tue ich auch gerne...

Bewusstsein wird ja auch immer erwähnt – bewusst – Sein - das was Zen Gott – Meditieren – Laotse, Buddha – Jesus - war, ist, sind, nämlich ohne Physisego, aber dafür mit wandlosem, kleidungslosem, Nichtego .

So, in einer Erdgesellschaft, die zum Individualismus wächst, weg vom Massentrog der Schafzucht mit Oberhirten, der bloß darauf wartet die Schafe zu benutzen, ist es ein muss, das auch das echte Ego also Ich, freigelegt wird, damit dadurch die Gesellschaft wächst, blüht.

Damit die Industrie kosmischer wird. Denn die anderen Zivilisationen die warten schon darauf friedlichen Kontakt zu machen. Die Ufos, das sind alles Wahrheiten. Ich habe auch schon Eins davon gesehen, hier im Regenbogen Galaxien Traum.

Die Industrie, die Weltwirtschaftsgemeinschaft hat es mehr als nötig das echte Potential des Menschen frei zu legen. Traditionelle Formen sind da nicht mehr genügend. Jetzt gilt es globale Mixturen zu entfalten ins Reagenzglas schütten, und neue Praktiken, Lebenswege Methodik, neue Ziele anzustreben. Wenn wir's nicht tun wird es jemand anders tun, garantiert. Die mentalen Prozesse, Abläufe, müssen als Kreislauf erkannt werde. Sie sind die Kleidung die gereinigt werden muss. Und euer Tun in den Kleiderschrank gehängt werden muss.

Oder die einfach weggeschmissen wird. Doch das führt jetzt zu weit, dies soll ja bloß ein Straßenschild sein, nicht die Stadt selber.

Es wird viel Wasser verdunsten bis eine Gesellschaft ihr Gesamtniveau verändert hat.

Sich enthypnotisiert hat. Aufgewachter ist. Vielleicht wird das nie passieren. Doch der Versuch in die Richtung muss gemacht werden. Es gibt jene die kommen sofort zu sich selber zurück. Sie haben erkannt das zu viele Lehren zu viele Chaoten hinterlassen, zu viel Chaos stiften. Die Eigendynamik dieses Chaos ist schon so stark, das es sich am Ende selber zerstören muss. Das ist mit dem dunklen immer so. Kein Tyrann hat jemals Licht gebracht und Menschen transformiert, zu sich selber, zum Guten, Schönen, und der Tyrann ist heute die Verachtung des natürlichen Lebens der Natur und ihrer Feinheiten. Der Tyrann ist heutzutage viel, viel Subtiler am Wirken, viel Wachsamer, gescheiter, Intelligenter. Er blendet durch gute Umgangsformen, durch gute Kleidung, durch Organisationen mit Bezeichnungen die Hilfe für die Menschheit für die Gesellschaft andeuten aber auch durch offene Bösartigkeit und Habgier und Zerstörung. Er hat sich heute fast alle öffentlichen Organisationen einverleibt und gegründet, durch die er wirkt und austrickst. Da stehen Menschen in neuen Anzügen und Positionen und sprechen von Hilfe und so weiter, aber das ist alles bloß die bewusste Wirkung nach Außen durch das Medium Medien. Mir wurde gezeigt was in diesen Körpern, Menschen lebt, es sind ausschließlich die Diabolischen Wesenheiten, das satanische der Widersacher, die Helfer des Üblen. Anders formuliert, es sind Täuscher, Trickser, Betrüger, im Gewand des Politischen, der Wirtschaft, der Religionen. Global.

Warum ist wohl so viel Wiederstand, Resistenz, und total Unvernunft und Bösartigkeit und Heuchelei und Verschleierung in der Politik, wenn es um Entscheidungen geht die sowohl wissenschaftlich wirtschaftlich sinnlos sind als auch Human und Sozial und Ökologisch Ökumenisch oder Ethisch und sogar politisch. Weil durch und mit ihnen der Widersacher spricht, denkt und fantasiert. Diese Wesenheiten und Geister sind ja nicht plötzlich verschwunden bloß weil angeblich eine Demokratie da sein soll oder es eine „Wissenschaft" geben soll. HoHoHo. Nein das ist alles weiterhin am Wirken. Das innere Wesen dieser angeblichen Menschen ist das Diabolische Wesen. Ich habe schon öfter gesehen wie die diabolischen Wesenheiten in den Menschen eintreten und ihn beeinflussen und kontrollieren.

Chaos und Subtilzerstörung wird so auf langer Sicht geplant. Zwar hat der menschliche Körper auch diese Feinheit das zu verneinen, und vieles mehr. Das geht also Hand in Hand. Leben schützen und nicht töten. Da aber jeder immer sagte wie der andere zu sein hat was er zu tun hat und was nicht. So, musste sich chaotische Vernunft entwickeln. Die, wie die chemische Industrie, Produkte entwickelt hat, die im Naturbereich das Hiroshima der chemischen Vernunft besten zeigt.

Chaos war schon immer da im menschlichen Affengeist, oder im affengeistlichen Priester.

Oder aber im Chaotismus der Affengeist Religionen. Und nun im Affengeist der Wirtschaft und Politik.

Ich bringe euch nicht die Liebe sondern das Schwert, das hat ihr Meister geplappert. Wohl als er Maria gut genudelt hatte und der billige Rotwein ihm seine drei Gehirnzellen weggespült hatte. Das Resultat waren ja die Religionskriege. Das Mittelalter des Affengeistlichen. Natürlich hat Jesus das ganz anders gemeint. Ich bin hier bloß etwas Übel, damit erkannt wird dass der Geist willig ist.

Heutzutage trägt der Industriemensch immer noch diese Misere, die Tragödien, dieser Meister mit sich herum. Ganz zu schweigen von den eigenen Tragödien, die schon beim Anblick von der Weltgeschichte der Raubmenschheit erschien. In einer offenen Gesellschaft die von kriminellen Demokratien geführt wird, also von solchen Menschen, nicht von der Demokratie, denn die gibt es gar nicht Ich hab sie noch nirgendwo gesehen, auch nicht die Wissenschaft oder die Biologie oder Medizin, das ist alles pure Phantasie, sind gewisse Verantwortungen und Freiheiten eng miteinander verwoben, in der bunten Wolldecke die sich Human -demokratische Kl€idung nennt .Freiheit existiert nur mit Verantwortungsbewussten Menschen. Aber das nur weil die Menschen so dicht nebeneinander leben, aus ursprünglicher Angst, als natürliche Quelle sozusagen.

Eine Gesellschaft ist keineswegs destruktiv gegen das Individuum. Eigentlich, der Sinn der gesellschaftlichen Sphäre ist die Freiheit des Individuums, seine Integrität seine Liebe zum Leben zu schützen. Der natürliche Garten braucht keinen Gärtner. Die Wiesen, .hier auf Kreta sind voller Tulpen, Hahnenfuß, Gladiola, Italicus, Orchideen, Mohn, Iris, voller Anemonen ,und alles ohne Gärtner. Das hätte so bleiben können, wenn man sich der Einfachheit hätte hingeben können. Doch nun ist es ja anders. Eine .Gesellschaft ist nicht demokratisch, sie liegt zwischen Blind sein und Notwendigkeit. Sie ist leicht diktatorisch, denn kein einziger ist so voller Liebe, dass er die Position nicht raffiniert diktatorisch nutzt.

Die Industriemenschen haben also die Verantwortung übernommen und eine freie Gesellschaftsform (in grenzen, da sie sich in Strukturen verhärtet) hervor Industrialisiert, die aber riesige Mankos hat. Da ihr Ziel Gefräßigkeit und Geldgier ist - Gefräßigkeit zum Gewohnheitsrecht geworden ist.

Im Verständnis meiner Intelligenz, Freundlichkeit, kommt nun das große Fragen, da ja jeder in seiner Wohnung nur einen Kühlschrank braucht - man kann seine Wohnung ja nicht so voller Konsumgüter stopfen das kein Raum mehr bleibt. Und das ist genau das was im Regenbogen Transformationszentrum gemacht wird--Raum. Der Industriemensch ist voller Ideologien, voller Wünsche, Ziele, Querelen, politischer Meinungen, Träume, Hoffnungen, psychologischer Irrfahrten, das er total gefüllt ist. .Wenn man nun diesen Raum in ihm der vollgepfropft ist, der Möbelstücke entledigt, bleibt wirklicher Raum in ihm zurück. Raum der eigentlich immer da war, der bloß vollkonsumiert war und die Schwere die Krankheiten produzierte. Das ist eine Form der Selbstverwirklichung. Lösen – Loslassen - innere Distanz gewinnen. Das bedeutet auch sich lieben zu können und dabei andere nicht in Liebe zu vergessen. Ganzwenige haben das erreicht - die Seele. Und in der Seele selber lebt Gott. Der du auch selbst bist. Was sich ja katastrophal anhört, und Angst einjagt, da ja Gott von den Machthabern der Kirchenreligionen den Geschäftemachern mit Gott und mit eurer Angst hauptsächlich mit eurer Angst, ja mit euren Ängsten - nur deswegen konnte sich sogar eine Kirchensteuer - die pure Macht ist und totale Nichtliebe bedeutet, solange in solch einem gehörigen Volk wie der Deutschen durchsetzten. Die Kirchenignoranz die Staatsbeamtenignoranz haben Gott immer da nach draußen gelegt in das gigantische also ist Gott immens, immens gigantisch und du als Winzling mit deinem Körper könntest Gott nieeeeeeeeeee, erreichen, das war Strategie, Machtmissbrauch, um euch in Angst und Unwissenheit zu halten. (Und in den Beamtensprachen wird das Ich ja verneint. Auch das ist Machtstrategie, um, nicht verantwortlich gemacht zu werden. Denn als Ich habe ich Verantwortung für meine Handlungen und Taten, und das wird durch Rhetorische Denktricksereien verschoben, auf Gott nämlich. Das ist Betrug an der Menschheit und ihrer positiven Evolution durch die Macht der Wiedersachermitmacher. Oleee) Denn Gott lebt in euch in eurem Körper im Herzen. Ja der Körper selber ist Gott obwohl das als Körper bezeichnet wird denn: Aus Gott kann nur Gott kommen. Bingo…. Oleeeee. HoHoHo….In eurer Kirche dem Tempel, der Körper, und er ist der Mittelpunkt der Seele, was ihr letztendlich selber seit, deswegen zu sagen ich bin Gott ist für viele katastrophal - für Moslems ist es unerklärlich, deswegen wurden die Sufis alle früher umgebracht - und Jesus und alle anderen verfolgt, doch ihr seit Gott selber. Und das ist Genesung, Heil sein, Wahrhaftig sein, Wissend sein. Es ist ein langer Weg dahin. Es geht nicht von heute auf morgen, bei manchen vielleicht,

Wenn nun also dieser leere Raum, der ja Wände hat, von den Wänden befreit wird, was bleibt dann übrig, Ausdehnung - völlige Ausdehnung - Grenzenlosigkeit. Das wäre dann freie total freie totale Existenz. Gott sein. Zen Nirwana - Totalität, und die ist jeder. Das ist ja der Witz im Leben. Es ist in Wahrheit Humor. Bei Entrümpelung bis zur Selbstverwirklichung passiert schon sehr, sehr viel Schönes für dich. Du wirst das erstemal Glückseligkeit erfahren.

Glückseligkeit kommt nur von einer Stelle in den Körper hinein. Das verrat ich hier jetzt nicht, damit die Intelligenz - die eiskalten Intellektuellen, nicht weiter herum lügen die bloß auf Macht aus sind. Macht über euch. Um euch auszunutzen. So wie die Kirchen. Keiner der Priester oder Kardinäle oder Pastoren weiß was von sich oder was er ist und wie es ist die Seele zu sein oder sogar Gott. Das sind bloß alles Intellektuelle die sogar zur Universität gegangen sind um genau zu lernen was sie euch zusagen haben damit sie euch einfangen können und beherrschen können und insbesondere nämlich um euch abhängig zu machen - das ist nun schon seit Tausend und mehr Jahren so eingebürgert das es gar nicht mehr auffällt und zur Norm geworden ist sozusagen deutsche Industrienorm - in diesem Falle deutsche aber auch globale Religionsnorm. Tja und diese Glückseligkeit ist nicht vom Konsum abhängig. Du wirst Einblicke in die Sphäre der Existenz die du bist bekommen. Und mehr. Ich kann bis jetzt nur bis zum kosmischen Körper Definitiverfahrungsberichte abgeben aber auch von mir als silbrig weißes göttliches unendliches Licht, und alle Menschen die mit mir Kontakt haben sind damit mit mir verbunden. Der Wandlose zustand den kenn ich also sehr gut.
Durch meditative Praktiken, gehst du über die Vernunft hinaus die doch letztendlich limitierend ist du kannst noch so gelehrt sein du musst letztendlich doch geleert werden.
Das beschreibe ich übrigens in meinem Buch - Die Reise des Geleerten. Nein, Die Realität des Geleerten.
In den Regenbogenzentren wird sowohl dynamisch mit Willen an dir selber gearbeitet aber auch adynamisch in Stille Ruhe meditativem Sein,.

ICH BIN BEREIT IHNEN 50 MILLIONEN FRANCS ZU GEBEN SEUFZTE DER GESCHÄFTSMANN FILOU, NIEMALS, SAGTE DER VATIKAN DIKTATOR PAPST PIVO. BILLIONEN UND NICHT WENIGER !
OK? SAGTE FILOU, UNSER LETZTES ANGEBOT, 700 MILLIONEN FRANCS.
NIEMALS SCHREIT DER PIVOPAPST, BOHRT SICH IN DER NASE UND HOLT EIN STÜCK PIZZA HERVOR!
700 MILLIONEN DOLLAR UND NICHT WENIGER.
1 DOLLAR FÜR JEDE CHRISTLICHE SEELE, DAS IST NICHT VIEL, DAMALS IM MITTELALTER WAR'S TEURER.
HEILIGE VATIKANSCHEISSE, SCHREIT FILOU UND LOST SICH DIE KRAWATTE UND FURZT UND SAGT WIEDER SCHEISSE, DANN

GEHT ER: INZWISCHEN HATTE DIE HEILIGE NONNEN DIE OFT ALS
PÄPSTLICHE STRIP TÄNZERINN FUNGIERTE DA SIE JA HEILIG GE-
SPROCHEN WAR PER URKUNDE? DIE SZENE MIT ANGEHÖRT, ALS
SIE HINTERM BUSCH IHREN ROSENGARTEN PFLEGTE.
EEEEEEH PIVOCHEN RUFT SIE DANN? WAS WAR DAS; SO VIEL
GELD UND DU HAST NEIN GESAGT. BEI MIR SAGST DU DOCH BEI
VIEL WEIN JA:
AHHHH NUTELLA NONIRITIS, DU VERSTEHST NICHT! WEISST DU
WAS DER VON MIR WOLLTE?
WAS DENN LÄCHELTE NUTELLA, VIELLEICHT EINEN BLOWJOB.
NEIN; LASS DAS JETZT; DAS MACHEN WIR SPÄTER SAGTE DER
PAPST PIVO.
ER WOLLTE DAS WIR DAS VATER UNSER ÄNDERN; DAS ENDE.
JA UND DA SAGT MAN DOCH AMEN ERWIDERTE NUTELLA.
ICH WEISS SÄGTE DER PAPST? ABER DIESER FRANZOSE WOLLTE
DAS WIR CHAMPAGNER STATT AMEN SAGEN !!!!!

So ist wohl die Hypnose der Industriemenschnationen entstanden. Durch die
Manipulation Einiger, die es mit Macht mit Gewalt, über die Jahrtausende
gemacht haben. Diese alten Autoritätssysteme sind nun der Bleifuß für die
freie Entfaltung in eine neuere Zeit hinein in die größere Freiheit des Individuums das letztendlich zur Vergöttlichung führen wird. Wenn ich mir die
Völker anschaue, geht das Leben frei von sich ohne dass eigentlich zu viele
Komplikationen zu sehen sind. Das was in den Medien gebracht ist, ist ja
Täuschung, denn dort ist alles komprimiert aufs Negative. Aber auf die Erde
bezogen die Größe ist es als Reisender immer noch recht friedlich. Doch das
ist das Rad des Kreislaufs, mal ruhig mal kriegerisch, innerlich ändert sich
kaum etwas, äußerlich ja doch auch da ist Humanpsychologie nur Pflaster
von Pflasterkleben mit Unidiplomen das ist alles. Die Humanpsychologie ist
ja bloß ein Begriff - denn so Human ist die Psychologie auch wieder nicht.
Der Nachteil liegt nämlich im Human –Mensch - in der Form der Identifizierung - die Humanpsychologen sind selber Industriemenschen und die ist
nun mal mehr als neurotisch mit ihren ganzen Verletzungen die sie der Welt
und Erde angetaaaan haben. Aber ihre Ziele gehen wenigstens schon mal vom
Blindsein zum Grauen Star - und der ist operierbar, in den Regenbogen Transformation -Zentren. Durch Dehypnotisieren - durch Therapien und dann Meditationen zum klaren Sehen. Die Wahrheit ist, es gibt keine Psycho - logie.

Das ist Wunschdenken und Methodik die auf den Verstand aufbaut - es ist ein künstliches Gebilde.

Wenn du die Psyche verwirklicht hast erkennst du sofort das Psychologie absoluter Schwach- sinn ist. Von Blinden für Blinde. Die Seele, das will ich noch mal erwähnen, ist die Seele, und die kann weder krank noch sonst was sein, sie ist ewig glückselig und noch vieles, vieles mehr. Psychologie ist absoluter Humbug von Neurotikern für Neurotiker. Eine Traumwelt für Phantasten. Die Seele in der Gott lebt ist also niemals die Psyche von der die Psychologen reden - obwohl sie den Begriff Seele für sich in Anspruch nehmen. Das, womit die Psychologie zu tun hat ist der Verstand das Mental das Denken aber nicht mit der Seele. Sie müsste eigentlich Denkologie oder Metallogie oder Phantasielogie heißen, aber nicht Psychologie. Dieser Begriff der Griechen, ist ja von Philosophen und Denkern oder anderen Menschentypen erdacht worden, ohne dass er in der Wahrheit verwurzelt ist. Das ist Wortschöpfung Theorie usw. Deswegen ist die Psychologie auch auf Dauer nicht hilfreich und erfolgreich genug. Sie muss in die spirituellen Bereiche reingehen. Aber so wie ein Hammer dazu da ist einen Nagel ins Holz zu trimmen, so ist dann auch die Psychologie dafür da sozusagen Rohstoffarbeit zu machen. Ja, dafür kann sie bleiben, oberflächliches Gerede und Getue. Sobald ein Humanpsychologe durch Meditation erkennt dass er schon mal die Seele ist, wird er kein Humanpsychologe mehr sein können. Auch kein tiefer Tiefseepsychologe. In der Seele gibt es kein Denken, kein Träumen, kein Phantasieren, keine Sorgen kein Leid. Ich sage noch mal die Seele ist endlose Glückseligkeit und mehr. Wovon die Humanpsychologie also redet das ist alles Quatschologie, ist vom Mentalen, vom Denken, vom vorstellen das ist alles Neurophysisch, und Astrophysisch das ist alles Gehirnaktivität. Die Seele ist kein Gehirn. Ihr müsst das ein für alle male zumindest verstehen. Das wovon die Psychologie redet ist alles der sterbliche Teil, und der verändert sich andauernd, Da wird es auf ewig Komplikationen geben, es sind bloße Energieverschiebungen, also Magie die dort angewendet wird, Verdrängungen sind es, die nicht zur Wahrheit vordringen. Weil die Psychologen nicht zu viel davon erkannt haben, das ist kein Vorwurf das ist Tatsache.

So Psychologen sind genauso blöde wie Priester, Kardinäle, die bloß immer Labern, ja, sei schön brav, ein frommes Schaaaf, und schlaaaaf, zum Honorar abliefern.

Alle Psychologen sind stupide, wenn sie darauf bestehen, dass es Logik in der Seele gibt. Idiotisch sind sie sogar. Und wer sogar Doktor, Professor, phil, der Psychologie ist, der, ist garantiert der idiotischste von allen...Das heißt nicht das ich was gegen den Menschen - habe, als Aggression zum Beispiel, es ist bloß das die Berufsgruppe stupide ist, es sind bloße Quatschologen die sich Verhaltensabläufe und philosophische Traumziele plus Rationale Einseitigkeit reingezogen haben, nämlich in ihr Gedächtnis, das ist alles, dazu kann man auch einen Taschencomputer nehmen. Selbstverständlich ist der Industriehumanpsychologe mehr als seine Berufssparte. Der Beruf bleibt trotzdem stupide. Man darf nicht vergessen wir sind in Wahrheit völlig total echt frei. Da entsteht dann auch sehr viel Idiotisches. Das hat man ja aus 3600 Kriegen oder 5500 Kriegen in 3000 Jahren gesehen. Mehr braucht dazu eigentlich nicht gesagt zu werden.

Der Humanpsychofritze kann mit seinen Opferpatienten nämlich nur soweit vordringen wie er selbst in sich gekommen ist. Das ist was völlig anderes als das Gehirn voller Systeme voller Begriffe zu haben. Das bedeutet dass sein Wesen sich entweder auf Gehirnaktivität oder bloßen Worten mit übertünchendem Make Up darstellt. Und das wird dann auf den therapierten abfärben. Er wird genauso schal und unergiebig. Echter Rat, Hilfe kann nur wirksam sein wenn, wenn sie aus der eigenen Erfahrung kommt - doch was für eine Erfahrung hat schon ein Psychologe vom studieren. Der hat bloß Theorien und sucht durch Patienten überhaupt etwas zu finden für sich und wird dadurch noch bezahlt. Es bleibt alles bei den Wörtern, Wissen, abgelesenem, Information, das ist alles sehr oberflächlich ohne echte Hilfe. Transformation ist so nicht möglich. Aber da die Menschen ja unterschiedliche Evolutionserfahrungen haben, und unterschiedlich gewachsen sind, ist für jede Unterschiedlichkeit und Schwierigkeit auch eine Hilfe vorhanden und damit haben die Psychologen ihre Nische im Gewebe des Lebens

In den Regenbogen Transformationsmetamorphosezentren wird auch daraufhin gearbeitet die innere Dimension zu erkennen, zu wissen wie man sie anwendet. Dort ist Manipulation Gift dort kann man den Menschen mit Methodik nicht abspeisen. Da er ja kein Ding ist, wie Kant sich vorstupifizierte, vom Ding an sich. Heutzutage wenn sich Industriemenschen treffen, ist es meistens so dass sich Power mit Power trifft - doch nie Liebe mit Liebe.

Jeder sitzt neben dem anderen sie reden diskutieren gehören der gleichen Gruppe an und sind innerlich doch Feinde, Konkurrenten. Die Industriemenschen treffen sich in Gruppen und tun bloß so als ob sie echte Freunde sind. Sie wissen nicht mehr und haben vergessen dass sie die Kinder Gottes zumindest sind und dass sie sogar Gott selber sind. Es ist das gleiche wie wenn man sagt ich will heute freundlich sein, doch man ist es ja nicht, man will es bloß sein.

Die Quelle des liebevoll sein ist verschüttet. Und als Mannidentifizierung ist das sowieso undenkbar so zu sein. Man muss wissen wo, was, die Quelle der spirituellen Liebe ist. Man muss wissen warum man nicht mit der Quelle seiner Liebe verbunden ist. Das ist bei jedem Menschen das gleiche Dilemma. Nämlich der Geist, die Phantasie, die Träume, die Habgier, die Wunschvorstellung, die Resonanz muss erkannt werden, die Möglichkeiten, die Tiefe der Tiefe, die Persönlichkeitsstruktur, die Energiedualität, die links rechts Drehung der Energie, die sexuelle Komponente, und die Egopowerkomponente, und wenn möglich, die total vertrocknete, der total vertrocknete schon fast tote Humos, freigelegt werden.

Die Transformation die im Metamorphosezentrum angestrebt wird, ist ein Weg den alle Menschen mit wenig Wachheit sofort erkennen können. Die innere Transformation ist ein natürlicher Ablauf doch das braucht viel Zeit. Im Bewusstseinsmetamorphosezentrum wird die Beschleunigung hin bis zur Überlichtgeschwindigkeit freigelegt. Die Hypophyse die Zirbeldrüse ist fähig Überlichtgeschwindigkeit zu sehen. Und deine Seele ist weit aus schneller als alle Formen der Geschwindigkeit. Seien sie im Physischen im Astralen im Kausalen oder in Geistigen Mentalen Welten. Sie ist der Erschaffer aller Geschwindigkeiten.

Normalerweise sehen wir nur mit 300 000 km, sec. Doch im 6 Chakra wird Überlichtgeschwindigkeit erreicht, im Sehen, dadurch kann man die Aura, die himmlischen Sphären, die Engel, die Naturgeister und weiteres sehen. Dort im dritten Auge sind zwei Öffnungen. Die eine Öffnung ist für totales echtes dreidimensionales Sehen und die andere ist für sogenanntes himmlisches Sehen das Himmelreich Gottes wovon Jesus sprach auch Buddha und die anderen.

Mit der Sehgeschwindigkeit sieht man die Hochlicht 2-3-4-fach Lichtgeschwindigkeiten Welten die jetzt hier völlig da sind aber aus höheren Schwingungsfrequenzen bestehen. Da ja alles existenzielles Licht ist und alles Licht ist Bewegung und alle Bewegung ist auch Ton und das wiederum ist Stille. Wer totale Entspannung kann - also keine Spannungen hat - der kann leicht transformiert werden. Wer sich total so wie er ist akzeptiert das heißt nämlich kein Gedanke in sich tragen pures Sein oder eben nicht sein, der ist schon transformiert, doch wie wenige sind das.

Die ganze Kindheit wird noch mal aufgewühlt im Regenbogenzentrum - oder

Regenbogen Bewusstseinsmetamorphose Zentrum.

Die Familien die Lehrer die Verwandten alle haben sie auf dich dem Kind herum getrampelt und ihre Gewohnheiten einfach so weitergegeben weil es ja jeder vorgeäfft hatte. Deinen natürlichen Emotionen, denen ließ man oft kein Freiraum, weil sie ja illusorisch waren und glaubten du seist ein unfähiges etwas ein Pummelchen ein süßes etwas und so weiter.

Tu das nicht, das macht man nicht, das sagt man nicht, das sagt man nicht, alles ist im unbewussten abgesackt und tritt und strampelt im Laufe des Lebens gegen dich und andere.

Die negative Konditionierung die du als Kind lebtest ist geschluckt worden weil du ja überleben wolltest. Deine echte Liebe, davon hat das Idiotentum, das sich Eltern nennt, Lehrer, gar nicht mitbekommen, da die ja schon so blöde waren zu meinen zu das Babys Kleinkinder keine Liebe, kein Bewusstsein keine Seele sind, diese Vollidioten die dich bloß mal eben in die Welt gefickt haben, dich noch nicht mal wollten, und dann schauen sie blöde. Man haut dann auf dich subtil oder grob herum. Es ist schon eine Seuche wie viele Kinder von ihren Eltern seit Generationen misshandelt wurden, sexuell oder geschlagen oder ausgenutzt oder sonst was missbraucht wurden. Diese Seuche Kindesmisshandlung muss unterbrochen werden in der stupiden kollektiven Ebene. Man hat auf dich also herum poliert egal wie egal welche Form der Unterdrückung gewählt wurde, bewusst oder unbewusst, nur damit du nicht deine Authenzität, Authentizität, bist - und das alte tote weiterleben soll - das sie nämlich hauptsächlich sind - es ist schon so wie Jesus sagte: Lass die Toten die Toten begraben.

Man hat deine Energie, du selbst zu sein, weggelabert, wegdiskutiert. Dein Selbstwert, deinen Selbstrespekt, liegt nun im Unbewussten. Im Bewusstsein bist du nur Persönlichkeit, gut angepasst im Designeranzug. Doch durch Therapie kann das Trauma hoch gebracht werden und losgelöst werden, so das du wieder Freude, echte, nicht diese Gesellschaftsfreude von außen, sondern innerliche Freude die du selber bist, ganz ohne Parfüm oder Auto oder Champagner, nicht das ich diese Dinge nicht für angebracht halte, aber hier geht es um was ganz anderes.

Deine echte Freude ist Freude ohne Grund im Äußeren.

Ohne Operngang, ohne Lohnerhöhung. So, aus der Sicht, muss die Industrie, die Weltwirtschaft, diese sich diese RBMZ leisten.

Dadurch fällt nämlich ganz langsam die Lohnerhöhung weg.

Ich sage es noch mal.

Dadurch fällt dann ganz langsam die Lohnerhöhung weg.

Seht her, ihr hypnotisierten mit Doktortiteln auf schön bedrucktem Papier. Die Hypnose ist euer Gedächtnis, das bloß Wissenswörter gelagert hat. Die katholische Kirche ist der Eigentümer der großen amerikanischen Bank, the Bank of Amerika , die größte Bank der Welt, das ist Religion heute, die katholische Kirche besitz auch mehr Land die größte Menge Land der Erde, mehr als jede Nation der Erde, stellt euch das mal vor, richtig, Religion ist also gemanagte Schafscheiße , von Schafen freiwillig, in der Bundesrepublik manipuliert, als 14 jähriges Kind eine religiöse Entscheidung zu treffen ist Verführung Minderjähriger, das darf man erst ab 18, als Erwachsener, vom Lohn abgezogenes Geld also, das ist immer noch mittelalterliches Seelen frei kaufen, der Vatikan ist das größte kapitalistische Zentrum der Welt, nein, der Erde, die Lüge ist dort am größten, Gott wird da sozusagen am besten gemelkt.

Religion ist also global gesehen Kapitalmonarchie mit Diktaturneurose, plus dem bewussten Versuch, Menschen auszunutzen zu betrügen zu belügen zu kriminalisieren damit sie auch so werden wie die, denn das ist ja das Ziel jeder Religion. Religionen heute sind pure marktwirtschaftliche Organisation dort wird nicht dein göttliches Wesen befreit oder deine Seele erkannt oder die Schönheit die du bist die Liebe.

Das kann man sich heute in der Industriezivilisation nicht mehr länger erlauben dann wäre es ja gerechtfertigt die Betriebe zu bestehlen auf welcher Art und Weise auch immer.

Alle Religionen weltweit sind bloße Sozialeinrichtungen geworden. Unter dem Aspekt haben sie eine Aufgabe, aber Wachstum, innerliches Wachstum, das hat mit Religionen nix mehr zu tun.

Obwohl ihre Fundamente, Jesus, Buddha, Krishna, Mahavir, Mohammed, Laotse alle den transformatorischen Weg gegangen sind und viele Initiationen mitgemacht haben und in vielen Lehren eingeweiht waren.

Ich habe die Industrie bloß zur Weltreligion gemacht, damit sie zusammen wenigstens stärker ist als die Vatikanmafiareligion. Religion selbst ist noch Kriminalität. Demokratie ist auch noch Kriminalität. Doch in Wahrheit ist Menschsein Kriminalität. Es sind ja immer die Menschen die den ganzen negativen Schund zusammenbrauten. Die Papstmafia ist ja weltweit bekannt. Die Wirtschaftsmafia ja auch. Die Politmafia auch.

Die neue Weltreligion die ich hiermit ernannt habe, die weltweit wahrhaftige, erhabene, noble, edler ist als die etablierte Religionsmafia, wird dann das

Göttliche in sich selber suchen, und auch finden.

Die Kirchensteuer die kann man besser selber, viel, viel besser anlegen, indem sie eben echter Bewusstseinsmetamorphose zugute kommt. Diese verlogenen Provinzmafiaziele der Dusseligkeit der Pastoren oder Priester oder Kardinäle oder Päpste oder Mullahs oder Shankars oder Brahmanen, sie alle haben gemordet um an die Macht zu kommen und um dort zu bleiben.

Diese Grundlage wird eventuell zur eigenen Zerstörung führen denn das Gesetzt der Ursache und Wirkung wirkt auch bei denen. Auch wenn es länger dauert. Aber der Umschwung ist ja weltweit gut sichtbar. Auch jetzt noch morden Religionen, die aber von Liebe reden, doch mit Macht Onanieren, im Schizo Marsch auf die Kanzel.

Doch darf nicht vergessen werden, oleee, dass die Vergebung die Kausalität aufheben kann.

Und das ist Muhamad Ali Max Schmeling und Joe Louis beim gemeinsamen göttlichen großen Lächeln. Oleee.

All das hat zu üblen, üblen Wunden, psychologisch, also mentalen, als, auch Vertrauen oder Richtungsverlust geführt. Wir könnten Mentallogisch, also Psychologisch, auch das Denken mit einbauen, da der Denkapparat ja ihr Bereich ist, sie jedoch existenziell nicht wissen das dahinter der Bereich des nicht Denkens ist. Der du selber bist. Der Geist das Denken, das ist die vierte Ebene. Aus der Sicht der Heiligen und deren Einsicht in das Leben. Die Wissenschaft des Denkens, ok, die bauen wir mit ein. Doch das Ziel im RBMZ ist vom Denken weg zu kommen. Das heißt nicht das nie mehr gedacht werden soll, ok.

Die psychologische Träumerei ist ja zu verstehen wie das Denken der physiologische Geist wirkt. Ob er persönlich ist oder ob er interpersönlich ist. So wie die Physik im Netz der Mathematik klebt. So klebt die Psychologie im Netzt des Geistes. Des Denkens. Sie versucht zu erkennen wie die Gedanken die Menschen konditioniert sind, und wir machen dann diese Hypnose, Konditionierung, durch neue oder meistens angepasstere Status Quo Faddeldadelleien mit. So das der Mensch in eine kaputte vergiftete ausgebeutete Umgebung da mitmischen kann, eben auch so wirkt. Das ist schlichtweg idiotisch mit Unizertifikat.

Doch ich weiß das durch Meditation, dass der Geist, die Gedanken, die Hypnose, die Konditionierung, Abfall ist, der Abfall der 5000 Kriege und seiner Folgen.

Doch das bist du nicht.

Im Zentrum bist du Licht und Glückseligkeit und vieles mehr.

Für nur normalgesellschaftlichen die in der Tradition der Bürgerlichkeit aufgewachsen sind mögen sie auch noch so sehr Anti gegen Establishment gewesen sein und sich nun alternativ politisch betätigen, ist das natürlich alles Humbug was ich hier schreibe und Denke, da sie nicht den geringsten Eindruck davon haben wovon ich überhaupt rede. Sie sind eben nur so konditioniert. Ich selber verstehe alle Ebenen ob kriminell oder pathologisch oder weltpolitisch oder wirtschaftlich ökologisch oder wer weiß was. Der Geist das Denken hat sich entwickelt die Imagination, die Gedanken, die Launen, so wie sich Pickel auf der Haut entwickeln, durch falsche Ernährung. Die Psychologen sind nicht bewusst genug, sie haben es - ja es, ja es, nicht erfahren, Bewusstsein ist ja sehend erfahren, das da viel, viel mehr zur Realität gehört als bloß das kleine Ego, der kleine Denkkopf. ....

Trotzdem bauen wir sie mit ein, da auch sie dort enthypnotisiert werden, sie müssen alle durch Therapien gehen Und Therapien sind bloß ein Vorstadium, eine Vorbereitung, um dann zur Meditation zu kommen. Aber auch Meditation wird nicht der letzte Clou sein.

Denn ein Gedanke führt zu endlosen Gedanken. Doch so wie die traditionelle Religionsmafia Gesellschaft aufgebaut ist, war, war das noch besser als bloß dazusitzen ruhig und still zu werden. Der Spruch: Mensch sei still und wisse das du Gott bist fällt mir da spontan ein.

Das ist auch ein Ziel des RBMZ, ruhig zu werden, still zu sein, zu erkennen wie Gedanken Phantasien dich verrückt machen. Wer wirklich ruhig ist, ist ein Genuss für die Industriegesellschaft, da nun erst sein echtes kreatives Potential zum Vorschein kommt. Die Vergiftung der Erde der Menschen der Mitwelt, ist ein gutes Zeichen das die Menschen keine innere Ruhe gelebt haben, dann hätten sie nämlich Einsicht Umsicht Liebe Achtung Weisheit und Nichtaggression gegen sich selber und Andere und den Rest der Existenz.

Sooo, die Industrie wird durch die RBMZ,s sich selbst erneuern, erfrischen, ohne auszubeuten ohne von Gott zu heucheln und Seelengelder per Lohnabzug einzusacken, das ist pervers, kriminell vom Staat, der ja nur aus Sympathisanten, Einzelnen, besteht, unterstütz, wird, und wer ist der Staat, das ist Fiktion, das ist ein Begriff, dahinter versteckt sich nämlich, Menschen, die herrschen wollen, beherrschen wollen, und jede Form des Herrschens ist Dogma, und Dogma führt zur Starre zur Ineffektivität und zum Tode des Systems, und dafür sahnen die auch noch ab, das ist eine üble Situation. Eine Gesellschaft muss sich von solchen Strukturen befreien, vergesst nicht, kein

Staat ist wichtiger als die Natur und deren Gesetzmäßigkeiten, und die daraus zu lebenden Konsequenzen. All das kann durch die neue Weltreligion die Industrie eliminiert werden. Die Industrie braucht keine stupiden Menschen die sich als Staat hypnotisieren oder Politiker die sich als Nationenväter oder Mütter shizophrenieren, um von solchen Typen geleitet, geführt, repräsentiert zu werden, das ist ja als ob... ......

Man muss sich von der kriminellen Tradition befreien. Dem Raubmenschen, alles was nach unten zieht muss man ziehen lassen und Staat und Politik zieht mächtig nach unten, man sieht es an dem primitiven Niveau.

Die Industrie, die Besitzer, und ihre Hypnotisiermanager, sie haben die Doppelquelle von Liebe und Meditation noch nicht geöffnet. Und werden sich als sogenannte Männer wohl auch ganz schön blöde vorkommen das zu tun. Aber Mann sein hat viele blutige Nachteile man sieht es ja an der Geschichte ,Unterdrückung, Intrigen, Machtgier, Lügen, Kämpfe, Positionsgier auf alle Kosten, und wenn sie dann in Positionen sind, dann wollen sie nachdem sie sich in so einen Schund hinein entwickelt haben, Menschen führen, das ist dann nicht mehr möglich da sie ja Kriminelle geworden sind und bringt letztendlich eine kriminelle Gesellschaft zum Vorschein da ja ihre kaputten Werte, die Raubmenschwerte, weitergegeben werden. Also das muss geändert werden, machiavellische Methoden und Menschen dürfen keine Positionen bekommen die in Firmen oder anderen Bereichen liegen, sie sind gute Patienten in den RBMZ, s.

Der Konkurrenzkampf muss wegmeditiert werden, weggeliebt werden. Denn diese Macht und Ausbeutungsorgien, die ganz subtil in die Gesellschaft eingefädelt sind, doch heute, globaler Kommunikation, Weltmärkte, ist die Erde ein großes wildes Dorf geworden.

Heute ist es mehr als nötig diese beiden Quellen im Management zu öffnen. Der Weg nach Innen, tiefer als das egozentrische Denken der Konkurrenzmentalitäten sich jemals vorstellen könnten. Es ist ein muss für die globale Weltentfaltung für ein humanes spirituelles Leben auf der Erde, als Weltvölkergemeinschaft. Es geht auch nicht mehr das stärkere Nationen, andere Völker unterdrücken in ihren Bestrebungen Autonomie zu erlangen. Jedes Völkchen hat ein Recht auf ihr eigenes Stückchen Land. Dazu gehören auch die Kurde und andere Nationalitäten die zuvor entweder unterdrückt wurden oder aber nie den Versuch gemacht haben überhaupt eine Nation oder Volk oder Gesellschaft zu sein. So wenig Rattenverstand müsste doch heute schon entwickelt sein.

Deswegen geht es auch nicht das Volksgruppen von militanten Staatenfanatikern, unterdrückt werden. Die UN muss dafür sorgen, nein, die Menschen, das alle Volksgruppen ihr Land haben, autonom werden können. Es ist genug Land auf der Erde vorhanden um alle zu befriedigen.

Nach Innen bedeutet auch - bewegt euch nicht nur im Gehirn. Die ganze Gesellschaft, die Industrie, die Weltwirtschaftsgemeinschaft ist forcierte Energie die sich nun im Kopf aufhält. Das führt letztendlich zur Explosion Atombomben und andere Mittelchen. Das direkte Resultat davon ist die Zerstörung der Erde der Natur. All das sind die Engen der irren Gedanken dieser Köpfe. Die Lebensenergie wird durch, sie wird von ihrer ursprünglichen Quelle durch Kopfbelastung in Gedanken, Phantasien, ins extreme gedacht, gebracht. Das war relativ gut. War ja notwendig. Doch wenn die Lebensenergie andauernd nur im Kopf rotiert wird sich die Sicht das Sehen falsch entwickeln. Da das Zentrum des Sehens der Bauch, der Sitz des Wesens ist. Auch wenn die wissenschaftsgläubigen das nicht verstehen können, so ist das nun mal mit Gläubigkeit.

Das Gehirn hat praktisch schon die gesamte Energiemacht an sich gezogen. Und will sie auch nicht abgeben. Es gibt Menschen die kriegen nun Geschwüre im Gehirn durch zu viel Aktivität dort. Es ist so als ob die Energie dort raus will, die Freiheit dort sucht, doch das ist der falsche Weg. Natürlich kann man auch den Weg gehen. Gehirnschläge, Gehirngeschwüre, viele andere Krankheiten sind durch die extreme Kopfbelastung da.

So, man stirbt dann ab und ist dann frei. Ok das ist auch ein Weg, aber was für einer, welche Spuren hat der hinterlassen. Doch wir wollen bewusste Freiheit in Glückseligkeit.

Wir wollen uns bewusst sein wer wir wirklich sind. Wir wollen bewusst erfahren dass wir endlos sind. Und wir niemals von Gott getrennt waren sind und sein können. In einer Einheit ist das unmöglich. Wir wollen bewusst erfahren dass wir unsterblich sind, im Sinne von Lebensenergie, Licht, Glückseligkeit, Ekstase, Freude.

Wer nur im Kopf kreativ ist wird größtenteils sehr kleinlich .eng, unstabil, spröde. Egozentrisch, verhunzelt, mit Masken der Täuschung und ist ein Opfer der negativen Energien geworden, der Energien die nach unten ziehen. So wird man nie erfahren wie es ist eins mit allem zu sein.

Wer das aber erfährt ist ein Springbrunnen des Glücks für die Industrie, die Menschen, die Natur, das Leben. Somit baut die Industrie sich eine Grundlage die wertvoll ist spirituell -materialistisch als ganzes. Denn nur das ganze überlebt, lebt, ist unzerstörbar.

In sein Zentrum hinein entspannen, wer kann das schon, das sind zwar schöne therapeutische Phrasen, doch wer kann das wirklich, ganz wenige, viel zu wenige, sie wollen es, sie versuchen es, aber beim Test fällt doch jeder Manager durch.

Die sogenannte Zivilisation, die Gesellschaft ist viel zu wild, viel, viel zu wild. Die Habgier das Tierische also, da zum Kapitalismus Muuus evolutioniert ist, aus dem das Sklaventum der Sklave der Du Er Sie Es sind, denn Habgier ergo Kapitalismus bedeutet andere zu töten auszubeuten platt zu machen und ist genau das Gegenteil von Spiritualität oder spiritueller Entwicklung, oder gelassenen Entspanntheit ergo Liebesmöglichkeit und die Welt und sich tatsächlich zu erkennen, was die saublöden Wissenschaftler die sich der kapitalistischen Wege verschrieben haben aber auch gar nicht können, weil sie es nicht dürfen, auch weil sie eine Elite sein müssen um das Kapital zu isolieren, und jede Elite ist eine Wahnsinnsform der Krebsideologien des Kapitalgeistes ergo des Raubmenschens ergo des Raubtiers ergo der Ignoranz ergo der Dunkelheit ergo des Üblen ergo des Widersachers ergo des Teufels ergo des Satans, denn eine Kapitalgesellschaft ist eine Sklavengesellschaft und da gibt es nur Ausbeutungen. Basta. Aber sehr viele Mörderfilme, die brutalen Videos, die Brutalität mancher Staatsführungen, die Brutalität vieler Menschen, das ist kein Zustand viel zu hektisch, zu vergiftet, Es ist das sichtbare Resultat der Vorfahren, und derer die in den letzten 50-70 Jahren an der Macht waren. Das sind die Resultate, weil nämlich deren Innenleben so war. Die Maske der Persönlichkeit hilft da nicht. Das was im subtilen da war das wirkt weiter. Über Generationen hin. Sie, die Zigarettenindustrie die von der Mafia des Rauchens aufgebaut wurde, nämlich mit Morden und mit Einschüchterungen, so ist auch ihr Resultat nämlich tödlich und verblödend. Und das gilt für alle materialistischen Errungenschaften die chemische Veränderungen erreicht haben, sie alle sind pures Gift die gesamte chemische Industrie und deren Produkte. Mit anderen Worten alle eure Errungenschaften vom Auto zum Handy zum Computer zum TV zum Lebensmittel der konventionellen Landwirtschaft und der Produkte der petrochemischen Industrien und der Pharmaindustrien all deren Produkte sind Gifte und erreichen langsam die Totalverblödung der Globalmenschheit. Denn das ist das Subtilziel der Kapitalisten oder anders formuliert des Satans des Widersachers die Bindung an die Erde die Materie ununterbrochen auf Höchstniveau aufrecht zu halten damit im Innenleben des Raubmenschen keine Fragen der Wahrheit der Liebe der Gottheit des Spirituellen entstehen können da sie ununterbrochen unter Druck gesetzt werden sich mit Geld und Geldmachen zu beschäftigen und Angst zum Frühstück serviert zu bekommen und so weiter und so weiter.

Die RBMZ, s sind also auch Entgiftungsstationen für die giftigen Menschen. Der Geist, der Physisgeist, das Ego, ist pure Hypnose auf das Leben um dich herum. Hypnose wohlbemerkt nicht das Leben selber. Die Traditionen sind so verankert dass, das echte Leben die wahre Lebenssituation nicht erkannt, gesehen wird. Die Dehypnotisierung ist für die Industrie Lebens –Not - wendig. Da ihr Leben total auf Überleben, also auf Illusionäres aufgebaut ist.
Es gibt kein Über-leben es gibt nur reines pures Leben, Sein, totales Leben. Und das ist Glückseligkeit nicht Überleben im Konkurrenzkampf, der Euch, Dich, Mir, Es, Ihm, aufgezwungen wird durch die Menschen die den Kapitalwahn das Kapital vermehren wollen und Euch Dich Mich zu DemokratieSklaven gemacht haben. Somit sieht die Industrie die so genannte Außenwelt nicht richtig. Sie hat sie von Anfang an falsch gesehen. Das was sich aus der Gesellschaft als Hypnosedasein geformt hat, dieser Mantel der im Emotionalen, sowie im Denken und Fühlen und sonst was eingelagert ist, muss gereinigt werden.
Auch 10tausend Jahre Zivilisation wird keine Glückseligkeitsgesellschaftsindustrie bringen. Im Gegenteil sie wird wie üblich ihren Höhepunkt erreichen in manchen und dergleichen Seuchen, Zerstörungen, Versklavungen, und dann dahinsiechen. Das ist deswegen weil die sogenannte Elite bloß im physischen Rausch torkelt. Egal wie geredet wird. Und man sieht es ja wovon geredet wird. Das ist ja schon Beweise genug, eine Selbstentlarvung sozusagen. Doch wir wollen beides vereint erleben. Die Emotionspest, die Unterdrückung die dann emotional explodiert, durch zu viel Denken in die falsche Richtung , weil die Illusionsbindung an das Geld sie Saublöde gemacht hat, muss aufgelöst werden.

Man muss wieder pulsieren, die Lebensenergie muss Expressionen finden, nicht im Industriegehorsam, sondern in Industrieteilnahme auf einem höheren Niveau, wobei der Begriff, höher, auch als weiter gesehen werden kann, damit dieses hierarchische Phantasieren aufhört, Bewegung, Intelligenz, ist nämlich nicht bloß „Doktorate" zu haben. Alle Heiligen waren keine Titelträge, nein, ganz und roh nicht, ein Doktortitel ist ja bloß ein Klumpen Wissen, in dem speziellen Bereich, der aus Informationen besteht, abgelesen ist ,und das kann sehr oft zum Bleiklotz im Leben werden, wenn es heißt, Flexibilität zu leben und die göttliche Kreativität zuzulassen, Titel illusionieren einen oftmals in zu feste Strukturen, und bauen somit Illusionen auf. Denn es gibt keine festen Strukturen im Leben.

Doch Menschen bauen sie sich in ihr leben ein, was immer zum Nachteil ist, in langer Sicht.

Ganz einfach weil der Rest des Menschen seine wahre Identität, die Seele, das Göttliche, völlig unterdrückt werden. Ein Doktortitel heißt ja nur das man in dem Fachgebiet viel wissen gesammelt hat und dabei Mental herumgebastelt hat. Das ist bald sowieso vorbei, denn mit Computern in der Tasche sind alle erinnerten Werte fast gelöscht weil der Computer einfach präziser ist und mehr Speichert, obwohl das nur auf materialistischer Ebene stimmt. Der Rest der Menschen bleibt aber unwissend. Auch mit noch so viel Informationen.

Ein Diplomingenieur ist bloß fachbezogen. Doch als Individuum ist er vielleicht noch nicht mal existent. Das Schutzschild Denken, Gehirn, ist der Sarg für jede Entfaltung, wenn es dabei bleibt und nicht weiter entwickelt wird. Alles Blühen muss über das Denken hinausgehen. Die Industriegemeinschaft ist unfrei. Das sieht man ja an der globalen Vergiftung. Und an den globalen Machtkämpfen der Multinationalen, der Staaten, die jetzt sogar in Industriespionage übergehen, das sind alles Zeichen tiefer, tiefer, Unfreiheit.

In den RBMZ, s streben wir die Veränderung zur Freiheit an. Eigentlich kann das sofort getan werden. Denn da ist ja niemand in dir der dich hält. Doch falsche Identifikation mit Vergangenheit mit Vorstellung et cetera halten dich. Die Freiheit ist da, doch du siehst nicht mehr durch weil dein Leben von anderen und dich selber verplant ist. Abhängigkeiten die man sich selbst schafft klammern, Eifer - Süchte, also zu viel Schnelligkeit. Besitz - Gier, Autoritäts Neu - Rose, Manipulation, und Macht - Neurose, das sind die Egoscheißen, die niederen Motive, die das Gehirn für so wichtig hält, auch im Bundeskanzler, oder im Max Plank Management, bei Mercedes, oder der Deutschen Bank, auch im Vatikan, beim Pivo - Onkel in Frauenkleidung.

Die ganze motivationsfundierte Aktion die man sich so zusammenbraut wird oft ein übler Trunk der bloß zu Kopfschmerzen und Erbrechen führt. Weil Habgier der Stoff ist aus dem Champagner entstehen soll - alkoholfreien bitte. Es ist Zeit das habgierlose Brauereien entstehen, unmotivierte Aktion die aus Entspannung, Leere kommt. Aus der habgierlosen Gegenwart deines echten Wesens, nämlich des Totlosen. Des unkonditionierten.

Habgier ist der Tod. Dein echtes Wesen ist Totlos. Hierfür muss man auch Nahrung für die gegenwärtige innere Person geben und nicht die ausgeleierten Probleme aufwühlen, die ja Habgierwurzeln haben. Dein Wesen ist sogar fähig deinen Körper zu ernähren ohne das physische Nahrung zu sich genommen wird außer Flüssigkeit. Denn selbst das ist Programmierung - Hypnose. Ich selbst habe das noch nicht geschafft,,,,,,,, doch in Indien !

Bei dieser Gelegenheit, sie als Publikum, habe ich das Vergnügen, ihren die beste Therapie die es gibt, als neues Produkt meiner Lebenssituationserkenntnis vorzustellen.

Es ist die spirituelle Therapie. Ihre Grundlage ist die Existenz das Göttliche, die Meditation. Doch da wollen wir bewusst hin, das wollen wir bewusst erfahren, um Sinn zu leben, zur Sinnquelle zu kommen. Die Methode ist das spirituelle Meditieren. Das ist die Praktik.

Die Therapie das Meditieren. Dieses wird aber heutzutage im Zusammenhang mit aktiver Gestalt, Tanz, Musik, Farben, Encounter, und vielen anderen vorbereitet. Das meditieren aber ist der Akt der Therapie die zum göttlichen Erfahren oder zur Meditation oder Zen oder das was du wirklich bist führt. Ich bin also der Grund der weltweit neuen, spirituellen Therapie, ich nenne es nicht mehr Meditieren, da viele Aspekte in dem Gesamtablauf, Programm, des Meditieren, eingefügt werden.

An die leicht anstupifizierte Psychologie oder Psychoanalytik, wird sofort demjenigen der sich mit diesem Begriff bekleistert, eine Radikalwäsche gemacht. Er wird dann mit dem Begriff Mentaltherapie bekleistert. Die Seele ist etwas so erhabenes, das sie von Neurotikern, wie Freud, Adler, Jung, den philosophischen Hintergrund, nie aber auch nie, durchdenken auch nur im geringsten geahnt wird, es ist bloß Wortstinkerei. Von Psyche, von Seele also.

Dieser Berufszweig wird im RBMZ Mentaltherapie genannt. Da alles womit sich dieser Berufszweig befasst Mentalkörper ist. Klinische Psychologie ist völlig out. Das hört sich so an wie Gemeinschaftslatrinenschiss im Mittelalter. Bloß jeder hat dabei enorme Verstopfung, so wie die Sozialkacke.

Klinische Psychologie ist Perversion, des Begriffs der Seele. Der Seele selber. Die jetzt sogar schon klinisch ist, von Dummen für Kranke gemacht. Das ist ein katastrophales Gemisch meine Damen und Herren, liebes Publikum liebe Anwesenden, Freunde, Feinde, sichtbar und unsichtbar.

In der Bundesrepublik kommen Jahr für Jahr etwa 13-15 Milliarden Mark an Kirchensteuern zusammen. Das lassen die Industriemenschen sich einfach so traditionell im mittelalterlichen Zwangsjacken Hypnoseverfahren, absahnen.

Natürlich werden damit heute Krankenhäuser und Kirchen und ihre Väter die gar keine sind oder welche werden wollen, bezahlt. Aber auch die kapitalistischen Unternehmungen, also Geld machen, das von anderen weggenommen wird, weil es gar nicht anders geht. Das Üble daran ist das ihr denen Geld gebt und sie dann sogar gegen euch damit angehen, nicht nur das die meinen Kirchensteuer sei eine gesetzliche Pflicht, sei Verfassungsmäßig, sei sogar ein muss, dabei ist sie eine Aaaalglatte Überführung der Machtstruktur der Zwangskirche und deren staatlichen Befürworter, sonst gar nichts.

Wie gesagt, Religion ist Management, Firma, Unternehmen, sonst gar nix. Oleeee.

Diese 15 Milliarden könnten dann als Anfangskapital und den Geldern der Industrie zur Aufbauung der Regenbogen Metamorphose Zentren benutzt werden. Ich weiß das die Kardinäle der Papst die Priester die Pastoren nichts dagegen haben werden, da sie ja auch davon profitieren werden, selbst der Papst wird dann in diesen Zentren meditieren, und wissen was Buddha gesagt hat im Surangama Sutra als er erwähnte, das Licht und Ton die beste Methode ist um Befreiung zu erlangen. Oder er wird wissen was es in der Bibel auf sich hat wenn dort steht, Am Anfang war das Wort und das Wort war bei Gott. Ich freue mich schon den Papst als ersten seine schwere Kleidung abgeben zu sehen und sich dort in den Zentren meditativer Praktiken hingebend...Ho Ho Ho.

Insgesamt werden dann jährlich sagen wir mal 25 Milliarden Mark Anfangskapital zusammen kommen. Für jedes Zentrum am Anfang eine Milliarde Markkkhh. Denn die Zentren sollen nur aus den besten Materialien gemacht werden. Es muss dort besser aussehen als in den nobelste Hotels. Das ist doch wohl klar. Können sie sich vorstellen welche Qualität diese Zentren bekommen werden. Die therapeutische Beschäftigung die dort ihre Tätigkeit nachgeht, und diese komplexen RBMZ, s sind alle auf Licht, Glas, Holz, Solar, Zukunftstechnologie, konzipiert dort wird nur vegetarisch gelebt, und nur ist eigentlich eine Beminderung. Man könnte also anfänglich etwa 25 solcher RBMZ, s bauen. Simultan über die BRD verteilt. Selbstverständlich ist auch Kommerz dort enthalten. Literatur, Videos, Kassetten Gastronomie, Film, Musik, Theater und so weiter. Der Sinn ist die Koordination in ein komplexes Areal, in dem der Gesamtablauf auf Superqualität und auf erhabener Schönheit auf menschlichen Edelmut auf globale Kommunikation auf Liebe zur Welt zur Natur zum Kreativen aufbaut. Die Dienstleistung alleine in diesen Zentren wird sehr umfangreich sein. Dort wird eine Stimmung von gereinigter Güte und klarem Erkennen der Situation des Menschen im Kosmos in den Regenbogen Galaxien auf der Erde sein.

Die Gebäude werden keine schwerfälligen Hochbaukonstruktionen sein. Aber pyramidenförmige Gebäude, der Energie wegen, werden dabei sein. Auch runde Gebäude, auch Glasgebäude sind mit einbezogen. Da die Pyramide von ihrer Form und Position eine lebensfördernde Energie abstrahlt wird auch das alte Einweihungsritual wieder aktualisiert werden. Auch die Bundeslade wird wieder erprobt werden. Doch zu viel Magie ist nicht mein Geschmack. Trotzdem, in verantwortungsvollen Händen wird dort viel erkannt werden. Leider ist die Alexandrische Bibliothek ja von dem islamischen Fanatiker Ali Baba Blah Blah verbrannt worden, doch wir werden wieder Menschen bekommen die ohne Schwierigkeiten in den Akashateil eintauchen können um das Wissen dieser alten Völker wieder zu aktualisieren. Die Gebäude gehören zur Leichtbauweise. Die Räume sind je nach Zweck unterschiedlich gestaltet. Es werden Räume dabei sein die total aus Edelsteinen gemacht sind um starke Schwingung und Farbtherapien zu machen. Auch Drogentherapie wird dort angewendet. Pflanzentherapie, oder Phytotherapie.

Ich bin für Pflanzen da sie ja Lebewesen sind und ihre Geistkraft uns mit ernährt und von enormer Hilfe ist. Auch wenn die Gesellschaft heute Antidrogen dargestellt wird. Die Pflanze ist keine Droge, das ist bloß Kommerzbezeichnung. Drogerie. Die Pflanze ist dann eine Droge wenn sie das Individuum willenlos und süchtig macht. Wenn also das Individuum willenlos und labil ist. Schwächer also als der Geist der Pflanze..

Ich gehe von der Realität hinsichtlich natürlicher - Pflanzen Extrakt aus -.

Die Menschen nehmen nun mal Pflanzenextrakte zu sich, Rauchen, Zucker, alkoholische Getränke, Apfel essen, und so weiter. Das ist die Realität. Ich gehe nicht davon aus wie eine Gesellschaft sein soll, wie sie sein könnte, sondern wie sie ist. Also Drogentherapie gehört mit zum RBMZ. Denn Pflanzen sind auf ihrer kosmischen Reise, Menschen, in Pflanzenform, Seelen in Pflanzenform, die noch nicht mit dem Bereich des Mordens und Betrügens und Lügens und der ganze andere Kotzbereich der Raubsäugemenschen Kontakt hatten, sie mussten den Erfahrungsbereich noch nicht erleben. Deswegen sind ihre Kräfte und Schwingungen noch Seelischer reiner und so wirksam.

Hypnose wird auch angewendet, als Brücke zwischen Therapie und meditieren. Die Realität wird ja aus dem enorm unbekannten des uns unbekannten Unbewussten geformt. Und das wird dann versucht bewusst zu machen. Hypnose hilft uns wieder dort hin zu kommen wo keine Therapie mehr nötig ist, zur Liebe. Denn Liebe ist die Kraft die, die Therapie heilt. Liebe ist die energielose Energie. Die Endlosigkeit. Die Anfangslosigkeit. Liebe macht alles am besten.

Hypnose ist ein sehr kraftvolles Tun, um alte Konditionen fallen zu lassen. Damit man wieder aus der Erfahrung heraus lebt, aus der Realität, nicht aus der Wunschvorstellung des Verstandes, nicht aus alten Projektionen, Ängsten, Traditionen falschen Identifikationen.

Gedanken, Sorgen, Spannungen, Stress, all das wird fallen gelassen. Denn was ist eine Industriezivilisation wert wenn der Mensch nicht sorgenfrei stressfrei wird. Garnichts.

Leben ist komplementär, Plus Minus, Links Rechtsdrehungen, Energien, männlich, weiblich, das sind alles Ergänzungen, keine Gegensätze, die Energie selbst ist die gleiche.

Schauen sie, durch die ständige Kopfarbeit, durch Phantasien, Vorstellungen, Theorien, durch Konzepte die, die Menschen theoretisch in ihrem Kopf rotieren lassen, entwickelt sich ein Glaube daran. Doch wir wollen Liebe, vom Glauben also, zur Erfahrung hin.

Dazu ist Hypnose die Eriksonsche Methode ein gutes Methödchen. Man kann so leicht ein Beobachter der Gedanken werden, anstatt ein Opfer seiner Gedankenhandlungen.

Mental somatische Heilung wird durch Hypnose gefördert. Früher sagte man Psychosomatik.

Doch das ist ja falsch. Soma ist ja Sanskrit und bedeutet nicht Körper sondern lebende Energie und Psycho leitet sich von Psyche ab und heißt Seele, beides ist in sich ein völliger Wiederspruch da die Seele ja diese lebende Energie ist. Also ist Psychosomatik eine seltsame Bezeichnung. Es müsste Mentallogie heißen. Dann wäre es echter. Denn die Seele das ich, ich, bin total frei von jeglicher Problematik der Verstandes Mentalbereiche. Und da diese Psychologen sich dessen nicht bewusst sind zeigt dass bloß in welchem Nebel die sich bewegen. Oleee.

Rainer Bankhimmel, ein 27 jähriger Geschäftsmann torkelt in die Praxis von Doktor Krankenschein, in Berlin.

Doktor ich habe dieses Problem erzählt er ihm.

Meine rothaarige Sekretärin, liebt es mit mir Liebe zu machen.

Jeden Tag wenn ich ins Büro komme, anstatt mir die Zeitung zu bringen, schmeißt sie mich über meinen 35000 Mark Schreibtisch, und vögelt sich erst mal richtig lebhaft an mir.

Dann kurz vor Mittag, kommt sie und reißt meine Hose auf, während ich mit dem Kanzler telefonisch bespreche wo die nächsten Waffenlieferungen hinsollen, und bläst mir die Haare zu Bergen, nur um sich dann wieder einen Quicky zu machen. Kurz bevor ich nachhause gehe, kommt sie noch mal ins Büro um mir den Tschüssfick zu geben.

Ach ja, sagt der Doktor Krankenschein, so was ist das Problem.

Nun ja meint Rainer Bankhimmel, meine Frau Vaginaris ist eine Nymphomanin, jeden Morgen bevor ich aufstehe, springt sie auf mich, und wir vögeln bis das Fernsehprogramm sich einstellt. Dann wenn ich mittags nachhause komme und meine Pizza aus der Kühltruhe esse, machen wir dabei noch schnell ne Nummer. Und jede Nacht gibt es dann noch den Doppelmarathonfick.

Ach ja sagt Doktor Krankenschein, so was ist das Problem.

Nun ja sagt Rainer Bankhimmel, mir wird ganz schwindelig wenn ich Onaniere.

So liebe Anwesende, das ist die Industriewelt, aktiv, aktiv, so dass einem schön ganz schwindelig wird.

In diesem RBMZ, s, diesen Gärten des Friedens und der Erleuchtung und der Weisheit und vor allem der Liebe, wird also irgendwann mal der Anfang gemacht werden müssen.

Der erste Stein wird gelegt werden.

Das werden völlig neue Steine sein. So ein Experiment hat es noch nie gegeben. Das schöne daran ist ja das es ein Wunder ist. Immer wenn jemand etwas beginnt ist er ja nicht fähig, er fängt ja aus der Unfähigkeit an. So der Anfang ist das Wunder. Das man überhaupt anfängt. Doch heute mit dem Aberglauben der Wissenschaftler, die tatsächlich dem Aberglauben nach gehen, die Endlosigkeit die Totalität, wo die Mathematik nicht fähig ist die Galaxien geschweige denn die Planeten zu zählen, dieser wissenschaftliche Aberglaube, das man alles rational, logisch, erklären kann, und muss, lässt natürlich keinen Platz für Wunder, für neue Anfänge, dann sind sie es die so dumm sind das sie keine Wunder mehr erleben. Doch Sai Baba in Indien materialisiert. Und ich kennen andere Meister die materialisieren auch. Aber nicht in der Öffentlichkeit wie Sai Baba, was ihm mehr schadet als zugute kommt.

Das stellt die gesamt wissenschaftliche Fummelei in Trilliarden Marks Höhe in den roten Schatten. Man kann aus der Sicht nur herzlich über die Wissenschaftler lachen. Was die für Monster Bauen um das kleinste zu erkennen und was die für Monster machen und sie selber dabei Monster bleiben.

Diese RBMZ, s sind also Wunderplätze, Orte des Wunderns und Staunens. Wunderkerzen im logischen Computerdasein. Wo ja der menschliche Verstand sein Gedächtnis nun bald durch Computer zu den Akten legen kann. Da ja der Computer exakter erinnert. Doch Computer werden ganz einfach durch mentale Energien beeinflusst werden, nicht mehr durch Hacker, ganz einfach durch Denken kann man heute schon alle Systeme lahm legen, da ja der Geist auch die Materie geschafft hat. Und da alles eins ist.

Heutzutage torkeln die Biologie, die Physik, die Medizin, also die Zweibeiner, die Menschen falls sie es schon sind, ja noch im Darwinismus herum. Zuerst dachtet ihr, ihr seid Tiere.

Der stärkste überlebt. Also Urwalds Tarzan Dasein. Bloß nicht so Edelmütig wie er.

Die Newtonischen Traumtänzer torkelten auch durch Europa, der Mensch ist Maschine und Gott der Konstrukteur. Automatenprimaten sozusagen. Doch Tiere haben noch Seelen. Und in der Seele lebt Gott sogar. Maschinen, so stupide war Wissenschaft mal. Jetzt zeigt sich ja das es keine Ebenen gibt die sich als fest bezeichnen lässt, subatomare oder auch Unschärfe und dann die ganzen Lichtentdeckungen, und die Entdeckungen das Pflanzen auf Gedanken von Menschen reagieren und sogar umgekehrt das Menschen auf Pflanzen reagieren, und die Einsichten das, das, das, und vieles mehr..

Auch heute ist das goldene Kalb der Biologie das der Mensch keine Seele hat. Doch ich steh als lebender Beweis da und sage ich bin Glückseligkeit und die ist endlos und sie ist total ewig weil sie endlos ist, und das ist für die Physik, Biologie unerkennbar.

Sie wird nie von ihr gemessen werden. Logisch ist das folgendermaßen. Alles Endlose alles Ewige, kann nur durch Messapparate gemessen werden die größer als die Endlosigkeit sind.

Doch jeder Apparat ist endlich. Klar genug! Es wird sicherlich in der Politik Menschen geben die, die Gehirnwäsche, der Mensch ist nur Maschine seelenlos, sehr angenehm sei, da ja dann das seelenlose, biomaschinelle Wesen bis zur totalen Ermüdung benutzt werden kann, was heute in der Steuerpolitik und deren Ausbeutung und Verschiebung und deren stupide Gesetze gut gesehen werden kann. Die Hörigkeit die sich politische Fratzen öffentlich zusammendenken, die Illusionen die weitergegeben werden um Macht zu behalten und zu kontrollieren.

Alle ist auf Belastung des anderen aufgebaut, die dafür auch noch Ansehen bekommen und Titel. Ihr Menschen ihr seit so was von Stupide, Ich kann nur noch lachen über eure Systeme. Denn ihr seid noch Raubtiere geblieben und sollt auch so bleiben. Raub ist der Hauptblickwinkel in dieser Formulierung. Und was ist Raub. Raub ist wenn ich etwas von etwas wegnehme egal auf welche Art. Und dieser Raub der bindet die RaubMenschen an das Tierreich. Und deswegen ist die Situation diese Raubkapital Situation der Menschheit auch völlig materialistisch und damit zur Totalzerstörung programmiert. Es ist also keine Evolution im Spirituellen möglich, was überhaupt eine Überlebensmöglichkeit für ein Raubtier wie der Mensch es noch ist bedeutet. Du sollst nicht Töten ist ein Muss um überhaupt wacher zu werden bewusster zu werden und das bedeutet keine Lebewesen mehr zu töten. Alle Arten von Tiere inklusive dem Tier Mensch. Und aus dieser Tierheit die der Mensch nun mal noch geblieben ist, ist auch dieser Wahnsinn des politischen Idiotentums und des Wirtschaftlichen Idiotentums die sicherste Gewährleistung das ihr euch so Platt machen werdet und dann platt gemacht werdet aufgrund eurer Taten eures Raubtiergemüts Verstandes, das ihr und eure Umgebung ganz einfach zerstört werden wird. Das ist eure momentane Situation auf der Erde Dieses politische Idiotentum weltweit ist das was ihr wirklich wollt, solche dummen Menschen als eure Repräsentanten. Das ist eine Schande für euch. Ihr bringt Menschen in Positionen die euch das Leben schwerer machen, auch Lasten auflegen, die selbst so finanziell abgesichert sind und dann noch Entscheidungen machen die gegen euch sind. Ein Politiker hat so viel Mitgefühl, also Einsicht, wie ein Stein die mathematische Formel der Grashüpfer kennt. Politiker müssen langsam Entsystematisiert werden, sie müssen von der Erdbildfläche verschwinden. Militär auch. Egal was die Wissenschaftler nun unterstützen, indem sie sagen, wir finden keine Seele, also kann da keine sein, doch die haben noch nicht richtig gesucht.

Ich könnte ihnen auch sagen was für eine Form die Seele hat welche anderen Endlosigkeiten noch zu ihr gehören und was sich dann im Körper abspielt wen man diese Erfahrung gemacht hat. Doch ich tue es nicht da die Intellektuellen ja glauben Wörter seien die Existenz, Wörter seien Wissen, das sind schlichtweg stupide, aber Intellektuell.

Dieser Glaube den die Wissenschaft nachgeht ist genauso dumm wie der Glaube der Religion Somit sind beide vom Glauben benebelt. Wenn die Industriemenschen wirklich glauben durch Manipulation durch Schwachheit durch Faulheit durch vieles mehr, dass sie bloß Bioorganismen sind, dann werden die Industriemenschen sich letztendlich umbringen.

Weil ihr Fragen sinnlos geworden ist und sie heute schon immer dümmer und dümmer und dümmer der Ruf zur Wissenschaft macht. Die Wissenschaft hat das noch nicht entdeckt. Die Wissenschaft hat das noch nicht bewiesen. Die Wissenschaft hat das nicht geprüft, als ob die Existenz ein Prüflabor der Menschen die sich Wissenschaftler nennen, ist. Ich sage euch prüft ihr, mal die Wissenschaftler was sie tun, wie sie leben, was sie Essen, wie sie sich kleiden, was sie lesen, was ihre Ziele sind, wen sie Vögeln, was sie wollen, welche politische Taktik sie unterstützen, und ihr werdet bloß ordinäre Bioorganismen sehen, und die können keine Seele entdecken, außer sie suchen sie....

Ich weiß die Seele ist. Sie ist ein Teil des Ganzen, nicht das Ganze. Sie ist aber nicht losgelöst sondern eins mit dem Göttlichen. So ich stehe hier als lebender Beweis gegen alle biologischen Dogmen und physischen Dogmen der Raubtier Wissenschaftler. Sie sind alle falsch.

Sie sind bloß als Detail als Fachwissen richtig, doch ansonsten sind sie ohne jeden Wert. Sie können keine existenziellen Fragen beantworten, die, die Menschen fragen. Außer das sie als Fach dort stehen um daran zu erinnern das mit Biophysik keine existenziellen Fragen beantworten werden können. Materielle Fragen ja.

Der Glaube dass der Geist bloß eine Maschine ist, ist mehr als stupide. Er zerstört die Gesellschaft .Und das ist auch das Wesen dieser Aussagen, zerstörerisch. Er zerstört die Freundschaft die Gemeinschaft. Die Möglichkeit der Liebe. Du bist und bleibst bloß Objekt. Das passt gut in die machtgierige Konzeption. Objekte sind seine Leidenschaft.

Kommunismus hat sich ja selbst totkommusmusst. Doch die Einstellung das der Mensch und sein Verhältnis zur Gesellschaft bloß wirtschaftlich, ein ökonomisches Phänomen ist, ist in der Demokratie voll da. Fast ausschließlich wird unter den Populärprofessionellen nur nach Geld und nach ökonomischen Blickwinkel entschieden - Industrie ist total davon beherrscht.

Der Mensch, das herzliche, ist also weg. Er selbst entscheidet gar nicht. Das Geld entscheidet und das Geld kann noch nicht mal lächeln. So diese wirtschaftlichen Kräfte die 3,1 % jedes Jahr, das sind seine Götte, er ist voll davon abhängig. Bewusstsein, der Mensch, ist gar nicht da. Die soziale Struktur entscheidet. Der Unteridiotenmarx der Affengeist der Murks, der das ganze Kapital schon versoffen hatte, sagte dass es nicht das Bewusstsein ist, das entscheidet, sondern dass die Gesellschaft das Bewusstsein entscheidet.

GLAUBENSBEKENNTNIS
ICH GLAUBE AN DIE POLITIK
DEN VATER STAAT UND SEINE DIENER
DEN SCHÖPFER DER ARBEITSLOSIGKEIT UND AUSBEUTUNG
UND AN DIE GEWERKSCHAFTEN
DIE MÄCHTIGEN HINTER DEM RÜCKEN ALLER
GEBOREN AUS PROFITGIER UND ERWERBSSTREBEN
EMPFANGEN VOM ROTEN GEIST
GELITTEN UNTER DER SCHWARZEN LOBBY
GEDEMÜTIGT; BESIEGT UND BESTOCHEN
HINABGESTIEGEN IN DIE INFLATIONSGEFAHR
AUFGEFAHREN IN DEN STEUERHIMMEL
DORT SITZEN ZUR ÄUSSERSTEN RECHTEN
DER KÖNIG DER BAYERN
VON VIELSHOFEN ER KOMMEN WIRD
ZU RICHTEN DIE LANGHAARIGEN UND DIE INTELLEKTUELLEN
ICH GLAUBE AN DIE GROSSKONZERNE
DIE HEILIGE GEMEINDE DER STEUEREINTREIBER
HAUSBESITZER; GEMEINSCHAFT DER SCHEINHEILIGEN
VERGEBUNG DER STEUERSCHULDEN
AUFERSTEHUNG DES WIRTSCHAFTSWUNDERS
UND AN DONALD DUCK

Klar, die kaputte, kaputten - mächtigen, also nichtmächtigen, nutzen das für sich. Da sie ja dadurch die Menschen für ihre Produkte manipulieren. Da ihr Einfluss in der Gesellschaft durch medienpolitische Ströme, TV, usw., ausgebreitet wird. Doch es ist das Bewusstsein das die Entscheidung im ökonomischen macht nicht die Ökonomie. Die gibt es nämlich gar nicht. Doch immer wird auf Begriffe gegriffen die mit der Verantwortlichkeit gar nichts zu tun haben. Es ist die Gesellschaft, die Politik, die Natur ist schuld, die Werbung ist schuld, es war die Medizin, oder die Wissenschaft, es ist die Kirche, die Bank die Ökologie, die politische Lage, die Weltwirtschaft, die Amerikaner, die Deutschen, die Sozialstruktur, nie ist der Mensch verantwortlich, der Mensch der dort steht und denkt und bewusste Entscheidungen trifft, vor die er sich dann nicht verantworten will. Die Politiker haben sich sogar Immunitätsgesetze geschaffen. Und die Diplomaten sind auch immun damit sie besser ihre ursprüngliche Kriminalität leben können. Das sind alles Gesetze von

Kriminellen für Kriminelle gemacht. Die Physik sagt nämlich gar nichts die kann nämlich nicht sprechen. Die Medizin kann auch nicht sprechen. Auch nicht die Religion. Die Biologie ist blind taub dumm und nicht existent .Die Politik ist taub die kann nämlich nicht hören. Die Intellektuellen sind halbtot denn sie leben nur mit Begriffen, und etwas Aggression.

Die eine Sicht das wir irrationalen Kräften ausgeliefert sind, ist auch bloß hinschmeißen der Arbeit. Der Mensch ist nicht in dem Griff natürlicher Kräfte, der Instinkte. Ich kann meinen Instinkt sehen wie er kommt und geht. Ich bin der Meister meiner Instinkte. Ich selbst bin bewusstseinseelisches, göttliches Bewusstsein. Das sind aber nicht diese Worte die ich benutzt habe, seelisch, göttlich, Bewusstsein. Bewusstsein ist was anderes als diese Wörter, ok. Da wir Marx, Freud, Adler, Newton, Einstein, und alle anderen populären Wissenschaftler meinen, sie alle sind in ihren Tiere gegen die Freiheit, alle sagen sie der Mensch ist da und dort gefangen, dort abhängig dort von Kräften unfähig gehalten, und dort von Tieren und dort von sozialen Kräften, das ist alles wissenschaftlicher Hokuspokus, Quatschologie, stupides Gefasel von Unidiplomen, aber nicht vom Leben selber. Sondern von Lebenssituationen umständen.

Und das leben ist ja bekanntlich unsterblich.

Was unsterblich ist kann nicht unfrei sein. So einfach ist das.

Wissen sie, und sie wissen das vielleicht noch, der Fiktionsbegriff – Gesellschaft - die Abstraktion, auf die, die Alten und neuen Idioten immer noch bauen, ist kein Pfennig Steuern wert. Meine Intuition sagt mir die Gesellschaft ist Kriminell, und darauf scheiß ich. Es gibt kein feindliches System. Bloß feindliche Menschen. Diejenigen die für die Fiktion Staat sind, sie sind kriminell, sie täuschen vor man müsste alles kontrollieren, sogar mit Bundeskriminalamt, sogar mit Geheimdiensten, sogar mit Mord wenn's sein muss. Habt ihr so was gewollt. Habt ihr so was gewählt. Sagt der Bundeskanzler, dass wenn ihr ihn wählt er auch seine Unterschrift auf die Bibel phantasiert hat. Auf die Bibel Leute. Als guter Christ ist das realistisch, die wollen sich ja auch die Erde Untertan machen. Und der Jesus, Christus, den senden sie sogar in die Hölle, die nicht so wollen wie er will. Steuern zahlen ist Sklavengeld von Kriminellen über die Jahrtausende heraus gepeitscht bis es zur Gewohnheit wurde. Als sie noch Mörder waren damals, und durch Terror Land in besitz nahmen, Häuptlinge, Könige. Die Bürger sind immer noch die Besitzer dieses fiktiven Staates. Der gar nicht existent ist. Bloß Menschen sind existent. Oder habt ihr den Staat schon mal singen gehört, Autofahren gesehen oder ein

Buch schreiben lassen. Am Pass ist es gar ganz eindeutig. Dieser Pass ist Eigentum der Bundesrepublik Deutschland. Idiotischer geht's wohl nicht mehr. Die Bundesrepublik Deutschland ist das Stück Land auf dem die Primaten sich bis zum umfallen bekämpft haben um dann dort ihre Uringrenzen zu legen. Doch seit wann kann dieses Land einen Pass herstellen. Also ist doch wieder Spinnerei am torkeln. Dieser Pass ist mein Eigentum, nicht das Eigentum einer politischen Neurose, dieser Hybridenfehlzucht. Aristoteles und Kant sind wirkliche Hohlköpfe. Kants -Begriffe ohne Anschauung sind blind, Anschauungen ohne Begriffe sind leer. Man kann gut sehen wie er Fiktion produziert. Da er einen Begriff doch für die Realität hält. Typisches philosophisches Wirrwartum. Die Anschauung ohne Begriffe ist leer, das stimmt ja, rein denkerisch, doch für ihn ist Leere übel. Der wusste ja auch nicht dass er mehr ist als bloße Physis. Weder vom Wissen als Wortansammlung oder vom Wissen als, nein oder vom echten Wissen als existenzielle Erfahrung. Und die besagt das die Leere das Nichts ist Realität die so voll von Leben ist das Philosophie nicht wert ist sich damit den Arsch abzuwischen, außer man hat kein Toilettenpapier.

In den RBMZ, s wird die politische, philosophische, staatliche Neurose, in eine Rose verwandelt. Durch Rhythmus durch Tanzen durch Freude und durch Humor. Entfremdung passiert dort. Sie ist ja in Wirklichkeit gar keine Entfremdung, bloß weil jemand anders Erfahrungen macht, denn Angst ist keine Entfremdung. Sie ist eine natürliche Reaktion auf Gifte und au Systeme die sich über Jahrtausende lähmend als die öffentliche Vergiftung in die Nahrungskette eingeschlichen haben. Entfremdung ist auch keine Entfremdung. Man darf nicht auf schwachsinnige psychologische Begriffe reinfallen. Die Psychologen sind sowieso dabei die Heiligen wegzuräumen, ganz subtil versuchen sie das, weil die Psychologen denken, das ist alles Quatsch, und weil die Heiligen immer noch solch eine Anziehung haben, doch die Psychologen meinen sie mit ihren mickrigen Erkenntnissen des Verstandesfickens, seien die, die einzigen die, die Wahrheit hätten. Das ist weit, weit, weg von der Wahrheit, denn der verstand oder die Vernunft kann das was erfahren erlebt werden muss, nicht verstehen mit den Gefängnis genannt verstand oder Vernunft, ihr süßen..

Aber !

Ihr seit gar nicht sooo süüüß, ihr in euren Grenzkotzbereichen der Täuschungen der Massen, ihrjenigen die ihr öffentlich sagt ihr seit Christen oder Moslems oder Juden ihrjenigen die, die Sprecher dieser Geschäftsorganisationen seit, ihr seit alle die Vasallen des Satans, Ho Ho Ho, des Unbewussten, der Dunkelheit oder Unwissenheit . Ihr seit alle von Astralwesen besessen die rein und raus aus eurem für euch unbewussten Körper gehen können. Das kann ich ab und an sehr gut sehen und wird mir auch ab und an gezeigt .Die Kongresse für Geistige Wege für Interreligiöse Zusammenarbeit und für mehr Frieden und Toleranz, die wimmeln nur so von Heuchlern und Betrügern und Satansbraten in Senfsoßen und Schafschächten und Rinderschächten und Industriemorden von Schweinen Hühnern und Lachsen Karpfen und Walen und vielem mehr,„mit euren Raubtierglaubensreligionen ihr Raubtiere ihr Massenmörder mit Tausenden von Kriegen und Morden und 100 Millionen Ermordungen von sogenannten Menschen ihr Blutgesocks ihr Atombombenarschlöcher ihr Banditen ihr geisteskranken Gesocks. Und vielem, vielem mehr .

Die Wurzel der Psychologen ist selbst die Neurose. Da sie sich nur mit dem sterblichen befassen. Sobald ein Psychologe erfährt was er wirklich ist kann er kein Psychologe mehr sein. Er wird zumindest seine Therapie spiritualisieren. Das werden sowieso viele machen ein einige werden echte Erfahrungen machen, doch die meisten machen es aus Strategien, wirtschaftlichen, weil sich die Menschen mehr und mehr in die spirituelle Entwicklung hinein - bewegen. Derjenige der die Begriffe Entfremdung entwickelt hat ist selbst 2fach entfremdet sowohl von der Erkenntnis als auch von der Begriffskategorisierung.

So, Freiheit ist in den RBMZ, s angesagt. Freiheit die in die Leere taucht.

Dort werden viele weise Frauen sein, die Lieblingsbraten, die Rösthähnchen des Mittelalters als die Mörderbande Christentum noch nicht wusste das man aus Hexen keine Hähnchen rösten: kann. Hexen werden dort ihr wissen ihre Weisheit anwenden. Astrologinnen, also Sonnenlogik, Astrohypnose, wir werden dort durch Hypnose eine Astraltour durch die planetarischen Positionen machen. In Trance und in neurolinguistischer Programmierung werden wir zum Unbewussten tauchen, mit Schnorchel, um dort die tiefen Erinnerungen hoch zu holen, aber nur wenn's absolut notwendig ist. Damit die Industriegesellschaft, die offene Gesellschaft, nicht die politische Gesellschaft, blüht. Astrologie ist ja bekanntlich das Mittel, das viele politische, künstlerische Individuen anzapfen. Interessant ist ja dass das genau entgegengesetzt dem Ego ist. Da ja nun das Universum bestimmt. In den Zentren werden groß Horoskop Mandalas sein die mit den dazugehörigen Elementen und Mineralien und so weiter aufgebaut wurden um damit auch in die Zukunft zu projizieren. Der Kosmos sagt dir nun was Sache ist. Bekanntlich ist das Universum etwas größer als das Gehirn, doch wer tief in sich geht wird feststellen dass er selber größer ist als das ganze Universum.

Und das ist seltsam nicht wahr, für euch Gläubigen an den Verstand. Ho Ho Ho.

So die Herstellung des totalen in dir wird wieder gemacht. Der Weg der Heilung ist dort. Jedenfalls ist es wichtig solange man sich noch als Seele sieht, erfährt, als Teil des ganzen zu erfahren.

Wenn man sich die Kreatur Mensch anschaut die in der Politik ist und die dann die Industrie bei Weltwirtschaftgipfeln vertritt sieht man doch was für physiologische Klumpen das sind. Strauß fraß gerne Kuhmagen, das muss man sich mal vorstellen. Sie alle sind jedenfalls noch Leichenfresser. Und die Industriekartelle die sie vertreten, das sind Massenmörder Kriegstreiber eiskalte, Waffenanbeter. Da wird einem Übel würde man sich auf die einlassen. Der Raubmensch, der christliche, der Raubmensch der moslemische, und alle anderen Raubmenschen, sie müssen alle zu Vegetarier werden. Sonst ist die Gattung Mensch nicht erreichbar. Und vegetarisch leben bedeutet nicht, nicht Übel zu sein, nein, es erleichtert bloß das Leiden etwas das physische, denn die Arbeit die gemacht werden muss damit dieser Planet nicht abgewichst wird von diesen bekloppten Raubsäugetieren, ist die Arbeit nach Innen, zum Selbst zum wahren Ich. Tiere, die vegetarisch leben die essen. Tiere, Primaten die Leichen fressen, da kann man nicht von Speisen reden, auch mumifizierte Leiche wie Wurst Schinken, gehört dazu.

Sie haben ja bis jetzt erkannt, das die Menschen, sie also, nicht natürlich empfänglich sind, und zwar für das Gute, sondern ganz natürlich aggressiv sind, tierisch. Und das ist die Evolution die zu machen ist hier auf dieser Erde, vom Tier zum Göttlichen zum Selbst, das ist eine vertikale Evolution und keine Horizontale wie die materialistische eine ist. Zumindest Jetzt.

Das sind zwei unterschiedliche Lebensweisen. Das Gehirn, der Mensch, ist aggressiv, das Ego der Verstand also, ist immer aggressiv, und warum wohl, ganz einfach, weil er nie Sicherheit finden wird der Verstand, da er dazu gemacht ist immer verstehen zu müssen und so also auf ewig an die Veränderung gebunden ist mit all ihrem Leiden Konkurrenzdruck Kriegen und Banditenraubmordtum. Es ist ja Raubtiergeschichte. Nur diejenigen die es noch nicht gibt noch nicht gab und geben wird, werden nicht aggressiv sein. Die einen nichtaggressiven Geist haben. Ein nichtaggressives Mental, Gemüt. Doch die Natur des Mentals ist Aggressivität. Deswegen ist die Therapie, Meditieren, medi - tieren, also in der Mitte sein zwischen Mensch und Tier und Gottsein. Der Weg zur Nichtaggression geht über die Meditation, durch die dann das Mental nicht aggressiv wird. Es nützt nicht viel 20 Millionen per Film zu bekommen, du bleibst trotzdem von der Gier gefangen, ja du wirst sogar die Gier, egal wie du dich darstellst, es wird Habgier bleiben. Du kannst sämtliche Existenzängste durch Geld weggegeldert haben, trotzdem, dein Mental bleibt unter der Fuchtel der Gier. Und Gier ist eine üble Fratze die den Menschen dann zum Opfer hat .Das Mental der Geist die Gehirnfunktion ist ja evolutionär immer an vorderster Front, im Kriegszustand, mit den Leben. Also in Wahrheit mit sich selber und das ist pures Beklopptentum und führt nur zur Selbstzerstörung der Lebensumstände und nicht des Lebens das ist Ewig.

Es, das Ego, der Verstand des Raubmenschen, will auch gar nicht die Macht abgeben, ja es wird die Seele immer versuchen zu täuschen, immer,..Da müssen schon sehr powervolle Energien ablaufen damit dass Mental Einsicht gewährt und seine Fesseln löst. Es dauert eine Zeitlang das Mental zu überzeugen, durch gutes Zureden, es durch Vernunft und Logik weich kriegen.. Wenn man sich noch fälschlich als Mensch identifiziert, hat man erst mal eine tiefe existenzielle Erfahrung seines Wesen, selbst, Ich, gemacht sieht man sich nicht mehr als Mensch. Sondern als Göttlich. Da man ja das ist was man erfährt. Die existenzielle Erfahrung die der Körper, der Mensch dann mit erfährt, aber nicht ist, ist eindeutig, das, was der Mensch schon immer als göttlich bezeichnet hat. Obwohl es dafür keine Bezeichnung gibt. Danach weiß und ist man nicht mehr Mensch, man hat einen existenziellen göttlichen Körper, die Physis, .die Existenz ist ja das was kommt und geht. Doch das was ist, war, bleibt, ist ewig unsterblich. Das was du bist ist keine Existenz. Trotzdem ist die Erfahrung existenziell für den Körper. Ohne diese Erfahrung ist das Mental, der Geist, aggressiv im Sinne von Sicherheit, Täuschen, Manipulation, der andere ist der Feind, der Konkurrent, Konflikte..

Langsam fängt die Industriegemeinschaft an durch den Wahnsinn Mensch oder „Menschheit" zu erkennen, das wir das Geheimnis Kooperation erst 1/10% von 100% erprobt haben. Was in der Weltindustrie wie Kooperation aussieht, ist Kommerz, keine Kooperation, Rationalität, keine Freundschaft, was in der Weltpolitik als Kooperation sich darstellt ist Machtbalance, Notwendigkeit oder sonst Atomkrieg, echte Kooperation ist fast nicht existent.

Die Welt existiert in Konflikten, die menschliche Welt, doch wir haben die Freiheit zu wählen. Die Natur ist fressen und gefressen werden. Doch wir sind mehr als Natur.

Wir sind die Schöpfer der Natur, auch wenn das jetzt nicht verstanden wird, denn das wird nie vom verstand zu verstehen sein, nur zu erfahren erleben.. Wir sind auch mehr als die Schöpfung, .kooperatives Sein geht besser im kooperativem Stiel.

Die Industrie weiß das Kooperation mich reich macht, dich auch, sie auch. Der Markt in Thailand, Brasilien ist genauso da wie in Berlin oder Hanoi. Ohne diese Weltmärkte ist die Industrie ärmer. Ohne den chinesischen Markt ist die Welt 25% ärmer. Aber ohne die stupiden chinesischen Diktatoren die sich Politiker nennen ist die Welt um 80% besser.

Und ohne die Restbevölkerung ist China sehr, sehr arm. Doch bis heute ist das kollektive Mental, das Nationalbewusstsein, immer noch auf Konflikt. Egal was getaaaaaan wird, es ist eure Kampfangelegenheit, egal ob die Firma nun durch Schmiergelder durch politische Kanäle oder durch private Freundschaft in Amerika in China in Afrika gebaut werden soll, zuerst wird der Konflikt gelebt. Denn der andere ist ja der Feind, der Konflikt. Die Annahme ist vorrangig das Konflikte aus dem Weg geschafft werden müssen. Aber ohne Konflikte sonst wird der Kreislauf nie beendet. Natürlich entwickelt man freundschaftliches Verhalten. Doch das ist entwickelt. Die Quelle ist Konflikt, dafür entwickelt man konstruktive freundschaftliche Verhaltensnormen. Wir im Konstruktionsbüro der Persönlichkeitsentfaltung. Psychologie passt hier gut rein. Die sind so idiotisch und betonen auch noch dass du deine Aggressionen leben sollst. Die Freiräume aggressivieren sollst. Was heute als Freundschaft gilt ist Maskerade aus Venedig. Unten drunter ist der Mensch die Physis, Raubmensch geblieben. Auch in 1000 Jahren, 20000 Jahren..oder aber er macht die existenzielle Erfahrung seines Lebens, seines göttlichen Hintergrunds. Dann fällt das Raubtier von ihm ab.

Der Mensch, er kommt ja aus dem Urwald. Aus der natürlichen Wildnis die gar keine Wildnis ist, sie ist Heimat, sie ist Homeland, keine Wilderness oder Wildheit wie sie immer beschrieben wird. Sie ist Lebensraum. Unterstützung. Evolutionär hat er so viele Ebenen durchlebt, so viele Tierleben, ich war zbs. Löwe, Gorilla, in Afrika, also der Körper hat so viele aggressive Erfahrungen in sich gespeichert die nicht einfach durch Universität, durch Rente, Gehalt, Konsum, durch Reisen, durch Parteimitgliedschaft, beendigt sind.

Der Körper kommt aus der Jahrmillionen alten Tradition, der Körper wohlbemerkt. Das ganze Leben die Umgebung, die Nahrung, das Gras das Fleisch das ich gefressen habe, das Wasser das getrunken wurde, die Luft die geatmet wurde, all das hat diesen Körper geformt, und programmiert. Auf Konflikt. Auf Kampf. Das Leben als Kampf. Jeder Körper trägt diesen Kampf in sich von Jahrmillionen langer Evolution. Und das Mental. Das Mental ist älter als das physiologische es ist auf der Astralebene evolutioniert, evolviert, in der Astralwelt.

Unser Körper ist ja wie eine Art Taucheranzug, Astronautenanzug, für das Göttliche, metaphorisch formuliert. Zuerst zieht man den dünnen Anzug an dann werden die Anzüge immer dicker bis zur Physis. Ohne die Anzüge kann die Stratosphäre oder die Meerestiefe nicht erfahren werden. Der Körper kann ja nicht älter sein als die Erde. Doch das Mental, die Astralwelt ist älter, viel älter als die Erde oder das physische Universum. So der Situationskampf im Menschen ist komplex. Das Mental ist voller Wünsche die Physis voller Konflikte. So ist die globale Situation. Der gesamten Menschheit. Nicht umsonst war Religion so populär, weil da Hoffnungen auf illusionäre Freiheiten versprochen wurden.

Religionen sind ja nicht das was Buddha oder Jesus oder Ich erfahren habe. Religion sind ja gemanagte Versuche, zu imitieren, aber nicht die existenzielle Erfahrung selber zu machen, sonst wäre ja die Priesterschaft arbeitslos. Papst ist dann über-flüssig, die Mullahs auch.

Sooo, Kooperation, nämlich mit deinem höheren Wesen, deinem göttlichen Hintergrund, wird im RBMZheraustherapiert,herausgetanzt,herausgelebt,her vorgesessen,hereingespielt.

Das Mental so wie es ist, kann weder sich selbst oder die Natur oder die anderen lieben.

Bei der Vergangenheit ist das auch kein Wunder. Wenn man wach genug ist die Inneren Abläufe zu beobachten, die Gedanken, die Vorstellungen, die Wut, die Wünsche, die Konfliktbereitschaft, die Zerstörung, die Kriminalität, die destruktive Bewegung, dann ist man ja bekanntlich nicht das was beobachtet wird. Dieser Beobachter ist das Bewusste. So kann man den ganzen Mentalzirkus als nicht Bewusst erkennen. Ich hab's auf jeden Fall so erkannt,.

Das also, was sich der mentalen Abläufe bewusst wird, ist Bewusster als das zuvor als Bewusst eingestufte, und das ist die Evolution die zu machen ist, sonst sieht es für die Raubmenschen sehr düster aus, nämlich Zerstörung Selbstzerstörung, weil es die Unwissenheit ist. Oder, nicht die Wachheit die sich der Wachheit bewusst ist, ist wacher als die beobachtete Wachheit. Weil sie 2fache Wachheit ist. Von dann an ist man sich bewusst das Konflikt bloß der Geist, das Mental, das Gehirn, das Gemüt, Empfangsstudio ist.

So, im RBMZ wird Bewusstheit freigelegt. Als Beobachtungstag. Wenn dann noch die Erfahrung hinzu kommt, was das ist, ob nun Licht, Energie, Ton oder Glückseligkeit oder aufgehen im Ganzen, zumindest als Einblick und Gewissheit deines göttlichen Hintergrunds. Von da an wird dein Leben aggressionslos. Geht man dann wirklich gegen die Erfahrung, kann man wirklich Buddhas Spruch - Alles Leben ist Leiden - voll für richtig akzeptieren. Denn der freie Wille bleibt bis zum 6 Körper. Im 7 Nirwana ist man Eins, da ist freier Wille unnötig. Und wenn sogar das dritte Auge geöffnet wird, dann ist Aggression, gegen den Menschen, die Natur, unmöglich.

Geleitete Meditationen, wird's auch geben damit die Therapeuten ihre Ziele verfolgen können. Alte Rituale. Neue Rituale. Gruppenprozesse. Mandalazentren. Entgiftung der Industrie, des Menschen. Das Gute die Verbundenheit zum Vorschein bringen. Global. Machtbereich der negativen Kräfte entkommen. Dann ist keine Sorge mehr. In der Hinsicht ist das Vollkommenheit.

Auch die Angst Fehler zu machen ist noch eine Form des Egos. Du kannst praktisch alles in dieser Welt machen was du willst. Doch durch das Gesetzt der Ursache und Wirkung, sind die Konsequenzen schon mit einbezogen. Du musst also auf irgendeine Art dafür bezahlen. Im positiven wie im negativen, also Tausend Jahre glücklich sein oder Tausend Jahre unglücklich sein, in der Richtung jedenfalls. Um so mehr du nur nimmst um so mehr musst du zurückgeben. Um so weniger du nimmst um so weniger brauchst du zurückgeben. Das ist das Naturgesetz, hier. Das Gesetz der Schöpfung. Auch Vegetarier müssen weil sie Pflanzen essen etwas zurückzahlen, was im Verhältnis zu Leichenfressern natürlich wesentlich minimaler ist. Zurückzahlen nicht in Form eines Geschäfts sondern zum Gott der Schöpfung, der unter dem Gott, dem Allmächtigen ist. Wer seine Sachen dem Gott der Schöpfung nicht ausgeglichen hat, der kommt nicht so leicht zum Allmächtigen Gott. Das ist ja das witzige Dilemma. Überall ist Himmel oder überall ist Hölle. Überall ist Negativ oder überall ist Positiv. Je nach deiner inneren Verfassung. So wie du bist, so siehst du nämlich deine Umgebung. Man muss das nur wissen. Wenn du das weißt ist schon viel erreicht. Wenn nicht dann kann es dir ganz schön schlecht ergehen.

Deswegen ist es auch ganz gut einen Licht Ton Meister zu haben. Licht Ton Meister haben die Fähigkeit dein Karma aus deinen vorherigen Leben zu löschen und du bist nur noch mit deiner jetzigen Situation beschäftigt. Jetzt. Die Gegenwart. Die volle Aufmerksamkeit. Das Sehen des Bewusstseins das den

Verstand still legt. Das macht das Leben leichter. Aber wer wird sich auf so was schon einlassen. Nur Wache natürlich.

Wenn du dich nicht selber ändern kannst geht es schneller mit einer Meisterin oder Meister die in Licht Ton oder Klang gemeistert ist. Wenn nicht dann musst du warten bis die Zukunft dich ändert. Das Karma, die Wirkung deiner Aktionen Handlungen die du in deinen jeweiligen Leben gelebt hast das ist im Unterbewusstsein gelagert. Die Licht Ton Meister kennen die Knöpfe die gedrückt werden müssen um dort das Tapedeck zu löschen. So Licht Ton Meister werden in den Regenbogen Zentren auch ihre Initiationen machen. Das beste was dir passieren kann, wenn du Glück hast.

Es gibt ja keine Sünder sondern nur Licht und weniger Licht, was sich in unterschiedlicher Forme der Ignoranz wiederspiegelt. Wie kann jemand eine Sünderin sein, wenn ihr als Kind nichts anderes beigebracht wurde. Letztendlich ist aber alles Gottes Wille wie du bist. Egal ob du nun Heilig bist oder eine kriminelle Seuche. Es ist alles Gottes Wille. Aber stimmt das wirklich? Und darin liegt schon die Gewissheit dass alles gut ist. Es ist nicht einfach ein Herz zu haben das nicht diskriminiert. Da die gesamte Erziehung auf Diskriminierung aufgebaut ist und somit schon das Herz benebelt und total verdunkelt. Wenn du ganz einfach zufrieden bist egal ob Freude oder Nichtfreude dann ist dein Herz okay. Wenn du nicht auf der Suche bist nach Freude oder Leid, das gibt's ja auch, dann ist dein Herz okay. Menschen die noch zufrieden sind egal wie die Welt der Menschen sich auch darstellt und deine Nachbarn oder Kinder sind egal wie wild sich alles entwickelt hat und überall Zerstörung und Vergiftung abläuft, wenn du trotzdem einfach und zufrieden bleibst, dann ist dein Herz okay. Es ist nicht leicht heutzutage nicht zu kritisieren. Es sollte aber für dich, für dein inneres Wohlergehen, immer wieder versucht werden, denn dadurch reinigt sich das Herz und wird wieder entnebelt, es ist wirklich nicht einfach so was zu leben.

Es ist wichtig die Vergangenheit auszulöschen, die Vergangenheit in dir in allen, das Karma, das individuelle, das Familienkarma und das nationale Karma, aber auch das globale Karma. Das wird in den Regenbogenzentren versucht. Dort werden neue Muster für das Leben gelegt. Das angesammelte Karma muss vernichtet werden. Weil es immer wieder gute Wege in Schwierigkeiten bringt. Plötzlich taucht sozusagen die Vergangenheit wieder auf. Ein Meister oder ein Freund der sich darin auskennt, zerstört dieses Karma durch seine Liebe, seine höhere Schwingung da er bedingungslose Liebe ist und Leben kann und den Auftrag hat so was zu tun.

Das individuelle Karma, das jetzt in diesem Leben aufgebaut wurde das kann derjenige leichter alleine lösen. Alleine schon deswegen weil er sich damit einverstanden erklärt hat als er sich wieder auf die Erde inkarnierte.

Noch'n Wort zu der vegetarischen Ernährung, die für die Spiritualisierung der Industrie wichtig sein wird, da auch damit Lasten aufgenommen werden, das töten von Tieren ist inakzeptabel. Ernährungswissenschaftler sind schlichtweg dumm, wenn sie Fleisch essen propagieren. Alle starken Tiere wie Elefanten und Zebras und Giraffen und Mammuts Hirsche Pferde Kühe sind Vegetarier. Und seht euch an wie stark die sind. Es ist nämlich alles Gehirnwäsche das du Fleisch essen musst um stark zu werden. Du wirst durch Fleischessen nämlich letztendlich kranker ungesunder, alleine schon deswegen weil unser Verdauungssystem das eines Vegetariers ist. Der Darm ist ein Vegetarierdarm. Auch karmisch, das Töten und nichtachten von Leben ist inakzeptabel. Jedenfalls in den Regenbogen Zentren wird nur vegetarisch gelebt. Weil es das Beste ist. Wenn möglich müssen wir überall wie und wo wir sind Liebe in uns tragen egal wie die Umstände sind.

Es liegt in unserer Hand uns zu ändern. Wir können die Zukunft die sich aus der vergangenen Mörderei gegen die Menschen und Tiere und die Natur entwickelt ändern und zwar ganz plötzlich. Jetzt. Durch Gegenwärtigkeit.

Wir müssen ein ruhiges zufriedenes Leben leben. Gott ist immer Gegenwärtig in dir selber du bist selber Gott. Die Industrie muss sich verändern, die Vergiftung die sie eingeleitet hat ist inakzeptabel. Ihr streben nach Profite egal mit welchen Mitteln muss aufhören, sonst hat sie keine Daseinsberechtigung. Dann ist es besser wieder auf nichtmechanische weise zu leben. Wenn die Industrie wirklich vorhat sich zu ändern und spirituelle Werte mit einbezieht erleuchtete Industrie werden will dann werden auch Meister und Meisterrinnen kommen um mitzuhelfen und aufzubauen. Es werden Meister kommen aus dem physischen Welten aber es werden auch Meister mithelfen die im unsichtbaren bleiben und trotzdem mithelfen die Industrie zu spiritualisieren. Wir brauchen die Natur nicht anzubeten und auf Naturgeister Effekt eingehen. Aber wir achten und schützen sie. Wenn es schon ums Beten geht dann nur zum allmächtigen Gott in die selber und überall. Wir dürfen keine Verdrängungen leben oder Umschichtungen machen wie in der Politik oder Industrie wenn irgendetwas nicht stimmt. Wir müssen bei der Wahrheit bleiben. Dinge müssen direkt angesprochen werden. Politische Lügen und Manipulation sind ihr eigener Todesstoß da sie sich in ihren Unwahrheiten Berge anhäufen die dann zu üblen Explosionen werden, es gibt keine Vertuschung, auch wenn sie auf den ersten Blick da zu sein scheint. Der politische Quatsch und auch der industrielle Quatsch wenn es sozusagen von höchster Ebene kommt ist schon mehr als peinlich für diese dummen Leute. Der höchste Level, die höchste Ebene ist nämlich keine Ebene. So, wer immer noch von höchster Ebene redet ist ein absoluter Dummkopf.

Und in der Politik wird davon viel geredet.

Um in absoluter Kraft zu sein und zu bleiben, was durch Meditationen erreicht werden kann musst du absolut, absolut, absolut, keine Emotionen haben. Nicht in ihnen verwickelt sein, das ist besser formuliert. Ja nicht in ihnen verwickelt sein. Und du darfst dich nicht in das Leiden einlassen, egal was in der Welt passiert, das heißt nicht das du Herzlos bist, ein Arzt kann auch nicht Heulen während er dein Herz operiert und trotzdem ist er Mitleidig und Hilfreich und so weiter. Um die höchste Stufe der menschlichen Möglichkeiten zu erreichen, dich als reine göttliche Seele zu sehen zu erleben, und dann eins mit allem zu werden in allem zu sein, und in die Nähe des allmächtigen Gottes gekommen zu sein, mit all den Fähigkeiten mit denen du dann ausgestattet bist, du siehst die Engel, die Geistwelten du siehst Vergangenheit Gegenwart Zukunft du bist immer in wacher Kontrolle, um diese Kraft zu leben die ungemein nützlich für die Menschheit ist, dann musst du von allen Beteiligungen an Emotionen die Finger lassen, allen Konflikten aus dem Wege gehen, keine Sorgen jemals machen, keine Zuneigung für die Welt empfinden, für irgendetwas oder jemand, egal was passiert, egal ob die Menschen leiden, sterben oder sonst was. Dein Herz sollte sich nicht bewegen. Das hört sich Inhuman an. Ist es aber nicht. Da du mit dieser Fähigkeit nämlich Tote zum Leben erwecken kannst und so weiter und so weiter.

Aber Moralisten würden so was gelesenes verurteilen, weil sie sich bloß wie in dieser Situation, vom geschriebenen Wort blenden lassen würden, ihre Gedanken und Vorstellungen nun aufbrausen würden, obwohl sie gar nicht wissen was das ist wovon ich hier geschrieben hatte.

So sind die Moralisten. Die negativen Moralisten die nichts wirklich wissen. Das ist nämlich absolute Lösgelöstheit. Denn alles was du mit anderen Menschen tust egal was, es ist formt deine zukünftige Situation, auch wenn du mit Kranken zusammen bist und deren Leid lebst und es nicht sofort fühlst, wird das Leid doch zu dir kommen und wenn es im nächsten Leben ist. Denn deine Aura nimmt die Muster des anderen auf und trägt sie mit sich. Erhöhst du aber deine Schwingung wieder so kannst du deine Aura reinigen und Sorgen und kranke Gefühle werden sozusagen verbrannt. Es gibt Menschen die meinen die Menschen seien nicht die Krone der Schöpfung und reden davon dass das wieder auf ein normale, was auch immer das sein soll, Maß zurückschrauben sollte. In den RBMZ, s wird gesehen was der Mensch in Wahrheit ist. Die Krone. Doch diejenigen die den ganzen Mist vergiftet haben waren in ihrer inneren Einsicht nicht so weit gekommen deswegen ist das Resultat ja auch nicht kronig. Aber der Mensch ist nicht alleine die Krone der Schöpfung, nein, nein, nein, die Rose ist es auch, der Löwe auch, das Meer auch, die Wolken auch, die Wälder auch, und so weiter, nur um das Bild das egozentrisches enges Denken aufbaut aufzulösen. Die Vögel sind auch die Krone der Schöpfung.

Die Verbraucher müssen den multinationalen Konzernen beibringen dass sie ihre giftigen bloß auf Profit aufgebauten Produkte nicht wollen. Jeder Einzelne muss sich darum bemühen sich selbst zu ändern, in den Regen Bogen Zentren wird das intensiviert. Echter Friede kann durch Geld, Besitztümer Status oder vier Superautos nicht erreicht werden. Die Gier gibt nämlich nicht auf.

In diesen Zentren wird auch beigebracht wie Spiritualität wissenschaftlich zu verstehen ist. Da die Wissenschaftler die Dogmen und Macht vertreten, da sie Hirngespinste für die Wahrheit halten und damit gute Positionen und Meinungsbildung und damit den Widersacher den Satan den Luzifer in fast alle staatspolitisch wirtschaftlichen Positionen erlogen und erfantasiert haben um ein Wissensdogma zu leben das die Menschheit materialistisch verblödet hat und so sollte es auch sein, nämlich die Bindung an die Materie das Äußere und die Totalverneinung der Gegenwart des Menschen in seiner Innerlichkeit die auf immer Eins mit Gott war und sein wird, aber über den Satan, den Widersacher, den Verstand, die Welt, gebunden bleiben sein soll.

Die Psychologie eignet sich dazu auch nicht am besten. Weil sie sich ausschließlich mit dem sterblichen beschäftigt. Seele ist für die nur ein Wort sonst nix so ist die Wahrheit, jeder Psychologe der nach Wahrheit sucht weiß das. Sonst ist er ein Betrüger, an andere Menschen die zu ihm kommen, er hat nur Worte im Kopf. Obwohl ich gegen die Psychologie Nörgel bin ich für sie. Ständig die Begierden zu befriedigen führt nur zu noch mehr Begierden und du schleppst dann einen riesigen Schleier von giftgrüner Astralenergie hinter dir her, die Sucht nämlich. Unglücklichkeit wird nicht durch Suchterfüllung beseitigt sondern durch entfernen der Süchte.

Die Regierungen von heute und wohl auch schon immer, sind keine Institutionen von denen positive Veränderungen ausgehen, es sind immer die einzelnen Individuen von denen positive Veränderungen ausgehen, in den Köpfen der einzelnen entstehen immer die Wege die zur Verbesserung führten, dafür muss man kein Diplom haben, auch der Glaube hat vielen Menschen ihr Potential nicht erreichen lassen. Du bist Göttlich das besagt schon alles der Glaube an Diplome zur Absicherung ist purer Quatsch. In den Herzen der Bevölkerung liegt das Glück der Erde und Menschen, und nicht in den Institutionen die von solch einer arroganten Verblödung leben das ihre Unfähigkeit mehr als stinkt. Was die Politik sich über die Jahrtausende an idiotischen Krebsgeschwüren hochgezüchtet hat und dafür werden diese Ungeheuer auch noch bewundert, ist katastrophal. Es gibt keine innere und äußere Welt –so zusagen die Innenwelt der Außenwelt der Innenwelt, das sind alles Bindungen, selbst die Wissenschaftler wissen das da es ja im physischen keine feste Materie gibt, es gibt nur Energie und mehr, was die Wissenschaftler noch nicht erkannt haben, aber sollten sie es erkennen wird es ganz bestimmt nicht feste Materie sein, es wird noch ,noch mehr Transparenz sein, noch feiner noch durchsichtiger also deswegen gibt es schon aus physischer Sicht keine Innen und Außen Situation. Alles ist unzerteilende Einheit.

In den Regenbogen Zentren wird wieder auf die 5 Grenzenlosen Einstellungen hingewiesen, die 5 Grenzenlosen Seinszustände, Grenzenlose Liebe, Grenzenloses Mitgefühl, Grenzenlose Freude, Grenzenlose Gleichheit und Grenzenloser Friede, das sind ja bekanntlich alles politische und wirtschaftliche Themen. .Oder nicht ! ?

Die geheime spirituelle Sprache der Natur wird in den Regenbogenzentren auch wieder erlernt werden. Schamanen die eine innige Liebe zur Natur haben werden dabei sein. Die Streiten der Gegensätze werden in den Regenbogenzentren versöhnt werden, die Konflikte werden umgewandelt werden, in kreative schöpferische Visionen. Der magische Weg ist aber nicht der Weg der dort angestrebt wird. Magie ist bloße Energieverschiebung. Das was die Wissenschaft auch nur kann. Sie kann Energie nämlich nicht verändern in schnell und langsam Drehungen.

Die Weisheit die entsteht wenn man liebt anstatt zu kämpfen wird in der Industrie auch eingeführt werden, kooperiert anstatt miteinander zu wetteifern und sogar eine stupide politische Eliteschule züchten will. Was müssen die Totalverblödet sein Im Dualismus Muuus ihres verblödeten Eliteverstandes der Isolationen und dadurch dann auch eine Nichtelite Schafft. So saublöde sind Elitenprimitive. Aber ! ? das ist denen in Wahrheit total egal das interessiert die nämlich gar nicht was dadurch geschaffen wird, da die nämlich mit Elite nur sich selber meinen. Mensch sind die auf einem Idiotentrip. Ich achte deine Position du achtes meine. Mit den religiösen Machthabern wird die Menschheit am meisten Ärger haben da sie total dem Dogma verfallen sind. Selbst Politiker sind da ein wenig agiler in der Veränderung, weil sie an der Macht, agil sein müssen. In der Religion ist es ja schon keine Macht mehr sondern nur noch dummes da sitzen. Die Weltreligionsfüher der Christen, Mohammedaner Buddhisten, Hindus und Jainas, Israelis, sind alle so verkohlt das noch nicht mal Steinkohle aus denen gemacht werden kann. So hart sind deren Begrenzungen und fanatischen Wege. Auch die Christenvertreter sind Fanatiker, das wird sich noch zeigen. Man muss immer für sich selber verantwortlich sein. Wer meint er sei für eine Gesellschaft verantwortlich der spinnt. Er kann noch nicht mal für sich selber verantwortlich sein. Glück ist ja bekanntlich die Folge vollkommenen Handelns. Der heilige Geist oder besser der Tonstrom, Gott in Aktion, der flüstert durch alles und ist in jedem. Die Wissenschaftler mit Bewusstsein vermehren sich, jedoch sind die Wissenschaftler ohne Bewusstsein bei weitem in der Überzahl, das sind jene die sich immer noch an destruktiven Projekten gegen die Natur und Menschen beteiligen. Und jene die total vom Verstand geleitet sind und sogar nicht wissen das sie etwas ganz anderes sind, sich also mit dem Geist als ihr Ich identifiziert haben, die sind 100 % unbewusst. Dementsprechend sind ja auch die Resultate auf der Erde. Und zwar um es auf einen Einheitsbegriff zu bringen, DIE VERGIFTUNG DAS FALSCHE BIS ZUR ZERSTÖRUNG DER NATUR UND MENSCHHEIT. Oleeee.

Die Natur ist grundlegend Heilig der Mensch auch. Alles ist Heilig. Also Heil Und nicht Sieg Heil. Das ist nämlich gar nicht notwendig.

Jeder ist der Anfertiger seines eigenen Glücks oder auch Unglücks. Es ist deine Entscheidung Unglücklich zu sein. Doch letztendlich ist es Gottes Wille. Das kannst du als Trost mit nehmen. Aber, ob das der Wahrheit entspricht!?

Für die Kranken von euch wird in den Regenbogen Zentren extra Gold bereit stehen, denn Gold führt Energie zu und ist ein großer physischer Heiler.

In den Zentren wird auch an der Verwirklichung des Weltfriedens gearbeitet was durch die Spiritualisierung der Industrie mit erreicht wird. Auch an der Einheit der Menschen wird dadurch gearbeitet werden. Eine spirituelle Industrie kann nämlich nur solche Wege der Einheit gehen. Alle Religionen sind zu bedingt. Dinglich also. Materielle also. Es wird kein Wert mehr auf Erleuchtung und Befreiung gelegt auf meditative Transformation, auf Selbsterkenntnis.

Religiöse Vorurteile werden dort abgebaut werde, Heilung ist auch den ursprünglichen Bruch, nein, nicht die ursprüngliche Einheit sondern die aus dem Bruch wiederhergestellte Einheit ist der wahrhafte Zweck der Schöpfung, das hat Meister Eckhardt gesagt. Das ist aus der Sicht der Licht Ton Meditation gut nachvollziehbar. Da die Schöpfung ja vom Schöpfergott vollzogen wurde und nicht vom Allmächtigen Gott und der Schöpfergott hat die Aufgabe die Seelen hier gefangen zuhalten, das ist der Bruch, das Leiden, damit die Sehnsucht nach Gott wieder in jedem wächst, dem Allmächtigen, nicht dem Schöpfergott. Wenn ich Jesus Worte noch mal hoch hole, als er 40 Tage in der Wüste meditierte und der Widersacher der Satan oder Luzifer der Engel ihm anbot ihm die ganze Welt zu geben, wenn Jesus ihn anbeten würde. Was bedeutet das? Du kannst ja jemandem die Welt nicht anbieten wenn sie dir nicht gehört. Also muss der Widersacher der Schöpfergott sein, aber wer Luzifer oder der Widersacher wirklich ist, Ich, Ich weiß das nicht.

Jede Religion die nicht zur Liebe und Einheit führt ist keine Religion. Sie ist versteckter Faschissmuuus, kurzum, das ist das Raubtier der Raubmensch. Das ist die Ignoranz das Unbewusste, das ist Luzifer der Widersacher der Satan das was sich als Licht öffentlich dargestellt hatte und darstellt und aber auch immer, immer, zur Zerstörung geführt hatte so wie heute.

In den Regenbogen Zentren werden diese Einsichten gelebt und erarbeitet werden Damit die Industrie sich dadurch veredelt und somit die Menschheit global Es wird gesagt das die Mehrheit das kollektive Verhalten beeinflusst, und dadurch in gewisser Weise das Schicksal aller. Das ist ok, denn ich bin ich und ich bin in allem. Was da erwähnt wird bezieht sich auf rein äußerliche Abläufe, die bei genauer Betrachtung ein Verhalten gelebt haben, das von Kriegen und Zerstörung geprägt ist, und nun, es sind also die Einzelnen die, die Mehrheit umformen.

Die Einzelnen die in unerschütterlicher Gewissheit der eigenen Bestimmung folgen. Es wird viel von der Weisheit des Herzens geredet, was ist das - das Herz des Körpers, das Herz des Denkens, das Herz der Vernunft, das Herz der Seele oder das Herz Gottes. In den RBM, zts wird jede einzelne Phase erkannt werden. Die Macht der Gewohnheit wird auch dort aufgeweicht werden. .Die Kräfte des Geistes, davon wird auch oft geredet, doch was sind diese Kräfte des Geistes, welcher Geist, der Mentalgeist, der Seelengeist, der Gottgeist.

Das wird auch in den Zentren herauskristallisiert. Der persönliche Weg ist niemals vom sogenannten Kollektiv abgekoppelt .Alle die das denken sind unklar. Überhaupt zu denken dass etwas abgekoppelt sein kann ist falsches Denken. In einer Einheit gibt es keine Abkoppelung. Wer sich das denkt erleidet und muss Buddhas Einsicht anerkennen - das alles Leben Leiden ist .Wer das nicht denkt der leidet nicht und braucht nicht den Weg zu gehen. Es gibt in Wahrheit kein egoistisches Streben. Jeder Milliardär mag er noch so viel haben hat seine Fähigkeiten gelebt .Das wird dann als egoistisch gesehen das sogenannte Gemeinwohl ist aus den tatkräftigen Aktionen vieler Einzelner aufgebaut Jeder Einzelne hat die Möglichkeit seine Freiheit zu leben und Inspiration zu zeigen wenn er meint er kann das. Das durch die Fähigkeit seines Geistes viel Wohlstand auf ihn zurückfloss ist eine Kunst. Anders sieht die Situation mit der negativen Kraft aus.

Das zerstörerische Element. Radioaktivität Vergiftung Seuchen Gier Habgier Waffen Gewalt pornografische Mafias, illegaler Drogenmafias, Intrigen, Hass und dergleichen, Fanatismus, also ohne Liebe, das sind die Eigenschaften die einer Menschengruppe schaden. Die Göttlichkeit die du bist, oder die Wahrheit die du bist, das machbare das du bist, ist eine Harmonie aus der harmonische Handlungen entstehen. Freundliche Lebensformen allem Leben gegenüber. Nur das herzliche überlebt in den Vergiftungen der Erde. Um zum Besten zu werden, was du eigentlich schon immer warst, doch die Bestie Mensch hat sich selbst verkrüppelt, indem sie sich falsch Identifizierte, musst du dein bestes erkennen. Wenn du zu Lehrern gehst oder Meistern oder Erleuchteten, dann geh zu den besten, sie werden dein bestes in dir zum Vorschein bringen. Die besten sind immer ohne Konkurrenzdenken. Wer sich vergleicht in Konkurrenz ist, ist weit, weit unter dem Besten. Aus menschlicher Sicht bist du zuerst Körper, dann denkst du weil andere es sagen du bist auch Geist, und sollst sogar eine Seele haben, ok, das ist schon mal was. Doch du bist in Wahrheit eins, Gott selber. .

Keine Angst vor dem Wort Gott, du kannst auch sagen die Wahrheit du bist die Wahrheit. Da Gott von den Religionen unerreichbar gemacht wurde weil er ins äußere verlegt wurde, und sicherlich so gigantisch gemacht wurde das du auf ewig winzig bist. Doch er wohnt in Dir, es ist dein echtes Zentrum. Du bist selbst der Schöpfer deiner Realität. Wenn du aus den Beschränkungen der Materie rauskommst wirst du eins mit allem erfahren, du wirst auch erfahren das du die gesamte Existenz in dir trägst das gesamte Universum, die Galaxien die Sonnen die ganzen anderen Welten. Die Ganzheit die du bist, stell sie dir als rund vor. Stell dir dann vor das aus dieser Ganzheit in alle materielle Form diese Ganzheit hereinströmt. Stell sie dir so vor das aus dem Kreis unzählige, unzählige Fäden nach innen laufen in die Materie herein um sie am Leben zu erhalten, dieser göttliche Faden der in jeder Lebensform ist ‚ist immer eins mit dem Allmächtigen der in jeder Schöpfung drin ist und sich einfach zurückzieht wenn die Körper ihr Ende haben. Wer sich aus dem Körper zurückziehen kann wird das erleben können. Deswegen Meditieren. Um Gewissheit zu haben, wenn es für den Einzelnen nötig ist. Das Zentrum der Seele ist Gott selber das was du bist. Es wird viel davon geredet das du für immer glücklich sein kannst In der äußeren Welt soll es kein Glück geben, das stimmt nicht. Wer Unterscheidungen macht zwischen außen und innen der ist Opfer des Mentalen, des Geistes, und es ist die Aufgabe des Geistes dich gefangen zu halten, des Verstandes, egal wie viel Vernunft auch dabei mitspielt. Der Geist ist nicht Gott sondern eine immer noch feinstofflich materielle Schöpfung.

Brahma, ist der Geist, aber Brahma ist nicht Gott der Allmächtige. Wir sind in Wahrheit Vollkommenen, Glückseligkeit Freude. Wer noch Freude und Glück fühlen muss der muss sich sein Wesen anschauen das wahre der Gott der er ist. Der liegt nun mal im Herzen im inneren. Gott ist ja der Inbegriff aller Freude Intelligenz Weisheit und Liebe und vieles mehr. Wer glücklich ist braucht wenig weil er in seinem Zentrum lebt und liebt. Die Meister verbinden dich mit dem Ton Strom der Musik Gottes die dynamische Welle die alle durchdringt oder in anderen Worten mit dem Heiligen Geist. Das ist auch ein Weg. Licht und Ton Meditation. Doch zu wissen dass du Gott bist ist der einfachste Weg. Es muss klar erkannt werden das der Körper der Körper ist mit all seinen Vorzügen und das er eben irgendwann mal abgelegt wird. Das ist kein Drama oder sonst was Negatives im Gegenteil es ist Schönheit und Weisheit und Liebe zu sich selber den Körper irgendwann mal abzulegen. Wer das anders sieht baut sich riesige Probleme auf die nicht nötig sind. Die ihn Leiden lassen. Gut wenn er Leiden mag, ist seine Sache. Jeder Einzelne ist bereits Glückseligkeit. Doch wem sage ich das, es wird ja sowieso nicht geglaubt und auch das ist ok, das macht das Leben so schön bunt. Doch wer leidet dem muss geholfen werden, wenn er es zu lässt und geholfen werden möchte.

Positives Denken ist eine enorme Möglichkeit die Industriegesellschaft zu heilen. Die Fähigkeiten sind riesig. Weil positives Denken heiles Denken ist und keine Zerstörung erlaubt keine Vergiftung keine Kriege keine Unterdrükkung Ausbeutung oder sonst welche disharmonischen Wege geht. Wenn jemand meint dass es so was wie Gottferne gibt so stimmt das nicht. Das seelische Trauma das manche haben, deswegen, ist weil das Streben nach sich selber so stark ist das du dich nicht wahrnimmst, das ist so als ob du immerzu suchst und suchst und suchst und suchst und suchst und suchst und so weiter anstatt zu leben und sich an den Veränderungen des eigenen Leibes zu erfreuen des eigene Lebens. Es gibt keine seelische Deformation oder seelisches Leid, es ist immer der Kopf der leidet oder die Gefühle die dadurch produziert werden, die Seele selber ist ja Glückseligkeit. Es gibt auch keine Krankheit der Seele das ist totaler Quatsch. All dieses Gerede ist bloß im Denken entstanden. Das Denken jedoch weiß gar nicht was die Seele ist und tut sogar alles am Anfang um zu verhindern dass du die Seele erkennst. Das Denken der Geist der Verstand ist der Schöpfergott der kreiert sich konstant was neues damit du ununterbrochen beschäftigt bist mit Problemen und dergleichen, und nicht die Erkenntnis deiner selbst erlangst. Stellt euch mal vor, die Seele die ein Teilchen Gottes ist, identisch mit ihm ist, soll krank sein, deformiert sein ,und so weiter, was das für ein quatschologisches Chaos ist von Menschen die nicht wissen was da abläuft noch nicht mal denkerisch Klarheit haben, noch nicht mal im Denken erreicht haben das sie nur Gott sein können, denn was aus Gott kommt kann doch nur Gott sein, so einfach ist das, .was anderes ist gar nicht möglich. Denkbar ja, aber denkbar ist der größte Wahnsinn und der wird dann auch gelebt.

Die Rationalität hat eben diese Fehler, Emotionen intuitive Motivationen werden da gar nicht berücksichtigt. Man muss dem eigenen Denken gut zuhören können, es gut beobachten können dann sieht man auch wo es einem hinführen will oder ob das bloßer negativer Einfluss ist.

In den Regenbogenzentren werden auch keine weltanschaulichen Ideen heraus gearbeitet oder politische Ausrichtungen verfeinert, ganz und gar nicht, es geht da auch um Transparenz Offenheit gegenüber der Sichtweise und Argumenten anderer. Kreative Neugier obwohl der Begriff schon mit Gier behaftet ist, wird hier in meditative Entfaltung geleitet, was wiederum für die Gemeinschaft von Wert sein wird und der Industrie eine lebensfördernde Sicht bringen wird, wobei das Profitsterben auf Kosten der Natur und anderen Lebensformen beseitigt wird. Ich möchte noch mal erwähnen das verschiedene Weise und Erleuchtete unterschiedlicher Bereiche dort auch tätig sein werden. Auch wenn möglich Licht Ton Meister. Die eins mit Gott sind, durch denen Gott sich offenbart.

Diese Heiligen, weil sie Heil sind, sind so wohltuend das wenn sie zornig auf dich sind bedingungslose Liebe auf dich zufließt. Denn aus den Meistern kommt nur bedingungslose Liebe. Wogegen wenn einer der sich noch nicht erkannt hat, menschlich also, zornig ist, die Emotionen zerstörerisch sind, ganz starke negative Energie in sich tragen. Bloß Menschen die sich nicht mit ihrem waren Wesen beschäftigen, die können das nicht erkennen und leben oder erfahren. Da sie sich selbst blockieren durch ihre Vorstellungen Gedanken et cetera.

In den Regenbogenzentren werden auch die Illusionen dass zum Beispiel Wissenschaft nicht spirituell sei abgebaut. Wissenschaft ist und war schon immer spirituell. Bloß der Mensch der sich zerstörerischen aufgaben widmet der ist nicht mehr gefragt. Der Wissenschaftler der für Staaten Bomben oder andere Mordwerkzeuge baut der muss geächtet werden. Alles was die Instrumente der Wissenschaftler erkennen könne sind ja sowieso nur Teilchen. Mehr werden die Wissenschaftler nie erkennen können. Das ist nun mal so. Deshalb sind Wissenschaftler auch bloße Detail Erkenner, sie können zwar Mental eine Einheit Zusammendenken, aber mehr nicht. Ein Fehler liegt auch in der Identifizierung zu meinen dass ich Physiker sei oder Biologe oder Arzt. Sie sind sich der Konsequenzen des Denkens nicht voll bewusst. Dadurch wird nämlich sofort der kreative Einsichtsfluss beschränkt. Spiritualität ist nicht Religiosität ohne Gott. Spiritualität und Gott ist das gleiche. Es sind ja hier bloß denkerische Worte die, die Erfahrung vortäuschen. Worte können keine Erfahrung sein. Sie sind immer bloß kreative Eigenschaften des Geistes. Und der Geist ist der Schöpfergott nicht der Allmächtige. Die Ursache Wirkung Welt ist eine Welt die existiert, die Kausalwelt. Doch es gibt eine Welt die weit, weit über der Ursache Wirkung Welt liegt. Alle Licht Ton Meister reden davon und können dich dorthin bringen. Genauso wie die Astralwelt existent ist. Sie liegt unmittelbar über der physischen Welt und könnte praktisch mit astralen Geräten gesehen werden. Oder aber eben indem du aus deinem Körper rausgehst und mit deinem Astralkörper dir die Astralwelt anschaust.

Der Wissenschaftler ist im Geist verhaftet. Das ist okay solange er damit zufrieden ist und der Welt durch sein Forschen kein Leid tut.

Irgendwann mal wird er sich weiter entwickeln. Oder sich selbst erkennen. Die persönliche Erfahrung ersetzt alles Forschen in Labors et cetera. Das passiert in den Regenbogenzentren.

Der echte Wissenschaftler ist auch spirituell. Wenn jedoch Wissenschaft oder gemanagte Religionen wichtiger sind als Du selber, deine Göttlichkeit, dann sieht es schlecht für dich aus. Da die Beschränkung die du dir unbewusst dadurch auferlegt hast ein zu hoher Preis ist für das was du wirklich bist und sein könntest. Wissenschaftler wollen aber auch kontrollieren. Kontrolle haben. Macht haben. In den Regenbogen Zentren werden also Industrielle wissenschaftliche Grenzen beseitigt die das Fließen des harmonischen zerstört haben. Alles Harmonische ist Lebensaufbauend, nicht vergiftend, und sowohl als auch rational und irrational, um es in Begriffen zu formulieren. Bewegung kann nur aus zwei entstehen. Links Rechtdrehung, Positiv, Negativ, Mann Frau usw.

Wissenschaftler werden in den Regenbogen Zentren die Barrieren des Verstandes lockern um hinter die Bereiche des Gehirns zu kommen. Der Bereich der Endlosigkeiten liegt jetzt in jedem da. Gott selber ist das Korn der Wissenschaft. Alles Suchen egal ob es äußerlich oder innerlich ist, ist eine Suche zu dir selber. In den Regenbogen Zentren werden Lebensspiele gespielt werden die das gewaltfreie Leben fördern. Eine Gesellschaft ohne Gewalt. Denn Wissenschaftler haben gigantische Gewalt über die Lebensformen der Erde gebracht.

Die Informationen die dort bekommen werden durch verschiedene Praktiken, die werden dann auch als spirituelle Informationen erkannt werden. Da Information nicht materiell ist. Es wird erkannt werden dass das Universelle, das spirituelle Leben und das universelle Bewusstsein eins sind. Doch auch das der universelle Geist der Schöpfergeist ist, den die Licht Ton Meister, oder die Echteren Heiligen, Kal nennen. Es stimmt schon das aus diesem universellen Lebensbewusstsein alles Leben hervorgegangen ist alle materiellen Dinge. Aber wer aufmerksam hinschaut der sieht dass das bloß das Leben ist das aus dem Schöpfergeist dem Universalgeist kommt, Brahma, und nicht das ewige Leben ist, da es der Veränderung unterliegt. Genauso verhält es sich nämlich.

Aus dem ewigen Leben das was du selbst bist, ist der universelle Geist entstanden der Schöpfergott der dann die Materie die Welten die alle zerstört werden können geschaffen hat.. Das wird in den Regenbogenzentren erkannt werden, auch mit Hilfe der Licht Ton Meister, der Heiligen. Der träger des Heiligen Geistes. Jesus hat ja mal gesagt macht euch keine Sorgen, der himmlische, das himmlische, weiß genau was ihr braucht,.

In den Regenbogen Zentren werden auch die Schichten erkannt werden die für irreal gehalten werden wie Traumwelten, sie sind aber alle reale Teile des Ganzen. Die Spiritualisierung der Industrie wird dann die Einsicht die Erfahrung weiterleiten das sie nun weiß wie die inneren Zusammenhänge der mehreren Seiten der Wirklichkeit zusammen wirken. Der Körper und alle anderen Körper werden erkannt werden. Und so wird dann auch der Geist enthypnotisiert. Den die Religionen fälschlich zum Dogma machten. Durch die Spiritualisierung der Industrie werden die Menschen die Industrie die Gesellschaft in einen Heilprozess eintreten der vom Göttlichen Tonstrom ausgeht oder Heiliger Geist genannt, der reine Spiritualität ist reines Göttliches Musizieren, das Wort von der Bibel und so weiter, oder die Sphärenmusik von Pythagoras, Dieser Tonozean der direkt aus der Gottheit kommt und alles was es gibt alle Welten alle Formen Energien und Licht und so weiter geschaffen hat und am Leben erhält, und der ist jetzt da, der kann jetzt gehört werden der hält Jetzt alles Sichtbare und Unsichtbare am leben, diese Welle die MegaTzunamiGottOzeanKonzertoOrgamsmusMusik, oder besser gesagt, alle falsche Identifizierungen werden dadurch, damit, aufgelöst.

Das ist Heilung, Heilung für die Natur und uns selber. Dadurch wird sich das Verhalten der Industrie verändern, Diese Veränderung geht tief bis in die physiologischen Teile jeder Zelle jedes Atoms und jedes anderen sterblichen Teilchens. Das Heilige wird wieder erkannt werden und dadurch entsteht allein schon Heilung. Heutzutage ist die Erde ja eine blutende vergiftete blöde ausgebeutete runde Murmel mehr nicht. Das muss geändert werden. Heilung ist Glückseligkeit Gesundheit, nein Heilung ist der Prozess der dort wieder hinführt zu Glück innerem zur Glückseligkeit.

Die gesamte Einheit ist spirituell biologisch biophysisch oder sonst was .Es ist ein einheitliches Informationssystem. Der Tonstrom Gottes der Allmächtigen der weder Mann noch Frau ist, um den Quatsch vorzubeugen, durchdringt alles Leben, ist das Ewige Leben.

In den Regenbogenzentren wird auch darauf hingewiesen, das sobald diese Art von Zentren da stehen, von ihnen eine Kraft der Gewaltfreiheit ausgeht die auf die Mitwelt einstrahlt und ihre gewaltfreie Energie ausbreitet, die sich dann in der Industrie, in den Firmenbüros einführt und so zum glücklichen entfalten humaner spiritueller Produkte und Kreativitäten ausweitet. Durch Meditationen wird dort in den Zentren der innere Raum erforscht. Du wirst dann selber Reisen machen in der Astralwelt und wer weiß wohin es dich führen wird.

Die Welt zu verändern ist ein gigantisches Unternehmen, und doch wohl ein bisschen zu viel Arbeit, deswegen ändert man die Teile in sich das ist leichter. Viel leichter. Durch die Weltveränderung, macht euch die Erde Untertan, hat sich ja gezeigt was für skrupelloses Verhalten gegen das Leben gelebt wurde. Aber deren Gott den die Israelis hatten war ja auch bloß bis zur Astralwelt gekommen und dort ist auch die Hölle enthalten und dort kommen auch die meisten Wissenschaftler her.

Das hellblaue Chi muss wieder leuchten, das materialistische Bild System der herrschenden Zerstörung muss durchschaut werden. Wisse dass Gott Bewusstsein ist und Bewusstsein Statik oder Ruhe ist. Denken ist das bewegungslose Prinzip in Licht und Ton. Es gibt nur einen Gott der in der gesamten Schöpfung wirkt. Eingebung ist jene Bewusstheit des Bewusstseins welches das Genie vom Lebewesen durchschnittlicher Intelligenzen unterscheidet.

Man muss die Suche nach allem fallen lassen, außer nach Gott. Ansonsten ist alles Eitelkeit. Die gesamte göttliche Weisheit existiert in und über der Ursache. Und was die wirklich ist, ist nur der sekundäre Teil Gottes. Das praktizieren der Meditation ist nicht eine Methode zur Erlangung der Realisation, sondern es ist die Erleuchtung selbst. Was der Mensch der Welt gegeben hat ist nichts, außer seinem Groll nach Rache an der Gesellschaft die ihn zurückgewiesen hat. Spirituelle Logik, ist die Selbstzufriedenheit der Massen der Menschen zu durchbrechen. Wer an die Heiligen glaubt wird von ihnen zu den spirituellen Regionen geführt. Liebe und Selbstaufopferung sind Erfordernisse des Charakters, und Güte anderen gegenüber ist ein Anteil. Liebe ist wie Güte sie beginnt zuhause. Die Atmosphäre des Frieden befähigt zur Emanzipation zur Befreiung. Der Weise weiß dass er selbst der Weg ist. Der Dumme legt den Weg jenseits seines Selbst fest. Es gibt keine Religion oder Philosophie es gibt nur den Strom Gottes. Der Tonstrom. Die Sinne sind elektrische Impulse und gehören der Gedankenwelt an. Sie sprechen nicht auf die Impulse der höheren Welten an. Doch alles ist Gott alles auch die niederen Ebenen, und niederen Taten. Weil es in Wahrheit kein Hoch und Niedrig gibt. Es gibt nur Licht und weniger Licht. Wahrheit ist niemals bedeutender als Nichtwahrheit. Wer immer Gott woanders sucht als im menschlichen Körper geht fehl und wird wirr. Die Erlösung ist Hier und Jetzt.

Das psychische entwickelt alle Arten von Fallen um den Verstand zu beschäftigen und den Einzelnen damit vom seiner Ent - Wicklung abzuhalten. Die Moral hängt vom Charakter ab aber der Charakter nie von der Moral. Die Religion eines Menschen macht keinen Unterschied aus. Man sieht das auf der ganzen Erde. Quantität hat Qualität ersetzt. Das ist nix. Der Kult des gewöhnlichen ist Blödheit. Sei nicht anders, das ist gefährlich. Doch auch sei anders ist auch gefährlich - weil da egoistisches viel zu stark wird. Selbstprüfung Selbstanalyse ist eine Falle der negativen Kräfte. Weil du damit zu viel mit Problemen beschäftigt bist. Du bist das Göttliche nicht das Problem. Was du bist und was du sein möchtest ist ganz deine Sache und nicht die eines Staates oder religiösen Muffelkopfes. Keine zwei Dinge können zur selben

Zeit den gleichen Raum einnehmen. Im Zustand reiner Bewusstheit musst du keine Spiele mehr spielen. Aber aus Humor tut man's doch durch deine Liebe zu Gott verlierst du die mentalen Blockaden, die schuld sind, dass man Menschen, Situationen, kritisiert. Nur Frieden und Harmonie öffnen das harmonische Gefühl und bringen den Göttlichen Willen in Einklang mit dem eigenen Willen des Egos.

Da die Seele über unmittelbares Wissen verfügt öffnet sich ihr gesamtes Wissen wenn sie die 5te Ebene die fünfte Welt erreicht wo sie ohne jeden Körper ist. Der Mensch muss Freiheit besitzen oder aber in der Agonie der sterblichen Welt dahin dösen. Ein äußerer Lehrer ist jemand der von der Öffentlichkeit Geld nimmt um zu überleben. Ein innerer Lehrer nimmt niemals Geld da er selbst die Kraft ist. Die Kraft selbst sorgt für ihn. Hier steht keiner höher oder niedriger als der andere. Erst auf der 5ten Weltebene wird Selbstrealisation erlangt. Alles andere ist bloße Gequatsche auf materieller Basis. Wenn der Sucher versteht, fertig bringt, die gegenwärtigen Muster seines Verstehens und Glaubens zu ändern, verändert er automatisch auch die zukünftige Abfolge seines Lebens, seiner Lebensumstände. Die psychische Weisheit lautet, wie oben so unten, oder das was gewesen ist wird wiederkehren. Die schablonenhafte Gleichförmigkeit der Industriemenschen muss wieder in die Göttliche Freiheit geführt werden, in der es nur Liebe gibt. Metaphysik und Religion kamen nicht wirklich zusammen. Weil Metaphysik Macht repräsentiert und echte Religion, Liebe. In der Liebe liegt die Verantwortung zu Heilen zu schützen und keinen Krieg zu leben egal auf welcher Ebene.

Die Welt der Gefühle entspringt nicht der Seele, du bist nicht die Gefühle, sondern du hast welche so wie du Bier hast. Oder bist du Bier. Auch Fitness wird nicht vergessen, in den RBMZ, s. Idealismus ist der Deckmantel um eine Rolle zu spielen egal ob Heilig oder sonst was. Es ist sehr wichtig sich ab und zu in die Einsamkeit zu begeben um an Gott zu denken. Innere Einsamkeit reicht schon. Halte die Blicke auf die Gegenwart und Zukunft gerichtet, die ja die Gegenwart ist, und vergesse die Vergangenheit. Solange du in Emotionen verstrickt bist fließt deine Energie nach außen anstatt zu dir selber. Die Seele kann so nicht den Verstand fallen lassen. Wende deine Kraft nach innen und du empfängst den Segen Gottes.

Solange dich die Fehler anderer mehr stören als deine eigenen, bist du nicht von deinem physischen Selbst befreit. In der Erfahrung der Zufriedenheit liegt der Vorgang der Entspannung. Wer Liebe haben will soll Liebe schenken. In den Regenbogen Zentren werden wir dort hingehen wo Raum, Zeit, Imagination, und Ideen keine Existenz haben. Angst und Ärger sind die Angelpunkte der Nichtentfaltung. Die Gewalt des Verstandes muss aufgeweicht werden. Es gibt Psychologen die reden über die Gegensätze der Offenbarungsglauben und der Schöpfungsglauben. Der Offenbarungsglaube ist ihrer Ansicht nach abhängig vom Einzelnen Menschen der die Erfahrung gemacht hat. Er offenbart sich danach also. Es ist also immer der Glaube an einen Menschen - das wäre in dieser Situation Jesus oder Buddha oder Mohammed.

Vielen Psychologen sind diese offenbarenden Meister und Heilige ein Dorn im Auge, der langsam zu ihrem eigenen Balken geworden ist. Das Zeugnis, das diese Menschen abgelegt haben ist so fantastisch, das ein Psychologe geneigt ist solche Wesen die dies Erfahrungen gemacht zu haben zu zerstören, weil ihre eigene Autorität nämlich dadurch lädiert wird, denn sie haben ja so was nicht zu berichten. Es ist der Neid und die negative Kraft die den Psychologen so agieren lässt. Sie sagen auch die Offenbarer weisen hin das die Welt schlecht ist, negativ, Leidend ist. Ist sie ja auch, nämlich dieser Teil der Schöpfung, weil hier durch Töten anderer sozusagen gelebt wird. Das was der Mensch sich angetan hat ist negativ und was er der Erde antut ist negativ. Die Systemdynamik wie sie sich präsentiert ist nun wirklich keine Monumentallösung, so wie sich das einzelne Therapeuten wünschen. In aller Achtung. Es sind bloß Teilchenlösungen, wissenschaftlich erfasste Bewegungen. Der Offenbarer weist auf den Ursprung von dir hin, das was du bist, nicht das was du sein möchtest.

Es wird auch nicht die Welt verneint, oder die Liebe zu ihr, im Gegenteil sie wird dadurch, die Schöpfung, mehr geachtet .bewusster wahrgenommen. Das wovon Jesus redet und Buddha oder Laotse, ist sicherlich nicht gegen die Schöpfung. Außerdem ist die Psychologie wie sie sich heute repräsentiert extrem oberflächlich. Die Einsichten sind so linear so eng das Wissen so limitiert so. Einseitig und so winzig zu dem was die Heiligen zu bieten haben erscheint. Die Offenbarungen umfassen nicht nur diese Welt ihre Zustimmung dazu, sondern auch die Zustimmung der anderen Welten, von denen die Psychologen wirklich gar nichts wissen. Sie wissen nichts von Seelenreisen, Astralreisen, in der Kausalwelt reisen. Das kosmische Gedächtnis lesen Akasha Chronik und so weiter. Das die Religionen Grenzen aufgebaut haben das ist ihr Machttrip und ihre Enge, weil sie purer Verstand ist, Egoismus Muus ist. Mit all den Resultaten die heute auf der Erde erscheinen nämlich der Zerstörung, weil der Verstand nicht die Wahrheit das Göttliche repräsentiert es nicht kann da er Täuschung ist, ja ich gehe noch weiter, der Verstand ist der Satan das Materielle der Widersacher, dort versteckt er sich zur Zeit im Menschen am besten. Heutzutage wissen die Menschen dass der Religionsgott einfach Blödsinnig ist. Da er ja Menschenbegrenzend ist. Doch du selbst wirst und bleibst bestehen, und in dir ist etwas das die Offenbarenden mit ihrer Bezeugung erlebt haben, und vor allem heute erleben, es laufen viele Erleuchtete heute herum die garnicht mal das Interesse haben darüber zu reden zu denken oder zu schreiben.

Es ist hier kein Abfall von der Schöpfung so wie manche Psychologen das glauben.

Leben ist nun mal gefährlich das ist eine Tatsache und keine Mitteilung von den Offenbarenden. Der Nachteil des psychologischen Denkens liegt eben darin das es in Strukturen gefangen hält. Alles wird psychologisiert. Das ist eine Falle. Psychologie beschäftigt sich nur mit dem sterblichen. Das ist denen noch nicht mal bewusst. Das ist ganz wichtig dass die Psychologen das erkennen.

Alle andere ist Unerfahrenheit der Psychologen.

Okay, weiter.

Also magische Kräfte gehören noch zum Bereich des Mentalen und sind Behinderungen.

Solange wir noch an irgendetwas gebunden sind ist unser Niveau nicht Hoch genug.

Nämlich kein Niveau zu haben.

Wir müssen uns selber kennen. Nur wir selber sonst niemand ist unser Meister. Auch wenn wir einen Meister haben. Denn vergesst nicht:

Jeder Erleuchtete, Meister, hatte eine Vergangenheit. Und jeder noch nicht so Erleuchtete hat eine Zukunft.

In diesem Sinne. .Adios.

W. E. Schorat

26.8.1995 in Bad Zwesten zu Ende geschrieben.

Und heute am 11.3.2007 das Schreibmaschinen Manuskript zu Ende in den Computer gescannt und korrigiert.

Noch einiges zu diesem Schrieb. Ich schreibe das alles spontan und wurde ja im Frühjahr 1993 auf Kreta dazu aufgefordert. Also das was hier steht ist bloß ein Straßenschild ein Wegweiser. Also entschuldigt meine %tuale Unfähigkeit

Tu erst das Notwendige
dann das mögliche
und plötzlich schaffst du
das Unmögliche.
Franz von Assisi

Vorstellungskraft ist wichtiger als Wissen
Albert Einstein

Wir leben alle unterm selben Himmel
haben aber nicht alle den gleichen Horizont

Die Liebe
Pflicht ohne Liebe macht verdrießlich
Wahrheit ohne Liebe macht kritiksüchtig
Erziehung ohne Liebe macht widerspruchsvoll
Klugheit ohne Liebe macht gerissen
Verantwortung ohne Liebe macht rücksichtslos
Gerechtigkeit ohne Liebe macht hart
Freundlichkeit ohne Liebe macht heuchlerisch
Ordnung ohne Liebe macht kleinlich
Sachkenntnis ohne Liebe macht rechthaberisch
Macht ohne Liebe macht gewalttätig
Ehre ohne Liebe macht hochmütig
Besitz ohne Liebe macht geizig
Glaube ohne Liebe macht fanatisch

Ein zehnjähriger Junge ging mit seiner Mutter in den Zoo. Als sie bei den Elefanten waren fragte der Junge was denn da vom Elefanten hing. Das ist der Schwanz antwortete die Mutter. Nein, nein nicht der sagte der Junge. Das ist der Rüssel sagte die Mutter. Nein, nein nicht der sagte der Junge. Ohh, das, das ist garnichts sagte die Mutter. Einige Wochen später ging der Junge mit seinem Vater in den Zirkus. Als die Elefanten reinkamen fing der Junge das gleiche mit dem Vater an. Schwanz, Rüssel , und er fragte immer weiter, bis der Vater nun entschied der Junge sei alt genug und erzählte ihm nun die Fakten des Lebens.

Als der Vater fertig war fragte der Sohn, : Aber warum hat die Mutter erzählt als ich sie fragte , ach das sei garnichts. Der Vater antwortete : Nun mein Sohn, du mußt wissen deine Mutter ist stark verwöhnt.

 Es passierte in einem holländischen Gerichtssaal. Ich stelle fest sagte der Richter zu dem Drogensüchtigen, der etwas wackelig auf den Beinen stand, das sie nicht nur Geld gestohlen haben, sondern auch eine große Menge sehr kostbarer Juwelen. Ja, meinte der Drogensüchtige glücklich, verstehen sie das, denn meine Mutter hatte mir von meiner Kindheit an gesagt das Geld alleine nicht glücklich macht Eine Gruppe professioneller Prediger, diskutieren wie sie die Geldspenden der Kirchgänger benutzen. Der Vorprediger einer unbekannten Gruppe sagte: Alles was meine Glaubensschäfchen ins Beutelchen legen wird total für Gottes Werk genutzt, ich behalte keinen Dollar.
Der Pastor sagte : Ich behalte das Kupfergeld und alles andere geht für Gottes Arbeit. Der katholische Priester gab zu : Ich behalte alles bloß das Kupfer geht in Gottes Arbeit. Aber da ist sehr viel Kupfer in meiner Gemeinde. Als der Rabbi an der reihe war sagte er : Wir legen alles gesammelte Geld in eine Decke und werfen es dann hoch. Alles was Gott haben will kann er behalten, was nicht behalte ich.

Da war ein Dieb im Haus. Plötzlich hörte er eine Stimme sagen : Jesus beobachtet dich. Der Dieb schaute herum und sah einen Papagei. Er fragte den Papagei : Warst du das. Der Papagei sagte : Ja. Warum hast du das gesagt fragte der Dieb. Der Papagei antwortete : Um dich zu warnen. Der Dieb lachte und sagte: Wer bist du mich zu warnen. Ich, sagte der Papagei, ich bin Moses. Der Dieb lachte und meinte: Wer kann so blöde sein und einen Papagei Moses nennen. Ohh, sagte der Papagei, diejenigen die einen 150 Pfund Rottweiler Jesus nennen.

Der Seitenhieb des Monats
Die Wissenschaftler haben beschlossen das sie Gott nicht mehr brauchen, da sie nun selbst den Menschen klonen können. Also geht der Sprecher von ihnen zu Gott und sagt : Gott wir brauchen dich nicht mehr da wir nun selbst Menschen machen können. Gott sagt : Nun ja, das akzeptiere ich, aber laß uns doch noch einen Test machen im Menschen bauen. Kein Problem sagt der Wissenschaftler und hebt eine Handvoll Erde auf. Nein,nein, so nicht ruft Gott, du nimm deine eigene Erde.

Alle Menschen werden als Genies geboren, doch wegen ihres Glaubens ans Geld und an die Unwahrheiten sterben die meisten als Vollidioten.

Im inneren deines Kopfes sind wunderbare Gärten und schöne Orte. Willst du dich daran erfreuen, eile zu einem Murshid (Meister) damit er dich unterweist. Jene die außen nach dem herrlichen Schatz suchen, befinden sich in völliger Unwissenheit. Von Trugbildern genarrt, wandern sie durch das Ödland der Welt wie ein umherstreifendes Wild, das im Gebüsch nach Moschus sucht
(Maulana Rumi)

Große Leistungen erscheinen unvollkommen
und doch bleiben sie nützlich
große Fülle erscheint wie Leer
und doch ist sie unerschöpflich
große Ehrlichkeit erscheint übertrieben
großes wissen erscheint dumm
große Redegewandtheit erscheint wie Stottern
Bewegt man sich
so friert man nicht mehr
verhält man sich ruhig
macht einem die Hitze nicht so zu schaffen
Stille und Ruhe
bringen die ganze Welt ins rechte Maß zurück.

(Laotse)

,,,,,,und wenn sie nicht gestorben sind, so leben sie noch heute,,,,,,Aber das ist der Spruch der Alten Weisheit der Materialisten" heutzutage heisst es schon für viele : Und wenn sie dann hier gestorben sind,,,,so leben sie vergnügt weiter in anderen schöneren Welten der Göttlichen Schöpfung,,,,,,

Der Ort der „Empfängnis"

Das große Glück, ein Kind zu sein,
das sieht der Mensch als Kind nicht ein.
Er träumt davon, so ungefähr,
dass er schon sechzehn, siebzehn wär'. Dach dann mit achtzehn
denkt er: Halt, wer zwanzig ist, der ist schon alt.
Kaum ist die Zwanzig knapp geschafft,
sind Dreißiger schon „greisenhaft".
Und dann die Vierzig, welche Wende,
da droht die Fünfzig fast als Ende.
Doch nach der Fünfzig peu a peu .
schraubt man das Alter in die Höh.
Die Sechzig ist noch ganz passabel,
die Siebzig auch nicht mieserabel, anschließend hofft man fein und
still:
Ich werde achtzig-so Gott will.

Hat man die Achtzig überlebt,
dann wird die Neunzig angestrebt.
Dort angelangt zählt man geschwind
die wenigen, die älter sind.
Wo immer auch Dein Alter. steht,
wünsch ich, dass es Dir gut ergeht,
damit's beim Zählen Doch nicht wundert:
„ Was, bin ich etwa auch schon hudert?
Das wünsche ich Dir in der Tat,
und geb' Dir noch ‚nen guten Rat:
„Bei Sonnenaufgang sofort schmunzeln, tagsüber nie die Stirne
runzeln,
abends lachen, dass es schallt
so wirst Du hundert,Jahre alt !"

Hilfe und Heilung auf geistigem Weg durch die Lehre Bruno Grönings

– medizinisch beweisbar –

www.bruno-groening.de

MARTINUS

1890-1981

"Wo Unwissenheit
entfernt wird,
hört die Existenz
des Bösen auf"

Kosmische Analysen für die Welt

www.martinus-verlag.de

In dieser höchsten Lehre Buddhas sagt er, dass das Hören des transzendentalen Tons und das Sehen des transzendentalen Lichts, zur höchsten Buddhaschaft und zur Befreiung führt.

In anderen Schriften wird auch von der *göttlichen Melodie* gesprochen. Die *Hindus* nennen sie auch
Anahad, Shabd oder *Ahash Bani* - die *himmlische Stimme*. In den *Mandok-Upanischaden* wird vom *Udgith*
dem *himmlischen Gesang* ~ gesprochen.

Die *Sikhs* nennen es *Nam, Dhun* oder *Bani,* was *Melodie, Klang Wahrheit* oder *Wort, Stimme* bedeutet.

Die *Moslems* sprechen vom *Kalma,* dem *Wort* oder der *Stimme Gottes.*

Die *griechischen Mystiker* sprechen vom *Logos.*

Und *Sokrates* spricht von der *Sphärenmusik,* die ihn in göttliche Reiche trug.

In der *Bibel* wird vom *Wort, das bei Gott war,* gesprochen - im *Neuen Testament* ist es der *Heilige Geist.*

Im *Yoga der Seele* wird vom *Licht-und Klangstrom* gesprochen.

Suma Ching Hai lehrt die *Licht- und Klangstrom-Meditation,* die *Guanyin-Meditation.*

All das ist identisch mit Buddhas höchster Lehre vom transzendentalen Ton und dem transzendentalen Licht
der höchsten Form der Wahrheitsfindung.

Nach 2600 Jahren zum ersten Mal in die deutsche Sprache übersetzt.

ISBN 3-932209-02-8 und ISBN-3-932209-12-5

Das Fernsehprogram wurde inzwischen von den Sattelitenbesitzern gestoppt,weil die Informationen in der immer größer werdenden Plattform für Alternative Wissenschaften und Einsichten oder die Kriege und Verstrickungen der Bankster Gangster Bankenbesitzer und das Leid das sie der Globalen Menschheit an tuen zu Monströs wurden. Inzwischen ist ja auch bekannt das die westlichen „ReGierungen" alle bloß Firmen Unternehmen sind und auch so registriert sind an der Börse. Bundesrepublik Deutschland D-U-N-S®Nr 341611478 SIC 9199. Mehr unter: http://www.novertis.com/wpress/wp-content/uploads/2010/09/Die-Mutation-der-Rechtsfaehigkeit-Orga-Sklave-Kurzerkl%C3%A4rung. pdf.oder unter:http://www.neudeutschland.org/index.php/news/items/staat-regierung-oder-unternehmen.html.Sigmar Gabriel, SPD-Vorsitzender auf dem Sonderparteitag in Dortmund, 27.Februar 2010:„Wir haben gar keine Bundesregierung - Frau Merkel ist Geschäftsführerin einer neuen Nichtregierungsorganisation in Deutschland." Steht übrigens auch im Grundgesetz für die BRD, Art. 65.Das kommt aus den USA.Aber wenn Regierungen bloß Firmen sind, sind deren Gesetze für die Menschen ungültig. Unternehmen können den Menschen nicht ihre Regeln aufzwingen. Schaut unter www.thrivemovement.com nachfür Informationen wie der Verbrecheraufbau dieser Staaaaaat-Firmen ist. Oder lest das Buch „Das Ubuntu Prinzip" von Michael Tellinger . W.Schorat

22.10.2014

Mit
dem
SOLAR
KANU
ZUR
HUDSON BAY

von
Schorat
TonStrom Verlag

Mit dem Kanu von Juni bis September auf dem Churchill River in
Nordsaskatchewan zur Hudson Bay in Nord Manitoba

Bisher erschienen oder in Vorbereitung:

Meditative spirituelle Schwangerschaftslösung *Sachbuch* & **Buddhas höchste Lehre** *Sachbuch (nach 2600 Jahren zum ersten Mal ins Deutsche übersetzt)* & **Spirituelle Transformation der** *Industrie Anleitung zur Oualitätssteigerung* . *Mit* **dem Solar- Kanu zur Hudson Bay** *(3000 Kilometer von Saskatchewan zu den Eisbären) Expeditionsbeschreibung* . **Kohlenhydrate** *Eddy Verrückte Erzählung.* **Modernes** *amerikanisches* **Management** *In* **München** *Wahre* **Kriminalerzählung** & *Die blitzartige Erleuchtung* **des Herrn „Z"** *Humorvolle Erzählung* & *Wiedergeburt* **und Erleuchtung des Jungen Werther** *In* **Marrakesch** *Humorvolle Erzählung.* **Reise zur** *Fraueninsel Komische Liebeserzählung* & **Die Realität des** *Geleerten Seltsame Erzählung mit Erfahrung des übernatürlichen Lichts* & **Sigurd** *Lichtlos* **oder die Menschwerdung eines Engels** *Meditative Kriminalerzählung* & **Als Jesus noch blödelte** *Die* Witze *die Jesus* erzählte, *der Vatikan jedoch verbot* & **Als** *Ich* **noch Jude war** *Erfahrungserzählung* & **Der** Detektiv *Detektiverzählung auf spirituellem Niveau* & *Salziger*Honig *Liebeserzählung* & **Gott mit Koffer und Handtasche auf der staubigen Landstraße zur bedingungslosen Liebe** *Poetische Erzählung* & **Abschied vom Angeln** *Erzählung* & **Mit Lachsen und Grizzlys am Babine River In** *British* **Columbia** *Erzählung* & **Sogar** *in* **Kanada lebt der Blues der Germanen** *Verrückte wilde Erzählung.* **Die Auflösung** *Tagebuch - Tage* & **Sie nannten Ihn Fuzzy** *Wenn 10-Jährige missbraucht werden, Erzählung* & **Liebe stinkt nicht** *Theaterstück* & **Der Sinn des** *Papalagie Witzige Antworten* & **Ausbildung zum** *spirituellen* **Therapeuten** *Ein persönliches Lehrbuch* & **Die Meisterin Ching Hai** & *Rosa* **Frühling in Montreal** *Erotische Erzählung* & **Reise zur Badewanne** & **Erleuchtung durch alkoholische Getränke** & **Psychologie der Meister** & **Demokratie Faschisssmuuus** & **Das Mantra „Mich selbst erkennen"**

Wolfgang Eckhardt Schorat
Heinrich-Heine-Straße 17 . 34596 Bad Zwesten Telefon u. Fax 05626-1414

webseiten von schorat

www.www.ararat-foto-ansichten.de
www.meditative-transformation-der-industrie.de
www.olhos-de-aguas-1974.de
www.nilgans-im-schwalm-eder-kreis.de
www.anleitung-zum-verhalten-in-finanzkrisen.de
www.shizzo-berlin1980.de

Erste Auflage 2010 Neuauflage 2014
TonStrom Verlag
Heinrich-Heine-Straße 17
34596 Bad Zwesten
Tel/Fax (05626)-1414
Herstellung: Book on Demand GmbH
Umschlag: Schorat
Layout : Schorat
© Wolfgang Schorat
Printed in Germany

ISBN 978-3- 932209- 05 - 5